长篇历史小说

穷庐残月

坤乾●著

陕西新华出版传媒集团
三秦出版社

图书在版编目（CIP）数据

穷庐残月／坤乾著．—西安：三秦出版社，2022.6
ISBN 978－7－5518－2589－4

Ⅰ．①穷…　Ⅱ．①坤…　Ⅲ．①王心敬（1656－1738）－传记　Ⅳ．①B248.99

中国版本图书馆 CIP 数据核字（2022）第 038240 号

穷庐残月

坤乾　著

出版发行	陕西新华出版传媒集团　三秦出版社
社　　址	西安市雁塔区曲江新区登高路 1388 号
电　　话	（029）81205236
邮政编码	710061
印　　刷	陕西隆昌印刷有限公司
开　　本	787mm×1092mm　1/16
印　　张	29.5
插　　页	1
字　　数	556 千字
版　　次	2022 年 6 月第 1 版 2022 年 6 月第 1 次印刷
标准书号	ISBN 978－7－5518－2589－4
定　　价	88.00 元
网　　址	http://www.sqcbs.cn

丰 川 其 人

　　王心敬,字尔缉,号丰川,陕西鄠县(今户县)人。生于顺治十三年(1656),卒于乾隆三年(1738)。是清代中期著名的思想家和教育家。他终身蛰居鄠县,以讲学和著述为业,故而著作非常宏富。

　　他的学术思想是以心学为基础、经学为依据,内容广泛涉及政治、教育、农业、军事和荒政的博大的思想体系。

　　王心敬在清代中期的学术界颇具声望,这从他广泛的学术交往中可以看出。他虽然一生伏处田园或山林,但寄信和他商讨学术的学人特别多。当时的理学名臣陈诜、张伯行、朱轼、陈世倌,理学学者朱泽沄、李来章等都曾同他书信论学,就连当时桐城派的著名学者方苞、颜李学派的著名学者李塨也都曾与他书信商榷学术。从这些参与论学的学人的地域分布来看,除陕西以外,有北京、河北、甘肃、山西、山东、河南、湖北、湖南、江苏、安徽、江西、浙江和福建,遍布当时中国的绝大多数省份。非但如此,当时上至国之宰辅,下至陕之邑令,也多致信问讯,故而声播三秦,名达清廷。足见,他在清代中期的学界具有非常重要的地位。

　　大陆由上世纪80年代始,农学界开始研究他的区田法和井利说。直至本世纪初,始出现了对他的哲学思想和理学思想的研究。同时,他的易学思想也受到了学人的关注。另外,台湾学者也关注到他的学术思想……显见,对于王心敬的学术思想,目前学界研究得还比较零散。就其思想的某一论域而言,研究也有待进一步深入。

——摘自《关学文库·王心敬评传》

目　　录

楔子 ··· (1)

第一回　艳阳日村妇荷箪食　　雷雨天儒生话劫数 ··························· (11)

第二回　严冬李氏纺车督学　　暖春王婷花掬饮露 ··························· (19)

第三回　鹡鸰原族众祭先祖　　王家坟稚童逢奇遇 ··························· (27)

第四回　刘海庙求签问姻缘　　锦绣沟施术获芳心 ··························· (33)

第五回　假善人贪图不义财　　真孝子喋血护娘亲 ··························· (39)

第六回　刚烈父怀愤拒亲事　　痴心女殉情献玉身 ··························· (47)

第七回　奸徒设局谋财害命　　巧妇运筹扬善惩恶 ··························· (55)

第八回　众志成城阖家助学　　机缘巧合喜逢故知 ··························· (67)

第九回　授业师追昔赞鄠邑　　受课子踏春游渼陂 ··························· (74)

第十回　庆婚礼新郎闯三关　　闹洞房娇娘降群顽 ··························· (81)

第十一回　柳暗花明增补廪膳　　吟诗对句里平山庄 ··························· (90)

第十二回　横督学横眉辱士子　　怒生员怒目掷束帻 ··························· (102)

第十三回　莽秀才怀愧归故里　　烈少女遭侮遇救星 ··························· (121)

第十四回　学子投师吃闭门羹　　老翁留宿道骇异闻 ··························· (133)

第十五回　骆县令辩理拜名师　　李夫子讲学震江南 ··························· (145)

第十六回　乡儒士拼死拒圣命　　省巡抚怜生草奏章 ··························· (152)

第十七回　寓富平群贤生龃龉　　投盩厔二徒对棋局 ··························· (158)

第十八回　李中孚论濂洛关闽　　王尔缉辨心学理学 ··························· (166)

第十九回　痴心女情海起波澜　　负心汉学海泛舟楫 ··························· (179)

第二十回　博取名望污吏碰壁　　遭受凌辱奸徒寻仇 ··························· (190)

1

第二十一回	挟私怨一意害名士	谋韬略三番救恩师	(201)
第二十二回	昔日路人遽成兄弟	往时兄弟渐为路人	(212)
第二十三回	著反身大儒开新境	赴襄城骨肉遇故人	(227)
第二十四回	闹饥馑涝淫二月雨	解危难渭水一扁舟	(240)
第二十五回	南山养疴善结佛缘	儒释论道共话殊同	(249)
第二十六回	师徒携手共谋鸿篇	门生孤身独筹书院	(258)
第二十七回	迷途生修身谋文治	顽劣子养性练武功	(276)
第二十八回	侯善仁输粟获嘉奖	王心敬捐锦罹祸殃	(296)
第二十九回	井利水利双利抗旱	区田圃田两田丰收	(315)
第 三 十 回	养弃婴善报两家喜	设计谋折狱一冤申	(336)
第三十一回	董复庵诚邀游南国	王丰川乘兴履五省	(356)
第三十二回	怒笞不肖愤立家训	哀拜恩师聆听遗言	(374)
第三十三回	江汉答疑弘扬圣道	伤逝慈母咏诗泣血	(381)
第三十四回	紫阳授课舌战群儒	胸怀大我力弥裂隙	(390)
第三十五回	抒兵学献策鄂伦特	怀圣心劝诫年羹尧	(407)
第三十六回	遵家训双璧光先祖	奉圣旨两坊裕后人	(426)
第三十七回	注五经苦心卫圣道	环九州莫不知丰川	(444)
第三十八回	小龙儿显身还凤愿	老夫子长眠涝河湾	(454)
尾声			(464)
后记			(465)

楔　　子

崇祯八年。

夜深了,昏黄的月亮挂在树梢。古邑鄠县(即户县,西安市鄠邑区)城内一片死寂。鸟瞰之下,整个破败的城郭,犹如行将就木的饿汉,僵卧在秦岭的北部山麓。

连续几年的饥荒,肆虐着整个关中大地。旱灾之后是水灾,水灾之后又是蝗灾。榆树皮剥光了,树叶、菜根吃净了,大多农户连下年的粮食种子也无奈地进了饥肠辘辘的腹中。人们腆着黄胀透亮的大肚子,一个个像醉汉般游走在县城的大街小巷。

不远处,一个穿戴齐整的汉子踱出一间馍铺,手捧着一牙锅盔正啃得有滋有味,不防背后伸出一只干瘦的黑手,抢走了所持之物。汉子回头一看,只见一个狂奔的趔趄身影,窜入飞扬的烟尘之中,不由拔脚直追。饿汉听身后的怒骂声愈来愈近,情急中一把将馍塞入身旁的牛粪里。汉子气急,上前一脚将饿汉踹倒,又赏了两个耳光,才愤愤而去。半晌,饿汉从地上爬起,跟跄着扑向牛粪,掏出锅盔,理直气壮大口吃将起来。事毕,挪着酸痛的身子,裹着破衣,躺在一个背风的向阳处,幸福地闭上了双眼。

空荡荡的荒野上空,一只苍鹰搧动着无力的翅膀,来回盘旋着,渴望找到一只饿昏的鼠、兔。未几,自己却一头栽向了冰冷的地面。

鄠县城外,一簇簇扶老携幼的人群,慢腾腾挪动着脚步,像一条不间断的浊流,越过城池,汇入南山,向西南的四川等地漫将过去。他们是一群来自河北(渭河以北),乃至山西的饥民。

路旁的荒草上,躺着一位瘦骨嶙峋的老者。两行浊泪挂在枯黄的脸颊上,双唇翕动,干柴似的黑手紧紧抓着一个小姑娘,悲凄的目光死盯着这孩子,喉咙里咕咕着含混不清的字眼。他不甘心自己撒手而去,将爱女一人丢在这荒凉凶险的逃难路上。不多时,老者双目直瞪,含恨而去,身后传来一阵撕心裂肺的嚎啕哭声……

 穷庐残月

古人云:家败纷争起,国颓异象生。对于明末的鄠县人来说,这一古语竟成了一个不祥的预言。

近日,县境内的邻里熟人间,不断流传着一件件挺瘆人的咄咄怪事:前不久,一向以清澈丰沛闻名的阿姑泉,一夜之间突然断流,就连山谷中的深潭也滴水全无,其中的鱼虾更是消失得无影无踪,仿佛这里自古以来就是一条干沟。近处山民除了取水的烦恼,更添了几许莫名的惊诧。

时值深秋,散植于村旁田头的柿树已果尽叶落,然而县东张良寨村田里的一棵柿子树,却又抽枝开花,叶缝中还露出了一两枚青果。附近村民立马将其奉为树神,一时间竟香火缭绕,前来朝拜者络绎不绝。

斑竹园是一个四周被数百亩翠竹环绕的幽静小村,有两条小径通过茂密的竹林曲折而出,在白日里都显得有些晦暗。前天,一村妇行走于小径中,蓦地一只小狐从黑黢黢的竹林深处窜将出来。让村妇发毛的是,它的头上似乎顶着一方新娘用的红盖头;其后几天,每逢夜间,竹林中便不时传出疑似婴儿的啼哭声,让整个村子一片慌乱。

半月前的一天夜里,县北街城隍庙里昏黑一片。一位值夜管事内急走出门外,正解手间,忽见城隍大殿内烛光摇曳,不禁寻思着是哪个不知深浅的东西,轮值终了忘记灭烛,万一不慎发生走水,可了不得。老者摸黑向大殿走去。挨近大殿,里面隐约传来一阵嘈杂声。一个声音怒斥道:"本尊神日前偶见太上老君,闻其言道,他近来掐算,世间不日将遭一大劫。尔等还不潜形匿迹,难道等大难临头,身陷血光之灾,方才惶惶逃生不成?"殿内立时传出一阵嗷嗷声,无数黑影从门窗飞奔而出。一只牛犊大的黑家伙慌不择路,一头撞翻老者逃遁而去。老者仰面倒地,七魂六魄三去其二。待天明,众人七手八脚将其抬入舍中,掐手捏鼻,侍弄半日,方才苏醒。追问之下,老者将所见所闻一一道出,惊得众人半天合不上嘴巴。

接二连三的不祥异兆,使古老的鄠县城笼罩在一片惶恐之中,街头巷尾,人们纷纷交头接耳:"莫非……要变天了?!"

辰时已过,鄠县城外的荒郊。

一只野兔正在荒草中操持着自己的家务,它不时窜来窜去,寻找着可食之物。忽然,它停止蹦跳,支起后腿,竖起双耳,谛听着来自远方隐约的轰鸣声。不一时,人的吆喝声、马的嘶鸣声愈来愈近。一大队人马风驰电掣般飞奔而来,大地在马蹄的叩击下微微颤抖,机警的兔子早已逃得无影无踪。

这队人马的前头,是一个满脸络腮胡子的彪形大汉。他头戴一顶软底翻檐大舌帽,身着绛袍,襟连铠甲,骑一匹紫骝乌龙驹,手中紧握一把寒光闪闪的花马剑。他,就是人称"闯将",后称"闯王"的李自成。

话说李自成,出生于陕西米脂的一户贫苦农民家庭,长大后曾当过和尚、牧童和驿卒,因不堪恶霸凌辱,杀人投义军。在军中,他多谋善断且武艺高强,甚得众军悦服。加之,由于残酷的军事斗争需要,李自成勤奋自学了大量兵学著作和传统国学经典,因而迅速脱颖而出,不久便成为全国各路义军中独树一帜的儒将,并在老闯王高迎祥归天后成了这支最有战斗力部队的统帅。

不久前,李自成在兴安县(今安康市)车箱峡中误入官军包围,幸而使用财物贿赂,才乘夜色朦胧侥幸脱险。待实力完全恢复后,又与官军展开厮杀,并乘机或攻占、或游走于西安附近的鄠县、盩厔(今周至县)、长安、蓝田一带。

前几天晚上,李自成几乎一夜未眠,暗自思忖着自己这支义军目前的处境:经过车箱峡九死一生之战,与朝廷已彻底翻脸,两者必成你死我活、水火不容之势。自己虽已占据西安附近一带,仍是流寇一般;至于与自己"同根生"的"兄弟部队",像老回回马守应、革里眼贺一龙、曹操罗汝才、左金王蔺养成、射塌天李万庆、改世王许可变……更有野心勃勃的张献忠,哪一个都不是善主。在李自成的眼中,他们和朝廷一样凶险,只要有机会,没有人会对他心慈手软。

在强敌环伺之下,要想迅速壮大自己,就必须着手认真解决存在于各路义军的共同弱点:一是没有建立巩固的根据地;二是没有收罗大量的人才,尤其是各地有名望、有真才实学的乡间隐士——如若捡到南阳卧龙先生一类人物,就会如虎添翼,不仅能力压群雄,甚或具备向北京崇祯老儿挑战的资本了。

一时间,闯王竟兴奋地在帐中转个不停。他为自己先于其他首领想到这个战略性的关键症结而暗自得意与庆幸。立刻决定第二天奔赴西安近郊——鄠县,收拢在当地颇有贤名与才学的士绅张弘襟。

直到黎明时分,他才倒在军床上准备小睡一会儿,谁知一夜的苦思竟使他一着枕就酣然入睡,并做了一个十分怪异的梦。

梦中,他孤独地伫立于家乡米脂一座高峻的黄土岗上,面对漆黑的夜空,正凝神思考白日里缠得他坐卧不安的难题。不经意间,沉思的闯王抬头一看,发现一银色气团从西北方冉冉升起,呈半圆形。之后,迅速膨大,短短时间,北面天空大半被其覆盖。这无与伦比的宏大壮观与异常清晰而完整的半圆,在夜空中发出银色的辉光,美丽、神秘得令人心悸。梦中的自成如被施了魔法,动弹不得。不多一会儿,光晕慢慢变淡,竟逐渐消失得无影无踪,夜空依旧,仿佛压根不曾有过刚才那一幕惊心动魄的神秘天象。

自成大叫一声,在军帐中猛然坐起,冷汗淋漓。刚才那个梦太逼真了,太荒诞了,难道是冥冥之中上天对自己的某种暗示?他回味着其中的每一个细节,试图将它与自己的命运前途联系起来……银辉笼罩了北部的整个星空,是不是意味着他的部队会横扫一切,直取北京,并将开辟新一代的王朝?这个天意无疑正是他自己日思夜想、梦寐以求的。可刚过了一会儿,银团又慢慢消失,直至无影无踪,又意味着什么呢?他不敢往下想了,还是尽人事,听天命吧!

一想到此,他不由在帐中蹦跳了几下,一边清醒头脑,一边大声地自语:"若那个神迹暗示为真,即使失败了,也算坐过几天龙椅。世上有几个英雄豪杰能做到我这一点?果真如此,死也值了!"

走出帐篷,号令大军直奔目的地。一时间,这支部队狂飙般直扑鄂县,沿途大地颤抖,野兔远遁……

话说鄂县城外,深居着一位大隐者,姓张名弘襟,号"象南先生"。此人学贯古今:琴棋书画,堪比伯虎;帷幄韬略,不让子房。然只恨朝廷昏聩,尽管张公有经天纬地之才,却得不到上峰的赏识重用,终使明珠暗投,官秩仅至于山西督学道布政使参议兼按察司佥事。

彼时,弘襟先生已卸职,为躲明末乱世,遂在城外处修屋筑城,隐居于其所建的宅院之中。然而他有所不知,在这座自视为安然的避风港中,竟然有一波惊天骇浪正向他凶猛袭来。

巍峨厚实的鄂县南城墙外,与其一水(城壕)之隔,有一处小村寨,名曰"南宅"。此村不大,却建有周长百丈,宽一丈,高两丈的"城墙",俨然一座微型县城,虽然袖珍却也十分整齐坚固。在兵荒马乱的冷兵器时代,这无疑是一个强悍村寨的防卫"标配"。小城北有一高三丈有余的城楼,其下城门,此时双扉紧闭。

一时三刻,李闯王的人马将小城四周围得铁桶一般。众军乱纷纷嚷成一片,聒噪着要攻入城门,活捉张弘襟。闯王手一挥,队伍立即静了下来。他端坐马上,静静地等待着,表情威严而平和。闯王心里清楚,此时他要向寨内民众,包括张弘襟显示,他的队伍是一支先礼而后兵的仁义之师;他要在与张弘襟开兵布阵的第一回合,从心理及气势上压倒对手。明眼人一看便知,这支队伍在恭敬的表象下却暗含着一股无形的煞气与威慑。

在令人窒息的寂静中,闯王依然在城门外气定神闲地静候着,他对下面要发生的事情胸有成竹。不一时,城门缓缓打开,内中走出一位手执托盘的使者,跪于道旁,低头恭敬回话:"我家主人托小人谨向大将军致意:大将军莅临敝寨,小民理当亲来迎迓,无奈有恙在身,不堪惊扰,还望大将军宽恕则个。"

一兵卒闻听此言,跳将起来:"这个不识好歹的老东西,大王到此竟迟三慢五,待我将他一把揪来,先给这厮两耳刮子,看他还敢这般撒野!"

闯王侧身一瞥,吓得那个兵卒赶紧闭嘴退下。

闯王对着来人一拱手,柔声道:"既然先生贵恙在身,本将军理当前往探视问安,望这位小兄弟前头带路。"不由分说,大步进入了寨门。

入得寨内往右一拐,不远处一棵古槐参天而立,繁茂的树荫下面,露出一座宏伟的府第。走近观之,一对高大的石狮子威风凛凛地雄踞在斜八字墙壁两侧;迈上数级石阶,厚实的红漆大门上,拳大的铜泡钉熠熠生辉;门楣顶端,一副遒劲的"张府"金字木匾分外醒目,彰显出主人的尊贵身份;其侧悬挂着两只硕大的红灯笼,很是气派;八字墙外,一溜琉璃瓦红墙,将整个院落罩得严严实实。

进入大门,是一洁净小院,院墙两侧,长满繁茂的翠竹。中间一条宽阔的卵石甬道直通一所迎客大厅。

厅内东侧粉墙上,一幅周臣的"山斋客至图"悬挂正中,两旁楹联为米芾所录杜甫的佳句:"花径不曾缘客扫,蓬门今始为君开。"

整个大厅,除桌椅茶具等应客之物外,别无其他摆设,略显简陋,却弥漫着一股儒雅气息和肃穆氛围。

东厢房,是主人的书屋;西厢房,是主人的诵经场所。其后排一溜简朴的瓦舍,是主人及家眷的卧室。杂役、丫环、家仆、院丁等人,另有居处。

房舍东侧,有数亩大的田园,其内繁花盛开似锦;中间有多垄田畦,送来阵阵果蔬清香;西侧,有一小广场,刀枪剑戟、石锁、石滚罗列其中,为主人健身及训导家丁的习武场所。整个院落,呈现出一派勃勃生机。

闯王进入客厅，方在椅上坐定，便有伺立丫环奉上香茗。不多时，由家僮搀着一位官人进入客厅。他弓着身子，气喘如扯丝拉锯，一阵连一阵的咳嗽弄得这位病人浑身颤抖，似乎顷刻间就要瘫倒在地。这位大人，就是闯王来网罗的对象——张弘襟先生。

弘襟强撑着拱手行礼："大王光顾寒舍，老夫未能远迎，实属罪过，望大王看在在下染病体虚的分上，万勿见怪才是。"闯王围着他转了几圈，上下打量着，一语不发。闯王这一古怪的举动和神态，看得周围人等一头雾水，暗自惴惴不安地猜想，这个大王葫芦里卖的什么药。气氛一下子变得紧张起来，大厅内寂静得令人窒息。

说时迟那时快，只见闯王冷不丁一个箭步上前，对着弘襟当胸猛击一掌。在众人的惊叫声中，只见张弘襟病态瞬消，他脚蹬地面，猛地向后蹿了八尺有余，双臂成叉子形护在胸前。闯王指着弘襟呵呵笑道："先生不愿见李某，尽可直言相告，何必如此装神弄鬼？"

张弘襟极度诧异："大王何出此言？"闯王回言道："来之前李某曾多方打听，闻知先生是一位胸怀韬略且文武双全的高人。今日一见，先生膀宽腰圆，双臂肌肉紧绷，面色红润且额上微汗渗出，想必刚从——"闯王向后院传来刀剑搏击声、喊打喝彩声之处一指，"练武场上归来，此等小伎俩岂可瞒过李某的双眼？"弘襟哈哈一笑："雕虫小技让大王窥破，惭愧，惭愧。"闯王笑答："不打不相识，与先生有相见恨晚之感。"弘襟遂命下人换过凉茶，重新落座。一干人等，方才将快要蹦出的一颗心，慢慢又放回肚里。

闯王言道："本将军来自米脂，原为一驿卒。眼见近年陕甘数省灾荒连年，饿殍遍野，百姓易子而食，而官府非但不体恤赈灾，反而横征暴敛，致使民怨沸腾，各地义民揭竿而起，烽火遍及大半中国。此种情势，想必先生心知肚明。自成自思愚钝，闻听先生为关中第一高人，故斗胆前来拜访，万望先生不吝赐教。"弘襟躬身："岂敢，岂敢。"闯王启齿："当今大乱之时，各地群雄并起，依先生之见，天下大势有个怎样的归处？李某又将如何应对才好？"弘襟抚须沉吟半晌，抬起头来直视闯王："大王既然不耻下问，老夫就直言相告了——我朝气数已尽，国祚将不久矣。各地饥荒连年，民不聊生，加之官府苦苦相逼，犹如干柴见火，焉有不燃之理？况且上天已有异兆，大王未闻鄠县连发几宗神异怪事否？"闯王："愿闻其详。"弘襟遂将近日鄠县所发生的惊诧之事逐一叙说，又回口道："既劳动问贵军因应之策，大王可在西安立住脚跟，开仓济赈，免除田赋，必获万众拥戴；继而设置廉官能吏，巩固根基；同时唤起灾民入军，扩大队伍；更须注重搜罗人才。凡具经国济世之能者，运筹帷幄决胜千里之智者，皆当收罗待为上宾；然后纵横捭阖，收服诸路义军。最后稳扎稳打,徐图北京,天下大事可定矣。"

闯王闻言大喜:"先生真乃不世之才,一席话使李某如醍醐灌顶茅塞顿开,请先生受自成一拜。"说罢便欲欠身行礼,张公急忙拦住:"大王折杀在下了,快快请起。"闯王道:"先生若不应允我一事,宁可长跪不起。"张公急言:"诸事好商量,大王如此,便给在下罪上加孽了。"方才劝起闯王。

闯王恭敬开言:"先生此番宏论足值千金,令自成受益终生。只是先生有此卓识,何不出山屈随本王身旁,扫除暴政,解万民于倒悬?"张公长叹一声:"承蒙大王谬奖。只是老母临终之时,再三嘱咐小民,要忠君爱国,在下顿首受教。而今岂能违逆母训,食言自肥?况且小民已皈依佛门,断不可妄行暴戾杀生之举。大王美意,实难承允。"

闯王答曰:"先生此言差矣,古今雄杰皆应运而生,乘势而为。当今乱世,正是吾等为民除害、建功立业、青史留名之时。以先生才学,难道甘愿一世碌碌无为,蹉跎岁月老死庐中?何况成事之后,定可光宗耀祖,尽享富贵荣华,轰轰烈烈一世,岂不快哉?"张公凄然回曰:"天下生灵涂炭,黎民流离失所,纵使吾一人钟鸣鼎食,又于心何忍?"

闯王见张公再三推辞,不觉心中大恼,脸上恭颜立马退去,怒色自面颊隐隐浮出。他推离坐椅,直指张公:"本王苦口婆心,再三劝喻,谁知你竟冥顽不化,执意违抗,难道不怕血流三尺,伏尸在地?"张公神情自若,凛然回禀:"大王岂不闻匹夫之志,神祇难逆?我今意决,要杀要剐,唯遂尔愿!"闯王一声怒喝:"刀斧手,推出门外,斩首报来!再则,焚烧宅居,妻妾奴仆一律掳为充军苦役。"

众军高声呼诺,簇拥押解着张公走向后花园。闯王随即俯首低声吩咐一马弁,马弁匆匆离去。待一会儿,马弁回禀:"张弘襟说他抵死不从。"闯王叹道:"天不助我。"遂呼手下将张公请回。闯王亲自松绑,连连道歉:"刚才只是恐吓先生,谁知先生心如磐石。李某在此给先生赔礼了。只是这番苦心,恳请先生察知,还望先生见谅。"张公答言道:"冒犯将军天威,理当惩处。感谢大王体谅小可苦衷。"

一时间雨过天晴,二人大有惺惺相惜之感。闯王命手下拿来一些散银:"先生既不屈尊,本王即刻告辞。些许银两,烦请先生为自成代祭婶母,望老人在天之灵,佑护吾辈。"张公唯唯。

小城门前,张公、闯王执手告别。闯王低声相告:"为避官府为难追究,自成临行前,会送给先生一件小礼物。"弘襟目露疑色,闯王挤挤眼:"先生只管闭门便是。"

待城门关合,闯王怒指城门大骂不止:"张弘襟,尔贼不从我意,何其恨也,今姑且暂

7

留几日头颅,容尔回心转意。下次若还如此冥顽,定当屠城灭户!"

说罢,"嗖,嗖,嗖"射出三箭,箭箭直入城门数寸,铮铮作响。随后策马扬鞭,迅速消失在东去的官道上。举目远望,大队人马卷起的漫天扬尘,久久不曾消散。

从此,"箭门"一词及闯王会张公的传说,便久久镶嵌在了鄂县人的历史记忆之中。

送走闯王,众人长吁一口气,纷纷聚集在张府客厅。一长者问道:"方才如此危殆,庄主为何不明哲保身,以致险遭杀身之祸?"张公回曰:"天下大乱,群雄并起。据吾观之,在此众人中,唯李自成与张献忠高居其上。但张献忠残忍暴戾,草菅人命,其行径无异禽兽,实乃当今一混世魔王,必遭天诛地灭;李自成除暴安良,堪称仁义之师,其智勇谋略更是出类拔萃,久后必成大事。然其急功近利,胸襟狭小,连三顾茅庐的刘玄德尚且不如;李将军尤其缺乏着眼中原、虑及边外的全局眼光,其后终将食其恶果。一言概之,其徒有帝王之形,而弗具帝王之质,终将无缘久居九五之尊,此时也命也。吾之所以不愿追随其左右,一则身在佛门,决不杀生,须知帷幄一计可致万人丧命;二则谨遵母命,忠君爱国,纵使大明将覆,断不能出自吾弘襟之手;三则退一万步说,如今天下群雄争伐,鹿死谁手尚未有定数。若轻率附逆,一旦事败,则成乱国贼子,祸及子孙不说,一世清名亦将毁于一旦矣。"众人皆击节叹服,点头称是。

箭门风波,起初阴云密布,继而电闪雷鸣,最终霭住云开。其充满戏剧性的情节,至今仍为南宅人所津津乐道。

闲话少说,言归正传,事情还正沿着固有的逻辑向下演变。翌日,弘襟府中来了一位官差,声言县令张宗孟大人有请。弘襟心中叫苦不迭,暗自思忖:李闯王昨日刚走,县令今日就来传唤,怎的如此凑巧?莫非昨日与闯王一番周旋,其中言不由衷之词,被宵小告发,县令今番要怪罪责罚不成?随即试探问道:"小哥可知县大人所唤何事?"官差面如冷霜:"小人不知,只教唤先生尽快前往。"弘襟一看官差面色,更加心乱如麻,口中却回差人:"请小哥在厅堂稍候片刻,待老夫修整一毕,即刻前往拜谒。"

弘襟随官差匆匆进城,路上脑筋却一刻未闲,常言道"催命的差人,破家的县令",自己平时虽与宗孟大人相交甚密,但这次非同小可,弄不好"谋反"二字戴在头上,可是诛灭九族的大罪。此番前去,在大人面前该如何自辩一番?正在苦苦打着腹稿,一抬头却已进了县衙大门。

内厅刚一落座,弘襟便赶忙起身,欲述昨日之事。只见宗孟大人手一挥,止住了弘襟:"本官知你欲言何事,只是先生误会了。昨日已有细作告知你与李贼相谋之事的详情。本官与先生故交,深晓先生忠贞大义,先生昨日虽刀斧加身,却宁死不从闯贼威逼,足显对我朝廷之赤胆忠心。其节操昭昭如日月辉映,令本官敬佩不已,此举足以明心;先生与李贼所言策论,实属虚与委蛇之语;况且,其中所荐李贼行事诸项,皆为利民之举,其若依计而行,必可缓解黎庶疾苦;至于尔所建议暂不攻取京都,更是缓兵之计,以便朝廷有调集军马、围剿李贼的转圜之机,此乃有功之举,何罪之有?本官昨日本欲击灭李贼,怎奈兵少将寡,守城尚可,击贼无力。幸喜李贼此番目的在君不在城,故终有惊无险耳。"

弘襟一听此番言语,犹如久旱逢甘霖、杀场遇赦令一般,喜出望外之余,后背上的津津冷汗才慢慢退了下去。不禁暗自叹服宗孟大人洞窥肺腑的慧眼卓识,他为大人能设身处地体察自己的苦衷而不由内心感激涕零。不过片刻又忽地疑窦顿生,遂恭敬问道:"既然如此,贤令唤在下前来有何指教?"宗孟拉过椅子,与弘襟促膝而谈:"今召先生前来是要与你商量一件大事。宗孟不才,以薄名之身奉旨治理贵县,实在有负圣恩,然宗孟虽自愧愚鲁,却一刻未敢忘记皇命在身,仍欲在此治期内有所作为:一则欲在县城中央建一大阁楼,以重振贵县旧时京畿之地的雄风。此前在重修县城四门城楼后,虽县内城中楼阁列峙,然中心无主,必致地脉散也,人文必将不振。吾欲建楼于城之中心,以镇之。此楼拟名为"文昌阁",用以供奉文昌帝君,以彰本地文脉昌茂、儒士众出之气象。二则欲重修文庙大成殿,以重现贵县旧时人才济济之盛况。三则欲重修渼陂,以恢复贵县古时之湖光山色。只是如今民生凋敝,国库空虚,虽有此利国利民之奢望,然身陷无米巧妇之窘境,如之奈何?"

弘襟正在庆幸自己逃脱大难,听到父母官如此无奈地苦诉衷肠,不由慨然而起:"贤令有此宏图大略,实乃敝县乡民之福也,此举将惠及当今、泽及后世,必能重振吾县士林之风。恕老夫斗胆妄言,此宏图愿景一旦实现,数十年后必有大儒出于鄂县!"①

宗孟不禁被这句石破天惊的断语所震撼,他不由起身紧握弘襟双手,久久无语,两人都沉浸在了这瑰丽的未来幻境之中。

经过此番精神涅槃,两人由相识走向了相知。弘襟开言道:"贤令此事不必过虑,除官家拿出必要的财帛外,还可将这一善举昭告乡野,让有为士绅踊跃为之捐款;若还有不

---

①据《鄂县志》载,崇祯八年,知县张宗孟上任,李自成围南宅时,宗孟关城拒守。其后不久在县城中建起文昌阁,重修文庙大成殿,增补鄂县志。约弘襟共商其事,弘襟赞曰:"先生此举泽及后世,数十年后当有鸿儒临生。"

足之处,弘襟愿一人承担。"宗孟闻听此言,顿时愁眉尽展,不由大赞道:"壮哉,善哉,巍巍乎象南!"

此后不几年,雄伟大气的文昌阁拔地而起;庄严肃穆的文庙大成殿金碧辉煌;大加开扩的渼陂湖又有了前朝的轻舟荡波,鱼跃柳荫。

李闯王求贤折谋怒射箭门与张宗孟和张弘襟联袂兴鄂的事迹,随着山野乡民的口口相传,为鄂邑后世平添了一段脍炙人口的千古佳话。

话说天道无常,世事沧桑,上述鄂邑之奇伟传奇过去不久,明末残世便处于大动乱、大嬗变之中。中华大地目睹了李自成犹如夜空流星,虽璀璨夺目却瞬间熄灭的落局及崇祯皇帝宵衣旰食却又刚愎自用终酿自缢的悲剧后,一个曾徘徊于大兴安岭白山黑水之间的游牧民族,终于登上了历史的舞台。其如喷薄而出的旭日,从古老亚洲的东方冉冉升起,中国的封建帝制转盘,又开始了一次新的轮回。

清朝的帷幕刚刚拉开。顺治十三年,似乎为了应验张弘襟的那番预言,位于中华大西北的陕西鄠县北街,在箭门那场惊心动魄的历史剧发生不远处,一名婴儿呱呱坠地。他,就是后来闻名朝野的国学大师,著名理学家、诗人、教育家,别号丰川的王心敬。一个围绕着他的动人传奇故事,就此掀开了篇章。

第一回　艳阳日村妇荷箪食
　　　　雷雨天儒生话劫数

诗云：日月经天地，万古映八埏。冥冥大道门，庖义启真诠。
　　　历黄及唐帝，一中阐心传。舜畅十六字，三代均此宣。
　　　周陵皇纲坠，一线韦素牵。感图既已矣，诗书开群贤。
　　　三传生亚圣，仁义揭七篇。王泽湮暴秦，两汉仅言诠。
　　　伟哉六朝后，文中映后先。布衣属三九，独振濂洛前。
　　　五星聚宋奎，宝鼎出沉渊。渊渊洛川水，一脉延宋元。
　　　更有江西派，到海同一源。河姚继两宗，日月辉重泉。
　　　悠悠二百载，二曲集其全。天德兼王道，工夫达性天。
　　　平平还荡荡，不党信不偏。嗟予师二曲，二曲脉谁延？

　　此诗开宗明义，概述了我华夏文明的精神脉络，诚为我历朝儒学绵延数千载之浓缩刻画。其间，历经了几多兴盛、纷争与衰落；而作为此诗作者，本书的主人公王心敬也穷其以儒为业的一生，演绎出了一段奋发有为、跌宕起伏的传奇故事。

　　话说古邑陕西鄠县城中，居住着一王姓人家。这门望族大户祖籍河南太康，后曾在陕西高陵县为官，遂举家迁居于当地。元朝末年天下大乱，其祖兄弟三人在战乱中失散，长兄继祖率一家人隐居于鄠县终南山中。待明朝继统时局稳定，便移居于县城北街，从此家族犹如枯木逢春，继而生根发枝，繁衍兴旺。

　　光阴荏苒，转瞬间又过了二百余年。王氏门中兴盛时也曾先后有多人在朝为官，如今家道中落，随之沦为一寻常百姓人家。此际，族中有一年轻人名曰王忻，娶妻李氏，与母温氏、长兄愭、二兄意，一家人安安稳稳过着耕读不辍的平淡日子。

　　王忻之妻李氏近来隐隐有着一丝烦躁：自己妊娠日久，掐着指头算应是分娩之期，可

鼓胀的肚子却没有一点临盆动静。急得她私下向婆母讨教,温氏安慰道:"依着女人间相传秘方,这几天你多活动着,腰子一晃荡兴许胎儿就会离身。"李氏按着此方挺着肚子却仍在厨房操劳不歇。一日,她正在烧火擀面忙活得气喘吁吁晕头转向之际,忽闻一股扑鼻异香,空中也隐隐传来阵阵仙乐。李氏急奔至屋外,但见半空祥云缭绕之中,数位仙童环拥着一怀抱赤婴的送子菩萨,那菩萨凌空高呼:"下面听着。此婴原乃天宫一仙童,因了一段凡缘今投胎你家。此儿成人后当有微功于中华,望尔好生抚养,来日家道中兴亦有赖此儿也。"言罢,随手一抛,只见那赤儿从半空中滴溜溜直坠而下,急得李氏高举双手欲接,谁知脚下一滑当即跌坐在地,不由大放悲声。正在惊惧交加之际,忽觉肚中一阵坠痛,慌忙爬起,却见自己躺在炕上,原是惊梦一场。低头一看,羊水已破,一婴儿带着尖啼哭叫呱呱坠地,霎时搅得整个庭院一阵欢喜奔走忙乱不迭……

顺治初年,满族入主中原,成为华夏大地的主人。其一改对汉明的血腥杀戮,极力招抚汉族的士大夫,对一般的民众亦轻徭薄赋,使黎民百姓在明末的天灾人祸双重重压下,获得了一丝喘息之机。

此时天公亦作美,在连年的旱、涝、虫灾之后,今年是难得一遇的风调雨顺。芒种时节,整个关中大地,一眼望不到头的黄澄澄的麦穗迎风摇摆。一群群兴奋的蚂蚱爬在低垂的麦穗上此起彼伏,高吟低唱,奏起了欢快的丰收之歌。

一场企盼多年的丰收季到来了。农夫们这几日起早贪黑,挥镰收割。一望无际的麦田里,散布着密密麻麻的人影,收获着久违的希望和喜悦。

正午时分,鄠县北关一条斜插着通往河湾地的土路上,行走着一位中年妇女和她七八岁的孩子。妇女身着大襟粗布短衫,一手提着盛满稀汤面的大瓦罐,一手提着一大撂两掺馍的竹笼,迈着一双小脚,艰难而急促地行走在大车轮轧出深槽的疙瘩土路上。身后的小童被炎热的日光炙烤得浑身通红,汗水顺着眼睑流淌而下,被小手一拨拉,弄成一个大花脸。

"妈妈,热!"小孩将装着凉拌黄瓜的小篮往地上一蹾,赖在路上不走了。"乖娃,你看前头就是咱的地,你伯你大(鄠县土语:'父亲'之意,音似'达')还等着吃饭哩。咱快走,到地里给你逮个大蚂蚱。"孩子一听,立时来了精神,一路小跑,急得母亲在后面直喊:"慢些,小心把菜颠撒了!"

各位看官,眼前这位妇人,为乡绅李公培的爱女。因她自小失恃,公培甚为怜爱,故出资在家请人为其教习功课。此女才思敏捷,日日苦读勤练之下,竟至诗书女红无所不

第一回　艳阳日村妇荷箪食　雷雨天儒生话劫数

精。及笄之年待字闺中，其父闻知鄠县北街诗书望族有一后生名曰王忻，字中悦。此人生性豪放仗义且饱读诗书，更素有孝名，曾传扬四野，妇孺皆知，遂慕名托人传话于王家。王忻父亲名德玉，生性随和，闻知李绅德贤兼备，且家道丰裕，其女才貌俱佳，即欣然允婚。然此时的王家，曾在前朝末期被破城贼寇洗劫一空，后虽尽力农商，却聊补一时，终归日行有捉襟见肘之窘，李绅却不嫌其贫，唯以嫁女于知书达礼之家而知足。成婚之日，嫁妆丰盈且暗藏财帛以资亲家。婚后二人琴瑟甚笃，育有一儿一女。多年以来李氏尽心服侍公婆，竭力操持家务，王氏举家皆庆幸忻娶了一位如此贤能的好媳妇。

刚才蹦跳前行的孩子，就是日后名扬四海的理学大儒王心敬。此时的他，正在兴味十足地满地里跑着逮蚂蚱。"妈妈，看我逮了一个大蚂蚱。哎哟！"心敬龇牙咧嘴，却兴高采烈地捏着一只蚂蚱朝李氏跑来。李氏一看，只见蚂蚱的大牙紧咬着心敬的大拇指。李氏麻利地摘了两根麦管，将蚂蚱轻轻取下，将其后腿折叠分别塞入麦管中，让心敬拿着玩。

"她三娘！"王忻的大哥王慥放下饭碗，走出树荫，伸手揉碎一根麦穗，欣喜地向李氏走来，"你看，今年的收成可了不得。"李氏一瞧，胖鼓鼓的麦粒几乎挤满了心敬大伯的手心。"一、二、三……六十三！"王慥惊叹着。李氏也笑容满面："他大伯，多年了难得遇见这样的年景。这还不都是大伯、二伯的辛劳，等磨了麦，好好犒劳犒劳几顿干面。""好，好！"弟兄三个和雇来的帮工齐声叫好，"看、看！张三的哈水都流下来咧！"麦田里顿时掀起一阵丰年的热闹。

李氏走到大耙搂过的麦田，开始捡拾遗落的麦穗，心敬跑到母亲身边，也装模作样地拾起了麦子。午后的太阳，烤得地面腾起阵阵热浪。李氏搂起衣角，擦了擦心敬脸上的汗珠，随手折了几条柳枝，绕成冠状，给他戴在了头上。"热不热？""热。""伯伯他们割麦辛苦不？""辛苦。""妈妈给你教几句诗好不好？""好。""锄禾日当午——""锄禾日当午。""汗滴禾下土——""汗滴禾下土。""谁知盘中餐——""谁知盘中餐。""粒粒皆辛苦——""粒粒皆辛苦。""这是离咱们近千年的唐朝诗人李绅的悯农诗。写得多好呀，他可是当时的宰相呢。""妈妈，那咱们就把这些辛苦都拾起来。""噢，我娃不光懂事，说话还带着几分诗意呢。"

"再有一首唐诗，正是写现在割麦的情景，愿不愿意听？""愿意。""好，让妈试着背给你。田家少闲月，五月人倍忙。夜来南风起，小麦覆陇黄。妇姑荷箪食，童稚携壶浆。相随饷田去，丁壮在南岗。足蒸暑土气，背灼炎天光。力尽不知热，但惜夏日长……你看伯伯他们，脚下的土晒得发烫，背上的汗油往下一个劲地淌，可要珍惜这来之不易的粮食呀！""妈妈，我长大不当庄稼汉。""嗯？""太晒人了。""不当庄稼汉，就要好好读书。还有，以后不管干什么，都不要忘了庄稼人的辛苦。哦，妈还忘了告诉你，写这诗的大诗人叫白居易，他可是在离咱们这儿几十里的盩厔县写的这首诗呢。""妈妈，那咱能不能见上这位伯伯呢？""噢，这可难了。可惜你迟生了上千年，你爷爷的爷爷叫他爷爷都不成呢，他也是唐朝人，在盩厔当过县官……"

"哎，妈妈问你，前几天教给你的《三字经》背熟了没有？""早背熟了，妈妈你听。"说罢，小心敬立时倒背双手，昂头挺胸，朗朗开口道："人之初，性本善，性相近，习相远。苟不教，性乃迁，教之道，贵以专……"一阵稚嫩童音如炒豆般在田间回荡。

"彩！"一声赞叹从一丈远的路上发出。母子俩抬头一看，见一四五十岁的中年儒生，身着大灰布衫满脸微笑立于道旁。那人见李氏注目遂开口道："小公子小小年纪竟能如此聪慧强记，实在慕煞老夫了。来！"他蹲下身子向心敬招手道。心敬转身看了看母亲，见李氏微笑点头，便噔噔走到了那人面前。儒生上下端详了心敬一会儿，然后问道："小公子，你叫啥名字？"心敬拉过那人手臂，用小指头在其掌心写了三个字。"噢，'王心敬'，好名字，你会《百家姓》么？""赵钱孙李，周吴郑王；冯陈褚卫，蒋沈韩杨；朱秦尤许，何吕施张……""梅盛林刁，钟徐邱骆……"儒生截住正在朗朗背诵的心敬，却另起一段。"梅盛林刁，钟徐邱骆；高夏蔡田，樊胡凌霍；虞万支柯，昝管卢莫……""好了，好了，蛮顺溜的。先生问你，你学的这些诗句是谁教的？"心敬回身指了指母亲。那人立起，对李氏微笑道："小公子眉清目秀，口齿伶俐，颇有几分灵气慧根。若再着意栽培，来日定会大有出息。"李氏敛衽回道："先生如此夸赞，令贫妇甚为自慰感激，不妨到那边树荫下歇歇脚，喝几碗凉茶再走？"

那位先生还在犹豫之时，猛然头顶一声炸雷响起。仰头一瞧，原来不经意间，竟然有一片乌云罩顶，云中金蛇一阵乱窜。人常言"夏日头，窟窿天"，果不其然。正在惊愕之际，钱大的雨片已兜头盖脑纷纷落下，唰唰的雨声顿时在四野响成一片。

眼见着正在田中劳作的一干兄弟帮工慌忙向着旁边瓜地的茅棚纷纷奔去，李氏也赶忙拉着心敬急匆匆冒雨前往。谁知刚走了几步，小心敬竟甩开母亲的手，噔噔噔跑回先生身旁，拽着他的衣袖直往里拉，先生一阵感动，心里嘀咕着：好一个良善乖巧的小儿也！顺手抱起心敬，与李氏一齐向那瓜棚急急奔去。

瓜棚中，正当众人喘息未定、寻地围坐之时，棚外大雨已如瓢泼，弄得四野茫茫一片。大伙席地而坐，兴致勃勃观看起棚外雨景。这时小心敬却摘下戴在头上的柳条树冠，甩了几下恭恭敬敬递与儒生，让他坐下。那先生不由夸赞道："小小年纪能如此知书达礼，令人实实刮目相看矣!"土忻问及李氏,方知刚才田头与先生相遇之事。

正在此时,棚里一帮工后生直指棚外大喊一声:"狐子,狐子!"众人目光一时齐刷刷向外望去,只见十数丈外一只狐狸从相邻麦田中飞奔而出,急惶惶、悲凄凄东扑西窜,四处打转,似乎那畜生不在避雨而若大祸临头急切间失却了主意。众人正看得有趣,谁知那物一不小心爪下一滑竟弄了个四蹄朝天,逗得棚内笑声四起。"后面一定有狼赶着。看,它又跑了。"随着后生手一指,在众人凝视中只见那物猛然一顿,拧身向不远处一陡坡的荒草乱树丛中奔去,隐在了其中。正在棚内大伙猜疑议论之时,随着一声炸雷,却见那物呼地又窜出,拼命朝前奔来。众目睽睽之下,原来有一只灰狼紧随其后追赶不休。那狐子急切间无可逃避,竟然朝着瓜棚直直闯了过来。众人眼睁睁看着那狐狸窜进棚中,扑卧于心敬身旁,气咻咻、喘吁吁浑身抖成一团。

那狼见狐子进了瓜棚,只好停住脚步悻悻然转身离去。

一时间棚内大哗。那后生兴奋异常,口中直呼:"让我把这狐子逮住,做一半截皮袄,冬里就暖和得太!"言罢就要下手。却被先生一旁拦住道:"此物行径如此怪异,切莫轻举妄动。"说完遂蹲于心敬跟前,仔细打量起这只不知死活的野物。正凝神细观间,棚外又霹雳大作,一股股电光如箭般围着瓜棚四周嗖嗖乱穿,激起泥中水泡冒起阵阵淡雾轻烟。这时只见那狐狸愈加惊惶狂躁,竟立身乱抓,呜呜哀鸣不已。七八岁的心敬初生犊子不怕虎,看着狐子那副可怜相,索性将它抱起揽入怀中,轻轻抚摸起那湿漉漉颤抖不已的柔身,那狐狸立即回头舐起了心敬的小手,温顺得犹如家猫一般。李氏见状也顺势将心敬抱入怀中,皱眉闭目,口中念念有词咕哝不停。

这时雷声一阵紧似一阵,电光在四周穿梭跳跃。一老农边捂耳朵边大声喊着:"日却怪了,老汉我活了大半辈子,还没见过这般近的雷神爷。"此话刚落,那先生却闻声立起,仰天大笑道:"哈哈哈!老夫何其有幸,竟能在有生之年目睹此亘古罕见之奇观!古书有云,于今得证矣!"众人一听大为诧异好奇,纷纷聚拢在老先生身旁以明其异。先生指着这只野狸高声道:"众位请看。这只狐子毛色昏黄,与那弱龄同类毛色鲜亮迥然不同,且其眉、唇之毛已然灰白一片,它是一只百年老狐无疑。古书有云,狐历千载方可修炼成仙幻为人形。其每百年当有一劫,其历劫无逃者将灰飞烟灭。欲避其灾,当在天降雷霆之际,匿藏于大命之人身侧,方能安然无恙矣!如今这灵性之物能不惧人祸躲入此小公子怀中,实乃天意也。以此观之,小公子日后必将大起于天下,即非庙堂栋梁建树文治武功,亦当为罕世圣贤,遗泽于中华后辈子孙。牲畜今日得遇此子,也是你的造化!"

众人闻那老先生这一番大有来头的高深宏论,立时人人惊诧,纷纷称奇。一汉子嘴吧烟锅慢腾腾道："小时听长辈说过这番古经,可今天亲眼所见也是奇事一桩。向王家道喜,这可是王家家业兴旺、要出大官的好兆头哩!"一时间众人齐声道贺,倒弄得王忻手足无措。王慨赶忙答道："老先生见多识广,能有这一番说辞定当不差,若这孩儿将来果真有点出息,定当登门拜谢。"那先生也拱手答道："见此奇迹实是难得。若日后果真应验,当亲至贵府道贺乞喜了。"

众人正在兴奋议论之际,却见棚外又是雨住云开、晴日当空。只见那狐狸呼地从心敬怀中爬出,当着众人之面前爪合起上下摇动作人之作揖状,然后一猛子扑出棚子窜得无踪无影,王忻等人望着这般奇景半日回不过神来。"看看,这牲畜已通人性,不知已历几遭大劫也。"先生回过身来对着李氏道,"不才姓王名鄴,家居西街,以教孩童蒙学为业。今日奇观足慰平生,尤为可贵的是,这桩奇事更预兆小公子来日将有一番大作为哩。小公子长成欲求师,尽可上门找我王鄴也,告辞!"言毕,怀着一丝意味深长的庄重与心敬拉手且与众人拱手而别,王忻等众人也挥手致意,一边纷纷议论此遭奇遇一边向方才割麦之处走去。

日头偏西,来了一辆破旧的大牛车,众人七手八脚将麦捆撂到车上,拉到县城以东上岸地的麦场里。心敬右手举着双腿插进麦管的两只蚂蚱,左手握了一把削得齐整整的麦秆,准备回家让伯伯编个蚂蚱笼。妈妈提着空罐和菜篮、竹笼,催促着贪玩的心敬赶快进城回家。

北关城门楼。

鄂县城墙虽经明末知县张宗孟大力修整,却在其后的两朝更替年代多次惨遭兵匪、乱民攻袭,使得谯楼破损,雉堞残缺,外形已远非昔日。此时的北关城门楼残垣断壁,燕雀、鼠鼬将这里当成了安乐窝。时值黄昏时分,成群的麻雀、燕子漫天飞舞,进进出出,煞是热闹。一丈五六尺宽,丈余高的拱形城门洞里,安放着两扇厚木城门。经刀砍枪刺锥撞箭穿,已伤痕累累;被大火燎烧的乌黑表面棱角残破。它们见证了昔日攻城箭矢如雨、烟火弥漫、刀枪搏杀、血肉横飞的惨烈景象。如今,这两个劫后余生的"和善老者",静静地守护在城洞的两旁。

进入城门,又是一道门楼矗立在眼前。两者之间有数亩大的半月形平场地,谓之"瓮城"。在明、清乃至以前的朝代,都是所谓的冷兵器时代,当敌人攻破头道城门后,还有后门挡着,守城官兵仍可沿着环形城墙,向下射箭投石,以退敌兵。"瓮城"似因其形取名。

母子二人进入城中,行约二十丈,有一东西向的小巷名曰"魏家巷",巷北临街有一座五间的房舍。其北三间为一门庭,甚是壮观却显得很有些凋败;大门两旁各有一烫金牌

第一回　艳阳日村妇荷箪食　雷雨天儒生话劫数

匾,上书"学问在心正义诚,事业期民萃物兴",板面上污垢划痕遍布,字迹斑驳模糊。门内有一院落,其后为两进阁楼式厅房,其南还有房舍数间,为家人歇息及日用场所;隔巷南边还有一亩半大的菜蔬果园。

李氏牵着心敬刚进门,一个十四五岁的女孩跑了过来,嘴里不停地抱怨着:"妈,你看天都黑成啥咧,咋才回来?"李氏满脸爱意地端详着心敬的姐姐,自己的掌上明珠,一边回道:"地里活忙,你看你伯你大他们还在地里装车。娉,饭好了么?"娉点着头,拉着母亲就往里走。刚一挪步,地上传来一句稚声嫩语:"三娘,孩儿这厢有礼了。"一个七八岁的女孩道着万福。李氏定睛一瞧,原来是他大伯慥的独生女。她将饭罐、竹笼递给娉,抱起了孩子:"小彩娃,今天又给哪个书生当媳妇了?"这个三娘称作"彩娃"的小女孩,官名唤作"婷"。"娉婷"一词古语用来形容女子的姿态美,今作为王家两位千金各取一字的名字。只因她自小乖巧伶俐,大人带她上过几次戏院,也许基因作怪,竟喜欢上了戏中的人物,整日在家装模作样,脸上抹上几道彩粉,哼哼唧唧学着戏里的小娘子。家里大人看着好笑又称奇,遂以"彩娃"戏呼之。"今日演的《白蛇传》,三娘可要看?"说完扭着身就想从怀中溜下,被李氏牢牢抓住:"好,好,三娘吃完饭再看。心敬,快将蚂蚱给婷一个。"

一行大小四人向灶间走去。迎面站着一位老婆婆:"老三家,今日去了老半天,看把娃晒的。"一边慈爱地摸着心敬热得通红的脸,一边拉着她的心肝宝贝进了灶房。李氏嗔怪道:"婆婆,看你把他惯得,又给藏了些啥吃货?"婆婆头也不回:"你甭管,你甭管。"

不多时,慥领着慦、忻和几个伙计回到家中,李氏和在家做饭的二嫂陈氏赶忙端来一摞锅盔,几碗麦仁稀饭和一碟葱末凉拌黄瓜,一碟辣子水水。众人狼吞虎咽,一时三刻将饭菜扫荡一空。

待伙计散去歇息,一家大小围了上来。慥摸着肚子:"今年总算没白忙活。"母亲温氏搭腔:"说说,今年收成到底咋样?"

慦忙说:"妈,今年雨水好,麦子长得个大粒又多,大哥给心敬他妈数了一穗麦,足足有六十三颗哩。拿一亩一石算,三十亩河湾地能打三十石;四十五亩城东上岸地差些,拿一亩八斗算,能打三十六石,合起来有……六十六石。"

慥接着盘算着日后的开支:"雇的三个麦客,一人一天五升麦,慦和忻身子骨弱,两人一天合割一亩,我与麦客每人一天一亩,估算下来刚好得半个月时间,给麦客得付二石三斗麦;另外,长年租用张员外家的牲口、大车,犁地、种地、拉粪、装麦捆、运柴草,说好给人家四石麦;再有全家十人的口粮,按一人一天一斤半算,共计三千六百天,合十八石;加上日用开销,像过年过节,亲戚朋友隔壁对门的红白喜事,立木、烘房、做满月,日常油盐酱醋、割肉买菜添新衣,杂七杂八一月没有两石麦拉扯不下来;再减去给朝廷上的三石麦的税,噢,还差点忘了,前些年借老三媳妇娘家度荒的五石麦,今年无论如何得给人家还了。老三,看总共支出多少麦?"

忻在一边用笔记着,掐着指头,大哥说一样,他记上一笔,等说完,忻看着写满计数的纸张,报出:"合计五十六石左右。"憞说:"也就说还能余下大约十石麦,今年能过上一个松泛年了。妈,你看这几石麦,咱咋安排?"母亲温氏思量一下,开口道:"余下十石麦,先留些麦种,剩下的不能动,说不上过几年庄稼歉收,有些余粮,就好打发日子。"忻的媳妇李氏接口说:"日后心敬、心广两娃拜师读书,也是一笔不小的开销,还须早作打算。"众人纷纷点头称是。

李氏拉过婷:"小彩娃,趁着大伙都在,唱上一段戏,给你大、你爸(鄂县土语:'大'即'父亲';'爸'即'叔父'之意)解解乏。"小家伙立时瘾发,在憞宠爱而得意的目光鼓励下,有模有样地唱起了《白蛇传》中的词曲,一边还比划着剧中白素贞的动作,小小的年纪,竟将西湖借伞一节表演得活灵活现。忻在一旁用嘴打着梆子,一时间这场临时起意的家庭"慰问演出",在丰收的喜悦中,博得了阵阵的喝彩叫好声。

就在众人围观小彩娃手舞足蹈慰劳演出之际,李氏低声向婆婆叙说了午后瓜棚那场怪事,听得温氏目瞪口呆,连连称奇。

第二回　严冬李氏纺车督学　暖春王婷花捆饮露

夏日的燠热慢慢退去，秋天的凉爽悄悄到来。在王家后院茂密的树梢，秋蝉代替了夏虫，唱起了生命轮回的命运咏叹调。

秋天的日子也在忙碌而平静的境况中不知不觉一晃而过。县城郊外，往日蝉声聒噪的大片树林一片沉寂；黄叶脱尽的树干，赤身立在萧飒的寒风中，冻得哆哆嗦嗦；两寸多高的麦苗如绿毯铺盖在了一眼望不到头的田野上，又是一番季节更替的景象；远方，一行成人字形的大雁急匆匆划过阴沉沉的天空，犹如归心似箭的久滞游子，兴冲冲奔向南方温暖的家乡。

今年的冬天，来得特别早。临近腊月，一阵寒风刮过，昏暗的天空竟纷纷扬扬飘起了雪花，两天一夜一刻未停。待天气放晴，整个县城积雪一尺有余。放眼望去，巍峨的钟楼，厚实的城墙和千家万户的庭院、屋顶，一片白茫茫。与此相较，白日里被人流踩成的污浊泥泞土路，像一条条黑蟒蜿蜒于城中的大街小巷，显得分外扎眼。

已是夜深人静时分，寒风呼啸着卷起地上、屋顶、墙头的积雪，又将它们撕碎、抛撒于暗空之中。临街的店铺早已关门打烊，街上没有一个人影，整个县城黑灯瞎火一片死寂。

在北街紧邻魏家巷的一间小屋里，传来一阵嗡嗡的纺车声和时高时低的背书童声。摇曳的灯光下，心敬的伯母陈氏和母亲李氏正在纺线。对面坐着心敬的姐姐婷，就着灯光手执女红。摇头晃脑背书的，正是心敬和小他两岁的堂弟心广。"……为学者，必有初，小学终，至四书。论语者，二十篇，群弟子，记善言。孟子者，七篇止，讲道德，说仁义。作中庸，子思笔，中……不偏，庸……"心广的声音越来越低，一时间竟前仰后合、东倒西歪，嘴里嘟囔着连自己也不知所云的迷糊字句。妯娌俩相视而笑，李氏端起架子，"啪"地一声打在书上。心广吓得蹦了起来,李氏佯怒:"心广,古人夜读诗书,奋作'头悬梁,锥刺股',看来三娘要给你取个锥子了。"说罢作势要起,娉急忙拦住:"妈,心广才六岁,连我熬了这大半夜都困了。心广,还不快给三娘认错!""三娘,孩儿再也不、不敢了。"心广一面打着哈欠,一面努力睁开眼睛,偷偷观察着三娘的脸色,见三娘脸有怒容,眼含笑意,方才老老实实又背了下去。

"心敬,你背!"心敬一愣。刚才他趁着母亲"训诫"心广的工夫,悄悄跺着冻得麻木的双脚,揉搓着发僵的双手,正在舒服地看着心广挨整,母亲一声断喝,吓得他忙不迭地接着自己前面的诗句背了下去:"读书须用意,一字值千金。博学而笃志,切问而近思。少壮不努力,老大徒伤悲。不患老而无成,只怕幼而不学……莺花犹怕春光老,岂可教人枉度春。记得少年骑竹马,看看又是白头翁……"心敬朗朗而诵,背得非常顺溜得意,一时竟将门外凛冽寒风的呼啸声压了下去。李氏一边纺线,一边侧耳细听,检查着儿子背诵的《增广贤文》,心里暗自点头,很是欣慰。

"三娘教子"正在进行时,大门外猛地传来一阵急促的敲门声。李氏示意心敬、心广睡觉去,两孩子如同得到大赦一般,欢天喜地跑回睡处。李氏踏着咯吱作响的碎雪走向大门口:"哪位?""三嫂,是我来福。三哥在吗?"李氏开门,迎进一位三十左右的中年男子,张皇失措的脸上汗津津的,连盘在头上的辫子也弄得散乱不堪。

"来福,出了啥事咧,咋弄成这样子?"来福直往屋里闯:"寻三哥有个紧事。"

李氏见问不出个所以然,便又折回厦屋一边继续纺线,一边听着外面的动静。不一时传过越来越近的嘀咕声。刚到窗前,又听见忻招呼着:"来福,你等一下,哥忘穿泥屐了。"过了一会儿,咣当咣当的泥屐声由近及远,只听大门"嘭"的一声,便没了声息。

李氏不觉一阵心焦,便对陈氏说:"二嫂,天色已晚,你和娉还是先歇息去。"二人相继离去。

过了一个多时辰,大门外依稀传来三更的梆子和锣声,随即听见头门"吱呀"的开闭声,咣当咣当的泥屐声又由远及近。李氏急忙开门,将忻招呼进屋里。"刚才来福急得没魂了,是咋回事?"忻坐在板凳上,脱下泥屐,喘了口气,才搭话道:"来福的老二女子喜琴,吃完晚饭一个时辰,不知咋地,上吐下泻,肚子疼得直翻滚,一时三刻居然闭气翻了白眼。来福赶紧叫媳妇烧了姜汤,放些黑糖给喜琴灌了,方才苏醒过来,躺在炕上直声唤。来福想叫先生抓些药,没钱,才找我……"李氏一听,也有些着急:"可惜前两天咱把钱全部进了山货,你哪来的钱?"忻一笑:"活人能教尿憋死了?我没钱,不会去借?刚才到李四叔家借了半贯铜钱,递给来福,又陪他到谢家店请先生开了三副药,煎好给喜琴一喂,立时就不疼了,这才回来。"李氏才松了口气,叹息道:"喜琴这个娃挺招人疼的,却遭了这个大罪。"说着,就用食指点着忻的额头,"别的不说,你这个人心眼好这一点我就服了,难怪乡党一有事就寻你。"忻得意地说:"不光心眼好,还办事热心公道。我丈人就是冲着这个才将他的宝贝女儿许给了我。"李氏一听,羞怪道:"看把你能得,还不赶紧歇息,明日一大早要出去卖山货,回来记着给李四叔把账还了。"忻一作揖,打着戏腔:"夫人吩咐,小人遵命便是了。"这一打诨,惹得李氏失声笑道:"贫嘴!"二人说说笑笑,回到卧室安歇不表。

一眨眼,已到了腊月,年节的气氛一天比一天浓郁了起来。县城里、乡野间,不管穷汉富人,都忙着张罗过年这个千百年流传下来的国人头等大事。"吃了腊八(粥),昏了脑瓜。"这话一点没错。过了腊月初八,人们像服了兴奋剂,该买不该买的,用着用不着的东西,都呼噜呼噜往家搬;"宁穷一年,不穷一节"是庄稼汉的口前话,何况还是中国人心目中一年最神圣、最盛大的节。给家人添置新衣,给屋里买新家具,给亲朋采购礼品,给过年买菜、割肉、磨面、舂米,油、盐、酱、醋、烟、酒、茶,一样不能少。人们用这些近乎"疯癫"的购买举动,冲涤着一年中的霉运晦气,期盼着来年的吉庆、丰裕。

到了腊月二十四,家家祭灶,烙上芝麻饦饦,上面再放一块灶糖,献给灶神。传说灶神吃了又甜又黏的灶糖,升天后玉帝问及此家作为,灶神有心实话实说,却因临时被抹了嘴,加之又粘住了牙,只好"嗯、嗯"作答,虽然忽悠了玉帝,却也落了个人神共喜。

这几天,鄠县城内闹翻了天。四面八方、远近数十里外拥来的乡民,将四条街挤得人山人海,水泄不通。各种日用杂器摆满大街两旁,有卖油盐酱醋的,有卖年画、香火、蜡烛、烟花炮的,有卖锅盔、油糕、豆腐脑、面食、石枣的,有说书、卖艺、占卜、剃头的……大街之上车水马龙,摩肩接踵,熙来攘往,人潮汹涌,好一番喧闹喜庆景象。康熙盛世的初景,在这个地处中国西北的边远小县城,似乎得到了活生生的验证。

在东街县衙外的小广场上,搭了一个大戏台,此时正唱到了热闹处。一年到头难得听一回戏的乡下人,竟背着满身的年货,踮起脚、伸长脖颈,挣着往戏台上瞅,连此时一只瘦手伸进他的布袋都毫无察觉;另一处,一个顽少悄悄将两个并立年轻人的辫子拴在一起,躲到一旁看着即将发生的热闹。

钟楼处,人声鼎沸,熙熙攘攘,连门洞里都挤满了南来北往、东游西转的行人。四周一圈两层木楼里,楼下饭馆生意火爆,伙计们忙得脚不沾地,嘴里高声招呼来客,手抄抹布擦拭桌面;茶铺火炉上的大肚茶壶咻咻冒着热气,不时有庄稼汉进来,拿起火绳往自己

烟锅上一按,"吧嗒"紧咂两口,又匆匆离去。二楼,一溜花格木窗大开,几个长袍马褂悠闲地嗑着瓜子,抿着酒盅,睥睨着下面川流不息的人群,嘴角一撇,将口中的瓜子皮唾向他们的头顶。

西关粮食集上,粮车壅塞,人如蚁集。一阵阵"一斗咧——一斗;两斗咧——两斗……"的唱数声分外尖利亢奋,盖过了集市上的乱声喧嚷,随即是噼啪山响的拨算盘声。经纪们忙得热汗长淌,挤歪了瓜皮帽,敞开了大襟衣裳。

在挤挤搡搡的人流中,忻提了一个大竹笼,里面装满年货,身后紧随着小人儿心敬。到了一处炸糕店,忻犹豫着放慢了脚步,终于狠下心来掏出一些铜子,买了几只油糕,又在旁边取了几串冰糖葫芦,递给心敬各一。心敬接过油糕和冰糖葫芦,高兴得直叫唤。他舔了一口油糕,舍不得吃,又咬下一粒糖葫芦,含在嘴里半天,才嚼了起来,那咯吱咯吱的声音,一直甜到心里。

走了一阵,忻回头一看,发现心敬没有跟上来,急忙返身寻找。刚走回了十几步,就瞅见了心敬,只见他呆呆站在路边,看着一对兄妹。那个男孩比他还矮,乱蓬蓬的头发下,满脸污垢,一根破绳当腰带紧紧缠在了多处开花露出套子的烂棉袄上,一双冻得发紫的黑脚,伸在半截单鞋里。他的右手还紧拽着一个四五岁的小女孩。两个孩子此刻眼睛直瞪瞪瞅着心敬手里的食物,嘴里直流口水,显然好久没有吃东西了。忻远远盯着,看到心敬思量半天,在油糕上咬了一小口,然后豪爽地将油糕和糖葫芦递给了这兄妹俩。忻心里一阵发酸,不由暗地感叹:这娃将来即便无大出息,也必定是一个宅心仁厚的君子。他急忙转过身,佯装仍在四处张望。"大!"一声欢叫,心敬迎着忻跑了过来。忻二话没说,从竹笼里又取了一个油糕递了过去,心敬疑惑地仰望着父亲,直到瞅见父亲慈爱赞许的目光,才双手接过来,狠狠地咬了一大口,让糖汁慢慢顺着喉咙滑入腹中。

二人向前挤了数十步,忻又看到心敬踯躅不前。一瞧,原来一个地摊上摆了十几具大小不一的算盘。心敬拉住忻的衣角:"大,你说过过年要给我买一个耍货,我就要这个。"忻奇怪了:"这不是耍货,是那些有学问的大人用的东西,你拿这个干啥?"心敬左右摇着衣角:"大,你看今年算麦,你跟二伯都掰指头,有了这,咱以后就不愁了。大人不用时,我还能耍它,你看西关市上那个大人把算盘拨得多欢,我以后也要学。"忻被儿子的请求感动了,立马从怀中掏出十几个铜钱,买了一把小算盘。

回家路上,商家店铺、家家户户门上都贴了对子。一般人家都是吉祥、富贵、庆余、咏春之类,像什么"天增岁月人增寿,春满乾坤福满门""冬去山明水秀,春来鸟语花香""政

第二回　严冬李氏纺车督学　暖春王婷花绸饮露

通人和天地暖,国泰民安日月新""发福生财吉祥地,堆金积玉富贵门""向阳门第春长在,富贵人家庆有余";而百业春联则紧扣自己的行业特色,言辞夸张幽默,更有一番争奇斗艳在其中。有一副对子上书"但愿人间常无病,何妨架上药生尘"——是药铺;"酌来竹叶凝杯绿,饮罢桃花上脸红"——是酒家;"栈曲有云皆献瑞,房幽无地不生香"——是客栈;"虽云毫末技艺,却是顶上工夫"——剃头铺子;"九曲夷山采雀舌,一溪活水煮龙井"——是茶馆;"石池春暖人晚去,水阁冬温客早来"——是澡堂……看得父子俩眼花缭乱。通过平日背诵的古人诗句,心敬已认得了其中大半的字,忻在给他一一指点不识之字的同时,还给心敬介绍春联风俗的来龙去脉,并细心分析、讲解着每一联的喻意及精妙之处,听得心敬痴呆呆的,忘了手里的吃货。

终于挤到了家门口。进得门来,只见里外打扫得干干净净,显得比平日亮堂了许多。泥泞的积雪也已铲净堆到了墙角,便道上还铺了青沙,走起来格外轻快利爽。院中一株蜡梅尽透春意生机勃勃,满枝杏黄小花吐出阵阵幽香。刚走几步,心广和婷欢叫着扑向爷俩,忻从笼中拿出油糕和糖葫芦分给他们,俩小人高举着礼物向灶房跑去:"妈,你看俺手里有啥?"陈氏从灶房出来,看见一大竹笼的年货,急忙接住:"他三爸,看把你挣的,还给他们买吃货。"忻一脸满足:"一年到头,娃也跟咱受熬煎,过年咧,也让小人过过馋瘾。"

李氏手里拿着两个热气腾腾的大包子,递给忻:"他大伯、二伯在安祖宗牌位,你也快去帮忙。"饥肠辘辘的忻接过香喷喷的包子,三口两口就将其送进肚里,手把嘴一抹,急忙赶往厅堂。

厅堂里,愃和愻正在把贴着"王氏三代祖宗"的黑漆小板安置在紧靠中堂的八仙桌上,上面的献果、蜡烛、香炉已各按其位摆放停当。愻见忻大步流星赶了过来,支拨着:"门前的对子、门神、灯笼还没安顿,你去弄它们。"忻答应着,将一应什物取来向大门走去。

一会儿,李氏手捧一个刚晾凉的大枣旋走进厅堂。这个大枣旋一尺有余,呈山形,在用麦面拧成云朵状的旋涡里,端端正正嵌着十个大红枣。在先人传下来的献供物事中,其寓意着十全十美、积粮如山。愻接住,将它郑重地靠放在了供桌牌位的前边。

除夕夜。厅堂内外灯火通明。放过鞭炮后,全家人聚集在厅堂的先人供桌前。祖母温氏靠坐在太师椅上,由愃领头,其余两对兄弟、妯娌在后,恭恭敬敬地向祖宗牌位三拜九叩,后再拜母亲,祝老人家福如东海,寿比南山;温氏笑眯眯受领了儿辈的祝福。然后娉、心敬、心广、婷等也有样学样,趴在地上,额头乱捣一通。在一阵童声稚气的祝福中,喜得温氏急忙掏出压岁钱,递给各人一枚铜子。孩子们欢呼着跳起,抱住奶奶亲个不停。温氏喜地搂住他们,向憎等说:"好一阵子没有这么高兴过了。"刚说完,温氏猛一拍额头:"真是高兴糊涂了,还有一件要紧的压岁礼物没给俺孙子。"一边招呼着心敬上前,一边从身后拿出算盘递给心敬,"你大给婆说了街上的事,婆很赞成,看来俺娃心善这一点,倒是合了咱王氏的家风。刚才,婆把自己的体己钱给了你大,这东西就成了婆给你买的,算是一年来你念书舍力的奖品。以后这东西归你保管,你大、你伯要用,得从你手里借。"心敬满心欢喜,双手接过算盘,向温氏重重地叩了三个响头。

这时只有娉羞涩地站在一旁,她手里捧着一件绣花软棉背心:"婆,我没啥孝敬你,心想老人冬里脊背容易发凉,就做了这件背心给你暖暖身子,只是手脚粗笨,怕婆不称心。"温氏一把拉住娉,让娉偎在她身旁,满是皱纹的双手不停地抚摸着娉的脸蛋:"还是俺孙女心疼她婆。"大家齐声夸赞娉的心思细密手艺巧。一时间厅堂内弥漫着浓浓的温馨亲情。

不一刻已到子时,陈、李两妯娌从灶房端出热腾腾的臊子面,摆在了厅堂内的方桌上。在给诸位神仙和祖宗上完献饭后,娉先给祖母捞上一碗,然后按长幼顺序依次下筷。李氏一瞧,不见了心敬、心广,刚要去寻,只见两个孩子蹦蹦跳跳跑了回来,心敬手里拾了两把隔壁、对门燃鞭炮时未着的碎炮,心广跟在屁股后面直喊:"哥哥,我要我要!"两个捣蛋鬼脸上、身上满是泥巴灰土。李氏笑了:"看来你俩唱戏演要吃(土语:乞丐)不用再化装了。"一面拉着他们到屋里洗脸、换新衣裳。

就在全家喜气洋洋吃着臊子面时,忻猛一拍脑袋:"差点忘了一件大事。"说着就去灶房火膛里夹出一只烧红的旧铁铧,手提一壶酽醋,一边向铧上浇,一边高喊:"吉利、吉利……"绕着屋里屋外转了一大圈。随着"吱吱"的响声,红铧冒出一股股青烟和刺鼻的酸气。就在这驱邪祈福的酸气和青烟中,王氏宗族这一支脉,迎来了新的一年。

正月初上,在忙完了拜年、待客诸事务后,趁着余下的清闲日子,李氏领着心敬去省亲,陈氏也带着心广回了娘家。几个爷们不约而同各自捧起了科考应举之书,悉心研读了起来。

自从明末家族惨遭洗劫,从忻的父亲德玉起,已无力整日习经专务应考,兄弟们只好过起了半农半读、兴商助学的两难日子。然在先人们出仕入将荣耀的激励下,不坠青云之志的豪情与重振家业的功名之火仍在兄弟们的心中熊熊燃烧,故而时时寻隙习文,磨砺笔锋,以待来日良机。这种孜孜以求的精神追取如此炽热,竟穿透了悠远的光阴,以至

第二回　严冬李氏纺车督学　暖春王婷花捆饮露

在王氏后世的延续血脉中,深深种下了书香门第奋斗不息的文化基因。

初十刚过,又一个节日高潮来临了。元宵节的社火,在县、乡、村寨如火如荼地开始了。耍狮子、舞龙灯、踩高跷、敲锣鼓,各堡花样迭出,争奇斗艳,以求在县城街游中夺上个头彩。

十二正午,县城中锣鼓喧天,人声鼎沸,四面八方拥来看热闹的人群,将四条街道塞得实实囊囊。各样社火首尾相接,在巡演中各自展示拿手的得意花样。拥挤的人群中,站在后排的踮起脚尖,伸长脖子,翘首张目,唯恐漏掉花样中的一招一式。

在巡街的一长串社火前面,走着一位开道的小伙,只见他头上用红绸布缠着盘辫,身穿对门襟白短夹袄,中间扎着腰带,足蹬绑腿大布鞋,显得十分干练精神。他手持一条一丈多长的火套,双手抡得虎虎生风,人们挤着向后退,让开了大道。这时有一个冒失鬼向前跨了一步,只见小伙提起火套向前一掷,火套内的炭火星纷纷飞出,直扑到那人的身上,吓得他赶紧向后躲避不迭。这个程式,俗称"打场子"。

在其后紧随的是一个骑着小毛驴的男丑角,其扮相活脱脱一个前些年秦腔《看女》中的王辅生,手提一只装满灶灰的大竹笼,一边走一边向两旁的观众大把撒灰,粘上灰的人一边笑骂,一边将手中的核桃、枣,或就地取材拾起的脚下的土疙瘩,使劲砸向"王辅生",惹得大家一边哄笑一边退让。

再后面,就是一出出抬着捆子(鄠县一带土语:耍社火时,农人用木头之类绑搭起的框架,由几个壮汉抬着或用牛车拉着。为减轻负担,上面由幼女少男扮作戏景,此承载工具即称为"捆子")的古装戏,《比干抱火斗》《伍员逃国》《风波亭》《桃园三结义》《武松打虎》《蟠桃会》……一字列开,迤逦而行。

一具大型的捆子缓缓行来。上面是《白蛇传》中的一折戏。相传在峨眉山中修行千年的白蛇化身为白素贞,在青蛇化身青儿的陪伴下,同游西湖。此时一阵风吹来,西湖上下起了蒙蒙细雨。她们二人正在作难之时,一叶小舟漂来,英俊倜傥的书生许仙邀请二人搭乘,并拿出油伞为二人遮雨。总之是许仙与白娘子由邂逅而生情,并最终结为夫妻且历经一系列磨难的故事。

此捆子上的剧情正是西湖巧遇一节。一个十二三岁的少年扮作许仙,其俊秀的面庞与早熟的勃勃英气引人注目。一个八九岁的小姑娘扮作白娘子,头插蝴蝶结,身着白烟纱,肩披紫貂领,腰系淡青绸,稚嫩的青涩遮掩不住天就的娇媚,灵动的双眸透着一股冰清玉洁的仙姿。她,就是心敬的堂妹——婷。

诸君此前已知,被心敬一家昵称为"彩娃"的婷,自小就做精作怪,整日涂"脂"抹"粉",扮成戏文中的古代美女,竟然名声在外,弄得周围乡党都知道王家有一个爱学戏的彩娃。近日,她听人说元宵节要耍热闹,就缠着忻要上捅子,恰好北街耍热闹的主事寻上门来,让彩娃扮演《白蛇传》中的白娘子,家人无奈,也就顺水推舟,应允了这事。

彩娃喜不自禁,一大早刨了几口饭就急急忙忙出了家门被人抱上了捅子。晴日当空,起初彩娃觉得浑身暖烘烘的,很是舒服。可经过几个时辰的折腾,此时已过正午,凌空的骄阳却晒得小人儿又热又饥又渴;汗珠慢慢流到眉间,嗓子像冒火一般,不争气的肚子也咕咕叫了起来。早先的兴奋已被沮丧替代,困饿交加之下,她不由后悔得双眼噙泪。正在晒得难耐之际,忽然感到头上一阵清凉,抬头一看,一把伞移到了她和"小青"的头顶,原来是"许仙"用伞遮住了毒日头,自己却置身于骄阳之下。这支剧情中用来遮雨的油伞,竟然派上了这个用场,真有些出人意料。

不一会儿,一只手拿着一张饼和一只小水囊悄悄递了过来,抬头一瞄,一双笑眯眯的眼睛正盯着她。婷红着脸接过东西,掰了一半给"小青",自己先猛灌两口,呛得流出了眼泪。"慢慢喝,我拿伞给你挡着人。"婷也就顾不得矜持,将半张饼和半囊水送进了腹中。婷将水递给"小青",才忸怩着小声说:"多谢小哥哥。"少年回答:"当初我也不愿意,可妈硬是让我带上,还真顶用。"

社火热热闹闹结束了。回到家里的婷,迫不及待地将路上的事说给三娘听,李氏直抱怨自己粗心,忘了给侄女带些吃货,可婷好像还挺高兴的样子。

殊不知,在她那小小的心田里,已悄悄播下了一颗思念的种子。

第三回　鹁鸽原族众祭先祖
　　　　　王家坟稚童逢奇遇

弹指间，春光如流水般逝去。在此期间，几个兄弟早出晚归，或务农或经商，晚上再做各自的功课；陈、李二人操持家务、对孩子督学，也忙得团团转；俩小人儿除了"之乎者也"外，心敬还在忻的指点下，将算盘也拨得噼啪直响。

清明节就要到了，对于全县四里八乡的农人、商贾、富绅、穷户来说，这可是一年当中最为隆重的祭祀节日。

因懑近日偶染风寒，悫和忻兄弟二人准备明天一大早就前去祖坟祭奠。心敬听说此事，死活要跟父辈一起去，这让他们俩有些作难：王氏宗族关于上坟有一个祖传下来的规矩——凡是十岁以上的男童，方可由族中长辈带入其中参加祭祀活动。对于这个不成文的规矩，大家都已习惯，从没有问过为什么。可心敬是个认死理的小人，他哭闹着要去，忻气得作势要揍他，被悫拉住了："心敬要去就一起去好了。让他早些参加仪式，见识族人祭奠盛况，了解咱王家先祖的来龙去脉，接触外乡长者，也有些许益处；再说近年来也有人带着孩子去，我看也没见出过什么差错；更何况这事还能促使他牢记作为王家男儿应肩负的家族责任，你何乐而不为呢？"忻被兄长说得无言以对，只好点头应允。心敬一见，立刻破涕为笑，一下子扑到伯父的怀里。

第二天吃过早饭，兄弟二人随同附近族人一起，沿着城外一条大路，经河湾地向着王家坟走去。一路上，心敬高兴得蹦蹦跳跳。他第一次参与家族此等重大仪式，心中充满了新鲜神秘感，更有一股颇为庄严的拜谒冲动。

行进途中，兴奋的心敬拉着伯父的手，喋喋不休地问着王家坟的东长西短。悫也被侄子的心态所感染，便向他讲述了有关王家坟的一段祖传轶闻："要说这个王家坟，还真有一段说词。有关它的来头，伯也是小时听你爷爷讲的。

"相传,玉皇大帝为了了解人间的善恶,派八仙下凡去私查暗访。

"话说汉钟离,他奉旨来到了终南山下的鄠县城中,开了一间粮油店,做起卖油卖面的生意。汉钟离开店,却有一不寻常处——他只管称油称面,却不管收钱,任凭买主给盘子里放,他却连看都不看。买主说放了多少钱,他就按报的钱数给人称油称面。日子一长,就开始有人钻空子,放一文钱有时就报三文、五文,甚至有的干脆不放钱也照样撒谎称油买面。汉钟离明知其诈,却装聋作哑,不予查究。他要看的,正是无人监管之下各人所露出的本性。

"县城东门外住着一户姓包的有钱人家,天天来打油买面,而且买得很多,几乎占去每天卖出数的一少半,却从来不放一文钱。汉钟离对这家人非常看不上眼,却从来不声张,只是自己心里有数。

"粮油店主人的'傻相',很快在这一带传开,前来买面的人越来越多,买货的人都在占他的便宜。生意做了一年,汉钟离也暗中观察了一年。屈指一算,只有一户人家的兄弟二人,一直诚诚实实、公公道道买了百多回,却从来未谎报冒领、多拿多占。汉钟离打听到,这兄弟二人姓王,家住县城北街,老大十八岁,叫克诚,老二十五岁,叫克信,他们就是咱王氏的第二世祖先。

"汉钟离很是感动,为更慎重起见,他决定把这两兄弟再考验一回。这一天,老大克诚来打油,响当当给盘子里放了十文钱,说:'老伯,请打十文钱的油。'汉钟离听后,打油时却故意给打了二十文钱的油。克诚把油提走一会儿,又返了回来,向汉钟离作了个揖说:'老伯在上,晚辈这里赔礼了。老伯年迈耳背,晚生刚才付了十文钱,声音太小,未能让老伯听清,故多打了油,我已受到父亲的责备。晚生有过,敬请老伯把这油复秤,把多余的退还给你。'汉钟离一言未发,待退了油,心里暗自称赞。

"过了两天,老二克信来买面,也是响当当地给盘里放了十文钱,然后打躬说:'老伯,请称十文钱的扁豆面。'汉钟离不仅把扁豆面给换成麦面,还多称了好几斤。结果照样,克信又把面给退了回来。

"汉钟离认准了这是一户好人家。就在这一天,克诚兄弟又来买油时,汉钟离趁兄弟俩不注意,摘下一片柳叶,用手一捏,把汁水滴进油罐里。其后怪事发生了:往日这些油只能吃上一个多月,可这罐油却吃了两三个月也未见油面下去多少。

"汉钟离把挤去汁水的那片柳叶顺手抛向空中,最后柳叶飘到离县北五里地的六老庵村旁,化为一片土地。

"这是一大块神奇的土地——头枕涝河,面向南山,形如柳叶,怀抱朝阳,土质松软,

第三回 鹁鸽原族众祭先祖 王家坟稚童逢奇遇

四季保墒,天旱不硬,雨涝不僵;抓起一把土,都说是好地,可就是不长庄稼,就连草也难存一根。这块地的原主人,一连耕种了三年,却是颗粒未收,就打算把这块地卖掉。

"开始一直没人要,后来来了一位买主,说是让他在这块地里搭个茅庵,先住几天再决定买与不买,主人就同意了。这件事却惊动了土地神,他知这片地为大仙汉钟离的化土,就连忙告知了汉钟离。汉钟离掐指一算,原来要买这块土地的,正是县城东门外那个买油面不掏钱的包财主。这个包财主是个蒙古人,祖先曾任过鄠县县令,家族中有人在朝廷做官,有钱有势,横行乡里,无恶不作。本来包姓人家气数已尽,很快就会自己灭亡,只是包财主本人懂些邪术,会演绎。他要买这块地,不是为了种庄稼,而是看中了这里的风水,想找一个美穴地安葬先祖的骨殖,以挽救包氏家族行将灭亡的命运。

"汉钟离刚算到这里,就给克诚托了一个梦,告诉克诚如此这般一番。

"包财主在柳叶地住下以后,每天晚上,分东西南北中五个方位选点,把五个竹筒埋在地里,看看第二天竹筒里的水能升到多高,如能升满,就是好风水。克诚得到汉钟离的指点,就在暗中监视包财主的行动。每天半夜,挖开竹筒把里面已经升满的水倒掉,然后重新埋好。

"包财主连续测了三天,天天都是半竹筒水,只好无可奈何地打消了置买柳叶地的念头。尔后包氏家族由于元朝的灭亡,果然遭到了抄斩和驱逐。

"后来,这块柳叶地被克诚、克信兄弟买了去。说来也怪,克诚兄弟一走进这块地,马上就出现了奇迹:一滴汗水落地,冰消雪化;两滴汗水落地,春草发芽;三滴汗水落地,柳叶地立即长出一片绿油油的庄稼。

"克诚、克信兄弟百年之后,就埋葬在这块地里。王氏家族也因为有了这块美穴地,从此兴旺发达起来。这块美穴地,就是我们今天要去的鹁鸽原,也就是如今鄠县人所称的王家坟一带。

"说起鹁鸽原,还有一段说辞。'鹁鸽',是一种水鸟。《诗经》有云:'鹁鸽在原,兄弟急难,每有良朋,况也永叹。'意思是鹁鸽困于荒原,兄弟赶来救难;虽有良朋好友,空说徒有长叹。说的是兄弟同心,朋友未必靠得住。唐孟浩然亦有诗曰:'吾与二三子,平生结交深;俱怀鸿鹄志,昔有鹁鸽心。逸气假毫翰,清风在竹林;达是酒中趣,琴上偶然音。'说的是孟浩然视朋友为兄弟,豪侠饮酒抚琴的情景。因之,古人常以鹁鸽喻作兄弟。先祖克诚、克信两兄弟为葬于此坟茔的始祖,为了纪念两兄弟在世时的情分,后人将王家坟即称为鹁鸽原。"

这段有关王家坟的传说佳话,让心敬听得如醉如痴。

过了一个叫作北河头的堡子,远处一大片森林映入眼帘。伯父手一指:"你看,前面不远处就是咱爷仨要去的鹁鸽原。"原来这片古木参天、广约一百五十亩的林地,就是大家拜祭的处所——王家坟。

兴奋的心敬随众人走进坟中的一条羊肠小道,抬头望去,道旁盈尺粗的古柏密密麻麻,相拥簇立。头顶之上,密林枝丫盘结遮蔽,不见蓝天,使得脚下蜿蜒的路径阴凉而昏暗。

顺此前行十数丈,眼前豁然开朗,小径尽头,一雄伟木牌楼耸立于道中,两尊巨大的石狮昂首雄踞其两旁,狮身后,牌楼中门两旁镀金黑漆牌匾各书一列苍劲的古朴篆字,亦有横额,可惜心敬不识其字。其后为一开阔地,再往前走即是众人祭祀的正殿。正殿广达六间,空旷而宏大,正中肃立着王氏的几位先祖。

巳时许,肃穆、庄严而又略显冗长的祭奠仪式开始。在主事高声宣读一篇长长的祭文后,几位各支系的族长及族中德高望重者先行祭拜。其后,由北街开始,按各支系远近顺序一一进行,众人依次上前敬香,齐齐倒身叩拜。心敬也依样画葫芦,经历了他人生第一次面对先祖的心灵洗礼。

祭礼一毕,众人陆续走出大厅。人尽之后,恁拉着心敬一一指点着:"中间端坐的这位长胡子老者,是鄂县王氏的始祖,名讳继祖;两边站立的两位,分别是他的儿子,也就是二世祖,左为克诚,右为克信。一世继祖归葬他的老家高陵县,二世祖克诚与克信,也就是传说中买下王家坟美穴地的两兄弟,都葬在这里。

"再右边,你看就是手握书卷的那位,就是咱们的七世祖名曰九思。九思祖是明朝人,生前做过京官,修过西桥,还撰写了第一部鄂县志;咱王氏的第一部族谱,也是由他老人家创修的。他可是当时全国有名的大才子,是咱王氏家族,也是全鄂县人的荣耀……"

心敬神情专注地听着伯父的讲说,他久久地凝望着先祖九思,内心充满了崇敬。一瞬间,心敬似乎感到那塑像的眸子,也对他露出了一丝柔光。

开阔地上架起了几口大锅,通红的火焰、蒸腾的热气使得祭祀的气氛既隆重又热闹。完成祭祀后,众人纷纷走出大殿,聚集在大锅周围,吃上一顿香喷喷的蒸馍、大肉粉条烩菜,此顿佳肴,谓之"社饭"。

饭毕,众族人各支脉相互辨认、攀谈,从中透出一股血脉相连的浓浓亲情。

就在大人们乱哄哄热闹之际,小心敬乘机溜出了人群。受孩子好奇心的驱使,他绕到大殿后面,钻入密林之中,试图探险一番。脚下草蔓绊腿,眼前古柏障目。心敬越走越远,众人喧嚣之声渐寂。眼前的鸟啼、虫鸣让他兴奋不已。

第三回　鹈鸪原族众祭先祖　王家坟稚童逢奇遇

心敬正欲前行撒欢,忽然发现前面不远处,有一年龄和他相仿的男孩,正在蹦蹦跳跳地左扑右逮,似乎在捉着什么东西。心敬童心大起,他为能在密林中遇到一个同龄人而满心欢喜,随即迎着男孩奔了过去。到了近前,他才看见一只小兔在男孩的穷追不舍下,慌不择路,一时昏头昏脑,竟奔着心敬直直窜来。说时迟那时快,就在小兔企图绕开心敬的一瞬间,他一个前扑,将小家伙牢牢地抓在了手中。那个男孩专注逮兔,不曾料到树林里竟然闯进了一个生人,还将他的猎物捕获到手。追着追着,直到看见心敬笑眯眯地站在了他的面前,方才大吃一惊,猛地收住了脚步。

男孩一脸警惕之色,疑声问道:"你是谁家的娃子?"心敬亦反问道:"你是谁家的娃子?"男孩一指:"俺就住在这庙里。"心敬方晓他是看护人的小孩,随即笑道:"我是王家的娃,叫心敬,家住北街,今日跟着我大一起来祭祖,一时心野,才到了这个地方。"

男孩高兴地跑上前来,拉住心敬的手,笑道:"原来是一家人。"说着接过心敬递来的小兔,一边轻拍着小兔的头,"我叫你跑,我叫你跑!"男孩又问:"你是王家第几世孙?"心敬据实回答:"我是第十二代孙。"男孩问道:"你是跟着大人一块祭祖先的?"心敬点头。"那祭殿里的几个祖先你也拜过了? 我问你,站在克信祖右边的长胡子是谁?"心敬回话:"听俺伯说,他是咱的七世祖,叫……九思。"那小孩若有所思,凄然叹道:"光阴真快呀,眨眼间已过百年。"心敬不解问道:"什么已过百年?"小孩瘪嘴回道:"九思祖呗,你不懂,不提他了。"说完就拉着心敬跟他走。不料扭头回走时,脚下被一树根绊了个趔趄,遂回骂道:"我把你个老树精,连主家都不认识了!"这一绊不打紧,怀中的兔子竟借势一扑棱,挣脱了男孩的手又钻入了草丛之中,二人手忙脚乱,紧追慢赶,谁知这一会儿工夫,兔子早已窜得没了踪影。心敬正懊悔不已,男孩对心敬说:"来,来,咱们到兔窝逮去。"心敬随着男孩跑到一处深坑,只见乱草丛中露出一个小洞。男孩递给心敬一根树枝让他往小洞里捅,自己绕到另一边的洞口。不一会儿,男孩欢叫起来,手中提了两只小兔。心敬大喜,奔将过去。男孩递给他一只,两人玩起了小兔子。

两人玩兴正浓时,男孩忽地伫立凝神片刻,似乎察觉到了什么,遂提议道:"兔子玩腻了,咱们换一个玩法,玩捉迷藏怎样?"心敬一听兴起,就换了玩法。男孩让心敬站在原地,他藏了起来。"好了么?""好了——"远处传来男孩的应声。心敬开始寻找,他绕着周围转来转去,只听见男孩应声,可他跑到应声处却就是找不到男孩的踪影,渐渐地连自己也转得糊里糊涂迷失了方向。正焦躁间,忽然听到远处呼唤的声音,原来父亲和伯父在寻找自己,就赶快循声跑出了树林。

父亲和伯父满头大汗,急得脸上转眉失色,看见心敬从林深处钻出,气得忿要狠揍一顿,伯父拦住,却也训斥道:"你知道叫俺寻你了多大工夫?小孩子家,一个人钻到树林里,不怕狼把你吃了?"心敬见大人动怒了,不敢顶嘴,只小声回了一句:"俺有人做伴。"二人很是诧异,几乎齐声问道:"啥?有人和你做伴?"心敬便将刚才之事一五一十说给大人听。越听大人的脸色越阴沉下来。二人交换了一下眼色,沉默半晌,惹才又问:"你说那小孩说他就住在咱们刚才祭奠的庙里?"心敬老实回答:"他就是这样说的,他是那个看庙人的娃。"二人闻听大骇,惹拉着心敬:"咱们先到人多处再说。"

三人慌慌张张来到了庙前的开阔地。惹指着一个驼背老汉:"他就是那个看庙的同宗。实话给你说,这看庙的大伯俺和你大都很熟,他是个一辈子没结过婚的光棍汉,哪来的孩子?"心敬心里很委屈:"他就是这么说的,我没哄你。他还说了一句什么离现在已百十年了,我没明白他的意思。"离现在百十年了,还住在庙里?二人寻思着,不约而同地走进了大殿。一瞧见大殿里九思的神像,二人恍然大悟,各自使劲捂住了欲失声惊叫的嘴。

二人拉着心敬急匆匆地离开坟地往回家赶。一路上忻不断埋怨二哥让带心敬来。惹自言自语:"难怪不让十岁不到的小娃来。人常说小娃能看见大人看不见的东西,这回倒真了。"随后又不放心地问着心敬:"你说他跟你耍得很好?""嗯。我俩还一起逮兔子呢。""你没看见什么怪诞的事?""没有,我俩耍得挺好。"两人这才把心放回肚里。惹想了一阵,忽然一蹦多高:"忻,兴许这还是一件大喜事哩。""什么,还是大喜事?""你想,多年来一拨拨人祭奠,谁见过他老人家?这分明是咱心敬与老神仙有缘。为什么有缘?还不是老神仙把心敬看成和他一类人咧,才幻化成男孩和咱心敬见上了一面。这不是大喜事一桩,又会是什么?"说着,还一边点着心敬的额头,"难怪你死活要来,原来你爷俩有这百年之约呀!"听得心敬一头雾水。闻听惹的一番解说,忻也不禁由忧转喜:"哥你说的有道理。你还记得去年在河湾地割麦那一场瓜棚怪事不?与今天这桩事连起来想,岂不是早有征兆。咱这小子说不定将来能成一个人物哩。不过这喜事只能给咱妈一个人说,万一漏了风声,说不定又不准了。"

三人喜气洋洋回到了家中。

就在心敬他们离开不久,随着看庙老汉的不断呼唤,从木牌楼处奔来了一个孩子,他是那看庙人为防老新近收养的一个流浪儿。

第四回　刘海庙求签问姻缘　锦绣沟施术获芳心

秋逝冬至,春去夏来,天气渐渐燥热起来。一天,风和日丽,婷闹着要到外面去玩,缠得娉没法,刚好她也另有一番心思,就顺势点头同意。

征得母亲应允,二人一起出了家门,径直穿过县城,过了西桥直向西南而去。娉说有一处地方,听说那里风景很好,哄得婷兴趣高涨,直催得娉紧步前行。其实,娉的"提议"别有一番深意:今年她已虚龄十六,那时的及笄女子,自然不免一番怀春情愫。她也曾私下羞涩地幻想着自己将来托付给一位称心如意的郎君,憧憬着有朝一日能有一个美好的归宿。听人说城南七八里处的刘海庙颇为灵验,就借机哄婷和她一起去求神问签。

途中,展望四野,一片初夏景象——天蓝、云白、花红、柳绿,路旁田头的大树顶梢,乌鸦喜鹊成双成对,忙忙碌碌筑着它们的爱巢。此处乃鄂县古时胜景之一——"绣沟春禊"所在,沿途士子三三两两诗文唱和,一时间人景交融好不快意。

一路上,婷喋喋不休地问这问那,娉因心中有事,不胜其烦,幸好她心境欢愉,就堵住其嘴,自己打开了话匣子:"说起这个刘海庙,还有一段挺动人的民间传说。很久以前,咱们要去的曲抱村,有一户贫苦人家,家中只有一个叫刘海的年轻人和他的娘亲。刘海幼时,他大打柴跌落深涧,母亲因此悲伤过度哭瞎了双眼。如今刘海已成一个大小伙,他为人实诚又勤快,仍靠着上市卖柴买些米面与他妈相依为命。

"刘海打柴回家,经村西三角泉的小石桥边,每每遇一大金蟾,此蟾大如斗,生有三条腿,背黄腹白,浑身布满了吓人的大疙瘩。刘海推车生怕轧上伤了它的命,只好每次都绕到一边推过去。时间长了,偶尔还会与金蟾戏耍一番。

"一日,刘海下山,路上见一只恶狼正追着一只小狐狸,他心生善念,便放下车子抄起

砍刀赶跑了恶狼。

"刚过了一片林子,就见一女子脚踝扭伤,坐在路旁疼得直抹眼泪。他急忙停住柴车,上前询问,女子说她从外地寻亲未果,行至此处,忽见一狼奔过,惊骇之下,扭伤了腿脚。见这女子孤身无靠又有伤在身,热心侠肠的他就推翻柴垛,急切处也顾不得授受不亲,扶着女子坐上独轮板车,推回家中,以便疗伤顺带打听寻亲。

"谁知女子伤好后,竟在家里做饭、洗衣、收拾院落、伺候老人,却再也不提寻亲之事。刘海一回到家,看见窗明几净,整个院子焕然一新,饭菜也在案上冒着腾腾热气,往日冷清、孤寂、死气沉沉的茅屋,如今变得温馨、欢快、充满了生机。刘海大为惊奇而感动,私下竟萌生非分之想,他把自己的心思告诉了妈妈,妈妈自然欢喜不迭,借着刘海出屋办事的机会,将这个想法透露给了女子。女子竟然爽快应允,随即在家整了一桌比往日丰盛许多的酒菜,邀来隔壁对门的乡亲,把这喜事给热热闹闹地办了。往后的日子虽然仍旧辛苦,却也十分美满甜蜜。

"一日,刘海打柴回家,路过桥面,一老者立于路中拦住刘海,告诉了他一个惊心的秘密——他的媳妇是一个狐狸精。'如若不信,你可装作肚子疼,她一着急,就会从口中吐出一宝珠帮你治病,你就会明白一切。'刘海口中不言,内心却像压了一块大石头。

"刘海回到家中,装着肚子疼得死去活来,那女子慌了手脚,一时救夫心切,便从口中吐出一颗光灿灿的珍珠,在刘海的肚子上来回滚动几下。刘海觉得肚子咕噜直响,虽然病是装的,腹中却立刻有一种异样的感觉,体内忽地生出无穷精力。

"刘海翻身坐起:'人说你是狐狸精,果真如此。'女子一看刘海窥破身世,立刻明白有人暗中使坏,却也十分爽快:'我就是一只修炼千年的狐狸。只是那次我被恶狼追赶,是你救了我,我才到你家为你作妻报恩。作为媳妇,丈夫有难舍己相救是本分,我这真心由吐珠可见,你若嫌弃,我立马便走。'说罢就收拾了自己的衣物,准备出门。刘海一见此景,一下慌了,拉着女子苦苦哀求:'从这事我已尽知你的真心,我不但不嫌弃,还为能有一位仙妻而得意呢。'女子才转过身说:'事要挽回也很容易,你得给我说出是谁出了这个瞎点子?'刘海就将回家路上的事一五一十倒了个干净。女子冷笑道:'原来是此怪作孽。告诉你,他就是你平日戏耍的金蟾怪。这怪若无碍,我也懒得理它,这回就休怪我无情,郎君还可借此机会,除却卖柴苦日,给你一个大富的机会。'刘海不信,女子随即如此这般交待了一番。

"第二天,刘海拿着女子交给他的珠子,走到金蟾面前,金蟾一见,急着要吞了它,以

第四回　刘海庙求签问姻缘　锦绣沟施术获芳心

给自己增加千年的道行。刘海手持宝珠,左转右转,转个不停,金蟾被转得头昏脑涨,心里作呕,就吐出了自己的金丹。刘海一看,急忙接住,然后拍了一下金蟾,它就从口中吐出一堆金币。失却了金丹,金蟾只好随了刘海,只要他一拍头顶,它就将肚内的金币吐个不停。

"从此,刘海成了大富之家,善良的刘海由此不再打柴,还不停地周济四里八乡的穷人。大家感念狐仙和刘海的恩德,才在此修了座刘海庙。"

婷被这动人的传说迷住了。她问:"你是从哪里听来的?"娉说:"是你三娘,也就是我妈给我讲的。听说这个刘海庙里的狐仙很灵验,咱去庙里求狐仙给你配个好郎君。"婷一听红了脸:"净瞎说,我还小,给你求个签,寻个好女婿才是正事。"二人说笑着进了庙门。

进了庙门,整个大院青砖铺地,四周翠竹环绕,靠院墙的几棵大槐树将院落罩得严严实实,很是凉爽清雅。迈过几级青石台阶,进入一座雄伟的大殿。其内端坐着刘海和狐仙,香炉之侧还蹲立一大金蟾,嘴里满含金钱,正欲吐出。殿里香火缭绕,上香人进进出出络绎不绝。

姐妹二人伏地跪拜,娉极度虔诚地暗自祷告一番,随后拿过案几上的签筒,双手摇动,心里默默念叨着:上签、上签、上上签……。筒内乱签跳动,不一时,一根竹签缓缓从筒内滑落,娉赶快拾起一看,只见签文上刻着:"冲风冒雨去还归,役役劳身似燕儿;衔得泥来成迭后,到头迭坏复成泥。"娉一看大惊,此番谶语虽未明言,暗指事不遂意却很是清楚。

离开庙门,娉情绪低落,面色阴沉,一路跌跌撞撞急行不歇,婷也感知事色不对,乖乖跟在后面不言一语。

正满腹郁闷,低头疾步于弯曲的小径间,恍惚之中竟与一人撞了个满怀。抬头一望,一个年轻的书生正手足无措,愧然站立于路中。娉嗖地一下红霞上脸,犹如三月盛开的桃花。两人刚一对视,双方各自心中一惊:眼前这位,竟然与自己平日心中想象的佳偶一模一样。两人一时都痴呆呆愣在了那里,如泥塑一般,半天相互盯着对方,没了动静。用如今时兴的话说,就是"时间定格在了那一刻"。

爱情这东西,是世间最不可捉摸却又是最刻骨铭心的情结。"一见钟情"这种境况,古人津津乐道,今人视其为虚妄,而在下却信以为然。古人认为这是前世修来的缘分,君岂不闻老人所言:"百年修得同船渡,千年修得共枕眠。"在科技发达的当今,笔者愚以为此乃心弦之共鸣——每一人,都有各自不同的爱情"固有频率"(此固有频率为何因人而异,乃至其生理部位居于人脑何处,此等课题之幽深玄妙,现代科学尚无法探及)。若男女双方的固有频率相同,纵使从未谋面,但一旦相遇,爱情的固有频率会在双方目光的电火交射中,激起"共鸣",一时间会有一种久别重逢般的熟识感,强烈到在对方炽热目光的烤灼下化为一缕青烟也在所不惜,毫不犹豫。

此时二人之状,就是如此。

婷一见两具"木偶"端戳在路中间,就心虚地摇了摇娉,娉如梦方醒,更加狼狈,只好随她一步三回首,望着这个风度翩翩的书生渐渐远去的身影。这次她一回头,发现那位书生也正转过身依依不舍地瞅着自己,不由心一慌,脚下踩进了路上一凹坑中,身子一歪将欲扑倒。出于本能,她下意识双手一撑地,在那一瞬间只觉得右臂一阵麻木,竟不听了使唤。仔细一瞧,右胳膊肩部突出了一块——脱臼了。

娉瘫坐在路边,冷汗渗出了额头,虽然竭力咬牙强忍,仍疼得低声呻吟了起来。婷一看,惊得扶着娉失声大叫。那男子远远一看此状,赶忙跑了过来。他一看情况,知为右臂脱位,也顾不得什么大防,二话没说,握住娉的胳膊,将右臂按住,一摇一扠,只听"咔吧"一声,胳膊复位了。仔细一瞧,除刚才那处有些浮肿外,已无大碍。

年轻人抚着患处,关切问道:"现在感觉怎样,好些了么?"娉一摇胳膊,居然又听指挥了,麻木感觉消失,只是有些肿疼,不禁面露羞色,感激而含情地瞅了书生一眼:"多谢小哥相助,现在不碍事了。"

年轻人挥了挥手:"我叫志鹏,家父在南街开了一间药铺,擅长医治跌打损伤,耳濡目染也就略知一二,此等脱臼推拉,小事一桩。"接着又问,"小姐可曾前去刘海庙?所去为何?"娉忸怩回答:"家庭琐事,不便告人。"志鹏笑着挤挤眼:"我也是为家庭琐事前去,也是不便告人。"双方相视一笑,彼此心照不宣。临走,志鹏叮咛着:"小姐这两天要少些活动,你住哪里?我会送一些草药热敷一下,就不碍事了。"虽似寻常问话,娉却心知肚明,不由胸如小鹿乱撞,遂低头回答:"奴家在北街魏家巷北邻,有一小弟唤作心敬。"

望着小哥远去的身影,此时娉的心境与出庙时竟然天差地别。当婷要扶她起身时,她却噌地一下站立起来,一边笑着摇手说:"好了,好了。"一边仍魂不守舍地拧身回望着。婷诡秘地小声说:"今晚三娘要用饭勺敲门了。"娉一听奇怪地问:"为啥?""她女子的魂叫人勾走了,不叫咋回来?"娉一把拉住婷:"你再胡说看我不撕烂你的嘴!"

姊妹俩一边笑闹一边往回去。路上,娉对道旁的花花草草指指点点,喋喋不休地介绍着它们各自的名字和用途,似乎有说不完的话,连一向沉静、腼腆的自己都觉得好生奇

第四回　刘海庙求签问姻缘　锦绣沟施术获芳心

怪。她又想起庙中的签文,不由暗笑:这么失谱的卜签,还说它灵验得很,真是一派胡言。

回到家门前,娉悄声叮嘱婷:"今天的事千万不要给三娘说,就说咱俩在城西郊观花柳去了。"婷懂事地点点头。

当天夜里,娉第一次失眠了。翻来覆去,眼前总是晃动着那个英俊又热情的小哥身影,脑里总是回放着白天跌坐在地后面的情形。

第二天吃过早饭,功课一毕,心敬就跑到大门口的一处角落,玩起了弹球。他正专心致志地企图把它弹到挖好的小坑中,一只手轻轻地拍了拍他的肩:"小兄弟,你叫心敬?"心敬站起身,打量着眼前这位笑眯眯的年轻人:"你咋知道我的名字?"年轻人故弄玄虚道:"我能掐会算。不信?你有一个姐姐叫娉,一个叔伯妹妹叫婷,对不对?"心敬眨巴着双眼,疑惑又警惕地问道:"我没见过你,你咋知道的?"年轻人一见问准了,遂收起笑脸,从身后手中扬起一个草药包:"刚才跟你开了一个玩笑,事情是昨天你姐姐逛庙,路上跌倒摔伤,到我家药铺看过,已不碍事,今天再敷上一副药就彻底好了。她叫我把药送来,并让我告诉你不要惊动妈妈,以免让她担心。"心敬这才放心,接过药包,谢过小哥,径直往屋里跑去。青年在外苦等多时,未见有人出来,只好满怀失意怏怏而归。

闺房中,娉正在闷坐,心里仍回味着昨日的奇遇。猛然间心敬推门进来,手里举着一包草药,嘴贴着娉的耳朵:"有个小哥让给你捎一包药。"娉惊喜地接过药,亲了心敬一口:"俺弟真懂事,姐明天给你买个糖葫芦。"待心敬悄悄掩上门,娉急忙解开药包,只见内有一粉状小纸包,另有一纸笺,上书"将草药煎毕,算出药汁,倒入纸包粉药拌服;将热药渣用布包裹,敷于患处,如此三遭,肿即消退"。

娉看到此处,感动之余,内心却很有些失落。她原以为药内会有让她心跳的词语,如今却是寥寥几笔服药说明,不免心灰意冷,自嘲一番。百无聊赖之下,用手拨拉着药料,无意间发现盛药的粗麻纸上似有点点墨迹,急忙将药倒入一纸盒中,张开麻纸,发现其上有几行细细小字,原来是辛弃疾的一段词:"众里寻他千百度,蓦然回首,那人却在灯火阑珊处。"

她不由得用颤抖的双手,偷偷抹去流淌而下的热泪,心中极想酣畅淋漓地大哭一场:他也和自己一样,在千人万众中,苦苦寻觅,不料蓦然回首,她却在,求签归来处。这不是千年修来的姻缘,又何来如此凑巧?

她在脑海中搜索着自己曾经读诵过的诗句,猛然,也是一首宋词浮现了出来,她急忙取出纸笔,写下北宋词家晏几道《鹧鸪天》中的一段词:"从别后,忆相逢,几回魂梦与君同。今宵剩把银釭照,犹恐相逢是梦中。"匆匆写就,急忙将其压于砚台之下。

翌日早膳一毕,娉唤过心敬,将一枚铜子递给他:"姐昨日已许过愿,拿去买串糖葫芦。南街有家卖的,特别好吃。"说着又递过一折纸,叮咛道,"到南街后,有一药铺,将这纸交给昨日来的小哥。记着,别让闲人看见。"心敬答应着,蹦蹦跳跳跑出了家门。

心敬买过糖葫芦,来到药铺门前,眼瞅着人进进出出,就是不见昨日的小哥。正急躁间,只见那位小哥从里间走出,心敬闪到一边,待那小哥出店走过一段路,才从后面赶上,猛拍一把。小哥回身一看,喜出望外,忙将心敬拉到一边,悄声问道:"你怎么在这里?"心敬拿出笺纸,交予小哥:"姐让我把这东西给你。"书生急忙接住,塞入胸前襟里,然后向上一指:"哥就住在这上面。你若再来,嘴里打几下梆子,我就下来了。"心敬点点头。小哥拉着心敬,掏出一把铜钱装入心敬袋中:"去给你和你姐买些吃货。"

从此,心敬成了二人的秘密信差,两人吐不尽的情丝,经心敬来回穿梭,竟织得愈来愈密。

第五回　假善人贪图不义财　真孝子喋血护娘亲

话说这位名叫"志鹏"的后生的父亲，就是鄂县南街一间名为"益寿堂"药铺的东家兼掌柜，其人姓张名益善，虽自号为"张善人"，却以阴鸷刻毒闻名乡里。

一次，一位乡民伐树从上面跌下，摔断了腿骨。当邻人七手八脚将其抬到药铺后，只因差了几个铜钱，张善人竟将他拒之门外，任其痛苦呻吟而不闻不问。邻人看不过眼，添上差数，才得以进门疗伤；又一年冬日，一乞丐蜷缩于药铺门角，张善人早上开门，甚觉晦气，竟将乞丐一脚踢出台阶。街上行人一片怒声，张善人却嘴角一撇："谁觉得他可怜，抬回家去当先人养起来不就得了。"众愈怒，欲上前施以老拳，他见势不妙，才慌忙躲进药铺。

加之，张善人常对人炫耀，他的一个远房亲戚给当今圣上的红人明珠当管家，谁要寻他事，会吃不了兜着走，因而无恶不作，连官府竟都让他三分。坊间流传一童谣云："张善人，张善人，披着人皮装善人；黑心黑肺黑肚肠，扒开人皮是只狼。"

虽说张善人心毒手黑，却不妨其医术十分了得，除一般时疾杂症几乎手到病除外，尤擅长跌打损伤，故而他的名气远播数十里。众人虽恶其作为，但遇到此类病况，却还不得不上门求诊，因而其生意仍做得风生水起。

一日，张老板正在柜台打着算盘珠儿，一客人头遮一顶破草帽闪了进来。此人进得门来，低头伫立于柜台之前一动不动。张善人上前揭开草帽，方才看清其面目：只见此人一脸胡须，长长的刀疤从脸上斜插而过，扯得一目歪斜，却射出一股杀气，显得分外狰狞可怖。

张善人定睛一看，不由大吃一惊，急忙目光一扫，见四下无人，才低声喝道："如今天下已定，你此时窜来，是何居心？"来人倾身，手伸向其耳边，悄声低语："来给张兄送一笔

大财富。"张善人闻听此言,一时转怒为喜,截住话语,拧身吆喝伙计看住门面,自己和来人鬼鬼祟祟急匆匆向内堂走去。

说到此处,各位看官定会疑窦丛生:此人是谁?来自何方?他与张益善有何瓜葛?又因何来此?凡此等等还敬请诸君少安毋躁,容在下慢慢道来。

话说此人还颇有些来头,他原是李自成手下的一个小头目,自成当年在西安、盩鄂一带流窜时,此人曾因受刀伤来此医疗过,三下五除二竟被张善人料理得妥妥帖帖,因惊其医技高超精到,遂刻意与其结交。以后时不时送上三五个伤兵来此疗伤;隔三岔五总还要揣些酒肉寻他海吃穷聊一番。如此惺惺相惜,鬼混快活,长达数月时日,一时间竟成至交。

且说张益善拉着大汉来到内堂客厅,奉茶坐定,益善开口询问:"听说老弟随闯王进了京城,坐了龙庭,不久又惊闻清兵入关夺了皇城,闯王率残部退至湖北一带,此后便没了消息。这些年,你是如何落到今天这步田地?"

大汉沉默半晌,举杯猛饮一口,方才情绪低落开言道:"不瞒老兄,当年弟随闯王东征西讨,杀斩无数,大军终于夺得京城。谁知义军推翻暴明,承继大统之后,竟妄以为天下已定,从此可安享太平。短短数月,军纪颓废,首领如刘宗敏等日日花天酒地,往昔令强敌望风而逃的那支威猛之师,一时间竟垮得一发不可收拾。

"不料螳螂捕蝉,黄雀在后。盘踞于大兴安岭一带的清兵,竟借着吴三桂叛变之机,越过山海关直扑京师。仓促之间,闯王兵败,将我等拼杀夺来的大好江山白白拱手送与了夷族。随后闯王溃退至湖北一带,最终被当地民团诱杀。至此,这场惊天动地的壮举风吹灯灭,令人实在心疼啊!"说罢涕泪交流,掩面失声。

一见此状,张善人忙续茶安慰一番。接着问道:"那后来情况如何?"大汉叹了口气,满腹伤感回道:"我和一帮弟兄见兵败如山倒,无法再强持下去,便趁着兵荒马乱,潜回了陕西。在议论今后去向时,众人纷纷表示那穷山恶水的陕北,是万万不想再回了。因而首领便领着这帮弟兄在关中一带潜伏下来,平日里以行商务农作掩。行商同伙,借着游乡串户之机,窥探各处富户,借机打家劫舍,取些钱财,风流快活以度残生。"

张善人听毕,倾身低声探问:"那你刚才所言要送老兄一笔财物,此话当真?"大汉一笑:"近日闻听贵县城中颇有几户丰裕之家,且有诸多当铺钱庄,我等商议准备干一票大买卖,下手取之。如若老兄相助,百金之财唾手可得,岂是小弟妄言打诳?"张善人闭目寻思一番,开口言道:"你先试试说这个忙如何帮得?"大汉凑前密语:"只劳老兄支派一个牢靠伙计,暗中打探城中巨富及钱庄等详细地址,若得浮财具体藏处,当然更好,得手之日

第五回　假善人贪图不义财　真孝子喋血护娘亲

绝不食言。"

张善人闻听此言，哈哈一笑，捋着山羊胡子，慢条斯理开口道："老弟之言差矣，想我大清江山已定，城防坚固，法度森严，除非运筹缜密，尚有成事可能，否则一旦事败，岂不贪财不成反遭大祸？再则，富贵之家倒不难查，然藏金之处必甚隐秘，若非时迁在世，我等凡人谁又能有此本事！"大汉一笑："老兄言之有理，关于破城之法，我等已有妙计，只是在此不便言明。至于委托侦知藏室暗处一事，既然老兄确实为难，此事可作罢；唯暗查肥户一事，须当勉力而为，尤其那些平日装穷掩富之辈，必有巨财在身，更要着意留心。"张善人一听此番言语，便打消顾虑点头应允，却又特别叮嘱一番："此乃刀口舔血的勾当，还望事后万勿食言。"大汉指天发誓，张善人才放下心来。随后便唤来下人，嘱其弄些酒菜好生伺候大汉一番不提。

张善人密嘱一行事机灵又稳妥的心腹暗暗查访，其后一连多日，终于绘制出了一份县城内各大户基本概况的"藏宝图"。

半月后的一天傍晚，大汉又来药铺，张益善偕同心腹与其一起来到内厅。心腹将图摊于案几，向来人一一指点各富户住址及人丁概况和可能的财帛藏处。大汉仔细询问诸细节后，将图小心卷好，塞入怀中，拱手告辞。就在大汉即将离厅之际，善人手一抬："且慢。老兄觉得似乎还有遗漏之处，你将图取来，让老哥再看看。"大汉将图重新铺于案上。善人双手扶案，仔细看了许久，方才抬起头来，逼视心腹，语气颇为不满："北街王忻之家，为何不在图上？"心腹小心回禀："王忻之家，下人已暗地查过，他家在前些年曾被盗贼——啊呀，下人失言，曾被义民查抄，家财失尽。此事满北街人人皆知，故而下人未将他列入图中。"

张善人哈哈大笑："说你机灵，毕竟道行不深，难免陷入小人之见。王忻家之事我当然知道，但近年来兄弟三人早出晚归，勉力农商，加之其妻持家有方，如此开源节流，铢积寸累定有不少暗财积蓄；再说，当年王家可谓官宦世家，前次查抄未必没有遗漏，人常言：'百足之虫，死而不僵。'此其意也。"言罢面向大汉，"王忻之家平日生活节俭，常示人以拮据外相，正如你前日所言'装穷掩富，必有巨财在身'之辈，此等雕虫小技，焉能瞒过老夫？"说罢遂令将王忻添于图中，心腹唯唯照办。

一日夜深人静，正当懋、忻兄弟楼上诵读，妯娌纺织，心敬与心广在一起完成日课时分，一阵急促的敲门声响起。李氏起身边走边问："是哪位深夜来访？"门外人低声说："熟人，快开门。"开得门来，来人檐帽遮面，一边返身紧插门闩，一边拉着李氏急急往里直奔。李氏一瞧，此人商铺伙计装束，一副生面孔。李氏顿时停住，朗声道："这位兄弟好面生，

怕是走错门了吧?"来人赶紧捂住李氏的嘴:"有要紧事寻找我王忻兄长,烦嫂夫人赶快通禀。"

说话间,兄弟三人已听见动静,"咣当、咣当"先后走下楼梯。忻前迎一望,高兴地大声招呼:"原来是王乡兄弟,快快进屋叙话。"众人簇拥着王乡进了堂屋。

话说这位名叫王乡的年轻人,家住东伦村,是王氏分支的族人。今年清明王氏宗族到祖坟祭奠时,曾与王忻晤面。当王乡得知王忻乃王氏长门嫡支后人时,分外仰慕,加之见王忻器宇轩昂谈吐不凡,且早就耳闻其侠肝义胆急人危难,顿生崇敬亲近之感。两人一见如故,谈得十分投机,以致忘了心敬,方才生出坟地寻人一节事端。此后二人愈加热络,王忻见其容貌端正,言语之间颇有见地,高兴之余,便以宗族辈分兄弟相称起来,因王忻年长八岁,王乡便以兄尊之。

几人入厅坐定,李氏奉茶过后,王忻开言:"贤弟多日不见,令人十分挂念,却苦于生计,以致几月未曾与弟晤面,令为兄十分歉疚。今日夤夜来访,定有要事,贤弟不妨直言。"乡沉默半晌,方才开口:"弟之心境亦如吾兄。今晚来访,实在有些唐突,不过事出有因——弟近日偶获一秘闻,有一伙强贼,不日将劫掠咱县城。弟知兄等为人厚道,但防人之心切不可无,弟特来专程告知,望兄有所防备。但愿此闻为谣传,弟之关切为一场虚惊才好。"

话到此处,诸君不禁要问:此人为何能得知这一绝密消息?原来无巧不成书,张家药铺内有位伙计,他就是今夜前来的王乡。王乡看见这个疤脸大汉多次诡秘进出此门,不禁心生疑窦。当日见其又窜来,年轻人的好奇心被撩拨起来,便悄悄跟踪至内厅。见其与张善人三人鬼头鬼脑关上房门,他便绕到屋后,踮起脚尖,试图窥破机关。屋内传来一阵叽哩咕噜之声,听得不甚真切。小伙急切之间嫌不解馋,索性手沾唾沫在窗纸上捅了一个小窟窿,话声立时清晰了许多,要紧的最后关节,竟被小伙看了个一清二楚。

闻听屋内告辞之声,小伙急忙小心将纸窟窿用手捋平,不近前细观,还真看不出什么破绽。随后一溜烟窜入自己卧室,在兴奋与恐惧的双重重压下,亢奋的心脏咚咚地跳了一整夜。

他这次前来,就是要将这关乎王忻身家性命的大事提前告知。但出于诸多疑虑,生性谨慎的王乡并未将此事点明,仅予以侧面示警。谁知王忻一听,竟哑然一笑:"弟之消息真称得上是一大奇闻。如今国事大定,人人安居乐业,哪有毛贼胆敢光天化日前来滋扰?退一万步,即便城内生乱,愚兄之家日耕夜织,也仅在糊口之余,略有积蓄,毛贼若'高攀'上王家,岂不是竹篮打水一场空?"王乡见状,只好苦笑一声:"那便是小弟多虑了。

第五回　假善人贪图不义财　真孝子喋血护娘亲

如此甚好,弟不久留,就此告辞。"忻一听急了:"是不是为兄刚才言词有些冲撞贤弟?若真如此,还请贤弟见谅。再者,这一奇闻你是从甚地方听来的?"王乡起身拱手:"弟只是道听途说,不便告知。不过,望兄长能听小弟一句劝,还是小心一番才是。"言毕,匆匆离去,引起王家一片议论、猜测。

不多久,一日县城逢集。街市大开,人头攒动。南城门外,一溜马车载着粮食、柴草、山货进入城中,押车及马夫个个精壮。行至钟楼处,发一声喊,齐齐从车上抽出刀枪,砍杀起来;东南西北街也有扮作农夫、乞丐、游僧、商人者,相互策应,几百人的散兵游勇将县城搅得天翻地覆。一时间,大街上如捅了马蜂窝,顿时炸了锅,人人争相逃命,乱得一塌糊涂。巡守的官兵见势不妙,仓皇抵挡一阵,也脚底抹油,溜了个干净。刚才还熙熙攘攘的市面,变得一片冷清血腥,除了丢满的器物及几处伏尸外,只剩下了那些流匪们匆匆的脚步声。

众劫匪"按图索骥",挨户踢开大门,接着就是一片哭天抢地的悲求声、怒斥声和呼呼作响的皮鞭声⋯⋯

王忻兄弟三人正好在家,当门外响起一片喊杀声时,方觉情势不妙,前些年那瘆人的一幕仍刻印在各人的脑海中。大家心知肚明,刚过没多少年的那个劫数又降临了。

正惊愕间,大门"啪啪"响起,众人慌作一团,唯李氏镇静如常。她先将三个孩子藏在自己卧室的板柜里,并随手从炕边抄起一件物事笼入袖中,然后叫忻去开门,其他人则拥立在大门后不远处。忻还未到门前,只听得"哗啦"一声,大门被撞开,立刻有十数匪徒持刀械汹涌而入。

一刹那,匪徒将众人团团围住。尔后,一个大汉双手倒背,缠着马鞭,慢条斯理踱了过来。

一喽啰用刀尖抵住王忻的胸膛,声嘶力竭喊道:"说!把财物藏到哪里了?"忻面无怯色,缓缓回道:"家里前多年已被尔等好汉光顾过,财物被洗劫一空,家中几无隔夜之粮。近几年赖兄弟、妯娌齐心协力,日耕夜织,日子才刚刚缓了过来,却也仅够糊口而已,哪来的财物用来敬献大王?"领头的大汉嘴一咧:"搜!"几个喽啰得令扑向里屋,立刻鸡飞狗跳、桌倒案翻,"哗啦!""咕咚!""当啷!""扑通!"……一声连一声,震得众人心里一阵阵发紧。

大汉走到忻跟前,用马鞭戳起忻的下巴,操着陕北口音阴笑着:"人说好汉不吃眼前亏,你们这样作何苦来着?有财物快点拿出,我等就走,也不为难你家;一旦不开口,人死了财物也没了,岂不人财两空?"忻揶揄道:"实在惭愧,家里确实没有好汉们说的财宝,要

不你放了我,让我在隔壁谁家借些来供奉大王可好?"大汉一听恼羞成怒,指着七十多岁正在发抖的温氏:"来啊,将这个老婆子给我绑了!既然没见过马王爷的三只眼,今天就让你们见识见识,看你等是心疼老母还是心疼财物!"

说话间,两个喽啰上前,一把拽住温氏,用绳一捆一提,将老婆子绑了个结实。温氏一辈子哪受过这个罪,连怕带疼,竟瘫倒在地,不停哆嗦着,发出让儿子们心碎的呻吟。众人齐声惨叫,扑向温氏,却在匪徒们的刀剑淫威下,只能眼睁睁看着母亲受罪而无可奈何。只有娉绕过众人,跪扶祖母,轻声饮泣。

一个匪徒指着温氏大声喝道:"说,银子在哪里?"老人咬紧牙关,一声不吭。大汉二话不说,一鞭下去打得老人血花飞溅,一阵抽搐,昏倒在地。一见大汉又扬起鞭子,憑狂呼着扑向大汉,大汉飞起一脚,憑仰面倒地,飞出一丈多远,立时没了声息。老大慌哭着爬过去,将憑扶在怀中,掐鼻抚胸,仰天哭喊:"老天爷,你睁开眼,想我王氏累世清白,诚信为本,日子愁苦却从未图不义之财,为何又遭此大难?"

大汉一听,气得又对温氏扬起鞭子,忻一见猛地扑将过去,紧紧抓住大汉的右胳膊,死不松手。匪首气急败坏,另一只手抽出身上的匕首,狠命朝忻的胳膊刺将过去。忻的右胳膊立时麻木,血流如注,却仍咬牙不松,匪首急了,又用匕首朝忻的头上猛刺过去,一股鲜血喷溅而出,忻立时昏厥倒地。李氏惊呼着奔向丈夫,将围腰撕成两半,包扎忻的伤口。她强抑着愤怒与悲痛,面对匪首,声调冷峻地问道:"听口音大王像是陕北人,莫非曾是闯王的部下?"见大汉不言语,似为默认,便又说:"李闯王前些年曾领兵到过我县,他对老百姓秋毫无犯,专杀贪官污吏,接济贫饥穷人,是一支真正的义军。今大王率部血洗鄂县,抢人财物,伤害无辜,祸害百姓,与土匪何异?百年之后,又有何面目见闯王于地下?何况我王氏世代书香门第,眼看着老母受刑而不献出财物,这与禽兽何异?此情足可佐证我家无有财宝银两,大王若不嫌弃,民妇可将家中平日度用的几贯铜钱奉上。"

大汉一听,面有愧色,也觉李氏家无财物之言颇为在理,正犹豫间,忽听一阵哭叫声传来,只见两个喽啰揪住心敬、心广的辫子,撕着婷的耳朵,像抓小鸡般将三个娃提溜过来。李氏一瞧立时急红了眼,惨吼一声,像护犊的母狼扑将过去。舍身救子的本能激发出她的母性凶狠,不知哪来的气力,她一把揪住其中一个喽啰的耳朵,用大拇指狠命掐了下去,长长的指甲立时穿透耳垂,鲜血汩汩冒出,顺着手指滴答而下。喽啰疼得嘴角直咧,却不敢挣扎,生怕如此一来,会将耳朵生生扯下。李氏顺手从腰间摸出早已准备好的剪子,抵住匪徒的鬓角,大声嘶喊:"放下孩子,给我退下!"一时间,双方僵持在了施暴现场。李氏这一鱼死网破的绝地反击倒使众匪始料未及,慌乱之中竟失了主意。

第五回　假善人贪图不义财　真孝子喋血护娘亲

过了片刻,一位年龄稍长的同伙,拉着大汉走到一边,悄声说:"这是一个行善人家。那年小的入伙前就在鄂县要饭,一日连冻带饿,卧在了这家门前。主人——哦,就是那个最年轻的汉子,出门见到,很快唤来这个女人,"他用手指着李氏,"给我端来稀饭,还拿出一件旧衣让我穿上,才过了那回的鬼门关。我当时给他二人磕了三个响头。如今他家确实没财,又弄成现在这般架势,我看还是各让一步,把这事了了。"

大汉一听这话,正好借坡下驴,便喝令下人住手。恰在此时,街上传来一溜长长的唿哨声,这是他们撤退的暗号,大汉一听,立马招呼部下撤出。临走,指着这位手下对李氏他们说:"若不是你家当年救了我这位大哥,今天绝不轻饶!"说罢,领着众徒一溜烟窜出了家门。

鄂县大街上,杂物东抛西撒,一片狼藉。这群土匪在洗劫了钱庄、店铺及各处富户后,车载枪挑向南直驱秦岭深处的老巢。行至途中,在穆家庄一大槐树根处埋下了几包银锭,做好标记,并支使疤脸大汉将秘址送往南街益寿堂药铺。

回过头来,细观王忻家庭院一片凄惨。屋里柜倒箱翻,飞尘弥漫;屋外娃哭人喊,血迹斑斑。

劫匪一走,李氏急忙解开老母绳索,扶起灌上两口热汤,并嘱二嫂陈氏搀扶慢慢苏醒的二哥回屋静养,之后急唤娉与心敬赶往南街益寿堂药铺请张善人前来给忻疗伤。

二人急急奔往南街,到那里时只见药铺内人头攒动,满大街的伤户都赶往了这里。心敬一看急了,望着二楼跳起大喊:"小哥哥,小哥哥!"志鹏探下身一看是心敬,身旁还立着娉,赶忙下楼走到二人处。见娉垂泪低泣,志鹏急问出了何事,心敬说:"家里刚遭大难。我大头破血流,我婆浑身是伤,伯父昏厥刚醒。娘叫我二人前来请张大伯。"志鹏一瞧店里店外挤满的伤患,为难地说:"你们也看见了,这时家父哪能离得开?"娉一听扭头便走,被志鹏急忙拉住:"好了,我也跟家父学了几招,像刀剑之类的红伤,足以应付得了。也罢,我跟你们去一趟。"娉这才回颜露喜,却仍疑惑道:"你真能疗伤?"志鹏回嘴:"红伤最易治疗,你二人稍等。"说罢急匆匆挤进人群,从店里取出一只小包,拉着二人向前急奔。

到了忻家,先看忻的伤。志鹏解开围腰,便说:"多亏婶子用这护裹,如今血已止住,只需撒些去毒、敛伤、消肿的药物,再用纱布包扎,便不妨事了。只是大叔昏迷,须当静养,等家父忙完,求他亲自处理便了。"说罢麻利上手,一时间便处理停当,然后到祖母、二伯处,一一料理。

李氏将娉拉过一旁,低声问道:"这小伙子是谁?年纪轻轻还懂医术,手脚麻利人也蛮精干,就连模样也很心疼,看样子还是个书生。张老板怎么没来?"娉有些发窘,低头回答:"张老板在店里正忙得不可开交,今天这日子你知道。这位小哥是张老板的长公子,他也随父学了一点医术……"正说着,风闻其父平日德行的李氏脸色慢慢沉了下来,娉未说完,她就冷冷转过身,对着刚走到跟前的志鹏说:"多谢小先生。不知先生的辛苦费是多少?"志鹏笑答:"举手之劳不甚费事,至于药费么,随便多少都行。"李氏正色道:"救人危难,理当付酬,怎能如此漫应?"志鹏见李氏气色不佳,忙庄重回话:"婶子所言极是,药钱及出诊费合计十枚铜钱。"李氏从怀中掏出铜钱,如数付给,回身转往娉:"送送这位先生。妈要赶紧经管你婆你二伯。"说完拧身向里屋走去。

娉愣了一下,神色迷茫地随着志鹏往门外走去。她有些纳闷,刚才妈对志鹏似乎很有好感,自己还暗地心喜,不料一听他是张善人的公子,立马变了脸色,这是什么缘故?

当她苦苦思索时,已到了大门口。娉内心五味杂陈,恍恍然与志鹏道了别,志鹏随手将刚收到的铜钱塞到娉的手里,方才依依不舍地离去。

情绪低沉的娉回到屋里,只见大伯憎正在收拾散落成一堆的家具;二妈陈氏正给二伯悫喂着汤药;母亲也正照看着祖母。唯有父亲忻,仍躺在炕上昏迷不醒,但气色已比刚才好了一些。心敬一见姐姐进来,忙拉住娉的手,眼泪汪汪地问她:"姐,咱大啥时能好?"娉心绪杂乱,她蹲下擦干心敬的泪珠:"好弟弟,大不碍事,只是流血过多,身子骨有些虚。让大歇息两日,就会缓过劲来。"

第三日,张善人忙完店里急务,才抽空来到王家。他给忻扎了两针,又取出几包生血、收敛、化瘀、去毒的药丸,向李氏交代:"等他苏醒后,将这些药丸一日三次用童尿做药引冲服,三日即可痊愈。只是病虽好,人却虚弱,需卧床将息多日,其间不得劳累,不得着气。"接着又到憎和温氏的房间探视、留药一番。李氏称谢并付了五十枚铜子用作酬金。

李氏送张善人出门。走到门口,张善人叹口气:"贵府遭此大难真是不幸,以后有用得着张某处,定当竭力。"说罢,又义愤填膺怒骂道,"这帮毛贼,杀人放火,打家劫舍,真是天理难容。想此书香门第,一世积善积德不积财,寻这样的人家索金,岂不是瞎了狗眼!"一面挥手告别,一面嘴上念叨着:"不送,不送。"转身离去。

第六回　刚烈父怀愤拒亲事　痴心女殉情献玉身

三日后，忻逐渐苏醒，李氏连忙按医嘱为其服药。街坊邻居听到王忻已醒的消息一齐来到王家探视。

由于王忻平日行侠仗义，在众人眼里他是一位扶危济困、德行昭著的仁义君子；尤其这次惨烈壮举更是为乡里津津乐道、啧啧称颂。要晓得在忻所处的大清王朝，"孝"被奉为百善之首。为救生母而奋不顾身，以致自己竟被刺成重伤，这在当时众人眼里，可是一件足以感天地而泣鬼神的至孝之举，王忻也就此成了这远近闻名的大孝子。故而从县城到四乡八村，凡是仰慕其孝行，甚或想看一眼这个神圣孝子的都大有人在。那几日，王府被络绎不绝的探视者弄得如集市一般；就连县太爷闻知此事后，也为他治下能出此等大孝子而深感荣耀，以至特下表彰公文，令主簿带人前往代为探视，并将公文张贴于王府门前。

半月后，人流稍缓。一日深夜，王府又闻敲门声，李氏开门一看，乃是曾深夜来访过的王乡。李氏喜极，忙将这位贤弟迎进门里。

进得里屋，李氏喜盈盈向忻报知："当家，你看谁来了？"被一连多日的应酬折磨得筋疲力尽的王忻抬头一看，见是王乡，连忙爬起，招呼王乡坐在了炕边，并吩咐李氏弄些宵夜来。王乡推辞，王忻有些不悦："兄弟这就见外了。这几日正想着贤弟，贤弟就来了，给了为兄一个大惊喜。经过一天的折腾，刚好我也有些饿了，你就陪兄一块吃。"一会儿工夫，李氏端来两碗细面，兄弟俩一边吃一边谈论着近日发生在县城的那宗惨祸。忻先讲了自己家前几日的境况，王乡接着介绍了当日县城里的详细情景，其中各处的惨状令二人唏嘘不已。

饭毕，王忻拉着王乡的手，神情肃然："兄弟今夜前来问安，为兄甚是感激。但兄至今仍有一大心结未解，今日恳请贤弟看在你我相知的份上，更看在王氏列祖列宗的面上，给兄一个明白。"王乡踌躇半响，终于下了决心，面色凝重地说："仁兄请问，弟当竭力给你一个明白。"

王忻凄然回忆道："上次来访，你直言探得一秘闻，曾预言咱县城将有一次血光之灾，且千叮万嘱愚兄事先藏好浮财，家中预作准备以应事变。谁知愚兄却轻慢应之，今日看来，其时罹祸全怪为兄。贤弟不避凶险，前来报信却遭怠慢，兄今当面向贤弟致谢致歉。"说罢，郑重施礼，慌得王乡急忙扶住，连声急呼："使不得，使不得！"

礼毕，忻又开言："令人不解的是，贤弟之言不日即完全应验，令兄事后大为惊愕。经仔细思量，弟之告警必非道听途说，定然有确切出处甚或亲身获知。今日愚兄所求，就是望贤弟能实言相告，愚兄就是为此而死，也要死个明白。"

王乡此时心如明镜，忻哥已将自己逼到了墙角，遂开言道："既然兄长已将话说到这个份上，小弟若不将实情告知岂非猪狗不如？"然后低声将前些天的所见所闻，连核桃带枣一股脑倒出，尤其将最后张善人在"黑名单"中添加王忻的详情细节，尽数端出。

一语惊醒梦中人。闻听自家惨景的罪魁祸首竟然是他，王忻一时间如木偶般一动不动。李氏一看不对窍，急忙和王乡一起连捶带揉，最后王忻"噗"地一声喷出一股热血，方才哭将出来："可怜我兄弟妯娌日夜劳碌，才刚兴起之家竟被这恶贼弄成狗窝一般；家中无一金银，却被整得血流满地，几人伤残。苍天呀！你几时能为蚁民主持公道，天打雷劈了这些恶人！"李氏、王乡一干人等都慌了手脚，大伙擦干王忻嘴边的血沫，慢慢扶王忻躺下。忻仍痛心疾首，不断捶着自己的胸膛，弄得满屋"呜呜"哭声一片。

见王忻慢慢安静下来，终于沉入梦乡，王乡才向李氏告辞并一同走出病房。临出大门，王乡嘱咐："嫂子，多劝劝三哥，让想开些。如今世道，人家朝中有人，奈何他不得。否则，咱们要吃大亏；再则，此事关涉性命，你自己晓得就可，万万不可流入外人耳中。我已看透此人德行，明日决定借故辞工回乡。今夜打扰，一则探望三哥，二则也是来道个别。"李氏听得泪流满面，哽咽着点头称是，恋恋不舍地送别了这位义薄云天的生死弟兄。

花开两朵各表一枝。话说这宗惊天大案事发不久，上峰下了剿杀密令。经细作多日追寻蛛丝马迹，终于查清了劫匪的落脚地，立即派重兵深夜进袭，斩杀贼寇无数，其藏宝巢穴也被一把火烧得干干净净。所擒获的匪首及刀疤脸等一干帮凶也一并绑赴杀场，大刀风声一过，数颗人头落地，上天终于应了全城苦主和王忻的切齿诅咒。

时光如梭，一年时间不觉间又悄然溜去。在此期间，忻的身子骨经李氏尽心伺候，也逐渐恢复；而惢却一天不似一天，老态尽显却仍强撑着在田地里忙碌；李氏和陈氏仍勉力

第六回　刚烈父怀愤拒亲事　痴心女殉情献玉身

操持家务,夜以继日织布纺线,缝补洗涮;心敬与心广仍在母亲的督导下学业日进,一般的童蒙读物早已滚瓜烂熟。

娉和志鹏的传情书信也愈加频繁炽热,相思之苦日夜折磨着两颗年轻躁动的心。娉在阁房之中有时读书,有时作女红,思绪却不时溜向那个令她痴迷、心疼的俊逸身影,她甚至脸红心跳地幻想着他俩婚后卿卿我我的甜蜜,夫婿秉烛夜读,自己红袖添香。那该是一个多么令人心醉的场景呀!

近日在传书中,志鹏已明确表示非她不娶,且在文中暗示他要启动婚事程序了,而娉的回书也隐含着默许的心意。

一日晚饭吃毕,趁着老父一天仅有的闲暇时间,志鹏向父亲郑重提起了自己的婚事。他先禀告了他俩初遇这一戏剧情节,然后动情地描述了二人的"鸿雁"传书,情之浓烈以至海誓山盟矢志不渝。他恳请父亲应允这门亲事,以遂儿子这一关乎终身幸福的夙愿。

张善人颇感兴趣地听着儿子的这一段奇缘。儿子早年丧母,是他一把屎一把尿将其拉扯成人。虽他又续弦娶了如今的夫人,并又添了一个女儿,但他仍时时怀念自己贤惠的前妻,并对这个早早失母的孩子倍生怜爱。儿子也确实争气,除长得潇洒英俊、风度翩翩外,其功课也十分出色,去年他通过童试,成为县上为数不多的几个生员之一,加之生性纯良且待人热忱,颇具侠义古风,这让自己很是欣慰并暗地异常得意。

今日,儿子主动提起自己的婚事,并说早已有了意中人,他心中暗自吃惊并惭愧自己整日忙于生意,对儿子的终身大事竟未上心。他深信儿子眼力不差,能入这个心高气傲小子的法眼,定然会是书香门第的大家闺秀。欣喜之余,也就同儿子开起了玩笑:"敢动问先生,心仪之人为哪家才女?"儿子一见老父亲竟破天荒以这样的口吻戏谑自己,心知父亲已欣然应允,就大胆开言:"儿子所说的,是县北街世儒王忻之女,名娉,今年已虚龄十七。"

一听儿子提起"王忻"二字,老张像蝎子蜇了屁股,一下子跳了起来:"你、你、你,说她是王忻的女儿?"志鹏一见父亲如此吃惊失态,大惑不解:"嗯,就是她。大,你为啥一听这个就如此吃惊?"张善人强掩窘态:"没什么,大一听我儿能攀上这门全县闻名的世族大户,诗书之家,当然十分吃惊啦。"心地善良的志鹏哪知父亲暗地干的龌龊事,他满以为父亲吃惊完全是因为他"勾引"了这一个令他意想不到的名门闺秀。

事情很顺当地向下进行着。张善人以为前事天知、地知、自己知、心腹知,再无旁人知。要说还有一人知,便是那个疤脸,但他早已成刀下之鬼,所以就把他从"知情人"里勾去了。这个心毒手辣的歹人,却对儿子怀有一份常人难及的柔情父爱。他托人选好吉日,由县里负有盛名的冰人出面,带着一份厚礼,随着两位下人,来到了王家门前。

中午时分,李氏正伺候丈夫食用午餐。她端来了忻平时喜欢的一碟酱豆,一盘烧豆腐,一碗撒着葱花、虾皮的香气四溢的清汤细面。正陪着王忻拉闲话,忽听门外有人敲门,李氏急忙迈出里屋,向大门走去。

开得门来,迎面立着一位师爷模样的客人,后面跟着两个伙计,其中一位手里提着一个大大的礼盒。李氏很是诧异:"几位是……?"为首的那位,口中不停地说着"恭喜、恭喜!"一边招呼后面一同进门。弄得李氏丈二和尚摸不着头脑,只好随着他们来到了前厅。

奉茶坐定,李氏开言:"先生适才所言'恭喜'之辞,不知喜从何来?"那位"师爷"方将受益寿堂老板之托提亲之事和盘托出。李氏闻言又惊又怒,她强按着内心波涛,正色回话:"几位先生稍坐片刻,容为妇向我家老爷通禀一声。"说着匆匆走向里屋。

里屋里,忻正吃饭,见李氏进来,面露恼容,便问道:"方才何人叫门?你又为何是这等脸色?"李氏上前悄悄将来人求婚之事告知丈夫。忻一听,立时大怒,气得将筷子摔于地下,用手一指李氏:"你立马出去轰走这帮畜生,再迟些,我就取棍把他们打死在堂下!"

李氏进入内厅,开言道:"刚才与夫君商议,提亲本是好事,只是我家娉年纪尚幼,此事不提也罢。"一听此言,"师爷"哈哈大笑:"你家姑娘与我家公子,你有情我有意,早已暗通款曲,何来年幼一说?"言罢便将两人因何结识并书信不断的情形倒了个干净。

李氏闻言,如雷击顶,半天说不出话来。"师爷"一见李氏无言以对,便加大力度,将志鹏的才学、人品、相貌夸了个天上有地下无,连张家的家境也被说成了"富可敌国"。

李氏一回过神来,断然截住了媒人滔滔不绝的话茬,冷冷回道:"冰人所言,诚然不谬,然儿女婚事,历朝历代皆为父母做主,我夫妇已认定,这桩婚事我们高攀不起,还望你老将话传回便了。"说完便挥手送客。

媒人狼狈转回,将王家回话添油加醋渲染了一番,以表示他的本事不谓不大,只是对方脑瓜教门给夹了:如此好的门第,别人求还求不到,他们却愚蠢回绝,世上哪有这样不知好歹的父母?

张善人一听,心里虽然懊恼,嘴上却还很豁达:"你已尽力,定当酬谢。此事还得慢慢筹划,方能回暖。到时说不定还得烦劳先生再走动一番。"说罢,让人给付了酬金不表。

话说李氏送走客人,立即唤来娉到房中。

娉自从上次书信中得知志鹏将要提亲,便暗自欣喜不已。她想母亲已见过志鹏,对其印象不错,加上张家世代行医,乃为善人之家,且如今家业兴盛,过门之后自己定然报

第六回　刚烈父怀愤拒亲事　痴心女殉情献玉身

恩娘家,以改目前家境困顿的局面。若爹娘问起此事,只以"孩儿听从父母安排"回答便是。

娉兴冲冲走到父亲门外,又故意放缓脚步,装作一副不知就里的憨态。进得门来却暗吃一惊,只见父母面若冰霜,目光冷冷盯着她,久久不言一语。娉心里不由发毛,她小心问道:"大、妈,唤儿前来何事?"忻大喝一声:"跪下!"娉一个冷颤,"噗通"一声跪倒在地。"我问你,与益寿药行的公子志鹏是怎么一回事?"娉心一横,将与志鹏交往的来龙去脉一一道出,最后哀求:"大、妈在上,孩儿与志鹏一见钟情实乃天作之合,如今儿与志鹏已难舍难分,求二老成全孩儿的缘分,孩儿一定会感念二老的恩德。"

"无耻!一个大姑娘家私自与男人书信来往,败坏门风,成何体统?你……"李氏见忻竟然气得说不出话,恐其盛怒伤身,忙用手止住,缓缓问道:"娉,你自以为了解志鹏,可你了解这个张家多少?这个张老板自称张善人,可他暗地里干了不知多少伤天害理的丑事。他的恶行全县城人人皆知,其德性个个不齿。你若许给这家,还不辱没了王氏的列祖列宗!""可你在我大、我伯、我婆伤了以后为啥还要让我寻人家?"娉还嘴硬地质问起了她妈。"我儿,一个心底龌龊的人并非一定是个无能之辈,反而很可能极有本事,张善人就是这一类人。我们找他疗伤,是因为他技压群医。他疗伤,我给钱,两不亏欠,有何不可?"

娉又自辩道:"即就是他大为富不仁,难道志鹏也是如此?况且浊者自浊,清者自清,他的德行又与我们何干?为何二老一提起张善人就像不共戴天的仇人?"忻一听到此话,立刻像刀子戳进心窝,他咬着牙,一丝冷笑从嘴角流出:"哼!你说他与我们无干?你说他与我家无血海深仇?实话告诉你,咱家前些天,你婆、你伯、你大的血光之灾,就是拜他所赐!一知道这些,你还敢说这狗日的与我们无干?……"忻越说越气,最后竟然浑身发抖,口无遮拦,把读书人平日羞于出口的脏话,一股脑都送给了那位张"善人"。

李氏扶着丈夫躺下,转身向娉讲述了事情的原委,只是略去了告密者的身份,托其为自己的一个远房亲戚。

娉听完母亲的亲口叙说,犹如数九天跌进了冰窟窿,浑身抖个不停。愤恨与悲凉交替在心中翻滚,让她"哇"地一声哭得昏天黑地。哭毕,收起泪珠,向二老默然一拜,头也不回拧身出了房门。

娉不知自己是怎么爬上二楼进入闺房的。她一头扑在床上,咬紧被角,让撕心裂肺的苦涩泪水,泅湿了一大片。

她恨苍天给了她认识志鹏的机会;恨其父蛇蝎心肠害惨了家人;恨自己生在了被仇

人刺激得失去理智的家庭……

她痛心从此会失去志鹏那充满阳光的身影;痛心失去一个姑娘家对未来的一切美好憧憬;更痛心的是,从此将失去那一片刻骨铭心、初恋却无果的爱情。

她绝望了。

一连三天,她在床上捂着被子,双目直呆呆地瞪着,一动不动。无论爹妈申斥、心敬哭求还是祖母规劝,她苍白脸颊上的眼珠,始终直视着屋顶,既不吃也不喝。她的心死了,也决心让这个没用的躯体随着心灵的绝灭而腐朽。

然而三天一过,不知何故,那离去的七魂六魄又回来了。她又起身,大吃大喝起来,脸颊上的苍白又慢慢褪去,恢复了当初的红润光泽。

在这几天中,她出了一趟家门,谁也不知她去干了些什么。

一日,心敬又来看望姐姐,姐姐的复初让他格外高兴。他亲着姐姐的脸蛋,说她比以前更好看。娉也悄悄拉着心敬的手,递给他一页纸,让他捎给志鹏哥哥。心敬忙抽出手,说前日父亲因这事把他狠揍了一顿,威胁说他再捎书就要打断他的腿。娉说:"好弟弟,姐保证你只捎这一次书,下次再不会让你干这事了。"心敬望着姐姐充满渴望与爱怜的双眼,狠了狠心,作为一个男子汉,他做好准备哪怕再挨一次打,也要把这封书带给志鹏哥哥。

在一个风和日丽的上午,志鹏如约来到了约定的地点,那是一个风景极为优美且又无比幽静的河湾,旁边溪水潺潺流过,四周树丛密布。

娉姗姗来迟,她今天穿着平日舍不得穿的花衣,显得格外娇美,甚至有些妖冶。两人一见,志鹏就说起前些天父亲托媒的尴尬事,神态很是消沉。娉笑着打断他的话:"今天不说这些窝心事,让咱俩开开心心度过这一上午。"说完立刻抖落衣衫,一个冰清玉洁的雪白胴体,裸露在了志鹏的面前。志鹏大吃一惊,急忙用袖遮住眼睛,连声说道:"使不得,使不得。"娉却拉开衣袖,脸露微笑,眼中却淌下了泪水:"志鹏哥哥,你看我好看不?除了父辈和弟弟,我从小到大不用说身子,就是手也没让任何一个男人碰过。今天,我要把我的贞操,我的一切都给你。人说千年修得共枕眠,我和你只修了八百年,也要共枕一次。"她拉着志鹏的手,豪爽地说:"来,天当帷幔地当床,日头就是媒人,我俩也来行一次夫妻之礼。"

望着娉圣洁的目光,志鹏被感动得热泪盈眶,他三下五除二甩掉衣衫,二人光着身子,双双跪地,向着天上的骄阳,恭恭敬敬地行了三叩首礼。娉又说:"向夫妻双方高堂跪拜。"两人对着鄂县城的方向,恭恭敬敬地行了三叩首礼。娉说:"夫妻对拜。"两人郑重地

第六回　刚烈父怀愤拒亲事　痴心女殉情献玉身

相互行礼。"礼毕,夫妻入洞房。"随着一声结语,一场和着欢愉与泪水的神圣婚礼,在这片嫩草成茵的绿地上,进入了高潮。

直到傍晚,娉才带着满足的微笑踏进了家门。李氏申斥道:"死女子,到哪疯去了,连个时辰也不看。"娉却笑着说:"该到哪疯就到哪疯,今后谁也管不着我啰!"忻踱了出来,刚要发作,李氏一把拉住他,悄悄说:"这丫头今儿有些怪,莫不是前几天躺出了毛病?我看明儿个得找个郎中来看一下。"

第二天,大家已用过早餐,还不见娉下楼来,李氏一边上楼一边骂:"这个死女子,又生出啥幺蛾子?"

上了楼,进入闺房,见娉仍侧身蒙头大睡,不由气愤地掀开被子,想再骂上几句,谁知将娉侧身扳过,刚要开口,发现娉双目紧闭,嘴角冒血,鼻息全无。李氏不由跌倒在地,一边哭喊,一边爬起身徒劳地摇着娉已经瘫软的身子。

等忻闻声上了楼,李氏竟发疯般扑了过来,逮住忻的胳膊就咬,一边还哭喊着:"还我女子,还我女子!"说罢倒地,不省人事了。

经过几日的忙乱和哀痛,终于将娉葬了出去。一连几天,心敬这个小人儿都是带着泪水进入梦乡。在梦里,他见姐姐挽着志鹏哥哥的胳膊,笑眯眯地摸着他的脸蛋:"告诉咱大、咱妈,姐到好处去了,姐到那个只要两人心悦就能成眷属的好处去了。姐也不能服侍咱大、咱妈了。好好听姐的话,长大替姐操上大、妈的心;好好读书,你将来会大用于世的。"心敬哭着拉住姐姐的手,呜咽着:"我不要什么大用于世,我只要姐姐!"接着就被自己的哭声弄醒。

此后多日,王家被一片死寂笼罩。婆婆一听她的心肝宝贝走了,立时躺在了床上不得动弹。二妈陈氏终日想着娉在跟前的种种情景,她这几日除了上锅、服侍老母,抽空还要到李氏的房间陪她一起拉话、流泪;恝和愒毕竟是男人,人面前还强撑着该干啥干啥,一到没人处,愒不是偷偷抹泪,就是狠命地掐着自己,酸楚的心里充满矛盾;不知三弟和侄女,他们两人到底谁做得对,还是都不对。

李氏挣扎着将自己独生女送出门,回来就一病不起。丈夫挪着脚步过来安慰她,她难过地流着泪:"唉,当初要不记着这个仇就好了,就是赔上全部家当,就是让我死了,只要俺娃回来,我都心甘情愿。如今阴阳两隔,有个知心话,我给谁说去?"忻也充满悔意:"其实志鹏这个娃还是一个蛮好的小子,只是他参害惨了他。我和你的心一样,只要咱娃能回来,让她到张家就到张家,我都绝无二话。"说罢,夫妻二人抱在一起,哭了个肝肠寸断。

王家女自尽的消息像火一样立刻燃遍了整个鄂县城。人们纷纷议论:这么好端端的娃,咋能说走就走了?

这几日,志鹏刚好在楼上闭门读书,他时不时会走神,慢慢回味着前几日的欢愉与疑惑。今日下得楼来,听人说北街王家出了大事,一问方知娉在他们"婚礼"的第二天就服毒自尽了。志鹏一听,头"嗡"的一下子,只觉得天旋地转,他急忙扶住柱子,稳了稳神,才悲从心来,"哇"的一声直哭了个一佛出世二佛升天。他这时方才觉醒:娉以那天的悲壮婚礼,还了他的情债,更是与他作了人生的诀别。

哭声一住,立刻"噔噔噔"跑到鄂县北街王府,要与王家拼命。志鹏闯进大门,如疯子一般逮住谁打谁,弄得王府乱成一锅粥。随后忻披衣出来,大喝一声:"住手!"一下镇住了志鹏,他似乎清醒了一些,哭着扑到忻的跟前,摇着他的身子:"还我媳妇,还我媳妇!"忻冷冷喝道:"谁是你媳妇?你也不问问她是为啥死的?"志鹏反射式傻呆呆反问:"为啥死的?""你回去问你父亲,他心里明镜似的。"

志鹏一听,又火烧火燎奔回家中,揪住父亲要问个缘由。张善人一听大吃一惊,他做的这件亏心事曾自信地认为只有天知、地知、自己知、心腹知。如今怎么传到王家耳中?要知道为了要保住这个天大的秘密,他借了个机会给心腹服了哑药。如今,这个可怜虫仍忠心耿耿地留在他的身边。自己当然不会说,那么这件事如果王家知晓,只有天说了。一想到此,他的头发不由乍了起来:显然自己作的恶,只能是由鬼神托梦给了王家。只有这一种可能,岂有他哉?既然如此,事到如今,只好实话实说。

张善人叹了口气:"人常说,'天作孽犹可恕,自作孽不可活'。为父那时还不信,如今报应来了。"于是将当初自己置王家于死地的往事,给儿子倒了个一干二净。

志鹏一听此段噩梦般的往事,立刻昏厥了过去。

志鹏一醒过来,立刻奔出门去,四处寻找他日思夜想的娉,嘴里不停地嘟囔着:"娉,你在哪儿?娉,你在哪儿?"张善人急忙叫人拉回了这个伤心欲绝的儿子,知道他是得了失心疯。然而自己开药试了几次,不济事,又急请县内外的名郎中诊治,仍是时好时坏。一天,家里一不留神,志鹏出了家门,从此杳无音讯。

第七回　奸徒设局谋财害命　巧妇运筹扬善惩恶

话说志鹏因哀伤过度,神志不清而失踪,益寿堂药铺立时像乱了营的马蜂窝。这几天,张善人派出所有的伙计四处打听、寻找,返回的消息都是负面的,气得他将这些没用的东西们臭骂一顿。他的脾气也逐日见涨,稍不遂意就砸东西,吓得伺候的丫环屏声敛息,走路都踮起了脚尖。

经过数月精疲力竭的搜寻,志鹏仍如高飞的黄鹤,一去不返。当初曾满怀希望的张老板不得不承认,他的宝贝儿子今世再也见不着了。在一阵捶胸顿足之后,张善人咬牙切齿指着北街方向:"王忻呀王忻,我儿死在了你的手里,我若不叫你家破人亡,就誓不为人!"

从此,每当饭菜端上后,他都要丫环多置一双筷子,喃喃地说:"儿啊,你的筷子在这儿,慢点吃,别噎着,哦?"说完,浑浊的泪珠流过枯黄的脸颊,顺着山羊胡子向下滴答。

时已仲秋。其间,丧女之痛使王忻旧伤又添新病。女儿的一颦一笑还恍如昨日;女儿平素的种种好处总在脑海里萦绕;女儿柔顺的身影还不时出现在自己噙满泪水的梦境里。由此而至的深深懊悔与自责,无时无刻不折磨着王忻,使他度日如年,备受煎熬。在终日伤感的重压下,身子骨一天不如一天。

长兄憷已老态毕显,整天拄着拐杖,步履蹒跚,咳喘症整得他一动弹就气喘吁吁;二哥恝自从那次被匪徒脚踹闭气后也一蹶不振,越来越气虚,却仍强撑着身子侍弄着家里的菜园;二嫂陈氏正坐着月子,唯有李氏在关照二嫂之余整日忙碌操持家务,还不停地操心着三个孩子的日行与学业。

人常言:死水怕勺舀。如今的家境只有出的,没有入的,长此以往,难免有油尽捻子干的一天。作为家里的顶梁柱,忻在痛失爱女伤感之际,还为此而整夜心焦。

一天,秋高气爽,忻披着衣衫,准备到外面转上一圈以解近日忧闷。大街之上人来人往,两旁正冒着扑鼻的香气。忻被这香气勾引,不觉腹中咕噜起来,他索性坐在一豆腐脑摊上,要了一碗另加一个热气腾腾的蒸馍。

正当他吃得满头直冒热汗时,忽地有人拍了一下肩膀。扭头一瞧,一个浑身珠光宝气的男子站在了他的面前。尤其引人注目的是,此人的左手无名指上,还戴了一只硕大的祖母绿戒指,其熠熠生辉惹得周围食客啧啧称奇。

还未等王忻问话,那人就拱手行礼:"王大哥,多年不见,如今怎的憔悴至此?"王忻起身回礼,疑惑道:"这位贤弟,怎么如此眼生啊?""我就是五年前与老兄一块贩山货的李二呀,你不认识了?"王忻一细瞅,果真是李二。多年前他们结伙到终南山中进货时曾一块风餐露宿,携手攀缘,抵足而眠,真可谓是一对同甘共苦的患难兄弟。只是几年不见,再加上那人浑身珠光宝气,与昔日的穷酸相大为不同,以至王忻一时之间竟未能辨出。

故友相见分外亲热。王忻动情地拍了拍李二的肩膀:"贤弟好久不见,想必很长时间不在咱这儿做生意了。如今贤弟红光满面,指头上还挂了一件宝贝,足见贤弟近来发达了,看你这身行头,难怪愚兄不敢相认。"李二笑道:"多年兄弟相逢,不吐不快。王兄,咱找一家饭庄,我兄弟二人好好谝一谝。"说完不容分说拉起王忻就走。王忻急了:"还没给人开饭钱……"不等王忻说完,李二随手向饭摊甩出一枚银角子,惊得王忻目瞪口呆。激起周遭一片哗然。

在鄂县东街一处唤作"仙客来"的酒家二楼雅间,客主坐定。一名堂倌左手拿着菜谱,胳膊上搭着一条白手巾,右手端着一壶清香扑鼻的茶水。他殷勤地招呼着客人:"二位,这可是上好的香片,请慢用。"一边把锃光瓦亮的八仙桌又细细地抹了一遍。随后堂倌递过菜谱:"二位请点菜。"李二大手一挥:"免了,把你们饭庄的拿手菜统统端上来,我兄弟俩今在这儿要喝个痛快。哦,忘了——把店里的好酒来上一坛。"堂倌大喜,高声唱菜:"贵客光临,好酒好菜往上端咧!"

一时间,热腾腾、香气四溢的菜肴整了一大桌,看得王忻一阵惶恐,内心不由嘀咕:"我的妈呀,看这阵势,莫非这家伙抢了钱庄不成?"心中正在盘算之际,口中却不争气先泛起津来。

二人边吃边聊,李二不时给王忻夹菜斟酒。李二开言:"看今日王哥的样子,莫非有什么难处?"王忻叹了口气,将这些年的窘况向李二一一诉说。末了,王忻沉闷地说:"实不相瞒,这几日愁得老兄夜不能寐,这只出不入的日子咋往下混呀。"

第七回　奸徒设局谋财害命　巧妇运筹扬善惩恶

李二朗声安慰道:"老兄不必烦恼,人常言:船到桥头自然直。活人还能教尿憋死了?再则,古人说什么'否极泰来',就是物极必反的意思。哦,依这句古语,老兄的好日子莫非马上就要到了?来,满上!"王忻仰脖,一大杯酒顺着喉咙而下:"贤弟一片好心,愚兄愧领,但愿事如你所言。不知你如今在何处发财?看样子生意定然做得很大。"李二抿了一口酒,志得意满开言道:"小弟前些年也和老兄一样,指望着多卖些山货好讨生活,也是这种吃不饱也饿不死的熊样。一日,碰见昔时的一位故友,他的装扮,"李二拍了拍自己的这身夺目衣料,"跟我一模一样。经他撺掇与推荐,我到杭州一家绸店做了伙计。那边的丝绸真是便宜得跟白菜一般。这么说吧,你带一两纹银去杭州,买回的丝料在西安、鄠县可卖得五两。"李二夸张着伸开右手五指,"足足五两白银啊。我一看这行情,干了没多久,就辞工干起了自己的买卖。如今,"他又伸开了五指,"攒了不多,除了自己的铺子,也就是五千多纹银吧。"

王忻一听,直惊得合不上嘴:短短几年工夫,就攒下了一间门面及五千两银子,这可抵得上当今十数八个财东辛苦一生的积蓄呀!还"也就"呢。正在感慨间,李二打断了他的胡思乱想:"最近在家歇一段时日,小弟就又要回到杭州去了。刚才看你——休怪小弟话语不中听——也是到了山穷水尽的光景。谁叫咱是从前在一起搅匀把的患难弟兄呢,今日小弟看在过去的情分上,怎么也得拉兄长一把。这样,你出一百两银子,跟我去一趟杭州。个把月下来,老兄就净赚五百两,五百两!"李二又竖起了五根指头,"老兄就一辈子在家吃喝享福哄孙子,别的什么也不用干了。"

望着李二热忱的目光,王忻犹豫了。"呃,还忘了给你说,小弟在那边经营几年,也攒了不少人脉,你这次去小弟带你找他们这一行的管事,让他给你再多加些折扣,赚的就不止上面那个数了。"王忻被撩拨得心火上升,但一想到本钱,他又蔫了下去:"事情照老弟这般说,确实是件难得的好事,只是愚兄囊中羞涩,漫说一百两,就是十两也未必能拿出手,又如何去得呢?"说罢心灰意冷,就站起身拱手道,"承蒙老弟殷切招待,时辰不早了,老兄得回家,免得你嫂子不放心。"李二赶忙拉住王忻:"话正说得热火,怎能说走就走?"他激动地将胸膛一拍,"老兄窘迫,小弟一望便知,让你如今掏出一百两银子,这不是在寒碜、戏弄老兄么。小弟的意思是我借你银子,咱俩去杭州,赚回钱来,你只须还回兄弟本钱就行了。快坐下,满上!"

王忻被李二的义气感动得热泪盈眶,心想此行即便不赚钱,就当逛了一趟杭州,又有何妨?随即应道:"老弟如此侠义,让为兄如何承担得起?果真如此,若为兄还要畏缩,倒真是'狗咬吕洞宾,不识好人心了'。"李二听罢,豪爽地从怀中掏出一沓银票,从中抽出一张递给王忻。王忻刚要双手去接,李二却又缩回:"老兄,小弟有句不该说的话,不知当讲不当讲?"王忻道:"贤弟只管放心,为兄无有不从。"李二慢条斯理开口道:"常言道,'亲兄弟明算账'。今日为弟助兄纾困,当有字据佐证,以免日后纠缠不清。"王忻一生信义,很爽快回话:"老弟言之有理,事情就该这般有规矩。你不提,为兄也会叫你如此办理。"

李二见状招手叫过堂倌,令其取来笔墨纸砚,当场展纸挥笔写下一份借据。约文中写道:今有李二,为解往昔挚友王忻行商乏资之困,特慷慨解囊,借其纹银一百两,在事成一个月之后,王忻应立即归还所借之款,云云。然后双方在一式两份的借约上签字画押。李二将银票双手递与王忻,王忻将银票与借据卷在一起塞入怀中。至此兄弟情谊达到高潮,二人开怀畅饮,把酒言欢,尽兴而散。

这场兄弟相聚盘桓许久,至回家时,日已偏西。途中,王忻苦于吃酒过甚,不免身不由己,跟跄前行,心中还泛出一阵嘀咕:这今日的街道为何如此坎坷不平?过了城隍庙,正在东摇西晃、且行且住之时,远处走来一位同样满身酒气的男子,他嘴里哼着荤曲:"隔壁王二姐呀,年呀年十八。要说模样亲哪,东街一枝花。今早起来脸蛋红呀,梦里和人耍……"东倒西歪、跌跌撞撞地斗折前行。就在两人打着趔趄相互避让的当口,却不料腿绊脚搅竟相互搂抱着一起滚倒在了地上。一番摸索、纠缠后,那人率先起身,随即骂骂咧咧、昏头昏脑愤愤而去。王忻也经过一番挣扎,终于爬将起来,又重复起了那套滑稽动作。蹒跚回到家中,不睬家人问话,一下扑到炕上一直昏睡到了第二天日过三竿。

睁开睡眼,王忻只觉得嗓子冒烟,一咕噜爬起端起炕桌上的茶壶,直喝得肚滚腰圆,这才摇了摇发木的脑壳,坐在炕沿上一阵发呆。待到脑筋清醒,想起昨日喝酒签约之事,慌忙将手伸向怀中一阵乱摸,谁知里面空空如也,不由一阵冷汗汩汩冒出。他连忙翻身爬起,脱掉衣衫,上下左右、旮旯缝隙翻腾了个遍,银票和借据却是不翼而飞,连个影子都不见了。

忻瘫在了炕沿上。片刻,他又发疯般跳起,一直跑到城隍庙附近,贴着地面来来回回转了三个圈。明明知道,就是有八百张银票也会被人拾得一干二净,但紧揪的心却逼着他徒劳地在此转着圈圈,不得片刻歇息。直到旁边站了一堆人,都弯腰看着他的古怪动作,才拖着灰冷的脚板,一步一挪回到家中。

在家里,王忻像丢了魂似的躺在炕上,木然瞪着顶棚发呆,任李氏怎样追问,终不发一语。他懊悔交加,自己将一个轻易为家赚钱脱困的机会丢了不说,还无端欠下一百两纹银,这可要了一家人的命了。如此粗疏闯下这塌天大祸怎有脸向媳妇和家人交待?

王忻的身体自护母被砍之后已元气大伤,再加上自己爱女殉情夭亡,精神备受煎熬,

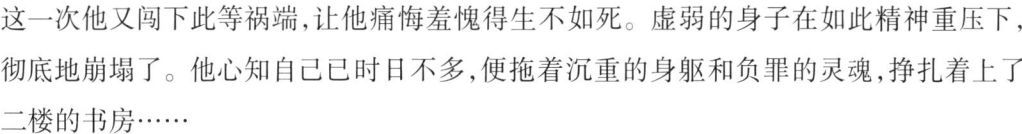

第七回　奸徒设局谋财害命　巧妇运筹扬善惩恶

这一次他又闯下此等祸端,让他痛悔羞愧得生不如死。虚弱的身子在如此精神重压下,彻底地崩塌了。他心知自己已时日不多,便拖着沉重的身躯和负罪的灵魂,挣扎着上了二楼的书房……

晚上,昏黄的灯光下,望着焦急得流出眼泪的李氏,他只是满含愧疚说了一句话:"贤妻,这回要连累你了……"一张嘴翕动着,似乎还有话欲说却怯言,正犹豫间,只见一番痛苦地挣扎,便一动不动没了声息。

李氏一下呆了。她拼命摇着自己丈夫愈来愈凉的身躯,一阵天塌地陷般的绝望与恐慌逐渐弥漫开来,只觉得自己身子一阵发冷,不由打起了寒战。此时的李氏,苍白的脸上神情木然,只知机械地紧攥着忻的手,唯恐一松,自己丈夫就会离她而去。一时间,她的心像被人掏空一般,成为了一具徒有形体的躯壳。

弥留之际的王忻,看着李氏紧握着一个极似自己的男人的手,想上前拉开她,可无论怎样用力,李氏却纹丝不动,这让他非常奇怪。懊恼之下他不由高声申斥起来,可她却不理不睬,仿佛他根本不存在似的。正在万般无奈之间,一阵清风吹过,王忻觉得自己的身子如鸿毛般飘浮起来,慢慢离开了那张因痛极而麻木的脸。

越来越远,越来越高,直到他陷在一团大雾之中而不知身在何处。正在焦躁间,远处传来一阵阵悦耳的环佩叮当声,极目远视,只见影影绰绰中有一对偎依在一起的少男少女。忻近前一看大惊,原来是娉和志鹏。他俩手挽着手笑眯眯地向自己走来。忻不由喜极而泣,自己的女儿顿时也泪眼婆娑。各自唏嘘一番后,娉招呼志鹏过来,志鹏拘谨地叩首:"见过泰山。"忻急忙扶起:"难为我婿的一片痴心,都是为父当初愤郁填胸,坏了你们的好事。"娉泪中含笑道:"往事不提也罢。大,你看女儿的新居。"手一指,云开雾散处露出一片仙境。

走到跟前,只见遍地异草奇葩,到处绿茵铺地;身侧有一小湖,粼粼碧波之中,游鱼往来翕忽,悠然自乐;湖内浅水近岸边,几株并蒂莲盛开,水草丛中成对鸳鸯出没;脚下不远处,只见一群白鹤翩翩起舞,花鹿呦呦呼伴,引得王忻连连惊叹称奇。在这片奇幻境界尽头的密林深处,隐隐现出了一座宏伟宫殿的一角。娉言道:"西王母叹我与其女儿同为痴情舍身,慈心大开,特赐女儿这一处宫殿安居。父亲之事儿已知晓,只是苦了我妈。不过以父平生善行,终能逢凶化吉、雨过天晴。目下,你先暂歇这里,待日后见过王母,求他为父安排一个好的去处便了。"说罢,父女三人款款移步,走向通往密林深处的一条小径,前面的宫殿渐渐露出其壮丽的雄姿……

话说王忻四十刚出头竟猝然而卒,惊动了整个鄂县城。由于其平日扶危济困的侠行义举早已名闻乡里,更由于昔日在强贼面前舍身护母的大孝举动人人赞颂,其殁后,乡绅们一致感叹,从此全县失去一位"鄂邑百年中仅见之完人"(见雍正年间《鄂县重修志》卷四之《人物传》)。

忻的丧事在整个王氏宗族的全力操持下,办得异常隆重,其身后的哀荣也接踵而至:县衙派县尉主持祭奠,各乡社会贤达、街坊邻居及宗族中的德高望重者,皆持羊牲等祭礼亲赴致哀,并由公推进入鄂县"贤人祠"安享四时香火。忻离世后,他的善举传颂益广,经久不衰,以致数十年后的乾隆二年,经当时的全县贤达举荐,鄂县知县提请,中悦公王忻被奉旨祀入鄂县"忠孝祠",受用百年祭品。

《王氏族谱》之"忻传"中有文如下:"处士公讳忻,字中悦,处士公汝爱季子。年未冠以家毁于寇,遂代父兄力农行贾者十余年。家颇立,乃好为义行,凡所以孝亲敬长恩顾宗支者,甚至邻里、亲戚之急,苟有求者,虽家无有,必委曲转贷以济之,且有不待求而为之周者。寇又至,竟以护母被斫,⋯⋯卒之日,宗族乡党又咨嗟陨涕,乃公奉羊牲谏行为文而祭焉⋯⋯"

送殡之日,一行数百人浩浩荡荡,经北河头,将王忻安葬于鹁鸰原的王家祖茔。

几日忙乱,李氏代兄接应祭客,安排丧事,忙得脚不沾地无暇悲伤。待将丈夫闹哄哄隆重送入六老庵祖坟,一切归于平静后才悲从心来,她坐在设立王忻牌位的偏房,痛痛快快大哭了一场。在哀痛的哭声里,她不由想起往日夫妻琴瑟和鸣、你恩我爱的和美情景,虽然日子过得绊绊磕磕,充满了艰辛与焦虑,但如今回想起来却让人格外怀念留恋,即使有时二人难免犯一些口舌,甚至几日互不理睬,如今回想起来也成了一种甜蜜与享受。现在丈夫溘然长辞,她茫然,往后的委曲与烦恼又能向谁诉说?

她更忧伤,这王家倒了顶梁柱,往后的日子咋过呀!以前家里有大事虽然二人一块商量,可都是丈夫在前面顶着,如今靠谁去?

其后多日,王家陷入无比的凄凉之中。环顾家中老的老、小的小,只有她才能担起这个破败的家庭担子。这个当年的李府才女,已被多年的风霜练就出了过人的胆识与才智,其刚毅的性格再加上一颗仁厚的心,终于在其后不久的家庭会议上,令全家老少公推其为家庭掌舵人,即王家的当家。

半年前姐姐夭亡,如今又临丧父,一年中接连两次遭受失去至亲的打击,此时十岁的心敬,幼小的心灵上留下了终生不灭的阴影。然而两次的心境却有些不同——失去姐姐,留下的是无尽的哀痛;而失去父亲,留下的却是强烈的恐惧。他清楚,从此后再也无人能替他遮风挡雨了。他是家里的长子,应当从此自强自立,不但功课要更加勤奋,更须

第七回　奸徒设局谋财害命　巧妇运筹扬善惩恶

加紧磨炼，以便将来有朝一日接过母亲勉力承负的家庭重担。

王氏家族这一支系的生命之树，虽经风吹雨打、电闪雷击，却屹立不倒，并有新的枝条不断伸展勃发，显露出一股从悠远岁月传承下来的顽强活力。

王忻丧祭的"五七"刚过。一日，正当李氏在家洒扫庭院时，从门外急匆匆跑来一汉子，一瞧是街坊来福，就是王忻两年前冬里救急，为其女喜琴治病的那个。李氏忙放下笤帚问是何事，来福上气不接下气地拉着李氏就向外走："嫂子，今上午我到河湾地种麦，看见有人将你的那片地犁了个遍，上前一问，他说，如今是他的地，正在撒种哩。"李氏闻言大惊，急忙唤上二哥，连同来福一起奔向河湾地。

站在自家地头，果然有一老汉提个竹笼一扭一扭在已耕耙过的田土中撒着麦种。憨上前喝住老汉，问他为甚在自己地里干活，老汉偏个脑袋，回身道："谁说这是你的地？我在我的地里撒种，怎么就成了你的了？"来福一看这个老东西油盐不进蛮不讲理，一时火气上来就与那人撕打在了一起。

几个人撕撕扯扯、吵吵嚷嚷进了县衙大堂，县老爷将各自事由听罢，遂问那老汉："你说这地近来才租人的，有何证据？"老汉答曰："回禀老爷，是老儿从李二手中租的，他说此地由王忻过手给他。他还说他要到杭州做生意，为免引起纠纷，他把约书放到我家，说如若王家与我打官司，就用得着它。"老爷问道："如今那约书在何处？"老汉："为防说不清，我一种地就把它带在身上。""呈上来。"老汉从怀中掏出约书，双手递给师爷，师爷细观一遍，对老爷微微点头并递给老爷。县太爷上下仔细看阅数遍，方对李氏等说："约书上写得十分清楚，是你家王忻将此河湾地一十五亩过手给了李二，为何还在此无理取闹？"说罢将约书抛下让他们看。李氏打开约书，只见上面言明，王忻为上杭州做生意，特借李二纹银一百两，借期一月整云云。特别要命的是下面两行字：如若王忻逾期未能还回借银，其愿将城北河湾地一十五亩归于李二，一百两纹银即视为购地款。下面是两人的签字画押。

李氏看完借约，惊得魂飞天外，立刻叫起屈来："老爷，此事民妇概不知情。如若此事为真，那借约上的一百两纹银又在哪里？况且，此为一家天大之事，必定要与全家一起商量才能定夺，为何全家老少无一人知晓？"王憨听完此话连连点头："老爷，小人一家确不知此事，还望大人明察。"李氏又接口道："启禀老爷，民妇丈夫刚归天一月有余，便出现这等怪事，莫非此人借亡夫无法申辩之机，有意设局讹诈？"

老爷拿回约书又细看一遍，问道："既是约书，必为两份，那你王忻所持约书上又是怎的书写?"李氏回禀:"民妇刚说过,对此毫不知情,至于约书更无从见得。"老爷发话:"既然你方已失约书,当然就以对方字据为准。你再看看,这签字画押可是你丈夫笔迹?"李氏重新拿过约书,仔细看着王忻的签名,其后还有一个大大的红指印。李氏无奈地点了点头:"确实为我夫字迹。"老爷又接过约书,闭目沉吟了一会儿,突然双目圆睁,高声喝道:"大胆刁妇,分明人证、物证俱在,还以夫亡妄图抵赖此事。来呀,将李氏人等赶出衙外!"一声吆喝,李氏几人狼狈退出了县衙大门。

二人刚回到家里,李氏立刻憋屈得大哭一场。她刚当家没几天,就摊上了这等大事,真是应了人的口前话:福无双至,祸不单行。她一面数落着丈夫,一面不由回忆起丈夫出事那两天的一些细节:傍晚回到家里,酒气熏人,蒙头大睡;第二天上午慌张出门,未几又丧魂落魄而归;病情急转,临终遗言欲言又止。结合刚才衙门对质时的情形,她仔细推敲,捋顺着事情的来龙去脉:酒气熏人,蒙头大睡——想必是喝高后与李二定下借约,收取了银票;第二天上午慌张出门又丧气而归——想必是因故将约书及银票遗失,前去寻找,失望而归;病情急转——任何人受此打击(损失大半家产),又无脸与家人叙说,都会病倒,何况一个久病未愈之身;临终遗言——明知害惨了家人,又无颜道出实情,只能愧疚并暗示这回要连累她了。

这一番严密的逻辑推理,顺顺当当解释了之前丈夫的一连串反常举动,并提示了她未见银两的原因,不由使她对自己也佩服不已。暗自得意的同时,蓦然一个念头在脑中浮现:丈夫无颜当面叙说自己的糗事,未必不会用书信告知。要知道,他俩一辈子情同一体,从未有事藏着掖着,何况此等攸关家庭生死存亡的大事!一想到此,她立即起身迈着麻利的小脚,"噔、噔、噔"上了二楼,翻箱倒柜搜寻起来。不久,在一本《资治通鉴纲目》中,抖落下两页薄纸,上面竟是王忻的笔迹,她双手颤抖,看着丈夫给自己留下的绝命书:"贤妻,当你见到此信时为夫谅已升天。盖因所述之事无颜面叙,故修书一封。望贤妻阅后能晓此事来龙去脉并宽宥你夫的过失与苦衷……"信中细述了前几日他与李二巧相遇、上酒楼、写借约、拿银票、醉酒归、失银票、找未果的种种境况,最后恳请李氏原谅自己这一莽撞之举,并附一句就是砸锅卖铁也要给李二还回借银的哀求。令李氏奇怪的是,其言中并未有以地抵债的只言片语。

李氏读完丈夫的遗书,一阵惊惧慢慢从心头传至全身,好阴毒的一套连环诡计呀:先设"巧遇"一节,自然而然上了酒楼;引出话题,借机抛出诱饵——只是一纸借据,谅谁也无法拒绝的好事;半路借醉态相撞,盗出银票及借据;然后在自己的借据上添加违约以地抵债之笔;再在公堂出具伪证。因自己遗失契约已无法证其伪,只能低头认输,将半数家

第七回　奸徒设局谋财害命　巧妇运筹扬善惩恶

产乖乖交予对方。

经过一阵仔细思索，李氏咬牙冷笑一声：你先不仁，我后不义；你先做了初一，就休怪我恶做十五！

第二天一大早，李氏手持丈夫的遗书到衙门口击鼓鸣冤。堂上李氏将丈夫遗书呈上，说明来由，并控告李二谋财害命，声称丈夫王忻回家就自觉不适、上吐下泻，其后不久就七窍冒血而亡。李氏当堂哭诉并恳请县太爷立即捉拿凶手，为民妇申冤。

老爷听完李氏的哭诉，拿着王忻的遗书，深思了一阵，缓声说道："你所诉冤情本县现已知晓，不日当有公断。只是此番上告之事，切勿声张，本县自有区处。"说完，嘱其悄悄离开。此番话语弄得李氏丈二和尚摸不着头脑，只是觉得县太爷思虑高深，便依计而行，不事声张回到了家中。

一日，捕快班头对县令附耳密语："老爷，事情有眉目了。……"县太爷听完，立即吩咐："一见到人，立即抓捕。"班头领命而退。

过了三日，有衙差通告李氏，让其立即随来人赴县衙。大堂上，气氛森严，两旁衙役手拄刑杖，怒目圆睁。李氏随身跪倒，旁边早已跪着一抖抖索索的男子。

一声悠长的"升堂"过后，县太爷正襟危坐于大堂之上，惊堂木震天一响："堂下所跪何人，所犯何事？""小人名李二，今日正在赌场取乐子，不知因何被捕快提来。""你看看身旁的这位妇人是谁？她告你谋害亲夫。"二人一抬头，李氏一看是李二，仇人相见分外眼红，她揪住李二的辫子，叫李二偿命。李二一面挣扎一面叫道："你胡说，王忻走时好好的，你还想讹人？"老爷喝住二人，问李二："你说人好好的，为何当天晚上就口吐鲜血，立时而亡？还不快快招来！"李二高声喊冤："老爷，确实他走时好好的，我俩只是签了份借约，我为何害他？"

老爷一听，随手将惊堂木一拍一声断喝："大胆刁民，竟敢欺瞒本官，衙役！给老爷打上五十大板！"衙役如狼似虎，按倒李二，狠命将板子扇了下去。还没过二十，已打得李二皮开肉绽，李二连连告饶，老爷却闭目养神，一时间竟似睡去。到三十板，李二已瘫倒在地面，没了声息。师爷过来，手背往鼻子上一按："已差不多了。"老爷这才睁开眼睛："冷水泼醒。"随着一桶冰水兜头而下，李二一个激灵，魂才又回到原处。县太爷沉声问道："还不实话实说？衙役，再打二十大板！"李二急了，磕头如捣蒜："老爷，小的全招，只求手下留情。""看你一个混子，还装什么丝绸巨贾？如若有半句假话，就将你作为杀人凶手，当堂毙于杖下！"

"班头，将罪证搜出没有？"班头上前："禀老爷，照你的吩咐，拿住李二，随同到他家搜出借据两张。""呈上!"班头将两页纸递给老爷。老爷看过,问李二:"两页借据,王忻上没有,你的上面却有以地抵债之说,却是何故?"铁证如山,李二只好低头认罪,将诈骗王忻的套路、伎俩合盘倒出。末了辩白道:"老爷,以上句句是实,只是小人确实不曾谋害于他,只是想讹些银子花花而已。望老爷开恩明察。"老爷捋了捋山羊胡子:"嗯,这还差不多。本官再问你,幕后主使是何人?"李二大惊:"一切都是小人所为,并无他人支使。"老爷一声冷笑:"又在胡说。我问你,你一个平日连吃饭都要思量着到谁家去讨的叫花子,又如何能持有一沓银票,满身珠宝,指头上还穿了一个祖母绿?如今这些在何处,你给吾老爷拿来看看。"李二一愣。"拿不出来了吧!老爷我料定有一个主使,他给你这一切行头,并设局让你害王忻。还不老实招来,衙役……"还未等老爷的"二十大板"出口,李二就趴在地上告饶:"老爷,这'二十大板'几个字再也不敢听了。我全招,只是此人不便大声招出,烦劳拿来供纸,小人将这前前后后,连同此人名字一并写入供状,不就成了?"老爷努努嘴,一旁有人将笔、墨、纸递给李二。一时三刻,李二将供状写毕呈上,县太爷与师爷看过,令其画押,李二照办。随后,老爷命将两张借约及李二供状存案,以作罪证,与此同时当堂宣布恢复王忻地权。

老爷又问道:"本官再问你,那个与你配合默契盗票据的搭档是谁?"李二叩头:"是西街的一个混混,叫张三,外号'手到擒来',是这一行当的第一高手。他常在街道人多处转悠,当下不知何处。"

老爷唤过班头,命他当即抓捕张三,然后伸了一下胳膊,打了一个哈欠:"今日本官为你们这桩破事忙了一天。衙役,将这混蛋给我再打二十……"一看李二吓得面如土色,双手合十作揖,眼露可怜的哀求目光,不由扑哧一声笑了:"噢,对了,不打板子了。可你口蜜腹剑,心如蛇蝎,既然这次用嘴害的人,那就赏你二十……大嘴巴吧。"衙役上得前来,不管三七二十一,左右开弓,打得李二口鼻冒血,立时嘴胀得成了猪八戒的弟弟——猪九戒。"拉下去关入大牢,隔日与张三一起宣判。退堂。"

李氏目睹了这一出酣畅淋漓的堂审,自觉出了一口恶气。正欲走出大堂,师爷上前唤住:"夫人请留步,老爷有话要说。"李氏回过头来,衙役已退下,只剩他们三人。老爷堂下坐定,师爷搬来椅子,让座、奉茶一毕,退下。

李氏开言道:"老爷此审,惩恶扬善,令人大为快意解气;且断案如神,直捣要害,使贼人难有遁辞,让民妇钦佩万分。"老爷道:"前次邑士王忻先生仙逝,本县有要务在身,故特命县尉代为祭奠。此次堂审,一见其中有先生大名,因而格外审慎。从你等言语之间,已觉大有蹊跷,故而使出缓兵之计,判你等败诉,使贼人误以为官司已定而麻痹松懈。实则

第七回　奸徒设局谋财害命　巧妇运筹扬善惩恶

暗中细访,经查,李二此人颇为聪慧,无奈家道中落,学至半途而废,后沦为贩夫走卒之辈,也曾与尊夫一同做过生意。后放浪形骸,混迹于赌场歌坊之中,平日以坑蒙拐骗为生。查到此处,本官即已断明,知其伪作巨商,诓王先生入其彀中。遂令捕快密查其踪,发现其事发后曾匿迹多日,直至前几天本官判你等败诉并当堂逐出,方以为大事已定,才于近日显面,直叫班头从赌场拿获。"

李氏曰:"老爷神机妙算,堪称诸葛,令民妇五体投地。"老爷又问:"你诉状所言尊夫王先生酒后吐血而亡,是否是真?"言罢,冷峻的目光直视李氏。李氏犹豫半晌,方复回话:"承蒙老爷问起。民妇深知老爷神明,且为民妇已申冤还产,不妨实言相告,此言为虚。之所以然者,一则以毒攻毒,你骗我家产,我诬你杀人;二则若不以此作为诉由,定难引起老爷关注,我家冤屈恐永无大白之日矣。"老爷抚手赞曰:"难得一妇人有此卓识,夫人真乃女中豪杰。其实本官亦早已依理推断此为诬语,若夫人固执其辞,本官会令仵作开棺验尸,使你当场现形。幸而夫人明哲,能与本官以诚相待,也免了你我之间的一场尴尬。不过话说回来,夫人此诬还真起了大作用,人常言:利取其重,害取其轻。在杀人与蒙骗之间,逼着李二选择了坦白蒙骗之罪。加之本官又在其屁股上轻轻'安抚'了几下,其认罪之举,也就水到渠成了。"李氏不禁笑道:"还是老爷'安抚'有功。现民妇还有一事不解,望老爷明示。""请讲。""李二从供状上写入主使者的名号,此人不知是谁?"老爷抚须沉吟了一番,回道:"此人与朝廷有些瓜葛。你得知不仅于事无补,反而会多了一层麻烦。故本官劝你到此为止,回家好好过日子去吧。"李氏闻言,敛衽拜谢出堂。

一日,张善人正在药铺坐诊,一衙役进来通知县令有请。张善人闻言大惊:前几日街上纷纷扬扬传说李二蒙骗王忻一案,他早已得知,不免终日心惊肉跳。今日衙役来唤,心知事发,思忖片刻,回言道:"烦差官稍等片刻,容小可在内室去去就来。"未几,便随衙差来到了县衙内厅。

张善人坐定,下人奉茶后悄然退出。正当他心里七上八下打鼓之时,县老爷笑吟吟地出现在了他的面前。

问过安后,张善人拘谨开言:"不知县大人唤小人前来所问何事?"县太爷二话未说,将李二及张三的供状摆在了他的面前。张善人一看其中供词,不禁双腿乱颤,半天方回道:"此事因复仇而起,罪状属实,也是小人一时糊涂。今既事发,还求老爷高抬贵手。"县令冷冷问道:"事已至此,你如今是认打还是认罚?""认罚,认罚。""认罚甚好,你还明智。打算认多少罚金?"张善人抖抖索索从怀中掏出了五张百两银票,双手递与老爷,老爷嘴

一努,他乖乖地放在了旁边的茶几上。

"另外,哦,还差点忘了,就在那次闯贼余孽洗城期间,你都干了些什么?坊间可有不少风言风语哪。不过,本官倒认为那都是些无稽之谈。只是有人见过,噢哈哈哈哈……"老爷边笑边用手指在脸上划了一下。

张善人心里一哆嗦,他太清楚老爷的这一暗示——刀疤脸。既然连王忻家都知道这场惊变的幕后黑手,也许整个县城都传遍了。这个阴毒的县老爷可能不仅风闻,甚或有可能亲自审问过刀疤脸,刚才口中所说的"有人"也许正指的老爷他自己。一股冷气从善人后背冒出:这可是诛灭九族的大罪呀。所幸老爷用暗示在给自己一个台阶下,其目的当然是为了狠狠敲一笔竹杠,看来这回他得来一次大出血。一想到此,张善人就感到一阵冷飕飕的肉疼。他又抖抖索索从怀中掏出一沓银票,双手放在几上:"老爷,这可是小可多年的积蓄。人言可畏哪,还是老爷圣明,小人心甘情愿将它们奉上,以表我张某人坦荡之心。"老爷哈哈大笑:"张善人,人称你为善人,果不其然哪。哈哈哈哈……送客!"

张善人在回家的路上心里不停地咒骂着这个搜刮民财的喝血狗官:我费尽了九牛二虎之力,从那次洗城中得来的五百两银子,被你轻轻一席话,就刮了个一干二净。如今非但弄得竹篮打水一场空,还倒贴进了一千两银子和自己的儿子。唉,早知今日,还不如当初未干那些伤天害理的事,可如今一切都晚了……

张善人一走,师爷从侧室闪出,双手竖起大拇指:"老爷真高明,此次既惩治了恶人,还扶持了善人,更有一大笔外快入手,真是一举多得,可喜可贺呀!"县老爷开怀大笑:"他取之于民,我用之于民,此乃天道,可谓大善也。去,将那些银两捐给'悯恤坊',让他们周济鳏寡孤独去吧……哦忘了,你从中取出五十两发给捕快们,这些日子他们也累坏了,犒劳犒劳这一干王八羔子。"师爷一愣,暗地叫苦不迭:原来这位老爷竟是一个两袖清风的君子,看来这马屁真是拍错了地方。心中不由敬畏交加,遂敛容凛然领命而去。

第八回　众志成城阖家助学
　　　　机缘巧合喜逢故知

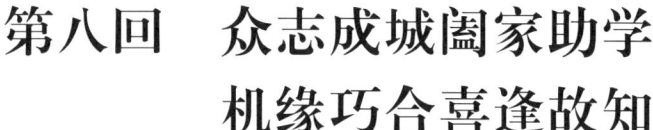

　　光阴如白驹过隙。康熙九年,心敬已长成一个十五岁的翩翩少年。

　　在此期间,心敬的大伯父已患疾归天。愷,这取自古语"忠厚诚恳"之意的名字,最直观地突显了其与众不同的憨厚性格。作为汝爱公德玉的长子、愸及忻的兄长,他一生勤恳劳作,默默为这个家庭付出了自己的全部心血。他"生平心地坦夸,遇失意事不作戚戚状,与人无城府,故终身无怨人,盖学校之善士云……"(见《王氏族谱》之《王愷传》)

　　愷的离世,使家庭失去一位忠厚的长者及精神靠山。心敬也因这位慈爱伯父的亡故而多日郁郁寡欢。与他同岁的堂妹婷母亲早逝,如今又临丧父之痛,更是终日啼哭。好在叔父愸及三娘李氏贴心安慰并视之若亲生女儿,她才逐渐走出了彷徨哀伤的心理阴影。

　　十五岁的心敬,已到了"束发受书"的人生阶段。虽然在李氏的精心督导下,他发愤努力学业大进,但毕竟未受正规的儒业教习。然而此时的王家家境已江河日下,举步维艰,要让心敬上一个正式的"学堂"大有力不从心之感。

　　此时的心敬,又不得不面临他的前辈们当初同样的两难境地:是投身科举,还是务农经商? 投身科举,固能走上人生正道坦途,家里却势必要挖肉补疮,拆东填西,或举债、或卖地,都会导致家庭陷入经济崩溃的边缘;而务农经商,虽能纾解家困,却会由此断送了自己一生的大好前程。

　　愸和李氏深知,心敬是一个极其聪颖而刻苦的好苗子。尤其他的伯父愸更有一番别样的痛惜在心头:数年前,愸比心敬大几岁的两个儿子心泰和心一,都因感染时疫而夭亡。作为父亲,眼看着活蹦乱跳的孩子一个个离他而去,不禁心如刀绞,痛不欲生。此后一个往日谈笑风生、开朗风趣的人,心灰意冷之下竟逐渐变得憔悴而沉默,整日病恹恹的,对一切都显得冷漠寡趣。在那段令人心碎的日子里,懂事的心敬对伯父百般孝顺,端饭递烟,撒娇赖缠,试图用他温嫩的小手和依恋的亲情捂热伯父那颗冷苦的心。

自从其父中悦公忻英年早逝,伯侄二人情同父子。当惪看到昔日枕在自己胳脾上听着古经方能入眠的孩子,如今预感自己将面临失学而满脸苦楚时,心如刀割。他清楚地知道,若着意栽培,心敬日后必成大器。除了重振家声、光宗耀祖外,更能替自己弥补因家境而辍学、荒废功名的缺憾。

在为此而举行的家庭会议上,惪力陈心敬的潜质,并表达了即使砸锅卖铁也要供侄子上学的决心。李氏心中暗自伤感:二哥将自己的儿子心广置于一旁却毅然力主侄子读书。固然心广心智稍逊心敬,苦于家境只能二择其一,但二哥这番大义却是她永志难忘的。大家意见出奇地一致:倾尽全力,扶持心敬完成学业。

写到这里,不免让人心生无限感慨:历史会记住这一次家庭会议。否则,一个震古烁今的理学大师,辉耀中华的"关学"巨子,或许因无此决议导致终生躬身田园而湮没于芸芸众生之中。人生的落差,家族的兴衰竟会取决于这一转瞬之间,令人不胜唏嘘感慨。

全家破釜沉舟般的鼎力支持,使少年心敬惊喜万分。他深知这次求学的来之不易,遂下定决心,务必要成为同侪学子中的佼佼者,以不负家族望子成龙的期盼与为此付出的巨大代价,更要使整个家庭为他今后的学业而骄傲,为当初决断的明智与远见而欣慰庆幸。

既然已决定让心敬受书,必要为其择一名师。经多方打听征询,一位饱学儒生的名讳终于传到他们耳中。他,就是在西街住所设馆授业的私塾先生王鄑。"光光爷,开白花,有个女儿给谁家?给给西街王魁家。王魁爱戴缨缨帽,媳妇爱戴簪簪花……拧拧舞舞回娘家。门外有个大花狗,吞住尻子咬两口……"这个流传数百年的鄠县古童谣,连在下也曾背得滚瓜烂熟。童谣中的王魁,据说就是这位王鄑先生的祖父。

话说王鄑其人,字汉侯,出生于鄠县望族之家。传说此老先生曾潜心研究科举应试之道多年,深谙其中套路,加之本人才思敏捷,诗、词、曲、赋无所不精,写出来的文章高远深邃,"清灵圆练"如花团锦簇一般,即使当时已经中了举人进士的人都十分仰慕钦佩。公认若论诗词文章,鄠县无人能及;若其挥毫应举,必能高登魏科而知名当世。以此饱学之才而设馆授徒,故而欲子求学于王鄑门下之人,趋之若鹜。

若论起王鄑为何如此才高八斗却未登龙门,时人的解释是其"代兄董门户农耕,遂弗得其专业",而王鄑也赞同此说,在人前亦常以此自辩。然究其本心,却另有一番深层而不为人道的原因:王鄑出身世家,曾系前朝士大夫之列。他深以亡明遗族自居,遂效仿不

第八回　众志成城阖家助学　机缘巧合喜逢故知

食周粟的伯夷与叔齐,执意散居乡野,做起了教书先生。

闲话截住,言归正传。话说心敬为感念家人苦心,未入学就以"头悬梁、锥刺股"的孙敬、苏秦为参照,立誓日夜苦读。他给自己定下了人生的宏伟目标,对于功名志在必得,并要以清廉的政绩或撼世的宏著扬名于世。在后来与人谈及此段人生经历时,他自述道:"忆不佞十五六时雄心豪气,妄意三十时当使学业充实光辉,四十当使道明德立……"充分显示了这位少年踏入人生征途时的勃勃雄心。

当李氏领着心敬拜师时,王鄹问及心敬姓名籍贯,李氏笑道:"先生不识得我娘俩?"王鄹端详一阵,惊得从椅上站起拱手道:"原来是夫人。多年未见竟眼生起来,想必这位后生就是当年那狐子避劫护身的……""王心敬。""对,对,对,王心敬,如今已长成半大小伙。老夫近几年还常念叨着你该到了拜师习书的年纪。老夫何其有幸,能揽得这位英才而教之……"娘俩与王鄹先生拉了一阵话,告辞回家。

入学翌日,王鄹先生开讲。他遍述我中华文明典籍,文化渊源,侃侃而谈,如数家珍;再论制艺精妙,高深之处似举烛探幽,让心敬大开眼界,听得如醉如痴。忽然,先生面浮愠色,指着一个趴在桌上打瞌睡的阔少训斥道:"你如此听讲,不妨到牛棚让为师与你鸣琴一曲。你瞧瞧旁边的心敬,他听得这般入神,你俩真乃泾渭之别。"那个阔少不屑地瞅了瞅心敬,咂咂嘴巴重新振作,不一时双眼又耷拉下来,看得老先生直皱眉头。

一日,老先生出了一"人之初,性本善"之题目,让诸生回家拟卷一篇。心敬回得家来,凝思一番,遂挥笔写道:

"善、恶为人性之两极,犹如昼夜之分。为善者,常怀理义之心;作恶者,尽揣凶残之念。

《三字经》开篇即曰:'人之初,性本善。'盖因婴儿初生,天地间一片懵懂,心灵处尽显纯真,故谓之其性本善。究其质,人之初本无善恶之分,犹如一页展案待书之宣纸。于其上可泼墨绘丹青,亦可舒笔走龙蛇;还可信手乱涂鸦,更有闭目抹作一片黑,最终依其墨迹化作美丑善恶之分。

书又云:'性相近,习相远。'由此观之,人之善恶分野,皆与后世渐成之秉性有关。善恶秉性生成之起因有三:一曰父母。父母善而子多良,父母恶而子多凶。盖因自幼常随父母身边,父母平日作为之善恶,其子耳濡目染亦时习之,天长日久遂成其子秉性。其二曰周遭。周遭四邻境况,于幼子善恶、是非观念形成亦有绝大关涉,其要紧处仅次于父母矣。君不闻'近朱者赤,近墨者黑'即为警语,故昔有孟母三迁之说。其三曰自省。人生于世,常有恶萌于心,但若能时时自省自警,即可使其望恶却步,消恶于一闪念间矣。故自拟一日三省吾身者语：'对高堂孝敬否？对路人友善否？对虫豸悯生否？'一言概之——对高堂尊奉即为善；对路人扶助即为善；对生灵慈悲即为善。除此三者，岂有他哉？

善恶虽明，然于日常行事中，还应时时谨记秉行'莫以善小而不为，莫以恶小而为之'。若贯之终生，则善成矣。"

第二天，诸生皆捧卷上交，唯那阔少交了一张白卷。一生随即嘲讽道："莫非写篇文章比女人生娃还难？"阔少振振有词答曰："孕妇肚里有货，生娃有甚难常（土语：困难）？我肚里无点墨，却要硬'生'出一篇文章，岂不比她更难常？"引得众生哄堂大笑。阔少却气得脸红脖子粗："这不是明摆的道理，尔等却想不通还取笑于我，岂不是一群蠢猪？"惹得大家更是笑得前俯后仰，众生纷纷赞曰："高见，高见，我等群氓承教了。"阔少得意忘形，立即来个顺竿爬："以后喊我智叟，我呼尔等愚公，可不许反悔哟。"大伙更是乐得一把鼻涕一把泪，齐声呐喊："智叟遵命，智叟遵命！"

正闹间，老先生进了讲堂，众学子才安静下来，细心聆听先生的另一番高论。

隔一日，先生评卷，当场赞许了心敬的文章，说其立意新颖，推论扎实，文笔虽显稚嫩却还算通顺，尤其文中"三省"堪为警句。遂指着心敬："孺子可教也。"随后对阔少大加挞伐，责问其为何交白卷一张。诸生有一大喊："他说孕妇肚里有货，他肚里没货，所以生不出文章来！"又是一番热闹。老学究狠狠瞪了阔少一眼，阔少愤愤然，遂将师傅这一眼又狠狠地送给了心敬。

一日晌午，心敬放学回家。刚走到钟楼拐角处，被一伙混混堵住，领头的竟然是那个饱受师傅训斥奚落的阔少同窗。他们将心敬推来搡去，总是不让他过去。

阔少指着被围在中间的心敬，咧嘴嘲笑道："今天大爷我给你等介绍一下，我的这位学友名叫王心敬，他可是我那夫子的得意门生。那糟老头子总是夸他，对大爷我却是一副驴脸，没来由就训斥一顿。今日我也想凑个份子，恭维一下我这位贤弟。可拿什么表彰呢？哦，让大爷我请咱们的城隍爷帮我拿个主意。"随之右手贴耳作聆听状，一边嘴里"嗯，啊"地答应着，仿佛真的城隍爷对他俯身密语。一番装腔作势之后，阔少开言："城隍爷说了，这娃家里少吃没喝，腹中经常空落落的，就奖给他一个大包子吃吧。我便说：谨遵神谕，小的一定让他吃好喝好。"

说完，嘴一努："二杆子，还不快把你手里的包子送给我那心敬贤弟！"话一落音，只见那个唤作二杆子的猛一挥拳，迎面击向心敬的额头，心敬那儿立时鼓起一个大包。心敬气急，朝那阔少猛啐了一口，阔少用手一抹，狞笑着："哟嗬，心敬兄弟还嫌包子少，啐脸说

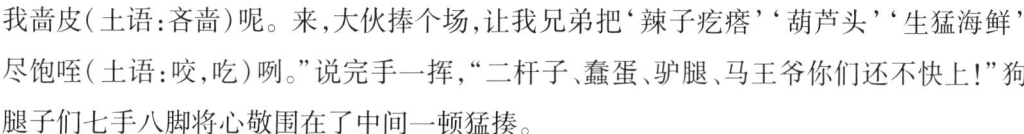

第八回　众志成城阖家助学　机缘巧合喜逢故知

我啬皮(土语:吝啬)呢。来,大伙捧个场,让我兄弟把'辣子疙瘩''葫芦头''生猛海鲜'尽饱咥(土语:咬、吃)咧。"说完手一挥,"二杆子、蠢蛋、驴腿、马王爷你们还不快上!"狗腿子们七手八脚将心敬围在了中间一顿猛揍。

心敬气急,平日温厚的他从没受过如此奇耻大辱,一时血气冲顶也就双拳乱擂,逮住谁打谁。人常说双拳难敌四手,何况十只手?苦苦支撑一阵后,终于被打得满脸血污,瘫倒在地。

正当心敬倒地抱头承受雨点般拳打脚踢之时,忽觉上面一阵骚乱,拳打脚踢停止了,接着听到一阵四散奔逃的慌乱脚步声,一会儿工夫头上竟然没了动静。

心敬睁开一条眼缝,一张笑眯眯的面孔正俯身看着他,他一下大睁双眼,原来是他一个家住北关的陈姓同窗。陈生一把拉起心敬,弹了弹心敬浑身的尘土。当他看到心敬辫子散乱、鼻青眼肿、满脸血污的狼狈相,忍不住笑了起来:"今天要不是'微臣'前来'救驾',恐怕'圣上'你得叫人抬了回去。"说着,一边搀着心敬往回走。

心敬虽然挨了揍浑身疼痛,却仍免不了一番好奇心:"怎么你刚到,他们就散了?"陈生笑着伸出拳头:"哪里。当我赶到时,他们揍你揍得正欢,我就用这个给他们讲理,经过一番激辩,他们一致认为我的拳头说得在理,于是就都认输羞愧走了。"陈生一番诨话逗得心敬想笑,可脸疼得又不敢笑。

心敬又好奇问道:"你怎么一个人能将他们打跑?"陈生笑道:"这个说起来稀松平常。只因为兄小时喜文,家父说为平衡阴阳,就又给我请了一位拳师帮我习武,教了几招程式。对付那些小混混,即就是为兄这点三脚猫的工夫,也不过是小菜一碟。"心敬这才放下心来。

回到家里,李氏一见心敬此番模样不由大吃一惊,责问他为何在外惹事闯祸,直到听陈生将看到的情况细说一番,才脸色回暖。当她听心敬诉说那个阔少因为他的学业被老夫子常夸,自己却日日挨训而心生暗气,报复于己时,李氏更是暗暗喜在心头,连忙给心敬洗脸换衣,并用热毛巾敷着额头伤处。

一番忙活,婷已将饭菜端上方桌。陈生要走,李氏硬拉住非要一块吃顿便饭再说。

一家几口都坐到了饭桌旁,心敬起身介绍说:"婆、伯、妈,这是我的同窗好友,名叫陈凌云,他家住在北关。"李氏一听便知端的:北街陈家也是有名的望族大户,先前几辈曾有过"七代一门二进士,两朝九贡三举人"之美迹;其时门外石旗杆耸立,拴马桩、上马石陈列;康熙初年御赐"节孝忠清"牌匾高悬于门楣,一派烜赫兴盛气象。其后有一支移居北关,仍为书香门第,员外宅府,其家业隆裕更胜过街中老宅。

71

李氏一瞧陈生,好一个器宇轩昂、英气勃勃的青年俊才。加之他刚才又救了心敬一场,就觉得这娃格外顺眼,不由将陈生视作了自己的至亲晚辈,餐桌上不停地招呼,为其添饭夹菜,弄得陈生很不自在。

席间,陈生无意间扫了一眼坐在桌上的这位少女,发现她也在偷偷地端详着自己,不由奇怪地仔细打量了一番。这一看不打紧,却使得二人同时一愣,两双目光便缠绕在了一起,不断传递着狐疑、探寻的信息。

回头一见心敬坏笑着瞧着自己,凌云不由大窘,只好搭讪着:"我看着这个妹子好面善,似乎在哪儿见过。"心敬故意抢白道:"我这妹子平素很少出门,你一个大老爷们能在哪里见过?……莫非打起我妹子的歪主意?我可提前善意提醒,我这妹子叫彩娃,她可是我家的朝天椒,你吃一口会辣得缩不回舌头。"李氏申斥道:"不得无礼!"凌云以为说自己,急忙辩白道:"婶子,愚侄确实见过她一面,只是身材比当初长高了一些,模样也……大气了一些。"

李氏将探询的目光投向婷,只羞得她红晕上脸,艳若桃花,遂低声答道:"社火。""噢!"凌云一拍脑袋,"白蛇传社火!"多年前刻骨铭心的一幕,立时栩栩如生地重现在了他的脑海,便将六七年前元宵节耍社火时,二人扮作许仙与白娘子,及他给"白娘子"遮伞、送水一节细说了一遍。李氏这才惊喜道:"噢,想起来了,我闺女回来就给我将这事说了。对、对、对、对,确实有这回事儿。彩娃,还不快向凌云哥道谢一番。"婷只好起身忸怩地向凌云道谢,凌云慌忙回礼。

李氏看在眼里,对凌云一笑:"我这闺女是老身的大哥,噢,也就是心敬他大伯的独生女。虽说她叫心敬哥哥,其实两人同岁,只是心敬生月大些。不瞒你说,她从小爱学戏,婶子就给她起了个小名叫彩娃。我这闺女自小全家疼爱,就惯成了一副犟脾气,只要认准了,八头骡马也拉不回。不过话说回来,她人却心眼好,锅上手艺也不差,女红还是婶子给她教的。更为难得的是她还喜欢读书,像一些戏文、唐诗、宋词什么的,几乎过目不忘……"羞得婷直喊:"三娘,看样子你想把你娃卖了,才这么下力夸赞。"李氏笑道:"不说了,不说了,我闺女嫌她三娘多嘴了。"

悫将一切看在了眼里,望着凌云英武的面庞,也暗暗点头:"说不定这会是一段好姻缘呢。"

婆婆更是喜得拉着凌云的手问长问短,慈祥的笑容也映出她打心眼里喜欢上了这个小伙子。

看着这一对金童玉女含情脉脉的场景,她想起了娉和志鹏,他们也曾如此喜欢对方

第八回　众志成城阖家助学　机缘巧合喜逢故知

呀,甚或更甚。心里不由泛起一阵酸楚,眼睛发潮,只好假托着身子有些乏,借故回到自己房中,默默流起了眼泪。

饭食一毕,心敬拉着凌云到了自己的卧室兼书房,又天南地北扯起淡来。婷顺势端起茶壶、茶盅,来到了心敬的卧室。倒上茶,端起茶盅大方地递给凌云,凌云手接茶盅,眼却一直盯着婷:"小妹,这几年不见,出落得越发好看了。"羞得婷无处着眼,回嘴道:"凌云哥哥倒会寒碜人。"说完拧身就跑。气得心敬跺着脚直喊:"哎、哎,给你哥还没奉茶,给外人倒先倒上了。"婷边跑边说:"就不给你倒,谁叫你说我的坏话。"心敬回过头来,自嘲道:"看我这个妹子,还没过门呢,就不认她娘家哥了,看我以后怎么收拾她。"说得凌云咧嘴直笑。

话说那一阵仗,竟将心敬与凌云打成了亲兄弟一般。凌云长心敬三岁,两人便仁兄、贤弟胡乱叫开了,心敬也乐得从此有了凌云这位贴心的保镖。暇时心敬也常到凌云处,跟着师傅学骑马射箭、拳术刀法,不几个月竟学得有模有样,让凌云大为惊讶。

从此,二人形影不离。凌云也借着切磋学业,有事没事到心敬家转上一趟,婷更是一见凌云来,便借故到心敬房中逗留一阵。两人的浓情蜜意在娇羞与炽热的眼神中与日俱增。

撒播在婷心田里那颗思念的种子,休眠多年后终于苏醒了过来,经过一番痛雨,它便破土而出,绽开嫩叶,欢快地茁壮成长,一日高似一日,转瞬间竟成了一棵枝繁叶茂的参天大树。

第九回　授业师追昔赞鄂邑
　　　　受课子踏春游渼陂

又是一年季春时节。鄂县境内春光明媚一片勃勃生机。和煦的阳光下绿树成荫，成群的乌鸦、喜鹊、麻雀各霸一方憩息其上，叽叽喳喳；田野里，一尺有余的麦节随风摇曳，绿色的涟漪越荡越远，直到天尽处；成片的花卉竞相绽放，在阵阵暖风吹拂下，空气中弥漫起缕缕醉人的花香。

一日，老夫子王鄹趁着风和日丽，打算领着他的徒儿乘兴进行一次踏春游景。被老学究的严厉管束憋了许久的孩子好动天性，终于有了一次正当的宣泄机会。众徒们高兴得个个活蹦乱跳，他们唯恐先生中途变卦，不容分说簇拥着夫子急急走出了习经之处。

夫子领着他的徒儿从钟楼开始了观赏之旅。一群人沿着台阶拾级而上，至一层平台，视野豁然开朗。夫子今天情绪特别好，他提问道："你等身居鄂县，有谁能晓县境之内的甘亭八景？"学子们相顾低语间或报一两个景观。老先生朗笑道："你等皆为未来之士子，日后必将游遍我邑内之名山大川，若不晓得鄂县八景，岂不惹人耻笑？今日让为师与你等好好叙道一番。吾县八景有诗为证：'中楼远眺景无穷，西郊花柳绿映红。玉蟾稻塍忆刘海，渼陂泛舟怀诗圣；草堂烟雨雾朦胧，钓台雪浪响叮咚。高冠瀑布从天降，圭峰夜月千古明。'其中之中楼远眺、西郊花柳、玉蟾稻塍、渼陂泛舟、草堂烟雨、钓台雪浪、高冠瀑布和圭峰夜月，即闻名遐迩的八景是也。

"当下脚踩之地，即八景之首——中楼远眺。中楼，为明末知县张宗孟所倡建，初名为文昌阁，又名大观楼。东南西北门洞分别撰词迎旭、览胜、瞻紫、拱极。各位可细品其中所蕴之方位含意。此楼边阔六丈，其高七丈有余。哦，关于此楼之高，还有一段脍炙人口的逸闻趣事哩。"

第九回　授业师追昔赞鄠邑　受课子踏春游渼陂

　　说到这里，这位老夫子故意卖了一个关子，他慢腾腾掏出烟袋，拿出火石，一下一下劈着，学子们眼巴巴瞅着老先生的慢动作，早已急不可待，纷纷拉着他的衣袖，催他快点道出。

　　夫子吸了一口烟，才开口续道："就在前些年，咱县有一庄户人，在渭河以北给人拉长工。时至腊月将尽，庄户人收拾行李准备回家过年。傍晚时分，渭河艄公已停舟歇息，他只好到附近客店暂住一宿。不料热炕只剩下一个铺位，却有三人待歇。店主为一好热闹之徒，为难之时他出了一个主意，让这三人各自说出家乡物事，谁家的最高，谁即可上炕安歇了。

　　"有一兴平教书先生，跟老夫一个德行，好为矜夸之辞，他抢先开口：'兴平有座无影塔，离天只有丈七八。'说完环顾四周，自忖无人能敌，便往炕上爬。不料，被一眉县买卖人拉下，他说：'俺县还有更高的，眉县有个鱼骨寺，把天磨得咯吱吱。'说完自己就上了炕。不料鄠县这个庄稼汉却在旁低声说：'鄠县有个钟鼓楼，半截还在天里头。'一时间惊得周围人半天说不出话来。最终众人一致赞同应让咱们这个鄠县庄稼汉睡上热炕。

　　"庄户人于心不忍，提议干脆轮流睡上几个时辰暖暖脚，其余二人蹴在账房的火炉旁取暖谝闲传，说说各人的经历与见闻。其提议被众人一致赞许为有德之言、仁义之举，兴平、眉县二人更是感动得不知说甚是好，三人遂热络得以兄弟相称。一见此景，豪爽的店主索性免了他们的宿费，并端来烧酒，掬来一些河滩地上出产的花生，与炉旁二人共饮并兴致勃勃山南海北胡侃浪谝了一夜。

　　"一个难题竟出现如此完满结局，举店商客无不感慨。由此，随着第二天客散八方，此事便流传开来，也成就了咱中楼的一段佳话。"

　　老先生吸了一口烟又道："说到此，还有一事要解说一番。吾等所站立之楼，正名曰'中楼'，此楼初名文昌阁，又名大观楼，由于其地处县城之中心，故后人遂以'中楼'呼之，流传至今；故事中这位庄稼汉所说的'钟鼓楼'也还是它，坊间俗称'钟楼'或'钟鼓楼'，尔等往这边瞅，"先生手一指，只见在这层平台的东南与西北角，各坐落着一只硕大的钟和鼓，"这也就是有人叫它'钟鼓楼'的缘由。"

　　众徒听得津津有味，随后，老夫子领着大伙绕着中楼转了一圈，指着北方："据说立于此处，眼力好的人能望见渭河滩。"转到西南，说此处可极目玉蟾稻塍；又转到东南方，指着远处青岱叠翠的终南山，说此处可见圭峰，可惜不能身临其境仰观夜月之美景；转到正东处，先生又指道："此处可观沣水。看、看，河边还有人在垂钓哩。"众人齐聚一处，一个个踮足凝视,只见远处阡陌相接,村寨毗连,再远处就雾茫茫一片混沌,哪有沣河的影子。看到孩童们望眼欲穿的憨态,老夫子忍不住笑了:"傻小子也,师傅在哄你们哩。"惹得大伙立时笑成一团。

时至今日,他们方才知晓,仅中楼一处就有着如此引人入胜的诸多学问。

下得楼来,穿过街道,师徒一行径直往西而去。路上,心敬按捺不住好奇之心就问先生:"师傅,听说咱们鄠县历史悠久,在关中一带很有名气,能不能给我等讲一讲咱县的来历和有趣的传说?"众生一闻此言,都好奇地竖起了耳朵。

听到此言,先生立时来了精神,他侃侃而谈,如数家珍:"要说起咱们鄠县,可就话长得一大车都拉不完。数千年前,我邑之先民就在此生息。至夏禹时,已立国曰'扈',建都于县西北之韩村一带。禹的儿子启,从禹所禅让的继承者手中夺得王位,而有扈氏认为此行不义而不服其管,与启所带之兵在今之甘河一带展开厮杀,史称'甘野之战'。有扈氏战败,部族人或被杀戮,或被捕捉为奴,从此亡国。有扈氏虽败犹荣,其明知不敌却甘为正义而献身的壮举,亦将我鄠邑人之正气与大名载入了史册。"

先生歇了一口气,又噙起烟锅嘴,吸了几口,方才又开口:"至秦时,我邑改设为鄠县。隋大业十年,因县城,即扈国都城原址经涝河多次泛滥而屡起水灾,故而逐年荒废,遂将县城迁到了如今的这一地方。秦、汉至隋、唐,其间绵延上千载,鄠县皆为京畿之地,曾设为皇亲国戚狩猎、出游、野餐和聚会的'上林苑'帝王园林。其中文人墨客多来此或居或游,留下了数百篇诗赋华章。汉朝,有司马相如的《上林赋》流传至今;至唐代更是盛极一时,诗坛巨星如李白、杜甫、白居易、元稹、李商隐、韦应物等皆因游鄠而遗下千古佳句。彼时之鄠县真可谓:膏腴之地、物阜民丰、骚客星聚、商贾云集,一派兴盛繁华景象。尔后,中华都城移出关中乃至陕西,这片繁盛之地随之落寂,往昔辉煌盛况于今已成明日黄花,令人不胜唏嘘啊。"先生长叹一声,结束了这场始于激扬而终于失落的谈资。

师徒一行边叙边走,不多时到了横跨涝河的太史桥头。桥两旁,一对石狮昂首雄踞;桥侧石坎端头,两条雕琢精美的石龙张牙舞爪,栩栩如生;桥头右侧有一小庙,一长髯老者泥塑端坐其中,案上尚未燃尽的香火仍在冒着袅袅青烟。夫子领着众徒进入小庙,向诸生介绍道:"这位捋髯老尊者,就是——哦,心敬你过来,你是王氏第几世孙?"心敬上前恭敬回答:"学生为王氏第十二代孙。"夫子指着座上老者:"他就是你的七世祖九思先生。"回头面对众生,"九思先生为明朝前七子之一,在当时文声、官声堪称双馨。就是他,倡修了如今这座太史桥,使涝河险阻变通途,其功莫大焉。我等师徒能安步西游,皆赖此

第九回　授业师追昔赞鄂邑　受课子踏春游溪陂

公之为也。"发完感慨,随之率众向太史焚香燃烛,礼拜一番。

之后,一干人走向桥中。伫立桥面,清风携着花香徐徐吹过,令人心旷神怡。放眼远眺,河岸堤径两旁被绵延数里的竹林遮蔽,劲风驰过,掀起阵阵竹涛;河岸远处翠竹摇曳之阴凉中,影影绰绰可见三两老者各居一静谧处所,悠然持竿垂钓,自得其乐;低首俯观,桥下碧水清澈,游鱼忽聚忽散,前后追逐戏于细浪清波之中;桥头河岸边,少妇们欢声笑语捶洗衣裳;更有一群顽童在浅水中泼水嬉戏,闹翻河滩……一片祥和的田园诗般的美景,竟使师徒们驻足观赏,久久不忍移步离去。

过了西桥,眼前景观更引来师徒一片赞叹之声:只见沿岸堤旁粗壮的柳树成行排列,浓密的枝条迎风婆娑起舞,播下一片硕大树荫;田垄斜坡之上,成片的桃树、杏树花枝招展,吐蕊盛开的桃红、杏黄引来群群蜜蜂进进出出,小生灵们勤奋劳作的嗡嗡声响彻在这片碧野上空;野径两旁,一丛丛蓝紫色的马莲花亭亭玉立,加上垄中栽培的牡丹、芍药及野生于田埂上的曼陀罗,更有远处大片盈尺的绿麦苗和黄澄澄的油菜花,真是遍地姹紫嫣红,令人目不暇接。

夫子指着这一片赏心悦目的美景开言道:"这儿就是鄂县八景中的第二景'西郊花柳',看来果然名不虚传。尔等可在此随意走动一番,或赏景或习作,一个时辰后仍在此汇集。"众孩童立时欢声一片,各自散于心仪的花间树荫,瞬时没了踪影。

待人散尽后,夫子拧身一看,只有心敬呆呆站立在原处,便不解地问:"人家都四散寻乐去了,你为何还傻立在此?"心敬恭敬回曰:"学生本欲随他们一同撒欢,却恐师傅一人在此寂寞,故留在师傅身旁,也好有个照应。"夫子点头称是,心头一热:"好吧,那你就随为师一同走走。"

师徒二人沿着河边树荫边转边闲聊着。也许是因为爱徒陪在身旁,夫子的兴致蛮高,他高谈阔论,从明末努尔哈赤起事开始,到吴三桂卖身投敌,到李闯王兵败山海关,到清兵横扫大江南北,一直说到清军的扬州十日血腥屠戮。

谈到此处,在这个十六岁的爱徒面前,夫子一改往日的矜持不苟,流露出愤懑神情:"清军围攻扬州城,残明守城督师史可法率一万之兵拒敌十万,历时数十日,使得清军遭到侵我中原的第一次大挫折。头领多铎恼羞成怒,下令清军陷城后可任意杀戮劫掠,十日内不封刀。城破之日,几世繁华的扬州城沦为人间地狱。据史书记载,城破数日后,'堆尸贮积,手足相枕,血入碧赭,化为五色,塘为之平'。扬州军民,除少数破城前逃出和个别藏身枯井或地窖者幸免于难外,几乎遭戮殆尽,仅被和尚殓尸者就达八十余万,此我中华五千年来未有之大劫也。"

说罢,在心敬面前涕泪交流,痛不欲生,心敬也陪着师傅一块默默流泪。这一刻印象如此之深,以至他其后一生的许多重大抉择,或多或少都能窥出这一场景的痕迹。

心敬宽慰着自己的恩师:"师父莫要过分哀伤,如今皇上不是仁慈得很,除减少农人赋税,还派了有德官员治理地方,像咱如今的县令,我母说就是一个很是清明有为的父母官。"师傅止住悲凄,叹了口气:"说得也是,但吾汉族所受的这一奇耻大辱为师将永志不忘。故而为师文章人人称道,却宁设馆授徒也不愿涉足科场,个中缘由,你也就不难知晓了。"说完对着眼前这片原野挥手感慨道,"如此锦绣美景,竟沦入异族之手,真令人心如刀割哇。"

正说话间,学子们陆续归来,夫子急忙拭干泪痕,强作笑颜,招呼大家继续西行。

渼陂湖畔。

昔日烟波浩渺的渼陂湖,如今淤塞成一片仅有二三百亩的大水塘。水塘之中荷叶初出,数十株荷尖,站满了在此歇脚的蜻蜓。粼粼塘面,不时有锦鲤跃出,给沉寂的四周带来一丝生气。水塘四周,亦有数十株垂柳环绕,加上一叶小舟横陈荷塘岸边,仿佛挣扎着给千百年前广袤水波上百舸争渡的盛景,留下一丝供人怀古的惆怅。

夫子指着这片大水塘,给学子们介绍道:"当年这一带直至向南十几里,皆为水乡泽国,其周边稻谷侵垄,其湖下鱼虾云集,时人皆称为'关中水景最佳之地'。哎,尔等看此处——"夫子指着对岸一垂柳遮蔽的院落,"这儿就是吾县鸿儒王九思当年创立的'渼陂书院'旧址,其时各地文人学子慕名而来,切磋学问诗句,可谓盛极一时。

"千百年间,不知有几多墨客泛舟于天水一色的渼陂湖上,观景、吟诗、作画、垂钓,就是诗圣杜甫也曾在此旅居,一日泛舟湖上思如泉涌,遂留下名为《渼陂行》的千古佳作,用以歌咏此湖。其诗云——"夫子说着,便不假思索开口而诵:

  岑参兄弟皆好奇,携我远来游渼陂。
  天地黯惨忽异色,波涛万顷堆琉璃。
  琉璃汗漫泛舟入,事殊兴极忧思集。
  鼍作鲸吞不复知,恶风白浪何嗟及。
  主人锦帆相为开,舟子甚喜无氛埃。
  凫鹥散乱棹讴发,丝管啁啾空翠来。
  沈竿续蔓深莫测,菱叶荷花净如拭。

第九回　授业师追昔赞鄠邑　受课子踏春游渼陂

宛在中流渤澥清，下归无极终南黑。
半陂已南纯浸山，动影袅窕冲融间。
船舷暝戛云际寺，水面月出蓝田关。
此时骊龙亦吐珠，冯夷击鼓群龙趋。
湘妃汉女出歌舞，金支翠旗光有无。
咫尺但愁雷雨至，苍茫不晓神灵意。
少壮几时奈老何，向来哀乐何其多。

徐徐落音，四周一片寂静。众学子们都听呆了，不是惊慕杜甫诗篇美，而是叹服夫子记性强。"呃，差点忘了。与杜甫同期的大诗人韦应物，是咱长安的乡党。还做过咱们鄠县的县令呢。他在公干之余也曾多遭游历渼陂，留下不少传世佳作，其中一篇名为《任鄠令渼陂游眺》，其诗曰——"夫子禁不住又吟哦起来：

野水滟长塘，烟花乱晴日。
氤氲绿树多，苍翠千山出。
游鱼时可见，新荷尚未密。
屡往心独闲，恨无理人术。

提起故人游渼陂诗篇，正搔到夫子技痒处，他不禁又开口道："宋朝大文豪苏轼苏东坡，尔等都知晓吧，他是唐宋八大家之一，宋仁宗嘉祐六年，时年二十六岁的东坡先生，以大理寺评事赴陕西凤翔任判官之职。一日，偶游此湖，尝过渼陂鱼后大为惊奇，觉其实在滑嫩无比、鲜美至极，便又购得数尾归以解馋。待回府中便急邀好友并亲自下厨操持一番。食毕叹道：'能享此世间美味极品，也不枉去该处一游矣。'意犹未尽遂乘着酒兴又挥毫写下了一篇关于渼陂鱼的赞美诗。其馋涎欲滴之憨态，在诗中体现得淋漓尽致。其诗曰：

渼陂鱼（陂在鄠县）

霜筠细破为双掩，中有长鱼如卧剑。
紫荇穿腮气惨凄，红鳞照坐光磨闪。
携来虽远鬣尚动，烹不待熟指先染。
坐客相看为解颜，香粳饱送如填堑。
早岁尝为荆渚客，黄鱼屡食沙头店。
滨江易采不复珍，盈尺辄弃无乃僭。

 穷庐残月

自从西征复何有,欲致南烹嗟久欠。
游倏莦细空自腥,乱骨纵横动遭砭。
故人远馈何以报,客俎久空惊忽赡。
东道无辞信使频,西邻幸有庖斋酺。

  一阵清风吹过,湖面荡起层层涟漪。夫子回头对着听得入迷的学子们开口又道:"该诗是赞美我鄂邑鱼米丰美的千古绝唱。尤其那'烹不待熟指先染'之句,意思是还未等着将鱼烹熟就不顾其烫,急不可待地伸手去捏上一丝先去品尝,可见渼陂鱼是何等鲜美诱人了……不说了,不说了,你们看心敬的涎水都下来了。"大伙扭头一瞧,只见心敬的嘴不断吧嗒着,脑子里正享用幻想中的鱼鲜美味,被先生一调侃,立时在众人的哄笑中羞得脸通红,忸怩着说:"不是我嘴馋,只是先生的刻画太逼真了。我提议回去让先生给咱做一顿'烹不待熟指先染'的烹鱼汤,好不好?"立时引来一片喧哗赞同声。夫子兴致颇高:"好,好,回去就叫师娘为尔等做个烹鱼汤,犒劳犒劳你们这些小兔崽子。"

  在西沉斜阳的余辉之中,王老夫子领着他的徒弟们,兴奋而又疲惫地回到了鄂县城。

第十回　庆婚礼新郎闯三关　闹洞房娇娘降群顽

一年之后的王府。随着日子一天天过去,凌云到心敬处的次数越来越频繁,他与婷的关系也在不断升温。对于他俩难舍难分的亲昵景况,王家全家人都看在眼里,喜在心头,只要恰逢进餐时间,就招呼凌云一起入座。久而久之,凌云也渐收往日矜持,大大方方与他们一起进餐。席间,婷正是忙得脚不着地,收拾桌椅、端茶送饭,并不时瞄一眼凌云,内心的幸福使脸上溢满了喜悦。

凌云也将此情向父母禀告,并誓言非她莫娶。二老一听也喜出望外,尤令陈父舒怀的是,两家都是书香门第,门当户对,且他二人还有那么一段不寻常的遇合(土语,指上天的安排),更使陈父坚信其为天赐良缘而成的一对佳偶。

终于,两人的婚事提上了日程。一番提亲、合八字、相亲、议礼、照书、议婚、下书等令常人颇感心累的繁文缛节,陈、王两家却当成了亲家之间儿女婚事的前奏享受。虽然你情我愿,却心照不宣,一方执意硬要,一方坚拒不给,装模作样激烈争执一番,最后以皆大欢喜收场。

李氏这一次对侄女的婚事格外上心。除平日异常疼爱这个侄女,将其视为己出外,另有一番难言之隐:自己女儿因夫妇两人蛮横作梗而撒手归西,至今一想起就心痛难忍。为了弥补这一终身痛憾,她内心将婷的婚事当成媸的婚事来办,故而事事都要过问一番,唯恐有甚不周之处;给"女儿"的嫁妆,除了陈家支付的一百两彩礼全陪上外,另在外借了十两银子补加其中,她觉得只有这样,自己的心才能好受一些。

除此之外,王家近几年陆续失去了三位亲人,还受尽了种种磨难与挫折,李氏企盼着能借这次喜庆婚事,洗刷掉家族的晦气和久淤心头的哀伤。全家长辈都憋着一口气,要将他们自己心中的女儿风风光光地嫁了出去,故而把王婷的婚事办得异常隆重与体面。

王婷出阁的前两天，王府门前就张灯结彩。县城内外，凡闻此事的乡邻、亲戚与王氏宗族分系本家，还有与其有通家之好的朋友及闻知王忻义行的认识与不认识的社会贤达，都纷纷前来道贺。一时间王府门前车水马龙，弥漫着一片喜庆气氛。

李氏托二伯悫负责接待来客，自己亲自上阵支拨着前来帮忙的乡党，将这桩颇为忙乱的喜事安排得井井有条，料理得滴水不漏。一群婷的相好姊妹在她的闺房守夜并帮着族中女长辈为其上头。

天没亮，陈家的迎亲花轿由骑着高头大马的新郎官凌云领着，来到了王府门前，几个帮忙的执事将迎娶的陈家族人及轿夫、乐人等分别领到内室及彩棚处，安排酒菜殷勤备至。

凌云被众人簇拥到了客厅。一番祭祖仪式过后，几个婷的同龄姊妹从闺中蜂拥而出，其中一女伴端来一个大盘子，上置一杯酒、一壶茶、一碗水，高声宣布："要使俺婷心喜欢，凌云务须过三关。"遂解释道，"才子娶美娥，先要展才学。现有美酒、香茗、白水各一。答得三题都如愿，美酒一杯携媳还；答得两题勿心灰，浓茶一盏挽妻归；答得一题尚可谅，一碗白水妇随郎；若果三题全放空，回去苦读再研经。第一题为谜语，打一姻缘遇合。"说着展出一张红纸，上书"许仙移伞送阴凉，白蛇扬首饮琼浆"。

话说婷在出嫁前数日，已盘算着要将自己的终身大事办成一桩永世不忘的盛典，要在迎亲过程中玩出一些别出心裁的新花样。经过一番搜索枯肠，终于从过去所看的闲书中蹦出了一个灵感：昔有苏小妹三难新郎，今为何不能有王彩娃三戏佳婿？于是在前日想出了几个歪点子。婷不禁失笑自嘲：他们二人与苏小妹、秦少游之文彩相较何至天上地下，此举犹如东施效颦，搞不好会落个难为佳话反成世人笑柄之下场。但她决心将此计划进行到底：名为考女婿，实为耍新郎；名为给凌云娶已设置重重障碍，实则为一场充满欢愉的二人调情游戏。只要能给自己留下一段几十年的甜蜜回忆与夫妻双方经久不忘的戏谑话题，此愿足矣，管他旁人评头论足，说淡道咸！当然，为这几个题目，婷也是费了一番心思，其中还特别暗藏了一份妻对夫的微妙深意。

言归正传。凌云一看此举，心想这小妮子鬼点子还蛮多，今后定是个"难缠"的角色。此时大伙看着谜纸，也兴趣十足，人人都开动脑筋，个个想摸个头彩。众人议论纷纷，有人猜是西湖送伞一节，可有人立马驳斥道："西湖巧遇一节许仙固然为白娘子打过伞，但那是为避雨而非遮阳，且此场景中也无白娘子引颈喝什么琼浆一情节。

正在众人想破脑袋而不得要领的时节，凌云却暗自得意：你们怎能猜到这是多年前那次耍社火中的情节？你们怎能洞悉我俩自那播下思念种子日后终成正果的奥秘？随

第十回　庆婚礼新郎闯三关　闹洞房娇娘降群顽

即大笔一挥写上"初识"两个字送交女方，女伴返回的讯息是：猜中。

随即公布第二个题目。有一上联为："城隍庙木牌楼后有一座神君泥塑"，让凌云对出下联。这是指县北街中腰的古城隍庙，前临街处有一高大木牌楼，其构架全为斗拱榫接，十分壮观；其后有一大广场，再往北为城隍正殿，殿内城隍高丈有余，是全县城香火最旺的庙宇，婷就是借用此处出了上联。凌云拿到此题觉得有些棘手，这则貌似平常的联中有处所、有方位、有数字、有神明、还有五行，要答出一则堪称绝对的下联，还真得费一番思索。

此时，心敬也挤在人群中看热闹。他看到凌云凝神长考多时竟无从下笔，脸上也因焦躁而有微汗渗出。心下一急，妹夫要是当场出丑那该多煞风景，弄不好，这桩美事也许难以收场了，必须想法来"救驾"一番。他挤到凌云跟前，看清了婷出的上联，就退出了人群，自己苦思一阵，觉得有了眉目，就赶紧写了一张纸条，握在手心，并端上一盅温茶顺势递到凌云手中。凌云此时由于焦躁，嗓子冒火，确实需要用水浇浇，当他接过茶盅正要一饮而尽时，却发觉盅底下有一纸条，于是不动声色地喝干了茶水，然后谎称内急而走入茅房之中。一到无人处，打开纸条，发现上面只写了"北极宫"三字。于是将纸条丢入茅坑，蹲下仔细想着其中隐含的暗示。

凌云家在北关，离其住地一里许，有一道观名曰"北极宫"。在明末时，此观毁于战乱之中，房宇坍塌已成残垣断壁，三位道教始祖——元始天尊、灵宝天尊、道德天尊的塑像也在风雨中化为了一摊摊泥桩；唯其后院中一铁旗杆仍耸立于颓院之中。据猜想，当初也许是为了演绎孙悟空大战二郎神的那番传说而设立。此时凌云一想到此，不禁似有神灵点拨，他立即回到桌旁，装模作样思索一番，挥毫写出："北极宫铁旗杆前存三尊道祖土胎。"其中"北极宫"对"城隍庙"，"铁旗杆"对"木牌楼"，"三尊"对"一座"，"道祖"对"神君"，"土胎"对"泥塑"，也还算得上对仗。送给婷，获得一句肯定：通过。

第三道题目：上书一首婚姻誓约。凌云接此题目，脑子一下蒙了。平时曾当面对婷说的几箩筐甜言蜜语，此刻由于娶妻心躁，急切间竟想不起只言片语。他不由心生抱怨：婷啊，你这是何苦呢。我这张烂嘴不是把那些山盟海誓的陈词滥调都给你重复了两百遍了，你还要为夫再给你灌一回米汤（灌米汤，即土语"糊弄人"之意）？正欲写上"平日誓言一大摞，为人只疼你一个"应付差事。蓦地灵光一闪脑洞大开：他记起了自己在家曾看过一首汉乐府民歌，其情之真挚深沉，曾令他心潮澎湃热泪盈眶，他也多次对着心目中的女神——婷，背诵上面的诗句，以示自己刻骨铭心的痴情。

一想到此，他立时来了精神，不假思索写下了刻在自己心上的这段誓言："上邪！我欲与君相知,长命无绝衰。山无陵,江水为竭;冬雷震震夏雨雪。天地合,乃敢与君绝!"他觉得,上面的每一个字,每一句话,都像是为今日的他专门定制的爱情誓言。

交上后不久来了回帖:"虽作一回文抄公,却是一片纯真情。"原来女儿的这一番胡闹,早已惊动了李氏。她不禁为凌云担忧,生怕万一有个闪失,弄得尴尬收场;然而,她也为这一别开生面的"耍女婿"创意而自豪——她的这个侄女儿就是与别人不一般。故而,她一边躲在人群中看热闹,一边也为凌云的"应考"而提心吊胆。当她看到第三题出后凌云抓耳挠腮的样子,想着这题把娃难住了。看着他一时愁眉苦脸,一时又喜笑颜开。等到答题送到婷的闺房,她也就顺势跟了过来,想看自己准女婿如何闯过这一难关。当婷看到凌云的誓言,立时感动得眼睛发潮,而其中的措辞更令其赞叹不已,她不知道,这只是一首借花献佛的心声。当李氏看到凌云的以上誓言,作为才女的她立马就知他是背抄了汉乐府民歌,且此举尚有存议之处,但她也为凌云的一片痴心与急智所感动,于是要过纸张,代女写下了以上的判词。

欢天喜地过了三关,婷的女伴盘端美酒出现在了凌云的面前,凌云接过酒杯一饮而尽,也顺势将一颗高悬了许久的心,重新揣回到怀里。他不敢想象,若自己一时木然,或无心敬救急,竟至一题都未答上,以婷的脾气,也许真的会让他转回家中苦对青灯。他们二人的调情戏竟演得如此险象环生,让凌云不禁大大地捏了一把冷汗;尤其回味起第三题中所隐含的深意,更使他重新认识了平素那位似乎纯真浪漫的姑娘,也不免一改往日狎昵中的轻佻,换作几分迟来,却是发自内心的敬重。

看到凌云费尽周折、过关斩将,终于抱得美人归的惊喜场面,周围的观众也一片欢腾,高声喝彩,众人既赞赏凌云的勇往直前,也惊叹婷的新奇创意。这一番"王家女三难陈家郎"的趣事,立时在县内成为茶余饭后津津乐道的谈资;直至多年后,一位老者还向他的孙子们有滋有味地进行了一次绘声绘色的"三难"实况回放。

临上轿前,母女告别,婷不由悲喜交加。喜的是她如今已长成人,犹如离窝的小鸟正展翅飞向属于自己的一片蔚蓝天空,并将叼枝衔叶,构筑自己的爱巢;悲的是从此再也不能时常偎依在三娘——她心目中的母亲身旁,听她讲诗文、学女红。多年来时时刻刻散发的母爱气息,让婷终生难忘。李氏也割舍不下这个侄女,一边流泪叮嘱着她在夫家应注意的关节,一边恋恋不舍地搂着视为亲生的婷。最终母女俩大哭一场,挥手作别。婷一步三回头,不断地回望着这个虽穷困却充满温馨的家。在一片留恋与憧憬的交织中,她钻进了娶亲的花轿。

此时北关城门外的陈府门前,张灯结彩,贺客如云。整整半亩地大的前院,喜宴桌摆

第十回　庆婚礼新郎闯三关　闹洞房娇娘降群顽

得满满当当,桌上水陆杂陈,珍馐胪列;家仆如穿梭般进进出出,忙碌着招呼客人,准备迎亲礼仪。

话说凌云意气风发,骑着高头大马得胜"回朝",一路吹吹打打,将婷接到了陈府门前。花轿落地,一片震天的鞭炮炸响过后,一位老者左手夹着一只烧红的铁铧,右手举着一只醋壶,不停地将醋浇到铁铧上,随着嗞嗞的冒烟声,一股呛鼻的醋香弥漫四周。老者一边绕着花轿转一边口中念念有词:

车到门前打醋炭,逢凶化吉保平安;
一打醋炭告天地,大吉大利人心喜;
二打醋炭驱邪气,吉星高照凶煞避;
三打醋炭太公到,百无禁忌事事好;
四打醋炭成双对,才子佳人凤鸾配;
五打醋炭结良缘,福寿双全到百年;
六打醋炭清雾扬,全家大小保安康;
七打醋炭喜心怀,五福临门自天来;
八打醋炭合家欢,光明九州日月圆;
九打醋炭添新人,陈府结彩喜盈门;
十打醋炭生贵子,文魁武魁落到此;
打醋炭,打醋炭,打罢醋炭心喜欢;
新媳妇,赛天仙,快快下轿踏红毡!

打过醋炭,陈家的女眷扶着顶盖头的婷走进陈府大门,跨过通红的火梁,进入正厅。一番拜天地、拜高堂、夫妻互拜等环节后,婷被安排到洞房中歇息。婚宴正式开始,贺客们杯盏交错,划拳行令,从半上午一直热闹到傍晚,才客走人散。

晚饭后,一场自古流传下来的"耍媳妇"才正式开演。凌云一方面要在哥儿们面前炫耀自己娶了个美如天仙的媳妇,一方面也暗怀着对白日王婷"刁难"的"报复",便邀来自己的"狐朋狗友"一起取乐,图个热闹。这些凌云往日的学友们也想一睹新妇的风采,便结伙而来。在享用了一番瓜子、喜糖、糕点后,此伙人便拥入洞房,人人建言献策,个个出谋定计。经过一番吵闹争执,终于达成共识。

第一出。有人提议由于新妇自小痴迷戏曲,就请其现场献技,清唱一出《白蛇传》的折子。婷倒也大方,就答允献唱。只见她轻启香唇,如凤鸣鹤唳,一阵抒情清唱,用些许夸张之词形容,其袅袅之音足可"绕梁三日"。随着唱曲情节,婷还轻舒广袖,现场表演一番,其一板一眼颇为老到,一时间惊得众人合不上嘴。一阵喝彩声过后,众人齐赞凌云娶了一位品貌双绝的才女佳偶,凌云自然乐得找不着北。

第二出。有人提议夫妻双方喝交杯酒。在大伙的簇拥下,婷红着脸与凌云完成了平生第一次的高难动作。众人一齐跺脚,几乎将新房闹翻。

第三出。有人拿出一枚枣子,用细线拴在中间,握住长长的线头将枣提起,要让二人各将自己的一半吃掉,方可过关。提枣的书生一面诡笑着,一面说:"夫妻二人共吃一枣会'枣'(早)生贵子。"婷一看油嘴滑舌,便知没安好心,想有意拖延,凌云一见婷犹豫不前,安慰道:"没甚难处,只要咱俩协力合拍,同时前咬,就会一举成功。"谁知当他俩动作一致,扑着咬上青枣的一瞬间,那个书生敏捷地将枣往上一提,刹那间两人收不住势,两片嘴唇紧紧地贴在了一起。大伙一起哄笑,婷羞得脸上泛起一片潮红,不禁用娇嗔的目光瞅着凌云,凌云一脸无辜,心中却乐开了花。

第四出。一书生出场。他,就是以前揍过心敬又被凌云所揍的那个阔少。阔少先向两人垂首作揖,开言道:"早闻嫂子为王氏才女,博古通今。今不才献丑,欲出谜语三则。若嫂子能全部答对,兄弟甘愿认罚,明日请大伙到海鲜楼摆一桌;若嫂子答不出怎生区处?"婷一见来者不善,即开口道:"这位兄弟你嘴里定然吐不出象牙,嫂子愚笨无知,岂能猜准?此番谜语,不出也罢。"

大伙一看婷借机欲打退堂鼓,怎能答应,纷纷假意劝道:"嫂子若赢,就按你说的办;嫂子若输,大伙就当听了个笑话,哈哈一场便休。"说罢不容分说,立刻催促着阔少出题。阔少摇头晃脑竖起食指:"第一个,'坐下劈(土语,其音为 piǎ)开咧了,立起合上咧。'打一日间用物。"大伙一听那荤话,顷刻哄堂大笑,浪声秽语响成一片。唯那位阔少仍一本正经,肃容待答,仿佛他说的是不会让大家哄笑的另一件正经东西。婷一听大伙笑就心里暗骂:"这东西真不是个东西。"遂回答道:"先前已说嫂子愚笨,不知其为何物事,听说你妹子与你一般聪明,何不回家讨教?"众人更是嚷成一片,纷纷说道:"嫂子不知,你揭开谜底说与她听。"

阔少一下从身后提起一只马叉子,说:"就是这东西。你们看,"说着他坐在了叉子上,叉子马上张开,承接了他的屁股,然后又起身,马叉立时又自动合上了,"看到没有,就是这个物事。你们一个劲往坏处想,让嫂子也受连累想偏了。幸亏我在别处捞了这个东西,不然嫂子会骂我这个东西不是东西。"

大伙对马叉子很熟悉,他又作了一番演示,便心服口服地称他们想歪了,一边向嫂子道不是,一边赞这个谜出得是县令级水平。

第十回　庆婚礼新郎闯三关　闹洞房娇娘降群顽

阔少一见效果出奇地好,便又抬出第二谜:"白天闲着,晚上连着。打一物事。"众人一听又是一阵哄笑。婷心里想:这个东西还真有一点鬼才,前面已上过一次当,这次还是依样画葫芦为妥。便又回嘴道:"这个物事嫂子仍不知为何物,听说你家嫂子常思这物事,你可向她打听。"一同伙开言:"这个谜让凌云兄与嫂子一块猜才合适。"众人纷纷赞同:"对呀,这个物事你细想想,还真关乎他俩合伙的物事。"阔少嘴一撇:"看看,你们又想歪了不是? 嫂子想不出,你们的脑子也进水了? 它就是家家都有的——"说着朝洞房的门指去,"门闩呀!"大家一回望,细想恍然大悟,个个拍着脑袋:"又想歪了,想歪了。"随即将其评为道台级水平。

阔少接着又说:"这第三个么……不说了,不说了,这个实在有些荤腥,免了,免了……"话未说完,就被众人挡住,他们的胃口经阔少这么一吊,反而提得更高了。一致威胁,要不说出就将考试夹带的事捅给师傅。阔少见"众怒"难息,只好忸怩作态,说出了下面一句谜语:"好久不动,忽然一动;上面在动,下面在疼。打一作为。"大伙一听都起哄让新娘子回答。婷一听不由又羞又恼地想:这货瞎得厉害。遂回嘴道:"你姐刚领略过,让她回答再合适不过了。"众人一边哄笑,一边逼着婷说出这是一件什么作为。正在起哄时,阔少又发话了:"看看,我说有些荤腥,你们还逼着我说,你看把嫂子窘得,其实这个谜再普通不过了,大家都干过。"一听此话,众人一下不答应了:"我等都未婚,你如何糟蹋我等,是何居心?"阔少大笑:"谁说作践了尔等,此事难道你们都没干过——钓鱼?"大伙一愣:"钓鱼?""你等再仔细想想大爷的谜,看,钓鱼之举与谜面贴切不贴切?"众人仔细一思量,还真是那么一回事。有一小伙不甘受如此耍弄,反问道:"你说这是一件荤腥事,这该作何解释?"阔少振振有词:"钓起鱼来,摸到手里腥不腥?"众齐曰:"腥。"又说:"烹成鱼汤、鱼羹,荤不荤?"众齐曰:"荤。""那尔等还有何说?"众人纷纷点头称是,更将其赞许为宰相的水平。

婷听完谜底的解说,打心底里佩服起这个正才不满一盅,歪才倒盈一瓮的东西来了:猜它是腌臢不过的荤话,可他却能翻手为云覆手为雨,将此物化为平常不过的物事。没有点创造性思维,还真想不出这一谜双底的段子。她不禁又眉头一皱:这些看似平常的谜语实则谜底恶心之至,不乘机给你一点颜色,还以为你嫂子好欺负!

婷立时面露笑容:"这位兄弟的谜语让嫂子大开眼界。看来兄弟对这门'学问'还造诣颇深。为嫂今也献丑出一谜与你,看你能否猜得?"众人一听说婷要反客为主,要给这个谜中才子出难题,更是群情鼎沸,一片喧嚷,无形中将这次"耍新娘"活动推到了一个高潮。凌云也不禁好奇起来:"这个辣妹葫芦里卖的什么药?"而那位阔少更被婷的此番话逗得痒起,他扬言,若猜不中宁愿再罚作一次东。

婷慢声细语:"说走不是走,说跑不是跑,还能赚得一声吆喝。打一动作。"众人立时被这新奇之语迷住:"说走不是走,说跑不是跑,可见还是走、是跑,但却偏偏不是,这就怪了,难道是爬,是跳?——不对,这只能引人耻笑,不能赚来吆喝。"阔少也被这谜难住,在他的谜语段子资源库里,尽是些污秽不堪的劳什子,未存一样正经东西。其实他前面所出的三个谜语,皆出自这个成品库,究其实不过拾人牙慧,鹦鹉学舌罢了;一出这个圈子,就连一个普通至极的谜语,也够他这个可怜的大脑忙活半天了。

正当众人苦思冥想之时,只见新娘杏眼圆睁,大喝一声:"滚!"

现场被这一声震得一片寂静。阔少脑子这才转过筋来,抚着双手,感慨万分:"对呀,是滚呀,是滚呀!你看,它不是走,也不是跑;它也是走,还也是跑——你见人说滚时,谁真的满地滚走?而且还能赚来嫂子刚才的一声吆喝。我这平日绝顶灵光的脑瓜今日怎么这么不开窍呀,怎么没有想到滚呢?"一边转来转去,一边嘟嘟囔囔。不一会儿,他又停住,长考一时,终于恍然大悟。阔少心悦诚服,对着婷深深地作了个揖:"嫂子太有才咧,一语双关,我等马上就滚,马上就滚!"说罢,吆喝着这一帮浑小子溜出了大门,作鸟兽散去。

等到屋里安静下来,凌云笑着拉住新娘的手:"你这最后一出戏演得太棒了。没有这一招,不知他们还要闹腾到啥时才休。"婷冷笑道:"没有这一手,还敢叫这帮歪瓜裂枣来闹?不过,那个阔少也太不像话了。"凌云安慰道:"那个出谜的玩意儿啊?他就是前几年带人打心敬的家伙,被我一顿臭揍,倒也打出交情来了,此小子以后见着我不叫大哥不开口。不过这小子心眼其实并不坏,有时还挺义气,就是仗着他老子财大气粗,整日瞎胡混罢了。这种事不必在意,凡是新婚之夜,都要过这一关口。呃,一提新婚之夜,我才想起,现在,该你大哥过过瘾啰!"说着抱起婷就往婚床边跑,婷霎时被幸福之感逼得喘不过气来,她闭起双眼,感受着他那令人心醉的阳刚气息,整个人都融化在了他那火热的胸怀里……

经过了新婚之夜,婷成熟了,成了一位名副其实的少妇。鸡鸣三声,她睁开眼睛,发现自己正枕在凌云的胳膊上。望着正在酣睡的丈夫,她忍不住轻轻在丈夫的额头上印下一吻,然后起身。

梳洗一毕,婷出了新房,来到二老卧室,悄悄推开门,见二老未醒,便蹑手蹑脚端起夜壶,再轻轻掩上房门,将壶尿倒入厕中,又仔细洗刷一番,方才放在厕中的平台上。

进入灶房,净过手后生火烧锅。慌得使唤丫头急忙过来要替少夫人,被婷止住,她坚

第十回　庆婚礼新郎闯三关　闹洞房娇娘降群顽

持要公公婆婆吃上她作为陈家儿媳的第一顿饭。婷悄声询问丫头："二老平日早晨喜吃何餐？"听了丫头告知，便支她们去打扫庭院、擦拭桌椅器皿，自己精心准备起二老的早饭来。待二老房中传来一声咳嗽，便知公婆已起身，就端起盛着热水的铜盆，搭上大布手巾走到门前，轻轻敲了敲门，听到里面传来公公的招呼声。她将水盆放好，向二老问安后低头退出。过了一会儿，婷估摸着老人洗漱已毕，就进了房门。进得门来，见公公端坐在炕边闭着双眼正呼噜呼噜抽着水烟；婆婆也洗毕脸，正斜靠在炕柜上。她放下托盘，双手端过羹碗齐眉递过："请公公、婆婆用饭。"公公接过，说道："昨夜那帮小子闹房，你俩睡得挺晚，你先歇息去。以后早饭你不用忙起，让丫鬟弄来便是。"婷低声应诺，退出房门。

媳妇刚一出门，婆婆就一骨碌从炕上爬起，撞了撞老伴的后背："还是你的主意真，看来王家的家教果然名不虚传。咱这媳妇模样在北街没有比她俊的，经今早一试，她的妇道礼数也尽如意，这下该放心了。"老汉也很高兴："你说全北街，我看全鄠县也没俺媳妇这俊样的。凌云这小子眼也够毒的，能寻到婷这样既好看又懂事的女娃，是他的缘分，也是咱屋的福分。"

原来二老早已知自己的儿子和王家一个俊女好了许久，只是不知道这娃心性及家教如何。老两口一合计，一改往日大早就起床然后劳碌一天的习惯，今日故意迟迟不起，就要看这个刚过门的新媳妇如何行事。婷入房倒夜壶时，二人佯装熟睡，其实早已将其看在眼里，其后又听婷亲自下厨并端来自己爱吃的莲子羹，二人不免又私下夸赞一番，待到莲羹一入口，竟觉得比往日更加香甜。现在婷的一番作为，犹如给二老喂下了安神稳气的定心丸和心绪舒畅的兴奋剂，喜得二老急忙喝完粥羹，走出房门，更加卖力地开始了一天惯常的督耕促织忙碌日行。

休完七日婚期，凌云一大早来到王鄹师傅处销假，待师傅道过祝福，凌云回到平日听课的大屋，见到学友们三三两两各聚一处，激烈地争论着什么。凌云一到，他们呼啦一下将其围在中间，大家七嘴八舌，询问这几日的状况。那天晚上未去的直抱怨凌云不够意思，让他们失去了一睹新妇芳容和闹洞房的热闹机会；去的满口称赞新妇的临阵不惧与应付自如，更津津有味地道起新妇使出猜谜绝招，"杀"得众人"四散而逃"的趣闻，令未去者懊悔顿足不已。凌云明里向他们道歉，暗里不免自鸣得意了一番。

第十一回　柳暗花明增补廪膳
　　　　　吟诗对句里平山庄

　　时隔数月,灾难又一次降临在了王家头上。心敬的二伯父悫,由于长期操劳过度,终于熬得油尽灯熄,离开了人世,时年五十有六。

　　悫,自幼就怀着一颗攻读入仕光宗耀祖的雄心,怎奈家道中落,不得不废学就耕,竭力维持这个穷困败落的家庭。虽时至中年,仍不忘初心,还怀着一丝念想,时时趁着闲暇研读经书,却因未能遂愿而抱憾离世。

　　对于伯父的去世,心敬之哀尤其痛烈。整个服丧期间,他无时不想起幼时枕着伯父的胳膊,在他说古论今的絮叨中,渐渐坠入梦乡的情景;乃至年稍长入学,伯父放弃亲子心广,却力主自己求学于王鄭先生。《王氏族谱》之《悫传》一文中就有"弟之遗孤心敬,抚爱之过于己子"之语,乃实至名归。其后数月,心敬终日郁郁寡欢,整个心绪都沉浸在对伯父忧伤的思念之中。

　　婷也随夫前来祭奠,并偷偷将自己积攒下来的十几两体己银塞给三娘,作为侄女对叔父往日疼爱的怀念。这笔银子还真解了李氏的燃眉之急,整个丧葬期间的花销全赖于此。

　　经过几日的哀痛与忙乱,悫终于殡殓归天,葬于北河头西北角的王家祖坟。

　　悫的离世,使得王家犹如遭致连夜雨的漏屋,几近颓塌。此时,昔日的名门大户不仅陷于贫困的泥沼之中,而且成了孤寡之家:环顾屋里,有七十六岁的祖母温氏、四十六岁的伯母陈氏、四十二岁的母亲李氏、十七岁的心敬自己、十五岁的心广及一个尚还年幼的堂弟心正。

　　国难方显臣忠,家困更赖主事。作为一家之长的李氏,去了二兄悫,犹如失却一只膀臂。如今家中一切大小事务已无人与之商量,都得自己拿定主意,整个家庭的兴衰成败,

第十一回　柳暗花明增补廪膳　吟诗对句里平山庄

全操于她一人之手，全在于她的一念之中。

目下就有一件大事，让李氏伤透了脑筋，事情明摆着，尽管李陈二妯娌竭尽全力白日操持家务，夜晚燃灯纺织，但仍入不敷出，一日不如一日。前两天，有几个将王家窘况看在眼里的邻居乡党过来串门时，好心地劝她让心敬辍学重操伯父、父亲的旧业；一个十七八岁的男儿，在那个时代即为足可成家的大人，此举既可省下一大笔学资，又可为家添一精壮劳力，还会卸下其母弱肩上的家庭重担。坊间还有人风言风语，说王家如此困境还让一个大小伙子读闲书，真是癞蛤蟆支桌子——硬撑。

李氏也正为此辗转反侧，夜不能寐，确实如邻居好心所言，若让心敬辍学，家境即刻会趋于好转，自己也能从此卸去经济与精神的双重重担，进而安享天年。但若此，整个家族会重蹈前辈覆辙，今后将永无出头之日；况且，眼看心敬学业日长，大有鲲鹏展翅之势，若就此辍学，不仅断了家族借此子而中兴的念想，还更毁了一个前程似锦孩子的一生。不仅如此，伯父恺和悫曾不顾自己将会由此而多吃许多苦头，而力主心敬读书，不就是在心敬身上还寄托着他们二人未能实现的梦想？若这一悲壮的圆梦之路由此而断，自己天年之后，如何面对两位苦苦祈盼的兄长？可要使这一可能变为现实，当下得付出多么大的心力及财帛呀！这一切的出路，又在哪里？

当晚，李氏第一次召开了没有男主人的家庭会议。她摆出了当前的家庭困境，说出了邻居善意的建言，分析了其中的两难利弊，让大家畅所欲言，各抒己见。

心敬首先开言。他先感激两位伯父对自己就学的鼎力支持及为此付出的辛劳，并对母亲、伯母、婆婆这些年历尽艰辛、操持这个穷家而感恩。随后他表示自己已经成人，理应接过这副重担，撑起这个多灾多难之家。至于学业，他亦可继承先辈耕读不误的家风，以践孟子"天降大任"必先劳其筋骨苦其心志之说。

当李氏看到儿子表里慷慨陈词，却因内心明知这样一来自己将会是先辈们人生悲剧的重演而眼眶中强忍着绝望而委屈的泪水时，她的心碎了。

伯母陈氏先拒绝了心敬的设想；心广也表态，自己心智不若兄长，再待两年，他可替兄撑家；婆婆温氏更是泣不成声，声称就是将自己这把老骨头打成矍卖了，也要供自己这个亲孙子继续学业以传王家书香薪火。

李氏被上面各人一席话感动得心里直发酸，她想一家人如此坚决一致，还有什么过不去的坎儿？她平静一下心绪，将自己思索一宿的艰难决定告知家人——毁产兴学，卖田筹资；破釜沉舟，课子读书！

全家人的悲壮抉择，使得心敬悲喜交加，倒地大哭一场，一时引得众人个个热泪盈睚。李氏扶起心敬："好孩子，男儿有泪不轻弹。为娘知你心中有愧，只要我儿今后能有所成就，今天这一切就都值了。"说罢，又面向众人："今天我还要强调，这一专款不是只为心敬一人而设，有你——"她指着心广，"还有你这小子——"又指着心正，"是为你们三人准备的。"

就在众人惊愕之际，她又说："当初二兄力主只许心敬读书，那是当时家境所困的无奈之举，如今若卖地就会有了许多银两，读书的权利不应落下他俩。今天把话搁在这儿，这笔银子，谁学到最高，最后就扶持谁；即使最终都未成正果，也要让外人说王家后生个个知书达理，而不能让人指着脊背说，书香门第中竟出了个目不识丁，还行事蛮不讲理的。"

一番语重心长的表白，说得众人心潮难平。心广拉着心正"扑通"一声跪倒在了李氏面前："三娘宅心仁厚，侄儿感激涕零。三娘对兄弟俩以亲生相待，日后若有出息一天——不，就是没出息也将三娘看作亲娘，侍奉到老！"李氏笑着扶起二人："傻孩子，为娘何时将你俩视作侄儿？你们和心敬一样，都是为娘的心头肉哇！"此番情景喜得陈氏眉开眼笑："你看看，连我这个亲娘都有些吃醋了。"一句话逗得众人笑作一团。婆婆温氏更是对天叩首："感谢苍天为老身送来了这么一个既能干又贤惠的儿媳妇。王家中兴，就靠着她了！"老人此举引来一片唏嘘。

这场原本沉重压抑的家庭会议以这般温情收场，令所有人都始料未及。

经过与牙侩的多日商议交涉，终于将上几辈含辛茹苦经营来的十五亩河湾地转手卖出，筹得一百五十两纹银。李氏决定，除去数十两用来偿还往日所欠账债外，其余用作举学专款，除非万不得已，不得挪用。

当晚，李氏燃烛焚香，跪倒在了列祖列宗的牌位面前，含泪向他们禀告："列祖列宗在上，不孝后人李氏，因家境维艰，为诸子求学筹资而将列祖苦心经营的河湾地一十五亩贱卖于人。走到今天这一步，实属无奈之举，还望祖宗能体谅不肖孙媳的一片苦衷，宽宥其罪孽，并恳请王氏列祖保佑心敬诸子孙学业有成，光耀门楣；让孙媳也能在百年之后，坦然面对丈夫及二位兄长。"拜毕，卸下心理包袱的李氏怀着一丝伤感与期盼，走下楼梯。

从此后，心敬与往日相比更加发愤。他分外珍惜这来之不易的求学机会，更感肩上承担着全家人沉甸甸的期望。为激励自己，他将"卧薪尝胆"，"头悬梁、锥刺股"几字作为誓言贴在了自己的床头，每当夜深人静，昏昏然睡意袭来时，心敬都要起身转上两圈，大声念着这两个唤起斗志的"咒语"，然后用冷水冲脸。经过这一番折腾，头脑立时清醒，继续伏案苦读，竟觉睡意全无，精神倍增。

第十一回　柳暗花明增补廪膳　吟诗对句里平山庄

如此拼搏,心敬迅速从诸学子中脱颖而出,成为其中的翘楚。

康熙十二年,心敬十八岁那年夏天,他顺利地通过了童试,成为鄠县的县学生员(秀才);康熙十三年秋,他又因学业优异,被增补为廪膳生员。所谓"廪膳",意为伙食补贴,就是清朝官府发给一定数额的伙食银两,用来改善贫困家庭学子的生活、饮食状况,以消除其后顾之忧,一门心思专攻学业。

廪膳生员还有另一优厚待遇,就是还能免除家庭的"丁银",相当于民国时的"人头税";另外,对于此等生员,地方官还须以礼相待。因为清廷清楚,这批廪膳生员,就是当朝的所谓"干部储备队伍"。一旦日后他们应举入仕,即成为庞大官僚阶层的一员。此举对于昭示朝廷"尊重知识,尊重人才"的治国新政及招抚汉族士子的人心,具有极大的笼络和感召作用。

话说这一年的陕西黎民正经受着一段困苦的日子:康熙十三年(1674)二月,朝廷命镇西将军席卜臣率部进入西安,以构筑一道抵御吴三桂、尚可喜、耿精忠所谓"三藩之乱"的西北防线,而驻军一切军需粮秣开销都摊派在了陕西老百姓的头上。这种苦不堪言的负担,王家也概莫能免,李氏只好求助亲友以应官差。人常言祸不单行,这年的三四月间,关中一带虫灾接踵而至,眼看着大片绿油油的麦苗被铺天盖地的蝗虫吃了个精光,百姓却束手无策,呼天天不应唤地地不灵。

在兵扰虫祸的双重重压下,全县人人自危,家家食不果腹。此时的李氏除想方设法算计着全家一日三餐的饭食着落,还须应付不时而至的上门债主,忍气吞声看着他们的眉高眼低。王家,似乎到了山穷水尽的地步。

故而,当闻心敬因学业优异而成为县上有数几个廪膳生员后,王家人都觉喜从天降。此事不但应验了他们当时的决策是多么"英明",并且由此而来的经济实惠也如雪中送炭。从此,犹如一股清泉潺潺注入到即将干涸的池塘,王家又从濒临的死亡线上缓了过来。

更为难得的是,在乡亲们面前王家还有了一份弥足珍贵的荣誉感,连李氏也在近日出门时,发现凡见面的乡党都主动打招呼,贺语之间无不透出一丝羡慕与敬意。

为了庆贺这个恰逢其时的喜讯,李氏破天荒割了二斤肉,又打了一壶酒。饭桌上摆满了红烧肉、豆腐、粉条、萝卜、白菜几大碗,全家围在桌旁,喜滋滋争着给心敬的碗里夹肉,仿佛心敬吃了比自己吃还香。心敬给婆婆、伯母、母亲分别敬酒,自己也饮了几盅。他感谢全家人的支持与关爱,又将肉一一夹回到各人碗中,还将自己碗里的,夹给了心广和心正。虽然几个月未尝肉味,但这阖家团圆欢乐的气氛比食肉更加激荡起了他的心理欢愉。年纪轻轻的他,已在这充满幸福的气息与即将展现在自己面前的锦绣前景前,陶醉得一塌糊涂。

沉寂许久的王家大院,又响起了一阵阵久违的欢声笑语。

这一夜,全家人都失眠了。

心敬这次的"荣升",除给家庭带来莫大的经济帮助外,更激发了他的上进雄心。除了更加勤苦攻读必考的时艺范文外,他的知识眼界也开阔了许多,他着力于在传统的诗词文萃精华中汲取中华深邃的精神营养,对韩、柳、欧阳、苏诸大家之文莫不一一精研,反复揣摩。先辈文章中高屋建瓴的主题、取精用宏的素材、势如破竹的逻辑、画龙点睛的修辞、醍醐灌顶的哲理及自成一格的独特文风,所散发出的浓郁的人格魅力和如饮琼浆玉液般的阅读快感,令心敬陶醉其中而不能自拔。像贾谊的《过秦论》、李斯的《谏逐客书》、诸葛亮的《出师表》、韩愈的《师说》、王安石的《答司马谏议书》、柳宗元的《封建论》、欧阳修的《朋党论》、范仲淹的《岳阳楼记》、苏轼的《晁错论》和《念奴娇·赤壁怀古》等流传千古的大作,心敬每每读之无不叹其大气磅礴、精妙绝伦,而极力模仿之。水滴石穿,心敬笔锋功力逐日见长,不觉一两年间在鄂县同侪之中声名鹊起,俨然成了这一群体的领军人物,被时人誉为"文名藉甚",未来必登魏科的希望之星。一时间,有人慕名索字求诗,还有人怀揣文章前来讨教。你来我往,心敬的书房渐渐成了县城学子们的文学"沙龙",甚是热闹。李氏也为儿子能广交朋友,增长见识而欣喜不已,不时端茶递凳殷勤招呼一番。

一日,心敬正在苦读时,呼啦啦一下拥来七八个昔日同窗。刚刚坐定,众人就七嘴八舌邀心敬"入社"。心敬一愣:"入什么社?"其中一位叫晋卿的止住众人聒噪,言道:"近日我等在一起议论功课、诗文,正争得不可开交时,子亮——"他指着身旁一位笑嘻嘻的书生,"突发奇想,说先前文人雅士讲学论道,诗词唱和,遂结为社。昔有'复社''几社'诸谓。吾等既然如此热衷交流,为何不结成一个学社,以便能定期将各人近日习作相互切磋,还可共聚交流研习前人名篇的心得体会,提高各自制艺功底,更能一起结伴游历我鄂邑山水,赋诗歌咏其险其峻、其柔其美,此等'利国利民'的好事,不立马成立还待何时?故而前来邀你共襄盛举,不知意下如何?"

心敬喜曰:"这等好事蒙诸君前来诚邀,岂有推辞之理?然既为学社,就应有个响亮贴切的名字。我等应好好筹思一下。"众人一听言之有理,莫不纷纷赞成。一时间有人提

第十一回　柳暗花明增补廪膳　吟诗对句里平山庄

出以"竹林论坛"命名,有人以"东林书苑"称呼,心敬听了摇摇头:"这两个,一个仿自魏晋竹林七贤,一个源于明朝东林党人,都是当时享有盛誉的名流或重臣,我等岂可与之相提并论?再则其多与政事非议有关,还是拟一个较为平实的名字方为妥帖。"晋卿沉思了半晌,说:"我倒想了一个名字,不知合不合意。"众人纷纷促其端出。晋卿说:"我想以'箭门诗社'为其命名。一则我家在南宅,箭门可谓离家最近之地名;二则众位已知,箭门留矢为前朝我县一个大事件,故其带有典故性质,比较醒目;三则其名有'箭'字,足显我等书生英武气质;四则么,以'诗社'命之,不言而喻为学子研习学问的结社,以免闲人妄议,你们看如何?"众人纷纷赞许,并征询心敬看法,心敬表示此名甚合他意,遂以此命名,并公推晋卿为社长,在其家不定期聚合。

由此,该社十数人常在晋卿处相聚,或共同研讨各自习作,或对故人名篇佳作阐发各自体会见解,有时不免争得面红耳赤,却也十分融洽快意。偶尔,还由各社员轮流做东,聚一小摊处,花上几个铜钱,大家小酌一番。在海阔天空的随意闲聊中,又不知亲近了几多。

一日,心敬正在构思一篇佳作,晋卿乐哈哈推门而入,说大伙已商定,明日去终南山深处游历一番。心敬问及细节,晋卿说屏翰有一远亲在东涝峪有个叫八里坪的地方有一别业。明天四更起程,估计到傍晚就可到达住处,到时歇在那里,第二天可登山观景,以开视野。心敬一听当即允诺,心想自己疲惫多日,正好借此机会修整一番。问及凌云,晋卿说其妻将近临盆,凌云放心不下,故只能惋惜抱憾连连。心敬闻听小外甥即将出世,不由喜不自禁。

翌日,诸学子告别家人,怀揣两块锅盔或蒸馍,摸黑上路,到晨曦初现,这群小伙子已撒腿跑到了涝峪的入口处——土门。

入山后,沿着山民踩出的羊肠小道向南迤逦而行。两旁黑黢黢的山形,有时将天空挤成一条带子,稀稀拉拉的星光从带中撒落下来,宛如给高耸的山峰围上一条镶着钻石的围脖。坎下的涝水震耳欲聋,湍急的河流绕着山间斗折穿行,奔向远方,众人脑海中不约而同跳出一句名言——"子在川上曰:逝者如斯夫。"

到了一处称为"纸坊"之地,天已大亮,众人气喘吁吁坐在路旁的山石上歇息。晋卿望见一个从一间破茅草棚中走出欲上山砍柴的汉子,急忙上前探问八里坪的去向,汉子手一指:"一直向前,直到这涝河的分叉处叫作'两涝'的地方,过了左手的东涝河再向南走个十来里,就到了八里坪。"众人谢过,又急匆匆踏上了征程。

到了两涝。奔腾的河水由东南、西南两股水汇合而下,众人从一座颤悠悠的吊索桥上依次穿过,小心翼翼走到了河对岸。

小伙子们此时走得汗流浃背,上气不接下气。他们坐在石坎上歇歇脚,喘喘气,耽搁了好一阵工夫。抬眼望去,遍山绿中带黄、层林尽染;几只乌鸦绕着远处的树梢哇哇地叫着,嘶哑的啼鸣在空旷的天空被群山呼应着传得很远;晴空中,一只苍鹰在不断盘旋着,眄视下方,一忽儿猛地冲向山腰的草丛,随后舒展翅膀腾空而起,爪子下吊着一只徒劳挣扎的野兔。脚下,清澈的河水在拐弯处形成一汪深潭,成群的鲤鱼儿在里面随着激流上下跳跃追逐。

众人这时纷纷从怀中掏出干粮,就着甜洌的河水塞饱了肚子,随即又向深处走去。其后的十来里,学子们沿着时隐时现的小径,来回在河水中蹚过,河中的鹅卵石垫得脚底生疼,但挡不住小伙子们四处观景的好心情。蜿蜒的小径旁开满了不知名的小花,而在山腰又有许多树上挂满了各种红的、黄的野果,一颗颗、一串串看得人直咽口水。

正行间,一个小伙一声惊叫吸引了大家的注意力,顺着小伙的手指望去,两只松鼠在松枝间追逐跳跃,间或伫立在树杈上,扬起蓬松的大尾巴,一双双乌亮的小眼睛警惕地盯着这一溜陌生的来客,小脑袋揣摩着这伙人的居心是善是恶。小伙子扬了一下手,松鼠立刻窜入到树枝深处,不见了踪影。

仰望头顶,天空豁然开朗,灿烂的阳光下,几片白云从湛蓝的晴空缓缓滑过,不由使人产生诗意想象,将其看作航行于蔚蓝大海的点点白帆。视线下落,只见群峰叠翠斑斓、耸入云霄,峻峭的山顶云蒸霞蔚,引来众人惊叹一片。

夕阳近压山时,诸人抵达了目的地。立足观望,此处为足有一里之阔的起伏小盆地,其间山林茂密,溪水潺潺,绿茵漫地,野花斑斓,间或还有状似林麝的小动物出没于树丛之中。在这片被群山环抱的带状盆地上,星星点点散落着几处茅屋草舍。久居县城四周的这些学子们从未见过如此迷人景观,直呼此乃货真价实的世外桃源。

众人行至主家舍前,驻足观望,两扇用蓬草苫顶的柴门向南大开,门额上手书阴刻着"里平瓦舍"四个隶字,顾名思义,此处乃为这一里平地中的唯一瓦舍;围墙中空,由小青瓦垒叠而成月牙形图案,墙中垒瓦缝隙一簇簇野蔷薇花枝叶繁茂里外伸展,形成一堵绿色屏障。

众人依次进入一小院中。院前影壁处有一石槽,槽内清水中有一丛高达数尺的水草,绿茎笔直。院墙拐角处,一株高大的野梨树罩满大半个庭院,树上果实累累,压弯了

第十一回　柳暗花明增补廪膳　吟诗对句里平山庄

枝头。

正面为一瓦舍,为主人书房兼待客处,大书案上摆满了笔墨纸砚和主人的书法新作;迎面粉白的墙壁上挂了一副主人自书的杜甫长诗一首,笔法古朴而大气,整个书屋弥漫着儒雅气息,令诸生肃然起敬。

拐过侧面的门洞,立时豁然开朗:一溜八间大瓦房一字排开,宽阔的庭院靠墙处,一丛丛青竹迎风婆娑摇曳;青竹前有一小池,池中耸着一座由主人就近搜罗的奇石堆垒而成的假山,池壁左右各有一细竹管作为引入泉水的进出口,涓涓细流穿入池中激起一片涟漪;下有锦鳞数十,摇头摆尾,巡游池底。

池旁有石桌石凳若干,散布于四周;旁边石座上蹲一大瓦瓮,里面的浮萍、睡莲成为这幽静小院中一处亮眼的点缀。

庭院院门、墙壁上有数行串成的瓦片,上面阴刻着诸如"诗文在天地,至乐寄山林""室雅无须大,花香不在多""应信杯溪比茗甜,无疑春茶赛酒香"等诗句,读来令人耳目清新。

此时屏翰引来了主人。其人姓段,三十来岁,短小精干的身材透着一种饱经风霜的世故之态。话说这位段员外,其父早年经商,弄得偌大家业,如今垂垂老矣,遂将家业交予小段接管。此小段手段更是了得,整得家业一片兴旺发达景象。如今,三十余岁的他,在八里坪这闲云野鹤之处置了一院别墅,以便夏秋燠热难耐之际,来此暂住一时消消暑气。

诸生散落于庭院四处,一边观赏一边赞叹这院中无处不在的清雅幽静气氛。一会儿,主人招呼诸生来到一个雅间进食晚餐。宽大的餐桌上摆得满满当当。一桌子上盛着十数盘肉菜,一桌上摆着十数盘山中野果。

就座后,主人向客人介绍着肉菜的食材:"这是清炖熊掌,这是野猪后臀,这是羚牛的蹄筋,这是清蒸鹈鹕,这是锦鸡,这是獐子肉,这是娃娃鱼,这是林麝……这些野味都是刚从猎户手中购来的,很是新鲜。"又回身介绍旁边桌上的野果,"这个紫红条状裂口的叫八月炸,那个鲜红囊状的叫刺泡,这个火红多棱圆饼叫算盘子,这些是拐枣、五味子、毛桃、野梅李、苏菇、枇杷、叉叉果,还有这牛奶子、板栗子、马桑怪……"随着主人自得的介绍,这些学子们惊得目瞪口呆,他们从小到大从未听说过这些珍馐的名字,更别谈见其形食其味。这次真是眼界大开,惊叹山中还有这等奇形怪状的佳肴,一时间只是愣愣地用眼探究着这两桌美餐,不知从何下手。

这时主人又开口道:"这些野味在县城里难得一见,今天诸位可一饱口福……"这会儿学子们经长途跋涉,肚子里早就饿得咕咕乱叫,加上这桌上令人馋涎欲滴、香气扑鼻的盛宴勾引,一听主人放出此话,急不可待间个个下筷如雨,大快朵颐。一袋烟工夫如风卷残云般将整桌肉菜、水果吃了个罄净,只是如猪八戒吃人参果,却顾不得品味其中任一个的妙处。

待客人抹嘴揉肚时,段员外才慢腾腾地开口道:"刚才话还未说完,诸位已迫不及待、狼吞虎咽将我下面的话打断。我要说的是,敝人与各位素不相识,这桌饭是要掏钱的。"

一句话惊呆了座上的所有来客。老段方才笑眯眯的面孔也立马换作一副尖酸刻薄的神态,他扫了一眼木然瘫坐在椅上的群偶,揶揄道:"想我老段千辛万苦搜罗来这些珍稀之物以飨各位,只不过相当于开了一家深山的农家饭舍,这么好的一个去处却不能赚些银子花花,简直有些'暴殄天物',你们说是不是?鄂县南街的张善人尔等可都听说过吧,前几日他来此采掘草药,也在敝处歇脚。我也整了这一桌,百多两的纹银他很爽快地就从腰里掏出,还说在县城里从未享过如此口福,这顿酒菜值了。张善人如此啬皮的人尚能利落付钱,足见此餐物超所值。诸位能来此处游山玩水,看来都是非富即贵家出身,怀里揣个三五十两纹银想必是稀松常事,趁着酒足饭饱,把账结了,敝人好为各位安排歇处——哦,忘说了,歇处免费。各位不必客气,每人只许拿十两,哪个硬要逞强多塞银子,我可真要生气了。"

段员外的这一番话说得众人郁闷不堪,暗自叫苦不迭。原以为主人好客,好吃好喝招待一番,落个皆大欢喜,谁料如今每人要掏十两银子作饭钱,不由个个手伸怀中将囊内的铜钱一掂,顿时响起七八声叮当哀鸣。众人后悔,早知如此,还不如寻个茅庵草舍,花一两枚铜钱,喝上两碗稀糁子,将就着蹲一夜,也比如今的窘样强。

主人见状不由愁眉紧锁:"唉,这教我如何是好?不收钱吧,折了这一大笔银子,枉为人称'铁算盘'还则罢了,却甚是委屈了我的心性;收钱吧,听见叮当的铜子就知道尔等囊中羞涩。不成,我得想个法子,将这笔钱捞回来。"段员外铁青着脸在餐桌边转来转去,一边摸着光溜溜的下巴,一边嘟囔自语。众人的目光如铁随磁石一般也跟着老段转圈圈。心想如今人为刀俎,我为鱼肉,就这光杆一吊子,看他能怎么处置。此时的气氛真真好比一盘热蜡倒在了冰石上——磬住了。

过了片刻,段员外似乎有了主意,他慢慢说道:"目下尚有一转圜的办法,不知各位应允不应允?"众人见眼前竟然还有一线生路,莫不齐声问道:"你说是何办法?"老段笑曰:

第十一回　柳暗花明增补廪膳　吟诗对句里平山庄

"尔等皆为读书之人,何不留下一幅墨宝,让敝人尔后从中谋财,此法如何?"

众人一听方如大梦初醒:原来这位段员外竟是一个如此捉弄人的高手。他前面的一番作态,不过是跟众人开了一个大大的玩笑。诸生顿如被捉之鱼又被放生一般,个个欢呼雀跃,齐声答曰:"这有何难? 还不是夹袄里逮虱子——手到擒来。"其中一位被老段的超级幽默感动了,就借口"回击"一下段员外:"这下老兄可就吃亏大了,一幅字十两银子,你这个'铁算盘'是怎么打的?"谁知段员外却一脸满足:"不瞒诸位,以为兄拙眼观之,各位均是青年才俊,说不定将来个个荣登高科,甚或成为朝中重臣,那时尔等一幅字还不值个千儿八百的纹银,到时我可就发大了。"

尽管是戏语却不失恭维,令众人心中十分受用。正在大家纷纷离座准备前往书房提笔舞墨之际,晋卿这个精灵鬼却借势来了个顺竿爬:"诸位且慢。敢问段仁兄,小弟有句话不知当讲不当讲?"老段正为他导演的这一喜剧完满落幕而暗自得意,却不防被这半路杀出的程咬金拦住,就止住脚步回道:"但说无妨。"晋卿开言道:"老兄这一番作为,我用几个字来评价——面善心恶,还带三分滑。"众人不由捂嘴吭吭暗笑。晋卿却沉声喝斥:"笑啥,我可说的是大实话。想我晋卿的诗词书法,在县城那可是如雷贯耳,名扬海外——呃说错了,外国人不识咱汉字,换个说法,叫作名扬中华。上门求字索诗者将我的门槛都踢断了三根——哎笑啥,这又是个大实话。前两天一个熟人求字,我大笔一挥,他拿了字悄悄搁下一封五十两的银锞就走,为啥? 害怕叫人知道他占了大便宜。这一回写一幅字顶了饭钱,还让你,"手指着段员外,"生生硬是抠走了我四十两银子!"说着弯着腰拼命揉着肚子,痛苦万状,"哎哟,可心疼死我了!"

这个活宝的一番表演,笑得大家直不起腰。谁知乐极生悲,一个名叫德钊的后生,竟笑岔了气,一时痛得直声唤。众人见状急忙上前揉胸捶背,捏弄一番,他才慢慢缓过劲来。他斜靠在椅背上,有气无力指着晋卿说:"这下你可把祸闯下了,我写不成字了,你得赔我十两银子,让我给人家主人家——啊嚏!""顶账"两字还未出口,只见晋卿笑吟吟走上前来:"既然你岔气了,我也只能自认倒霉,谁叫我碰上这瞎瞎运气。德钊,准备接银子!"说罢,按着德钊的脊背,伸开五指使劲拍将下去:"五两、十两、十五、二十……"疼得德钊直哼哼,一边双手拼命乱摇:"够了、够了。老爷我心不贪,只要十两,只要十两,多一两也不要。多给的银两,待改日有了气力,加倍奉还……哎哟! 还打,再打老爷我可就下不了山咧!"一时间逗得大伙笑得蹲在地上气都喘不上来。

一番热闹之后,大家来到主人的书房,家僮端来一壶上好的香茗,各人边品茶,边聚

神凝思。一会儿,才思敏捷的子亮先拟好诗文,他手按宣纸,写下第一首诗篇:"琳琅满目喜由生,野草山花不识名。松静筠深溪浪起,一枝一叶总关情。"众人纷纷拍手叫好。尔后晋卿很快续接一首道:"青山看罢又青山,岭上小溪汇大川。磬响禅林藏隐士,当抛尘念闭心关。"众人又是赞语不绝。屏翰随后拿出自己的力作:"里平瓦舍彩云间,户外清溪牖外山。松下熏风卧彭祖,岸旁紫气过李聃。金经阅罢时临拓,碑志文成即书丹。约会纵游今有信,雅集诗酒共陶然。"众人笑曰:"看来屏翰准备在此安营扎寨,修炼成仙了。韵味十足,好诗、好诗。"屏翰皱眉道:"只是格律有待推敲,一时急就章委实有些仓促了,权作七古塞责。"众人点头称是。

临到心敬,他略思片刻,挥毫写道:"碧溪通东溟,千山一茅亭。君伴群山在,青山为尔青。"又题一首曰:"树径曲环碧水,茆檐直对青山。惟有深林啼鸟,一破幽人高眠。"写毕,回看主人:"信手写来,未免粗疏,还望仁兄海涵。"段员外一看大惊:"这位贤弟,挥毫似龙飞凤舞,运笔如行云流水。且此诗意境高远幽深,实为难得之上乘佳作。"众人也纷纷赞誉。

王生最后出场,他自谦道:"诸位诗品高雅,为兄有些怯场,无奈吃了美餐,只好献丑一番。"遂写道:"一上一上又一上,再上攀到秦岭梁。身披白云手摸日,九州四海皆可望。"众人大笑,曰:"此打油诗写得甚妙。"王生也随机附趣:"'江上一笼统,井上黑窟窿。黑狗身上白,白狗身上肿。'唐代张打油的'雪诗'才是正宗货,能以其名命为诗中类别,亦为一奇人矣。吾诗与其相比,还须更加努力。"众人闻言,哄笑之余莫不赞其自嘲风度。

一台趣味横生的赛诗会圆满收场,主人安排诸人在几处卧室安歇。一日的疲乏,使学子们很快坠入到深深的酣梦之中。

第二天一大早,用过早膳,这些年轻人又充满了生龙活虎的朝气,接着向南边更高的山峰一鼓作气爬将上去。沿途经过一个叫作营盘梁的山梁,再行数里,就到了秦岭梁。

登上顶峰,脚下只有不足丈余的平路从峰顶连结线蜿蜒而去。回望两边皆万丈深渊,沟底各有宛如丝线般的细流分南北而去,看得胆小者莫不心里发毛,不敢移足半步。

骄阳之下,万里晴空如洗。忽地一阵阵隐隐约约的尖利嘶叫声引起了众生的注意,聚目南方,只见极远的一处山坡密林中,三五只金光闪闪的猴子悬挂于树梢,或摘果或捉虱或追逐嬉戏,一幅其乐融融的全家福;其旁不远的竹丛中,一只胖嘟嘟的野物斜躺在草丛中,两只毛茸茸的爪子捧着一根竹枝啃得正香。其可掬之憨态令平生未睹此物的诸学子眼界大开,遂双手聚于口边成喇叭状齐声呼喊,群猴闻声立刻窜得无影无踪,而那只活

第十一回　柳暗花明增补廪膳　吟诗对句里平山庄

宝却不理不睬,一副耍大爷的样子,仍津津有味地享用着它的午餐。

放眼望去,群山皆匍匐于众学子脚下,酷似瞬间凝固的海涛,让人产生了充满诗意的无限遐想。激情澎湃之下,学子们纷纷跳起高呼:"秦岭梁,我们来啦!"

待激情稍过,面对眼前一览众山小的身境,一时间人人心里都不由泛起一个有点悲壮的疑团:今朝已登上秦岭山顶,何日才能攀登人生的巅峰? 怀着一丝兴奋与惆怅,众人沿着原路折回。

走到一山坳处,诸子信马由缰顺势拐进了一溪沟。进入其深处众人不由眼前一亮:山涧中,一块巨石若炕大小,平整光洁;潺潺的泉水从巨石两旁分流而过,滑入石下的小潭中。小潭清澈见底,有小鱼数十,忽聚忽散,悠然自乐。涧旁缓坡上一片野梅林望不到尽头,树下紫红色的野果散落满地;近旁山崖垂下一串串不知其名的藤蔓,开满状似蝴蝶的小花,媚尽人眼。

众学子们纷纷拾来几掬仙果置于"石炕"之上,品尝着酸中透甜的奇特滋味,一行诸人齐呼过瘾,着实体验了一把"果腹"的难忘感受。

骄阳之下躺于巨石,上有花枝遮荫,下有清潭驱暑,众人莫不身心舒坦,一时间竟欲让时光永驻于此。

静谧之中,远处林中传来的几声鸟啼,方将众人从假寐中唤醒,大家翻身坐起,齐声赞叹:此乃人间仙境也。

回到住处,人人皆称不虚此行。安歇一夜,早餐用过,在主人的苦苦挽留下,众人辞别了难以割舍的里平瓦舍,踏上了归程。

第十二回　横督学横眉辱士子
　　　　　怒生员怒目掷束帧

　　就在众学子回归的途中，县城北关的一处大户家宅里，一个小生命呱呱坠地。

　　一个月刚过，婷就抱着她的儿子，后面跟着一个提着鼓囊囊小儿物品包袱的丫环，来到娘家"移窝"。

　　到二娘陈氏处坐了没多久，婷就抱着孩子来到李氏住处。娘俩许久未见，分外亲切。李氏问婷凌云待她如何，婷不好意思地点了点头："他还蛮疼人的。孩儿快落草时，他整夜在门外转悠，一有响动，就神经兮兮地隔门询问，真让人烦透了。"看着婷满含幸福地抱怨，李氏一下放心了。她用手指逗着婷怀中的宝宝，心里不由暗暗吃惊，入口前话："月月娃，丑似驴。"眼下这娃刚出月，却已脱去初生儿奇丑无比的雏形，红扑扑粉嫩嫩的脸庞天庭饱满，个儿也比别的婴孩长了不少，将来一定和凌云一样是个伟男子。此时刚脱开奶不久，却又恋恋不舍地望着他的"美食"，吭吭起来，婷赶忙将奶头塞入口中，小家伙立时不声不响，奋力地"温习"起了他的功课。

　　看到婷以心满意足的神态逗弄着自己的心肝，一缕游思不由漂进了李氏的脑海。她赶忙岔开，问道："公公、婆婆待你可好？"婷笑着说："自按你的叮咛第二天早上一番劳作，公、婆已将当初的矜持拿可（土语：摆架子）收起，待我如闺女一般。这不，前多天闹酸，婆婆专门支人到街上买了些酸果，还弄些酸汤挂面让侄女舒心；临盆以后，更是摆开众丫头，亲自下厨，不是打上几个荷包蛋，就是整一大碗圆圆枣，还加些百合冰糖，你看——"婷指着自己的腹部，"浑身都长出赘肉，难看死了。"听着婷似怨似夸的口吻，李氏心里很是舒坦。她安慰着："生了娃子，女人一般都要发福，过些天娃吃奶加上操心劳神，身形就会很快复原，你还是原来的彩娃。"

　　娘俩亲热一番，婷抱着孩儿回到了楼上自己原来的闺房。

第十二回　横督学横眉辱士子　怒生员怒目掷束愤

一闭上房门,李氏忧思又回到脑中。当她看到婷娘儿俩的天伦之乐,不由暗地伤感:若娉还在,孩儿可能已是半大小伙,她娘俩前来归省,又该是多么欢乐热闹。可如今,母女阴阳两隔,连见个面都只能奢望在梦中。当初与丈夫一起绝情拒亲,今日想起,他老子就是个土匪又有何妨?她恨不得将自己的胸脯砸青。一边怨着她大,一边含泪焚香诵起往生咒,愿上天怜悯孩儿,将她尽快托生于慈悲之家。诵毕,对着香炉像对着她想象中的女儿,掏着她的贴心话:"娉儿,不知你如今尚在哪里?天已转寒,为娘明日到你坟上给你与鹏儿烧几件冬衣,你俩若有知,尽快投个行善人家,重做夫妻,也好脱了娘与你大的罪孽。"说罢瘫软在地上泪如雨下。

又到了大年初一。心敬放过鞭炮,吃过臊子面,按多年惯例,又到恩师王鄢家去拜年谢师。师徒二人促膝相坐,闲话一毕,王鄢面色凝重开言道:"为师设馆多年,在众学子中虽多人学业有成,并有身居仕途者,然唯你学养最深,犹如鹤立鸡群,将来前途无可限量。尔后为官,须存二气。一是地气。为官一方,应先访贫问苦,特别对那些孤寡之人,穷困之家,多舛之学子皆应善加恤顾;再则宜平易待人,不可萌生骄横,滋扰百姓,秉持清廉官风,扶弱抑强,解民于倒悬之苦;再加之注重民生,善于开源节流,以己之德之力造福一方,则迁擢之日万民伞欲辞不能也。二是骨气。对上峰应敬重不应谄谀,其若问策,以理应对不应随声附和;对同僚应不卑不亢诚心相待,万勿尔虞我诈落井下石;对异族妖类,更应扬我中华男儿正气据理力争,切不可唯唯诺诺,叫妖人下眼观之,辱我大汉遗风。你可听得明白?"心敬肃然起身施礼:"谨遵师教。弟子若有一日踏入仕途,定当凛然从事,不负我师教诲,不作我师不肖门生。"王鄢闻言大喜,又嘱曰:"今年八月又临岁试之际,你当尽心竭力通过这一关;尔后再一鼓作气以待科试、乡试及会试。以你才学,若不出意外,经魁之列当十拿九稳。为师望你一路顺遂,几年之后必扶摇直上直达圣廷,一展你为国效力、为民解困之才学抱负。唯此,才不枉我王鄢屈居僻壤之初衷也。"心敬心潮澎湃,肃容跪拜受教。

师徒二人畅谈许久,王鄢留饭,心敬辞归。

康熙十六年八月临近,陕西五府、十州、七十五县的廪生、增生和附生或徒步或骑行或坐着轿车,陆续抵达学道驻地——三原县城。

在一条蜿蜒曲折布满尘土的官道上,有一群学子负笈急行。他们是心敬、屏翰、德钊、晋卿、子亮、王生等一干赴试生员。一路之上,诸生个个意气风发,在阵阵的嬉闹中不时来一个咏诗接龙或制艺填词读句,晋卿的诙谐机巧对句,逗得众生一片笑声,一时间脚下也轻松了许多。

　　赤日如火,诸生在汗流浃背、嗓子冒烟之时,忽见前面不远处,一架水车立在一棵大槐树的茂荫之下。众生欢笑着奔了过去,走到近前见一头健骡,奋力地绕着水车转圈圈,巨大的轮状水车缓缓转动着,清冽的井水从水斗泻下,欢快地顺着导水槽奔流而去。一干人急急从背囊中取出干馍、锅盔,就着甘甜的井水,解了饥渴。

　　此时习习凉风拂过,众人果腹已毕,或依或坐,享受着乏途中难得的舒坦。屏翰搬来一大圆石坐上,赤脚塞入凉水之中,目光顺着水流,凝视着眼前一大片受水的蓼蓝,若有所思。众怪之,遂问所想,屏翰敛容回望众人,徐徐开言道:"上次岁试,题目为'子不语怪力乱神',此次不知又是怎样的章程?"一句话像给各人心里猛地撂下一块沉甸甸的大石头,诸生顿时一片寂然。子亮沉思半晌,接口道:"屏翰所虑不差。若逢个贤良考官,题出得中规中矩还倒罢了,若遇上个乖张怪谬之辈,只从书经冷僻处横一杠子,尽可扫倒千百生员,如此落局岂不悲哉?闻说这位学政大人名讳叫什么甲昏,是个满族人,其父在当初扬州十日那个豫亲王手下当一名参将。坊间传言,这位大人对汉族士子很不待见,其间多有睥睨之色。此次岁试为吾等一劫数,也未可知。"说罢不胜恓惶。

　　晋卿见状,劈头一句:"他有他的张良计,咱有咱的过墙梯。兵来将挡,水来土掩,大不了就当逛了一回三原城,怕他个毛!"一句话逗得众人笑声一片。一向忠厚稳重的王生闻言感叹道:"自启蒙就学,经多年寒窗,一路闯过县试、府试和院试,好不容易熬了个生员名分,接着又是岁试、科试,纵然一时侥幸通过,可在秋闱之际前去乡试,其卓异者方能考中举人,接着又是几场会试及殿试,一道道关隘不知挡下了多少学子。为此劳拙一生,能功成名就者终是凤毛麟角。吾辈之中,依为兄看来,除心敬君尚属胜券在握外,其余皆在两可之间。此次能否入围,全凭各人造化了。"说罢低吟道:"独木桥上过千军,桥后踽踽有几人?拧身回眸激流处,累累浮尸瞪空尘!"吟罢竟满口苦涩。王生一番悲叹不禁触到众人心头痛处,引来一片悲凉唏嘘之声。

　　心敬见众人心绪低落,不由依树慷慨而言:"吾等皆寒门出身,学途殊为不易,此次前往定要顺利过关,方不负平日苦读与家人悬望。据为弟观之,众兄弟均非庸常之辈,学业更不在心敬之下,正可借此进阶大展宏图,以待来日为君分忧,为民解愁方慰平生抱负。以愚弟此时心境,恨不能即刻入闱,与诸兄一起共赴'杀场',待吾等凯旋,众兄弟再欢聚庆贺一番!"

　　一番豪语撩得众人雄心复燃,随即纷纷离开树荫重新踏上征程。

　　一路之上,艳阳高照,凉风习习,众学子意气昂扬。博学的屏翰还边走边拉起了科考的逸闻趣事:"前朝永乐年间,各地考生到省城参加乡试,路遇一老乞婆,提着一只破篮,伸出黢黑的瘦手,向身旁经过的考生讨些饭钱。众考生要么侧身避过,要么嘲弄戏笑,要么厉颜怒斥,要么轻蔑地吐口唾沫。唯独有一考生心中不忍,从怀中掏出几枚铜钱庄重地置于乞婆手中,口中道:'路途遥远,花费难料;考毕归来,余钱全舍。'冒着众人的讪笑,一路奔赴省城。

"可巧就在入闱前的夜里,这个书生梦见老乞婆原为一神仙,说她路见学子辛苦,打算赐福给一书生,遂化作乞婆以待有缘之人。岂料人人将她当作了瘟神,避之唯恐不及,'只有你心怀善意,赐钱与本仙。今教你高中妙方——考场之上务必在卷上只书自己的名号,然后将白卷上交。切记,切记!'说完在其额头重重点了一下。书生悚然梦醒,其时只觉得此梦荒诞离奇,但既是梦,遂不以为意。

"第二日在考棚中,该书生每欲下笔,便有一语在耳旁轻嘱:'卷无字,榜有名!'于是考生在惊诧无奈之下,三场都遵嘱交了白卷。后果不其然,黄榜之上,赫赫然有其大名。究其来由,原是阅卷官一时技痒难耐,正抓耳挠腮之际,恰好一份白卷出现在眼前,便迫不及待在其上恣意挥洒,倒弄出一篇好文章。如此这般,场场快活一番。写罢,阅卷官还摇头晃脑地吟咏一番,又装腔作势自言自语道:'是哪位考生写出此等好文章,真乃天下奇才也。这考生的命真好,遇到我这位慧眼识珠的考官,不选他真是愧对朝廷了。'结果当然可想而知了。"

众人听罢,不禁哄然大笑。晋卿忽作郑重状,用手止住众人:"诸位暂且缓行,让我老王先走一步。若前边坐个老乞婆,我可先下手给塞上两吊铜子。此次岁试,尽可高枕无忧了。"众生纷纷赞同道:"我等押后,将这一桩善事美差尽留于你!"

笑毕,晋卿接着话茬又开了口:"你可甭说,我也曾听过一段古经。早先有一书生在考场作文时,忽然见一只小蚂蚁伏在一个字上,考生拨开,未几又爬于原处,书生甚觉奇怪,再拨开并详阅该字,竟发觉这一字在蚂蚁伏处少了一点。粗心的考生大骇,急忙将其补上。考完回到家中,将这一奇景告知老父,其父一细想恍然大悟。原来他一次外出贩米,看见路旁草丛中两窝蚂蚁为争一只死蝇而'两国'开战,整个蚁群黑压压正在相互撕咬。路旁、草丛中遗尸累累,看得人惊心动魄。其父于心不忍,撒下一把小米,两窝蚂蚁居然不再鏖战,各自将一粒粒米搬回窝中。一场蚂蚁大战终因其父的悯生善举而消弭。善有善报,父亲坚信那只伏在字上的蚂蚁是来报恩的,书生也因补上了那一点而高中皇榜。无独有偶,有一考生在凝神思考时,却有几只蚂蚁爬上其腿一阵乱钻乱咬,心神不安的考生这里挠挠,那里抠抠,一刻都不得安生,终因不堪其扰,顾不上答卷而名落孙山。

回家气恼地将这一状况告知其父,其父心惊,遂想起两天前他无意中将一锅滚汤泼向院落的一处草丛,不承想草窝里正进进出出着一群蚂蚁……"

　　正说间,一声痛叫打断了晋卿的龙门阵。抬眼一望,只见德钊愁眉苦脸坐在地上直揉脚。众人急问何事,德钊指着路边匆匆跑过的一只大蚂蚁:"正将蚂蚁的神威听得过瘾,一瞅地下,抬脚刚好要踩上这货,急忙收脚,不承想身子一歪,把人弄倒了,你看看,连脚也崴了。"众生大笑,急忙帮着揉脚,晋卿蹲在德钊身旁一边揉一边取笑道:"这下你不发愁考试缺笔少点了,那个大蚂蚁足足可以补上你的一大撇。"气得德钊捏起身旁的这只蚂蚁狠狠塞到晋卿的脖子里:"让这蚂蚁在考场上咬死你,让你不得托生!"一时间又笑得众人不得落马。笑罢,才七手八脚扶起德钊,足足搀走了好一截路,他才觉得自如了。

　　傍晚时分,这几位负笈学子才拖着疲乏的脚步进了三原城。拐入一条青砖铺就的宽阔大街,两旁的客栈、店铺、酒肆、茶楼鳞次栉比,灯火通明。虽然天已麻黑,街上仍人流如织,其中有许多来自全省各地赴考的书生夹杂其中:三三两两、七七八八,或勾肩搭背呼朋唤友;或左顾右盼彳亍独行。大街上摆满了小吃摊,有甑糕、馄饨、油糕、油茶、包子、水饺、蒸馍、面皮;有炒凉粉、炸油条、肉馅饼、胡辣汤、豆腐脑、油泼面、葫芦头、炸酱面;有水盆羊肉、水煎包子、粉汤羊血、荞面饸饹、葱花油饼、油炸元宵、蜂蜜凉粽、牛肉泡馍……不啻一场中国北方的美食博览会。一时间叫卖声此起彼伏:"月月娃爱吃咸阳的琥珀糖,大人偷着尝一尝!""鄠县大肉辣子疙瘩肉肥汤又汪,三天不吃想得慌!""汉中梆梆面,香得满头汗!""乾州大锅盔,看得流哈水!""潼关肉夹馍,樵夫见了把柴撂!""兰州拉条子,筋细光,油辣香,吃了莫要打婆娘!"……更有一个小伙,系着一条雪白的围腰,站在一大群看热闹的人流中,口若悬河溜出了一段小快板:"三原特产蓼花糖,方圆百里美名扬;二十四道工序成,雪白糯米做内瓤;焦黄芝麻满天星,咬上一口酥脆香;八仙看了八仙抢,佛爷闻了佛跳墙;宫廷御宴做糕点,康熙爷吃了还想尝!……"

　　一时间,招徕食客的吆喝声、案板上的剁肉声、吱啦吱啦的炒菜声、咔嗒咔嗒的风箱声和人流中熙熙攘攘的喧闹声混成一片;空气中弥漫着一股股诱人的香味,引得食客馋虫蠢动,食欲大开。

　　心敬等人饥肠辘辘之下,面对这些琳琅满目的美食,一时间竟没了主意。正在犹豫间,对面一位身着雪白围腰的伙计眉开眼笑,扬手招呼着:"不吃俺家疙瘩面,枉到三原来一转。几位兄弟,看样是前来岁试的秀才,何不到敝店吃饭歇息?"诸生抬头一望,"悦来客栈"几个黑底金字被廊檐下两个大红灯笼照得熠熠生辉。伙计一边拱手作礼让状,一

第十二回　横督学横眉辱士子　怒生员怒目掷束愤

边还做着招商广告:"敝店虽有些简陋,却甚是干爽清静,不瞒几位小哥,往年住过的赴考才俊无不夸赞。说句拧嘴的狂话,凡住在敝店的书生无不高中,这点怪处虽不知就里,却是可以自夸哩。"说完一边招呼心敬他们坐下,一边拂桌、抹椅、端茶、递净手水盆,忙得不亦乐乎。诸生们环视四周:方砖墁地,清水淋洒;七八张八仙桌铿光瓦亮,一尘不染;粉白的墙上挂着几幅古人诗词,竟也有过往书生所题夸赞店堂的诗句罗列其中;透过后面的窗棂,一溜簇新洁净的厦房映于眼帘。

一阵穿堂风适时呼呼吹过,众人立时感到一阵说不出的惬意畅快。

不一时,小伙计端来一摞小碗,用勺将盆内冒着腾腾热气的黄亮鲜汤盛入碗中,随着旋转的葱末,一股喷香直冲鼻翼。众人迫不及待一饮而尽,只觉得一股暖流顺喉滑落,口齿溢满清香。"咋样,这碗'渴汤'味儿不错吧?"众人交口称赞。伙计随后回身给每人端上一盏盛着面条的青花瓷小碟,细看之下,只见那油拌面呈龙须般细丝,由碟底盘旋而上堆成一坨,其状既像含苞欲放之蓓蕾,又似盘卧青石的锦龙,不禁看得众人目瞪口呆啧啧称奇。正在众人观赏时,伙计用筷子挑起坨子轻轻一抖,放入酸汤面碗中,在酸汤内来回涮儿下,再放回一调料碗中,然后从一只小盆内浇上热臊子,再抖上一小勺油泼辣子,一时间满座溢香。心敬等人第一次见识这桩颇具特色的三原小吃,待众人慢慢挑起这薄如蝉翼、细如蚕丝的面条,置于口中细嚼品尝时,只觉得格外筋道柔韧,回味无穷,引得众人赞不绝口。

食兴正浓时,用屏风围成的相邻隔间一阵高谈阔论引起了晋卿他们的注意。仔细听来,原来是一群考生在议论此次岁试的题目:"……诸位贤弟已参讨多时,在愚兄看来,无非是白费心力。想那四书五经、子曰、颜说、孟云、朱论,浩如烟海,考官随意摘录一句即成题目,你能猜中考题?还是凭本事听天由命的好。"其中一位却语中带着不屑:"仁兄所见不谬,然《论语》中有一句妙言,我料定考官打死也不敢出此题目。"众皆诧异,纷纷猜测,一时语如炒豆嘣嘣乱飞,只听得该生一连串的"否、否、否、否……"最后众人语歇,只等他的谜底。那人卖弄摆谱半响,方才口吐一句:"子曰:'夷狄之有君,不如诸夏之亡也。'"众人初听一愣,随之哗然大笑:"是也,是也!"又一声劝道:"兄弟不可造次,岂不闻'隔墙有耳'乎?"另一声插嘴道:"此等寻常小店,难道还坐着一个官府耳目不成?刚才学兄说得极是。想我泱泱中华典籍汗牛充栋,纵使满人暂居庙堂,彼等又有甚拿得出手的经史诗辞、宏文巨篇堪称传世之作?就拿开科取士来说,还不是邯郸学步,不仅规制循例隋唐宋明,就连题目也不出于子曰孟云。此沐猴而冠的蛮夷之族,即使再开化五百载,能否与我大汉比肩犹未可知,况乎今日?"话毕,席间一声急掩茬道:"贤弟喝高了。当今圣

 穷庐残月

上乃贤明之君,吾等还是思虑岁试过关,以图来日报效朝廷才是。哦,今日来时愚兄尝了三原特产泡油糕,甚是有味,不知还有哪位享过此口福?"一时间言语纷纷,话题又转到三原小吃上面去了。

晋卿等人听得正上心时,老成的王生起身道:"祸从口出。此几人一番言论还是少听才是。诸位既已食毕,还是早安歇为好。"众人纷纷打着饱嗝离席,穿过隔间甬道走向后院客房之中歇息不提。

俗话说:言者无心,听者有意。正当刚才屏风里书生肆意胡言乱语之时,厅堂角落坐着一位四十余岁的食客。此人虽着青布衣衫,一身儒生打扮,眉宇之间却隐隐有股不怒自威的倨傲之气。他一会儿用手指拈起一粒蚕豆丢入口中,随后"咕吱"一声抿一口山西汾酒;一会儿又拊髯闭目静坐如禅僧入定。身旁隔间的议论喧哗不时传入耳中,听着听着此人渐渐面露潮红,嘴角间撇出一阵微微冷笑。他端起酒对口猛灌一气,然后起身阴沉地盯了一眼不知天高地厚的隔间众人,背着手扬长而去。

清初的三原县为闻名富庶之地,古称"甲邑",亦称"池阳",因境内有孟侯原、丰原、白鹿原而得名。汉唐以来,与鄠县、长安等同为京畿之地,因而博得"衣食京师,亿万之口"的美誉,堪称物阜民丰、集市繁茂、道路通达的关中大县。

纷至沓来的生员们或在客店或在酒肆落脚歇息。其后各日,这些应考的学子有的在客店里仍埋头苦读,唯恐还有疏失;有的胸有成竹,即在闹市僻巷中转悠,以领略体味三原的风物人情。不过无论闲忙,学子们都要到文庙拜谒一番,一则祈祷孔圣保佑考出佳绩,二则是前去考查那几日自己将要度过人生关节点的场所。

三原县文庙,位于一条鞭式的城东中部,于雄伟壮观的木牌楼后,耸立着一溜九开间的大殿。殿内正中大台基上端坐着孔子塑像,高达丈余,庄严慈祥。他的得意门生即所谓的孔门十哲:颜回、闵损、冉耕、冉雍、冉求、端木赐、仲由、言偃、卜商、宰予,皆环伺其旁。

相传孔子一生周游列国,设馆授徒无数,号称三千弟子,其中七十二人学有专长,功业卓著。他们的群像亦散居于大殿四周,有的执卷精研,有的厉颜激辩,有的低头悟道,有的昂首讲演;更有一人仰望晴空,手掩耳旁,嘴角鼓动,似与其头顶的生灵相互交流。他,就是相传能通鸟兽语的公冶长。座上百子们的形象个个栩栩如生,激情四溢,生员们置身其中,目睹这一古代学术群体的勃勃生机,感悟着其穿越数千载历史长河的恒久影响力。

第十二回　横督学横眉辱士子　怒生员怒目掷束帻

殿内一尊大铜炉内供香簇立,烟雾缭绕。一拨拨学子和读书人进进出出,络绎不绝。

在文庙廊殿后面围墙处,有一偏门通向几排由甬道相隔的一长溜房舍,它们分隔成许多长宽数尺的鸽笼式小间。这儿就是全省学子们岁试的场所,名曰"考棚"或称"试院"。室内置有一桌一凳,别无他物。应考生员们将要手持内盛文具与食盒的考篮只身入内,经受一次从早到晚一连几日炼狱般的笔考磨难。

大街之上,南来北往赶集的庄户、赶考的秀才与观景的游客熙熙攘攘,推推搡搡,煞是热闹纷乱。心敬等人拜完孔圣又随着人流且走且看,不一时竟转到三原胜景之一的城隍庙。众人举首观望,一座雄伟的宫殿式门楼矗立眼前,粗硕的红漆木柱上一副泥金楹联熠熠生辉:"泪酸血咸手辣口甜,莫道足下七步无苦海;金黄银白眼红心黑,须知头上三尺有青天。"

晋卿不由脱口大赞:"好辞藻!此楹联构思奇巧,字句工整对仗不说,其语锋之犀利,直刺得吾曹良心滴血;只觉得头顶一双神目炯炯在视,不由悚然战栗。良善之辈尚且如此心惊,邪恶之徒岂不肝胆俱裂!""也是。"一旁的子亮点头感叹,"此联真不愧一阕警世箴言,而且上联取味——酸咸辣甜苦,下联取色——黄白红黑青,真乃一首对仗神妙又发人深省的旷世绝联。"众人纷纷深表赞同。

众人依次进入庙内,眼前一座座飞檐挑脊,斗拱琉璃,金辉兽首,彩焕螭头的宫殿式亭台楼阁,殿廊庑坊按中轴排布,极尽雄伟壮观。

迈入一座大殿,只觉宽广幽深。其内基座上端坐着一位高达丈余的神塑,隆鼻深目,浓眉阔颊;身披战袍,右手按着宝剑,左手轻拈长髯,神态雍容,不怒自威。众人探身细观座上铭文,方知此城隍庙内供奉的是唐时名将李靖。李靖乃三原人氏,初唐著名军事家,曾册入凌烟阁被太宗封为卫国公。后人评价其为"先扫群雄后平四夷,古今取法文武兼资"。其在民间甚受尊崇,竟至在《封神演义》和《西游记》中被演绎为玉帝殿前的托塔天王。

七八尺高的香炉中,所积香灰达一尺有余,明烛闪烁、香烟缭绕之下,神殿内显得格外庄严肃穆。

三原人将其奉为城隍,祈李靖公在天堂公事之余,拨冗关照一下自己的故乡,当是顺理成章的小事一桩。

众人迈入第二殿,竟是鬼气森森的阎罗殿。阎王爷座前有牛头马面等鬼役肃立,有一人跪伏于地,一狱吏手持生死牍向阎王禀告此人生前的善举恶行,阎王手指此人,仿佛厉声呵斥着什么。一幅栩栩如生的地狱审判图,让众人看得心里直发毛。几个书生站立于此,不由暗地对自己平生所为进行了一番心灵审考。

环行四周,十八层地狱的施刑受难泥塑更让诸生看得肝胆俱裂:有拔舌、剜眼、铁树、蘖镜、蒸笼、铜柱、刀山、冰门、油锅、刀锯、火山、石磨、舂臼、牛坑、血池、碟刑、石压、枉死等各层地狱。极尽人间最恐怖邪恶的构思,想必从殷纣王及周兴来俊臣处获得过诸多灵感。诸生寂然无语,目睹着一幅幅鬼卒强拉硬拽、塞入刑具,受难者惨呼悲号,抵死挣扎的骇人景象,一时间在幽暗的殿宇中竟觉身边鬼影幢幢,阴风惨惨,一阵毛骨悚然,一个个不由打着寒噤,拔腿逃出这噩梦般的凶境。

灿烂的阳光下,人人揩着额头冷汗。王生叹道:"人死后若真如此境,那在世拼命苦读以图闯过层层考关,日后纵然博得个高官厚禄,却再沉溺于纸醉金迷之中,无非多一层罪孽,还不如现时遁入空门,身后安居于极乐世界,岂不了当得多。"子亮却大不以为然,摇头回嘴道:"刚才那番景象无非是在教化世人多为善举,勿作恶行。人死如灯灭,唯有名声留世间。吾等此时应考是为来日做一个青史留名的好官。匡扶正义,根除邪恶,为民造福乃是本分,亦可为己积下一份阴骘。唯愿来日在吾治下,坠入地狱者寥寥,而升入天堂者济济,岂不快哉!"众人齐声喝彩,此时郁积在诸生心头的阴霾才散去了。

第三殿,殿中供奉着元人郭居敬的塑像。大殿四周粉白的墙壁上彩绘着自春秋以降历代以孝闻名的二十四个贤人的事迹,俗称"二十四孝图"。众士子一边浏览,一边品评。晋卿摇着折扇开言道:"古人云'孝为百善首',乃至理明言。禽兽尚知反哺之义、跪乳之恩,况乎人哉?历代所汇二十四孝于当时均为感天动地之举。然各人所为却也都各有千秋,比如扼虎救父——杨香在父遭恶虎扑食之际,奋不顾身扼虎脖颈,使之气竭而逃,此等冒死救父的作为堪称壮举。董永在穷困之时卖身葬父,用他日苦役换回一副棺木,使其父九泉之下有一安息之处,可视作哀举。可这王祥卧冰,为满足老父一时奢念,竟在严冬裸卧冰面以图化冰求鲤,姑且不言凛寒之下,冰未化开人已冻僵,权作化开,鲤鱼岂能被感化而跃出冰面自动献身?依常人思绪,父有此欲,则可凿冰垂钓,轻易可得数鲤,故而言之,王祥卧冰实为愚昧之极的蠢举。"屏翰却微笑接口道:"老弟你实在小视了王祥,试想如若凿冰垂钓,此等闲之举有何惊天动地之处?又如何能博得青史留名?王祥不蠢,此实乃令人不齿的沽名钓誉之举。"晋卿回眸摇扇赞曰:"此见识比愚弟棋高一着。"屏翰随口又道:"像'孝感天下'及'芦衣顺母'可称为贤举;再如'扇枕温衾''亲尝汤药''百里负米''怀橘遗亲'等我朝此类行止者多矣,堪称实举;而'啮指疼心''哭竹生笋''涌泉跃鲤'已属灵异传说,寻常孝子实难有此好运,此属异想天开之举;至于'恣蚊饱血'实为孩童失智之举。最不可忍者,为'埋儿奉母'。郭巨为养母而埋儿,以致绝后,此实乃

第十二回　横督学横眉辱士子　怒生员怒目掷束帧

泯灭人性之举。古语云：'不孝有三，无后为大。'似这等最不孝之人居然置身二十四孝，岂非咄咄怪事？"

走出城隍庙，众士子又随着人流游历了一番李靖故居、古龙桥、文峰木塔与四座帝王陵寝，一路观赏古迹，指点江山，将来日的临考烦恼全抛于脑后。

天色渐渐暗了下来，诸生游走一天虽身困体乏，却仍兴致盎然，以至回到住处，还在议论着今日三原游的感受与收获。

已是子初时分，喧闹一天的三原大街上人声渐寂。夜市的店铺伙计累得东倒西歪，不住地打着哈欠关门打烊。

在县城的一条通衢大道上，一座壮伟的府第雄踞其间。厚实的泡钉红漆大门上方，高悬着"陕西提学署"的泥金黑匾。两只红绸缠裹的大灯笼，照得墀上阶下一片通红，连两旁张牙舞爪的石狮子的一双眼睛也被染成如血赤色。几个兵卒昂首挺立，目不斜视地守卫着双扉紧闭的大门。

提学府后花园。皓月当空，花园中的竹林、假山、观月亭、赏梅阁，都影影绰绰地藏在一片银色的辉光之中。

近旁一方小池水色清澈，片片浮萍散布其中；几株荷花在碧叶映衬下分外妖娆，散发出淡淡的幽香；池中有锦鳞数十，其相互追逐觅食，激起水面阵阵涟漪。

一片静谧之中，从池旁一处紧闭的厅堂内隐隐传出一阵轻柔的丝竹之声。

进得门来，五间一溜大青方砖墁地，平整如镜。临窗处一落地大自鸣钟傲然兀立，座内鎏金摆锤左右摇荡，玩味着转瞬即逝的时光。各色虬枝花架、盆景、根雕散落在大厅四周，显得格外古朴而风雅。

门的左侧，在一排精巧镂刻的红檀木座椅前的案几上，一碟碟水灵灵的时令水果摆得满满当当。座椅正中，坐着学政大人甲昏。他看上去有四十余岁，一件石青府绸罩住微凸的肚腩，保养得极好的面容红光四溢，一条油光水滑的青辫随意地甩在身后，显得很是富态潇洒。此时，他正沉浸在轻曼的舞曲之中。肥硕的双指，合着演奏的节律轻轻敲击着身前的几面。两旁的陪客不是地方长官，就是亲近的下属，还有几个"慕名"而来的乡绅巨贾。这些人个个心怀鬼胎，却不得不一面装作满怀兴致地欣赏着歌伎们的演出，一面偷窥着大人的脸色，并时时准备向大人随声附和。

此时大厅中间，一绝色江南女子怀抱琵琶坐于圆凳之上，双眉颦蹙，正在唱一曲《骤雨打新荷》："绿叶阴浓，遍池亭水阁，偏趁凉多。海榴初绽，朵朵簇红罗。乳燕雏莺弄语，

 穷庐残月

有高柳鸣蝉相和,骤雨过,珍珠乱撒,打遍新荷。人生百年有几,念良辰美景,休放虚过。穷通前定,何用苦张罗。命友邀宾玩赏,对芳樽浅酌低歌。且酩酊,任他两轮日月,来往如梭。"

一时间,琵琶调如珠落玉盘,歌女声似雏燕呢喃,博得众看客一片叫好声:"浅吟低歌,意境缠绵。妙极,妙极!"

未几,女声又起:"自别后遥山隐隐,更堪那远水粼粼。见杨柳飞绵滚滚,对桃花醉脸醺醺。透内阁香风阵阵,掩重门暮雨纷纷。怕黄昏忽地又黄昏,不销魂怎地不销魂?新啼痕压旧啼痕,断肠人忆断肠人!……"一曲未了,大人摇头:"此曲虽好,却太过颓丧,莫坏了吾等兴致,另换一曲,另换一曲。"诸人皆随声附和。女子低首不语,众人的责难勾起了她的伤心往事——出身佃户之家,自小衣食无着。稍长成,其父为养家糊口,将她托于乐坊,幸赖其天资聪颖,弄得诸般器乐及诗词曲赋无所不精,加之出息得皓齿明目,顾盼之间虽无造作却别有一番韵致,常惹来达官贵人、无良富少的浪语淫词甚或动手动脚,却只能忍气吞声,将一肚子委屈埋在心底。昨日乐班老板娘竟不顾自己意愿,强行逼她卖身于一富商,自己以命相搏方才避过那一劫,今日回想起来,仍旧凄切不已。在哀叹今生命苦、彷徨他日归宿的伤感之下,她不由自主操起琵琶,轻舒玉腕,弹起了一首仿佛为她量身制作的《仙吕·解三酲》:"奴本是明珠擎掌,怎生的流落平康。对人前乔做作娇模样,背地里泪千行。三春南国怜飘荡,一事东风没主张,添悲怆。那里有珍珠十斛,来赎云娘!"

歌女唱得如诉如泣,哀恸欲绝,一时间弄得在座各位心里都沉甸甸的。更引起了一位西安富商的担心——儿子自小勤奋读书,可囿于智才平平,到了岁试一关,却总未能如愿以偿,他多方打听,得知如今这位新提学是个"善解人意,可通融"的好官,于是学乖的富商寻情钻眼,通过门路好不容易才攀上了这次学政大人的私下堂会。他一见学政大人脸已变色,即将发作,生怕坏了自己的大事,急忙离座起身劝止道:"姑娘,看来你是一位苦命人儿。你这番唱词固然动情,却是唱错了地方,你这一来弄得众人心里好不是滋味,也坏了学台大人的兴致。老夫劝你改唱一曲艳词俚调,给在座诸位乐和一番,也好让大人打赏与你,你看可好?"

这位富商的贴心劝说提醒了姑娘,机灵的她立时警悟到刚才的溺情失态,遂强颜为笑道:"令诸位大人败兴,实属奴妾之过。今换一首俚曲为大人们解颐,亦赎奴身罪愆。"琵琶声又起,如雨打芭蕉,曲调顿时变得狎昵轻佻,继而转为靡靡之音:"成就了今宵欢爱,魂飞在九霄云外。投至得见你多情小奶奶,憔悴形骸,瘦似麻秸。今夜合谐,犹自疑

第十二回　横督学横眉辱士子　怒生员怒目掷束修

猜,多丰韵,忒稔色。乍时相见教人害,霎时不见教人怪,此儿得见教人爱。今宵同会碧纱橱,何时重解香罗带?……"

正唱间,只见一随从匆匆推门而入,对学政大人附耳轻语:"京城明大人差人前来。"甲昏一听急离座独去,众人等见学政有事,即纷纷告辞,一时间曲终人散。

甲昏回到书房,接过书简细拆详观,内云:"甲昏贤契,见书如晤。如今朝中政事繁冗,席不暇暖,然仍有诸亲友以些微琐事纷至沓来,令人不胜烦心。今闻你处岁试将至,望贤契将书中开列诸子予以关照,以解吾闷。俟日后进京定当面谢,并借此暇机代向令尊致意。"寥寥数语,其意尽寓其中。甲昏大喜过望:堂堂机揆重臣竟有求于他,若将此事稳稳办妥,无异于搭上天梯,日后加官晋爵岂不易如反掌?他略一沉吟,写过回书即命唤过来人,殷勤询问明相近况并郑重叮嘱:"请将此书亲交大人,并望告知,下官谨遵大人嘱托,定当不负钧谕。"随手将百两银票塞入来人袋中并嘱下人好生款待信使不提。

甲昏这才慢慢踱回到刚才的乐场,他逐一掀起来客的坐垫,只见其下俱赫然躺着银票一张,其巨者数千,微者上百,且各附小纸一张,内书所托关节人之姓名及考卷隐征。他得意地暗笑一声:难怪朝中为一省看似清水的学政之位挤破了头,如今方晓有此偌大油水。如此看来,自己给明相贡奉的五千两炭敬没有白花。他略微清点一下,足足有万两之巨。

心满意足之下,他一摇一摆迈着方步又踅回了自己的书房,摸索着将银票藏于书橱的暗格之中。此时月色如洗,万籁俱寂,窗外飘来月季淡淡的清香,室内留下花枝斑驳的倩影。甲昏惬意地斜躺在书桌前的座椅上,用火捻子点燃一锅水烟,伴着呼噜呼噜的响声狠狠吸了一大口,憋了一阵,然后从鼻中慢慢吐出。不一会儿,整个人都隐没在了那令人心旷神怡的芬芳烟雾之中。

沉沉的夜色,浓浓的烟雾,加之大叠银票带来的美妙快感,使学政大人不由自主地沉湎到了陈年往事之中:他,甲昏,一个出自满族瓜尔佳氏支系的贵族青年。由于秉承着先辈开疆拓土的进取锐气,加上天赋及好学,他很快从同门子弟中脱颖而出,一路顺风顺水,从秀才、举人至进士,从此步入仕途。从翰林院检讨几年工夫便擢升为侍讲学士。

优裕的生活使甲昏很快发福起来,四十余岁的年纪竟一改昔日由于体弱多病导致的瘦骨嶙峋,变为大腹便便。然而饱食终日的翰林院毕竟是个清水衙门,外官每到冬夏季节送来的炭敬、冰敬也犹如杯水车薪,止不住自己对青蚨的饥渴。几经思忖,通过路子攀上权臣明珠,用一幅价值五千纹银的黄公望《快雪时晴图》换得一顶学政乌纱帽,可谓一举两得,名利双收。

思绪如狂奔的野马收不住笼头，他又想起了自己的父亲。父亲曾是多铎手下的一名参将，跟着这位血染的红顶子将军从山海关一直杀到了扬州。小时候，父亲曾给他讲述过两则征讨事例，至今他仍铭刻于心：一次五十余清兵与千余明军隔河对峙叫骂，其父随即命士卒当场凌辱劫来的汉女，事毕操刀直扑河中。对岸明军正看得目瞪口呆时，见清军又扑将过来，吓得扭头就跑，一阵人踩马踏，丢下百具尸体及伤残，便逃得不见了踪影。游过河的清军似砍瓜切菜将岸边呻吟惨叫的伤兵收拾得干干净净。另一次父亲南下到了扬州，史可法督守孤城，尽管周遭明军有数十万之众，却无一卒接应。城破之后，清军屠城十日。其父与一卒搜到匿众数十，喝令其互相绑缚串连，众人竟乖乖听话，自行束结成队。由其父押前，另卒镇后，赶至杀场，一人一刀尽戮于地。其众神情木然呆痴，未有一人反抗逃脱，都如羔羊般温顺地走向了死亡。此情此景，比那惨烈的厮杀场面更使其父震惊与鄙夷。他很难想象，那个曾经产生过孔丘、李聃、孙武、白起、诸葛亮、秦皇汉武乃至苏秦、张仪、专诸、荆轲的赫赫民族，何以沦落至圈豕一般任人宰割。

　　父亲的言传身教，使小时的甲昏从骨子里蔑视这个从精神上解除武装的民族。尽管皇上一再颁布安抚汉族士子工商的诏书诰命，甲昏这个自视为草原上空一只翱翔着睥睨一切的雄鹰的人，却暗地里腹诽，难以从命。在他看来，鞭子是这个堕落民族的圣物，谁会耐烦与一只羸弱的羔羊讲什么礼义怀柔？

　　一想到明日即将开始的岁试，甲昏琢磨着如何完成明相交付的差事，思绪却不由转到昨夜那次悦来客栈的微服之行。他本来想乘兴暗巡一下岁试前生员们的备考状况及私下议论，谁知却吃了一肚子闷气。这帮不知深浅的浑球们口无遮拦的狂语，深深刺痛了他那颗满族贵胄高傲的心。甲昏咬牙低首，思忖着如何借岁试这个难得之机，好好将这些汉族士子收拾消遣一番，以泄胸中恶气。正当苦苦思索时，一丝灵感蓦地涌上心头，他不禁为自己的高招暗自得意，想象着明天众生员入其圈套，弄得灰头土脸的狼狈样时，不由开心地哈哈大笑起来。

　　谋划已定，甲昏起身锁上书房，哼着小曲拐入寝室，搂着夫人，一头扎入了温柔乡中。

　　若论起大清科举制度对于治国精英的选拔，其体系之完善、制度之周全、措施之严密、经验之成熟，堪称唐宋以来各朝之集大成者，环顾世界各国皆难望其项背。

　　其考试管理之严密，从以下规制中可见一斑：临考前，考生须向本县衙署的礼房报名，填写父母、祖父母、曾祖父母的存、殁、已仕、未仕之履历，且同考者五人结保，保其身家清白，不属于优（戏子）、娼（窑子）、隶（奴仆）、皂（差人）之子孙，及无冒籍、匿丧、顶替、

第十二回　横督学横眉辱士子　怒生员怒目掷来帧

假名者,如有隐匿包庇之情节,五人连坐;考生入场只许携带内装笔墨食物的考篮;为防夹带作弊,每位考生需解发、袒衣、脱鞋、去袜,以利考官仔细检查搜身。合乎以上规制的考生,方才准入考场,进行人生历程中的仕途搏杀;入场后,试院立即封门禁止出入。试子答卷时,有兵丁在考场甬道间来回巡查,移席、换卷、丢纸、高谈等情节一经发现,即行上报,由学政亲自查处;待考毕,受卷官为各人试卷密封糊名,然后交考生一张出门牌作为试院大门放行的证件。至此,一场组织严密的考试过程方告结束。

闲话少叙。且说岁试当日一大早,全省生员便从住处赶到了试院。试院正门为五开间三启门,硬山顶、青砖灰土,开砖填斗的马头墙。大门左扉镌有浮雕"魁星踢斗图",寓意文魁降临;右扉为一大蝎高举双钳,傲踞于巨龟颅顶,寓意"独(毒)占鳌头"。大门两旁,数位兵卒手持长矛昂首挺立,一伙书吏手捧公文进进出出。

进得门来,两具鬼形木偶立于道旁。左边鬼偶眉目祥和,手执一大大的"恩"字;右边鬼偶面目狰狞,手持一大大的"仇"字;其后空场上呼啦啦飘动着高耸的红、黑、蓝三色彩旗——红旗寓意遍邀天下各路神灵在此主持公道,维持法纪;蓝旗是将各位考生的祖先灵魂召集在此,佑护自己子孙;黑旗是呼唤有仇冤魂前来报仇以示天理昭昭。整个试院,弥漫在一片庄严而又肃穆的气氛之中。

考棚前的广场上,数百名前来应考的生员聚集在一起,等候着学政大人的训示及考前查验。他们各自手提考篮,相互挤在一起,发出嗡嗡的低语声。有的闭目静养,有的喃喃背诵着平日的功课,有的环顾四周,交头接耳,向同伴传递着二人意会的眼神。心敬他们几人都心绪宁静,整暇以待。

移时,一声炮响,一大群士卒和官吏簇拥着一位四十余岁的高官从公房前行而来,只见学政大人身着五爪九蟒朝服,石青色孔雀补子嵌于胸前,一大串蜜蜡朝珠垂挂颈上来回摆动;在湖色绫罗凉帽之上,宝石顶珠发出幽幽蓝光,分外耀眼。

随着一阵橐橐的脚步声愈来愈近,一双方头黑缎朝靴缓缓走到众士子的面前,役卒搬来了一把太师椅,扶着学政大人落座。众人目光一下集中在了学政大人身上;肥硕的脑后,一条又黑又粗的辫子一直垂落臀下,威严的面容泛着青色,居高临下的目光,在士子们的脸上来回扫视着,其状如凶猫俯视着利爪下的鼯鼠。士子们在其冷峻目光扫过时纷纷低下头去,宛若尖利秋风下匍匐在地的一大片蒿草。

看到诸子的窘样,学政破颜一笑,缓缓启唇:"开科取士,乃我大清承袭前朝旧制,广揽中华人才之盛举。诸位生员为我陕西五府、十三州、七十五县之精英才俊。本提学使奉当今圣上谕旨,来陕执掌学务政令与岁、科诸试;巡视、督查师儒优劣,生员勤惰,奖其勤政笃学者,斥其不尽师教者已近一载。虽日日席不暇暖,却时时警惕自勉以不负皇恩。今日岁试,望诸位生员各逞奇能,以供朝廷来日遴选。然朝廷此举要拔擢的是真材实学之栋梁,而非舞弊蒙混之奸宄。近日风闻邻省岁试中所携夹带之奇诡已非常人所料,故尔等今朝岁试,搜检之举将甚严于旧时,望各生员审时自重,切勿有违法犯禁之举,以免本官为难。"

训示一毕,书吏开始唱名,诸士子个个惴惴不安,人人满怀狐疑,暗地揣摸着学台口中所谓"甚严于旧时"的搜检,到底是个什么章程。叫过名的五人一伙,提着各自的考篮挨个走到前面一排公房的一处小间之中。

不一时,只见前面几拨士子出来,统统面红耳赤却各有一番神态:有的狼狈不堪,有的怒容满面,有的羞赧郁闷,有的嬉皮笑脸。上前一问,众人纷纷摇头,不是怒语"辱没人、辱没人!"就是惭言"说不得、说不得!"弄得后面的丈二和尚摸不着头脑。

轮到心敬了,他慢慢跟在那批人的后面。刚到门外,见王生从里面踉跄奔出,他衣衫散乱,面色苍白,双目噙满了愤懑的泪水。心敬一把拉住,追问道:"好端端地进去,出来时却像见了鬼、丢了魂似的,到底是咋回事?"王生喘着粗气咬牙不语。问急了,才狠狠撂了句:"斯文扫地,亘古未有!"说完头也不回地走向已搜身过的沮丧人群。

越过王生悲愤的背影,心敬的目光落在了斜躺在太师椅上学政的倨傲身姿上,他一本正经的脸上微露着一股阴笑,仿佛一位高明的班头正在欣赏着他着意安排的一幕精彩剧情。心敬不由心里一沉。

进入搜检房,迎面而来的场景让心敬张大的嘴一时无法合拢,犹如被兜头泼了一桶冰水,浑身上下寒战打个不停——早进一步的几位生员,被役卒剥得像脱毛的公鸡般一丝不挂,浑无知觉地裸立一处任其肆意摆弄,还有阵阵不堪入耳的粗言浊语伴着阵阵浪笑充斥满屋。

屋子一角,书生们携带的考篮及脱下的衣服被乱七八糟堆在了一起,往年被仔细检视的物品,今日却被冷落在了一边。

血液伴随着满腔怒火直冲头顶,眼前这不堪入目的猥亵场景气得心敬浑身打战,指着这几个狗才大喝一声:"住手!尔等如此放肆张狂,还有没有王法?"群卒被这一声断喝吓了一大跳,愣了半响方才回过神来。一个小头目冷冷打量着这位不识好歹的愣头青:"你是谁?是岁试的生员吧?学台有令,这次岁试须严查作弊夹带,你在这儿咋呼个啥?还不过来接受搜检!"说罢把手一扬,立时三四个同伙扑将过来,按住心敬,一时三刻就手脚麻利地将他剥了个精光。

第十二回　横督学横眉辱士子　怒生员怒目掷来帧

这几个役卒上前正准备重温前面的戏码,抬头一看,立刻被心敬脸上透出的冷冷煞气噤住,他们不曾想到,自己以为手无缚鸡之力的文弱书生,眼中所射出的凛凛寒光竟如此瘆人。面对这座在沉默中即将爆发的火山,这帮浑才一个个推三阻四,谁也不敢再迈步向前轻薄造次。

目睹这一番戏剧性的变故,那几个如待宰羔羊般倍受凌辱的生员也顿时有了底气,逐渐靠拢在心敬身旁,一个个紧握双拳,眼中喷出怒火,逼视得那几个为非作歹的役卒不断畏缩后退。领头的一看情势不对,色厉内荏,狂吼着喝使他们继续逞强搜检,可仍旧没一人敢出头耍横。

心敬默默向上一指,对着这几个狐假虎威的役卒,从齿缝间挤出一句滴地成冰的话语:"头上神灵正看着你等这般造孽!"说完拾起扔在地上的衣衫,提上考篮,走出了搜检房。

那几个刚才还怪语百出、恣意妄为的役卒听见心敬这么一说,像霜打的秧子一样蔫立在原地,一个个扬首战栗,久久凝视着头顶那片充满神秘的虚空。

其余考生见状也如法炮制,一个个光着身子,抱着衣物,走出了这间令他们毕生难忘的耻辱之地。

看到几个赤身裸体的考生走出了搜检房,刚才还在对那些已查返回生员失魂落魄的神态大感诧异的考生群里,立刻有惊叫喧嚷声哄然而起,片刻之间,诸生个个低首用袖巾掩面,不忍多视一眼。

此时的心敬心如止水,他旁若无人,缓缓走向端坐在高椅之上、强作矜持的学政甲昏,躬身作弟子礼:"敢问学台大人,以如此下作手段羞辱朝廷生员,是遵奉当今圣上的哪一条御旨?"早已瞥见刚才一幕的甲昏不由心中一阵慌乱,闻听心敬此言,他强自镇定着拧过身来,冷冷打量着这个大胆狂颜的青年学子:"你是哪县的生员?为何别的考生能遵规守矩,而你却不服管教,偏要在此生事,不知王法森严么?""王法森严不斩无罪之头。刚才学生问话大人还未垂示,敢情是大人自作主张,立此乖谬规程么?"甲昏捋髯凝思片刻,遂居高临下傲然训话道:"是本官又当如何?如今考场奸弊丛生,不少刁滑之辈暗携夹带以图侥幸,搜检严厉一些正是杜绝此类弊端之良方,你莫非心虚,怕坏了自己的好事么?"

心敬不答此语,拧身转向广场考生,朗朗而言:"吾乃王心敬,鄂县廪膳生员。世代书香门第,近年耕读人家。自幼饱读圣贤之书,于今唯行光明磊落。方才役卒裸身搜寻未见只文片纸,何来心虚一说?想我孔孟之徒,一心想着修齐治平。试问哪个朝代离开书生能治理天下?故尊儒尚贤者国事兴,坑儒辱才者朝政亡。我大清当今圣上尤喜寒士,除拨款、免捐、除役外还三令五申,训示朝廷官员对生员须以礼相待,不得借故欺侮。"说到此处,心敬一把将抱于胸前的护体衣衫掷于地下,裸身而立,悲愤言道:"诸位看看,这就是学政大人所谓严检之实况。遍视古今,羞辱儒生,以此为极为尽!"

场上群情初时寂寂无声,继而窃窃私语,至此话落已是汹汹如潮。

心敬用手按按众怒,转身面向学政:"敢问学台,圣上此番苦心大人可曾体味?为何违逆圣意,自行立此谬规作践书生?"甲昏舌结,半响方答话:"本官此番思虑前面已于训示,只是举措有些过于严苛罢了,然严苛之举更显本官治弊之坚定初心。尔已过检,既然一身清白,不可在此寻衅滋事,好好下场应考去吧。"执拗的心敬仍紧追不放:"既然大人此严举是为杜绝作奸犯科,为何却将往日循例应认真检视的衣物、考篮放在一边,偏在学生的私处上作文章?莫非是借搜检之名行凌辱儒生之实?此断语可否臆测为诛心之论?"

甲昏还想辩解,一听此语将其老底一语揭破,不禁恼羞成怒,勃然变色,破口骂道:"大胆狂徒,竟敢在本官面前巧舌如簧,攀诬朝廷命官,该当何罪?来啊,将此人逐出考场,以儆效尤!"立时几个书吏揪辫推背欲将心敬拖出考场,心敬猛地甩开撕扯,大声喝道:"放肆!大清律法,生员见官不跪,犯事地方官不得擅责。尔等什么货色,敢对我动手动脚!"说完直视甲昏:"你可敢当着众人之面,直言今日施辱众生是何居心?"

一句话噎得甲昏半天喘不过气来。一时血涌脑门,竟忘了自己的学政身份,浑然成了一个街头对骂者。他不由冷笑两声:"哟嗬,你问本官什么居心?本官就是抱着凌辱尔等汉族王八蛋的居心,怎么着,难不成你把本官的红顶子摘了?"说完把头示威性地伸向心敬:"来,摘呀!"

场上一片寂静,只闻得众士子强抑着的粗粗喘气声。晋卿等平日好友面色潮红,双拳紧握,个个目露愤愤之色。身旁一个书吏急忙趋前扶正甲昏:"大人息怒,不与小人计较。岁试的时辰已近。"

甲昏瞪了书吏一眼,复归正襟危坐,双目鄙夷地扫过众生员:"尔等汉族士子,平日里道貌岸然,自视清高,明面上遵服吾皇教化,私底下却愤愤不忘'夷狄之有君,不如诸夏之亡也',视我大清康熙帝为'夷狄之君',更有甚者以'沐猴而冠'来亵渎当今圣上,其心何其毒也!试问当大清雄师横扫中原,兵锋直抵闽南,尔汉族子民闭目就戮,温顺得犹如待

第十二回　横督学横眉辱士子　怒生员怒目掷束帻

宰羔羊之时,有哪几个书生出来,振臂呼号以命相搏,抛撒过自己的一滴血?似尔等软骨族,天生只配做奴才,供主人役使。事到如今,还在此奢谈什么体面、尊严,如此矫情之举,岂不令人齿冷?"

一时间,学政甲昏的句句恶言在士子的头顶如炸雷轰响。心敬不卑不亢,以开导一个三岁小孩的语气出言道:"大人此言差矣,大人既已提到清军入关南侵,岂不知黎民百姓在此浩劫中家破人亡之情景何其惨烈。仅扬州一役,史籍记载,城破之日,清军烧杀抢掠'堆尸贮积,手足相枕,塘为之平',如此血腥暴行,难堵悠悠万民之口。纵使有人讥笑非议,已属无奈口舌泄愤之举,与清军兽行相较,不啻泰山沙砾之若。如今我朝天子英杰圣明,为消弭汉满仇怨,下旨休养生息,轻徭薄赋,优抚汉族士子,广罗天下英才,为的是我中华五族协和,共享天下太平盛世。今大人一番高论伤尽了吾辈考生的心,将皇上苦心孤诣所弥合的伤口又撕裂开来,请问大人是何居心?此乖戾之举若达圣听,想必会震动朝野,学生以为学台大人恐难辞其咎。到时圣上怪罪下来,大人又何以自处?"

此番铿锵话语不由使甲昏心头一震。一直到这时他才感到此番由自己授意的凌辱考生之举委实有些过分了。倘若真如这个考生所言,此谬举引得龙颜震怒,自己吃罪不起不说,又如何上书辩解呢?事情闹得如此之大,他有些后怕了。然而生性桀骜的他绝不愿栽在这帮汉族小子手中,他从慌乱中沉静下来,装腔厉声喝道:"你这是在威胁本官?谅尔这小泥鳅也掀不起大浪,如今本官给你两条路。要么乖乖回搜检房重新受检,本官不予怪罪,若检搜合格便去考棚审慎应试;要么,就不用本官明言了。"

心敬一听立时明白:若不和其他士子一样忍气吞声接受一番心灵酷刑,他是绝不能进入考场了。要仕途还是要气节,一时间在心里翻了无数个滚。最终,二十二年的家训、师教和生就的一副凛然傲骨使他义无反顾地选择了后者。此时的心敬心一横,慢慢穿戴好衣冠,向学政躬身一礼:"学政大人诗书在胸,岂不知千百载读书人留下的一句话——'士可杀不可辱'?学生今日得罪了!"说完摘下头顶的银雀帽,双手持定,拧身面对着目瞪口呆的同科考友,颜色冷峻道:"昔陶令公不为五斗米折腰,今我王心敬岂能为恋一青衿而受此奇辱乎?"说完双手高举,将表示生员身份的银雀冠狠狠摔于地下,扬长而去。

霎时场内一片死寂,紧接着群情激奋犹如火山爆发,众人纷纷将束帻抛于地下,有的举拳怒呼,有的号啕大哭,有的推倒考牌,有的捶胸顿足……整个广场乱成了一锅粥。

晋卿他们几个顾不得泄愤,拔脚向心敬追去,但到门口被执守兵卒拦住,只好眼泪汪汪翘首望着心敬渐渐远去的背影。

  甲昏坐在椅上,看着眼前的一片狼藉乱象,脸如青茄心似乱麻。自己明明白白知道,这下可惹了一个大乱子。正在且惧且悔且心有不甘之际,一领头书吏急忙趋前对着甲昏耳朵一阵嘀咕。半晌,甲昏满不情愿地点了点头。书吏扬手高呼道:"诸位肃静!裸体搜身,乃学政大人为严整考纪,情非得已之下所立新规,尔等不体恤大人苦心却在此鼓噪闹事是何道理?既然诸位不惯新规,大人收回成命,仍按旧制——解发、袒衣、脱鞋、去袜、搜检考篮。再则当下考情紧迫,众位若要耽搁了时辰,几年的工夫也就白费了,还望各位尽快收拾自己行囊,搜检完毕立即进入考棚,以免误了大事。另外,鄂县考生王心敬顶撞长官,咆哮扰乱考场,罪不容赦,着即逐出试院,摘其束帻,夺其学籍并通牒省、县有关机处。"领头言毕,众书吏纷纷催促生员们离场排队候检。众学子见学政已退让,且时辰已过,方收起愤懑情绪,亦步亦趋迈向了引起这场风波的搜检房。

  这场风波轰动了整个三原县城。考后,考生一片愤怒哗然,有人将此事捅到了北京,弄得举朝震怒,直教甲昏被摘去顶戴,灰溜溜潜回了老家。甲昏为之得意的快心之举,虽然让他落了个损人害己的下场,可心敬那充满希望的锦绣前程——应考而仕之途,也随着这场猝不及防的意外变故戛然而止了。伯父、父亲的圆梦指望,母亲的夜织督学,恩师的呕心沥血,以及自身多年夜以继日的悬锥苦读,如今都化作了烟云,被这场突如其来的考场风波,吹散得无影无踪……

第十三回　莽秀才怀愧归故里　烈少女遭侮遇救星

　　心敬不知道那一百多里路自己是怎么走回来的。他如梦游般走走停停，迷迷糊糊、混混沌沌，由着双脚将他带往归途。白昼路上，脑际尽是当日考场激起的义愤与委屈，夹杂着怒掷束帧、扬长而去的凛然与快感：搜检房里同伴裸体躬身的一脸羞臊、学政甲昏看着士子走出时的得意阴笑、自己奋身而起与其你来我往的唇枪舌剑、直至最后决绝一掷引起的一片哗然鼓噪……一幕幕场景走马灯似的在脑海里转个不停。

　　直到晚间，他一头倒在路旁的草窝里，头枕食盒，双目直瞪瞪地望着满天繁星，人才从白日里那场噩梦中慢慢苏醒。随之而来的，是一阵阵他不敢直面的后怕：如此不堪地回去，如何面对母亲痛心的责问？将当时的情形与自己的委屈说给她听——平日节衣缩食、巴望儿子凯旋的母亲能感受儿子当时的切肤之痛，能原谅由于他的鲁莽将自己的前程与家庭的光明前景一举毁得干干净净？他又如何面对自己的恩师——说他是由于痛恨满族学官凌辱汉儒，出于义愤怒掷束帧，老师能不伤心昔日苦心栽培的得意门生，落得个逐场除籍、仕途无望的结果？自己为何不能学学卧薪尝胆的勾践，忍一时之辱以图舒展他日之志呢？

　　一时间他悔恨交加，满溢的泪水从捂脸的指缝间汹涌而出，顺着下巴将前襟洇湿了一大片。此时的他犹如兵败乌江的项羽，羞见"江东父老"，死的心都有。他一时使性，朝着自己的脸"噼啪"扇个不停，直到脸皮发肿，泪珠飞溅，才颓然倒在茅草中，浑身颤动，呜咽了许久许久。

　　一阵自罚式的折腾才使心敬的心里好受了许多，彻底冷静下来之后，他抚心自问：若时光能回到今日晨时，自己会汲取教训，而硬着头皮，忍受那场生不如死的人格羞辱么？思忖良久，他苦笑着摇摇头——就是明知那无法直面的后果，他仍会像自己已做过的那样义无反顾。

人常说:性格决定命运。心敬的这次人生大挫折、大转折,盖因其禀性中的倔犟、孤傲与耿直。以唯心论之,或许是天命所在:非如此,中国历史上将会出现一位政声廉洁的清官循吏,而非誉满四方、名留青史的关学大儒。

愁绪满腔的心敬在家门外徘徊了许久,不敢入内,只好先踅摸进了恩师王鄹的家门。一进门,王鄹正在扫院子。见到心敬一身尘污,满脸愁苦木然,他惊得一下呆住,手中的扫帚滑落在地也毫不知晓。学生临行之日前来辞别,他嘱咐心敬要心无旁骛,一意求得岁试过关。这几日他安心地等候着自己得意门生的捷报传来,如今岁试未了却见他灰头土脸立在面前如何能不心惊?

心敬像一个在外饱受欺侮的孩子,跑回家里对父母诉屈般跪伏地上号啕大哭。王鄹心里明白,心敬一定是遭到了惊天变故,委屈至极才会如此伤心,他扶起心敬,慢慢挪到了正厅。心敬强按悲凄,将先生搀到椅上坐定,扑通一声跪伏恩师膝上,浑身颤抖发出狼嚎般痛彻心扉的哭喊。王鄹泪眼婆娑,不停抚摸爱徒的头发、脸颊。许久,心敬才将扑簌簌滚落脸庞的泪珠抹去,抬起头来,哽咽着将昨日考场上事情的始末讲了一遍。王鄹的神情始而专注,继而惊诧,再而激愤,最后在怒不可遏之下,脸色变得一片铁青。他强按着抖动的双手,粗喘的气息直扑心敬颜面。

过了将近半个时辰,先生才沉静下来,面色凝重地一字一顿对着心敬说道:"孩子,你、做、得、完、全、对。朱子曾言:'饿死事小,失节事大。''节'之于女人在操守;'节'之于男人在骨气。'士可杀不可辱',连小儿都知道的话,这个狗官竟然毫不理会,可见夷狄之教化差吾甚远矣!面对满官肆意凌辱汉族士子,就该如你所为据理力争,灭其威风,你的这场'戏'演得气贯长虹,老夫若在场,定会为你呼号喝彩!"说罢,他满意地拍了拍心敬的头:"学问方面,还要继续着力;至于节操么,时至今日师父完全放心了。有你这么一个弟子,老夫可以无愧于天下,他日升天面对师祖孔孟亦无羞色矣。只是如此一来,屈了你的才,也屈了师父的一片苦心哪。"

聆听了先生一番掏心话,心敬方才从悲愤、委屈中解脱出来。他的心刚一落地,却又愁眉紧锁:"师父,你的心迹学生已晓,可我这桩事如何向母亲及家人交待?她含辛茹苦、受尽百般熬煎供我读书,此次岁试这般模样回来,她若气得背过气去,学生可是百死难赎其罪啊。"

王鄹一听点头叹道:"说得也是。此番变故放在谁的头上都是晴天霹雳,何况一个望

第十三回　荮秀才怀愧归故里　烈少女遭侮遇救星

子成龙的寡妇？罢了，老夫随你到府上一趟，替你说说下情。你先洗把脸，整肃一下然后随师父前去负荆请罪吧。"

北街王府。

李氏、陈氏二妯娌正在树荫下纺线。李氏一边拈着棉花一边摇着纺车，可心思却不在这上面——孩儿已去三原多日，他可吃住得惯？此次岁试谅也能轻松过关，不知几日方能回还？孩儿争气，岁试前没日没夜苦读不歇，可真难为他了，回家之后该做几顿好吃的给他补补身子。

正在胡思乱想间，抬头一盯，一前一后进来一老一少两个人。日头晃目，这两人却似熟似生看得她心慌。李氏赶紧揉揉眼，方才看清眼前这人就是她日夜思虑的心头肉，旁边站着的却是一位目慈面善的老者。

李氏急忙起身，惊喜地摸着心敬的脸："咋这么快就回来了？岁试可一切顺当？"心敬低头一阵支吾。老者上前躬身施礼："见过夫人。"李氏急忙回礼道："原来是王老先生，贫妇久仰，快请堂屋叙话。"说完招呼着师徒二人堂屋坐定。待奉茶一毕，李氏开言道："吾儿愚钝，全赖王老先生苦心指教方有今日。贫妇在家每每听儿提起老先生莫不五体投地，令我感恩不已。今日得见，恰能了却一桩当面致谢的夙愿。如今岁试刚毕，老先生就携弟子一同前来，不知有何见教？"

王鄞先生叹了一口气："实言相告，今日岁试并未终结。心敬提前脱考实有难言之隐，今日老夫前来就是替他解释一番。"说罢就将当日三原考场发生的那一幕原原本本叙说了一番。心敬陪坐一旁，不住瞥视着母亲的脸色。

读者前面已知，心敬母亲李氏乃是大家闺秀出身，不仅熟谙诗赋，亦精女红，更难为的是她高洁的人品与深厚的涵养。此时的她听着老先生的叙说，尽管内心如波涛汹涌、五味杂陈，容色却沉静如常。

将来龙去脉数说一毕，老先生语气沉重复言道："事发过于仓促，加上心敬少不更事，处置未免有些鲁莽，但他面对此种羞辱以怒掷束帻作为回应，老夫很是敬佩他的骨气，只是……只是如此一来夫人全家的辛劳与期盼都将付诸东流，也屈了老夫多年的栽培心血啊。"说完老泪纵横，不胜痛惜。

对于将儿子未来抬举（方言：培养）成何种人，李氏似乎早有盘算，她听完先生这番痛陈，在一阵垂首沉思后，容色凝重抬头铿锵作答："烦劳先生拨冗专程前来为不肖子缓颊，为娘的领情不尽。贫妇向来以为，人的一生追求，当以古圣贤为楷模。科举，只能视作自己借以进身的阶梯；而品德修养，却是每个人安身立命的根本。若品德修养不合格，纵使幸运高中三甲，置身于肥缺仕途，也绝非我对儿子的期望。"

王鄢闻言大惊。他见过的女人，见识高者无非勉力耕织督学，助儿登科以便日后封妻荫子、光宗耀祖，顺便给自己弄个凤冠霞帔；就是自己，也只看重心敬的才气，竭力督导学业以使其"幸掇高科"而走上仕途。究其本心与女人无异，皆出乎功利二字。而这位夫人，不求儿子高官厚禄，唯盼儿子做一个品德高洁、学养渊深的圣人！

王鄢不由起身施礼："夫人见地境界之高，令老夫汗颜！"李氏肃然回礼道："先生苦心栽培犬子，令人感恩不已。就前日心敬掷帧之骨气，也是由先生平日教化所成。圣人涵之节操一项，吾儿不虑矣。"

心敬见母亲并未苛责自己闯下的泼天大祸，才将一颗将要出膛的心放回肚里。然而他仍为失去科考资格，失去读书人的正规进身之阶而惋惜、气馁，不由低声叹息道："只怪孩儿一时莽撞，辜负了母亲和恩师的一番苦心。如今前路已断，眼前茫茫昏黑一片，由不得教人灰心绝望。"

李氏开导道："傻儿子，老子所言'祸兮，福之所倚；福兮，祸之所伏'。像你这般卓尔不群，一个庠生竟敢与三品学府分庭抗礼，令其蒙羞；若顺遂入仕，还不会与皇帝当廷辩个是非曲直？若再有奸人从旁作祟，泼天大祸立等可至。到那时不只你身陷囹圄，而是全家遭受牵连甚或难逃血光之灾。故今日之考场奇祸，焉知非他日之平安洪福哉？至于前程一说，莫非读书人只有科举当官一途？为娘要你做一个德施万世、教化亿众的圣人，或者著书立说，炼就自成一家之言的大儒，即就来日成一个悬壶济世的名医，也不于世更益？"

王鄢老先生不由击节大赞："夫人真乃天下奇女子，直令老朽刮目相看，足使天下须眉心生愧怍！"

既然李氏育儿志向只在济世，不唯做官，那场考棚风波于她的追求也就并无大碍。一场王鄢想象中的惊涛骇浪并未发生，心中不由暗暗松了口气，随之行礼告辞。他坚拒李氏的苦苦留餐，带着一路的啧啧称颂之声回到了家中。

虽然母亲不动声色，可心敬这几日的心境却是异常郁闷。他像世间所有读书男孩一样，自小苦读以至悬锥，心无旁骛，一门心思追求的就是功名。可如今由于意气用事，好端端一架通往庙堂的天梯被他生生踏断，使自己的人生遭受了第一次重大挫折，命运也随之发生了根本的转变。面对未来一片黑暗的前程，他情绪消沉，精神萎靡，终日窝在家中闷闷不乐，如痴似呆，苦苦思索着今后的出路。连着几夜的辗转反侧，使他印堂晦暗，眼圈发黑，原本就修长的身材又瘦了整整一圈。在锥心的绝望中，他精神趋于崩溃，甚至

第十三回 莽秀才怀愧归故里 烈少女遭侮遇救星

不时冒出了却一生的可怕念头。

一日天气晴好。清晨的空气中飘荡着淡淡的花香和甜甜的果味；张目四望，一大群鸽子带着哨音在碧空中忽高忽低盘旋追逐；十数只不起眼的麻雀在庭院的平地上跳跃争食，吵闹不休；远处的浓荫枝头，隐隐传来黄鹂的数声娇啼。天地间呈现出一片祥和安恬的仲秋景色。

郁郁寡欢的心敬在庭院里无所事事地转悠着，望着远处蓬勃的树海，瞅着地上跳跃的欢快生灵，他伸展腰肢做了一次深呼吸，细细品味着从鼻翼窜进的丝丝芬芳。

他忽然有种冲动，想到郊外最后看一眼世上的美景，然后一头扎入幽深的涝河之中，让日夜煎熬的心灵在永恒的黑暗中得到彻底的解脱。刚一有这个念头，猴急的双腿已将他带出了家门。

出了城门西拐十数丈，便是香火旺盛的兴国寺。兴国寺，清前呼为报国寺，虽经明末战乱却未经大的兵灾损毁，究其缘由，盖因刹内藏有一株镇寺之宝——菩提树。相传唐僧取经归来，夜宿报国寺，见寺内殿宇严整，气象恢宏，更惊异于主殿内如来佛及诸菩萨、金刚、揭谛、伽蓝等与灵山所见之真容一丝不差，暗自猜度此乃诸佛幻化以坚其心，遂沐浴焚香跪禀归途行状，并在此诵经三日。临行前，于两殿间空旷处播下从天竺带回的数粒菩提种子。按说此物生于天竺，喜好湿热，在干冷的中土西北腹地，冀其成活并勃发为参天大树实属奢望，然而也许是玄奘的一片诚心，也许是吾佛着意施法，也许是鄠县的佛缘弥深，也许是西边涝河的湿气浸润，总之在玄奘离去不多日，菩提树苗便破土而出，日见茁壮。到如今，此圣物已成胸径数尺高达数丈的参天大树，将宇内近亩旷地罩得严严实实，给炎夏此处投下一片翠绿阴凉。

由于报国寺的菩提树稀罕且富有传奇色彩，四县八乡甚至邻近省份的佛家弟子及吟哦书生、达官贵人纷纷前来进香观树，渐成绵延千余载之佛事盛景。

明末游兵乱民虽说未敢入寺恣意骚扰，可说也怪，那时的菩提树却呈现出一片枯枝败叶的凋零景象。康熙初年，此树又新枝勃发，数年工夫，竟然郁郁葱葱还高大了许多。朝廷知此寺异树奇闻，将其视为清廷兴盛之大吉兆，故而龙颜大悦，特地拨款大加修葺，使寺院扩至数十亩，寺内殿宇及诸佛佛像整修粉绘一新，并敕令将报国寺更名为兴国寺。如今，此寺更显一派佛门庄严肃穆的超凡气象。

心敬绕过挤满信众的前殿，穿过殿后林立的寺塔及依次排列的偏殿、侧廊，信步来到菩提院内，身后清脆悠扬的钟磬声、众僧顿挫悦耳的诵经声与善士们嘈杂纷乱的拜佛声渐渐远去。他抬头仰望这一株气根相簇拥围的硕大树冠，片片卵圆形的翠绿叶面叶脉清

晰,其叶顶端极缩至一长长细线,与关中诸树叶相较,显出一种别样的美感;仲秋的菩提果如弹子般大小,已由青转红,一个个攀附在嫩绿的枝茎之上。

心敬触景生情,遂盘坐于树下,闭目沉思:三千年前,一个天竺迦毗罗卫国的王子,曾在菩提树下苦思七日顿悟佛法,遂立下普渡苦海众生、打造一个西方极乐世界的宏愿。为着这一崇高追求,他舍弃一切荣华富贵、亲情羁绊,抛却世间种种烦恼,方修成正果。和他百折不挠的志向与毅力相比,自己的这一点磨难又算得了什么呢?怎么意志如此脆弱,遭遇一点人生挫折就不争气地只想一死了之呢?

正暗自忏悔间,忽听得耳旁一阵窸窣的脚步声。睁眼一看,只见一高僧身披袈裟立于面前。抬头望去,此僧足有八十高龄,面容清瘦,慈眉善目。最奇特处是其眉梢足有数寸之长,像极如来座下的长眉罗汉。长老双手合十,恭敬施礼道:"檀越可是北街王府中悦公之后?"心敬愕然回话:"正是。长老有何见教?"长老躬身挥手道:"有缘与公子结识,请到舍下叙话,老衲有事相告。"心敬满腹狐疑,懵懵懂懂跟着老人走进后院的一间净室。

接过冒着腾腾热气的香茶,心敬随口问道:"敢问长老是寺内哪位尊者,唤小生前来所为何事?"

那位长老端坐榻上,仿佛入定一般,双目茫然前视,对心敬的发问并未入耳。昨夜那蹊跷而怪诞的一幕,却仍在眼前晃悠……

昨天夜里法事一毕,这位老者移步回房打算开歇,刚到净室门口,半空中忽现一金甲力士,手持令牌对其宣道:"今奉如来法旨,令尔依旨行事!"长老诚惶诚恐伏地恭听。原来如来座下有一小沙弥,前几日见东土大唐前来求经的和尚俊雅飘逸,学识渊博,其徒弟个个手段高强,十分了得,遂生仰慕之心,顿萌到东土游历之意,此等隐秘心思怎能逃脱如来法眼。过了几日,诸佛就大乘教法一细节论法时,令此小沙弥在宝阁中取回《虚空藏经》以作勘验。谁知此沙弥取经回复时,前番心思终日萦绕,恍惚间一个踉跄,竟将宝典失手落入污水之中。如来颔首笑曰:"尔已心生魔障,少不得下凡一趟,到东土历练磨难一番。孽障一满,即刻回山。"沙弥满心欢喜,云游东土时,下观西北方一小城内隐隐现出霞光,知是吉祥之地,随之按下云头直降人间。

金甲叙完,叮嘱道:"彼北街王忻之子乃此沙弥也。今此书生当有一劫,却心灰意冷,竟欲归去。视其孽障未满,尔后还有微功于中华,故令尔在此点化开导一番,以灭其心魔。"长老回禀:"不知此生如何识得?"金甲指点:"明日菩提树下盘坐者便是。"说罢一声霹雳,已不见了踪影。当即惊得长老一哆嗦,翻身爬起,却发现身在净室卧榻之上,方知原是惊梦一场。此时天已大亮,长老洗漱一毕,默诵了三遍《金刚经》,便朝前殿缓缓而

第十三回　莽秀才怀愧归故里　烈少女遭侮遇救星

来,行至菩提树处,果见一后生盘坐其下。心里暗自惊骇,便唤其到了自己房中。

长老收回心思,定睛观望心敬,只见此子面如冠玉,目若朗星;立似玉柱,坐宛金钟;虽青衣粗布上缀有几处补丁,却极是合身干净利落。长老不由暗地喝彩。仔细一看,却见他恭敬中微现傲色,平静处泪珠强忍。

长老叹了口气,开言道:"老衲乃本寺方丈。今日前往大殿主持佛事,行至菩提树下,见小哥垂泪冥思,莫非有化解不开的心事?佛家慈悲,愿助你去除心中烦恼。"

望着长老明镜般的慧目,瞅着那慈祥面容上溢满的同情与关切,心敬如遇伯父王悫般故人,心扉大开,遂将自己日前赴考所历之事前前后后述说了一遍。末了,泪流满腮,哽咽着向长老倾诉:"实不相瞒,晚生今遭一转,意欲寻个痛快处就此别去。唉,世事不公,何以至此?"老僧听毕,双掌一合:"阿弥陀佛!小檀越境遇如此乖蹇,可谓读书人前程之大舛也!可以佛缘看来,此乃尔必遭一劫。你前世定有孽障未了,故今朝有此一灾,且由此所致,仕途定然多蹇,难遂你愿。所喜老衲粗通相术,观尔面善心正,迥异常人,何不另辟蹊径?以尔所学穷识天下,待日后著书立说,建遗泽万世之伟业,岂不强于碌碌仕途、身殁名灭?以老衲拙眼观之,小先生此劫难一过,往后必将大用于世哩。"

也许方丈之言触起他悠远的感应,也许母亲的前番表白与此产生了共鸣,心敬经此劝导,不觉愁眉稍展,起身致谢道:"方丈一番点化如醍醐灌顶,使晚生愚蒙顿开,若日后稍有出息,必以师礼事之。"方丈合十作揖:"阿弥陀佛,善哉!小先生日后功业乃前生善根所遗,非老衲之为也,勉之,勉之。"

出了寺门,心敬心里松脱了不少。随着一径土路,信马由缰转到了涝河岸边。仲秋的涝河两旁,沿岸绵延十几里的翠竹成林成带,疾风驰过,掀起一片竹涛;宽阔徐缓的河水清澈见底,浅处成丘水草葱茂,深处成潭翠碧幽深;河水对岸清波尽头,漫出一大片白沙滩,沙滩里一处处小水坑中水葱、矮苇密布,鱼虾、蝌蚪摇摆着纤细身躯,急匆匆四处觅食。平缓的水流中,有几个渔人足踩两只连在一起的微型小舟,驱赶着近旁的鱼鹰。心敬好奇地注视着它们,只见几只鱼鹰不时钻入水中,待浮起时,个个口衔一尾弯蹦挣扎的大鱼。它们乖乖游向渔夫,待主人接过猎物,顺手给口中塞入一条小鱼,兴奋的鱼鹰又奋力工作起来,犹如秋围时的猎犬。

正凝视间,忽听耳边传来一阵喧哗声。举目望去,不远处一青竹蔽岸的林下,有几个钓翁,伸出长长的钓竿,垂丝于岸旁的深潭中。此时的他们却纷纷放下手中的活计,围拢在一老者四周,指指点点,兴奋地大声吆喝着。

心敬也随着岸边的游人奔了过去。透过围观的人头缝隙,看到老者面前的大盆中,有一条一尺多长的鲤鱼在翻腾。此鲤遍身通红若披金甲,最纳罕处是鳃边还长着两根长长的胡须。此时只见鱼儿硬挺着身子,头出盆水,鱼嘴一张一合,似人之欲言却无声。心敬惊异地察觉到,鱼儿那双死死盯着他的眼睛里,仿佛涌出了几滴泪珠。心中骇然之余,不免触景生情泛起一阵伤感,默然叹息道:"吾遭厄运,君陷绝境,实乃同病相怜。"便向老者躬身一礼道:"敢问阿伯,此鱼可卖否?"老者抬头仰望:"卖,卖。今早来这儿钓鱼,就指望着钓一两条回去充饥。小先生有心要买,用钱换回猪肉、麦面反而能咥饱。"心敬忙从怀中掏出几枚应考盘缠中的余钱,递与老者。谁知此翁一见心敬一脸急切,反倒拉麻起来:"这东西有些特别,若放入你家花园池中供人观看,也不知会赚来多少钱,用这点打发,怕是糊弄老汉。"心敬一听不禁苦笑:"吾怜它一命,不萌生财念。也罢,"随之掏出怀中所有余钱,"仅有这些。望老伯心怀好生之德,放它一条生路吧。"在众人纷纷说和之下,老者终于点头答应。

心敬双手接过此鱼,缓缓踱至岸边,将其放入水中。鱼一入水即扑通窜入深处,在纤毫毕现的清澈潭底,欢快地来回游动,似乎在痛享着劫后余生的欢乐。尔后又浮于水面,挺立垂头,宛如尽人礼之道。心敬见此物有如此灵性,不由感慨挥手:"去吧,以后长些记性,若再鲁莽,怕再未有人援手施救了。"鱼似通人性般点首应诺,随之摇头摆尾,游动几圈后蓦地窜入激流之中,一时间不见了踪影。

目睹这一幕,岸边人纷纷议论着这一他们从未见过的异事,其中不乏对心敬慈心善举的啧啧称赞。

在众人钦敬的目光中,心敬带着从未有过的好心情,离开了犹自感叹不已的人群。

沿流而下,久居县城乃至终日埋头书屋的心敬,耳闻树间群鸟啾啾,竹隙众虫唧唧,眼见苍鹰翱翔碧穹,更有习习凉风拂面而至,引得他一阵心醉神迷。

正恣意漫行间,忽觉枵肠辘辘,一阵叽咕作声,方晓时已过午。举目四望,眼前一条蜿蜒小径恰好指向远方一处集市小镇。随即加快了脚步。

拐进肆中,只见人声吵嚷,食客拥挤,堂内小厮忙不迭地招呼来客,端茶送饭,恨不得爹妈多生出一双腿。

心敬顺手从襟中一摸,不禁暗暗叫苦,原来买鲤已将囊中搜罗一空,正在尴尬之际,忽然指尖触到衣袋缝隙处有一硬物,掏出一看,竟是一枚不起眼的小钱。心中叫声惭愧,如获至宝般捏起这枚救急钱,上去买了一牙锅盔,索了碗白开水。坐在一条板凳上随吃随喝。

第十三回　莽秀才怀愧归故里　烈少女遭侮遇救星

正在狼吞虎咽之时，忽听对面街上传来一阵喧哗，起身一看，只见五六个仆役围拥中，一阔少浪声秽语，动手动脚正在拉扯一个年轻女子。女子面浮羞怒，正色叱骂，不料竟惹得恶少发了脾气，喝令仆役将这女子强行掳走。可怜那女子被拖倒在地，双脚小鞋活活挂脱，露出一团凌乱的裹布在满是尘土的地上翻滚、散落。女子被拽得浑身是土，愤怒悲凄的呼救声盖过四周嘈杂，在乱纷纷的集市上空激荡。

眼见这一幕恶行，心敬被胸中本能激起一阵义愤，拔脚冲向那群兴致正浓的恶霸，伸手给了那个撕扯女子的恶仆一个大耳光："放肆！光天化日，朗朗乾坤，竟敢强抢民女，难道尔等恶徒不怕大清森严王法？"那个被揍的恶奴捂着腮帮子，正愣怔间，瞅见心敬一身青布素衣，立刻来了精神，随之怒气冲天，破口大骂："哪个裤裆开了缝，露出你这东西，睁开狗眼看看，这位爷可是方圆百里的大财东，人称鄂县石崇的贾公子！识相的快滚开，要不一根指头捻死你这只臭蚂蚁！"

心敬强按怒火，躬身向那鼻翼朝天的阔少略一施礼："敢问这位公子，那位弱女子因何犯法，被你等当街戏弄羞辱？"阔少一时语塞，胡乱捏弄道："她爹欠我二斗谷子，久索不还，今日恰巧遇见就上前索租。不料该女刁顽不逊，竟敢当街顶撞赖账，我命手下拖她于官府以求明断，难道此举有何不妥？你是何人，胆敢哗众取宠？莫非……"阔少讪笑着，"莫非想来个英雄救美，以博得此女欢心？"此番秽语使心敬一时羞臊难忍，遂正色答道："吾乃北街王忻之子唤心敬，朝廷廪膳生员。吾门数世书香，一族尽皆刚直，岂萌此等下作之念？路遇不平人人皆可拔刀相助。纵使她欠谷债，按大清律令亦不得当众如此羞辱。"说罢拧身问那女子，"姑娘，你家可曾欠他谷债？"那女子哭道："我家田亩充盈，何来租人地种？小女与他素不相识，今来涝店买些绣花线，却无端遭他搭讪调戏，望众位乡亲为奴家主持公道。"

四旁看热闹的乡民，见阔少当众轻薄弱女子，早已义愤填膺，又闻挺身而出的书生原是闻名四乡的孝子王忻后人，一时举臂齐呼："贾财东仗势欺人，可憎可恶；烈女子以弱抵强，可叹可赞；王公子见义勇为，可敬可佩！"一时间众怒汹汹，弄得那帮恶人如过街老鼠。贾财东一见激起民愤，正想脚底揩油，却被心敬拦住，上指青天："离地三尺有神明，尔等恶行已致天怒人怨，还不改弦更张，向这位烈女赔个不是，向诸位在场父老认个错？"贾财东诺诺连声，忙不迭地向女子及众人作揖回话。事毕才满口责怪奴才多事，灰溜溜一干人等狼狈遁去。

一场人间惨剧霎时消弭，四周围众纷纷议论相继散去，待人潮平复，女子方将凌乱的衣衫和脚底收拾停当，向着心敬深深道了万福："适才若非公子相救，小女想必早已落入虎口。家门离此不远，望公子能幸临柴门，容老父及奴家郑重致谢一番，方能了却这桩心事。"心敬意欲推辞，女子正色道："大恩不言谢，只是老父昔日无时不夸赞令尊懿行，恨其无缘结识；令尊既已作古，今公子前去，岂不圆了老父夙愿？还乞公子万勿推辞。"一席话说得心敬没了脾气，心想回家路上顺道而访亦一快事，遂点头应允，随着女子一前一后相伴而行。

　　南行二三里，远远望见旷野前头，有数间瓦舍隐于浓荫之中。行至近处不由使人眼前一亮。用竹竿交错搭成的院墙上，一丛丛常青藤、蔷薇、月季爬满竹架，形成一堵密不透风的绿色屏障，其间花色杂错，五彩缤纷；花枝拱围下的一合柴扉虚掩待客。进得门来，一溜菜畦花圃两旁排列。菜畦内种着韭菜、红芋、茄子、黄瓜、辣椒，绿汪汪青油油；花圃内一窝窝牡丹、芍药、百合、菊花、一串红等，红艳艳黄灿灿。中间甬道，一架葡萄绿叶荫蔽，串串果实直垂头顶。过午时分，房舍四周一片寂静，只有草虫在花荫下嘤嘤奏鸣。

　　女子推开中门，心敬随身跟进。搭眼一看：三开间的客厅由块块菱形青砖铺就，白得发青的墙壁四周悬挂着几幅古人字画，正中一幅孔子巡游列国图分外醒目；墙角处置一花架，盆中几枝月季正含苞待放，娇艳欲滴，蕾中飘出阵阵幽香，不由使人神清气爽。浑身的燥热也被透过窗纱的凉风吹得一时间无影无踪。

　　正在独自徘徊观赏时，一五十余岁的儒生从里间出来，紧前两步躬身施礼："久闻令尊贤名，只是无缘得见，今睹小先生仪容已足慰平生矣。小先生不仅风姿倜傥，且心纳正气，不愧王府调教出的正人君子。刚刚小女已将先生街头义举叙说一番，老夫不胜感激。幸亏先生出手相救，小女方免遭不堪，亦使老夫除却门庭之辱，容老夫在此拜谢先生大恩。"说罢就要伏地，心敬急上前挽住："老伯此礼小生如何消受得起？路遇不平人人见而除之，此乃天经地义之事，学生自诩知书达理之人，岂能街头逢此事而抄手乎？"

　　一番谦让，儒生开言道："尔先君孝懿誉满乡野，为人更行侠仗义，诚信无双，人称吾县百年第一完人。老夫钦慕不已，久欲结交，只叹天妒英才，致尔父英年早逝，吾之夙愿未能如愿以偿。好在先生不意而至，岂非冥冥天意？"心敬躬身答曰："承蒙老伯谬赞，家严泉下有知，定感怀不已。"随后两人落座叙话，儒生问及日间详情及王府旧事，心敬一一作答。

　　正谈得入港时，一女子推门端茶而入。心敬定睛一看，依稀日间那位女子模样，只是那时她云鬓钗簪散乱，泪痕尘土满面，衣衫也被撕扯拖地弄得破污不堪。此时的她却是：容如含露花苞，眉似黛笔轻描，目若中秋朗月，唇胜红胭徐抹，不见奢华，唯觉淡雅，隐隐幽香，暗自体出。心敬一惊：好一个明眸皓齿的绝色女子！心里感慨道："明珠染墨，何其

第十三回　莽秀才怀愧归故里　烈少女遭侮遇救星

难辨也。"

此刻女子如风拂细柳，袅娜而前，面露羞色似喜似觍。她低首垂眉，双手奉茗，嘤嘤细语道："请先生解渴。先生此前义举，小女没齿不忘，今世若无缘，下世定当结草衔环以报万一。"心敬艰然一笑："姑娘言重了。此前之事，盖因一时气愤率性而起，未曾想也不涉'义举'二字。况人口前语：'君子不言报，言报非君子。'此等小事若视之为大恩，实属不必。若要言谢，莫非姑娘将小生视作施恩图报的小人？小生实不敢当也。"

女子一听此言，顿生愧意："刚才之言出自肺腑，若有亵慢还望先生海涵。"说罢对着老父："大，日头已偏西，人家小哥早已饿得心慌，不如饭后接着叙谈？"其父嘿然一笑："还是我娃心细，为父与小先生相聚甚欢，不觉间将待客之礼都忘到脑后了。"转身向着心敬笑道，"小先生可否给老夫一个薄面，在舍下吃上一顿粗茶淡饭，也好借机再聊一时？"心敬此刻腹中早已咕噜山响，正好借坡下驴："恭敬不如从命，晚生也正与老伯谈得过瘾呢。"

一时三刻，饭已端了上来。虽非山珍海味，却做得十分精细：一盆干面，一摞油饼，外加用自己菜地里摘来的新鲜菜蔬和着豆腐粉条和臊子，烩成的一大盆香喷喷的肉菜。二人边吃边谈诗词典故及名人轶事。酒至微醺，二人一会儿诵读诗经之《鹿鸣》，一会儿吟咏苏东坡的《赤壁怀古》，一会儿热议诸葛亮的《出师表》，一会儿激辩桑弘羊的《盐铁论》。舌燥时，那女子只是笑眯眯续上新茶，间或偷偷朝心敬瞄上一眼。一时间老儒与心敬二人大有相见恨晚之感，说到投机处，差点成了忘年交。

直到金乌西坠月兔东升，心敬才依依不舍地离开了儒生的家，儒生的豪放、机辩给他留下了极深的印象。行前，儒生拉着心敬的手不放，一再叮咛："贤契若不嫌弃，望常来敝庄，我俩的话絮还长着呐。"心敬挥手告别："大伯留步，小侄一有空闲定来看望你。"那女子倚着门框，望着心敬逐渐远去的背影，怅然若失，仿佛她那一颗萌动的心，也随着心敬的脚步，越走越远。

回程中，心敬一边大步流星赶路，一边回忆着丰富、离奇而又跌宕起伏的一天。从绝望、愤懑始，以平和、快乐终，中间还夹杂了一丝羞于认可的幸福感：那位女子真是一个让人怦然心动的尤物，可他却窘得连看也不敢多看上一眼，甚至连她的名字都不晓得，未免有些懊悔丧气。

晚上，心敬睡了一个近日从未有过的好觉。

第二天，心敬直睡到日过三竿。在梦中当他正与老儒高谈阔论争得不可开交时，一只飞虫不长眼睛，径直飞进了他的鼻孔，慌得心敬急忙用手一抠，却拉出一根茅草来。睁眼一看,原来是晋卿正用它捅自己的鼻孔。随着一阵哄笑声,他翻身坐起,才发现晋卿、德钊、王生、屏翰、子亮几人围坐了一大圈。心敬高兴得急忙穿好衣服,拉着大伙的手:"啥时候回来的,都考得如何?"大伙瞅了一眼德钊与子亮默不作声。王生叹了口气:"考完在那里候了两天。咱这一伙只有子亮、德钊升了廪生,其他人都原地踏步。"心敬轻松地笑了:"岁试十升一二就不错了,有的还会降一等甚或革除功名贬为青衣,表明咱这一伙还是很有功底的。弟兄们不用泄气,生员还照当,不过未能升格而已。后年重打鼓另升堂,争取科试过关更紧要。"众人一面点头应承,一面心里暗暗纳罕:原来估摸着心敬回来一定寻死觅活,定会夜不能寐,窝在炕上痛哭叫骂,没想到竟安卧炕头直睡到半上午;原料想李婶也绝饶不了他,可能家里早已闹得鸡飞狗跳。没想到,来时屋里静悄悄的,李婶也和颜悦色,并不像强装出来的。原来他们准备好好安慰二人一番,谁知心敬神态轻松,反而安慰起了他们。

人的心态是很奇怪的:原来认为此生迈不过的坎,甚至是自己认定与性命、前程交关的断坎,若变一个思路或者说换一个活法,则又进到柳暗花明的新天地里,原来的坎不但轻松迈过,甚至原先恶狠狠的祸,霎时又变为笑吟吟的福了。心敬的心态正是如此。经过昨日神奇的游历,此时的他完全接受了母亲的见识,放弃入仕当官的从政之路,把余生的精力转到做一个圣人,做个大儒,再不济做个名医上来。如此脱胎换骨的转变,使他达到了以前从未有过的境界,他也从痛彻骨髓的绝望中彻底解脱出来,又重抖精神,准备向新的征途进发。

送走了晋卿他们,才发现凌云和婷正在与母亲拉家常,当二人看到三娘与心敬一切如常,才不觉松了口气。凌云已接手经管了老父亲交给他的家业,不再忙碌于科举仕途。儿子已经四五岁了,依着爷爷奶奶的宠爱,越发淘气得厉害,弄得二人拿他没一点办法,盖因他是这个幸福家庭的欢乐源泉。

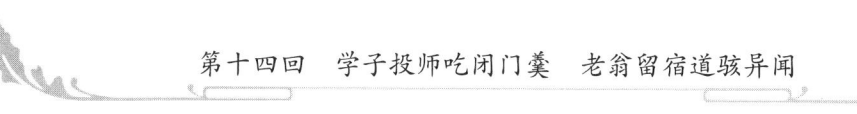

第十四回　学子投师吃闭门羹　老翁留宿道骇异闻

其后几天,心敬心境平和,陪着心广干起了庄稼活:上场碾麦,扛锄到苞谷地里锄草、加粱,一块儿收拾菜地。

年方二十的心广已长成了一个大小伙,由于喜武,平时趁着农闲跟着凌云哥哥练练拳脚,耍耍刀枪。几年下来,浑身的腱子肉几乎要将衣服撑破。由于读书费力,况且家里也确实急需有人支撑,他干脆收起书囊,接管起了地里的活计。

心敬望着比自己高一头大一膀的弟弟,不由心里泛起一阵怜爱。几天下来,心敬累得东倒西歪,可心广却无事人一般。一日,兄弟俩正在上岸地里锄草,趁着兄长心绪平静,正揉着酸疼的腰肢,心广撞了一下心敬的肩膀:"哥,你生来就不是这一行的人。我大早就给我说过你天分极高,将来定会大有出息,还叮咛我要好好扶帮你。可你如今整日窝在家里、地里,终究不是个事。你目下到底有啥打算,给兄弟说说,也好帮你谋划一下。"

心敬叹了口气:"前一向哥心乱如麻,连死的心都有。不过近几日出外转了一圈,经过了些事,也将娘的心思前前后后掂量了一番,觉得还是娘的见识高。成才济世的路千条万条,为啥偏偏都要挤那独木桥?只是日后要走哪条道,哥还真的未寻思好。过几天哥想到师父王鄢那儿去一趟,让他帮哥拿个主意。"心广高兴地拉起心敬的手:"对呀,王鄢师父见多识广,又极器重你,他一定会帮你想出一个万全之策。哥呀,日后你一门心思务你的正事,咱娘、咱婆和家里的老小有兄弟替你操心着;地里的活、外边的应酬有我揽着,你该放心了吧。"心敬感动得心里发酸,多好的兄弟呀,几年没留神,竟然老成了一大截。有这兄弟在家,自己在外闯荡也就一心无挂了。他拍了拍心广结实的肩膀:"俗话说'兄弟同心,其利断金',哥能有你这个贴心的兄弟,真是修来的福分。"心广一听此言,竟激动得眼圈发红："哥,你明儿就到王鄢师傅处,向他讨个主意,家里的事有我担当,你就放心大胆朝前闯吧。"

兄弟俩一边锄草一边唠嗑,似乎有拉不完的话,说不尽的事,不时还响起一阵开心的笑声。不远处被惊起的野鸡,扑棱棱扬起翅膀,幼雏咯咯叫着追赶着前面的双亲,一齐飞向远处的另一片苞谷地里。

直到黄昏,兄弟俩才扛锄一路说笑着回到家中。

第二天一大早,心敬赶赴恩师王鄢家中。王鄢正在吟诵曹操的《龟虽寿》:"神龟虽寿,犹有竟时;腾蛇乘雾,终为土灰。老骥伏枥,志在千里;烈士暮年,壮心不已……"诗中洋溢着诗人暮年仍奋争不已的悲壮情怀,使同至老境的王鄢心绪澎湃难抑。俄顷,又吟起其《短歌行》:"对酒当歌,人生几何?譬如朝露,去日苦多……呦呦鹿鸣,食野之苹。我有嘉宾,鼓瑟吹笙……契阔谈䜩,心念旧恩,月明星稀,乌鹊南飞……"正吟哦间,有人忽接下句:"绕树三匝,何枝可依?"抬头一看,原来是笑眯眯的心敬。连忙起身,招呼他坐于自己身旁。

望着自己的爱徒平和泰然的神情,王鄢想起前几日他悲愤欲绝的举止,真有恍若隔世之感。王鄢不由舒了口气,一面斟茶一面拧身问道:"看来你已安然度过了这一劫。想起前几日的情景,真让老夫捏了把汗。"心敬吹起浮茶,慢慢呷了一口:"前日荒唐作为,让老师忧心,实在惭愧之至。后将母训细细思量,不肖徒也觉得只能如此;加之几日前的一番游历,让我心境为之大开,于今已从以前的牛角尖中钻了出来。"说着便将兴国寺方丈一番高深开导及其后所经之事一一道出。末了又叹了口气:"虽前孽已平,但正如方才我接恩师所吟:'绕树三匝,何枝可依?'今后徒弟又将依附哪根树枝方可安身立命?漫漫前路迷迷茫茫,何处是我的功业前程和归宿?今日前来,还望恩师指点迷津,给爱徒谋划出一条来日出路。"

王鄢闻言,沉默良久。随后将剩茶端起一饮而尽,缓缓开言道:"自那日回来,为师就替你日夜筹思。你之由学而仕之途,由前番厮闹已然壅塞,而今只能另辟蹊径,如汝母之言——为圣、为儒、为医,或为放浪江湖、匿居山林之隐士墨客。欲为圣人,非但与自身天分、秉性、修养、笃学有关,更与天地造化、与其所处朝代的运数密不可分,如孔、孟、朱、王等,皆属冥冥中'天降大任'之人,绝非一己之誓所能左右,一生之奋所能遂愿的;至于大儒,由个人悟性、勤奋及矢志不渝的旷世毅力而成者,却不胜枚举;至于为医、为隐士,以为师所见,皆与尔无缘,故掇取其中者。以你敏学天资,再加之名师训导,大儒伟业必能成就,仅就于此,爱徒必将青史留名,而今日那千万入仕为官者经岁月大浪淘沙,史书上

第十四回　学子投师吃闭门羹　老翁留宿道骇异闻

留下名姓者能有几人?"

心敬闻言大喜道:"恩师一番辨析如拨云见日,令学生心目浮翳为之一开!"王鄩颔首称然,遂正色回道:"汝既绝然择此志向,为师要正告你,此途之艰辛非常人所能受,既要心无旁骛,付出十倍于求仕学业之劳形苦神,排除万难以求功成,又要高瞻远瞩,洞悉百家之短而博采其长,犹如蜜蜂掇千花万朵终酿成蜜。蜜,花之精也,尔应能萃取众家精华加以提炼而自成一家理念;再以真知灼见著书立说开创儒学新脉系,进而设馆授徒,且被四方遍邀宣讲尔之学说,则大儒成焉。"

心敬肃然起立并伏地顿首:"恩师教诲,学生没齿不忘。日后定当谨循此鸿儒之路,百折不回,终吾一生!"

王鄩欣然扶起心敬,开心言道:"尔志既坚,择师当为首要。眼前就有一位大师,此人名曰李颙,字中孚,也称二曲先生,邻县盩厔人,与浙江黄宗羲、河南孙奇逢并称当朝三大儒。达官上至陕西总督鄂善,下至县令骆钟麟及关学名儒李因笃、李柏,江南巨匠顾炎武等,莫不慕名拜访,其学识甚至惊动了当今圣上。

"如今二曲先生设馆授徒并不时受邀四处讲学,且曾主讲关中书院,其理念精奇独到,学养渊深至幽,环顾关中乃至周边邻省已无出其右者。以尔才学天资若投师李门,就尔,鸿儒大业当成就;就二曲,亦当如获至宝矣。"

一番话说完,王鄩先生已激动得气喘吁吁。稍定片刻,他起身从里屋取出一信札递与心敬:"为师早已料定你必前来征询前路,因与其为故交,故特修书一封权作荐函。"话毕神情转凝重,"为师已尽绵力,尔后你之修行全赖自己奋取与造化机缘。总之,须先尽人事而后听天命,纵然事终不谐,则已不负初心矣。"

心敬潸然泪下,再倒地顿首:"师父如此苦心,学生纵然结草衔环,亦难报师恩万一,于后誓当殚精竭虑以圆恩师厚望重托!"王鄩抹去徒儿脸上的泪珠强笑曰:"男儿有泪不轻弹,好自为之去吧。"

师徒二人怀着一腔思绪,挥手相别。

话说心敬兴冲冲回到家中,一进门就径直走进了母亲房中。儿子这几日的情绪跌宕起伏,早已收入李氏眼中,为娘的心中作痛却只能不动声色。见心敬今朝归来一脸喜色,料想其心中必拿定了主意,遂停下手中的活计,静静望着儿子经多日折腾已显疲惫瘦削的脸庞。心敬一口气将访师所得前前后后倒了个罄净,随后一脸的兴奋与坚定:"妈,儿已想好,决定去盩厔拜二曲先生为师,不知娘意下如何?"李氏心中暗喜,开口道:"二曲先生声望远播省外,其儒学功业享誉朝野。择其为师,我儿学业有望矣,为娘甚喜甚慰。心

敬犹豫道:"只是儿此去经年累月,家中活计又当怎样料理?""家中有娘与心广操心,你不必记挂,只一门心思修成正果才是。"见母亲一力支持自己的抉择,心敬方将一颗心放下。娘俩第一次敞开心扉,将王府近百年的沉浮往事和近些年家中发生的陈芝麻烂谷子一股脑抖落开来,叙叨了许久许久……

第二天一大早,心敬背着母亲连夜收拾的书籍和干粮,踏上了盩厔的拜师求学之路。

话说陕西盩厔县,卧处关中腹地、秦岭北麓。山川秀美、土地膏腴、物阜民丰、人杰地灵;堪称历朝京畿之地,可谓各代繁锦之乡;南有太白、首阳群峰叠翠,蜿蜒曲折,北有黑河、泥峪诸水激荡九转回环,中有重阳、楼观、仙游、香山等道观、佛寺,殿宇古迹如珠缀联。

据《康熙字典》中释:山曲曰"盩",水曲曰"厔",故此县以山折水回而得名,"二曲"亦成为盩厔地名的别称。李颙生于盩厔,其著述中常自称"二曲中孚子"或"二曲野夫"等,时人随之尊称其为"二曲先生"。

如今,心敬负笈一路西行,沿途履土涉水饥餐渴饮,逢人便打听二曲先生住处,至日暮时分方走到了盩厔县城偏西里许的新庄堡。

进入村中遂问先生居所,村人向西一指:"那三间草棚便是。只是人已久不在此了。"心敬闻言大惊,急忙赶到所指处,只见柴门落锁已锈迹斑斑,屋前蒿草蔓结几无下足之地,唯门楣处悬一巨匾上书"大志希贤",引人注目。心敬不禁呆在了原地:自己几经折磨,好不容易才择此师儒之路,一路上所思所想尽是如何研习、苦读经典,聆听师父为其解疑析难、众学友相互切磋释义激辩。眼前现状犹如一盆凉水兜头盖脸而下,心敬如痴似呆不知身在何处。

正愣怔间,只觉腰间被硬物戳了一下,回神定睛一看,见一老翁正用手杖顶着自己:"小子可是来此求学的?"心敬施礼曰:"正是。烦问老丈二曲先生可居此处?因何门前如此光景?"老者一笑答曰:"此处正是先生旧居,只不过现已移居富平县传经宏道去了,至今已一年多矣。"心敬心绪烦闷,怅然若失,随之转身意欲离去,却被老人唤住:"小子何方人氏?"心敬拧身回道:"晚生王心敬,家居鄠县北街。久闻先生大名,前来投师求得儒学真传,不意天不作美,以至空手而归。多谢老丈指点,小生这就返回故里,就此辞别。"说完深鞠一躬,拧身便走。谁知又被老翁唤住:"如今天色已晚,夜间行路多有不便,若有闪失岂不令家人担心?老夫有一孟浪提议,不知小子可否纳言?"心敬忙回话道:"老丈指点莫不善意在理,晚生岂能不从?"老翁言道:"此处离寒舍不远,何不前往暂栖一宿,明日一

第十四回　学子投师吃闭门羹　老翁留宿道骇异闻

早赶路回家可好？"

心敬刚才一急忘了饥渴，此时不觉腹中山响，向西望去暮色已浓，心中甚为感激："恭敬不如从命，叨扰老丈一晚，明早定薄酬奉敬。"老翁佯怒道："说哪里话？若再作态，施尔一顿老杖！"心敬忙笑："不敢，不敢。"此一番戏语，使两人一时亲近了许多，老少二人说说笑笑，走到了不远处的一座宅院。

进入院中，搭眼一看：一砖雕照壁迎面而立，花草虫豸、人物房舍栩栩如生；绕过照壁，一色青砖铺就的甬道直通一拱状月亮门，门旁花墙一溜月季花盘绕怒放；墙内数株银杏树参天而立，使暮色中的庭院愈加晦暗。

老翁进屋燃起蜡烛，亮光之下，心敬四处回顾，屋内陈设倒是不俗，显为诗书之家，只是有些陈旧斑驳。唯有一书橱占满整面墙壁，其内先秦百家、孔孟经典、朱陆名著，甚至《三国演义》、《荡寇志》、各代传奇、稗官野史、天文地理洋洋洒洒杂列其中，心敬满是惊慕，漫翻粗阅，无意间竟发现一本徐光启翻译的《几何原本》，仔细一看内容，大感新奇开眼。

意兴正浓时，老者已提来一壶开水，一摞锅盔，外加一碟油泼辣子水水和一小碗浆水菜。置于几上唤过心敬："粗茶淡饭，勿嫌怠慢。"心敬眼里放光，急忙坐下，称："饥中见此，胜过饱时盛馔一席。老丈盛情款待，令晚生感愧不已。"老翁笑邀："废话少说，将此饭食一扫而光，才显你谢意之诚。"心敬一见老翁如此豪爽侠义，便放浪形骸，不停撮食夹菜饮水，大快朵颐之后，竟真将盘中食物壶中水扫荡得干干净净。

望着心敬露出一脸愧色，老翁才心满意足："这才像话，不然鄠县人会笑话盩厔人啬皮。"心敬恭手："岂敢岂敢，只是鄠县人的大肚皮让盩厔人看西洋镜了。"说完二人笑作一团。心敬复言："一时急切，竟将老丈餐食一并进肚，如之奈何？"老者笑道："老夫在灶间已吃过了才将给你的端来，只是不要见怪才是。"心敬望着老者空瘪的腹衣，不由暗拭热泪，急忙转过话头："来贵府许久，怎的不见老夫人及家眷？"老翁叹了口气："实不相瞒，老夫昔日倒是一妻一妾，子孙满堂，可恨早年兵荒马乱，明、清、闯三家你打过来我杀过去。一日老夫出门会友，回到家中已是血流满地，一家人活活没了，也不知是哪一方贼作的孽。"

老者用袖拭了一把老泪道："如今我孑然一身，有时到鄠县小妹家住一阵子，有时回家打个转。好在外甥女时常来照看，她一回去，我就雇个短工。不巧那短工昨日有事回趟家，临行前给我烙了一摞锅盔放着，这不你来了才有吃的。唉，人老了怕孤单，实话说叫你歇宿是为夜里有个人做伴，能说说话打发寂寞，我也不光是一片善心哩，这个小九九

说出来也不怕你笑话。"

心敬一听此话,连忙递上话头:"老丈,既然夜深索然,不妨给晚生说说二曲先生。晚生前来求师,只因听说二曲先生在省内外很有名气,却是不知先生一点底细,能否给晚生长长见识?"老翁笑道:"说起二曲先生,老夫倒真有一篓子话,待老夫收拾好碗筷,咱爷俩躺在院子的大竹床上,叙道个痛快。"心敬赶忙帮着老者收拾餐具。

待一切料理清白,一老一少斜躺在大竹床上,晚风习习拂过,二人无比惬意。

老翁打开了话匣子:"说起来,老朽还与二曲是本家,他太爷和我曾祖为亲兄弟。要论起我李家这一支脉,史上还是侯门贵胄、簪缨世勋之家呢。"老头骄傲地撅起了下巴的山羊胡子,"元朝开国功臣蒙古八邻部的述律哥图,即明修《李氏家乘》中的吾李氏始祖,二世祖是阿勒袭,三世祖为晓古台,四世祖为伯颜。伯颜为忽必烈时著名的贤相,殁后被追封为淮安王;伯颜生三子,次子名囊嘉歹李,为五世祖,其生四子,三子为长吉贴木耳;长吉贴木耳生七子,其七子名为哈答观音保,后改汉名为李诚,即吾七世祖。李诚曾任明陕西路都指挥使,居于盩厔。吾李氏一脉即渊源于此,繁衍至今。"

老头自得地唠叨完辉煌先祖,又转口道:"说起吾侄二曲,还有更神异之事。他出生的那天,老夫刚从县城闲转回来。天已黑定,正从二曲家门口路过,就听见屋里传来一阵婴儿哭声,抬眼向那边一瞅,你猜看见啥光景——满屋红光如旭日吐霞,里面还隐隐传来一阵雷鸣之声。吓得我急忙连颠带跑一路窜回家中,惊得坐在地上半天喘不过气来。后来听其母给坊间闲说,生二曲那晚,梦中见雷霆大作,半空中跌下一五色花蛇,待惊惧醒来已临盆矣。"老翁说完,一口饮干了床前的一碗水,抹了抹嘴又说道,"从那以后,我就料定我那侄儿不是凡人哩。说完二曲再说其父,连带着更有一番几分壮烈几分诡异之事呢。"

老头显然是个健谈之徒,说到兴头上,他一骨碌从床上爬起,双腿盘坐,拉开了说书的架势,中气十足言道:"话说二曲之父,名可从,字信吾,生于万历二十七年。自幼胸怀大志,喜好耍枪弄棒,爱涉军情兵事。此人生得膀宽腰圆,以勇力名闻乡里。加之素性豪侠义气,乡间遂送其雅号'李壮士'。

"崇祯十四年,李自成陷河南,福王常洵蒙难。随后攻州夺府势不可挡,气焰嚣张。是时,时任陕西巡抚的汪乔年正在招兵买马以与李贼决一雌雄,可从即慷慨应征。汪大人乍见之下,看其英姿勃勃,孔武有力且口中所出暗蕴韬略,大有将才气质,十分惊喜,当即擢拔其为军中校尉。

"临从军前,二曲母以旁人推定必涕泪交流,可她却毅然辞别道:'为妻一向担忧夫君

第十四回　学子投师吃闭门羹　老翁留宿道骇异闻

一生仗义,恐恃血性帮人打架而惹祸上身。如今朝廷征召,你尽可放心前去为国效力,拙妻盼你上战场建奇功以忠义扬名于世。'可从听了大为激奋,他当即起誓曰:'我此行誓不歼敌不归,倘相忆,看它如见你夫。'说完立即拔下口中门牙交予其妻彭氏。这是何等的节妇烈夫!"

老翁此时也被当时的壮烈场面所感染,气息粗重。随后点起身旁的水烟,呼噜呼噜吸了起来。从那水烟一明一灭的微光中,心敬分明看到老人脸上现出一片凝重:"可从既与闯王作对,老汉就顺便提及有关此人的一段奇闻轶事,说是顺便,却还与后面的谈资有些瓜葛。

"当年有一人未发迹时曾为驿卒。一日闲来无事,就在驿站前看景。驿前人来人往,两旁摆满了水果吃货,那时远处慢悠悠踱来一道士,身披一件又脏又破的道袍,脚下提溜着一双破毡鞋,说得恰切些,就如民间传说中的济公。这个道士走到一卖桃担前,伸手索讨一只解渴,卖桃的一见此公破相,眼睛一瞪翻上了天,只当没看见。道士初显怒容继有喜色,言道:'尔不舍吾,吾自种之。'说罢从地上拾起一粒路人食尽丢弃的桃核,从一观者肩上取下扳镢,当街挖一小坑,将桃核置入,用土掩之后扬言:'有谁挑水浇之,可为此树之主。'有好事者立时挑水浇灌。在众目睽睽之下,不一时有桃苗破土而出,继而开花,继而结果,继而桃熟,其大如碗。道士摘一桃食之,汁水淋漓,满街喷香。众人见状一哄而上,霎时满街皆为食桃之人。

"道士正食间,抬眼一观,众食者外边站着一位士卒,其双臂后抄,冷冷观看着这一乱景,并未随众自贱。道士大惊,顿觉其人异常,忙睁开法眼细观,但见法眼之中,此人头戴王冠,身着蟒袍,俨然帝王气象。道士大骇,从乱纷纷食客中穿过直趋该人身旁,招手大呼:'跟我来,跟我来!'士卒不由自主,随着道士急奔至百丈远的一个僻静处方停住脚步。道士纳头便拜,口称:'在下无极尊者,参谒吾皇万岁万岁万万岁!'士卒大惊,口吃道:'你胡胡胡言乱语些啥?皇皇皇上在哪里?'道士指着士卒:'陛下就是皇上。只是目下还有一事凑齐,此举方成:三日后汝父必亡,待七日丧事一毕,亦即距此十日正午,你在……'回身一指远处一棵大榆树,'此树下等着贫道,吾将引你至一龙穴,葬尔父于其内,大事即谐矣!'说完略一稽首,飘飘而去。

"待士卒转身回至驿站门口,只见那个卖桃的正在跳脚大骂,原来满街桃子都出于其筐。初时此人看热闹,继而亦与众人上树争摘,待众人食毕,回身一瞧,整筐桃子不翼而飞,唯余空筐一只。至于桃树,此时已渺无踪影。

"事后三日,士卒父果暴亡。遂按道士吩咐,悄然而顺当地办完了事。"

一口气说完,老翁卖了关子,顺手抄起水烟,又慢悠悠呼噜呼噜起来。心敬一急,忙拉住老者衣袖:"此士卒是谁?说嘛,说嘛。"像极当年拉着伯父讲古经事急处的憨态。老者逗道:"你猜猜,此人是谁?"心敬略一筹思,立刻一笑:"莫不是当初高举反明大旗的……李闯王?"老者笑拍一把:"小子还算聪明。"心敬接口又问:"人道说死就死?闯王之父为何能恰好在道士指定的时辰暴亡,太是蹊跷。"老者点头称是:"据坊间传言,李贼登位心切,于正日将其父扼杀;当然也许是道士神算,此事非亲眼所见,都不足为凭耳,此千古一谜只有老天爷知晓了。"二人望着沉沉夜空,半响没了言语。

"方才老丈言及此事与二曲父从军遭遇有些瓜葛,所言何事?"心敬沉思一阵,又提问道。"下面的场景有些诡异,可老夫是从《明史》上看来的。今夜说起,作茶余饭后我爷俩扯的咸(闲)蛋。话说汪乔年汪大帅,当年正在练兵以图阻闯时,却从北京传来一道密诏,命他火速驰往陕北米脂,开挖李闯祖坟以断其阴鸷,显然以上坊间风言也传至崇祯耳中。

"其时米脂县令叫边大受,是个极为干练的能吏,他查得手下一书吏为李闯族人,当即抓来拷问,重刑之下书吏招出其地址——离米脂县城二百余里有一李家村,村旁乱山岗中,有十六座坟呈环状而葬,围在中央的那座坟即埋着闯贼之父。边大受将这一情况上禀汪乔年,汪大帅随即带兵前去挖坟。此坟即是无极天尊所指之处。

"边大受带着泄密书吏随汪乔年及一干兵卒来到一座连绵山角,放眼望去,书吏所指处,山形极为怪诞。一座笔直的山峰两边却各延伸出一系支脉形成'门'形(老者用双手比划着),极似硕大的一座龙椅,而那个坟茔,就坐落在'龙椅'上的一片莽林之中。

"汪帅率着众兵卒爬到山腰,淌过一条昏黄浊流的河道,走近了那片茔地。那天可日怪了,万里晴空一丝云彩不挂,炸红日头烤得兵卒们个个汗流浃背,头昏眼花。脚下荒草野蒿酸枣荆棘遍布,眼前那片坟茔中林木枝丫虬结盘绕得密密麻麻。晃目的日光下,密林之中黑沉沉的,隐隐现出的十几座土坟如一群巨兽蹲伏其中。众人正愣神间,忽然从林中黑处传来一阵似哭似笑的怪鸟鸣叫,又觉一股不祥的阴风扑面而来,人人立时头皮一阵阵发紧,个个畏缩不前。大帅强自镇定,大声叱喝,众人方才一步步靠近了这片充满诡异的萧森之地。

"汪巡抚令兵卒按指定穴位挖开,刚有一露口,坟内呜的一声冒出一大坨黑气,直将坟茔罩得严严实实,黑雾中的士卒个个如中瘴气,霎时倒了一大片,惊得汪帅急忙喝令众卒退至数十丈远。待黑气散尽,众人才战战兢兢上前将昏死的兵卒拖至一边继续挖掘,直将坟盖半边挖开,众人聚探下视,却见其内卧伏黑魆魆一巨物,惊愕之间一细瞧,却是亿万蚂蚁团聚其中。说时迟那时快,这团蚁群瞬时如洪水溃堤,一齐倾泄而出,众卒惊逃

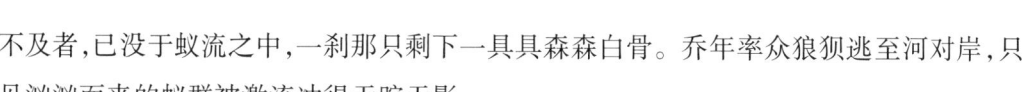

第十四回　学子投师吃闭门羹　老翁留宿道骇异闻

不及者,已没于蚁流之中,一刹那只剩下一具具森森白骨。乔年率众狼狈逃至河对岸,只见汹汹而来的蚁群被激流冲得无踪无影。

"过了一顿饭工夫,见蚁流渐竭,汪帅方才命众卒渡河。经一番手拍脚踩后逐渐靠近了溃处,此时洞中已无蚁踪,一巨棺赫然现于眼前。乔年命几个兵士跳入穴中,见旁边凹处有一盏铁灯放出荧荧豆大光亮,据说此灯昼夜不熄,若此灯不灭,则李家有帝王出。汪年急命人将此灯踏灭,然后发一声喊,众卒用刀枪将棺盖揭起。大伙定睛细看,只见一青色尸骨直挺挺躺于棺底,浑身长满长长黄毛。翻开尸骨,见其后脑勺有一铜钱大的小孔洞,内有一赤蛇盘缩其内,其长约有三、四寸,头上已长出细细的嫩角。此蛇初见阳光,蓦地飞起高约丈余,张口吞食日光六七下,尔后颓然落下,翻滚蠕动一阵,渐渐僵卧穴中。据老夫推之,赤蛇成角即化成龙,无奈其将成未成,故而腾飞丈余而跌落,后见光而亡。若此蛇果真成龙,当今即为李闯天下矣。

"后来乔年命人将其头骨装匣,连同风干之蛇尸一并呈送北京,其余骨骸全部焚毁,并命士卒在上面撒尿拉屎,以破其妖法,方率卒回归。"

听完这番惊心动魄且诡异万分却又能载入史册,似乎言之凿凿、不容置疑的奇谈,心敬喘着粗气,心绪一时难以平静。半晌,方弱弱问道:"后来呢?"老者透了一下烟杆,又接上一锅,方接口道:"后来,李贼闯王听到被掘了祖坟,一觉帝王梦被生生搅醒,失声痛哭接着暴跳如雷,指天发誓道:'本王定要宰了汪乔年这个畜生,食其肉寝其皮方解我心头之恨!'于是催动大军,设计将汪巡抚团团围于襄城。乔年哀叹曰:'此吾死之所也。'次日,闯贼炮击襄城,城防工事尽焚毁于炮之下,眼看城破人亡,手下人泣求汪帅先行撤离,汪帅发怒道:'你怕死,我不怕死,大丈夫为国尽忠的时日到了!'不多时城被闯贼攻破,匪兵涌入城中与明军展开巷战。

"汪大帅四周亲兵奋力搏杀,一时间乱肢横飞,血流成河,怒叱声、惨叫声不绝于耳。闯贼毕竟人多势众,狼奔豕突之下,汪大帅身边士卒已死伤净尽,四周闯兵持花枪握刀将汪大帅铁桶般围住,狞笑着慢慢逼近。汪大帅一看已入绝境,遂跪地仰天大呼:'皇上,微臣汪乔年在此为国尽忠,只愧未能殄灭闯贼,留此遗恨以待来生了!'随之拔剑欲自刎。正在千钧一发之际,忽听场外一声大呼:'大帅,末将来也!'汪帅正惊愕间,忽见四周闯兵如败禾临刃,呼啦啦倒下一片。定睛一看,只见一大汉如天将下凡,刀光闪处,溅起一片血花。闯兵哗地一下退出三五丈远。你道下凡天将是谁?原是二曲之父李可从!说时迟那时快,可从一把挽起汪帅,挥舞大刀慢慢向城外退去。四周闯兵且围且逼仍不敢造次向前。就在可从护着汪帅即将退出城门之际,却听'嗖'的一声,一箭射来,正中可从门面,可从倏然立定,大吼一声:'杀贼,杀贼!'轰然倒地。一代英豪,就此魂落襄城矣。"

一时间四周一片寂静,心敬捂着突突跳个不停的心脏,望着时明时灭烟火中隐隐现出的老者凝重而豪气的面影,脑中仍浮现着李壮士神威惨烈的幻象。老少二人陷入久久的哀伤之中,不发一语。

过了好一阵,心敬才开口问道:"那之后的境况呢?"老者唏嘘叹道:"可从倒地,闯兵一窝蜂上前将汪帅生生活擒,汪帅临终大骂闯贼,闯贼怒割其舌,将他来了个五马分尸。可怜一代忠臣竟落得如此惨烈之下场,实实让人肝肠寸断哪。"

老者将烟锅在床边磕了磕,续接话头道:"可从公壮烈殉国,朝廷传旨建祠立碑,公谥其号曰'忠武',如今在襄城安享四时香火……你说我是如何得知详情的?只因本村一后生也随可从一起从军,那场血战他当然也参与其中。只是后来兵败如山倒,这小子机灵,趁乱逃入民宅被宅中女子所救。等兵灾过后,这小子由娘家人陪同着携女子回到村中,双方长辈都认同此乃天意之'柜中缘',不多天便择日成亲,喜宴上叙说二人姻缘时,老夫方才得知以上详情。"

说罢,老人打了个哈欠,一伸懒腰道:"时辰不早了,咱爷俩索性挤在这竹床上,迷糊一阵吧。"心敬急忙一推老者:"哎哎,刚说了二曲先生之父,二曲还没见八字一撇呢,就怎能困觉?"老丈扑哧一笑:"早知你这小子如此难缠,就不叫你来了。也罢,干脆不睡了,咱爷俩就来个通宵论古经。"

"说起二曲早年,自丧父后家境日艰。到了该上学时,二曲见别家孩子都背着书包蹦蹦跳跳上学去,他却苦无束脩而被阻于学堂之外,就连亲舅父设馆都不要他。二曲回家哭诉母亲,你听我那弟媳妇是如何回话的:'无人教你难道就可以自暴自弃吗?古圣贤的人格品质与其著作经典就是你最好的师傅。'二曲听到母亲如此见解,幡然醒悟。他就从《三字经》开始,凡不识之字,不懂之句就向有学问的人请教。如此日积月累,加之我侄天资聪颖,好学不辍,几年之中竟将《中庸》《大学》《论语》《孟子》《朱子大全集》乃至《资治通鉴》《道经》《释经》等统统纳于胸中,烂熟于心。你知道他是如何读得这些经典?是他逐门逐户求借而得:每打听到谁家有此类藏书,即上门求借,有鄙其家贫者,有惜书不借者,有嫌其不付酬者,不一而足。二曲放下身段或伏地苦求,或在其家打工数日以偿借债;而借得之书,爱惜如金,回家如饥似渴边诵边抄,数日即完璧归赵。

"往后此好名声传遍盩厔、眉县等地,以至后来好善惜才且藏书颇丰之家,闻知其贫而好学,遂邀至家允其恣意翻阅。数载之间,不唯儒学大典,甚至天文河图、九流百技、稗官野史、奇门遁甲,洋洋洒洒莫不研及,至于历代文学诗词曲赋更是烂熟于心。由此,吾

第十四回 学子投师吃闭门羹 老翁留宿道骇异闻

侄二曲遂渐成关中儒家学者广为人知的后起之秀。前朝末我朝初,中土三大名儒之一的顾炎武曾叹道:'坚苦力学,无师而成,吾不如李中孚。'遂与其交好,或亲至或书达,来往密切而互磋学问。

"至此,仅为二曲成儒之初,尔后他将各期儒学精要融入胸中而更引申发扬以至自成一家,其见解之深邃令时人为之一异;与之同时,其学养气质亦日臻深沉,待人接物乃至谈吐均令来者肃然起敬。

"有一事老朽至今记忆犹新。前些年,县宰樊嶷大人闻听吾侄学识,便遣使传唤,二曲竟以'庶人无事不入公门'为由拒之,樊县令遂以文友身份重邀至居所,方才欣然前往。时值盛夏,而二曲却身着褴褛絮袄,脚穿毡袜破履坦然前往,樊宰一见眉头微皱甚觉不雅,然一触学问,二曲见解之深令其大为诧异;谈吐之间振聋发聩之语顺口而出,尤令其暗自惊叹;加之眉宇间流露的轩昂气度,举手投足间潇洒飘逸的仪态与超凡脱俗的神韵,一时间让自视清高的樊县令不禁折服;而樊嶷的豁达儒雅、渊博学识也使二曲侄一见如故。二人愈谈愈投机,不知不觉间竟至夜阑更深。分别前,樊宰欣然展纸提笔,大书'大志希贤'牌匾一幅,命人悬于二曲门楣。兴致未尽,还题诗一首以自庆。诗云——记不得了,好在老朽誊了下来,你且跟老夫过来。"说罢强自起身蹒跚着迈向里屋,掌灯过去从书橱中摸索出一页宣纸,展开看时,只见诗云:"漫道高贤不易逢,而今此地有潜龙;英年独步颜曾武,定识遥承孔孟宗。浊世狂澜堪砥柱,俗儒圭角已陶镕;千秋声气应还在,濂洛关闽岂绝踪。"心敬读后不禁对还未曾谋面的二曲先生充满了敬畏,老翁亦含笑点首,一手捋着山羊胡子,脸上溢满自得之色。

不知不觉间,窗外已透麻亮。心敬伸腰打哈欠,一脸歉意对着老者:"谈兴如此之浓,以致通夜未眠而不觉晓,多谢老丈讲了一部'二曲演义',使晚生如晤其面,如闻其声。只是耽搁了老丈瞌睡于心不忍。"老者哈哈大笑:"你闻听过这老人三怪——怕死、爱钱、没瞌睡?今夜你听老朽讲古经,失眠难熬之症不治而愈矣!"说罢,二人前颠后跌了好一阵。

说笑一毕,心敬面露愁容:"此次未能聆教于先生,实乃心中一大憾。不知先生何年何月方能回来。晚生路远不晓,如之奈何?"李翁笑道:"这有何难,如若贤侄迁回,即刻顺路捎话与你。小子也,你就回去静候佳音吧。"

心敬整装一毕,恭手道别:"叨扰老丈一夜,又盛情款待……"不待心敬说完,老翁已举起拐杖:"再说此等浑话,老朽将你赶回鄠县。"心敬只好深施一礼,依依惜别。

此时天已透亮,行至邻村。见一庄户正牵着一匹马准备给地里拉粪,可此马似乎是借富户换工的,有些欺生,不管庄户左拉右拽,那牲口却摇头摆尾死活不进车辕,逼急了还尥起了蹶子,庄户哭笑不得,用手戳着那牲口的额头,数落道:"犟,犟!你能犟过李二曲算你有本事。"心敬一听此话大为不解,上前拱手道:"这位大哥,马不进辕或许是认生吧,如何说它犟性还比不过二曲先生?"庄户拧身一笑:"这个二曲先生才学品行盩厔谁人不晓,可朝廷三番五次召他进京做官,他却接二连三装病害牙疼,弄得官家没一点办法,你说这个人犟不犟?嘿!咱要是有这个福气,保管撒开丫子就往京城跑,任谁挡都挡不住……"话未说完又和那匹马较开了劲。心敬一听此状,不由回身起程,一路上不断琢磨着先生的这一怪脾气。

日暮时分,心敬终于回到了家中,一抬脚就躺到了炕上。脚下磨起的水泡火烧火燎,疼得钻心。李氏见儿回家凡人不理,便踅到炕边坐下,摸着心敬的额头:"是不是事不顺遂,师傅不收留你?"心敬懒洋洋回道:"才不是。先生根本就不在家,搬到富平去了。可妈,"他一轱辘从炕上爬起,"儿到盩厔之行,虽未见二曲先生之面,却听说了先生的许多传闻呢。"便将两天之中耳闻目睹之事一股脑儿倒了个罄净。李氏一时点头微笑,一时泪眼婆娑,一时目瞪口呆,一时双眉紧锁。随着心敬的叙说情节,李氏的神情不断在欣慰、哀伤、惊惧与气愤中起伏变换。在这个善良仁厚的女人心里,二曲先生一家的遭遇令她感叹同情不已。她不由抚摸着心敬的脸说:"儿啊,你这一趟没白跑,还堪称收获颇丰呢。起码二曲先生的人品、秉性、家境、学识你都了解得差不离了,把你托付给这样一位正人君子,娘放心。"心敬又说:"可二曲先生又倔得厉害。"随后又将归途中遇庄户的趣事也给讲了,李氏不禁失笑,尔后敛容深思了一阵,柔声道:"二曲先生屡次坚拒为官,不会是厌官场龌龊而洁身自好,以其父母前番作为,二曲先生定然是自视大明忠臣而不屑于折节清廷。如此气节更使人敬仰万分。尔师王鄩不也是满腹锦绣文章却不应仕而甘为一私塾先生么。"心敬听母亲这一说,方才放下心中疑团。

当晚酣睡之中,昨夜闻听老丈所言桩桩奇事,又在梦境中重演了一遍,由于梦境中那些场景为自己"亲眼所见",更是惊心动魄得让他肝胆俱裂,以至一觉醒来,仍然心跳咚咚,气喘吁吁,冷汗汩汩不止。

第十五回　骆县令辩理拜名师
　　　　　李夫子讲学震江南

　　眼见心敬投师不遂，读者诸君定会问道："二曲先生在蓥屋住得好好的，又有县令樊巍的悉心眷顾，却又为何甘于不远数百里，历经路途折腾，举家搬迁到富平异乡的生疏之地？"原来其中大有缘故且实在是不得已而为之。还望各位少安勿躁，待在下为诸君细细道来。

　　话说二曲先生前些年学声大振，不仅周围县邑童生、士人纷纷前来讨教解惑，就是省内外达官、鸿儒亦慕名不时前来论学，像日后与二曲先生并称"关中三李"的李因笃、李柏；按察司翟凤翥、布政司陈广心、巡抚张自德、提学王功成；甘肃秦安的蔡启胤、启贤兄弟，同州的党湛、王化泰；江苏昆山的顾炎武等，均与其相见甚欢，互相钦慕而成至交甚而拜结金兰或成儿女亲家。有官衔的干脆表门称誉曰"躬行君子""理学渊源""一代龙门""躬超萃类"等，不一而足。尤其令人纳罕的是，就连远在满洲的旗人头目会纳也率其弟奋魁及众多部属官员前来聆教瞻礼；将军佛尼勒经常来往求教军事诸题；蒙古族部落首领鱼皮鞑靼不通汉语，却不远千里专门带着翻译前来闻声受教。由此可知，彼时的李二曲学识、名望已扬播全国包括遥远的边陲之地。其门生所撰二曲生平的《历年纪略》对访者受教情景有过一段极为生动的描述："先生本奋自寒微，学无师授。一旦崛起僻壤，孤倡久晦之余，远迩乍闻其说，始而哗，既而疑，久之疑者释，哗者服。桴捷响随，胪传风应。不惟士绅忘贵忘年，千里就证，即农工杂技亦皆仰祥麟瑞凤，争以识面为快。"看看，连"认得二曲"都成为乡间闲人向亲戚、朋友、同伙的炫耀资本，就不难设想二曲的学问、德行及至"刷脸"传遍乡野四方了。

　　一日，二曲正在家中执笔《匡时要务》论著，却不防有一公差持函说新任县令骆大人有请到衙署论学。二曲的构思正到紧要处却被打断,不免心中懊恼,遂冷冷回道:"烦请贵使回禀大人:二曲一介腐儒,何德何能有袭骆令垂询?况小民平素胆小畏诣公堂,还望大人赦免李某不敬之罪。"公差一听苦笑一声:"真是块茅沿上的石头。"怏怏回复不提。

又过了几天。一日黄昏,一中年儒生骑着一头瘦驴,登门拜访二曲。二曲迎于门外,抬眼望去,只见此男子:头戴瓜帽,身罩青衣;浓眉方脸,阔额隆准;虽穿着似凡儒,却目射精光,眉露英气,不经意间还隐隐透出一丝倨傲之色。

屋内坐定,奉茶一毕。书生开言道:"在下浙江临安人氏,名号莲浦。亦忝居儒林之列。久闻先生大名,如雷贯耳,今特来专就理学诸论与先生研讨,还望先生拨冗俯允,不吝赐教为幸。"二曲正容曰:"盛名之下其实难副。仆以虚名累及先生远道枉履,不胜惶恐。然先生既来,吾理应竭诚相待,知无不言,言无不尽。古云学问相长,你我论道互质,将各有所得矣。唯二曲学识浅陋,谈论中难免谬误迭出,还乞先生拨翳启明,欣然指正才是。"

随即二人就陆王心学、程朱理学及所涉先秦诸子百家乃至儒、释、道各家所蕴哲理各抒己见,展开辩论。一时看法迥异,一时见解契合;一时分道扬镳,一时又殊途同归;一时争执得面红耳赤,一时又开怀大笑握手言和。一场理学辩论一直持续到了深夜。那位男子见二曲就细质所疑皆鞭辟入里洞幽烛微,且无处不引经据典却能信手拈来而又直指要津,不免内心折服,其不卑不亢、风趣随和的谈吐风度尤使男子惊奇不已并为之心醉神迷;而那男子的睿智辩思与机敏应答,其倜傥、豪爽、风雅的气质也令二曲为之倾倒。二人均有惺惺相惜相见恨晚之感。

移时,男子拱手道:"时已至此,实不相瞒,在下即继樊大人之任的当今盩厔县令,姓骆名钟麟。初来即闻先生学识、声名播于朝野四域,心疑未必,故微服出访以求真容。刚才一席之谈令在下如拨云见日受诲良多,顿觉己如井底之蛙而傲苍穹矣。吾已决定,今后以师礼事先生,望先生万勿推辞。"说毕即叩首于地。二曲慌忙扶起笑曰:"大人虽微服出行,然吾从眉宇间英气中已窥得此人为不凡之躯矣。你我不必以师徒论,以布衣之友论之足矣。"钟麟却回道:"古人云'学无先后,达者为师',先生俯允则尤幸矣,焉敢与先生平起而论道?"二曲再三推辞,钟麟仍固执弟子之礼,勉为其难之下,二曲只好受其一拜。

二人复座,钟麟慢呷一口茶,徐徐道:"初到偶闻樊宰公文随笔,见其中樊兄对师傅赞誉有加:'昨晤吾子,知吾子必为大儒无疑也。幸陈人有缘,得一见之;恨陈人无缘,将不得常常而见之。虽然声令自在,一日千古也,喜甚,快甚!担当世道,主持名教,非吾子其谁耶?'阅后甚不以为然,想此僻壤之地有何鸿儒值得樊君如此高歌?吾今招之以试其真

第十五回　骆县令辩理拜名师　李夫子讲学震江南

伪。随后便有先生拒招而逼得学生只好亲赴师门寻衅以致折戟沉沙,颜面尽失之举。"二曲笑曰:"人云不打不相识。大人这一异想倒成就了你我二人莫逆之缘,岂非天意乎?"钟麟大笑应之。

夜阑星稀月朗。二曲将钟麟送至门首,二人依依惜别。

行至途中,骆钟麟回望天际旷野,顿觉海阔天空,心境也如其景,不由喃喃自语道:"与君一席话,胜读十年书。往后有此名师指点,吾儒学识能日日长进,何其幸也。"随之策驴急行,其欢快的身影迅速地愈来愈远,消失于通往县城的关道之中……

其后,每当二曲授课讲经,钟麟只要闲暇,总来听讲。他一边认真记录着二曲的只言片语,着意揣摸其蕴含的深意,一边对近日所思儒理疑问向二曲索问以求解惑,或者趁歇息空档天南地北、诗词歌赋、乡间传闻闲聊一阵,钟麟也从其中所获良多。

时间就在这二人友情弥深的快意交流中匆匆逝去。骆钟麟目睹二曲的日行艰难:其所居唯茅屋数间,其上年久失修已有几处塌陷,以致每当下雨家里总要忙乱一番;一日三餐仅以稀粥糊口,经常数月间不闻一点荤腥。温厚的钟麟忍不住心酸,心里感慨不已,遂以不惯在此破屋中坐谈为由,拿出自己的俸禄为心目中的良师益友翻盖一新;又不时在来访中带些粟米肉油,以招待自己为名给予暗中补贴,以全挚友颜面。二曲强忍心中感动,神情泰然予以承受,至夜阑更深时却双手掩面热泪横溢:苍天有眼,让我二曲交了这么一位志同道合而又仁义豪侠的良友!

俗话说,千里设宴终须一别。康熙七年,骆钟麟升迁常州知府。二曲难抑无尽惆怅,破例送钟麟君于盩厔境外。临别时,骆公手执一地契交于二曲,语重心长道:"先生一生困苦治学,令人感佩之余不禁凄然。今弟子俸满将升,念去后无以赡给,故置地十亩与师,聊资耕作以补家用。还望先生万勿推辞,以成全不才为国保全大儒的一片拳拳之心。"话说到这个份上,还能自恃硬气冷了骆君的一片心么?二曲默然紧握住骆钟麟的双手,只是淡然问了一句:"贤弟自今一别,何日才能重聚畅论学问?"钟麟强笑道:"弟子一到任上,待诸事摆平,还要烦请先生来此讲学一番,不又可再次聆听您的教诲了么?"言罢二人挥泪道别。

二曲伫立原地,直到骆钟麟人马消失在远方官道上很久很久,他仍呆立不动,仿佛这位弟子连他的一颗心也带走了。他不禁双拳捶地,任由涕泪交流,似乎唯有这般失态,方能倾泻他心中相聚的留恋与别离的痛楚……

其后多天,二曲终日郁郁寡欢。钟麟的身影不时在脑际萦绕,他那率真的笑容、狡黠提问后的得意神色、激辩时的冲动执拗与临行前的依依不舍,仿佛就发生在昨天。一切细微的场景,如今回忆起来,都让他倍感珍惜。随之而来的无尽惆怅折磨得二曲抛下一切学务,连日在村旁的小河堤上来回转悠,整个人沉浸在对往日的回忆与钟麟来函的焦急盼望之中。

终于,在度日如年的几个月后,两位兵卒携着一顶轿车来到了二曲屋前。兵卒将骆知府的邀函递与二曲,二曲匆匆看过当即回屋叮咛妻儿一番,回身就登上了轿车,急急朝着常州方向奔驰而去……

当那熟识的赤诚笑容向二曲缓缓移步而来时,一向稳重的他却有些把持不住:这不是自己日思夜想的钟麟贤弟么?一股热泪不争气地顺颊而下,他顾不得拭去急忙下车与钟麟握住双手,久久无言。

清晨,二曲洗漱一毕,有公人送来崭新服饰一套,言是知府大人为先生讲学所用。二曲展视,见其窄衣小袖且衔续着马蹄扣,不由笑道:"在下既非官绅,又非武弁营丁,穿着窄衣小袖甚感拘束。宽衣博袖乃普通人之着装,余为庶人一个,不敢有别于黎民百姓。"此段话中,二曲声言己为一黎民,自当如一般百姓穿着;若穿上当时官绅流行的清制服饰,反而成为庶民中的异类,甚不自在。明面上似乎在理,其实更有一层隐思在内心深处:如今官场及上流社会人物,俱已改穿清制窄衣马蹄袖,而普通百姓仍着明代的宽袍大袖汉式衣着。二曲借用以上托辞作掩饰,实则坚守着自己忠于汉明的人格底线。

二曲吩咐下人将知府送来的"行头"收将起来,仍穿上自己平日的衣裳,气定神闲地迈进了骆大人专为他安排的讲学大厅。

大厅内坐满了当地的官绅名流、士子儒生,其中还有不少远涉百里慕名前来听讲的官员与学者;讲堂外还密密麻麻围了一大堆入不了局子却又想看热闹、看门道的平头老百姓。众人都闻知当今知府大人特地邀请了他的师傅来此传学讲经,不由个个脑海中浮现出一副饱学风雅而又俊秀倜傥的才子模样。待二曲一登台,众人放眼望去,只见此人竟是一个五十左右的干巴小老头,且面容黝黑瘦缩还胡子拉碴;目光下移,见其身着一件缀满补丁而又汗浸尘染的宽袍大袖前明汉式平民装束。

众人一见二曲其貌其服无不相顾愕然,有一前座轻浮后生竟促鼻扇风作憋气状,似乎瞬间难耐,而后排一老儒却暗地竖起大拇指:"开场即以本相示人,真大儒也。其后必有真知灼见在里面。"

骆知府在台前侧案就座,几上摊开一溜笔墨纸砚,准备将师傅的讲学所述一言一句记录在册。当他看到二曲此番扮相,心里不由暗叫一声惭愧:若师傅穿上他赠与的那身行头,岂不将他意欲展示的本相遮盖净尽?那还是他平日敬重的率真而有骨气的师傅

第十五回　骆县令辩理拜名师　李夫子讲学震江南

么?他的神情顿时肃然。见二曲登台,钟麟急忙上前搀扶并搬开座椅,恭恭敬敬地扶着二曲坐下,方才退回到自己归处,摊纸持笔,一眼不眨地望着二曲,准备记下那些即将流传千古的至理名言。

那拨相顾愕然、甚感失望的诸众人,一见他们的父母官如此敬重这位老夫子,顿时心生凛然,场面一时鸦雀无声。

二曲坐定,环视台下表情各异的听众,缓缓开口道:"诸位孔孟门生,皆我道中学友。不才李颙,受知府骆大人诚邀,来此讲学。人皆谓常州乃物华天宝之地,人杰地灵之乡,自思才疏学浅实难堪此重托,且又有何敢妄自论说以渎众听?然继而思忖此去却是与我江南各饱学之士切磋理学奥义,并由此获益颇丰之难得良机,故不揣浅陋前来讨教于列位。

"此次与同道商讨之议题,题目为《匡时要务》,此乃李颙多年断续思考的大文章。众所周知,前朝吏治腐败,世风日下。为官者不理朝政,而溺于巧取豪夺;为商者不勤于货殖,而精于坑蒙拐骗;为民者笑贫慕娼,而耻于日间劳作;更不齿者,科场士人不以孔孟圣典用之于修德养性,增益治民理事之能,却徒作入仕进身之敲门砖。以此心谋官图擢,岂能为君分忧、为民谋利而不中饱私囊?以上种种弊端终使乱民蜂起而惨遭灭国之灾。回视我朝,毋庸讳言,其状有过之而无不及。方今人欲横流,功利之毒深入膏肓,长此以往,蚁穴簇集,堤溃千里之日已不远矣!一言蔽之,人心不古,实乃误国殃民之大祸根。

"故曰:治乱生于人心,人心不正则治致无由;学术不明,则人心不正。故今日急务,其先于明学术,以提醒天下之人心。《匡时要务》之本即为提醒天下之人心,斯言在今日,尤为对症之剂。

"愚以为当今之下唯有重倡孔孟之道,移风易俗,使各阶官吏乃至士农工商皆循礼义廉耻而行事,潜心修善除恶,明辨'义''利'取舍。人若五德足具万善咸备,即便率性而行,自然爱亲敬长;保此不失,自然君臣有义、父子有亲、夫妇有别、朋友有信。然吾人身心本粹白无染,只因堕于习气,随之失却本色。若欲还我本体,必须用功于日用常行间,有不仁、不义、不礼、不智、不信之行,便是吾身之玷,一一治去,使所行皆天理,此修行之见于外也;反之一念之微,觉有不仁、不义、不智、不信之私,即是吾心之疵,必一一治去,使念念皆天理,而无一毫人欲之杂,是修行之密于内也。如此内外交修则己心已纯良矣。若加之各宪台及邦之名公巨卿身体力行,方以明伦兴化、砥砺颓俗为己任,辅之以教化黎民同心整治世风,以达昔儒所谓'斯道若明如昼日,世风何虑不陶唐'。如此官民共举持之以恒,则尧舜仁政、贞观盛景,何愁不复现于我朝乎?……"

　　一席开场白后,台下响起一片喝彩声。众人被先生精辟的辨析所折服,为其深邃独到的见解而赞叹,更被其铿锵激奋的语调、神情所感染,一时引发全场共鸣,使席间气氛分外炽热起来。二曲一看台下众人纷纷点头认同,随之将自己多年殚精竭虑所得一股脑如高山瀑布倾泻而出,加之激情之下灵感迭现,竟将初稿之中诸多阐理、引论、例举、设问、反诘、结语等有关题材、论断、谋篇、章句如投入熔炉重新冶炼一番,其结构更为宏大,逻辑更为严密,说理更为充分,结论更如水到渠成,人人服之。一时间在精神极度兴奋之下,竟然如珠妙语信手拈来,惊世金句顺口而出,其时情景如场中人所言:"引经据典,洞烛幽深;针砭时弊,万众归心。"

　　一场精彩绝伦的即席讲演,使这篇传世关学经典——《匡时要务》,在不意间华丽降生了。

　　讲学结束了,满场寂静无声。意犹未尽的听众懵懂间看到二曲先生向在座的士绅、儒生深施一礼,低头开始收拾起案上的书稿等物事,方才晓得这场精神盛宴已撤席散客了。顿时喝彩声响成一片,众人纷纷挤上前去,将二曲围在了当中,赞颂的、求解的、探询下次开讲日子的、就近观瞻先生仪容风采的,弄得先生手忙脚乱,应答不迭。骆知府见状,急忙上前劝住众人,方才解了师傅的围。

　　行至归途,常州教谕王迈忍不住拉住二曲的手,兴奋言道:"先生此番讲学犹聋者忽闻钟鼓之声,盲者忽睹五彩之华。无不欢欣畅悦,如梦斯觉!"好家伙,二曲先生这番讲演在王迈看来竟有如此神功:能令失聪之人恢复听觉,失明之人恢复视觉;且听者闻其声调如奏钟鼓琴瑟,视者睹其身形如罩五彩之华。这个"马屁"也拍得太让人受用了。不过话说回来,王迈乃持重斯文之人,绝非阿谀逢迎之辈,此番表白平心而论,是其发自肺腑的由衷心声。更令人荡气的是,此番如高山响鼓般的讲演,给江南士子印象之烈、感触之深——"如梦斯觉",惊醒了一向自视甚高的江南儒学界:原来中华西北僻壤之地,也有如此理学高人在焉。

　　常州讲学,使二曲先生在江南一带声名远播。各地争相诚邀先生去讲学播论,无锡、江阴、靖江……足迹遍及各省。留及一处,皆掀起一股"二曲热",许多"李粉"以听先生讲演为荣,以睹先生风采为幸,以至每临开讲,时人评之为"阖邑绅衿咸集,堂上庭墀环拥稠叠,门外众庶,莫不遥望窃听……"其况之盛,乃至于士人未及聆听讲学者,竟羞于在同侪前谈学论道了。

　　其间还发生了一件令二曲啼笑皆非的趣事。一日清晨二曲起身,一摸其日常着装竟不翼而飞,惊诧之下翻身坐起,只见座椅上搭着一件崭新的便服,几上还多了一锭金锞及

第十五回 骆县令辩理拜名师 李夫子讲学震江南

书简一封。取过一观,见信中云:"粗观先生,其貌不扬,其装不鲜,余甚陋之。然先生登台宣演,却如凤鸣龙吟,其说令人茅塞顿开,大有醍醐灌顶之感。场中愈听愈惭,汗颜不止。及至讲毕,不肖亦随众人拥围先生。就近嗅之,当初令人不禁倒胃闭息的腥膻之物,如今却隐隐透出一股兰麝之气,私下大为惊诧而视之为异物,故致今夜不揣冒昧,潜行猥琐之举,学鼓上蚤时迁摸鸡所为。椅上新装及几上青蚨乃宵小赔付所置。还望先生海涵,怜其愚痴宥其不敬,令在下有平日瞻拜之幸与向同侪炫弄之资,不啻再生父母也。不肖徒×××顿首上书。"

二曲望着这段不伦不类的文字,不由又气又笑,叹口气道:"难为了这厮的一片诚心。"随即将新装留下,唤过下人,命将金锞送还"盗宝之时迁"不提。

二曲先生在江南的一系列讲学,给江南儒学界送来一股清新之风,使江南士子们对地处西北一隅的关学,不得不刮目相看。就其关学学说如此广泛深入地传播于中华儒学腹地及所产生的巨大影响而言,李二曲此次之行,当属前无古人后无来者。

正当二曲在江南声名鹊起,各地官绅邀函纷至沓来之际,一封由家仆李喜捎来的紧急家书打断了他的讲学行程:书云家母彭氏突染沉疴,命其速归。一向极尽孝道的二曲闻言痛哭失声,一面急急整顿行装,一面向常州各界由此结交的文友、同道作辞别之仪。常州、无锡、江阴、靖江等处邑宰及属吏,四周数百闻讯赶来的士大夫乃至贩夫走卒,无不感激先生阐明绝学、诲导地方之德,纷纷前来慰问并具礼币惜送于途。先生一概谢绝,众人以"交以道、送以礼,虽孔子亦受"相劝,二曲笑答道:"仆非孔子。况孔子家法,吾人不效者多矣,岂可偏效其取财一事?"众人拱手齐赞曰:"贫贱不移,先生乃真丈夫!"

就在前来的新朋旧友及众多崇拜者依依不舍道别之际,常州知府骆大人悄悄拉过家仆李喜,暗暗塞给一锭银锞,他深知自己师傅无以持家却不受友朋资助的倔脾气,只好私下将这个差事交予了这位忠心不二的家仆。

在众人的翘首遥望中,一叶扁舟沿江远去。落日的余辉,将恭立船头凝视着逐渐模糊人群的二曲,镀成了一片金色。

穷庐残月

第十六回　乡儒士拼死拒圣命
#　　　　　省巡抚怜生草奏章

归心似箭的二曲一下车,就直趋母亲房中,却见慈母端坐炕头,毫无病恹之色,喜极之中不由疑窦丛生。问安后急询缘由,方晓事出有因,且大有来头:昔时二曲学声日隆,加之近日历时三月有余的江南讲学之行,整个江南儒界为之轰动,官绅莫不交口称赞。此喜讯传回陕西,巡抚鄂善会同抚军阿席熙素敬二曲学识人品,遂以"海内真儒"之名上疏推荐二曲。圣上闻之大悦,下旨令其择日进京。家中素知二曲习性,两难之下,只好以疾为由促其速归以商此事。

二曲卧室。昏黄的豆油灯似明似灭,四周的桌几书柜都隐没在一片朦胧之中。一尊黑影呆坐炕头闭目沉思。清军入关烧杀掠夺,中华城池沃野一片血光;父亲在社稷危难之时毅然从军,襄城之役血染疆场尽忠于前明朝廷。二曲自己从小耳濡目染以前明为正宗,视清人为蛮夷。此念随年长闻增而愈坚执,故而虽以己学识摘取功名如囊中取物,却摈弃科场而投身于千载传承的儒学修行。

应诏入京兹事,在旁人看来正是光宗耀祖、名扬乡野的大美差;可在二曲看来,却是将自己终身名节毁于一旦的大晦事。进一步深思二曲冷汗不禁由背而下:若抗旨拒任,就是公然挑战朝廷,更将损及圣上德声,一旦皇上盛怒,一家性命会立时堪忧。一想到此,不由暗地抱怨起鄂善他们的这番"美意"来。可事到如今,还需在性命交关之际,拿定自己的主意。

思忖良久,二曲缓缓起身,吟了句"人生自古谁无死,留取丹心照汗青",踱步出了卧室,在晨曦微辉之下,欣赏起了他亲手所植的一簇翠竹。微风拂过,修篁前后婆娑摇摆,仿佛在向他鞠躬示意。二曲不由笑己联想过于丰富,却也由此一扫胸中块垒:是祸躲不掉,该来的任它肆为罢。

第十六回　乡儒士拼死拒圣命　省巡抚怜生草奏章

暴风雨终于降临了。这是一个看似晴朗的早晨，一名圣使手持圣旨，后面跟着一群仪仗队伍，来到二曲的茅屋面前。队伍站定，一声炮响，二曲家人赶忙伏地接旨。待礼节一过，二曲将圣使接入家中安坐奉茶，使官笑眯眯地拉着二曲的手道："久闻先生学声，早有趋门求教之心，只是苦于皇差不得自便耳。今奉旨迎迓，一则恭贺先生进京侍奉皇上，再则也于途中就便领教一二，岂不让人快意非常。"二曲躬身回道："承蒙圣上错爱，二曲诚惶诚恐，无不感铭于心。只是自思才疏学浅，一旦蒙恩上京则有亵圣听，罪莫大焉；再则近年日渐体衰，加之前日又感风寒一发不支。还望上官体恤下情据实上奏，如蒙赦免，则小人不忘上官大德矣。"

圣使闻听此言，不禁由喜而怒，沉声呵斥道："圣旨差使，谁敢违命？漫说你一个道学先生，就是封疆大吏接到圣旨，谁不急如星火日夜兼程唯恐迟了半个时辰？还望先生识相些，尔若不从，自己罹祸不说，还要累及巡抚及抚军，就连我等亦难逃罪责。还不快快整装起行，难道还要鞭驱方才上路么？"二曲长揖回禀道："不能起身实属无奈。俺一个平头百姓，又不犯法，难道牛不喝水还要强按头么？"使官一听此言气得直拍桌子："不听圣诏就是犯法！难道还由你不成，来呀！"扭头招呼一军健，"给本官好好伺候一下这个不识好歹的东西，让他见识见识啥叫王法！"

一士卒见二曲此时已端坐椅上闭目养神，便准备上前施暴。"且慢！"使官后闪出一位书吏，抬手让兵役退下，对军使使了一下眼色，随即走到闭目养神的二曲跟前，柔声说道："先生，这番是当今圣上的一片思贤若渴之心。先生北上，必定会大展宏图，为国为己都大有裨益。说不定皇上恩宠有加，还来个封妻荫子，青史留名，您又何苦惹得上上下下都不痛快，自己也吃罪不起呢？……"书吏正说得口干舌燥之际，却不见二曲一丝回音，不由奇怪地抬眼一看，只见二曲如泥菩萨一般正低头发出细细的鼾声。书吏不由恼羞成怒，大喝道："把这个油盐不进的茅沿石头给我拖出去！"一下扑上来两个壮汉，挟着二曲双膀，不由分说架起就往屋外奔去。

门外此时已聚起一大帮村里的邻居和闲人。见到兵卒凶神恶煞将二曲拖出，不由唬得四散。一个边跑边说："刚才还跪接圣旨，听说当今圣上要见先生，正在高兴呢，咋不大一会儿，竟又被人拖走，真是怪球事。"另一个接口道："搁到旁人听说圣旨有请到北京做官，定是祖坟冒青烟，还不乐得屁颠屁颠，恨不得摆个七桌八席，招待官家、乡党，巴不得全天下都知道。可二曲这货却装病害牙疼，硬是'扫'（旧时农语，吆喝牲口往后退的口令，牲口自退亦曰'扫'）着不去，难怪人家官家硬拽走了。哎，咱咋没这命呢？"另一个取笑道："你要有这命,恐怕脚后跟都能跑掉了,连兔子都撵不上呢!""脚跟跑掉怕啥,皇上一个金镞就能治了。我倒怕你带一大帮子七大姑八大姨上门认亲,把我又吃穷了。""嘿,你这没良心的,前年冬里饿得学虱叫,要不是我掰给你娃半个菜团,恐怕早就到阎王爷那儿过堂了……"

"快看,快看!"两人顺着旁边的手指望去,只见远去的队伍后边,二曲家仆李喜肩挎一只小包袱,拼命向前赶去。过了半晌,正在众人纷纷议论间,却见李喜浑身是土,摇摇晃晃又折了回来。近来一看,只见腮帮子肿得像起面窝窝,他双手捂着掉了几颗牙齿、正在淋漓滴血的嘴,在众人的一片惊骇声中,垂头丧气拐进屋里。不一会儿,茅草棚里传来李母与儿媳悲痛欲绝的嚎啕声,众人叹着气,慢慢散去。

在前往西安的路上,二曲被几个兵卒架着飞跑,尽管他拼死挣扎仍无济于事。终于,在二曲的痛苦呻吟中,士卒停下了脚步,回头一看大吃一惊:在崎岖的疙瘩土路上,一条细细的血痕从远处延伸到二曲脚下。士兵的目光停在了二曲的脚上,只见鞋子不知几时已没了踪影,脚上的粗布筒袜已被磨得脱掉一大片,破洞处的脚跟一片血肉模糊。

队伍停下,在就近处的农家搬出一架竹床,将其死死按住,用细绳连床捆绑在一起,抬上又向前飞跑……

西安大兴善寺,一处极为幽静的禅房。

二曲僵卧床榻,闭目无言。一连多日,他绝食相抗,无论前来送饭的兵卒善言相劝还是恶语相加,他都懒得睁开一眼。前天,一个送饭的小卒欲强行饲喂,被二曲一挥手,盘、碗、碟、盏霎时飞出,搞得满地狼藉。小卒瞧着溅得满身的饭菜汤水,不由大怒,指着二曲骂道:"你这个不识相的东西,敬你是皇上抬爱,不敬你连个臭虱都不如。看我咋着收拾你这个老不死的!"说罢咬牙切齿愤愤而去。

夜深人静,皓月当空。连续几日的绝食搞得二曲生不如死。不争气的肚子里像有千万只小虫在啃咬着空落落的肠胃,连受伤的脚跟也疼得钻心;更难忍的是嗓子干涩得像揉进一把沙子,喉结一蠕动就火烧火燎。干裂的唇缝渗出一串血珠,他只好不停地用舌头舔着,以致唇上积起了一层厚厚的凝固"唾液"。

几旁放着一茶杯,杯中清澈的茶水闪着琼浆般的亮光,引诱得左手羞怯而又固执地向它伸去,猛然间右手扬起狠狠地打了它一下,左手只好乖乖地又缩回到了主人身下。二曲扭过头去,索性不睬它。

他虚脱了,眼前出现幻觉:一会儿光着屁股在清亮亮的河水里摸鱼虾,一会儿母亲已

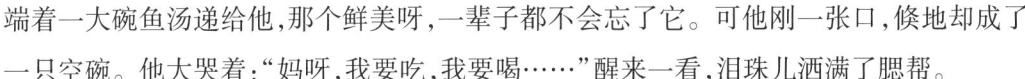

第十六回　乡儒士拼死拒圣命　省巡抚怜生草奏章

端着一大碗鱼汤递给他,那个鲜美呀,一辈子都不会忘了它。可他刚一张口,倏地却成了一只空碗。他大哭着:"妈呀,我要吃,我要喝……"醒来一看,泪珠儿洒满了腮帮。

"饿死事小,失节事大",濒于死亡边缘的他,脑中不由泛起这一不知何时在士子中流传下来的话。是呀,这节是前朝遗子对后朝所应持之节,他若应允此事,那还有何面目去见九泉之下的严父?他可是为大明流尽了最后一滴血的呀!如此看来,唯有绝食而亡,才是他此种境遇下的最好归宿。

正在胡思乱想间,蓦然一个黑影窜进房中,一只反光的匕首逼在了他的脖颈之上,麻凉麻凉的。"你这只老狗软磨硬抗、油盐不进,害得我等不知吃了多少鞭子。今日若不服软进食,老子一刀就宰了你!"二曲望着这个黑糊糊、声音依稀有些耳熟的大汉,心一横猛地一起身,锋利的刀刃立即刺入脖中,殷红的血流瞬时汩汩冒出,地下立时积起一滩血泊。二曲这一猝不及防的动作,倒吓得"刺客"惊骇不止,他颤声问道:"先生,在下只不过逼你就范,以泄前日泼我饭菜的气,你何苦自裁,陷我于死地?"二曲气息微弱回道:"数日绝粮,为的气节。我已抱定必死之心,只是苦于无法可施,你这一来倒成全了我。你可速去,明日来人当以自尽报之,不会连累于你。""刺客"羞赧感愧而拜:"小人今夜鲁莽,却有幸见识了先生的气节,来日有缘,定当登门受教致谢。"说完一溜烟又窜出了房门。

次日清晨,当小沙弥收拾禅房时,推门一看,立刻惊得魂飞天外,连滚带爬失声大叫:"快来人哪,快来人哪……"一时三刻,整个禅院如同搅翻的蚁窝,乱成了一锅粥。

这几天,巡抚鄂善终日忧心忡忡坐卧不安。公事之余,他不是呆呆坐在书房中,心不在焉地翻着书稿,就是在平日赏心悦目的后花园漫无目的地溜达。要搁在往常,望着小湖中的喷泉水沿太湖石奔流而下,锦鲤在浅池中戏弄溅起水花,湖边的棠棣林中群鸟啁啾应答,日间的勾心斗角、迎来送往及令人焦头烂额的不尽差事,必定会消弭得无影无踪,甚至自己还会有感而发吟咏唐人李涉的诗句:"终日昏昏醉梦间,忽闻春尽强登山;因过竹院逢僧话,偷得浮生半日闲。"可如今,往日的公余闲适已被"昏昏醉梦"——不,已被魑魑魍魉搅得乱七八糟:从去盩厔的使官口中已得知,这个他颇为敬重的老夫子二曲竟是个不识好歹的倔人,拂逆他的美意不说,更违抗圣上旨意,死活不上路。强拉硬拽到西安,将他安顿在兴善寺以劝其上京,不料他竟闹起了绝食,真是一个稀泥糊不上墙的货色。如今这个烫手的山芋又该如何处置呢?强扭上京吧,万一这货在皇上那儿撒泼,自己的乌纱帽不保还是小事,颈上的头颅能不能继续长在脖子上都很难言;放回不送吧,欺君之罪更是诛灭九族,他不由想起了一句乡下俚语:"拾粪娃提担笼——寻屎(死)。"气得就在这没人处,狠狠抽了自己一个大耳刮子,原想帮一下自己这位颇为赞赏的文友,又能取悦于皇上,谁知竟闹出了这等岔子,看来是得好好琢磨一下,寻一个两全其美的转圜法子。

正在鄂善愁眉不展、挖空心思编筐儿之时,一个书办匆匆走近巡抚身旁,贴耳小声道:"大人,兴善寺那边出事了……"话还没说完,急得鄂善跳脚而起,顾不上平日巡抚威仪,三步并作两步穿堂而过,钻进府旁伺候的绿绒软轿,就喝令快快起轿,直奔兴善寺而去。

兴善寺里,由于出了这等大事,情势骤然一片紧张。负责守护的兵士散落在寺中各处要道,持枪挺立,神情冷峻;几个执事和尚低头哈腰从兵士身旁匆匆而过;平日在击鼓鸣钟、梆梆的木鱼声里悠扬而顿挫有致的诵经声此时全没了声息,整个寺院湮没在一片异样的寂静之中。

鄂善匆匆推门而入,不由心里一个愣怔。尽管看守官向他详述了前后情形,并着重强调为便于巡抚勘查,除给先生伤口予以包扎外,屋内场景维持原状,他还是被床头喷溅的血迹与地下凝固的血泊惊得停住脚步,屋里弥漫的血腥气也逼得他几乎屏住了呼吸。

待习惯了内中气息,抬头看去,只见他平日甚为敬重的大儒,此时脖子被纱布缠得如水桶一般,闭目僵卧昏迷不醒。鄂善急急走到床头,轻轻摇着二曲:"先生,先生。"二曲睁开双眼,叹口气道:"让大人受惊了。"鄂善顾不得安慰客套,急急问道:"听闻先生应诏前来,私下欣喜异常。原想近日便来探问,以便就近聆教商讨进京诸事,谁知竟衍出如此祸事。先生不急,慢慢道出遇刺情节,本官会严查严惩。"二曲摇了摇头:"并非遇刺,是我自行为之。"鄂善一听不由惊诧万分:"进京面圣,正是先生大展宏图以谋治国济民之际,何以出此下策,令人实难相信。莫非慑于刺客所逼,出此言不由衷之语?""此乃实情,非诓于君。""既是自为,何物为器?"二曲垂手指了指血泊中一枚碎碗片:"前日士卒逼食,气愤之中挥手打翻了菜碗,其碎片遗于床角。昨日随手用它刺破脖颈,以图了此残生,不料终未遂愿,以致惊动大人,唉。""既是自为,这就有些令人不解。此等千万儒生梦寐难求之事,先生为何却视为畏途,竟至以死相拒耶?"二曲微微苦笑:"你,鄂善大人,满族勋爵,身居高位,怎能感受一位亡国遗民之心?你我深交多年,然仅以学问会友,心境却宛隔鸿沟。此次进京,二曲抵死不从,个中缘由大人应心知肚明,这层窗户纸,还是不要捅破吧。"

鄂善这才明白,是自己太粗心孟浪了。作为满族贵胄、封疆大吏,他一门心思只在于如何治理好地方,如何襄助皇上坐稳江山。却从未能设身处地体察这位知己文友内心深

第十六回　乡儒士拼死拒圣命　省巡抚怜生草奏章

处的痛楚。一想到此,鄂善心灵深处不禁涌出一阵悲凉:这位他极欣赏熟识的汉族大儒与其在心理上的隔阂,却何止一道无涯的天河!事已至此,鄂善缓缓起身叹口气道:"既如此,先生在这儿好生将息,鄂善设法缓颊,总让你安然返家就是了。"言毕,叮嘱下人细心照料先生,自己怀着一丝失落与伤感,还夹杂着一份说不清道不明的敬畏之心,与二曲拱手告辞。

软轿中的鄂善心绪翻滚,虽道不同,他却不得不赞赏、敬佩这位夫子的气节。一时激奋上涌,鄂善横下一条心:要救二曲,就不得不翻江倒海寻个托词编个筐,忽悠一下他一向忠心不二的皇上了。

紫禁城养心殿。时已二更,康熙正翻阅着摞叠案头的一份折本:"微臣鄂善启奏:自陕西盩屋儒士李颙跪接御诏,喜不自禁,更对皇恩感激涕零。然该儒久染沉疴已逾两载,虽强持张罗进京奉诏,却兀自卧榻难起。微臣亲赴盩屋检视,见其迎臣病体摇摇欲坠,确难支撑赴京,遂强按于床且自作主张,谓皇上极为器重体恤尔等大儒,岂能忍心先生拖着病体前往?尔且安心将息,待来日康健侍驾不迟。李颙闻言再三托微臣面君之时转表忠心并致谢罪之意。此事如此处置是否妥帖,臣敛息恭候圣裁。"

康熙看毕一声冷笑。如今各地上疏恭请御赐"海内真儒"者不计其数,却有十之八九以病推脱。甚劳什子病?忸怩作态、欺世盗名之病!唉,打江山容易收人心难哪。想叫汉族百姓尤其那些前朝名门大户、众多儒生士子诚心归服,没有数十载乃至百年之遥,是绝难功成的。目下只要其不造谣惑众,做反清复明逆举,还需尽力安抚为上;待来日百姓乐业小康之时,收拾几个一味追思前明,以污词晦句诋毁我朝之恶儒,就水到渠成了……一想到此,康熙懒懒提起朱笔在其折本上批曰:"知道了。李颙高年有疾,不必相强。其进京之事待来日康复即允。"书毕,将御笔一扔:"嘿,这个鄂善,素性忠贞,怎么也给朕贴起了凉眼药?"

穷庐残月

第十七回　寓富平群贤生龃龉
　　　　投盩厔二徒对棋局

不几天，二曲即康复如故。鄂善接到御批，遂差人备车一路护送其回盩厔新庄堡。家人见其安然归来，不禁且喜且悲。李母彭氏颤巍巍上前搂住儿子跪拜的前额，呜咽问道："我儿可回来了。原先料想这一去皇城，山高水远，这一辈子怕再难见上我儿一面，谁知才不多日，你可如何安然回家？"二曲忙拉着一旁流泪的妻儿及暗自伤神的李喜道："你等且自坐下，我有话要说。"待众人坐定，二曲将此去西安惊心受苦诸事略述一遍后，又郑重言道："经此一劫，我究其缘由，纯系声名所累。昔人谓'生我名者杀我身'，今日便在自己身上应验了。此前数月，我已寻思在南边一荒岭处筑数间草舍，从此闭门谢客安心治学著书。那几日恰逢因笃贤弟来访，遂将此意说与他听，贤弟一听欣喜之极，声言家乡富平县令郭传芳为其挚友，总镇张梦椒亦为至交，若暂迁富平有此二友佑护，方得万事无碍。此番祸事前刚收到因笃捎书一封，言说他回富平后将此事告知郭、张二人，两人喜不自禁，敦请我等全家移居彼处。巧的是该县有一文士曰孟舆脉，系当地名门望族。闻讯大悦，急表愿师礼于我，并托言为使其就便聆教，已将其依山别墅一栋腾空请我等安栖。不几日，便遣马车来接，我意趁此举家外迁该处，不知母亲与尔等意下如何？"众人刚经此事已成惊弓之鸟，又见家主已有妥当安排，自然纷纷赞同。

不几日，一溜马车来到二曲住所。待与街坊邻居告别之后，举家乘着这几辆马车迤逦而去。一行人马越走越小，终于在满堡乡亲依依不舍的注视下，渐渐消失在了远方茫茫的一片碧野之中。

康熙十五年八月，富平县将军寨"拟山"别墅。

数间轩敞的瓦房隐匿在一片林海之中。门外苍山叠翠，碧水淙淙；门里阳辉竟日，床

第十七回　寓富平群贤生龃龉　投盖屋二徒对棋局

几洁鲜。更有一书房叠架史书典籍充盈其中；厨房内粟肉蔬果储备得满满当当。

二曲和家人陪着县令郭君、总镇张君、因笃和房舍主人孟君等人屋里屋外转了一圈，孟君对房舍及周边环境一一指点，令一伙人赞不绝口。随后进屋于厅堂坐定，二曲借花献佛，命人搬出厨内果蔬酒肉，招待诸贵客，一时间杯盏交错快意至极。

正酒酣耳热之际，家人回报：顾炎武偕华阴王弘撰来贺。众人闻听，更是喧哗着一齐拥出门外，只见老顾倚门拱手："昆山老丐前来乞酒，望豪门中孚宽悯施舍则个。"二曲佯怒道："谁家老赖沿门强索？还带来一个浑徒，莫非来吃大户？家人，快与我乱棍赶走！"众人起哄，连拍带搡，搞得老顾二人抱头鼠窜，闹得满场不亦乐乎。

嬉闹一毕，二曲等人如众星拱月，簇拥着顾王二人向厅堂走去。二曲握着炎武的手，甚觉奇怪："仁兄突访，怎么如此凑巧？"炎武笑道："我已至陕西游历经年，前一阵在弘撰舍间已盘桓多日。从因笃处得知贤弟近日将迁居于此，遂携弘撰来富平一游。闻知尔等在此聚众欢饮，故不揣唐突前来讨杯酒吃，谁料酒未到口，先尝了一顿老拳。"众人不由哄然大笑。

重整酒席，众人不拘长幼位次环坐一周。大家相互敬酒搛菜，气氛与前相较尤显热闹欢愉。酒酣之际，一向倜傥豪放的李因笃举杯放言道："难得今日我等兄弟欢聚一堂，不行酒令岂非索然。"众人一听兴致顿起一齐附和："难得一聚，行令助兴，甚妙！"因笃大声宣布："愚弟随起一令。持有一物，道其名；赠与古人，古人说一句寓意名言。诸位兄弟如何？"众人一听纷纷叫好。因笃道："作茧自缚，小弟先献丑了。我有古琴，名曰焦桐，济水河畔送伯牙。伯牙曰：'高山流水有知音。'"——我有如此众多文友为知音，知足了。炎武机敏，不假思索张口而出："我有骏马，名曰青骓。郾州城外赠鹏举，鹏举曰：'驾车踏破贺兰山。'"——诛灭异族，还我大汉河山。传芳已知炎武之意，遂低头沉思，尔后缓缓续令："我有壶漏，名曰司辰，渭水之滨遗孔丘。孔丘曰：'世间逝者如斯夫。'"——大明已如流水逝去，何苦为此耿耿于怀？还是节哀顺变为好。二曲此刻亦有感于自己日前坚拒圣诏一事，遂凝思片刻，口吟一令："我有香酥，名曰灯芯。首阳山上递叔齐，叔齐曰：'采薇不屑食周粟。'"——名节贵过命，宁死不扶清。梦椒见诸位各抒己见，且寓意殊异，以己职分，看来得助传芳一臂之力了。当即站起，举樽朗声而唱："我有宝剑，名曰鱼肠。太极宫里奉太宗，太宗曰：'贞观盛世赖此锋。'"——武力打天下，尔后方有盛世出，奉劝尔等勿以浪言罹祸！

与顾彦武同来者王弘撰。此人素持反清复明之志。康熙十七年被荐博学宏词科，他坚辞不就，却被官府强征入京，其后躲入城西的昊天寺内托病赖着不起，未能参试方获解脱。此时见张梦椒大有锋芒显露咄咄逼人之势,心中顿生不快,遂起身目视梦椒,回护炎武道:"我有纸墨,名曰宣徽。潮州牢里与文孙(文孙为文天祥初名),文孙曰:'留取丹心照汗青。'"——前朝忠臣终将青史留名,吾辈岂能惜身而噤声!

气氛顿时有一丝微妙,众人容颜也有些不自然起来。因笃见状自忖,看来解铃还须系铃人,便急忙起身笑道:"我有一令,甚为不雅。权作众位解颐取乐。"遂装模作样撅起下臀,努作放气状:"我有臭屁,名曰麝兰。"刚说到此,众人就忍不住哄笑起来,因笃又接着道:"我有臭屁,名曰麝兰。阴曹府里献罗阎。罗阎曰:'何方宵小敢僭越,富平子德已占先!'"众人见因笃自嘲为奸佞小人,立即喧作一团。二曲噗的一声将酒喷出,笑得岔气道:"这个子德真是个活宝。"旁边还有人打趣道:"不行,子德违令了。明明要一古人,为何请来一位尊神?罚酒,罚酒!"因笃立马笑着作揖道:"小人违令,该当自罚三大浮白。"随即昂首连灌三大杯。

经此一闹,刚才尴尬不快的气氛顿时烟消云散。众人欢声笑语,直到夜阑更深,方才踉踉跄跄相互作别,趔趔趄趄四散归去。

日子如掌中漏沙,不觉间悄悄溜去。春去夏来秋逝冬至,转眼间三年时间倏然而过。

其间,二曲或独处一室,冥思著说;或与因笃、传芳诸友谈诗论道;或偕众周游近郊山水,甚是快意暇爽。

一年前,二曲至因笃家登门拜访并住了一段时日。太孺人,因笃母田氏率阖眷出迎,且令因笃偕弟朝夕严侍,殷勤有加。二曲内心十分感动:其仪态神情、涵养气度与己母彭氏何其相似乃尔。

三四年间,顾炎武与李因笃、郭传芳、王弘撰诸友数次约赴二曲居所拟山堂,对宋明理学新义进行了多番深入探讨。二曲云:"格物致知乃理学宗旨。格物乃圣学入门第一义,入门不差无所不差,厘毫千里,不可不慎。古之'欲明明德于天下'节与'物有本末'节原相连,只因章句分作两节,后儒不查,遂昧却'物有本末'之物,将'格物'的'物'字另认另解,纷若射覆,争若聚讼,以成古今未了公案。"众深以为然。随后又以"体用"二字展开探索,二曲认为"体用"一词来自佛典,而顾炎武则认为出自儒家原典;依顾炎武理解,佛教之"虚"与道教之"虚"实为一意,二曲却认为老庄之"虚"是虚其心而非虚其理,而佛教之虚则既虚其心亦虚其理。二人在为学进阶路上也有着巨大差别。顾炎武采用"考详略,采异同""致察于名物训之诂"的考据式求索之途;二曲则秉持为学要"先立乎其大",宣称"明道存心以为体,经世宰物以为用"的认知宗旨,明确提出认知之途以"心"为核的

第十七回　寓富平群贤生龃龉　投盩厔二徒对棋局

主张。此外，几人还就"真体"与"真用"、"知行合一"、"博约、动静"及"格物致知与诚意正心"诸儒学专题进行过多番探讨，其学理之深奥，以致现代读者如敬陪末座，必将听得云里雾里，不明就里。不过，在场大师们追求儒学终极真理的探索精神，仍会深深感动在场诸君。

"道"不同却相与谋，几人在多次探讨、争辩、论证、诘难的交锋中不断迈向各自构建的理学高峰，他们的友情也随之愈加深厚。

老人常有一句口头禅："天有不测云风，人有旦夕祸福。"前番漏网之鱼，今又上了钓钩。祸端起因仍是应诏之事。原来二曲前次以沉疴不起为由坚拒进京，康熙无奈遂在鄂善疏折上批示病愈起送旨意。其后兵部主政房廷祯仍以"海内真儒"之名向朝廷举荐二曲，文中在身处贫贱而又能成才的人中，将二曲与孔门高徒原宪及西晋宰相张华等相提并论，称为"贫贱三辅"，且誉李二曲为其中最杰出的真儒。此折又勾起朝廷的传召之意，康熙自然又一次下旨命其应荐启程。司府随即下达催程公文并传到了富平县，二曲只好又以疾笃相辞。可这一次官府似乎铁了心，一定要对这个不识好歹的二曲来个警告，因之"催檄纷至，急若星火"。

为了拔掉二曲的地方保护伞，连私下荫护二曲的富平县令郭传芳也因之被牵连进了官司：西安府尹竟以其徇私包庇二曲为由，上书弹劾郭氏。郭传芳情急之下，连忙将此事告知二曲以征询其态，二曲志坚如钢言道："吾之心意仍与前番无异。如犹不获所请，即当以死继之，断不敢惜此余生，以为大典之辱也。存没之诚，言尽于此！"传芳点头，遂上书陈述缘由，其言辞恳切而又辩解得滴水不漏，密不透风，让人不得不拍案叫绝："……李处士养疾久卧，远迩共知。卑职虽至痴极愚，灵明一窍未尽昏翳。何敢不畏法纪，不惜官箴，于非亲非势区区流寓之一寒士，过自徇庇，干宪典于不测耶？蒙屡示行催，卑职懔遵宪檄，即欲遣夫舁榻就道，及亲临卧室，见其委顿不食。以气息奄奄之人，强迫就程，万一途有不测，卑职将何以自解于天下后世耶？"你看，郭传芳明明私下袒护二曲，却又自辩得如此理直气壮，冠冕堂皇，临了还将一顶逼李致死的大帽子不着痕迹地甩给了告他的上司，让人不得不佩服此公处事之圆滑周密。

如此一来，二曲在富平实在待不下去了。他不忍传芳因己而遭祸丢官，心里发狠道："我回老家，官家要逼，让他们抬着我的尸首去见皇上好了。"于是不顾众人乞留，强辞回到了自己的故乡盩厔。谁知到了老家，也许是郭传芳的回复起了作用，也许是巡抚鄂善又从中斡旋,总之这事竟又不了了之了。二曲赖此方才在故居暂住下来,加上郭传芳临别之时又暗中塞给家仆李喜些安家之资,故而淡定的生活又给了二曲一段弥足珍贵的喘息时光。

康熙十九年十月。在富平延宕了整整四年快意光阴的二曲,终于又回到了阔别已久的故乡。

近几日,二曲全家老少与闻讯赶来的弟子和乡党们一起,整修着荒废已久的庭院:铲除过膝的杂草藤蔓,和泥修补残破脱落的檐墙,加固房上四五零散的舍瓦,打扫遗落数载的积尘……正在忙得不亦乐乎时,门外传来一声弱弱的询问:"打扰了,请问二曲先生在么?"手中抄着铁锨的二曲走上前去一阵端详:来者是一二十出头的负笈后生,其清秀憨厚的脸上隐隐透出一股英气;一双明亮的眸子犹如泉下清潭,一眼可望见底,直教二曲心下暗暗赞许喜欢。

后生怯怯问道:"先生可是名震朝野的大儒……二曲先生?"二曲望着心悦的后生,素来严正不苟的他第一次打趣道:"要说是乡间酸儒李颙,鄙人便是,要说是名震朝野的大儒,前面不远的深宅大院那家便是。"后生讪讪着回身便走,引得满院笑声,一门生上前拉住后生,指着李颙:"他就是二曲先生,师父嫌你戴给他'名震朝野'的这顶帽子太重了。"在大伙的笑声中,后生上前恭敬施礼道:"学生家居鄠县北街,姓王名曰心敬,字尔缉。久慕先生学识人品,今不揣冒昧,前来拜师学艺。"二曲猛然想起,他回家刚落脚,堂叔李翁赶来问候,言谈中提及鄠县有一后生曾来此寻访之事,心里不免有些感动,遂拉起心敬的手言道:"不急拜师。你可在此先暂留月余,容你我二人相互考查;你若觉老夫堪作尔师,或吾觉尔为可造之才,到那时再纳贽行拜师礼不迟;若你我二人中其一不觉中意,你可返回鄠县,我也不留于你。这样安排,你看可好?"心敬回曰:"悉从师傅安排。"说罢便要从二曲手中接过铁锨,二曲道:"且慢,我还有话得预先明示。为师在此传授的是四书五经修身养性之学,非讲习八股文起承转合门道。你若寻求圣贤之途,探索成儒宏业,可谓寻对了地方,若来此欲研习制艺之术,获取科考求官之径,就找错了门路,你可即刻返乡以免误了正事。"心敬一听肃然回禀道:"学生曾奉母教诲——师从鸿儒二曲先生,定当立志信行笃学,未达圣贤之境,勿归故里。"二曲笑曰:"尔慈望子,堪追孟母。然吾区区一庸儒,焉能承此重托,只怕让你母子失望了。"心敬正容回道:"荀子《劝学》篇中有言:'青出于蓝而胜于蓝。'以先生博大胸襟兼海内皆颂之学识,必能琢出传世之玉。"二曲暗自赞

第十七回　寓富平群贤生龃龉　投盩厔二徒对棋局

叹:此子志向高远,将来或成大器。遂回言道:"尔勿自夸,若怠学偷懒,看为师怎么收拾你。"顺手卸下心敬负笈。心敬一边嬉笑:"谨遵师命。"一边抄起手中的铁锨忙活起来,直干得汗流浃背,洇湿衣衫。

昨日傍晚时分,心敬方才赶到盩厔新庄堡。虽然时已临冬,仍然浑身汗津津的。前几天,李老者托人捎话来,说二曲先生刚迈进家门。他急忙告诉母亲,李氏喜极,连忙给儿子张罗起来,并叮嘱给李老者带些鄠县特产过去,以表上次留宿与此次传话谢意。去盩厔前一天,心敬到李伯村老糖坊家给老人买了几斤琼锅糖、琥珀糖和芝麻滚子糖;到姚村买了几斤上好的辣面子;到秦镇的醉仙楼买了一坛黄酒;在县城东街"佛跳墙"买了几封应时糕点。第二天黎明时分,又特意到钟楼西北拐角处敲开张娃子辣子疙瘩店铺门。里面伙计正在烧汤,锅里翻滚着黄花、木耳、八角、桂皮和一片片肥膘肉,外加特意制作的葱花肉馅疙瘩;油汪汪的汤面上罩着一层红艳艳的油泼辣子,看得心敬往肚里直咽口水。心敬向张娃子叙说了自己到盩厔拜师,欲以此孝敬一位老者之意,张娃子感动自豪之余,借口心敬是当日第一个买主,两碗钱盛过还又多添了几勺,装了满满一大食盒,将其封好,牢牢绑在了笈囊上面,方才放心地送走了心敬。

傍晚时分,头顶着碎碎的雪花,心敬站在了张老者院前,叩门静候。不一时一阵细碎的脚步声由远而近,待门"吱呀"一声打开,里面竟是一位十七八岁的少女。"咦,咋是你?"两人竟不约而同发出惊呼。原来眼前站的,竟然是三年前涝店奇遇中的她(他)!

就在心敬心慌意乱站在门口不知所措时,姑娘脸上也浮起满面红云,也不知是由于授受不亲的缘故还是惊喜中忘了礼节,她竟未接心敬手中提的礼物,而径直拧身迈着碎步急急向里屋奔去,边走边喊:"舅,你看谁来了!"

斜躺在炕上的李老汉正就着油灯细细揣摩着一本棋书中的奥妙之处,正看得入迷,听见外甥女连声咋呼,不由邪火直冒,气得大叫:"天王老子也不见,有事叫明日个来!"呛得姑娘一口气噎住,半天回不上话来。"老伯,咋,还下起逐客令来咧?"老者抬头一望,见一小伙已笑眯眯站在炕头,忙将老眼一阵乱揉,方才看清来人。他一骨碌滚到炕边,紧紧拽住心敬的手:"你咋这么快就来咧?""等了快三年,接到老伯的话,还不想长个翅膀飞过来。""前几天二曲侄一回来,我就过去看望,还把你来过的事说了……""舅,人家提着礼大老远从鄠县赶来,还不赶紧安顿饭,净唠叨啥呢。""哎哟,你看老汉高兴糊涂了。小子你想吃啥?干面?油饼?让我外甥女给你做。我也没吃哩,借你个光,抹抹嘴头子。""老伯,不用忙活,你看小侄给你把饭捎来了。"一边放下手中的礼物,一边示意姑娘将背上笈囊卸下,小心解开绑在上面的食盒,一边歉意地说:"真不好意思,只捎两碗,未曾料到姑娘也在。"打开食盒一看,油汪汪的浮面已凝成片片碎冰渣。"这是鄠县名小吃大肉辣子疙瘩,是从最有名气的张娃子家舀来的,人称三绝——汤汪、肉厖(máng)、疙瘩香。老伯你尝尝,看味道咋样?"李老汉一听双眼放光,喜极道:"鄠县辣子疙瘩远近闻名,老夫早就想美美咥一回,只是身子骨不争气,难以耐此长途为嘴伤身。你这小子还蛮有心,给老伯送来口福。翠姑,快烙一个大锅盔,泡到里头,咱爷儿三个解解馋。"

　　姑娘不理她舅的话,却笑靥浮面对心敬揶揄道:"买辣子疙瘩孝敬俺舅还算有心,可你却是个无信之徒。"心敬吓了一跳:"姑娘何出此话?""你大前年到我家,吃喝一毕,曾许诺看望俺大,为何言而无信,到如今也没见你个影儿?"心敬忙叫屈道:"我去来,还给老人家捎去一本家父所作的诗集,只是你在你舅这儿,不打听好怎么就乱编排人?"姑娘一听顿时释怀,低头害羞道:"那就是错怪小哥了,奴家在这儿给你赔个不是。"说罢轻轻敛衽道声万福,提起食盒含笑而去。

　　待翠姑在灶间忙活之时,李老者拉住心敬轻声问道:"看样子,你俩还蛮熟的。你到她家去是咋一回事?"心敬遂将自己大前年罢考去涝店散心,遇无赖纠缠翠姑,自己仗义搭救翠姑脱险,又随其到她家顺访之事节略说了一遍。李老者听罢啧啧称奇。尔后用两个大拇指比划着嘿嘿笑个不停,心敬一下明白了李伯的心思,顿时心里一阵噗通乱跳,又不好明言,只好陪着老者干笑一阵。

　　一时三刻,翠姑将热气腾腾的三碗辣子疙瘩用盘端来,屋里顿时溢满了馋人的香气。老者连声叫好,随之一阵狼吞虎咽。翠姑扑哧一笑:"舅,外甥女服侍你好几年,还从来没见过你老这一副馋相。"李老嘴里呜拉着,算是回应。心敬笑道:"李伯真是个性情中人。以此率真面目示人,只有大智隐者方能有此童趣。"李老闻听此言,才停口用筷点着翠姑:"听听,这才是睿智破题之语。说你舅舅一副馋相,啥话嘛。这几年惯得你越发没上没下咧。"三人开怀大笑,惊得庭前树上栖鸟扑楞楞张翅飞向了远处。

　　晚饭一毕,老少二人复归闲聊,翠姑端上酽茶,悄悄退去。心敬问道:"刚才来时,老伯不知看的甚趣书,直迷得连来客都要逐出?"老者递给心敬一观:"老夫没有别的嗜好,就好象棋这一口。刚才看的就是这《桔中秘》,要不是你小子,任谁也不见的。"心敬一听此言顿时技痒,就说:"晚辈也有此嗜好,在我辈之中还罕有敌手呢。"老者一听棋瘾大发:"小子别吹,待老夫与你大战五十回合。"心敬立时摆开棋盘,躬身相让道:"借机学老伯两

第十七回　寓富平群贤生龃龉　投盩厔二徒对棋局

手,好在同伙中显摆一番。"两人立马摆开战场,你来我往,杀得天昏地暗。经过数番对局,竟是棋力相当:你赢一盘,下次我又扳回,直下了两个时辰,仍是平局。李老汉有些挂不住脸,正在寻思如何下招时,突然灵光一闪:我何不来个现买现卖,以《桔中秘》的弃马十三着之一给这小子设下陷阱? 于是按照棋谱上所载棋步,一步一步引诱心敬吃其马,仅至第十三着,心敬已陷绝境,只好推枰认输。

此后,李老一下找到了克敌制胜的法宝,士气大振,一连几盘皆用《桔中秘》中弃子绝杀招数,杀得心敬军马"伏尸遍野",一败涂地。他也只好乖乖伏在了李老膝下。心敬好奇李伯前多盘并不占上风,为何这几局自己竟毫无招架之力,输得一塌糊涂。李伯洋洋自得地扬起身边的棋书道:"你这几局之所以如此不堪,皆拜此书所赐。"心敬好奇地翻起了这部奇书,谁知也如李老一般,钻进书中无法自拔,连李老招呼他喝茶,他都烦躁地摆摆手,李老只好独自窝在炕上,不一时便传出粗重的呼噜声……

天蒙蒙亮,翠姑端来洗脸水,只见心敬头压着棋书,伏在几上睡得正香,身旁的豆油灯一明一灭发着幽光。翠姑不忍叫醒,放下铜盆,蹑手蹑脚出了房间。

吃过早饭,心敬要到二曲家拜师,临走指着棋书对李伯说道:"待我看完这书,再与你决一雌雄。"李伯哈哈笑道:"要得要得,只不过到你师傅处,可不要忘了你李伯与翠姑。"心敬望一眼旁边翠姑那含情脉脉的羞涩目光,挥手道:"放心吧,心敬定会常来看老伯与……翠姑贤妹的。"

第十八回　李中孚论濂洛关闽
　　　　王尔缉辨心学理学

几天过后的早饭时辰，二曲的门生王吉庆、吴发育、尤霞、朱士蛟及心敬等人正在端着稀糁子碗，就着浆水菜、腌萝卜，大口吃着苞谷粑粑。在一片吸溜吸溜的喝粥声中，二曲来到心敬跟前说道："吃过饭，为师与你去一个地方。"心敬忙立起应承。

天已巳时。村旁一处幽静的小河湾，两旁长着大片的榆树林，初冬的太阳懒洋洋挂在树梢。河水清澈见底，小鱼儿在密密的水草中钻来钻去，寻找着可口的食物。不一时，两个人影一前一后走来，鱼儿一溜烟窜入水草深处，悄悄伏在水底，观察着来人的动静。

二曲来到河湾处，指着岸边一块大白石对身后的心敬说："咱就坐在这儿吧，这里幽静。你既然实心习于儒学，今儿为师给你讲一讲儒学的来龙去脉，先让你在心中对远古以来儒学的发轫、兴盛、停滞、演进有一个大概了解，为尔后深入探究打好根基。"心敬将邻旁的一白石用手巾细细拭过，然后扶着二曲坐下，他也随意坐在二曲所指的石头上，诚心诚意道："师傅请言，学生洗耳恭听。"

"'儒'的称呼，最早起源于周朝。那些为周朝贵族制定立身处世规矩的人，就被称为'儒'。《仪礼》《周礼》即为其作。

"春秋时节，周朝社稷处于大动荡、大裂变中，涌现出诸如儒家、道家、墨家、法家、阴阳家、纵横家、兵家、名家等流派，其时各家纷纷著书立说，相互辩论着经国治世之法，所谓'百家争鸣'是也。

"孔子出而礼兴，其号曰'仁'，尔后孟子、荀子继其遗说并发扬之。其时儒学经典所谓'四书五经'皆出诸圣人之手，成我儒学一脉根基与后世发展之源泉。

"秦朝焚书坑儒，儒学几毁于此；至西汉大儒董仲舒提出'君权神授'与'罢黜百家，独尊儒术'，儒学得益于宫廷佑护与宣播，又起死回生并迎来一次勃发机运。

第十八回　李中孚论濂洛关闽　王尔缉辨心学理学

"至隋唐各朝,外梵佛学渐昌,庄老道学亦渐次复起,与我儒学成三足鼎立之势,史称儒、释、道三教合一。然太宗兴开科取士之途,曰'天下英雄尽入吾彀矣'。'入彀'之士子,当然以研习儒典为进阶,故凡入仕为官者,皆吾儒门徒子徒孙,因之在上层官宦人家及读书人中三者相较,儒学仍执牛耳。

"宋明时期,儒学又迎来新一轮的勃兴,杰出的儒学大师层出不穷,儒理上也均有建树,逐渐形成了各自独到的理学支脉,谓之'濂、洛、关、闽'四大学派。

"濂学,为宋周敦颐所创。其为真宗天禧至神宗熙宁(1017—1073)年间人。字茂叔,谥号元,后人尊称元公。堂前有溪曰濂,遂以濂溪先生自谓。生平著有二书《太极图说》与《通书》。《太极图说》以太极推及阴阳、动静、五行、乾坤、男女及至刚柔、生死、君子与小人之分,为我新儒学初创了人伦、天地乃至宇宙大轮廓;《通书》又称《易通》,此书字不满三千,却将道德、性命、礼乐、刑政等悉涵于内,且将'人道'囊括于'天道'之中,为我理学奠定了宏大根基,因之元公被朱熹尊为'先觉',张栻称为'道学宗主'。

"洛学,为程颐、程颢两兄弟所创。程颐,宋仁宗明道至徽宗大观(1033—1107)年间人;程颢,仁宗明道至神宗元丰(1032—1085)年间人。二程祖居洛阳,师从濂学宗主周敦颐。二人主张'万物皆只是一个天理',强调'涵养须用敬,进学在致知',认为人性有'天命之性'与'气质之性'的区别。由于二程终生讲学于洛阳,故称其派为'洛学'。二程著作颇丰,其博采先贤诸论加以融汇提炼,萃取精华再辅以深思独创终自成一家,故宾服其说而从者甚众。其时盛况空前,大有渐成理学主脉之势。

"'程门立雪'这一典故谅你熟知。"心敬点了点头。"说的就是时人尊崇二程之程颐的轶事。而'双凤送子'与'夜月楼'的传说,你大概没听说过。'双凤送子'说的是北宋天至十年,二程之母侯氏,一天夜里做了一个非常奇怪的梦。梦中她与丈夫一起在后花园中闲步,走到一株梧桐树下,抬头猛地看见树上栖着两只金凤凰。二鸟见他二人走近,竟从树上缓缓飞下,绕着二人盘旋几周,忽地朝侯氏怀中扑来。夫人急忙伸手一把按住,丈夫见妻子怀抱双凤,高兴得仰天大笑。夫人一时惊醒,原来是南柯一梦。未几,夫人生下一子取名颢;次年又生一子取名颐。后来二程长成,双双考中进士,其后又名满天下,世人遂悟早年'双凤送子'之吉兆。

"'夜月楼'一事更奇。二程之父程珦,曾在黄陂做县尉,其时附近有一凤凰台,风景优美又幽静,遂安排二子在此读书。二程本是好学之子,见此佳境自然十分尽力,日夜勤奋读书辄至三更。一年除夕,外面鞭炮喧哗声隐隐传入。二人仍就着弱灯苦读不歇。不一时从楼外款款飘来一素衣女子,二人大惊,喝问其何来作甚,女子道过万福,轻声燕语:

'吾奉太阴真君嫦娥仙子之命,特来为二位文曲星掌灯助读。'说罢用手指在粉墙上轻轻画了一个大圆圈。此圆竟立时放出光华,二程细细观之,一轮皎月竟牢牢嵌于壁上。其光穿窗透户映于室外,被游人窥得,惊诧万分。'夜月楼'由此得名,其景亦成一时盛传佳话。这等传说能流传至今且为后世津津乐道,与二程理学有莫大关系。对了,这个程颢还与你们鄠县人蛮有些缘分。在宋仁宗嘉祐年间,他中进士第二年即被朝廷派至鄠县任主簿之职。其年关学泰斗张乾曾与之书信往来,相互探讨儒家'定性'之说。由此观之,程颢早有创立新儒学之雄心。照此推断,保不定震古烁今的洛学还起根发苗于鄠县哩。"

心敬将他携带的水壶递给了师傅,二曲正在口干舌燥之时,不由满意地看了一眼心敬,心想这个娃在家一定是一个心思细密又孝顺的小伙子。大口喝完水,用手捋一下淋漓的胡须,又开口道:"至于闽学,是由鸿儒朱熹领军的一批儒者所创立的。朱熹,字元晦,南宋高宗建炎至宁宗庆元(1130—1200)年间人,是二程三传弟子李侗的门生。朱子被后世推崇为儒学的新一代宗师,是唯一一位非孔子亲传弟子而位列曲阜孔庙大成殿十二哲人,受后辈儒者永世祭祀之人。朱之所以享此殊荣,据吾观之,其盖世之功有二:一则费尽心血,著出《大学章句》《中庸章句》《论语集注》《孟子集注》,对其含义作了一番深入阐释。从此'四书'地位之高耸,盖过千年巍乎其上的'五经'——《诗经》《尚书》《周易》《春秋》《礼记》,使其成为元、明、清三朝钦定的科考程式、儒子入仕的必修学业。二则,其将各派散释之'理气论''动静论''格物致知论'及'人性二元论'集中精解深掘,创立了涵盖从宇宙到人间一整套完备的理学体系。不愧为近世儒学之集大成者。其著述尤被历朝庙堂所倚重,视其为治世牧民之良方。"

二曲又抿了一口水,眼望辽阔的初冬原野,心绪不禁激动起来:"若论起我关中理学,朝野均尊称为'关学',起源于张载张夫子。张载,字子厚,凤翔府郿县人,时人号'横渠先生'。见世于宋太宗天禧至神宗熙宁(1020—1077)年间。说起来,横渠先生还与二程沾亲带故——为二程的表叔,且与程颢为同年进士。张载早年胸怀武韬与经国抱负,入仕朝中,甚得古今名相范仲淹与王安石的赏识,只因与王变法政见不合,不久遂托病辞官,归隐于终南山下的横渠镇,著书立说终成'关学'宗师。

"张载创立关学之初,即立下宏愿:'为天地立心,为生民立命,为往圣继绝学,为万世开太平。'你想,这是何等的胸襟与气派!"二曲望了一眼潺潺流去的溪水,对着聚精会神听其叙说的心敬凝重说道:"我等关学后人,若不奋发有为,就真是愧对先辈如此高扬的宣示呀。"心敬望着二曲热切的目光,郑重地点了点头:"学生会时刻铭记横渠先辈的这段鞭策,将其终生奉为圭臬。"

第十八回　李中孚论濂洛关闽　王尔缉辨心学理学

"愿我二人以此共勉。论起先生功德，除诸篇章外，《正蒙》为其要者。正如宋史《张载传》中所言：'其学尊礼贵德，乐天安命。以《易》为宗，以《中庸》为体，以孔孟为法'。其说中所论如'天地之性''气质之性''穷理尽性''知理成性''天人合一''气生宇宙'等，皆被二程、朱熹采纳而成其理学内核。其内涵极丰且具独创，待日后为师与你详解其奥。

"作为关学鼻祖，后世对其学识人格莫不尊崇不已——二程曾言之：'横渠道尽高，言尽醇，自孟子后儒者，都无他见识。'朱熹言其'极有功于圣门，有补后学'。船山夫子更崇之曰：'张子之学，上承孔孟之志，下救来兹之失，如皎月丽天，无幽不烛。圣人复起，未有能易焉者。'诸如此类不胜枚举。关学因张载而传世，岂非莫大幸事？

"其后百年，张载离世，其说因无人承继而沉寂。到了明朝，关学再次勃发，如王恕、马理、韩邦奇、吕柟、杨爵等纷纷继其理而广之，然以学术造就而言，诸人却难以'宗师'呼之。

"直至晚明冯从吾，关学才又中兴。

"冯从吾，号少墟，嘉靖至天启（1557—1627）年间人，生于陕西长安县。少墟先生大半生在野讲学著述，其丰功简言有二。一则著《关学编》五卷，'关学'一语即从《关学编》而为世人广知。在《关学编》中，首次创列了从孔门四子直至宋、元、明各代数千年来关学人物之传承谱系，汇总了其间关学学理上的脉络及深远影响，进而确立了关学全国四大流派之一的学术地位。此书一出，即成为中华儒生探究关学之经典。其二为创设关中书院。关中书院的创立，为我陕西士子入仕、修儒及广邀各地博学大儒前来宣讲提供了绝佳场所。少墟先生曾在此讲学，从师听讲者辄达数千之众。其后李因笃、王弘撰等人亦作为主讲教习执掌书院。关中书院作为全国四大书院之一，成为陕西精英荟萃之地，对关学继承弘扬所起的作用，任别处无可替代。呜呼！若非冯从吾承前启后，吾辈后儒岂不成无根之木、无源之水？"

心敬见二曲如此感叹，忙将水壶递过，开口道："师傅已坐甚久，我二人不妨走走，也可活动一下筋骨。"二曲仰头畅饮一毕道："也好。你陪为师溪边转转。"师徒二人沿着洒满阳光的草径，边走边聊。心敬笑着面向二曲："师傅，听说你也在关中书院任过主持，可有此事？"二曲转身望了心敬一眼，随口应道："是有此事。康熙十二年，省总督鄂善派员诚邀为师去执掌书院。遂前去应事了一段时日。去之后为正学风，制定了会约十条，学程八条，无非对院内学子有关礼义、课目、次第、时辰等这些规矩；所开设学科也不尽然为四书五经，还增设了天文、地学、兵学、历数、漕屯、农事及礼乐等课目，力求使诸子做到文武兼备,经世致用而已。至于为师所讲者,无非平时著书、深思之理学题目。所幸听者踊跃,连总督鄂善、知府叶承祧、提学洪琼等亦常率诸多官人旁听,令为师甚感愧怍……唔,让你这一岔,正题倒跑偏了。

"关学衍至今朝,又迎来枝繁叶茂之季。关中理学鸿儒比比皆是,其中富平有李因笃、郿县有李柏,华阴有王弘撰,朝邑(今大荔县)有王建常,郃阳(今合阳)有康乃心等,真可谓群星璀璨。都是当今关学巨擘,首屈一指的人物。这几位对关学各有建树,对理学诸如'气''理''天''人''心''性''阴''阳''道''太虚'等俱有各自独到见解与著述。为我关学复起,个个居功至伟。甚而如骆钟麟、鄂善、郭全芳、许孙荃等人虽身在公门,却也学养深厚,常有令人耳目一新之见解,不禁使人刮目相看。彼等也常与吾晤面于盩厔旧居或富平寓所或书院客间,商榷、辨析其中义理,虽有时不免面红耳赤,却从未失兄弟情面。"心敬恭敬插言道:"那……师傅也是其中了不得的人物了?"二曲面浮赧色,自嘲答道:"姑且……算是忝居在相知之列罢。"

言罢停住脚步,沉思良久,方才缓缓开言道:"纵观关学数百年之演变,为师将其与濂、洛、闽三者作一番比较,发现各有短长。关学及其儒子长处有四,即自出义理、学重践履和经世致用、志操高洁。自出义理者,盖其上三派皆有师承徒续,学理自有前人奠基,故可攀巨人背而登高,而关学自张载起皆无师可导,只能各人苦学冥想自创一番理学天地,为师亦是如此。学重践履,关学强调在日行实际中体察先儒学说。为师所提'明体适用'之说,亦即宣示先明儒理后践行于自身的道理,以达日日自省身心合一之目的。唯如此方能亲身体验先贤儒理的真谛,也才能察觉其不足甚或……失实之处,然后加以补充、修正,以使其更趋完善。经世致用,为师之所以在书院设立历数、兵学、农事、漕运等科目,因笃其时亦授治河、屯田、荒政等课,即为让士子不唯研习古典,还须熟悉国计民生之要务,方能进可经国治世,退可安身立命。至于志操高洁,张载早年入仕虽甚得王安石垂青,却因与其政见不合而毅然辞官,归隐故里;少墟一生为官清正,曾因犯颜直谏神宗皇帝荒淫怠政而险遭杖毙,铮铮铁骨赢得朝野赞誉,直呼其为'关西夫子';杨爵、吕柟等也都曾因仗义执言而身陷囹圄之灾却不改初衷;为师三遭拒诏,以绝食自尽而不食清廷俸禄;即就是因笃贤弟被逼入京,仅月余就以为病母尽孝为由数十次上疏,直至冒罪跪午门三日方获赦免;弘撰等人亦以己疾为名拒诏进京……正如明儒阳明先生所言:'关中自古多豪杰,其忠信沉毅之质,明达英伟之器,四方之士吾见多矣,未有如关中之盛者也。'吾辈之高洁志操,无愧于先生此评语也。"

"那短处呢?""短处有二。一则无连续师承之学脉,就拿濂、洛、闽三派来说,洛学二

第十八回　李中孚论濂洛关闽　王尔缉辨心学理学

程是濂学宗祖周敦颐的亲授弟子,而闽学朱熹,又是二程三传弟子的门生。如前所述,个中儒生学理自有前人奠基,将其发扬光大再加独具创见即可自成一宗。反观我关学,地处西北一隅,难免交流闭塞;加之张载过世后,其平日倚重之爱徒如蓝田三吕、还有苏昞等人即投奔二程而去,使我关学遭致断根之灾。至今忆起,犹令人伤痛不已!后学无师亲授,只好'自出义理'在黑暗中独自摸索,单打独斗。关学数百载时起时伏,时断时续,终致在四派中落于下风,其由盖出于此,难怪史书有人妄言所谓关学只是张载一人之学,其话虽偏执而刺耳,却也有其一定道理。"

"其二呢?""其二在后面话题中自然会点出。"二曲仰头看了看正当午时的日头,回头扭向心敬试探道:"欲知后事如何,且听下回分解。我看咱俩得回去喂喂肚子了。""不嘛,师傅谈兴正浓,亦正搔到心敬痒处,我还从未听过如此丰富新鲜而又引人的儒学故闻。孔子曰:'朝闻道,夕死可矣。'就你我还在乎一个不听话的肚子?"二曲笑道:"《汉书》中亦云:'民以食为天。'你我莫逆天而为。这样吧,你快去叫你师母烙几张饼来,为师在此等候,可成?"心敬一听此话,立刻撒开丫子,边跑边说:"好嘞!"急得二曲直喊:"再捎些水来!看把你乐得。"二曲望着心敬的背影,暗暗点头:是个好苗子,就冲这刨根问底的求知欲,老夫就该收了他。

一时三刻,心敬端着一摞葱花油饼和一壶水飞奔而来。"咦,咋这么快?还弄来这么稀罕的吃货。"心敬气喘吁吁地说:"饼刚烙好,师娘正打算给咱送来。"二曲笑道:"看来为师是沾了你的光。你刚入门,师娘是犒劳你的。""既沾了徒儿的光,师傅就得把今儿的课讲完。"二曲看着香喷喷的油饼,开心地说:"俗话说,吃人的嘴软,看在葱花饼面上,为师不讲也得讲了。"二人开怀大笑,盘腿坐在干草上,不一会儿就解决了"天大"的问题。

吃饱喝足之后,二曲端坐草坪,一反往日严肃神态,拿起了说书人的架势:"话说我泱泱中华,文明千载历程。春秋伊始,百家争鸣,儒家崛起傲群雄;无奈何,天降罡风,群芳凋零严霜中——秦始皇,焚书坑儒,万马齐喑俱喑声。春回大地万物苏,汉至宋明儒勃兴,濂洛关闽神州聚,一时间,华夏'孔、孟'迭出。只可叹,兄弟阋墙'理''心'争,同室操戈,势同水火难相容。唉……"说罢,双眼溢满痛楚,半晌没了下文。心敬一见师傅如此模样,不由慌了手脚,连忙站起轻轻摇动着陷入沉思的二曲肩头问道:"师傅,何谓'理''心'之争?为何一提及此事,竟然兜起你如此伤感?"二曲摇头叹息道:"这也是为师要与你讲的另一大话题。

"宋明两朝,除上述四大学派外,还因对世间万物之本源、人心在其中之位置、何谓认知事物之正途、如何治世除弊等诸多基础哲理见解纷纭,莫衷一是而分出了多个小派别。

历经多年争执、磨合之后,最终逐渐归拢为立场迥异的两大阵营——一曰理学,一曰心学。理学以二程、朱熹为头,心学以陆九渊、王守仁为首。二程与朱熹前已说过,陆、王二人为你在此简介一番。陆九渊,字子静,自号象山翁,南宋高宗绍兴与光宗绍熙(1139—1193)年间人,生于抚州金溪。象山出身世家,自小聪颖好学,四岁时即问父:'天地何所穷际?'父无以回答,只好以笑掩之。后读书至'宇宙'二字解说,方释其疑。长大后中进士作主簿、国子监正等职。后潜身治学,开创'心'学流派,其言'宇宙便是吾心,吾心便是宇宙',主张士人要在'心'上做工夫,以开掘自身的'良知''良能'。为此四处讲学授徒宣播心学主张。据书载,'每开讲习学者辐辏,户外履满,耆老扶杖观听'。足显其学之盛。象山还有一句颇为惊世骇俗之豪言壮语,曰:"学苟知本,六经皆我注脚。"你看口气多大,似乎数千载之圣学经典都沦为其心学附设之注释。

"再说王守仁。其字伯安,自号阳明子,明宪宗成化至世宗嘉靖(1472—1529)年间人,生于浙江绍兴余姚县。阳明先生为心学之集大成者,由于他的著述宣讲,心学成为明代最大学派。

"阳明自小就胸怀大志,一次与塾师讨论何为人生最要紧之事,他竟出乎塾师之料,答曰:'科举并非第一等要紧事,天下最要紧的是读书如何做一个圣贤之人。'及成年,虽珠玑满腹却接二连三未能考中进士,友人恐其羞惭,便安慰道:'此次不中,下番必成。'他却反过身笑着回复其友:'尔等以不登第为耻,吾却以不登第为之懊恼为耻。仁兄慰错人了。'真乃卓乎其论。其后一大比之年,高中二甲进士第七名。后被擢升为都察左佥都御史,其用兵出神入化,曾剿灭南中匪患,平定宁王朱宸叛乱,逼降夷族叛首卢苏、王受,袭杀断藤峡乱兵。一时功震朝廷,名声大起。时人誉之'用兵诡诈独断',堪称近世用兵第一人。

"阳明挂冠归隐后,着力于心学著述,提出了诸多心学论断,为后世所推崇,如'心即是理''致良知'等,黄宗羲赞曰:'王阳明可谓震霆启寐,烈耀破迷。自孔孟以来,未有若此深切著明者也。'世儒张岱云:'阳明先生创良知之说,为暗室一炬。'以为师观之,阳明先生实乃中华近数百载之治世文武全才,立说开山巨匠。"

"何谓理学、心学?这两派的争辩为何让师傅如此忧心忡忡?"心敬不失时机插嘴问道。二曲望了一眼心敬急切的面容,庄重答道:"'理学''心学'经程、朱及陆、王与其门生的补充已各自构成一套极庞大而完善的哲学体系,涵盖了从万物到民生乃至人心的所有方面,也是你今后要着力研习、悟解的科目之一。今日为师只提纲挈领将其要旨概括如下——'理学'认为宇宙万物是由'理'和'气'两个方面构成,'理'为支配宇宙万物与

第十八回　李中孚论濂洛关闽　王尔缉辨心学理学

人间行为的唯一法则,'气'是构成世间万物的基元;'理'为主导而'气'为属从,'理'先于'气'而高于'气'。主张人只能通过'格物致知'之法,才能追求、认识到'理'的真谛。'心学'则认为'心外无物''心即是理',天理、人理、物理只存于人的心中,心是宇宙中的唯一实在。用陆九渊的话说就是'宇宙便是吾心,吾心即是宇宙',主张人只能通过本心的感悟,通过自修、自省的方法,用陆九渊的话说就是'致良知',用王阳明的话说就是'发明本心',来探求到'理'的存在。心学认为万物皆有其理,用'格物致知'之法去探求万物之理,不免流于繁琐、细碎,而心学探求万物之理只需用心,因而归于简约客观。"

"那理学、心学之争又是怎么回事呢?""心学、理学各认自己是儒学正宗,又笃定对方的认知是绝对的谬误,怎能不起争执呢? 宋朝时为此还发生了儒学史上很有名的一场辩论,叫作'鹅湖之会'。""师傅,鹅湖之会又是咋一回事呢?"心敬的情绪更高了,一连几声地催着二曲讲下去。随着二曲的叙说,南宋时陆九渊与朱熹两个泰斗在鹅湖寺的一场论道之争,拉开了大幕,演出了一段流传千古的儒学盛事。那段遥远的岁月传闻,仿佛一幕幕真实的场景在心敬身旁一一展开……

公元1175年,南宋淳熙二年春。寓居于信州鹅湖寺的朱熹,正在寺旁鹅湖边上的一座小亭子里,焦急地等待着几位重要的访客。此时正值春暖花开,鹅湖上一大片水草芦苇生机勃勃,长得十分丰茂,湖中一群野鸭、大鹅忙着叼鱼捉虾,在芦苇中时隐时现,一会儿潜入水中一会儿浮出水面,亭旁的湖面也不时传来"扑通、扑通"的鲤鱼打水声。就连蓝天下的白云也在慢悠悠地飘向远方,一切都显得那么安恬祥和。此时的朱熹却毫无观赏这美景的兴致,他漫无目的地望着眼前的景物,心里却翻腾着一桩心事:理、心两家早有门户之见,近来闹得更凶了。门徒之间相互攻讦,崇朱者诋陆为狂禅,崇陆者攻朱为俗学,两家互怼儿如冰炭,势同水火。这并非出自本心的纷争令朱熹倍感忧虑。

前几日,友人吕祖谦为弥朱、陆二人心结,特约陆九渊、陆九龄兄弟二人来鹅湖与他相会,共同探讨各自主张,以求冰释前嫌,达致皆大欢喜之局面。

正深思间,只见远处有七八个人迤逦而来。走到近处,朱熹举目望去,方见是九渊兄弟二人、吕祖谦、临川太守赵景明与其兄赵景昭及所邀刘子澄,陆氏弟子朱亨道与其兄也凑兴而来。朱熹迎上前去嘘寒问暖,众人相见,竟是十二分亲热。

待客主坐定,品茗寒暄一毕,吕祖谦先即席开言,讲明此次由他主动联络二陆与朱熹相见,切磋各自主张与理据,以明辨是非短长,最终求得弥合分歧、儒学两派和谐共处、同兴儒业的目的。众人纷纷赞誉吕祖谦这一义举,随后恭听二陆与朱熹的论说。

话题先从求学工夫的分歧说起,二陆主张先发明本心,以心明物,则一切豁然开朗,

终达博览世事之目的;朱熹则主张通过格物致知之法,探索每一物事的内在之规,以求得万物遵循之规,即由先博而后归之约。

随着各自阐明、举证的演进,双方在其他领域的分歧也——浮出。经数十番来回商榷、质疑,非但无法说服对方以弥合彼此歧见,甚至屡屡陷入"鸡同鸭讲"那种尴尬而滑稽的场面。

天色渐渐暗了下来,祖谦提议回寺歇息,明日再谈。众人纷纷起身离亭,各自安歇不提。

第二日食漱一毕,九龄对九渊言道:"昨日论辩,双方未见分晓,今日如何破题,兄弟腹中可有成算?"九渊沉思片刻道:"昨日双方旗鼓相当,未能分出是非曲直。细考元晦言词,吾等与元晦之歧见,早已不止求学工夫之别。理学与心学在如何阐释宇宙伦理、人与物之孰客等根本理念上已分道扬镳,各奔东西,与其弥合歧见之念头已休矣。今日你我不妨在此根基之处与元晦博弈一番。"

亭内几上,朱熹尽地主之谊摆上些当地时鲜,其隐隐散发的果香似乎冲淡了亭上残留的火药味。朱熹笑道:"昨夜一番静思,谅子寿(九龄字)、子静(九渊字)已迷途知返,想必今晨早早欲与不才握手言和了吧。"九龄闻言大笑道:"昨夜确有一番苦思,却非是元晦所望纳降之事,而是偶得一不腆诗,其曰:'孩提知爱长知钦,古圣相传只此心;大抵有基方筑室,未闻无址忽成岑。留情专注翻蓁塞,着意精微转陆沉;珍重友朋相切磋,须知至乐在于今。'久未动笔,难免滞塞浅薄,令诸位高朋见笑了。"朱熹听毕大笑曰:"看看,子寿早已上子静贼船矣!妙哉'古圣相传只此心'。古往今来,道、儒、法、墨、兵、术、阴阳,哪家著述不汗牛充栋,难道古圣相传只赖于心?"九渊闻言心中不悦接口道:"以君之见,尧舜之前何书可读?可见千古圣人以心传递乃是明理。与其心通,则不言而喻尔,焉如今之书蠹,终日'钻研'于故纸堆中却不明'心'领神会之理,岂不悲哉?今亦不揣浅陋,和家兄前诗一首:'墟墓兴衰宗庙钦,斯人千古不磨心。涓流滴到沧溟水,拳石崇成泰华岑。易简工夫终久大,支离事业竟浮沉。……'"诗至此处,举座大惊。朱熹闻此几句容色立时阴沉下来,至末二句"欲知自下升高处,真伪先须辨只今",朱熹更是愤然离身道声"失陪",顾自游赏湖边景色去了。众人只好讪讪笑散,有的追逐朱熹而去,有的陪着二陆说些不着边际的闲话。朱熹回身对着追来的祖谦愤愤言道:"吾遂尔愿,邀二陆前来辨析一番理学真谛,以弥合两者理念与门徒纷争,却不料二陆竟口出狂言,将心学置于至高无上地位而诬我理学为'支离'破碎之说,真是岂有此理!"祖谦领首,忧心忡忡回言道:"经两日商榷,我竟觉得二说俱有可取之处,亦各有偏颇弊端。经此一辩,二者显出如此鸿沟

第十八回　李中孚论濂洛关闽　王尔缉辨心学理学

之隔,已无填平之期。此番境况实出吾之意料与初衷。唉,儒学两大门派之争,恐将遗患尔后数百载矣!"

九渊见朱熹愤然远去,遂望着几人背影大笑道:"此诗纯属触景生情,逢场作戏之怡情所为,元晦竟失态至此,实实有违平日大家风范。走,我等随他而去,将这夫子好好调侃戏谑一番,以解其心中芥蒂。"言罢,二陆与亨道兄弟等人追逐而去。不一时,随着暖风吹过,远处依稀传来阵阵喧哗之声,惊得芦荡中数只白鹤、鸳鸯乱糟糟飞起一片。

翌日,双方互释前嫌,又密切交流了大半天,然囿于门户之见,竟都自视稳握真理之匙,互不相让,各持己见,直到终场,然气氛毕竟比昨日和缓融洽了许多。

午后两个时辰,二陆等人纷纷与朱熹道别辞行,朱熹手拉二陆道:"二位贤弟难得拨冗相会,虽于析辩中言行有所唐突,却不损吾等友情,且此亦厘清了理、心两派之分歧所在。尔后愚兄将专辟数月辰光,潜心探究心学精粹,以求领会二位之真知灼见。"九渊亦笑牵朱熹之手动情回道:"昨日诗句孟浪,仁兄不必记挂于心。唯愿你我兄弟挚谊永在,儒门双珠辉映后世,你我也就不枉论道这一回了。"言罢不胜唏嘘。众人亦相互珍重道别,踏上各自归途。午后的斜阳,映着一行人逐渐远去的身影。

"鹅湖之会"在中国儒学史上,堪称浓重的一笔。其后有关理学、心学的论著,无不记载着这场中古哲理之辩的双雄会且为后世儒生们津津乐道。然而,鹅湖之会也成儒学两门派分道扬镳的终极标志,镌刻在了分野数百载的儒子脑际,成为他们心中永远的痛。

一阵漫长的静思。心敬如醉如痴,仍沉浸在往昔那场令人神往又感叹的古人哲辩之中。待回过神来,心敬不由探问二曲:"对于理学、心学之争,在师傅看来,二者谁长谁短?"沉思中的二曲抬起头来,正色回答道:"学术之有程朱、有陆王,犹车之有左轮有右轮,缺一不可。尊一辟一,皆偏也。""师傅此说极是,徒弟也以为理、心之学犹如车之两轮,只有两轮合力奋进,方能推动儒学前行。然于师傅内心深处,究竟偏重哪一端呢?"二曲不由笑了:"你这个滑头鬼,竟敢潜至为师心中至深之处。既然你实心求教,为师不妨私下告知于你,为师秉持中庸之道,只是略微重于心学罢了。心学之核心持论,为师并非苟同,比如'心即是理''心外无物'诸说。因为心外之大千世界为实实在在,其兴、灭、存、废俱不依个人心之好恶而变其毫微。明代心学宗师王阳明竟认定心外之物为心所把持。一次他与友偕游南镇时,其友指岩中花树问曰:'天下无心外之物,如此花树,在深山自开自落,于我心亦何相关?'阳明竟如此回道:'你未看此花,此花与汝心同归于寂;你来看此花时,则此花颜色一时明白起来,便知此花不在你心外。'在阳明先生看来,人不观此花时，它是死灭的，只有当人看它时，它才呈现出了颜色与生机。显然常识告知吾等，花、石、日、月绝不会因人是否看它们而有任意改变。你不看日头，难道它就会挂在虚空而不继续西行？你不看月亮，难道它的银光就不会洒布地面？你不看终南山，难道它就会消失得无踪无影？说句大不敬之语，难道你阳明先生半途而殁，此花也得随你而枯萎？恐怕它还得以娇艳之姿挺立于群岩之上。孔子曰：'芝兰生于深林，不以无人而不芳。'显然与阳明先生唱起了对台，故此大谬之说与人之常识相悖，仅为牵强之辩耳。"

"既然如此，师傅又如何内心偏重心学呢？""为师之所以如此，在于看重心学的要旨——心为伦理至上之物。为师很赞同子静先生这一主张。他认为士子在研习儒学功课时不仅要穷读四书五经，更应在心上做工夫，以求唤醒自身的良知良能。孟子曰：'一日三省吾身。'实指一日三省吾心，即此意耳。九渊先生认为君子应以圣贤为师，以普救天下苍生为己任，以此意潜心求学方得正果。以此'本心'操之，则无论读书还是做官，都是为了'义'，为了'公'，而非为利、为私。心学强调当务之急在于救治人心，在于立救世之志。为师以为其最闪耀的核心亮点，正在于此！这也正是为师之所以偏重、欣赏心学的缘故。试想若心术不正，即使'格物'而达'致知'，于国计民生又有何益？如今，无数贪官污吏正是由于其熟读经书，经科考得以执掌朝廷权柄，可彼等的心却是黑的，更不知义为何物。这样的人纵然熟谙'气、理'之道，又有何意义？故而当务之急是急在救治人心，在于教儒生树起救世之志而矢志不渝。这也正是为师在常州开讲的题目——《匡时要务》中着重阐发的宗旨。

"你要问这两大派各自关注的重心在何处？除了两者相互渗透之处，即共性以外，为师在此处可以给出一个不太成熟的看法，理学强调'格物致知'，即通过研究事物而获得与其相关的知识，探索构成宇宙的'理、气'关系，从而获得'天人合一'的学识结构，因之它的关注点可大致归结为'智育'之类的追求。而心学则强调'心外无物''发明本心''致良知''明明德'等，主张'理'在心中。士子求学务必先净心取义，以至'良知'在胸，方可做事谋官。因之它的关注点大致可归于'德育'类。'德育'与'智育'合而为一，方可称其为'教育'，这也就是为师为何强调程朱、陆王之学犹如车之两轮，缺一不可的缘故了。通过今日详谈，你对此又有何见解？""师傅对两者侧重之分析在心敬看来颇有新意而又直中要害。心敬有两句话可明心迹，'修德以正心，格物以致远。'"二曲大赞曰："为师明白了。你将来要做一个品行高洁而又学问渊博的圣者，伟哉其志，善哉孺子可教也！看来今日与尔'口谈'可以'收官'了。"说罢站起，甚为满意地伸了伸懒腰，满目慈爱地瞅着似乎意犹未尽还在思索的心敬，"走吧，还愣着干啥？"

第十八回　李中孚论濂洛关闽　王尔缉辨心学理学

"师傅，刚才想起来了，'口谈'还有一子未落，怎能轻言'收官'？"心敬顺着二曲将围棋'手谈'趣改为'口谈'之机，牵出了他的新疑问。"有何未落之子？""师傅在总结关学之短时，我记得你曾谈过其有两短，一短方才已说，可这二短还言明在总结关学长短其后话题中会自然引出，可已至'收兵回营'，这二短还未牵出，这不就是'口谈'中所缺一子么。"二曲猛一拍脑袋："话絮繁多，兴之所至信马由缰，竟将这档话题忘得一干二净。你这赖子，确听得仔细，还冷不防揭一下为师的短。"心敬开心笑道："师傅，你这一短可补学生见识之长，不能不揭呀，还望师傅不要见怪才是。"二曲接过话头，正色道："你提醒得好。为师所思的，正是今日欲为你所谈之重头。好，话题重回理、心两派所争之处。两派之争，源于程朱与陆王各自提出一整套相互对立的儒学哲理体系，并以己之长攻彼之短，为孰是儒学正统而争论不休。数百年来，其两者各所执着之论战如一巨大旋涡，举国儒生都被卷了进去；其又如磁石召铁，将认以为是的儒生纷纷吸引至己方阵营中。在此情况下，先师张载故后，其门人悉数投奔到二程门下也就毫不奇怪了。两大派系之濂、洛、闽有鉴于此，才能日益兴盛终至前赴后继，脉息健旺数百载。

"反观我关学后世，不是游离于二者之外，就是归附于二者之中。游离于外难免被抛离关注中心，而被置于边缘；归附其中则必使关学门庭冷落，而致后世百年间如丝承缕继，仅存一息，至今方才缓过气来。究其缘由，盖出于其第二短——我关学未能趁时提出有别于理、心二学之说。若非如此，则必成三足鼎立之势，关学后裔可聚此旗下与其二者争锋，其盛衰之局则难料矣。故此，为师假设，仅仅是假设，若横渠亲授门徒如蓝田三吕等，以《易》为宗，以'气'为本，以理、心二学反其道而行之——理学主张理、气二者理先气后，理主气从，我则主张气先理后，气主理从，犹明之泾野（吕柟字）所言：'理气无二物。若非此气，理却安在何处？'即此见也。心学主张心外无物，我则主张物外无心，心即物在其中之映照。如此一来，此旗可立，则大势立时可易矣！"

二曲激动得气喘吁吁，他似乎看到如此一来，关学所绽放的灿烂前景与延及今日之辉煌。旋即又情绪回落，语调低沉地续说道："当然，这只是为师的一种假设。况且此种假设之离奇，在为师看来已属荒诞不经、离经叛道之异端邪说，更况乎理、气正统之念已根植于当今儒士各自心中；不过话说回来，此种异端或许千年之后又被世儒者所称道，呼其为最切合实际之正道。秦皇坑儒，斥其为异端，转眼间汉又独尊儒术，奉为正道。天下世事变化之倏忽，人莫之测矣。"

斜阳已迫西山，撒出万道霞光，照得漫山遍野一片金黄。蜿蜒的小河湾，二曲与心敬一前一后漫步回村。二曲心里十分痛快,许久以来他从未如此酣畅淋漓地向任何人讲述如此之详的儒学门派及其纷争,更未向人打开心扉,泄露隐没在最深处的诸多未便于示人的心迹,今日却破天荒地一股脑倒给了这个才相识几天的毛头小子,连他自己也觉得不可思议,也许这就是缘分吧。他还十分满意,自己啰嗦了整整一天,他竟兴致勃勃听得十分专注,且不时提出显然经过周密思考的话题。交谈中他脱口而出的那两句话,使二曲不由暗自点头赞叹:此子志向高远,不可小觑,将来必成大器。心敬更是兴奋得在二曲身后一蹦一跳。他高兴得手脚几乎没处放了,不是拽拽自己的辫子,就是揪揪路旁的茅草,就差没吼一嗓子了——只因师傅在前边。师傅竟日侃侃而谈,在他眼前展现了一片新天地,这是过去二十五年研习经书时从未见识过的新天地。那里面充满着高深而恢弘的哲理,深奥而睿智的激辩,风趣而引人无限遐想的文人轶事,让他听得如醉如痴,欲罢不能。师傅阐述跨度数千年如此复杂的儒学史,却是举重若轻,有条不紊,点滴不漏,且疏密拿捏得恰到好处。其中那么多人的生年、别号、简历甚至诗词章句、奇闻轶事,竟能信手拈来,显得那么轻松,游刃有余,其深厚的理学积淀不禁令人啧啧称奇,更令人叹服的是其中的诸多评论、剖析与见解,谅是这位站在儒学巅峰的人多年苦思所得,显得尤为独到而深刻。心敬暗自下定决心:这个夫子我是跟定了。

　　心敬边回忆边思索,花了几天工夫,终于将二曲前几日的谈话详细地整理记载下来,拿给师傅看。二曲看完暗暗心惊,数十页的内容仅有十数处差错,这般好记性在读书人中也堪称凤毛麟角,不由对他端详了片刻,随后提笔将错处改过交予心敬。不防被伸脖围观的几个门生中唤作玉虹的一把夺去,看着满篇端丽的蝇头小楷,不由惊呼道:"哟,贤弟的小楷如此精神,足可作为习帖范本,何时练出这般的好笔头?"几位同门相互传阅,莫不交口称赞。搞得心敬倒心虚起来,忙一把夺回:"几位兄长莫再笑话。你等哪一个不是腹纳珠玑、胸藏锦绣?若论起笔端工夫,我咋听说王羲之也曾索讨过玉虹兄的一幅墨宝,不知此事可当真?"众人一听莫不顿足大笑,玉虹追打着心敬:"好你个小子,老兄真心夸你,你倒狗咬吕洞宾,埋汰起我来了!"众人趁机起哄:"玉虹真啬皮,卖字润笔钱也不拿来给弟兄们灌几两酒喝!"一时间场上闹得不亦乐乎。

第十九回　痴心女情海起波澜
负心汉学海泛舟楫

　　傍晚时分，心敬来到了李老翁家中。远远看见翠姑伏在庭院的石桌上，看上几眼书，抹上一把泪，甚是诧异。快步走上前去，招呼道："翠姑姑娘，何事如此伤感？"翠姑正看到入神处：杜十娘的一片真心，被寡义的李甲击得粉碎，绝望之下将百宝箱连同她的痴情与性命一起决绝地交予了滔滔的江水。不由一阵心碎，泪洒襟衫。此时猛听一声呼唤，不由吓了一跳，抬头见是恩人，忙合上书，一边揉眼一边惊喜道："是王大哥来了。不巧风吹迷眼，被你看见还以为出了啥事呢。俺舅在房里正看书，我去沏些茶来。"说罢携书快步走向里屋。心敬扫了一眼书目，见是《警世通言》，心里甚觉不解。

　　刚走近老者卧室，就听见里面传来一阵鼾声。进屋一看，只见老者斜躺在烧炕上，身旁正摆着棋盘，胸前压着《桔中秘》睡得正香。

　　心敬坐在炕沿上，俯身观察盘上棋局，只见黑方沉底炮一将，红方必输无疑。他费尽心思企图为红方解围，左看右看，仍未有回天之术。翠姑手端茶盘走了进来，见心敬仍在看棋深思，老舅仍鼾声雷鸣，便放下茶盘，斟上一杯茶水双手递与心敬，心敬眼瞅着棋盘扬手去接，只听"当啷"一声，茶盅撞跌在炕沿又滚落在地上，碎成几瓣，连他的衣衫也溅湿了一大片。李老一骨碌爬起，连声问道："啥响？天咋下雨了？"睁眼见二人站在一旁，正不知所措呆望着满脸水珠的自己。他连忙把脸一抹又向后一倒："没见啥么，该睡还得睡。"翠姑这才灵醒过来，一把拽起老汉："舅你装啥糊涂？北街王哥来时你正发困，我端茶来他瞅着你的棋盘发愣，接茶无心将茶盅打翻，你胡想些啥？"李老汉这才慢慢坐起："王贤契是我老汉的忘年交，今儿个他来你不叫醒你舅去出门远迎，让我出这丑还怪你舅一头疙瘩。"看着前襟湿了一大片又尴尬得手脚没处放的心敬，忙叫他脱了罩衫。心敬这才回过神来，脱下衣衫顺手搭在椅背上，随着坐了下来。老者问："听翠姑说你盯着棋盘出神,是咋回事?"心敬指着它说:"老伯你看这棋势,红方已定输无疑,小侄刚才正在费尽神思想帮红棋一把,可就是想不出招数,正在心火乱窜时,翠姑却递过茶盅,我眼瞅着棋盘扬手去接,就……"李老汉听后哈哈大笑:"贤侄你和老汉得的一个病,一见棋盘就忘了自己。我对这局也是一筹莫展,直到看了棋书,方知有妙招可解此危局。不信咱爷俩接着下下去,看是什么结局?""来,我执红。"老汉翻了一下棋谱,竟用肋车直戳叫将,心敬移帅吃车;红方马解开绊腿之车,卧槽又叫将,欲沉底将死红帅的黑炮只得翻过打死红马,到此时,红方危势顿解,其倾巢出动,着着不离将,搞得心敬手忙脚乱,经过一番窜跳腾挪,兑子厮杀,红方终于逼得黑子称臣乞降,推枰认输,心敬心服口服之际,连忙将其复盘,仔细琢磨着其中奥妙。待完全消化其招数,不由叹道:"此棋路高深莫测,我辈怕是终生也难谙其诡。"老者回曰:"前辈棋艺出神入化,我等凡人实难望其项背。来,咱俩再战几合。"心敬跃跃欲试:"小侄遵命,不过先有一约,老伯不得偷书中之技以胜我。"李老汉哈哈大笑:"要得,不然也赢得太无趣了。"言罢抄起棋盘,你来我往,一时间又杀得硝烟四起,昏天黑地。

不一时,翠姑端来饭菜,心敬见状急忙推棋告辞,说天色已晚,他要回去了,不然师娘是要怪罪的。二人苦留不住只好放行。心敬抄起衣衫欲起身出屋,翠姑眼尖,一把拉过心敬衣衫抖开一看,褐色茶渍赫然印在了青衫之上,斑驳刺目。翠姑抱怨道:"这样回去,还不惹他们耻笑,你看衣领像牛口嚼出来的,再不洗就熏死人咧。"说得心敬直挠头:"平日都是母亲操心,到这儿只知用手揉揉,衣领是净的,不过积痕难以去除。"翠姑笑道:"呆子,衣领积垢要裹上皂角,放在河里石头上用棒槌使劲捶,积垢才能下来。"说罢,拿着衣衫就往外走。心敬一看急了,连忙拽住衣角说:"窍道我已明了,不烦姑娘操劳。"翠姑却不放手,二人竟拔起河来。眼看力不从心,翠姑急忙朝老汉喊:"舅舅,你咋站在干滩上看热闹? 这点忙要不帮,叫王大哥怎的看我?"李老汉此时才笑呵呵插嘴道:"心敬,就让与她吧,冤有头债有主,是她弄脏你的罩衫,理应由她来收拾。"翠姑气喘吁吁道:"舅舅看你把话说得,谁有冤,谁有债? 与其磨牙拌嘴,还不如快来帮一把力。"老伯笑着走近,一把就把衣衫抽了过来交与翠姑,对心敬说:"人有敬意须当领之,你这后生连这点理都不懂。况且,人家还蛮偏心的,你看她舅也溅了一身水,人家就看不见。"翠姑脸涨得通红:"舅舅,还没顾得上脱你的衣衫,就要小娃脾气,你这人真难伺候。"说完帮舅脱衣一块拿将出去。

老者这才对心敬说起了正理:"你这身模样也难回去。也罢,老汉我还有旧时穿过几回的衣衫。想我年轻时,二十啷当,风流倜傥,十里八乡的姑娘……啊呸! 说这些陈芝麻

第十九回　痴心女情海起波澜　负心汉学海泛舟楫

烂谷子算咋回事？翠姑翠姑！"翠姑湿着手跑了进来，"去对面屋里那个大立柜，把舅年轻时的衣裳整几件过来。"不一时，翠姑端着一大摞衣衫走了进来，一一展开计较，最后将一件府绸面的夹袄抖开让心敬穿上。待心敬难为情地穿上后，二人后退一步端详，翠姑拍手道："这件衣衫王哥穿上看着真精神，舅你看呢？"老汉看后用水烟把点着心敬："嗯，比我当初穿上还俊三分，我看蛮合适。"衣服除了有樟脑味，看着还跟新的一样。

这几天翠姑快活得像一只小蝴蝶。庭院、里屋飞来飞去，将里外收拾得干干净净，不时还偷着到门口瞧上几眼。回到院中，她不住瞅着晾衣绳上舅舅、心敬和自己的花坎肩，心里甜丝丝的，不由悄悄放纵着自己的怀春遐想……突然她一愣，原来不经意间，手却将自己的坎肩拉到与心敬的青衣紧紧挨在一起，不由心里一阵狂跳，捂着脸跑回屋里。

日子一天天过去，直过了半个月，都没再见心敬的影子。姑娘的心彻底凉了。一天到晚除了默默干活，就是坐在院子的石凳上发呆。脾气也见长，这不，为了一些琐事，她已顶了舅舅几回嘴。后来竟整天板着脸，噘着嘴，像谁欠她二斗红高粱。

再几天过后，姑娘的面庞上，往日的红润慢慢褪色，人也日渐消瘦起来，整日没精打采的，愁眉紧锁下忧郁的眼睛里总噙着哀伤的泪水。

李老汉将这一切都看在了眼里。他也很纠结，到底为了啥，心敬竟如黄鹤一去不复返？依着自己的脾气，早就三日来两日往，直到腻得人家心烦。可这个傻小子，难道不晓翠姑的一片痴心？李老汉耐不下去了，他搭上心敬的衣衫，寻到了二曲的住处。

小桥旁的一块净石上，心敬正坐着专心读经。老汉一眼看出是心敬就径直走了过去。心敬抬头一望，慌忙站起让座，表情显然有些不自在。老汉沉着脸气呼呼也不理睬心敬之举，只是用眼睛直瞪着他，瞅得心敬心里一阵发怵。"俺老汉、俺翠姑咋得罪你来，你一直躲着不去？今天不说清楚，老汉就与你当面割袍断义，永不来往！"心敬躬身恭恭敬敬行了一个大礼，缓缓言道："多日不往，实在有负老伯盛情；失礼之处，老伯责怪得也理所应当。你却不晓小侄近日也心如汤煮，煎熬异常。然来蓬屋投师求经，老母有言在先：'德业不成，学未达于先贤至境，为娘羞于见你，你也有何面目见乡中父老耶？'下此重语，我何敢在此卿卿我我，荒废学业？况我行前也曾立誓学成如二曲师傅那样的学识人品。若一味沉溺于儿女私情，以致百事不成，连老伯也会耻于与这无行之辈交往吧？翠姑是个好姑娘，她的心思我何曾不晓？我亦情悦于她，只是基于上情，小侄只好狠下心来，不再相见，以免徒生伤感；再则，吾为儒生，婚姻大事须由父母作主，我已失怙十余载，此事只能由家慈俯允方为正道。回去烦老伯转告翠姑，说心敬实在对不住她了。"

一席话说得李老汉嗒然若丧，失意而归。心敬忙唤住他，说给他去取府绸夹袄，老汉手一扬,头也不回地嘟囔着:"盆都打了,还要这破碗弄啥。"

待回到家里,将心敬回话一五一十倒出,翠姑听了,半天不出声,忽地直奔里屋,片刻隐隐传出一阵抽泣声。老汉心里发酸,叹息了一阵,方才独自折回寝室不提。

又过了几日,一日清晨起来,李老汉在庭院打了一会太极拳,尔后坐在石凳上歇息一番。往日此时就会传来翠姑欢快的招呼声:"舅舅,吃饭咧!"今儿怪了,厨房不见烟火,不闻风箱的啪啦声,静得像没人一样。他慢腾腾踱过去探身一看,果然冰锅冷灶,也不见翠姑的影子。老汉急忙走到翠姑睡处,只见翠姑躺在炕上,双颊飞红,嘴里喃喃不知所云。老汉用手贴住额头,竟然烫得手都搭不住。嘴里直骂:"都是这臭小子惹的祸!"一边直奔村里行医鲁家。请人看病、抓药、煎药、喂药,直跑得李老汉腿肚子转筋,忙活了几天,总算看到翠姑慢慢活泛起来。待翠姑刚能坐起,李老汉连忙雇了一辆轿车,将翠姑送回了涝店妹子家中。

鄂县北街王府。

李氏在慢慢用笤帚扫着庭院。这几年里,婆婆、嫂子相继过世,加上心敬去了盩屋,只留下她和两个侄儿过日子。心广已二十出头,家里的农活、外出打工,全凭他一人之力。小伙子倒也长得人高马大,浑身的力气,平时待人接物还透出家风中的文雅敦厚气质。乡党们的称赞让这个为娘的也欣慰不已;心正已十来岁,她也将其送到王郦先生处读书识字兼学圣贤之道。这个侄子也让她舒心,常常受老儒生的夸奖。她也时不时拔些地里的白菜萝卜,让心正捎去聊表心意。

毕竟五十有余,身子骨也不似往常,平日里做饭、拾掇家务零碎,一天忙到黑,一旦身子着炕,就腰酸腿疼。可要强的她,第二天仍硬撑着依然如故。这不,扫着扫着,就觉得不得劲,只好直起身,用手不断地捶着腰间。

大门"咯吱"一声被人推开,李氏拧身一看,原来是侄女婷。自从婷嫁到北关陈家后,却一直依恋着北街的"老家",其实就是离不开她一直视作亲娘的三娘。隔三岔五总要回家一趟,给娘和弟弟们捎些吃货,娘俩扯些闲话,才又依依不舍地回到北关自己的家。

"这回又给娘带些啥好吃的,几天不见,娘就想你的吃货了。"婷听得咯咯直笑,手中递过一大包用粗麻纸包着的东西:"娘这卦算得真准。凌云昨日从西安办事回来,给家里捎些上好的腊牛肉,很入味,今儿个拿些给娘和弟弟。""这是为娘世上(土语,造化所为)你这好女儿,也真好些日子没沾肉腥了,叫心广、心正他俩解解馋。"李氏接过婷递来的吃货,"走,到娘屋里说说话。""娘,侄女这次来是有事要向娘讨个主意。"婷抱着李氏的胳

第十九回　痴心女情海起波澜　负心汉学海泛舟楫

膊,连搀带靠走进了李氏的歇处。

"说,有啥事让你三娘给你拿主意?"婷将李氏扶到椅子上坐下,开口道:"娘的身子骨这几年蛮好的,这是我们后辈的福分,可毕竟岁月不饶人,一天从早忙到黑,不光没有人替换你,就是连个陪你说话的都没有,多冷清啊。""少给老娘穿板子,你这小心眼娘还不晓得,是不是有人给心广提亲了?""你看我娘多灵光,一点就透。是么回事。你看心广也二十出头、老大不小了,该给娃寻个媳妇了。"李氏笑道:"这是个大好事么,为娘也寻思着给心广把这事给办了,也省一条心。这女娃是谁家的? 家教人品咋样?"婷拉着李氏的手说:"是喜琴。""喜琴? 谁家的娃?""哎呀三娘,你还逞强,可这记性已不如当年了。就是来福叔的二闺女。那年深夜,喜琴闹肚子,来福叔来寻我爸,一块去谢家店抓的药……"一时间多年前夜里妯娌俩纺线督学,来福寻丈夫的事一下子重回脑际:"噢,想起来了,你往下说。""咱家与来福叔家不远,你知道来福叔无儿,心广这娃厚道,就常去帮忙,爷俩蛮投缘,喜琴也整天哥长哥短的。前年,来福叔又给大闺女喜梅招了个女婿,小伙子很勤快,日子过得蛮滋润的。如今俩娃都大了,也都有那个意思,来福叔托我给你捎话,你看……"李氏喜得一拍膝头:"这样的好事娘巴不得成了,你三爸和来福叔的交情也算是结成正果了。不过这喜琴娃的心性咋样?"婷趁机煽了一把火:"喜琴这娃我熟得很,模样俊,心肠好,做事还挺麻利、泼辣,来了一定帮娘卸下一半的担子。""那就好,你再问一下心广,如若两人都确实中意,你就回来福个话,说为娘很乐意。咱择个吉利日子,托人去他家提亲。只是……"

话未说完,门外传来一阵急切的敲门声,娘俩交换一下狐疑的眼神,婷起身向外走去,李氏也由里屋来到了庭堂。

随着一阵由远及近的说话声,一位六十左右的老者出现在门口。来人头戴一顶六合一统暖帽,身穿灰府绸银鼠夹袍,虽气度雍容,眉宇间却隐现出一丝忧虑神色。来人对着李氏一躬身:"冒昧打扰,恳请体谅。尊夫人可是王府心敬之母?"李氏点头称是。老者闻言"扑通"一声跪在了当面:"望夫人看在菩萨面上救小女一命!"说罢泪如雨下。这倏然突变弄得李氏措手不及,她不好前去,正尴尬间,机灵的婷不待示意已赶紧上前搀起老者,安排在旁边靠椅上坐下。待老者持巾拭干泪水,李氏徐徐问道:"这位老哥,你我素未谋面,何来救女一说? 你可慢慢叙来,让我听个明白。"老叟拱手说道:"在下魏姓,居于县北涝店镇旁一村舍……"老者将三年前爱女涝店遭辱,心敬仗义出手相救,及至邀其家访,小女暗怀慕心之事说了个大概,随后叹道:"也许是孽缘,谁知心敬贤契去盩厔求师二曲,而同村的同宗李姓老者,正是小女舅父,公子首次访二曲未果时已与我那舅兄结为忘年交。此次前去拜访,却与小女不期而遇。屡次接触,小女痴心复燃,岂料不知何故,贤契竟断然从此绝迹姻亲之门。小女自那后忧郁成疾,其舅赶紧送回家中。谁知归来之后,小女日渐销铄,萎靡厌食,及至前日已卧榻不起。老朽大惊之下追问缘由,方知其故。小女说她舅追问过贤契,他以严母督学甚厉,己一心求圣不能分心旁骛为由横心拒绝,且言及此终身大事须由母亲做主。痴女病榻发誓,非贤契终身不嫁。小女榻前还言道,即使夫人不允婚事,她也要待病愈之日前来做个婢女伺候夫人一月,以报贤契救难之恩。想我老两口只守着这一个宝贝,小女若有个三长两短,我两人也势难苟活于世。为今之计,只好厚颜前来恳请夫人慈悲为怀,成全二人夙愿则个。"

一席话听得李氏热泪涟涟。她一边暗暗慨叹如此有情有义的烈性女子世间少有,一边急忙拭泪安慰道:"情急如此,不容耽搁,此间恰好有一亲戚医术颇精,烦老哥急速回府接来小姐让其一观,余话待后再说不迟。"

送走老者,婷抚胸喘定,对三娘喜滋滋言道:"看来咱王府是遇上婚动之年了。前脚刚来个提亲的,后脚就又到了一个'逼婚'的。"李氏正容道:"莫要胡说。提亲属夫家本分之事,人家来福只不过托你透个话,怎能算是提亲?倒是这位老者一时急糊涂了,扑通这么一跪,吓得我到这会儿还心跳不止。"婷起身告辞,李氏扬手道:"你且慢走。娘估摸那位老者定然急如星火,说不定两个时辰就会转来,到那会儿还用得着你。今响午咱做一顿糁子面,你和三娘一块操持。"婷闻言打趣道:"三娘啬皮,平日从不让女儿过午,今儿倒让我打一次秋风。"三娘也不相让:"你这嘴越来越贫了。为娘平日不留是怕北关亲家饿饭,你这狗倒咬起吕洞宾来了。也好,今儿多做些,让你撑翻肚子。"婷止住笑起身道:"娘说得也是,我这就回去做饭,顶多一个时辰饭好我就赶过来在这边吃。"李氏挥手道:"就这么定了,快去,饭做好就立马过来。"婷匆匆离去不提。

响午时分,婷赶了过来,心广与心正也回到家中。刚端上饭碗,就听到门外一阵骡马嘶鸣之声,随即大门推开,刚才的老者匆匆进来,一病恹恹的姑娘由丫环扶着,低头跟随其后。李氏急忙迎了上去,将老者安排进厅堂,婷帮着丫环将姑娘扶进李氏内室躺下。李氏唤过心广,叮咛道:"赶快到东街谢家店,店里有一坐堂郎中,叫他王伯,是咱南河头老宗族的故人,就说家里有一急病人,让他立时过来。"心广连连答应回身就走。这时婷已给老者奉过茶,就躲进内屋与姑娘三人说话。李氏陪坐在客厅,老者拱手道:"感愧夫人宅心仁厚,老朽回家与拙荆商议一毕即刻赶了过来。急火攻心乱了礼数,还望夫人海涵。"李氏安慰道:"人同此心,安能责怪?只是盼我那亲戚能立时赶来,解了小姐之困方才是好。"

第十九回　痴心女情海起波澜　负心汉学海泛舟楫

正言间,心广领着一肩挎药箱的先生急急走来。李氏欲上前致谢,先生手一摆,急问病人居所,李氏手一招,先生就进入了李氏房内。

满堂人皆屏息静候。约莫一袋烟的工夫,先生出来。心广急忙搬椅看座,奉上香茶。先生即从怀中掏出一水烟壶,呼噜呼噜吸了起来,众人眼巴巴望着先生的嘴一吸一合,只是不敢出声。待烟一毕,然后端起茶盅一饮而尽,方才坐下巡视众人。老者急忙趋前躬身问道:"先生你看小女病情可当紧?"先生盯住李氏,问道:"此女与弟妹是何瓜葛?"李氏欠身一指:"这位老者为你忻弟故交,诊望者就是她的女儿。"先生遂仰靠椅背:"这就是了。不瞒你等,此女脉息尚且平和,然脉象滞塞,心火炽烈,显为多日忧思郁结所致。其先会饮食不振,心绪烦躁,继而神情恍惚,言语失禁,再后来……就不用言明了。"众人一听大惊,老者更是涕泪交流,拉住先生的手:"乞望先生圣手回春,救小女一命。老朽愿以整院家当相奉!"先生急忙按住老者:"这位老者听在下把话说完,前之所以询问那女子与弟妹瓜葛,就是基于以下缘由——鄙人经多年精心研制一剂专治此类病疾之药,名曰'千金滞郁散'。只是其中一味药出自西康藏区,近年其地战乱迭起,导致药路阻断极难寻获。故非要紧亲朋,将以近性之药取而代之。王忻与在下八拜之交,老兄又为其故交,难得有这缘分,这次就用原方治之。只是此药虽能治愈,但心病还须心治方能剜根,否则多年后诱致复发,到那时神仙也无能为力了。"言罢让心广随他到自己家中取药。老者急留步道:"先生若能治愈小女此疾,老朽绝不食言。"郎中笑曰:"尔为王忻故交,可谓有福之人。在贤弟王忻家治病,在下从未收过一文钱。今日怎能破例。"随之拱手告辞,众人恭送至门外街口方回。

回至内厅,老者对李氏行一大礼曰:"仅以此事观之,王家即有德望族。大恩不言谢,小女病愈之日,即令其拜夫人为干娘,不知夫人可肯俯允将她收为义女?"一生豪爽的李氏闻言大喜曰:"人常言'择日不如撞日',此刻正是吉时。如若姑娘首肯,弟妹何惧添子添福!"

翠姑起初来到王府,心愿已满一半;又瞧李氏热心张罗,心病再去几分;今且仔细听得李氏愿将她收为义女,病情已然退去大半。她是何等伶俐之人,待堂内话音刚落,就如好人一般从内走出,拜倒在李氏膝下:"母亲,孩儿为你祈福祈寿。"说完重重叩了三个响头,赢得满堂喝彩。其父见状大惊,端详女儿容颜,竟然红晕复现,病体仅显虚弱之态,不由感慨先生为神医。

李氏笑在心里,知心病心治之法已然大见功效。正在开心之时,蓦然,一个绝妙的主意从心底萌生。她立时止住众人喧嚷,返身上了二楼。不一时,在众目睽睽下,李氏端着一只楠木盒子下了楼梯。在大家的围观中,李氏手按盒侧机关,只听得"嘭"的一声,盒子打开,一副绿莹莹的翡翠玉镯闪现在了众人眼前。一声惊呼不约而同,源于家人多年来从未见识过这件宝物。在众人的啧啧称奇声中,李氏端着玉盒,庄重地走到翠姑跟前说:"为娘出嫁时,你姥爷除别的通常嫁妆外,还特意又给了一副金钗,一副玉镯,交代我将金钗留给往后的儿媳,玉镯留给女儿。如今为娘就依照姥爷嘱咐,将这镯子给你,也权充作一份见面礼吧。"翠姑惊呆了,片刻过后"哇"的一声扑到李氏怀中,哭得浑身发抖。她把多日积压在心头的委屈、抑郁此刻发泄净尽,从来没有如此痛快过。

李氏轻拍翠姑的脊背,心里不由一阵感慨。终了,她让婷姊妹俩到里屋说话,回身对魏老汉说道:"老哥,弟妹想跟你商量个事。翠姑身子骨尚弱,不宜再行奔波,不如让她在弟妹处多住些日子,一来我俩可说些体己话,我也正好解了寂寞;再则在此服药也方便些,一旦药完,也好再添。不知老哥意下如何?"老汉感动连连:"如此甚好,只是又劳弟妹费心几日了。"言毕,带着丫环,怀着十二分感激,返回故里。

晚上,李氏带着翠姑上了二楼娉原住的闺房。李氏拉着翠姑的手,坐在床沿,满腹心酸给翠姑诉说了娉婚变的前前后后,翠姑眼泪汪汪,静静听着一个失去女儿母亲的锥心倾诉,她触摸到了干娘此时的心境:这个隐藏在内心深处的苦处只能给另一个女儿说说。除了她,还有谁能分担她的失女之痛,能填补她的心灵空虚呢?末了,干娘苦笑着对翠姑说:"这双玉镯,原本是在你姐娉儿出嫁时送给她的,可她没了,好在为娘又有了女儿,这对镯子又有了自己的归处。今夜咱娘儿俩要在娘的炕上说说体己话,明晚你就可安歇在这里,你要是……嫌寂寞,不若就干脆和娘一块睡吧。"翠姑撒娇地拉了一下李氏的衣角:"娘,看你说的,娉儿姐姐在天上要知道她又有了一个妹妹,不知该多高兴。我日后就住在这儿,说不定晚上还能和娉姐姐神会呢。"

晚上待翠姑服过二茬药,娘俩就睡在李氏的炕上。翠姑将如何在涝店遇上恶人,心敬如何挺身怒斥恶徒,最终恶徒慑于众怒狼狈溜走,她又如何请心敬到家受父亲的感激款待,以及后来在蓥屋相遇,直至断交的整个过程,细细地叙说了一遍。李氏随着翠姑叙说情节的起伏,一时怒目圆睁,一时舒心微笑,一时点头称赞,一时伤感落泪,其心境如同身在现场。自从娉儿离去后,李氏从未像今夜这般兴奋,她的母爱竟不知不觉转到了翠姑身上。娘俩在充满温馨的气氛中一直嘀咕到了四更将尽。

待李氏醒来睁眼一看,窗外已晨光满院。她穿好衣裳,刚溜下炕沿,搭眼就看见一只

第十九回　痴心女情海起波澜　负心汉学海泛舟楫

盛满热水的铜盆已放在炕前椅上，洗脸毛巾也搭在了椅背上，李氏心里不禁涌起一股热流：从她过门以来，每天早晨，都是脚不停点地服侍一家老小。今天破天荒地被人伺候了一回。抹过脸走到灶房一看，饭桌上葱拌萝卜丝、白菜炖粉条放在中间，一摞热气腾腾的两掺蒸馍置于四周，向里一看，翠姑正欠身给碗里舀着稀糁子。正在这时，心广、心正也前脚搭后脚走了进来，看见三娘倚门而立，都诧异地问："三娘还没做饭？"李氏闪过身，两个小子伸头一看，饭桌上已摆得停当。这时，翠姑方才察觉家里人都来了，用袖子一边擦汗一边问："娘，我想让你多睡一会儿，你咋就起来了？"李氏不回翠姑的话却责问道："药煎了没？以后身子骨没好利，你再胡折腾，看娘怎么法方（土话，惩治之意）你！"心广、心正忙替翠姑说情开脱。几人围坐一起，热热闹闹吃了起来。李氏心里对翠姑越来越离不开了。

一日，二曲开讲《论语·里仁篇》，主题为"君子喻于义，小人喻于利"。二曲言及此结语为迄今士林最为推崇的孔子传世名言。二曲云："在孔子他处所言中，吾等还可见到君子与小人的其他分野——君子和而不同，小人同而不和；君子坦荡荡，小人长戚戚；君子求诸己，小人求诸人；君子成人之美，小人乘人之危等。然君子与小人的最大分野，在于其义、利之观——君子遇事先辨是非曲直，小人遇事先计利害得失。君子讲求的是天下兴亡匹夫有责，小人遵奉的是人不为己，天诛地灭。苏武北海牧羊十九载，终持汉符节以归；文天祥抗元不遂，从容就义；狄仁杰赶考拾巨金而不昧；伯夷叔齐不食周粟而饿毙，此皆舍生取义、洁身拒贪的君子。而认贼作父的石敬瑭、卖身求荣的洪承畴、残害忠良的秦桧、贪荣杀妻的陈世美，哪个不是为求得一时苟安、朝夕荣华而落万世骂名的小人？故孔子曰：'君子修道立德，不为穷困而改节。'又云：'不义富且贵，于我如浮云。'……"

正言间，一门生曰王吉相者问道："师傅，《增广贤文》中有'君子爱财，取之有道'之说，这又作何解？"二曲回道："'君子喻于义'是指利益与道义二者相拗时，君子应取义而舍利；至于义利相容怎样处置，孔子未明言。以为师之见，君子以'道'为鉴，符其则行，逆其则止。此中取舍及蕴意，尔等可各抒己见，以求见仁见智。"又一门生曰张志坦者言道："司马迁《史记·货殖列传》中有云：'天下熙熙皆为利来，天下攘攘皆为利往。'子曰'小人喻于利'岂不将全天下人都贬之为小人？这又作何解？"一门生争辩道："唯利是图者，均可归之于小人，无视乎其多寡。"志坦辩道："以君之论，全天下操劳谋利之人，都成了小人，只有不食烟火者，方可为君子乎？"众人一时无言。

久寂之后,心敬缓缓起身:"师傅,可否容学生就此一述浅见?"二曲答:"如此甚好。"心敬徐言道:"以学生揣之,孔圣之说当属至理名言,然各位学长疑虑亦不无道理。学生以为,在关乎国家盛衰、民族存亡、宗室荣辱、个人名节等处,君子应绝然取义,秉持应有之气节,甚至杀身成仁,舍生取义亦不足惜。师傅此前拒诏之举,不慕应诏而至的荣华与美名,进而以命相搏,正是秉我民族气节,舍生取义的真君子。而在此境下却戚戚于身家性命、个人得失、殚精竭虑以求保身谋官求富贵者,则小人是也。至于平日君子与小人义利之别,正是学生此时所要择重而言的。

"一般所言'利益'一说,不可因孔圣一句'小人喻于利'而将一切逐利之人都归之于小人之列。'利',是平民百姓各项经营中,财富的增殖,亦为一切日常营生的原动力。故可曰:无利,则国无以由弱变强;无利,则民无以由贫而富。'天下熙熙皆为利来,天下攘攘皆为利往'正是史圣所言民间营生逐利的真实写照。然利究其手段而言,学生以为可分其为'良利、正利'与'劣利、邪利'之分;凡以正道之手段取得之利皆为良利、正利,比如农人起于五更,货摊营至半夜,工匠钻研技巧,商贾奔波万里,此等所获之利或操之于劳,或得之于巧,皆可谓正利与良利;反之恃势侵吞、持钱盘剥,乃至偷鸡摸狗、坑蒙拐骗所获之利皆为劣利、邪利。故可曰:凡取得正利、良利者,皆可视为君子之为,凡取得邪利、劣利者,皆为小人之举。

"然此君子之为者并非个个都是君子,因除此之外,还须具备师傅前面所列之全部品质方成为一名真正的君子。故整个活在华夏的人中,真正的君子只是一群极少数的人,而真正是小人的也同样。绝大多数人都是既非君子,又非小人之人。这些人可称之为芸芸众生。此等人为人处世既不像小人那样唯利是图,也非如君子那般唯义是举。彼等的行事规程是另外一个,"心敬摸了一下自己的胸口,"——天理良心。凡是合着良心的事尽可去做,凡是昧着天理的事就未敢去作。对于此类人,吾称之为'凡人'或曰'好人'。师傅及众位学长,心敬此番拙见是否在理?"

众人听得此番鞭辟入里的义、利分析与君子、小人辨别归类,不觉一阵心底透亮,纷纷折服称赞,二曲内心很受触动,曰:"尔此番见解颇为独到深刻,为为师之所未闻,所未思。尤其是将'良心'纳入人的'义、利'举之依据,甚合心学理念,然是否合乎圣人之真意,则另当别论。不过,此举足以说明对于古圣之论,尔能独立深思,逐一辨正,此乃大儒必备之质,为师甚喜甚慰矣。"众人纷纷附和称赞,倒弄得心敬面红耳赤,仿佛做错了甚事一般。

第十九回　痴心女情海起波澜　负心汉学海泛舟楫

翌日，二曲即对心敬言道："为师考查已毕，可收尔为门人。你且思忖吾德行、学识，可堪为尔师乎？"心敬此时方从怀中掏出王鄫先生的荐函递与二曲，二曲阅后问道："王鄫乃吾肝胆故交，其言行、品学吾甚信慕。书简对你盛赞有加，评价奇高，你若刚投师时就拿出，即可免于考查，当即入吾门下，可尔为何到今日方才呈为师？"心敬恭敬答道："学生要以己之品学博师父掇取。孔子曰：'君子求诸己，小人求诸人。'门生要做个君子，以免由此坏了师傅眼光，以致有辱门庭。"二曲颔首称道道："好个'君子求诸己'，尔独立自强的人品，为师甚为器之。"

当日，二曲设案焚香，当众收心敬为门生。在众人欣喜的目光中，心敬对着正襟危坐的师父与师娘，三拜九叩，行奉师大礼。二曲含笑扶起心敬，并收下心敬十两银票以作脩金。二曲言道："至今起吾为尔师，尔为吾徒；亦自今日起，为师将直呼尔之字'尔缉'，以示亲近。"心敬恭敬答道："师父所言甚是，弟子亦有此意。"心敬在心里也将"师傅"换成了"师父"。

为贺今日喜事，二曲破例给假一日，并上集割了几斤肉，买了一些菜蔬，由师娘亲自下厨，蒸了几碗粉蒸肉、回锅肉与几大盘白菜猪肉炖粉条、豆腐烩三鲜、酱豆胡萝卜炒肉丁等，众人吃喝玩乐，享受着难得的闲暇与欢娱。

第二十回　博取名望污吏碰壁
##　　　　　遭受凌辱奸徒寻仇

一日，二曲正在讲课时，家仆来报，富平李因笃与眉县李柏联袂来访。二曲急忙率众弟子出门相迎。刚一见面，因笃就拉着二曲的手大笑道："当年李兄在敝县凤栖三载，愚弟等多次拜访，相见甚欢；仁兄也曾莅临寒舍，老母对兄称誉有加，那段日子可谓快意畅怀，直让人至今回味留恋哪。"敦厚少语的李柏只在一旁陪笑。二曲手牵二人且惊且喜道："不来则已，来则一双。'有朋自远方来'，让为兄如何消受这双份的'不亦乐乎'？快快进屋，里面叙话。"说着连拉带拽，门徒环拥，将二人迎至客厅坐下。

奉茶一毕，二曲环视门徒道："这二位尊长尔等有的见过，有的听过，有的还未曾闻说过。既有缘谋面，待为师将两位关学大师好好给尔等介绍一番。先说这位，大名李因笃，字子德，号天生，富平人氏。因笃师叔家学渊远，其父李讳映林，曾为关学大儒冯从吾的私淑弟子。师叔年少时才思敏捷，博览群书。那时曾有一段脍炙人口、传扬四乡的佳话——一年春节，因笃师叔前去给他的师父拜年。一进门，发现师父与早来学友正在以春联为题相互斗趣，他刚向师父行礼毕，师父看着他身穿的蓝缎袍，冷不丁来了一句：'三尺天蓝缎。'因笃师叔知师父在考他。回思路过药铺，遂回曰：'六味地黄丸。'引得众人大笑。师父闻声又抛出一联：'登楼望南北。'因笃师叔即答：'行路吃东西。'师父见他对答如流，便有心难为，望着窗外河边年久失修的断桥，沉思片刻遂又出一联：'今日过断桥，断桥何日断？'你师叔脱口而出：'今朝盼明月，明月几时明？'师父又指着供桌上大放光亮的红蜡烛，口吟一句：'红烛冲天亮光华射斗。'师叔略一思忖，即沿着师父思路又仗出下一句：'爆竹落地响怒气冲天。'师父又紧逼一步，随口而出：'除夕月无光，点数盏灯为乾坤增色。'师叔敏思激起，兴致陡增，大声答曰：'新春雷未动，击一下鼓替天地扬威。'顿时满场叫好，师父大赞曰：'尔之敏思多才，今日得验矣！'试问，此等急智敏思，尔等可曾见

第二十回　博取名望污吏碰壁　遭受凌辱奸徒寻仇

识过?"二曲刚说完,众门徒欢声四起,都为因笃师叔的机敏才学鼓掌喝彩。因笃朗笑道:"诸位贤契甭听你师父瞎编,前几首倒有其事,堪作雕虫小技,后面的么,都是你师父给我头上栽的赃。"众生皆笑着摇头:"师父一生口不出诳语,不信,不信!"二曲笑着止住众人,又道:"及长,曾进士及第,游冶京畿、山西一带,与江苏顾炎武,京师诗坛盟主、刑部尚书龚鼎孳,著名学者孙承泽、朱子俊、胡同诸人及河朔派诗人殷岳等,或聚会论道,或尺素互传,或赋诗明志,或郊游唱酬,一时间名播海内,被公推为西京文章领袖。

"尤为让人称道的是,不仅师叔豪侠仗义,师太母田孺人更胜其子。有一次秋雨连绵多日,家中已无起灶之薪,当留客瘾发呼酒时,她竟出门将头上金钗当寄沽酒而归;随后悄悄拆下阁楼外栏充作燃薪,为客温酒送去。试问,此等爽举,那个妇人可及半分?"在座门生一闻此举,纷纷惊叹称颂不已。"师叔在经学、理学上更是大有建树,令人称道。他著有《诗说》《春秋说》,提出'经学为理学之本'这一深邃见解,为全国儒界赞同,视其为与顾炎武先生齐名的经学大师。继而承袭张载之学,成为关学领军人物之一。师叔在岐山讲学时,曾首发张夫子以礼教人之旨,以躬行礼教为本,提倡'有守有为'义理。在我关学特色之经世致用一处,尤为特出——师叔曾著有《治河》《盐政》《天文》等多部专篇以发挥他经世治国之抱负才干。除此之外,师叔在史学、实学、诗学诸方面均有卓著造诣,堪称我关学大师中唯一的饱学全才。不日,我打算邀请师叔为你等讲学一周,尔等是否欢迎?"众人听此,莫不群情激昂,齐齐鼓掌高呼:"欢迎,欢迎!"忙得因笃满脸含笑,急急招手致意。

二曲又扭身面对李柏:"这位贤弟大名李柏,字雪木,号太白山人,家居西邻眉县。少时与同龄子性格迥异。一日,偶阅《小学》,见古人嘉言善行,顿生崇仰,随即取案头时文焚烧一空。塾师大怒,杖责数十,责其从今人章句、诸生习帖以取科第,然师叔凛然不从,曰:'愿学古人,虽死不悔!'数杖数回,虽股红臀肿却执之愈坚,直气得塾师弃门而去。"二曲拧身问诸子,"尔等年少之时,可有挚学古圣贤之心? 即使偶尔有此闪念,恐杖起之时,此念已窜至爪哇国去了。"众人闻言大笑点头称是。"至其后,他三避童试,或曰投古庙,达旦不寐;或深坐枯井,三日废食;或潜走旷野,日夜不归。小小年纪,此等志坚壮举,谁人能及?"二曲笑问诸生,"尔等有哪个年少时敢于孤身旷野,敢于深入枯井,敢于半夜面对古庙诸凶神恶煞?"众皆惭笑摇头。

"师叔还是一独行子。母卒后,率一家老小迁居太白山中。太白者,终南万里间第一险峻寒峭之地,师叔却一年必游一次,立其顶峰,放眼苍穹;追忆千古,凡尘滤净;其志存之高洁,举世罕有。

"师叔尤是一关学大儒,其所著《槲叶集》,集关中理学之大成。其对《易经》精研之深堪称关学独步;其对无极与太极、天与人、天与元气诸理念皆作了精深的探讨与总结;在'理''气'关系上,师叔亦有独到见解,他认为理、气为天之生机:'天理存,轻清阳气,天之生机也。'将理、气由形而上之道落实为形而下之器,真真令人目中浮翳为之一开!尔等可有人见过《槲叶集》?"众皆垂首无语,"既如此,为师不妨改日开讲《槲叶集》,令尔等开开眼界,细品师叔书中之精妙宏论……"

二曲谈兴正浓时,却被因笃拉住:"暂勿王婆卖瓜,吾二人来此与仁兄有事相商。"说罢拽着二曲走到前院一石桌旁坐下,李柏则被树上的一只鸟巢吸引,凝神看着数只喜鹊进进出出。二曲笑道:"有甚事这般要紧,无非嫌老兄亮你二位锅底而已。"因笃截住话头,正色道:"真有要事与仁兄相商。一则雪木兄约我太白山一游。说此季节天高气爽,登峰观景,万木萧疏,别有一番韵味。吾今前来约兄同去,一起观景吟诗,不知仁兄可有此闲情逸兴?""二则呢?"二曲笑着问。"这二则嘛……"因笃向前低声问道,"不知贤侄年龄多大?""犬子二十挂零,不知贤弟问此何故?"因笃闻言抚掌开怀道:"妙极。雪木兄有一爱女,刚过及笄之年。此女温柔娴淑,熟读诗书,且女工庖膳莫不谙练。兄寻思欲将女嫁与好人家,以免委屈了她。为弟琢磨半日,方思得仁兄儿子亦到婚娶之年,故约雪木兄前来,不揣冒昧,擅自作伐,以玉成此佳偶,不知仁兄意下如何?"二曲闻言大喜:"早知雪木弟有女待字闺中,吾即亲赴议娶,岂还劳你在此献殷勤?此等大好事,为兄高兴还来不及,何论'冒昧'二字?如此一来,我等亲上加亲,何等快意之至!此事还须烦劳……"

商议到正热处,却传来令人扫兴的敲门声。二曲老大不悦前去开扉,一瞧,门外却兀立着两位公差。

近些天,盩厔县令马芝大人有些情绪不佳。书房中的佛经摆在案上,平日诵读得挺顺溜的,可近来念着念着脑子就溜了号。他索性合上佛经,躺在座椅上寻思起来,前些年,李二曲从常州一带讲学归来,在江南各处的赞誉盛况不时由那边传到耳中;近几载,达官贵人、社会贤达、各地大儒纷纷慕名前来结识求教,甚至街上贩夫走卒都以觑其一面为莫大荣耀。马大人心动了,若能让二曲前来'求教'一番,由他再费心指教一二,这话传扬出去,岂不在属下、同僚甚或上司跟前倍有面子;说不定"思贤若渴""见贤思齐"的美名会让他平步青云,再上一层楼。他把自己的心思给师爷拐弯抹角透说了一下,师爷心领神会,立即乐滋滋领命而去,可折回来时却摇头苦笑,说他磨破了嘴皮,可这个腐儒二曲竟是茅沿上的石头又臭又硬,死抱着"民无诉事不至公堂"的歪理,拒绝前来;却也明示:

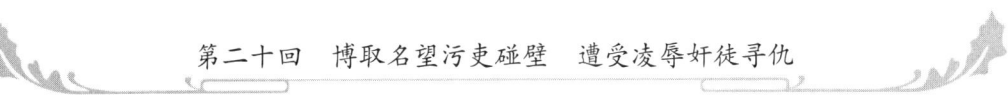

第二十回　博取名望污吏碰壁　遭受凌辱奸徒寻仇

若大人实心研讨儒理,有心与其成为"布衣之交",可轻车简从前来陋室一谈。当时马芝一听大怒:"好个不知好歹的酸儒!县太爷意欲结交是你的福分,多少人还巴结不上,你竟让老爷登门向你求教?真是个不识抬举的东西。往后借个窍轻轻动一下小拇指,就够你喝一老壶了。"

正在想得心火乱窜之际,却见师爷愤愤而入,口里不干不净地骂着:"这个老东西,真是越发不像话了。刚才在街上碰见他,拉住想再劝他两句,没承想他竟袖子一甩扬头而去,弄得满大街人以为我装作熟人哄大伙,结果落了个脸红。你说我冤不冤?你说这老东西识不识抬举?"马芝一听,顿时怒火中烧,狠狠骂道:"这东西敬酒不吃偏要吃罚酒,待老爷好好琢磨一下,寻个法子整治整治,叫他晓得我这马老爷也长着三只眼!"

两人正撒气间,却见门倌上前禀报:"老爷,门外有一儒生,说是你亲戚,你老见是不见?"马芝一听烦躁挥手道:"不见!又来了个讨债的。"门倌回身便走。师爷叫住,对马芝低声言道:"老爷此举不甚妥。你平日爱民如子,谁家有个小灾小病,你都亲自把脉抓药,弄得满街人都说老爷是个活菩萨。若不搭理他,此人出去说你六亲不认,可不坏了老爷的官声?"马芝一听,沉思半晌,老大不乐意地挥手道:"那就叫他进来吧。"

二人走到公堂门口,立足望去,只见远处晃晃悠悠走过来一个儒生。越走越近,两人不由交换了一下吃惊的眼色,接着又注目细观:这不是千呼万唤的李二曲么?莫不是榆木疙瘩又开了窍,自己负荆请罪来了?直到来人走到跟前,静立无语,二人才上前仔细打量了半晌,忽然"噗"的一声都笑得前仰后合。马芝指着笑弯了腰的师爷岔着气道:"真是活见鬼了。原想来个真货,结果却是个赝品。"

各位看官,也难怪这二人当初看走了眼,原来眼前这个人竟然长得与二曲不差二形,只是额头多了一颗痣,不仔细观察还真难辨真伪。不过话说回来,熟人却一眼就能分得出:此人眼光灵动游移,二曲目光沉静执着;此人体态猥琐、神情卑俗,而二曲则举止从容,神色凛然。

待二人住声,那人问了句:"二位笑够了?"马芝闻言大怒:"来者何人?竟敢戏弄本官,言尔为吾亲戚,此举该当何罪?"来人说道:"不说是老爷的亲戚,焉能进此大门?敝人是来给老爷奉献一个宝贝。可惜遇到有眼无珠之人,只好打道回府。告辞!"说罢竟转身欲走。马芝被这两句话噎得愣在原地。直到此人跨下公堂台阶,师爷方才回过神来大叫一声:"客人留步!有话上前慢慢讲。"那人才停住脚步,慢腾腾转过身回到堂上,二话未说,从怀中掏出一本线装书,递给了马芝。马芝接过一看,原是自己编撰的《友兰诗文集》,回过身冷笑道:"又在调戏本官。这是本官自己编撰的诗文集,为何诈称宝贝?""不

诈称宝贝，老爷能让我回转身么？不过老爷仔细翻翻，里面还真藏着一件活宝呢。"老爷翻开书页，见无异常又瞪起了眼睛。"一直翻到底。"那人努努嘴示意往下翻，当马芝翻到最末一页时，终了空处赫然多出了一首浓墨书写的七言诗："书房终日梵呗声，号脉取药充郎中；百顷良田浊浪翻，犹自编思诘屈经。"马芝一看，脸色顿时阴沉下来，低声喝问："这是哪个畜生写的？你如何拿到它？"儒生拱手答道："敝人从朋友处借来。大人出此文集后曾赠与文坛朋友、官场僚属多人，敝人风闻此事，欲从一熟识处借来拜读，可他却推三阻四，经穷追逼问，他方说出实情，此书曾转李二曲先生拜读，不料索回一看，末尾多了这一首诗。因惧怕有损大人清誉，故未敢再示于人。经敝人再三作保，方才取出此书。大人拿得此书，方可根除流毒遗患，岂非收回一件护身宝贝？"马芝齿间漏出一股冷气："你敢担保此番话无假？"师爷探过头，细瞧了一眼诗句，马上点头肯定道："此诗确定无疑为二曲所作。我前两日去他家说那件事，一眼瞧得他案上文稿，其笔迹与此诗一般无二。"马芝一听此言，咬牙切齿道："好个李二曲，本官有心护你，你竟倒打一耙。天堂有路你不走，地狱无门你偏行。斯人终不得脱于我手！"言毕，命师爷取五两纹银犒赏并送此人出门。

师爷怀揣纹银，拉着来人出得公门，却不放手，又拐进了近旁一小巷，直到一家馄饨馆前，进至一间里屋雅室方才松手一起坐下。店小二迎来，师爷吩咐道："来两碗汤食外加五个大肉包子；再则，我俩有事相商，勿叫外人打扰。"小二唯唯退去。

师爷这时收起笑面沉下冷脸："说吧，这儿出你口入我耳，天知、地知，你知、我知。你的真实来历与为何要栽害李二曲。实话告诉你，方才我给大人说的那番话，只是心中有气方才为你圆了谎。说真话五两银子拿走，大路朝天各走一边；说假话立马将你揪到二曲家，看他们怎么收拾你。何去何从你看着办吧。"儒生脸上立时冒出冷汗，他赶忙用衣袖擦了擦，沉默半响，方才开言道："真人面前不说假话，我就一五一十将这事的来龙去脉一股脑倒给大人吧……"

原来此厮乃咸阳人，字博通，自幼顽劣却敏学，待二十刚过已获生员名分。然天降灾祸，同年父母双亡，已遂孑然一身，只好混迹四方边谋生边习经。一日他在街中闲游时，老远有人喊着"二曲先生，二曲先生！"向他跑来，恭恭敬敬向他施礼问候，他含糊应着。那人道："二曲先生，你老在富平讲经时，我曾见过你。听说你已回老家蜇屋，怎么又到了这儿？"那厮倒有几分机灵，便顺口道："近日有事来此一趟。你还认得我？"那人快活回道："当然呀！那年先生在富平开讲时，那可是屋里屋外里三层外三层，还有几百人在远处听，名声可大了。你真是个正人君子，那时节有那么多人送你吃货，送你财物，你都一

第二十回　博取名望污吏碰壁　遭受凌辱奸徒寻仇

概拒绝,实在令人敬佩呀。"假二曲敷衍道:"吾既然讲四书五经,就应持有'君子喻于义,小人喻于利'的初心,否则若自己说一套做一套,怎能对得起来听讲经的乡亲呢?""咦,先生的嗓子莫非受凉,怎么声音与前大不一样了?"假二曲忙掩饰道:"确实如此,前日不经意间喝了几口冰水,就弄成如今的样子。你到此?……"

聊了一会儿,那人挥手离去。可这个假二曲却愣在那儿半晌不得动弹:我是李二曲?李二曲的声望就那么高?李二曲讲经不要财物?他猛地把脑瓜一拍:对,我就是李二曲,我的声望就那么高,我讲经可是要收取财物的!

于是这个"李二曲"既不在盩厔,也不在咸阳,而是在他乡开始了行骗生涯。这个"李二曲"既是生员出身,又透着天生的一股机灵劲儿,再加上自学成才的极高悟性,还真把李二曲这个角色扮演得活灵活现。一时间也真的财源滚滚,让他推都推不掉,着实快活了大半年。

这一次,他又窜到了邠州,就在村头开讲心学要义。他大谈"心外无物""心即是理""致良知""发明本心"等高深奥义,听得村里人一愣一愣的,只觉得二曲这人高深莫测,是个大圣人。圣人当然是需要人养的,还要养得胖胖的。一些村人已拿了不少财物来供奉这位"圣人"。

有一天,正当"李二曲"闭着眼睛,讲得天花乱坠之时,忽然有人拍了拍他的肩膀:"哎,停停。""二曲"睁开眼睛,看到一个中年儒生站在了他的面前。"请问你是二曲先生?""当然是。""是盩厔县的李二曲先生?""如假包换。"中年人蹲在"二曲"先生的跟前笑着问道:"那我倒要请教了,二曲先生的生辰八字你可知晓? 他有几个门生? 都姓甚名谁? 他的《匡时要务》写于何时? 他在江南讲学又到过何地? ……"一连串的逼问像一把利刃,将这个"二曲"的外衣剥得一干二净。望着这个张口结舌的"李二曲",中年人讥笑道:"事到如今,你还有何话说?""你既然这么问我,我就给你说实话,我不是李二曲,我是他的徒弟王吉相。"刚说到这儿,只听"叭"的一声脆响,来人把这个"李二曲"打得满脸开花:"混账东西,我就是王吉相! 你败坏师父名声不说,还把我在此辱没一番。老实告诉你,师父早就听说你这东西在此蛊惑民众,骗人钱财,专门派我到此打听,今日撞到我手里,非揍你个皮开肉绽不可!"说罢连踢带打,假二曲招架不住,只好抱头鼠窜。村民一见这个假二曲骗了他们多日,拐走不少钱财,一气之下追将过去,你打一个跟头,我踢一个爬扑(土语,跌倒扑于地面)。假二曲一直滚翻了二里路,最后躺在地上奄奄一息,众人才将他的行囊瓜分净尽,一哄而散。

众客官要问:二曲真的指派王吉相来找这个假二曲? 当然不是。王吉相正是这邠州

 穷庐残月

本地人,这回是他回家取钱粮,路过此处,看到一堆人在听一个叫李二曲的人讲经。甚觉奇怪的他便凑了过去,上面的一幕便随之开演了。吉相只图一时痛快,就顺口溜出师父支他寻人一说,然这一时所逞的口舌之快,却为师父埋下了日后的无妄祸根。

昏沉沉睡到了半夜,直到一阵鹅毛大雪缓缓落在了脸上,这个快活了半年多的假二曲方被激醒了。泥水中的他浑身肿胀,一动痛得直抽筋。好在只是伤着皮肉,他挣扎着爬进了一间破庙,才裹着半捆稻草蜷缩着卧了下来。

人虽然动弹不得,脑子却被屈辱的怒火点燃了:好你个李二曲,你自视为圣人,即就知道此事,也可暗中令我歇手,何必如此狠毒?人常言断人财路如同杀人父母,士可杀不可辱,我这一生从未遭此双重欺凌。此仇不报,非为人也!

到睡醒时日已过午。假二曲翻身坐起,虽仍浑身疼痛,却也已不妨大碍。他起身披衣,一瘸一拐到庙里转了一圈,发现庙台上竟还留着一床破铺盖。铺盖旁还有一只大布袋。四周一看,却不见主人的身影。他估摸着自己半夜爬入,"主人"已酣然入梦,等天明又未留意缩在破庙角落的他,便匆匆出门办事去了。他打开布袋,里面尽是些四书五经等制艺应考之物,不免大喜过望。昨日一难,他终日不离身的书袋及财物皆遗于那个不堪回首的现场。今日老天有眼,又给他"原物"奉回。他毫不犹豫挎起书袋,匆匆离开了破庙。

蜷屈街头。到了复仇之地的假二曲斜躺在一座茅庵的柴禾堆里,就着暖暖的冬日,翻看着书袋,检阅着他的"战利品"。除了一大堆翻毛脱页的《诗经》《尚书》《易经》《礼记》《孟子》《论语》《大学》《中庸》《左传》外,他还意外地翻出一本崭新的《友兰诗文集》,他好奇这本无涉考经的当朝诗文,为何能在圣人云集的"殿堂"里谋下一个座位。不由翻开内页观看起来:第一类为诗词,大抵为风花雪月、高山咏志、低水吟唱等数十首矫揉之作;第二类为作者仕途关节处之试卷,县试、府试、院试、岁试、科试、乡试、会试、殿试等,不仅全文照录(亏得此君有这么好的记性与缜密的心思),还详细剖析卷中得失之处,不啻一部科考实战教科书;第三类为对四书五经重要章句的阐释注解,尤其难得的是,其中还精心搜罗了大量古今科考卷目及破题点睛之处与应对精要,堪称翔实而中肯。显然此书倾注了主人的一片心血与心得。

假二曲不禁对此书啧啧称奇,难怪书生将此视为珍宝,纳入书袋之中。但《友兰诗文集》中的作者"友兰"到底是何方神圣,他却满腹狐疑不得而知。

在将乱书丢回书袋之中时,却听见里面隐隐发出叮当之声,连忙翻开,才发现内层缝

第二十回　博取名望污吏碰壁　遭受凌辱奸徒寻仇

有一暗袋,拉开缝口,十几枚亮光闪闪的"康熙通宝"照得他眼花,假二曲大喜过望,乐得从柴禾堆爬起一蹦老高,对天大喊:"天不灭我矣!造化,造化,真造化!"

就在这十数八天里,他仅靠着袋中的藏宝勤俭持家,头戴着一顶遮颜的大毡帽,居然心中不慌地游荡于闹市大巷人多处,挤入闲聊的群汉之中,竖耳细听彼等高谈阔论、低语私议,从中探听到诸多坊间的家长里短、乡野的奇闻逸事。许多在他看来闻所未闻的本地消息,如李二曲的往事义举,马县官的嗜好人品等都已耳熟能详了。一次混听时,猛然间听到两人发生了争执,一人说马县令写的《友兰诗文集》诗意平淡还夹杂了制艺诸文,显得不伦不类;另一个则反驳说:"马县令为官不咋样,可其诗词绮丽清新,尤为特别的是附有诸多制艺心得,科考诸生皆视若珍宝,纷纷到书铺求购其书。"众人一时分作两派胡乱插嘴争拗起来。假二曲蛮有兴趣地给脑中收集着有用的讯息。猛然间犹似电光一闪,人如泥塑般傻傻呆坐,旁边的喧哗声已然消失,脑际只有一句话如雷声不断滚过:"马县令写的《友兰诗文集》,马县令写的《友兰诗文集》,马县令写的《友兰诗文集》……"待一时气闷缓过,他立时从人群中冲出,跑向自己栖息的乡间看瓜窝棚。

一个奇思妙想在复仇的心田里慢慢生根发芽,倏忽间长成挂满了刀剑的参天大树。他急忙把那本诗文集翻将出来,凝思片刻,提笔在末页写下了那首毒汁四溢的七言打油诗……

一番冗长又夹杂着屈辱、得意、愤懑与解恨的心路历程,终于向师爷交待完了。桌上的饭食早已冰凉,师爷听得十分入迷。他从怀中掏出那五两纹银,往桌上一蹾,起身言道:"瞧你干的好事。即刻从本地消逝,远遁到他乡去好自为之吧。"一拧身出了饭铺,回到自己的住处按兵不动;留下那个一头雾水、不住咂摸着师爷那句高深莫测话语的假二曲。

第二天一大早,师爷赶到衙门马县令居所,只见马大人怒火仍炽,围着书案打转转。见着师爷进来,一手指着案上放的那本书愤声道:"你看看,像这种吠日之犬本老爷原先还想提携于他,真是瞎了双眼!你快去唤两个捕快,到新庄堡把李二曲给我抓来!"师爷忙上前劝道:"老爷暂且息怒,你一上去就拿着铁索铐人,来了怎的向人交代?他若死不认账,你又如何定罪?还是先礼后兵,好言把他诓来,再见机行事。到了这里,盆里的面捏扁揉圆还不是你的一句话?"马芝听听也是这个理,就叫师爷派人好言把二曲请来,自己暂时按下心中怒火,与师爷在书房静候消息。

话说因笃、二曲两人正谈得热火时,忽然传来极不合时宜的敲门声,开门一看,见两个公差立于门口。其中一位上前在二曲脸上来来回回扫视一番,方才开口道:"你就是李颙,人称名闻四方的李二曲?"二曲点头静立。"吾等奉县令马芝大人之命,特来向你宣召,马大人言:'本县闻李某聪明可造,但欠指引耳。宣来见我,当授以八股之法,令其从事正路,以图进取。望尔勿失良机,速速前来拜谒,以免贻误终身,悔之晚矣。'"二曲回首望着因笃、李柏,三人绷不住大笑起来。笑得二公差一脸错愕。二曲身微一躬言道:"烦请二公致言于马大人,前有县令樊嶷樊大人、骆钟麟骆大人先后邀不才于县衙论学,皆以布衣无讼不至公堂回复。今在下仍执此念,请二位回禀马大人,吾自视愚鲁,非朝廷可造之才,亦无意于庙堂之上。恳请大人收回此善念,小民就感激不尽了。"

二差人相顾无语,悻悻而归。三人回近石桌,因笃疑问道:"这马大人何许人也,竟如此托大,还'指引'李兄,'授'以八股之法,真是令人齿冷。"二曲凝思半晌,徐徐道:"此马大人名曰马芝,字友兰,进士出身。此人并无多大劣迹,只是平日荒于政务,官声有些不佳。二位贤弟有所不知,此位马大人不知为何竟瞄上了为兄,前一阵数次托人传话于我,令我将书稿呈去让他指点,为兄不屑未应,这不今日又加码让公差来催。下次说不定又弄出啥幺蛾子来……算了,不提这烦心事,还是议咱刚才的正事。"

各位看官有所不知,二曲先生乃正人君子一个,隐恶扬善是其本分,故说起这位马大人的为人处世,未在二位弟兄面前揭其之短。若据实道来,这位马邑宰与前两任县官樊嶷、骆钟麟真乃天差地别:此人素以甲科入仕自负,性情倨傲而乖僻,不但整日不理政事却以念佛诵经自乐,且自诩精通医道,有求医者辄予储药而乐此不疲;更要命的是,由于荒于水务,前些年曾导致洪水冲没良田无数,他却因惧上峰责罚而隐匿未报,竟使五百余顷荒田未能扣除国家税赋,而将其转嫁于百姓头上。此等荒唐作为遭邑人诟病而众议讻讻就毫不奇怪了。

话说马芝与师爷正在书房静候佳音之际,却见二位公差灰头土脸愤愤而归,待问清缘由,马大人不由气得浑身乱颤:"两个没用的东西,平日看尔等狐假虎威,在人面前吆五喝六,今日怎的不见了往日威风?咳!"他一手指着门外,"快!把他死活都给老爷弄来!"两个差人立刻长了精神,齐声喝了一声:"喳!"气昂昂扑出门外。

二曲院内,三人正在商议婚礼细节,因笃手捧茶壶正待入口时,只听得院门"哗啦"一声被人踏开,刚才的公人直闯进来,二话没说,一条铁链套住二曲的脖子,拉住就往外走。因笃大怒,上前一步扯住铁链喝道:"放肆!清平世界,朗朗乾坤,为何一言不发就将人锁走?"一公差嘿嘿一笑:"俺只是奉命行事,有理在大堂上给老爷说去。"说罢拉上二曲就

第二十回　博取名望污吏碰壁　遭受凌辱奸徒寻仇

走。因笃与雪木也气得跟着一起来到了县大堂上。

县大堂上，马芝跷着二郎腿，正想象着二曲被锁来的狼狈相，猛地抬头一看，却见一下子进来了三个人。马芝上下打量着，三人中除了穿着一身黑棉袍的二曲外，其中一个穿一身酱色湖绸灰鼠棉袍，脚下一双黑冲泥千层底鞋，剃得黢青的头后甩着油光发亮的大辫子；另一个头戴黑缎瓜皮帽，穿一身灰府绸银鼠夹袍，月白夹裤，腰间系着一条滚边绣花玄带。两人面带怒色，不卑不亢立于堂下。马芝端起身子，打着官腔："二位何方人氏？来我公堂有何要事？"那个留长辫子的大个拱手道："在下乃康熙十八年博学鸿词科殿试一等第七名进士李因笃是也；身旁这位是关学大儒李柏先生。我二人为二曲先生事来。试问县宰马大人，二曲先生所犯何罪，非由公差执链扣锁牵拽而来？"马芝一见二人气宇轩昂且出身不凡，先自矮了三分，分辩道："二位误会了。是老爷我求贤若渴，欲请二曲先生来此切磋一番理学要义，难不成二位要登堂伐罪么？"一旁无言的李柏瞅了一番马芝，方才回言道："试问依大清律哪一款，请人商讨学术须用铁链锁拿而至？此种'礼遇'二曲兄恐怕无福消受吧？"马芝望着二曲身上叮当作响的铁链，一阵红云泛上脸颊，恼羞成怒之际，恨恨将惊堂木拍得山响："大胆狂徒，铁链锁拿李颙，本官自有法度可依。公堂上岂是尔等置喙之处？衙役，给我将这两个目无尊长的狂徒轰出堂外！"

正喧闹间，一师爷打扮的儒生径直而入，望着马芝道："大人，哪位是二曲先生？我家主人唤我前来询问，此桩公事何时能了，他在二曲家已等候多时。"马芝惊问道："不知尊主人是何人？"师爷端起架子回道："正是前大理寺卿、兵部右侍郎、都察院左都御史孙承泽孙大人。"马芝一听犹如耳旁响下一道炸雷，面对这个朝廷前二品大员，他一下变了脸色。望着一旁愣愣守着的公差破口大骂道："两个蠢材！让你二人恭请二曲先生来此论学，何故如此作为？还不快快解下法绳向二曲先生赔罪！"二公差慌忙对着二曲一面打躬作揖，一面上前欲解下锁链，却被二曲一手止住："且慢。马芝大人，方才听得你说让二曲来是切磋理学奥义。既如此，应以私下交往而论。私下交往与人谈经论道，应无尊卑之分，平等相待，畅己见，以学术深浅分野，以见解高下服人；况私下交往，还得尊重对方意愿。若人无意与你交流，你却强行索解到场，还声称有法度可依，这事要传扬出去，官场将视尔为笑谈，士林闻君而色变。长此以往，偌大天下恐无大人立足之地矣！"

马芝闻二曲一番言语，仔细思量还真是这个理。不由一番烦躁，正待开口辩说，却听见师爷一声断喝："马大人，你还让家主枯等到何时？"吓得马芝立时转口道："此事改日再议，烦请二曲先生尽快转回。借问一句，下官可否随行前去给孙大人请安？"师爷回身扬手："大人美意，仆可奉达，尊驾就不劳枉顾了。"说完摔下二曲颈上铁索，拉起几人扬长而去,望得马芝一阵咬牙切齿。

几人一路匆匆回到二曲家中。孙大人一见迎上前去,二曲等人欲跪拜行礼,被孙大人一手拉起:"老汉已归隐闲居在家,当属平民一个,若再依此缛节,反倒生分了。"随后众人环孙大人而坐。吃茶一毕,因笃笑道:"孙大人真是救难的菩萨,刚才正在马大人堂上纠缠,若非大人呼唤,二曲兄的苦头是吃定了。"接着将刚才之事前因后果细述了一遍。孙老惊问道:"竟有此等无法无天之事?我只是从宝鸡前往西安寻一故旧,路经此处,顺道探望一下二曲先生,谁知先生竟遭此无妄之灾。看来这马芝生性骄横乖张,心胸狭小刻薄。此次碰巧窝了其戾气,日后必会寻衅搜事问你个罪名以挽其颜面。先生还是时刻留意些好。"二曲起座拱手回道:"大人关怀二曲愧领且铭记于心。然蒙讪招毁,儒者之常。若毫有介怀,则是五岳起于方寸,非所以自靖也。马芝若再寻衅,吾将视其为修身养性之磨刀石耳。"孙大人击掌赞曰:"先生胸怀若大山深谷,令人钦佩。吾阅人无数,唯先生堪称无故加之而不怒,泰山崩于前而不惊。呜呼,大哉稀贤!"众人皆点头称是,内心崇敬不已。

盘桓几个时辰后,孙大人等告辞东去,众人送至村东小溪处。眼望着一行人马消失于天际,因笃与李柏亦回身与二曲告别西去太白。二曲执双人手曰:"贤弟前来促成好事,且解吾一难,令为兄感念不已。愚侄大婚之日必下帖邀天生弟坐红叶席;雪木弟若成亲家,则吾等情分续继之于儿女,足令人快慰平生。兄近日门生功课繁忙,加之马芝事未了,若为兄随尔等去太白,马芝还以为吾避祸而遁,会讪笑为兄逃之夭夭,令其下观于我。二位贤弟此去太白,若留下开心诗篇,勿忘寄与为兄共赏。"二人点头挥手依依惜别。

二曲望着二人逐渐远去的身影,不禁怅然若失。相伴而来的,是暗暗浮出的一缕忧思。他不明白,自己因何得罪了马大人,即就不去官衙,也不至于铁链锁人,除非有人在马跟前给自己下蛆。可自己从来都是谨言慎行,这蛆又是如何下得去呢?二曲百思不得其解,只好叹道:"不怕得罪君子,单怕得罪小人;明枪易躲,暗箭难防。"

这一次,马芝的暗箭又会从哪一个料想不到的角落向自己射来呢?

第二十一回　挟私怨一意害名士　谋韬略三番救恩师

这几天,县令马芝的心绪坏到了极点,常常没来由地就将属下申斥一顿,使得手下见他就像老鼠见了猫一般,无事都躲得远远的。雷打不动的诵经环节也徒具形式,念着念着,脑子不由就想起前两天那场使他尴尬不已的抓李结局。怎么就那么巧,刚抓就有两个大儒陪着为他张目,后来竟由二品大员硬生生从他手里把二曲给提走了,让自己在二曲面前栽了一个大跟头,颜面丢尽。好你个李二曲,一个自己无能登科的酸儒,竟用歪诗诬蔑长官政声,贬损牧守文采,其猖猖狂吠,不打他个狗脑涂地,实难解民怨官愤!

就在马芝手捧佛经发呆,绞尽脑汁挖坑设套构陷二曲的当儿,师爷连颠带跑闯了进来,握拳打拱道:"恭喜老爷,老天开眼,李二曲这回可逃不出法网了!"马芝惊喜疑道:"快说说,是咋一回事?"师爷乐滋滋言道:"今日职下在街上行走,恰巧有两农夫擦肩而过,一个说他近日遇到一桩奇事,与大儒二曲有关。我一听就赶忙悄悄跟着。只听那货说他近日去南山打柴,被两个游匪押着蒙眼转圈进了一个山洞。洞内大松明子照得通亮,有数十喽啰在里面;当中摆一长案,中间坐着两位首领。首领背面的木牌上却供着一个人像,你猜是谁?""是谁?""这是那人问他伙计的话。伙计与你问的也一样,也是'是谁?'那人低声说:'是咱新庄堡的李二曲。'""李二曲?""老爷,那个伙计也是与你一样的问法。""哎呀,让你把人急死了,干脆说,最后结果如何?""那人问:'你如何知道是李二曲?'""是的,他是如何知道那人是李二曲?""那人把手一拍:'那个像上面写着几个字"恩主李二曲之神位"'""噢,还说些啥来着?""那人说首领问他近来山下可有甚动静,还问哪儿有恶霸欺诈逼租,哪儿有贪官横行,还问到你来。""问我? 我不问他已是他的造化,还问我?""回老爷,职下已命人悄悄将他二人押于监所,并取回画押证词,你看。"师爷从怀中掏出一页纸递给马芝。马芝一把夺过，仔细观阅一遍，以手加额："天网恢恢，疏而不漏。李二曲，看你这回往哪逃？还有谁敢庇护你这通匪死囚！你即刻让捕快多带些人前去抓捕反贼李二曲，押入大牢先饿他三天。另外，再私下找些人放风，就说李二曲通匪让官府给抓了，场面越大越好。"

心敬这几天内心总有一股不祥的感觉。那一天师父被官府传唤两次，第二次竟然被铁索锁身强行绑去，直到二李师叔跟去据理力争，加上二品大员出手相救方才虎口脱身。回来后他与其他门人一起围在师父身旁，有的给师父搬椅，有的给师父端茶，有的给师父揉身子。大伙嘴里不言，却将眼光齐刷刷地盯着二曲的脸，希望能从师父口中得知这次接踵而至的横祸，究竟出自何因。二曲望着门生眼巴巴的目光，坦然回答："为师也不知如何得罪了这位马大人，只是他要请为师去官衙论学，为师不愿身入官府而遭人诟病，而愿马大人亦如前任樊、骆二位大人一样，屈尊为师陋室以平等身份论学。吾想马大人即便不屑于此，亦不至于索锁公堂，可看他公堂上对为师咬牙切齿，欲置为师于死地的架势，似与为师有着泼天之仇。吾至今仍不明白何以至此。"

徒儿们听到师父这一番连自己都不明就里的解释，个个心里犹如压下一合磨扇：不管出自何因，师父和这位马大人是结下大梁子了。一朵不祥的乌云已然笼罩在了二曲和他的门生头顶。尽管徒儿们这几天个个惴惴不安，二曲却心平如镜，继续讲授着他的课业。

那朵不祥的乌云里终于降下雷霆了。没过几天，竟有一队捕快破门而入，二话不说将二曲捆了个结实，提起就走。心敬们急上前去搭救，数个捕快挥刀拦住，一个为头的狞笑道："这回你师父犯的可是死罪，谁若上前就地正法！"

新庄堡整个乱营了。看到平日大伙极为崇敬的二曲先生被五花大绑，由大队兵卒押解出村，男女老少连同心敬他们吵吵嚷嚷一起跟到了县城。县城里东一坨西一堆挤满了看热闹的闲人，里面有消息灵通的就当众透风说李二曲因通匪谋反被官家抓了。

几个门生一见此状，顿时没了主意，打死他们也不相信，自己从心底里崇敬的师父刹那间竟成了一个朝廷的反贼。正在议论纷纷不知如何区处时，心敬止住众人乱嚷，说道："各位师兄，我等在此蹉跎不是个办法，应马上到衙门找官家交涉，让他们给个说法，还要抗争一番以救回师父。"众人一听立时有了主意，随即挤过街上乱糟糟聚集议论的人群，跟着心敬径直来到县衙前，用拳头乱擂大门。不一时，只听里面一个差人吼道："谁吃了

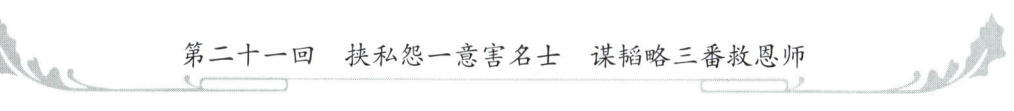
第二十一回　挟私怨一意害名士　谋韬略三番救恩师

豹子胆咧,敢在这儿撒野!"大门吱呀一声打开,公差见是一群儒生,立刻换了副脸:"诸位这是?"心敬上前一步:"烦请这位官人给马大人通禀一声,就说二曲门生求见。"

按清时官制,朝廷官员对生员、举人类儒生要倍加礼遇。门倌不敢怠慢,将心敬一行让至衙内待客厅房坐下,转身匆匆离去。不一会儿,一位师爷慢腾腾来到大家的面前,面色冷峻开言道:"方才门倌已禀告,尔等皆为朝廷要犯李二曲的门生,谅知各位是为二曲求情而来。在这里不妨直言相告,李二曲这次可犯的是滔天大罪,已有人画押举报。"心敬起身争辩道:"即便有人画押诬告我师,也只是一面之词。我师二曲为举世大儒,怎会做此逆天之举?内中定有隐情。望先生转告县台,严审诬告者以查出真情,还我师清白之身。否则,我等会联名上告,不救出吾师誓不罢休!"师爷睨了心敬一眼:"好大的口气,李二曲勾连山贼证据确凿,不容抵赖,即日将上报问斩。马大人有好生之德,未忍牵连于你等,奉劝各位还是回去好好为二曲准备后事为妥。在此胡闹无济于事,反倒会引火烧身,到那时连尔等一并治罪就悔之晚矣。"说完倒背双手摇晃而去。

一伙门生怏怏而还,悻悻而归。回到居所,众人中有的气愤绝望,大骂县衙居心叵测,活活将一圣人往死处逼;有的伤心掩泪帮着家人准备后事。唯有吉相拉着心敬的手说:"师弟,我看还是你心底沉稳,遇事不乱。事到如今,该有人出头给大伙拿个主意。"说完把众人招拢在一起,听听心敬的想法。心敬略一沉思,开言道:"为君子者,泰山崩于前而不变色。于今最为紧要的,当为设法营救恩师而非怨天尤人,尤其不能坐以待毙,灰心绝望办理后事。弟有一思路可供诸兄斟酌,可否到师兄骆钟麟处求救一番?骆大人一生耿直侠义,见吾师陷入危难必不会袖手旁观,加之他任常州知府,他的劝诫马芝不能置之若耳旁风。为弟思量,只要有一线之机,都不容我等错过。"众人一听如拨云见日,眼前似乎出现了一片光明,有的还鼓掌道:"对呀,马芝他不敢不买骆大人的账,大家准备好,心敬一回我等就去接师父!"众人纷纷赞同,并公推心敬前去求救。

一时三刻,心敬带着烙好的一叠饼,一囊水,牵上隔壁热心邻居的快马,向着常州府方向犹如狂飙一般飞驰而去……

常州府知府书房。

书房内炭炉燃焰,融融暖流将书房烘染成一片春意;硕大的书橱内,一排排线装古书罗列其中;案几上横铺着主人刚搁笔的一首苏东坡《念奴娇·赤壁怀古》,大气舒展的笔锋,似乎暗合着书者的胸襟气度。此刻的骆知府,正在翻阅二曲先生讲学时他笔录的《匡时要务》一节,不时为恩师鞭辟入里的辨析赞叹着。

　　知府的大门被一阵暴风骤雨般的捶击弄得轰然作响,大门刚开一个缝,心敬就推门而入对着来人道:"烦请大哥禀告知府骆大人,说有师弟紧急求见!"门人急忙领着心敬进入书房。骆钟麟正在读得出神时,房门被人猛地推开,一年轻儒生倒地大哭:"师兄,恩师大难临头,恳请师兄急急出手相救!"骆大人吃惊之余赶忙将来人扶起:"起来说话。你乃何人,为何称本官为师兄?又有何事如此急促?"心敬呜咽不已,良久方才抹干泪珠,将恩师二曲先生蒙难,危在旦夕之况细细托出。骆钟麟闻言大惊,半晌呆坐靠椅不出一声。心敬眼光不住扫看骆大人的脸庞,观察着他的容色,良久,骆大人才狠狠出言:"这个马芝,如此狠毒,非置吾师于万劫不复之地,乃何居心?"言毕,与心敬促膝而坐,凝重开言道:"恩师蒙难,为兄理当不避闲说而挺力相救。然恩师此次所罹之罪非寻常官司,通匪情节一旦坐实,任谁也无回天之力。但吾宁信六月飞雪亦不信恩师会与匪勾结,此案之中必有天大冤情。不过马芝能信誓旦旦,公然招摇抓人,无有过硬陷词,不会猖獗至此。你稍等片刻,让为兄书札一封,带给马芝,让其查明诬告之源,还恩师一个公道。不过依此人阴鸷而刚愎的心性,恐怕收效甚微。是这样,"回身唤过下人,让取过五十两银票带来,"你将这些银票带回探监,交与狱卒,让他伺候好师父;我再设法去上峰活动,陈其冤情,看能否为师父缓颊雪冤。若能大事化小,小事化了,就再好不过了。"片刻后,他将写给马芝的信札连银票一起交予心敬,并留饭。其间详细询问了此事的根由,叹道:"师父这次若能平安归来,就是孔圣显灵了。"饭毕,心敬含泪辞别骆师兄,又快如疾风般驰回盩厔。

　　二曲舍中。门人与妻儿满怀期望,等待着心敬带回的吉讯。不一时只见远处一阵尘风飞扬,心敬已骑到门前。众人将心敬迎到屋内坐下,齐齐环立四周,急切地询问着带回的消息。心敬仰头"咕嘟咕嘟"将递来的一大瓢水喝个底朝天,方抹了一下嘴巴,将去常州府见骆大人的情景一一叙说。众人立时泄了气,却仍围着心敬不走。心敬开言道:"看来师父被奸人陷害已确定无疑,我怀疑是马芝所为。这样,师弟先到马芝去处将骆大人的信交与他,看他见信有何所为再作区处;另外,此事办完,我打算拿师兄所付纹银再到监狱走一遭,问明师父如官府所言与山匪勾连一事的实情,看能否解开冤案之谜。再以师父所言拉开陷网,尽力拼搏一番。不过依骆大人所言,师父这回若能起死回生,除非孔圣显灵。依为弟看,这一次只能尽人事,听天命了。"大伙听完便赶快安排饭食,待心敬饱餐一顿,便又急如星火赶至县衙。

第二十一回　挟私怨一意害名士　谋韬略三番救恩师

　　县衙的书房里，马芝正心不在焉地翻着佛书，心里却乐得如同殿试中榜一般，不停地思考着对二曲的羞辱之法，他要将二曲如同猫戏老鼠般折磨个遍，然后一刀斩掉脑袋，长长出了这口郁积甚久的恶气，报了这二曲在文集上涂写歪诗的一箭之仇。正沉湎于复仇快意中的马芝忽见门倌带来一年轻儒生，方才从遐想中回过神来。只见书生一言不语双手递与他一封信札，不由接过一看，刚阅完就大怒将书信抛于地下："这个骆知府，这是何等重案，也敢捎书求情，若不是看在同殿为臣的分上，吾必将其告于朝廷！"说完方觉失口，略一沉思，又拾起书信拍了拍浮尘，重新置于几上，对心敬说："烦你回复骆大人，此案关乎朝廷安危，下官爱莫能助，只能秉公办理。望他体谅下官苦衷，切莫怪罪为幸。"说罢手一挥，命门倌领出心敬。

　　心敬早知此事必然如此，倒也不甚失望。出了衙门就直奔监所而去。到了监所，在回复狱卒询问时，暗中将那张银票塞入狱卒腰中："望大哥行个方便，让小弟见上我师父一面，聆听他对后事的安排处置。大哥放心，绝不涉及案中情由。"狱卒心明如镜，只是吩咐："快去快回，莫要被人瞧见。"心敬答应一声，飞快窜入监中。

　　阴暗潮湿的稻草上，二曲闭目端坐，虽然几日粒米未进，但在家中常常并日而食，未尝一日温饱的二曲早已练就一身抗饿工夫，也是内心强大的毅力在支撑着，不让马芝看了笑话，故数日无食仍能端坐如初。

　　"师父！"心敬轻轻唤着，二曲睁眼一看是心敬，惊愕之下立即移到近前："你怎么来了？外面的情况如何？"心敬悄悄言道："我已找过骆大人并捎书给马县令，但事不谐未能奏效。徒弟此次前来，是想探问为何马芝能诬陷你与山匪勾结？其中有甚关节？望恩师略述一遍，徒儿在外才有施救的抓手。"二曲叹了口气："此事说冤也不冤。为师数年前在家习经时，已虚名在外。有一日，一个年轻汉子到家求为师施教开导一番。他言及已原为一庄户，前些年那次洪水漫过，百顷良田顿成荒芜泽国，而他恰是那片地中的租户。及至水过庄稼全毁，官府却照样收税，地主照样催租，可家已无粒粮，何以应付？愤愤之下，借着一副好身板，一把过得去的工夫，便伙同同命的庄户进了深山落草，只为避债寻一容身之地。因听说师父是邑中鸿儒，便来投身望师父为其指点迷津。师父深知民之苦难，也对其遭遇暗怜于心，于是在劝导之余临别嘱咐了他四个字，'盗亦有道'。勉其在深山开荒垦田，自食其力，若难维持，即便下山也只能惩治平日作恶之劣绅，让其济以粮食衣物，不可肆意杀戮，更不可骚扰与他同样苦命的庄户人家。待天下清平之日，可携众归来,过上几天太平光景。

"就这样,这个首领回山之后,竟将为师视作为其指出一条明路的恩人,设牌画像,每日焚香祝祷,为师父祈福祈寿。谁知弄巧成拙,竟为师父挖了如此一个大坑,想爬上岸看来永无指望了。"心敬悄悄说:"徒儿已知晓其中缘由,待我回去与师兄们再商议施救之法。师父你且稳住,我在狱卒处已经打点,他会悉心照料你的。"话刚说完,狱卒已慌张进来,说有人来查,让心敬赶紧离开。心敬对狱卒一拱手:"今后有劳大哥了。"说罢急急出了监门。

回到家里,众人望眼欲穿正候着他。心敬将经过细细叙说了一遍。当听到马芝如此作态,大家彻底绝望了,立刻哭声一片。心敬也心如刀绞,热泪涌流。心想如今确实到了人事已尽的地步,只能听天由命了。可总心有不甘,他甚至想着天上能伸下一只手,一把把师父从空提走。可这毕竟是一厢情愿的幻想呀。

事已至此,师父家妻儿已瘫倒在地哭得人事不省,只能由门生操持起后事来。人人都硬睁着红肿的双眼,有的去订棺木,有的置办寿衣,有的买金童玉女、香烛纸果,有的请人看穴准备挖墓,他们将各自经办的事都做得分外精心,以此与师父作着人世间最后的诀别。

夜里,心敬翻来覆去不能入眠。这几个月投师以来的宗宗件件如走马灯般在脑际转个不停,他想起一件,泪光闪闪;再想起一件,泪流满面;又想起一件,泪珠儿已滚落身旁,洇湿了衣衫。尤其师父在小河边论道那一节,他的音容如今回忆起来竟是那么的亲切,令人心碎。心敬索性钻进被窝,肆意发泄着心中的痛楚……如此折腾了一整夜,直到黎明时分,他才在朦胧中沉入梦乡。

这是一个异常怪诞而骇人的梦。梦中,大雨滂沱,雷鸣电闪,他浑身湿透,只顾站在监狱墙外,泪流满面高声呼唤着墙内的师父。蓦然,一道电光如蛇形似树枝霹雳而下,照得半个天空如同白昼。他分明看见一只硕大的巨手从空中伸下,一把掀开房顶,向下一探,两指间轻轻捏着师父的衣衫,将其提在半空。空中的师父对他大喊:"冤有头,债有主;冤有头,债有主!"倏忽间已飞至天边消失不见……

一个激灵,心敬一轱辘从床上爬起,只觉冷汗渗满额头,探身一望,窗外师兄们已在各自忙碌。他赶紧穿衣走出房门,抄起扫帚扫起了院子。尽管手中不停,可梦中的场景却不断在脑海中萦绕,令他心悸之余不由想起师父在空中向他回喊的那一句话:"冤有头,债有主。"冤有头,显然指的是马芝,而债有主指的又是谁呢? 又有谁欠过师父的债?

第二十一回　挟私怨一意害名士　谋韬略三番救恩师

苦思半日,终不得要领。

整整一上午,心敬手中忙活着,嘴里却不停地叨叨着这一句话:债有主,债有主……猛然脑中如电光一闪:债有主,欠师父债的主儿……是那个山贼首领!不是他悬挂师父人像,又何来这一泼天大祸？心敬兴奋地大叫一声跳了起来,拔脚就想将这发现告诉所有的弟兄,可刚一抬腿,又收了回去,他强迫着自己冷静下来,好好盘算了一番。

午饭时分。正在众人端着碗七嘴八舌商量着师父的后事议程时,心敬凝重言道:"昨夜至今日白天我不断筹思,像师父这等集人世美德于一身之人若蒙冤而死,那昭昭天理何在？那世上还有公义二字？师父命不该绝,也决不会绝!依为弟看,眼下还有一条险径可供一拼。"大伙眼里冒出一股火花:"哪条险径？你先说出来,待大家一起琢磨一番。""为今之计,只能心存侥幸,上山寻那个首领。祸是他惹出来的,解铃还须系铃人。他不管,还是个人嘛？"大伙一听,如大梦初醒:"对呀,视为恩人的二曲因他蒙冤入狱,他不救谁救？不过这事要做得十二分隐秘,此事一旦泄露,将成'玩火自焚'之举,不仅给师父带来灭顶之灾,连我等都会牵连进去,那就真成了轰动天朝的一大要案了。"

众人抑制着心中的兴奋连连点头。吉相走上前来拉住心敬的手,动情地摇了摇:"贤弟这一番辨析让为兄实在惭愧又欣慰,如今师兄们都服你,干脆一客不烦二主,这趟险差还是交予你大伙才放心。"这一番衷肠话让心敬一直暖到了心底。他看到大伙赞同的目光齐齐望着他,一股视死如归的豪气从胸膛里几乎喷薄而出:"好!既然众师兄如此信任抬举,师弟为此赴汤蹈火也在所不辞。师兄们保重,师弟探虎穴去了!"这一决绝而悲壮的表白,惹得众人禁不住热泪横流。"哇"的一声痛哭从大伙背后传出,只见二曲儿子跪行过来,给心敬不停地磕着响头,连师娘也过来抱着心敬的头,抚着他软软的辫发,柔声说道:"孩子,你做的善事,上天在看着。这事最终不管如何,天都不会亏你,地都不会亏你,我们大伙包括你师父也都记着你。"心敬一言不发,给师娘也叩了三个响头,拧身进了屋里。

深夜时分,心敬沿着师兄们暗地打探好的路径,独自在野岭中疾行。他不时被脚下的乱石藤蔓绊倒,又爬起加紧脚步。

东方刚闪出一抹红霞,心敬已爬到了一处山岗。正在喘息时,后面却有一尖尖的东西顶在了腰间。拧身一看,原来两个山民打扮的山匪已将他擒住,随后押着他蒙眼进了一处山洞之中,待取下眼罩抬头一望,有两人坐在一个大木架凿成的案几后面。为首的身材高大,瘦长而结实,一身山民装束;另一个却有些奇特,头戴混元巾,身着蓝色大褂,足蹬圆口麻鞋,手执拂尘,一副道士模样。二人背后一张供桌上方赫然贴着一幅二曲画像;供桌上烛光闪闪,燃香袅袅,还有一大碗熏肉恭恭敬敬置于供桌当中。拱卫两旁的数十喽啰一律穿着庄稼汉的大襟袄,有的手执梭镖,有的拿着谷叉,有的肩扛一大铡刀,有的手提一把砍柴的大斧头,有的干脆握着长短不一的棍棒,甚至连杀猪刀都派上了用场,可就是没一样正经东西。不过山匪们却站得笔直,神情严肃专注,显示出严明的纪律。

正在顾盼时,只听旁边一声大喝:"说!官家派你这个奸细来干啥的?"首领手一扬,止住了手下的咋呼,和颜悦色道:"小子,看你像个书生,俺不会难为你……"心敬如未耳闻一般,双眼只直勾勾地瞪着他身后的肖像,一时变了脸色。就在两首领交换着狐疑的眼光,以为这个后生是聋子甚或是傻子时,他却咬牙切齿,噔噔噔三步并作两步,在众人惊愕慌乱中一把将那画着二曲的"神像"扯了下来。首领一见急了,大吼道:"还不赶紧把这货给我逮住!这货活腻了,跑到这儿砸场子来咧。"众人七手八脚欲将心敬绑回堂前,心敬发疯般甩开众人,涕泪交流,指着肖像大骂:"就是这个破玩意儿,害得我二曲师父深陷大牢,不日将身首异处,魂归西天哪!"说完一阵撕心裂肺的痛楚,加上多日的担惊奔波、碰壁屈辱一起袭来,不由昏倒在地背过气去。

几滴凉丝丝的水珠扑面洒来,一个激灵心敬睁开了双目。向上一瞅,四周围着一圈眼睛。见他醒来,首领亲自扶他坐到一只板凳上,端上一碗开水,让他暖暖手。待心敬缓过气来,两个首领各自搬一木墩坐到心敬对面,关切地望着他。为首的开口道:"这位兄弟,你刚才说二曲是你师父?他又为啥犯了杀头之罪?"心敬强忍悲痛,将事情的来龙去脉及自己兄弟营救奔波的情况——叙说,末了叹道:"为救师父,已穷尽一切办法,如今无路可走,只好厚颜上山恳求众位弟兄出手相救……"大头领一手按住心敬:"兄弟,啥话都甭说咧。事是俺惹起的,理当由俺摆平。"旁边一喽啰插嘴道:"大哥,这是屁、屁大个事,我今黑咧、咧、咧到他房中,插、插、插上一把刀子,扎上一张、张纸,写上:'你娃不把二曲放、放、放了,我就杀、杀、杀你全家!'"大汉望着身旁的道士:"二弟,你看咋样?"年轻道士思量一阵,摇头道:"这事不能这么干。马芝这货要是个松尻子,也就认怂把恩人给放了;这货要是个茅沿上的石头,一旦那样,这狗官就知道是咱干的。如此一来,先生弄丢了命不说,恐怕咱们也就大祸临头了。"回过头对心敬劝道,"这位兄弟,此事得从长计议,得想一个既能保住二曲恩主,又能避开俺的嫌疑的两全其美的稳妥法子。你先回去,旬日之内必有佳音。"

心敬一路上半是兴奋幻想,半是疑虑悲伤,第二天傍晚回到了新庄堡。经他一叙说,

第二十一回　挟私怨一意害名士　谋韬略三番救恩师

众人都且信且疑回到了各自的住处。

新庄堡,在满怀希望的焦虑中,静静地等待着一个奇迹的降临。

这几天,县衙马芝的内宅闹起了鬼:半夜时分,一会儿格子门自开自闭砰然作响;一会儿屋脊上的瓦片无故噼啪坠地;一会儿假山背后传来一阵猛兽嘶鸣之声;一会儿院落中能清楚听得一阵噔噔的怪物走动声。一时间,阴森恐怖的气氛弥漫整个宅院,弄得人人提心吊胆,个个魂飞魄散。马芝近日的好心绪也被冲得干干净净,整日心里发虚,愁眉不展。

前天夜里,月亮照得后院一片银光。马芝夫人屏息无眠,忽然听到门外有踢腾之声,就哆哆嗦嗦掀开窗帘的一角向外偷看。这一看不得了,眼见一只似虎似豹的怪兽,在院中翻滚腾跃,夫人一时惊得僵住,对着那只怪兽动弹不得,怪兽拧身回头对望一阵,竟"呜呜"朝着窗子扑将过来,夫人"嗷"的一声头向后一仰,晕了过去。

随着马芝的一连声惊嚎,衙府宅院顿时人仰马翻。仆人、家丁、丫环、眷属几十号人嚷作一团,等到众人拥进庭院,那怪兽早已不见了踪影。

一连几日的折腾,弄得马芝身心俱疲,干瘦的脸皮泛起一股青色。晚间强自镇定,秉烛诵经,却禁不住心惊肉跳,不时偷偷瞄着窗外,唯恐猛地向里伸进一只毛手。

万般无奈之中,马芝请来了一位颇有神力的驱魔道士。光天化日之下,道士手舞驱邪剑,正在东指西杀,念念有词之际,却不防从房脊上"呼"地飞来一片瓦,直中面目。道士顿时血流满面,翻身倒地。待众人急惶惶将其救醒,道士收拾起自己的行头,道声:"此怪兽自天下凡,贫道法力不济,还是另请高明吧。"便径自掩面而去。更急得马芝终日愁眉紧锁,整夜辗转反侧。

这一日,县衙前又来了一位道士。此道士头戴上清冠,身披三丈六尺黄褐道袍,背负一副雌雄宝剑,足蹬一双高筒皮靴。

此时的他沿着府院高墙来来回回仔细观察一番,然后取出一副罗盘,双手平端,口中不时念着咒语。走一阵,扫视一番,走一阵,思忖半晌;终于罗盘指针静静指向府内的一片深宅大院。道士一阵大笑道:"孽障,贫道寻你多日,竟在此匿藏,今朝岂能容尔逃脱!"说罢拔下雌雄剑,在墙外不停叫骂。

此番作为早已惊动门倌,飞报与马芝。马芝一听救星不寻而至,急忙叫人将道士请进客厅叙话。茶毕马芝问道:"法师来自何处? 为何在此逗留不前?"道士拱手回道:"贫道赤练子,自幼在武夷山师从道长褐丹,学得一手捉妖拿怪之术。如今奉师命云游四方,专为人间驱除妖孽。今日至贵县见有妖气出没,随即赶来。待到县城抬头一望,见妖气正积于贵府上空。故此前来持罗盘仔细勘查,方确定妖孽匿藏于大人内宅之中。"马芝听闻大喜,急邀道士即刻前去捉妖。道士笑曰:"此白日妖物必化为常物静伏,待夜间其原形毕显,方可施法捉除。"马芝按下焦躁,嘱咐下人好生款待道士不提。

夜至三更,宅院一干家丁持械齐聚道士身旁。道士指派道:"尔等只须看护好老爷与内眷,紧守门口不让其窜入即可。千万不可擅自出来近逼以免伤及。我自一人作法驱除足矣。"众目睽睽,都在伸脖瞅着道士如何施法。月光下,道士持剑躬身如一尊石像,静候妖物现身。不一时,一声怪叫从假山背后竹林发出,震得竹叶唰唰坠地。霎时从里面窜出一只似虎似豹的怪兽,张牙舞爪向道士扑来。道士大喝一声:"妖孽,赤练子在此,还不归降受缚更待何时?"不料那厮不理道士,径直扑向他与其缠斗在了一起。道士挥剑劈杀腾挪,一时人影虎形混杂交错,分不清哪是虎哪是人。正在众人看得眼花缭乱之际,随着一声痛吼,怪兽负伤逃入竹林之中,身后留下了一串淋漓的血迹。众人一声欢呼齐齐随着道士逼近了假山。

道士汗流如注,鬓发散乱,仍精神抖擞立于竹林前,大声喝道:"妖孽!今日待缚之时,吾且问你,为何下世害人?为何专扰县衙官府?"只听得竹林里传出一阵呜咽之声。道士手捂耳根:"什么?颜回,哪个颜回?噢,那个孔子弟子颜回。嗯,接着回禀,什么?李二曲?盩厔大儒?"回身看了一眼远处围观的众人,"噢,原来这么回事。接着说,比安,哪个比安?噢,牢门上的神兽狴犴。嗯,嗯,嗯……既然如此,吾且饶尔一命,今夜姑且容尔遁去,待吾与马大人商议一毕再作区处。如若不遂你愿,你可复来,贫道就不再插手此事。于今听吾法令,急急如律令,起!"一声断喝,只见那畜生拔地而起,逾墙越脊,瞬时不见了踪影。

众人如看戏法似的着迷又释然地拥着道士伙同马芝回到了客厅。马芝与众人如供奉神灵般,待道士盥洗完后,奉上茶点,殷勤备至。道士亦不谦让,大口吃喝糕点茶水。果腹一毕,马芝方才恭敬问道:"法师与妖兽斗法,直看得人头昏眼花,实属不易。高僧道行在下亲眼所见,堪称在世钟馗。可不知你在竹林边与怪兽嘀咕对语,说的是何等章节?"道士回语道:"说来话长,这个怪兽,名曰狴犴。噢,你知道,就是牢门首上所凿刻的神兽。据它言,你前几日将一老儒生押入大牢,此神兽睁眼一看,竟然是孔子徒弟颜回托生之人,叫李二曲。""李二曲?李二曲是颜回转世?""确实如此。坊间曾传二曲此人出生

第二十一回　挟私怨一意害名士　谋韬略三番救恩师

时满屋红云铺泄似旭日临窗,此乃不谬之吉兆也。""那……那狴犴又为何来此作怪呢?"道士轻盯一眼马芝,似乎因话已至此他仍未悟其奥而有所不齿:"狴犴自监狱门,你想如此转世圣人被逮入狱,它若不理必遭天谴,它能不急?它只好暗伏贵府,黉夜出来骚扰恐吓,以求大人放了转世颜回,还它以宁静之日。贫道回复它且与大人商议一番再行定夺。事到如今,大人不妨听一句贫道劝言,可否免其莫须有罪名,放这个李二曲回家?颜回乃孔圣高徒,既转生于盩厔,乃贵邑之大祥;大人为孔门弟子,冲撞亦属无知之过,不足为虑。可若执意强违,非但孔圣在天之灵不会饶恕于你,就是狴犴所为亦属其尽天职,贫道也就管它不得了。话已至此,是押是放,全由大人做主。贫道就此告辞了。"马芝命人取出纹银一百两赠与道士,将其恭送出了大门。

一夜辗转反侧,利害权衡,直到天亮,马芝才做出了艰难的抉择:放了二曲。天明后,他立即命师爷开狱放人,并将那个倒霉的打柴人一顿臭揍,说其造谣惑众,命其从此闭口勿言。这个无辜的可怜人,捂着肿胀流血的屁股,一撅一拐地回了家。

七日刚过,二曲被人安然送回新庄堡,说是事出有因,查无实据。至于回后门人如何欢呼雀跃,二曲如何热泪盈眶,家人如何相拥而泣,心敬如何百感交集之情节,作者这支秃笔就不再赘述了。

第二十二回　昔日路人遽成兄弟
　　　　　往时兄弟渐为路人

　　近几日,马芝老爷的心绪似霜打了一般。前些天,将李二曲逮捕关押入狱,心想这一回板上钉钉,实实能出上一口恶气,没承想煮熟的鸭子却又眼睁睁飞了,还让自己的夫人吃了一惊,至今仍卧病在床,整日哼哼唧唧,一惊一乍,忙得自己四处托人求医问药,弄得片刻不得安生。

　　一日偶得闲暇,在书房中刚翻开佛经开诵,脑中却不由自主又转到前一阵子二曲案情上去了。说来也怪,二曲刚入狱,衙里就闹起了鬼,不几日还就有一个法师不请自到,捉妖时捉着捉着还竟然捉到了二曲身上;想他一个全国各地漫游的道士,怎么能将二曲的身世知晓得那么周详,还知此厮生时满屋透着红光?再说狴犴本为一天兽,此妖道叱遁时理应拔地而起,霎时不见了踪影,它却翻墙逾脊似人腾越攀爬,难道……马芝越想越起疑,越想越觉得上套了。"任尔奸似鬼,还是喝上了老娘的洗脚水"一句口前话不由从脑际闪出,他一时又羞又恼,气得将佛经狠狠地摔在了案几之上。

　　恰在此时,师爷急匆匆从外而入。"寻着名医了?""名医倒是寻了一个,下人已将他领到夫人屋内正在诊脉。不过老爷,小人在街上还逮了一句闲汉的流言,说的是……"他凑近马芝的耳朵,叽哩咕噜了一阵子。"真的?"马芝歪过身,直瞅着师爷那张神经质的脸。"真的。"师爷扳着指头,"你看,给你送骆大人信函的是他,那日到衙门领头闹事的还是他;这一次到深山勾结山匪的又是他。这小子是铁了心想救他师父。也怪咱事急昏了头,倒教他得了手。要不咱拿住这个把柄,再抓了他师父?"马芝想了一阵,摇了摇头:"不妥。三番两次抓二曲,哪次不是弄得灰头土脸?说不定这该死的二曲还真是颜回托生哩,要不为何每次事急处都有救身(土语:指搭救自己的恩人)?这回要来个打狗欺主之招,先出了这口恶气再说。"师爷一听脑子一转:"马爷说得有理。打断这条狗腿,让他李

第二十二回　昔日路人遽成兄弟　往时兄弟渐为路人

二曲也不得好受,小人有一主意,可否……"师爷又是附耳低语一番。马芝听着听着脸上浮起一阵阴笑,一面点头一面拍着师爷的肩膀:"此计甚妙,神不知鬼不觉就除却心头之患。不过此次行事定须谨慎,事成之日本官不会亏待于你。"师爷喜滋滋领命而去。

将近年关,家里捎来信儿,要心敬尽快回家说有一件大事等着他。心敬急忙向师父告了假就匆匆赶回鄂县。一路之上心里不停寻思,有甚事如此急促,连他过不多日自然回家过年都等不及了?

一处静谧的河湾。冬日的太阳懒洋洋照着,一阵阵寒风吹得河湾里大片冻土中的芦苇唰唰作响。芦苇的夹道中远远走来一个年轻的书生,急匆匆的脚下荡起了一阵阵尘雾。正行间,不承想从芦苇丛中突然窜出两个汉子,挡在了他的前头。书生一惊,猛地停住了脚步。往后一瞧,又有两个堵住了退路。心敬按下突突的心跳,拱手道:"几位兄弟,想来也是已近年关,弄几两散银回去给家人交差。可你等看走了眼,我本一农家学子,有事回家,身上岂有大笔银两?也罢,"他从身上掏出了几枚铜板,"也就这些,一并奉送,该让我走路了吧!"几人回望不由一阵狂笑。一人走上前去指着心敬:"小子,甭胡弄我等,让你大爷搜一下身。"心敬张开双臂坦然回道:"这位兄弟,读书人不打诳语,你若再寻出一个铜子,我……"正说话间,那汉子一近身,装作搜身的样子却猛地抱住了他,几个人齐齐上前,用绳索将心敬捆了个结结实实。

心敬猛地一惊,边挣扎边急呼:"大哥这是为何?即便小弟无钱敬奉,也不该如此对付,莫非绑票?绑票也得寻个富家子才对呀!"引得几人又是一阵狂笑。一人指着身后:"小子,你看谁来了?"心敬一拧身,才看清后面立着一位师爷打扮的中年儒生,似乎有些眼熟。那人笑眯眯问道:"你叫王心敬?你的师父是李二曲?今天实话相告,你几次三番救你师父,坏了我等好事。今日不要你一文钱,只是送你去西天,让你在阴曹地府好好过一个安生年。"说罢一扬手,命人将心敬捆住双脚堵住口,抬着身子就往河边跑。

正当一干恶徒抬着心敬急急奔往河边时,一声呼哨,从芦苇丛中又窜出两个手持兵刃的健卒,挥刀挡住了歹徒的去路。凶徒几人一看立时慌了手脚,扔下心敬回头就跑,谁知领头的似乎撞在了一堵墙上,"砰"的一声立时跌了个大跟头。抬眼一看,一个络腮胡大兵叉腰挺胸挡在了道当中。大兵身后站着一位青年将军,只见此将军:面若敷粉,身似游龙,手按佩剑,不怒自威。将军一声低喝:"拿下!"不待诸亲兵动手,几个刚才还气焰嚣张的凶徒此时已乖乖地跪在了一堆。

将军一面命人将被缚书生解开,一面手指领头的中年儒生:"朗朗乾坤,荡荡晴空之下，竟敢作此等伤天害理之举？尔等从实招来，不然，"他瞅着道旁的芦苇深处，手一指，"将此等恶贼就地戮埋于此处！"众徒一听，立刻磕头如捣蒜，求饶不止。为首儒生拜禀道："大人，我等皆为附近农户，兹因年关将近，家里无米下锅，只好结伙拦住此人，求得几枚铜钱，以解燃眉之急，望大人宽恕则个。"将军冷笑一声："胡说！既是尔等拦道勒索，为何三言两语便将人捆成粽子一般，还向河边猛跑？分明是欲将此书生投河溺死，岂是求财能狡辩塞责得了的？胡大，还不将这等成心杀人的恶徒给我坑了！"几个兵卒正欲动手，为首的儒生却一改哀求之态，起身复现倨傲之色，举手言道："且慢！大人，事到如今，实不相瞒，我等皆为盩厔县衙差役，此人身犯重罪，吾等奉县令马大人之命，在此设伏擒住了此人。吾等公务在身，前番诳语实属无奈，还望大人体谅一二。"将军听后一愣，回味半晌方才和颜悦色言道："噢，这就对了，难怪尔等不似一般剪径盗匪鬼鬼祟祟，却原来是有恃无恐。不过尔等既然是奉公办案，就应将其绑缚回归县衙交差，却为何要就地正法，置此人于死地？难道县令不晓法度，令尔等如此草菅人命？"儒生等一听此言，皆低首支吾不成续语。将军转过身回问心敬："尔是何人？因何获罪于官，以致罹此杀身大祸？"

　　心敬此时方惊魂稍定，躬身含泪答曰："回禀将军，学生乃鄠县北街人氏，姓王名心敬。现就学于盩厔李颙先生。今奉母命赶回家中，谁知途中遭此奇祸。今蒙大人出手相救，方才幸免于难。大恩不言谢，唯请将军勉受学生一拜。"说罢，倒地叩头不止。青年将军赶忙扶起："路遇不平，拔刀相助乃常人之所为，况乎我等执械军人？先生快快请起，本将军还有话要问。"

　　心敬起身恭立："学生恭候大人垂询。"将军问道："你是二曲先生门人？为何此人要设伏截杀于你？"心敬叹了口气道："学生确为二曲门人。至于这些公差为何要置学生于死地，其中缘由一言难尽。若大人有兴趣，往后有暇慢慢告知，只是此处非长聊之地。"将军一时醒悟，回身对络腮胡军士吩咐道："你带一人将此等凶徒押至盩厔县衙，只说路遇劫匪，擒来交与马大人处置则已。"二人领命，押着师爷一干垂头丧气人等，折回原途不提。

　　待此等人冉冉离去，一军士"吱"的一声口哨，只见芦苇深处一军士牵出几匹快马，急速奔来。青年军官拧身对心敬笑道："吾等自盩厔履行军务，恰行到此处，正见那几个恶徒将先生捆绑，遂下马从芦苇丛中潜行至近旁，见其欲将你投河灭迹，方现身于道中，这才发生刚才之事。吾名额伦特，授西安驻防佐领之职。因父母早亡，困顿之中奋而从军，后幸被鄂大人错爱收为义子。家严鄂善，与二曲先生交谊颇深，你为先生门人，你我二人在此地、此时相遇岂非天意？"心敬更是惊喜交加："将军乃当今巡抚鄂善大人的公子？

第二十二回　昔日路人遽成兄弟　往时兄弟渐为路人

'祸兮福所倚'此言可证矣！试想，如若学生未遇此祸，平安而行，将军必将视我为路人，匆匆驰去而致失之眉睫，怎能有此幸得识将军尊颜？学生常听师父念叨鄂大人，对其懿行赞誉有加。今目睹将军风姿与行侠义举，更令人敬佩不已。你我二人今日能相逢于此时此地，正如将军所言，非天意焉能如此之巧？"言毕二人抚掌大笑。

其后二人并肩徐行。额伦特问道："方才先生说到遇害缘由，谓之'一言难尽'，今你我途中无事，可否将此因果一一道出？"心敬遂将马芝设计陷害恩师二曲，自己连同众门人三救恩师之事的前前后后详细道出，听得额将军如痴如呆。话毕好一阵子，额伦特方才回过神来，拍手大赞曰："此事之壮烈曲折，堪称一段世间传奇。先生持操之忠孝节义，行事之果断刚毅，救师之赴汤蹈火，真可谓儒中之伟丈夫，令人钦佩不已。"心敬苦笑道："实在是不得已而为之，所谓'逼上梁山'是也，着实愧对将军谬奖。"

一路之上，二人攀谈愈加热络。额将军忆及军中旧事，纵论军国要务、边境巡防种种，令心敬大开眼界；心敬则细述二曲江南讲学、儒学理心纷争及自己对孔学诸论的心得见解，亦令额伦特耳目一新。二人正海阔天空谈兴正浓之时，额伦特忽地打住马头，笑意中带着几分郑重言道："先生高风亮节与厚重学养令吾钦敬不已，大有如遇知音、如逢故交之感。如蒙不弃，额伦特愿与先生义结金兰，拜为异姓兄弟，不知先生意下如何？"心敬闻听此语一时又惊又喜，连忙回道："你我一路走来，所见所闻、宗宗件件均意气相投，大有相见恨晚之感。心敬内心早萌此意，只是碍于将军乃簪缨世勋之后，此举未免有高攀之嫌，故未便启齿耳。今将军既亦有此意，心敬何乐而不为耶？不知将军贵庚几何？"额伦特笑答："我生于顺治十五年冬日，今岁虚龄二十有三。"心敬回道："愚兄生于顺治十三年中秋，比贤弟痴长两岁。"额伦特纳头便拜："兄长在上，请受小弟一拜。"心敬急忙扶住笑道："贤弟免礼。此僻壤之地，又无香烛陈设，不若贤弟随愚兄到鄂县家中，咱二人设案行金兰之礼如何？"额伦特起身调笑道："如此甚好，只是叨扰仁兄了。"心敬开心大笑："贤弟此去如福临门，蓬荜为之生辉，家母定会欢喜不迭，何来叨扰一说？我俩还是快些赶路回家吧。"说罢二人翻身上马，一伙人并驾齐驱，朝鄂县方向飞奔而去，留下一路久久不散的雾尘……

一行人行至北街。远远望去，只见王府门前一伙人急匆匆进进出出。心敬不由奇怪地望了一眼额伦特，急忙驱马向前。入得门来，院中人声沸杂、忙忙碌碌，有的抬桌挪凳，有的张罗彩棚，有的洒扫庭院，有的悬挂红灯。众人对心敬打着招呼："王哥，你回来咧。""心敬，老叔给你贺喜了。"……心敬漫应着，向里走去。屋角处，一口大锅正咕嘟咕嘟冒着热气。婷正在塞柴拉风箱，飞扑而出的灶火烤得她微汗渗出，满脸通红，连往日顺溜的云鬓此时也弄得乱蓬蓬的。

婷抬眼看到心敬,忙起身叫道:"哥!把人能急死了,你咋才回来?"心敬忙止住,指着四周乱象疑声问道:"婷,这……是咋回事?"婷不答话,回头向里屋碎步跑去,连声喊:"娘,娘!俺哥回来咧。"

李氏正支拨着一帮人拾掇里屋,闻声走出。看见心敬笑吟吟说:"刚打算让心广去甃屋叫你回来,你一回来就省得人去叫了。"心敬一听不对就问:"妈,你不是昨日已……"脑中忽地灵光一闪,恍然大悟,急忙咽下后语。李氏奇怪问道:"昨日怎么了?"心敬忙答:"是儿记错了。妈,儿让你见一下我刚结拜的兄弟。"回身一指,让出身后脸中含笑却略显拘谨的额伦特。李氏望着这位英姿飒爽的青年官佐,不由赞叹道:"好一个出类拔萃的伟男儿!敬儿,你是如何遇到这位兄弟的?"心敬忙道:"妈,个中缘由一时半会儿说不清,还得烦劳您老设案摆烛,我俩好成金兰之礼哩。妈,这屋里乱糟糟的,到底咋回事?"李氏道:"这回是三喜临门呢,也是一时半会儿说不清,妈先安排把这桩喜事给办了再说。"一边说一边张罗人抬来八仙桌,摆上了供品与香烛。

二人齐跪桌前,心敬肃容握拳道:"皇天在上,落魄子王心敬归途遇难,幸有贤弟额伦特相救方得脱险。若非天助,焉能得遇如此奇缘?不才因祸得福,焉能不感怀上天之垂怜?今与贤弟义结金兰,王心敬誓与其生死相依,永世相伴;吾弟豪侠仗义,智勇双全,唯愿天佑其精忠报国,沙场一路凯歌,征程捷报频传!"深沉激昂的话语,震得屋梁浮尘唰唰下落,震得额伦特心潮澎湃,双目泛起一抹潮红。

礼毕,心敬设便宴为额伦特饯行。席间,额伦特忽地想起一事,遂招来马弁耳语几句,不一时,亲兵手捧一锦袋奉上。在众人惊疑目光下,额伦特打开锦袋,一方乌黑厚重的砚台呈现在了眼前。额伦特笑道:"匆忙之间,寻思无物奉赠仁兄,恰好弟西行途中,平凉知府郑大人托为弟奉与家父洮砚一合,今赠予仁兄。借花献佛,聊表心意。"心敬见状大惊,急辞道:"贤弟为心之诚令兄感动,此心为兄收下,然此物断不敢受。一则此物奇珍,寻常之家无福消受;二则此砚为郑大人赠鄂大人之物,怎能任由贤弟轻易转赠他人?此举太过失礼。"额伦特笑道:"仁兄言重了,你有所不知,此类文房四宝,诚为家父平日所爱,无奈僚属窥得此情,俱寻搜孝敬,倒弄得堆满书房,摆得到处都是,不禁让人犯愁。此砚赠与仁兄,倒适得其所。待吾兄日后著书立说,铺陈腹中经纶,当是用得着此物。此砚若有灵性,还会因能伺候一位大儒而欢喜不迭呢。至于回去后,小弟当如实禀告家父一声,他定会为弟处置之妥而赞许呢。"闻听此言,心敬刚将一颗心放下,却又愁肠复起,自己寻常百姓人家,漫说贵重回礼,就连一日三餐都还凭家人竭力劳作方能温饱度日,又有

第二十二回　昔日路人遽成兄弟　往时兄弟渐为路人

什么拿得出手的礼品回赠爱弟呢？正犯愁间，母亲似看透儿子心思，遂回应道："心诚之物未必非珍奇不可。谅额大人世勋之家，不缺罕物。却是平常东西，只要喜欢也能使人觉得弥足珍贵。敬儿，你将你父涂鸦诗作取来赠与你贤弟，不也是一件非等闲礼物么？"一句话提醒了心敬，父亲一生辛苦劳作，唯一爱好就是视诗为友。其诗作虽未咬文嚼字般刻意雕饰，却也尽显一副天然拙朴。其诗无非日间劳作、丰年欢悦、荒年饥苦、悯天忧民之题，亦兼放歌家乡山川之壮美，其间不乏真情激扬，堪称一部山野佳作。

心敬从楼上匆匆取来父亲诗卷，递与额伦特。额伦特翻阅着内中诗篇，连声称赞其意境悠远，情真意切。一时兴起，还模仿着书生摇头晃脑诵读了其中几首。末了，他兴奋说道："这部阿伯所作的田园诗甚合家父平日所好，为弟带回送与家父，说不定他有多喜欢呢。"一时欢声笑语，溢满厅堂。

酒足饭饱后，心敬几人送别额伦特。行至院中，额伦特指着忙乱的众人回问心敬："仁兄，贵府如此多人忙忙碌碌，好似在筹办一桩大事——为弟进来时曾听得有人向你道喜，莫非……"心敬正茫然不知如何回话时，一快嘴后生笑着接口道："军爷有所不知，这是在为我王大哥操办娶媳妇的喜事呢。"额伦特一听大乐，连连向心敬道贺："为弟恭贺仁兄合卺之喜！"说罢摸索着从怀中掏出一银锞递与心敬，"些许薄礼，权作贺仪。"心敬慌忙回绝，额伦特半笑半嗔道，"刚才还说什么'生死相依'，怎么一些碎银就立时分出你我来了？"心敬一时语塞，只好讪讪回道："若果如此，待为兄成婚之日，贤弟前来相贺也不为迟。"额伦特一边将银锞塞入心敬怀中，一边说："军务在身，焉能由己。当日若事急未能前来道贺岂不误事？仁兄暂且收下，你也不用发帖子，若稍有暇隙，弟必当前来一睹嫂子芳容，到时还要讨一杯喜酒喝。"说罢招呼着随卒一同出了大门。一阵依依不舍，谆谆告别之后，额伦特带着随从，骑马扬鞭，奔驰出了县城北关。透过心敬若有所失的泪花，一行人的身影，渐渐隐没在了马蹄腾起的浓浓扬尘之中。

娘儿俩绕开纷乱的众人，回到了里屋。未待母亲开询，心敬便将近几个月来一连串惊心动魄的往事，一一说与母亲听。谈及今日回户遇险，李氏听得心里直打颤。末了，当听得刚才的青年军官救了儿子，后又结拜为兄弟之后，李氏一颗高悬的心方才落了下来。她一边抚摸着胸口，一边拉着心敬的手："儿啊，人常说'滴水之恩，当涌泉相报'，你那兄弟的救命之恩，你可要一辈子记着。"心敬郑重地点了点头："妈，儿与额将军一见如故，好像老早就认得似的。你说也怪，就在儿子临丧命的一刹那，他就刚好赶到。他不是儿的救身又是啥？还有，你说你没来得及叫我，可前天却有一老汉捎话说你让我立即回家。儿一进门方才明白那是狗官马芝设的套。我就奇怪为啥一到那条河边，就有一伙恶徒早早候在那里。不过话说回来,儿还得感谢这位马大人呢,要不是他,儿哪有缘结识我那位侠肝义胆的贤弟呢……"

"哎妈,说了半天儿还没顾上问你,你唤儿回来有啥紧事?莫非还真的……"李氏笑着点了一下心敬的额头:"傻儿子,不是这事还能叫你回来?再过三天,你就把这喜事办了。妈老了,还想早一天抱上大孙子哩……"不等李氏说完,心敬就急得跳起来:"妈,你这事也办得太离谱了吧!虽说婚姻大事得父母作主,但也得儿辈两情相悦才算美满,我的媳妇——"一时间心敬又气又急,在炕地下团团乱转,"到底是光脸还是麻子都不晓得。儿回三天就得办事,也不与儿商量一番,此等草率从事,儿,儿,儿……实难从命!"他脸涨得通红,磨蹭了半天,方才憋出一句:"再说,再说……"最后终于硬着头皮吐出了实话,"再说,儿已有了自己的意中人。她为人善良贤惠、泼辣能干,还知书达理,容颜姣好;她家境优裕,她大还是一个学养渊深的儒生。她家……""她家住在涝店南边一个独庄。"李氏不动声色,此时冷不丁才接上了这么一句。"妈,你咋知道的?""我还知道她叫翠姑,她舅与你二曲师父住一个堡子,与你还是忘年交。"心敬愈发惊奇:"妈,咋连这些你都知道?""噢,眼看就要过门的媳妇我能不知根知底?""怎么,你给儿娶的就是她?"心敬方才激起的恼怒、绝望一下子都被这突如其来的狂喜冲得无影无踪。"妈办事离谱,妈办事草率,妈办事不跟儿商量,妈……"李氏故意板着脸一句一句数说着,心敬急得跪在了李氏面前,摇着李氏的手:"妈,儿知错了。妈办事稳当,妈办事周到,妈办事办到儿的心坎上……妈,这些事你咋知道?"李氏方才回颜笑着将翠姑怎么到了王家,怎么诊病,怎么认干女儿,怎么伺候她一个月,怎么能干,娘俩怎么贴心前前后后一股脑儿倒给了自己儿子,心敬这才如梦初醒。"如今这订婚、发媒、下书一干道脉(土语'过程'之意)都已过完。妈知道你在二曲师父那儿习经要紧,就剩下娶亲了,妈才把你叫回。你说,我这当妈的还有你说的啥?"心敬心花怒放,就借势来个顺竿爬:"我妈是谁?天底下第一女能人!日间里里外外操持家务,还要应付催款逼税;邻里间有事还劳你说大玩小,主持公道,你问乡党谁不称颂?就连老学究王鄿先生都对我妈的见识佩服得五体投地。夜里织布纺线,鸡鸣方歇,累得一身病痛……中年丧夫,苦雨凄风,含辛茹苦,破家独撑。妈,这多年你老把苦受扎咧。"说着说着,由欣喜的调侃竟至热泪从双颊滚滚流下。李氏也被儿子的话语勾起了一阵心酸:"唉!你大要是活着,看着儿子成家立业,这该多好呀。"说罢轻轻抹去心敬脸上的泪珠:"你这一提也好,明日记着到王家坟你婆、你大伯、大妈、二伯,还有你大坟上上几炷香,让先走的老人都知道王家这一回要娶俩媳妇,又要兴盛了。"

心敬一听此话,扬脸急问:"妈,还要给谁娶媳妇?""你二弟心广呀。他与你来福叔的

第二十二回　昔日路人遽成兄弟　往时兄弟渐为路人

喜琴从小青梅竹马，如今与你同一日娶亲，咱家来他个双喜临门。"心敬乐得一蹦老高："妈，这下你不用愁了，有俩媳妇伺候你，也算是苦日子熬到头了。"李氏故作苦相："唉，还说苦日子熬到头咧，就两个大胖孙子还不把妈累得趴下。""妈，怕是把你老乐得躺在地上不想起来。"娘俩开心得捂着嘴直笑。

"三婶，你看这祖宗牌位该供在啥地方？"外面一声呼唤，使娘俩忙不迭地急匆匆奔向了屋外。

在外整整张罗着忙了一天的凌云晚饭后与婷和心敬挤坐在了李氏的热炕头，几人都为将要来到的大喜事而兴奋不已。婷说："三娘这一下有两个媳妇伺候着，到那时一人一只胳膊搀着三娘游。三娘说'到东'，就扶着到东街'望仙楼'去吃一顿牛肉泡馍；三娘说'到西'，就引着到西街三娃子家咥一碗大肉辣子疙瘩，那个受活（土语'舒服'之意）劲呀，我看比王母娘娘都自在。"说得心敬娘俩互相瞧着笑得上气不接下气。婷奇怪地瞧着这娘俩："难道侄女说的不对？"心敬指着母亲道："我也是这么一说，可咱娘说啥，生俩大胖孙子，还说享福，往后能把她累得趴下。"一下笑得婷眼里直泛泪花。

在满屋的哄笑中，凌云插嘴道："娘说得也在理。若果你和心广真一同生下小子，可就够咱娘受的。那个屏翰你知道吧？前两年媳妇生了一对双胞胎，把媳妇劳得人都变了形……"一听此话，心敬急忙打住："你说屏翰？就是三年前我们几个一同到三原岁试的那个屏翰？"凌云说："还能是哪个屏翰？"心敬叹了口气："自三原折戟，这几年我一直心绪不畅闷在家里，自从盩厔投师二曲先生，更是与往日兄弟断了来往。不知他们几个近些年境况都如何？"

一听到提起心敬昔日几位亲如兄弟的同伴，连李氏和婷也都停住话头，回过身专注地望着凌云。凌云一看他们几个都在看着自己，不由坐稳了身子，扯开了话头："我常在家，与这几位同窗倒还经常走动。说起屏翰、晋卿、子亮、德钊与王生几个，经过这些年的岁月，他们的境况也都变得各有不同。

"先说屏翰吧。屏翰是个苦命人，早年丧父，家境和咱差不离。母亲辛辛苦苦供他念完秀才后无法继续维持。屏翰只好独立门户，为自谋生路，他就放下书生架子干起了木匠活。这小子天生心灵手巧。一日，在一书摊寻得古书《木作法式》，从此一天到晚仔细揣摩，逐渐融会贯通，深得其法，竟然无师自通。因而他做的木活不光精细耐用，还总比别人多出一些花样，也就慢慢地在咱们街坊有了一点小名气。

"一日，在县北被一户人家请去，他的手艺引得不少人前来围观。主人一看这小伙做活又勤快又精干,越看越爱,就索性把自己的女儿许配给了他。可谁知这女人竟然是一个天生的旺夫相,自从嫁到了陈家,屏翰的日子就像起面一样发了起来。自那以后,活儿出奇地多,一人忙不过来就收徒弟,接二连三一气收了十几个,两三年间就攒了一大笔银子。他又拿出这些银子在北街盖了一溜十几间临街店铺,有中药铺、瓷器店、布匹丝绸店近十个门面。到如今,自己把木匠铺一摊交给了大徒弟经管,还雇了几个掌柜,经营各自铺面的生意,就这还忙得一天脚不沾地。说句掯嘴的话,如今的屏翰不说日进斗金也差不离了。去年过年,他自拟了一副春联,上联是'己身欲效陶朱业',下联是'亥算宜衔太白杯',小伙子一副事业有成的得意劲,我看还蛮实际的。"凌云说完,又生出一番感慨,"想当初,陈家才子辈出,读书的、当官的誉满四街,如今出了个屏翰,却有聚财之能,堪称富甲一方,也算是给陈家争了体面。连我这个本家,一提起他都觉脸上有光。"一番话说得众人一阵赞叹。

"再说晋卿。晋卿家境原本富足,他大在南街开了五间一溜的门面,生意很是红火。晋卿考举人屡试不中,功业之心也就日渐淡薄。父亲已届花甲,也就顺手将铺面交给了他来经管。初时还算顺当,可毕竟年轻人办事不老成,加之他生性豪爽,经常带着一干朋友到酒馆胡吃海喝,却把生意放手给了掌柜料理。一天夜里,醉醺醺回到家中,才发觉掌柜将铺上钱财席卷一空逃之夭夭。这一下闯了大祸,股东、赊账的、讨货款的一齐登门如催命鬼一般,闹得家中一连多日鸡飞狗跳。无奈之下,只好盘了铺子,卖掉了这处宅子,一家人搬到南宅老屋中熬起了苦日子,晋卿终日捶胸顿足,却也无济于事了。

"半年后,晋卿卖去的那院临街宅子,被买主拆除后大兴土木,准备按自己设想盖一座带花园的敞亮新居。不料在工匠开沟挖地基时,却挖出了一个地穴,进去一看,里面整整齐齐摆放了三瓮金银锞。""哇!"心敬与婷发出一阵惊呼,凌云一止手又说道:"这事当时炸开了锅,整个县城的闲人都拥到了那里去看热闹。""这事我听说过,不知后来咋样?"李氏接口道。

"窝在家里正生闷气的晋卿听到邻居给他捎的消息,立时飞跑到故居,只见工匠们正在房主的支拨下将瓦瓮抬向旁边停着的大车。晋卿一脚踩住车轮,说是祖宗留下的,不能拉走,房主急了,三锤两梆子两人就撕打在了一起。晋卿拽住房主的领口,一直拉到县衙大堂上。大堂之上,晋卿说这几瓮金银是自己祖宗留下的,房主说是自己预先埋下的,临建房才开挖移出,县大人命将那几个惹事的瓮抬到了公堂,又命差人到实地勘察一番。

"公堂上,县大人问:'你两人都说此物归己所有,可有何证据?'晋卿说:'大人,小民祖先在此居住了数百年,瓮金是先人埋下的。他盖房拆倒旧屋开挖地基才见此物,岂不

第二十二回　昔日路人遽成兄弟　往时兄弟渐为路人

证明这东西是我家的？'屋主却辩解说：'大人，我在西康打箭炉经商多年，家中所积金银尽储在这三瓮中，自买了他家祖屋搬来此处居住，当然就把这几瓮东西驮来埋在了房中。翻盖新房正当用钱，我就派人将这东西挖出以支应开支，这有何疑？'县官不答话，围着这三个瓮子转了一圈并打开瓮盖，只见银锞上还摞了堆铜钱，县官仔细地翻看了一下，对着房主回言说：'这财物不是你的，你看这些铜钱尽是弘治通宝、天启通宝、永乐通宝，甚至还有洪武通宝，尽是前朝流通之物，怎能是你家之财？'屋主闻言叫屈道：'大人，打箭炉前多年流通的尽是这些铜板，我将之收来又有何错？'县官无语，围着三个瓦瓮又转了一圈，拍着瓦瓮责问：'这瓮上的泥土黏结已成黢黑，足见已埋有多年，你才移来此处数月，怎能形成如此胎迹？'那人又叫屈道：'大人，这几瓮在老家已埋藏多年，此等胎迹又有何奇怪？'

"这一下把老爷问住了。晋卿这才上前禀道：'大人，这几瓮财物既属祖先留下，小民当然不知其内藏金多少；既然屋主一口咬定是他自己在打箭炉经商积攒而成，那其中所藏金锞多少，银锞多少，还有那些散铜板，应该时时记于心中。我就问屋主，这几瓮中哪一瓮有金多少，有银多少，还有通宝各多少？其中又有何特别标记？若他报得分毫不差，我就认了。如若支吾不出，必是讹人财物。'县官一听后伸出拇指：'你这小子脑瓜够用。'随后便依着葫芦画瓢回问，果见此时屋主支支吾吾答不上来。此时公差已回且在县官耳旁嘀咕了几句。县官回问屋主：'此时你还有何言狡辩？公差回禀，窖藏之处所铺地砖经湿气浸蚀已呈疏解之状，洞壁陈迹处处可见，足以证明此窖已造百载之久。瓮上陈迹或可狡辩，窖洞数月与百年之别，你又有何狡辩词自圆其说？'买主只好伏地认罪。县官命鞭笞数十，罚金若干，瓮金交予晋卿，了结了此案。你说我如何知道得如此详细？你知为夫是个爱热闹的人，那日我就在堂下的闲人中。

"到了此时，晋卿方才如枯木逢春，且钱财又翻了不知多少个跟头，他干脆靠着这几瓮窖金开了间钱庄。吃一堑长一智，晋卿从此兢兢业业，不敢再有丝毫疏忽大意之心，生意越做越大，如今还在西安、咸阳、宝鸡、汉中各处开了几家分号，成了咱县数得着的大富翁。"众人又是一阵感叹，心敬沉思道：没想到晋卿身上竟生出如此大喜大悲之事，真令人感慨万端。

"说到德钊，又值得大叙一番。他今年乡试，考中了举人，回来之后却大病一场。我去探问原因，他才说此病竟然是考场吓出来的。我和心敬都知道，德钊这个人看着平时爱说笑，大喇喇的不修边幅，可论起功课却毫不含糊。家境贫寒使得德钊发愤读书，文章也日渐出色。

 穷庐残月

"乡试中,当他正在号舍里凝思急书时,忽听得侧旁木板缝中传来一阵窸窣之声,回头一看,只见一细纸卷从缝中伸出,好奇之下取出一观,原是隔壁索解试卷要点的条子。最后还有'如若遂愿必当重金酬谢'等语,德钊一看立即愤愤将它扔到了地下,骂声'无耻',毫不理睬,继续答卷。

"谁知考试一毕,收卷官来到号舍收取各考生答卷时,一考官在德钊号舍地上发现了这一纸条,立即上报主考官,并立即将德钊扣押于临时监室。"一阵惊呼打断了凌云的叙说,众人都为德钊这一变故惊诧惋惜,并急着询问下情。"按大清律,凡科考有传递、关节、夹带、代笔等作弊者,轻者革除功名,重者入监甚或斩首送命。德钊这一案由事涉'传递'一罪,如若坐实,功名事小,还恐有牢狱之灾。你们想想这泼天大祸,德钊能不肝胆俱裂?无辜受冤,德钊悲愤交加,就把事情的来龙去脉写成申状上告主考官。主考派人核查,将纸条与邻号试卷字迹对照,确定是其所为;在其号内也未发现德钊的只字片纸,方将他放归鄂县。至于那名考生偷鸡不成反倒蚀了一大把米,其后的惩戒是他罪有应得。"一直到此,心敬等人才将悬着的一颗心放将下来。"我去看德钊,恭贺他成了举人老爷,一进门看他骨瘦如柴卧床不起,才知他竟然刚刚过了那道鬼门关。

"说说子亮,他今年也考中了举人。要论起他的中举,更有一桩奇事在里面哩。"众人一听,立即竖起了耳朵。凌云一见此状,立刻得意地朝着婷瞪了一眼:"把人说得口干舌燥,还不赶紧倒杯茶来,真是没眼色。"婷闻言赶紧下炕,倒了杯茶递给凌云。这时,心广也忙完了外边的事,听三娘处人声不断,便折到房中,见几人端坐三娘炕上,以为商量近日大事,便一屁股坐在炕边椅上,向三娘禀报了一些事务。婷顺手给心广也递过一盅茶,便急忙上炕,抱怨道:"又拉麻(土语'摆谱'之意)了,还不快说。"凌云咕嘟咕嘟一口喝干茶水,方才抹了一下嘴,拉开了说书人的架势。

"话说去年冬天那场大雪下了一天一夜,第二天清晨,子亮刚拉开头门,只听'咚'的一声从门外倒进一个人来,原来这人正靠在子亮的头门上冻得如雪人一般,已失去了知觉。子亮急忙扶起了他,抹去脸上的残雪,一看竟有些面熟:'张瞎子,你咋弄成这样?'急忙搀着他回到屋里给灌了一碗热水,那人才慢慢苏醒过来。原来子亮在前几年一次闲逛时曾在一熟人的马厩见过他。那时他正摸摸索索着给主家的骡马拌草料,熟人告诉他,这是他家的长工和丫环成亲养下的家生子。自小害眼弄得双目失明,如今五十年过去,二老早已过世,只有他还在给主人家喂马看管牲口。

"待老人缓过气来,方才道出僵卧门外的原委。前些天,他一时大意给槽里倒了些冰水,将一匹马弄得拉稀卧地不起,几天之后竟死在了槽头。主人暴怒之下将他赶出了家

第二十二回 昔日路人遽成兄弟 往时兄弟渐为路人

门。张瞎子只好流落街头,沿门乞讨。昨夜大雪无有去处,只好蹲在子亮门外躲避风寒,不承想竟靠着门冻僵了过去。

"你们知道子亮天生一副软心肠,见事已至此,谅是老天安排他来到自家门前。大雪之下老人又无去处,就将他安置在了院侧的柴禾房里,放上一床旧被让他暂留此处,待雪住天晴再送他回主人家。心想,主人几日气已消再加上他的交情,谅不至于再将他赶出。

"隔天老娘说她想吃西街的辣子疙瘩,他就踏雪去买了几碗。一家食毕,子亮见老汉靠在柴房门口正啃着一只干馍,便将吃剩的热汤倒在碗里递给了老汉。老汉一闻就说这是大肉辣子疙瘩。子亮甚是奇怪,一问老汉,他才叹口气说他一辈子那能有吃这的福气,只是在沿街乞讨时到过西街,靠着辣子疙瘩店的门板,美美'闻'了一顿饭:'那个香哇,老汉我到死都忘不了。如今公子赏给老汉这一碗,真是菩萨显灵,让我果真吃上了。'说罢,狼吞虎咽,将那碗汤水连同余肉、剩馍一起吃了个罄净。

"过了一天,子亮出门一趟回到屋里,只见书房门大开,那老汉竟然坐在自己平日读书的坐椅上,翻开一本书,闻一阵,吧嗒着嘴把流出的口水咽回肚里,又闻一阵又是一番吞咽。他微闭双眼,看那馋样,像是正在享受着一顿美餐。子亮看在眼里,不由无名火窜起,大喝一声:'谁叫你跑到这里来了?真是蹬鼻子上脸,让你在此安歇,倒是越发不安生,竟然坐在书房里自在,这儿是你来的地方?'老汉一听子亮发火,连忙从椅子上爬下,跪在了地上:'都是老汉一时馋极,不知上下才弄成这般。那日公子舍了一碗辣子疙瘩,老汉吃毕仍觉不过瘾。今日闻到这味儿又从屋里飘来,便寻着香味来到了这儿。一进屋便闻着满屋香气,有大肉辣子疙瘩,有臊子肉,有油饼、皮子。就摸着书寻到大肉辣子疙瘩那本。一翻开书,里面冒出的香气与西街那家店里一模一样,就不由得坐在椅子上闻了个饱。正在解馋,公子就回来了。'子亮夺过书一看,见是朱熹编著的《四书章句集注》。大为惊奇之下,他又从书架上取出一本递给了他。老汉一闻,就说:'是臊子面。'他又取出一本,老汉闻过道:'是葱花油饼。'诧异之下,他从上面取出一本《三国演义》,随便一翻,竟是第七十九回'讨魏国武侯再上表破曹兵姜维诈献书'一节,他将诸葛亮《出师表》一页递到老汉面前:'你闻闻,这是啥味道?'老汉一闻道:'大肉包子。'又用舌头轻轻舔了一下,'可惜碱搭得多了,有些苦。'子亮一听大惊,《出师表》一文堪称声情并茂、壮怀激烈的千古佳作,当然香如大肉包子;更奇的是老汉说它碱掺多了有点苦——诸葛亮在昏君刘禅主政下,内有佞臣构陷,外有强敌压境,自己宵衣旰食,独撑危国于旦夕。即令如此,他仍上书北伐,甚至'鞠躬尽瘁死而后已'。此境此情之下,诸葛亮何止有苦,简直是苦不堪言哪。

"子亮有些手足无措了。难道他遇到了神仙？惊骇之下，他马上跑去拿了自己的一篇习作递给老汉，老汉一闻淡淡说道：'一碗稀糁子。'子亮一听自己的精心之作竟被说成稀糁子，不由又气又急，他指着老汉：'我去让老师阅看，回来看你还怎么装神弄鬼？你这个臭鼻子！'子亮一口气奔到王鄠家，急切地让师父看他的锦绣文章。王鄠一看默默无言，只在上面批了四个字——'清汤寡水'。子亮丧气回家，路上不断回味着那四个字，忽然一拍脑门——清汤寡水，不就是一碗稀糁子么。子亮这回才真的心服口服了。

"回到家中，子亮立刻将老汉安排到了偏房，搭上火炉，烧上热炕，每日好吃好喝'供奉'着这个瞎眼活神仙。每当他写完一篇文章，就拿给老汉闻，结果仍旧是'稀糁子'一碗。子亮不泄气，继续努力。一日，他又将刚写好的文章拿给老汉，这回老汉口气变了：'搅团（一种黏稠农家饭）。'子亮闻言大喜，心里却不踏实，又拿给王鄠师父看，王鄠最后点了点头：'不错，比之前有长进。内容充实多了，就是还有点条理不清。'子亮一听愣了：'搅团'的'内容'，当然比'稀糁子'充实多了，况若如师所言，文中条理还被'搅'成一'团'，老汉的闻饭真是形象准确极了。

"从此，子亮更加奋力，文章也渐渐从'搅团'变成了'汤面'，进而新近几篇还被夸成了'扯面'。一日，子亮拿着习作又让他闻，老汉说：'扯面，就是淡了些。'子亮赶忙将空洞之处改过却又添加了一些浮华辞句，老汉又说：'扯面，就是盐有些重。'子亮赶忙又修改。一时老汉又说：'扯面，就是醋出头了。'他又将其中酸腐之处改过。一时老汉又说：'扯面，就是有些太辣了。'他又赶快将其露骨的辛辣嘲讽之处改成了温和隐喻，直到调得合了老汉的脾胃。一日，他又精心构思了一篇文章，其中还妙笔生花，着意铺陈了一段点石成金的警句。老汉闻后，脸上泛起一阵笑意：'这碗扯面不仅味调得合适，上面还有几块臊子蛋蛋。好吃，好吃！'子亮听后差点晕了过去——铁杵终于磨成了绣花针，大功告成了！

"今年乡试结束，子亮文章果然一举成名，夺得了解元。如今更憋着一股劲，苦下工夫以待大比之年的会试呢。"

一口气说了这么多，众人却不见插上一言半语，直听得如醉如痴。听到凌云的"古经"说完了，婷才问道："真有那么神？是子亮编的吧。"凌云看了一眼婷："神倒不假，真不真我不敢说。只是我到子亮家道贺，他给我讲了这事。他家里也确实养着一个瞎眼老汉，还吃得又白又胖，这可是我亲眼所见的。

"至于王生，他比那几个大几岁，家里也不宽裕，就在岁试后收了心，上衙门里谋了个书吏的差事，然后娶了个小家碧玉。那个女人长得像一朵花，还把王生伺候得舒舒坦坦。

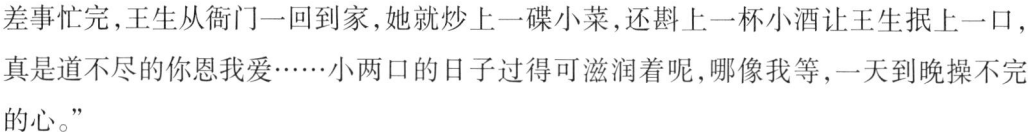

第二十二回　昔日路人遽成兄弟　往时兄弟渐为路人

差事忙完，王生从衙门一回到家，她就炒上一碟小菜，还斟上一杯小酒让王生抿上一口，真是道不尽的你恩我爱……小两口的日子过得可滋润着呢，哪像我等，一天到晚操不完的心。"

听完凌云就几位心敬昔日学友境况的神侃，众人才长长出了一口气，随之又议论了许久，直到隔壁的公鸡扯起嗓子吼叫着人们起身劳作，几人才打着哈欠，各自散去。

万事齐备，明日就要抬着花轿，迎娶两位新娘过门了。晚上，王府门前张灯结彩，前来恭贺的客人络绎不绝，熙熙攘攘。侧院里几口大锅炉口蹿出长长的火苗，锅上的蒸碗笼冒着腾腾热气，一长溜案板上切菜的刀声此起彼伏。大厨师头上冒着热汗，支拨着帮忙的厨工："哎，你几个过来洗碗淘菜！""来把猪头、羊腿、鸡鱼抬过来。""你小子没长眼，看锅底下火都快灭了。""死丫头，快把绊脚的盆挪到一边去！"院中一片忙乱、欢快的气象。

正房院中，明烛照得如同白昼，三丈宽八丈长的芦席棚一溜搭起，数十张八仙桌摆得停停当当，客人三三两两围着木炭火炉凑成一圈，端着茶盅，嗑着瓜子，谝着闲传。

晋卿、屏翰、子亮、德钊、王生一干旧友也一同来道贺。心敬赶忙迎上前去招呼着他们，一边祝贺德钊、子亮同榜中举，恭喜屏翰、晋卿财源滚滚，王生安逸和美。几人也都围着心敬笑嘻嘻起哄打趣。刚端茶递烟安顿好他们，就听屋里有人喊他问话，心敬急忙告辞奔向了里屋。

待心敬忙完出来，走到彩棚一瞧，只见德钊、子亮二人坐在了一桌，正高谈阔论制艺文章，科举法程；另一桌上，晋卿、屏翰二人正聚首悄声低语，似乎交流着商场信息、时下行情；门口一堆人围在一起，王生正弯腰伸脖看人搭方（旧时农村一种就地取材的棋类游戏）。看来几个朋友随着各人前程、操业不同，自然分成了几拨。昔日形影不离，整天黏在一起的伙伴，如今已难有凑在一起的共同语言。"酒逢知己千杯少，话不投机半句多"，心敬脑中不由浮出这一句俗语，心里不禁一阵发酸。如今自己所操之业，既非升官又非发财，还不是平常人家赖以谋生的某种手艺。在昔日的同伴眼中，甚或在乡党、邻居的心目中，他都是一个异类，一个被人视为痴呆无用的酸儒，一个被公众社会淘汰、遗忘的百无一用之人。

看着几拨同伴都聚精会神沉浸于自感兴趣之物，他从旁边走过都无人搭理，怀着一丝伤感，自觉无趣的心敬折回了自己的卧室。窗外不断传来刺耳的喧闹声，搅得他心神不安，不由烦躁地在屋中转起了圈圈。他不禁怀念起在二曲师父家中的清静时光，那时他不是埋首在寓古人哲于其中的典籍之中，就是聆听师父论述其中的深奥蕴意；自己整日与古圣贤为伴,探索着那支配宇宙万物运行、人世兴衰轮回的终极真理。如今在自己眼里,什么升官发财、功名利禄,甚至窗外的尘世喧嚣,都显得那么俗不可耐。心敬悲哀地发现,他和昔日同窗学友的心理鸿沟已无法填补,他们之间儿时的情谊犹如下山之夕阳,自己只能无助地看着它慢慢沉入到群山遮蔽的昏暗之中。

次日黎明时分,在一阵震耳欲聋的鞭炮声中,人们欢声笑语,挤挤搡搡,迎来了两顶大花轿。

晌午,几十桌宴席一字排开,在众人的簇拥下,家主李氏笑吟吟接受乡亲们的祝贺。李氏的兄长,一个六十余岁的老儒生给心敬、心广戴上花、帽;李氏也将为儿媳准备的金钗郑重地插入翠姑的发髻之中,给喜琴也买了一只亮闪闪的银钗,引得众人一片赞叹。心敬、心广二人则依次给新亲、亲戚、乡友挨桌敬酒;作为红叶,鳌屋新庄堡李老汉也不远百里前来贺喜,看着自己外甥女和忘年交喜结连理,高兴得合不拢嘴;西街的王鄴先生也亲赴喜宴,连远在鳌屋的师父二曲都托李老汉捎来了贺仪,让心敬分外感激。

一时间,众人开怀畅饮,觥筹交错,直闹到半下午方才尽兴而散。

夜间,心敬翠姑相拥而坐,道不尽往日奇遇、情海纠葛。有情人终成眷属,一夜缠绵恩爱不消细说。

大年初一,心敬携新妇同到王鄴先生家拜年,交谈中心敬细说了半年多到二曲处习经与亲历的诸多磨难,王鄴听得惊呼连连。末了叹息道:"二曲为人一向学高性直,遭致小人构陷,乃时也命也。"

心敬还带着香烛到兴国寺进香,并拜谒了寺院方丈。方丈望着如今已沉稳持重的心敬,不由赞曰:"我佛慈悲。往者檀越浮稚之象俱已蜕尽,来日将大有作为,不负佛祖一番慧心铺排矣。"听得心敬似懂非懂,一番恭敬之后唯唯告退。

第二十三回　著反身大儒开新境
　　　　　　赴襄城骨肉遇故人

初六日,心敬怀着依依不舍却又急迫向往的矛盾心态,告别了母亲李氏与翠姑等家人,回到了盩厔新庄堡二曲师父处。

临近师父家门,心敬大吃一惊,只见众人急惶惶、悲凄凄披麻戴孝进进出出。心敬赶到屋内方晓师父慈母彭太夫人已于正月初二驾鹤西去。师父在行祭拜大礼时,锥心的痛楚使他神情木然,只有连线的泪珠从清癯的脸颊直顺着花白的胡须滴沥而下。几番叩拜之后,发软的双腿颤抖着只是挣扎不起,心敬连忙扑过去同众人将其搀着挪进了偏屋。

彭太夫人一生刚强志气。自丈夫可从以身殉国之后,家境遂陷入异常困顿之中,既无男人操劳维持生计,又未见亲友扶帮资助,以致有儒士形容其为"瓶鲜储粟,家实悬鹑"——家无隔日之储粮供耗,衣如鹌鹑破羽秃毛。有乡党怜其度日维艰,劝其改嫁以过难关,可彭氏严辞坚拒。虽有时整日吃不上一顿饭,有时数天不见烟火,可她凭着坚忍的毅力,鼓励儿子卧薪尝胆,励志自学,使其终成清初誉满朝野的鸿儒大贤,太夫人彭氏于今看来,可谓封建社会集女人贤、德、贞、烈于一身的全人。

心敬清楚记得,几个月以来,彭太夫人身子骨日渐羸弱,初患膈痛继而腹泻不止。师父衣不解带昼夜侍奉在侧;遍请名医之余甚至焚香对天哭泣哀告,唯愿以己寿换母延年。然而种种孝举尽竭却收效甚微。也许正是近日师父所罹奇祸,使得老夫人在惊惧交加之下,终于抵不住命运的打击,撒手人寰。

由于彭氏懿德早已名传乡里,出殡之日,全村邻舍、县境官员、社会贤达、儒士乡绅以至四乡八野的村人都赶来送行;远在百里之外的李柏、李因笃、骆钟麟、王宏撰、康乃心等也都赶来吊唁以寄哀思;太守叶承桃以"纯贞启后"称颂其德,茶台梁熙以"苦节维风"赞誉其行,如此哀荣实为盩厔多年未见。

一连多日的劳累哀伤,使原本就清瘦的二曲自丧事之后更显得形销骨立不成人样。在极度的衰弱、憔悴与心理依托倏然消失之下,二曲终于倒卧床头一病不起,幸而经家人及众门生的精心照料,三个月之后,二曲才慢慢康复如初。

过了几日,二曲将家人与门生招呼到一起,告知自己要为母守孝三年,要在院中另筑一垩室,除却家人、门生与昔年故友,其余人等一概谢绝不见。在叮咛门生于此期间切勿懈怠更应努力精进之后,招呼心敬进入一间侧房说话。

进到室内,二曲慈爱的目光望着肃立一旁静候训示的心敬,指着身旁的椅子让他坐下,缓缓开口道:"你前番搭救为师,费心竭力且思虑缜密,行事果敢,为师耳闻甚为欣慰赞赏。自求学以来,为师无时不刻关注于你,深觉爱徒禀赋超常、聪明过人,内心不免喜之不禁。此时此刻,为师露一句肺腑之言,竭平生所蕴而传授之,舍尔其谁?"心敬闻言大为感动,遂"扑通"跪禀道:"师父蒙难,弟子援手相救乃人伦之常情,心敬焉能置身事外袖手旁观?只是心敬年轻浮躁,鲁钝不开,恐辜负师父一番苦心栽培……"二曲一手止住,郑重言道:"你的心性学识通过这多日的相处为师已尽知,如今唤你来是有一件大事相托。我且问你,为师今日之举有何深意?"心敬摇头,二曲向着自己中意的弟子交心道:"为师今日言曰为母守孝三载,固为伦常之举,亦为我孝母本意,然另寓深意则是,借此良机可静心思虑,以图久谋未就的著书立说大事矣。如你所知,为师久负虚名,常为闲人滋扰而无法沉下心来,更甚者还要因如马芝诸徒妒恨之心以致罹前日横祸。蒙讪招毁,儒者之常,'生我名者杀我身'乃为至理名言。故为师正是借着守孝之名以堵众口,谢绝应酬更可闭门完成先前久拖之夙愿,可谓一举数得之法。在此期间,你须常随左右,辅佐为师完成此伟业。"心敬见师父当面表露心迹并如此器重自己,欣喜之余,更觉得一副沉甸甸的重担压在了自己的肩上。

从此后,二曲蜗居垩室静心思考,心敬执笔静候师父开言。二曲对心敬道:"为师这开篇之作,我欲命其名为《四书反身录》,为何先立此篇诠释'四书'作为警诫之作?盖因当今世风日下。一则,如今凡四海之士终身所讲求趋赴者,无非以《诗》《书》为弓矢猎取功名利禄耳。此种人,只借前圣之经籍推衍为通套八股,以作进取之途。更有甚者,其中之败类置礼义廉耻于不顾,在考场,行各色作弊手段以求金榜题名;在官场,只在意巴结蒙骗上官而欺压下属,鱼肉百姓。究其缘由,全在此等儒生功利之心作祟,将孔孟经典只视为通天之梯以求升官发财,反而抛却著经圣人一番本意苦心。为师作此文章,就在探求'四书'真谛,以求拨乱反正——凡习'四书'之儒,须先从正己开始,先做仁义礼信的君子,后做忠贤廉能的清官。至于二则么,看当今理学,重在认识宇宙,格物致知以求驾驭

第二十三回　著反身大儒开新境　赴襄城骨肉遇故人

世间万物,唯独缺乏对自己的认识,更遑论发明本心。为师题目中之'反身'二字,就是要强调,不仅要读通四书,理解其深邃寓意,更在于要反过身来落实在自己的一言一行上。吾主张凡读四书者,须用四书之言作则'一日三省吾身',从自己'心'上下工夫,进而以己身磨练实践,来求证、证实四书中所蕴之哲理宏论。著述《四书反身录》之目的,尽在于斯。"心敬不禁为师父的高瞻远瞩、为剔除世弊的苦心而敬佩不已。

随后的岁月中,师徒二人身处垩室,除了吃饭稍有歇息,傍晚出来到村旁小溪边转悠消乏外,便整日待在屋内,由二曲深思口述,心敬执笔记录。偶尔间师徒俩还不免就其中所涉及的命题、要点、索引、论据等探讨、争执、商榷、辨析一番,其内容中,相当部分即由二曲回复心敬的质疑而形成问答式段落。

春尽夏至秋去冬来,随着日子一天天过去,《四书反身录》也日渐丰满,臻于成熟。终于,这一部针砭时弊、闪耀着儒学理性思想光辉的经典之作,在康熙二十四年隆重面世。

陕西督学使许孙荃读后震撼赞叹不已,遂慷慨捐出自己俸禄,亲自主持刊刻事务,并奋笔题写了推荐书评,其文曰:"……恭遇我国家治化翔洽,讲道崇儒,中孚李先生崛起于蘁屋,其言以'躬行实践'为基,'反本穷源'为要,嘉惠后学,开导迷津,阐往圣之心源于浸昌浸炽之会,斯真可与拿山鸣鸟,同昭盛世之光华。顾以家世食贫,养亲不逮,痛自刻责,绝意功名。筑垩室独处,时人罕接其面。尤矢志谦退,不欲以著述自居,四方学者每从问答之余,辑其所闻,各自成帙。其高弟王心敬朝夕侍侧,敬从口授,集为反身录一书。……横渠先生有言曰:'为天地立心,为生民立命,为往圣继绝学,为万世开太平。'其先生是书之谓也。"

同州名士马翥在盛赞二曲功绩之余,更褒扬了其徒王心敬在成书过程中的贡献。其文写道:"自二曲夫子倡明绝学,士始知词章记诵之外原自有学,相与向往二曲,犹百川之趋海。夫子独启迪不倦,然未尝标宗旨、立门户,惟就各人所读之四书,令其切己自反,实体力诣;一言一动,稍有不合,则惕然自责。不泪训诂,不尚辞说,务期以身发明。殆癸丑闭关以来,宴息土室,即骨肉至戚,罕睹其面。近年独尔缉王子朝夕起居得侍左右,盖以其英龄志道,弃功名如敝屣,颖悟绝伦,操履纯笃,故特容入侍,有问必答,王子随聆随记,名曰四书反身录。语语晰迷破惑,如拯溺救焚,其忧之也深,故其言之也切,使孔曾思孟淑世觉人之初意,赖以复振……"

素有通家之好的中州襄城晚辈刘青霞应二曲之邀,为该书撰写了序文,其中着重强调了对古经典予以"反身"的现实重大意义,其文如下:

"……国家之所以储养真儒,惟笃行是尚,而不在乎词章句读语言文字间也。然四书

之在今日,固已家传户诵,未之有异矣;而求其圣贤之学,以慰国家之望者,抑何寡乏耶?岂非以穷年诵读者,仅视为口耳之具、进身之阶哉?噫!此先生反身录之所由作也,人而不知"反身",虽读四书,终属皮毛,迨斯录一出,世之学者,庶不徒事占毕,则圣贤立言之旨昭然于世,而为理学、为名臣,穷不失己,达则兼善之儒,吾知其将接踵而起矣。其有功于圣贤,有裨于国家,夫岂微哉?……"

话说二曲同门族叔、心敬的忘年交李老儒生闻知反身录已付梓,便前去二曲处索来一观,觉毕激动得手舞足蹈,遂提笔写了一首自度曲自娱自乐,写毕颇觉自得,便起身摇头晃脑自咏道:"反身录衔天命应运而生,不啻我中华地春雷一声。文臣读其汗颜,武将闻其羞容,乡野诸儒更觉振聋发聩如梦醒。想千年科举流弊,人人手捧四书,个个苦研五经,一门心思却用在了仕途亨通;哪管得圣人经典汗牛充栋,却于精细处,尽寓修身养性。读经读经,若无反身岂非枉自吟诵;到头来任尔口吐莲花,皇榜高中,想成君子,却似一枕黄粱美梦。无怪乎举世皆赞:正本清源,反身一书居奇功。谋篇全赖李二曲,成书多亏王心敬;师徒共谱关学章,佳话一段史留名。"

岁月匆促,时光如梭,就在心敬协助师父撰写《四书反身录》之际,此时的王家喜添双丁,第三代孙一前一后呱呱坠地。心敬之子取名功,心广之子取名勉,王氏复兴自此而起。心敬母李氏正如其前所言,忙得乱转,累得差点趴下,但内心却乐得开了花。然累虽累,每逢心敬隔一段时日回家看望她和妻儿,李母都总是催促其尽快回到师父身边,还不住抱怨道:"德业不成,为娘羞于见你,你也有何面目见你的妻儿与周遭父老乡亲?儿啊,记着,切莫因骨肉私情迷了心窍,以致误了你成贤成圣的终身前程!"慈母一片苦心,心敬唯有牢记于心,继而旋归,刻苦自修,未敢有一丝懈怠。

一日,师父二曲唤心敬过来,徐徐道:"康熙十年,为师为寻父骨殖,曾至襄城。蒙该处邑士刘宗泗等竭诚相待,并立父祠祭奠。此恩德没齿不忘,遂成通家之谊,故在《四书反身录》收笔之际,诚邀其侄刘青霞作序。襄城一别已逾十载,前日从青霞信中得知宗泗贤弟身染沉疴卧床不起。为师虽日夜忧思却因守孝而不能亲往,今欲托你代师前去襄城探望其疾,不知你对此有何思忖?"心敬一听此言,不由奋然起身道:"师叔病卧床头,学生理应代师前去问安,况且师祖命殒襄城,其忠烈壮举一向令学生钦敬不已。此次前去正好借机瞻仰祭拜一番,又可替师为师祖烧些纸钱,岂不一举两得?"二曲闻言大喜,随之为其准备行囊盘缠。

次日清晨,心敬领命骑上从邻居处借来的役马,一路朝着襄城方向急驰而去。

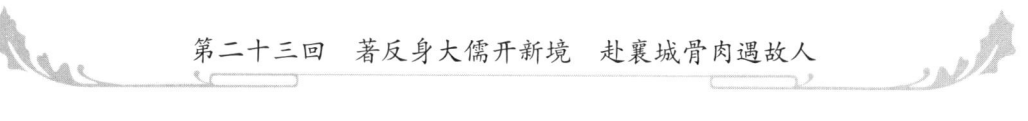

第二十三回　著反身大儒开新境　赴襄城骨肉遇故人

经过多日晓行夜宿,饥餐渴饮,心敬终于在旬日后的一天傍晚,赶到了河南襄城。在五里长街的一个偏僻之处唤作刘家庄的地方,心敬翻身下马,朝着一个望族的高耸门楼走去。宗泗家人闻听盩厔二曲门人来访,倾家出动将心敬迎至客厅坐下。奉茶一毕,心敬将受师父所托探望师叔宗泗病情事由道出,宗泗侄儿刘青霞喜出望外:"你说自己是师伯的弟子王心敬?"心敬起身称是,青霞道:"师伯《四书反身录》是你辑录师伯口述而成?难怪师伯视先生为心腹,专托你长途跋涉看望我家老叔,请随我来。"说罢引着心敬直朝院中的一个里间走去。

僵卧病榻的刘宗泗一见盩厔来人,强撑坐起,对跪拜的心敬连连挥手虚扶,命其坐于榻侧椅上。宗泗喘气叹道:"与二曲老兄一别已屈指十载矣。虽时时挂念却困于顽疾缠身,不得亲往前去叙旧。今番李兄还托贤契前来探望老朽,实实惭愧难当。还望贤契回去转达老朽衷心谢意。再则,多年未曾晤面,不知李兄那边一切可还安好?"心敬遂将彭太夫人仙逝,师父守孝三载,未能亲来探视之由告知刘老。刘老、青霞及一干众人皆唏嘘不已。叙话一毕,青霞扶刘老复卧,心敬拜辞。

晚膳食毕,兴奋的青霞硬拉着心敬一起抵足而眠,准备来一番彻夜畅谈。话题从二曲父,时任千夫长的可从随汪大帅抗闯贼城破,舍身救帅而殉命襄城谈起,其惨烈悲壮,听得心敬不禁惊叹连连。

其后十年前,二曲赴襄城寻找父亲遗骨。可茫茫四野,哪儿是父亲殉国之处?万般无奈之下,只好找到昔日征战之地,却远远望见有一城隍庙孤立于荒野之中,遂携纸进到庙中祷告一番。烧纸燃烛对空祭告招魂:"不孝男颙,谨以刚鬣柔毛之仪,致祭于我父之魂曰:呜呼!我父弃儿母子,从征兹土,殉命王事,实甘厥苦。所恨儿以母在之故,不能收骨归葬,速返故土,以致尊灵泣风濡露,漂泊异域者三十年于兹。哀哀此情,儿罪何赎!今敬陈薄奠,伏望我父之魂,赦儿往愆,怜其积诚,依儿还乡,用慰终天。是祷是祝。"

祈至伤心处,不由伏地大哭,哀痛之声传至百丈以外。说也奇怪,此时突然狂风骤起,天上黑云从四面八方汇集头顶,天空霎时变得一片昏暗。伴随着阵阵雷鸣电闪,庙外一片鬼声喧嚷,其中可清晰听得二曲父可从的激昂悲凄之声。此状令庙中僧众个个毛悚舌缩,人人僵立庙中如木偶般无法动弹。过了约半个时辰,方才雷歇电息,云散风住,又是一片晴空。(此异事记载于襄城县令张允中《襄城记异》及《盩厔县志》中)众人齐声惊叹:这是二曲的哀求感动了天地。二曲的心灵与其父、与在襄城之役中殉命的五千壮士英灵相通了。这一惊悚而又令人无比感动的场面立时传遍了整个襄城。"我的祖父,也就是宗泗叔的父亲名讳汉臣,当时也与二曲师伯之父可从同伍。兵败被闯贼施以剐刑,血流满面,惨不忍睹。故而一听此闻,宗泗叔父立邀二曲先生居住在他家,并捐出沃田数亩,率众收集昔日战殒壮士的遗骨,建一烈士陵园,并为李可从与另一忠烈之士孙兆禄筑土建坟,命名为'双忠墓'。二曲师伯感怀之余,当即与吾刘家结为通家之好。临行前,二曲师伯从坟上怀土一掬,归后以此为基,为他的父亲在盩厔建茔祭祀。"心敬听后崇仰、惊骇、敬佩、欣喜,百感交集。二人在炕上交谈了整整一夜。

第二日,青霞等一干兄弟陪着心敬到双忠墓去祭奠可从师祖。这里亦是当年捐躯那五千壮士的安息之所。进得园内,只见林木丰茂,百鸟在树间啁啾啼啭,唱和不绝。五色花卉绕园一周争奇斗艳。陵园中央隆立一巨冢,冢前大石碑上镌刻着"襄城之役殉国烈士墓"几个大字,表示将其役散落四野的将士骨殖收葬其中。两座小坟拱卫左右,其左侧茔表石高三尺,阔四尺有余,上镌"李忠武公墓"五字。"忠武公"乃当地士众为二曲父可从所追赠的谥号。心敬燃烛焚香,与青霞等人伏地祷告一毕,起身回望四周,不由赞叹道:"襄城父老将是役殉国壮士遗骸收集归葬,使其英魂有安享香火的归宿,可谓功德无量。师祖被襄城士民设茔永祀,亦让吾陕西人自豪敬佩异常。此陵园环境清幽,花草林木繁茂,堪称贵邑士人怀古凭吊、郊游咏史的好去处。"青霞等人纷纷点头称是。

回到府邸,心敬与青霞等人将去双忠墓祭祀师祖可从详情向卧榻上的刘宗泗禀告。看到心敬与青霞等人亲密相处、义气相投之状,宗泗欣喜不已,遂奋然起身坐于床侧,对众感言道:"尔祖父讳汉臣,与二曲父讳可从昔日并肩协汪大帅防守襄城,可谓同生死共患难;前些年吾与二曲相处数月意气相投又成昆季之交。今看尔等与二曲徒心敬又是一番亲热、契合,老夫欣慰不已。"转身问心敬道,"吾与尔师曾结为异姓兄弟。今遭老朽有一不情之请,不知贤契能否纳言?"心敬起座躬身道:"师叔所言之事定为善举,心敬焉有不从之理。"刘宗泗见心敬如此回话,方才放心郑重道:"如前所言,我族与二曲兄一家已有两世之缘,今见贤契与吾子侄青霞等亦一见如故,莫非上苍有意为之?老朽深有感触忽发异想,若尔与青霞子侄辈能誓心而盟,以续李子与我族旧好,岂不美事一桩?"心敬闻听此言,与青霞等相顾大喜。他回复道:"长辈所言,实乃晚辈心声,只是未知青霞等兄弟心意而未敢与刘叔言及耳。今既蒙长辈俯允,心敬当然喜不自禁。且此举甚合家师心意。不是愚晚狂言,此乃吾朝关中与中州一段令人赞叹的道义佳话,必将流传于后世而为两地士子所津津乐道。"

在隆重而喜庆的气氛中,心敬与青霞、青芝、青莲、青震、青骏诸兄弟以齿序结为金兰,并接受长辈宗泗、宗洙的热情道贺。其后青霞等人簇拥着心敬,乐滋滋地将他引荐给族中大小诸人。

第二十三回　著反身大儒开新境　赴襄城骨肉遇故人

一番热闹后，心敬又在青霞家羁留了多日。一日，青霞道："如今贤弟已妥妥完成恩师所托，不如愚兄引你到襄城各处走上一遭。贤弟来此不易，若不趁此良机领略我古邑风貌人情，岂不为平生憾事一桩？"心敬闻听大悦，起身谢道："还是仁兄思虑周全。襄城乃历史名城，为弟早有心来此游历一番，今随兄出去走走，见识一下这古邑的山川名胜、街市盛景，方不辜负这一趟远途跋涉。只是有劳仁兄指引，愚弟于心不安。""哪里话。带贤弟游览襄城，愚兄责无旁贷。不如我俩即刻出门如何？"说罢便领着心敬出了大门。

一路上，青霞不免先向心敬介绍了一番襄城概况："襄城古称为'氾'，因周襄王曾居于此，故名'襄城'；后来隶属屡经变更，于今乃归许州管辖。

"我襄城历史上曾出过许多名人，待为兄向你一一嘚瑟。李膺，字元礼，曾任东汉大臣，被《后汉书》颂为'天下楷模'；汉傅俊，曾随光武帝刘秀东征西讨，功勋卓著，被封为昆阳侯；三国杜袭，魏文帝时任督粮御史，封关内侯；祭遵，字伯仁，汉光武帝刘秀曾拜为征房将军，封为颖阳侯；李敏，明景五年进士，授监察御史、兵部左侍郎、户部尚书之职，在革除漕运积弊、赈灾救荒诸处多有建树，老年还筹办'紫云书院'，盛极一时；姚继可，明嘉靖年间进士，曾先后任甘、凉、川、陕总督之职；还有一位叫黄甲云，为当世书画名家，曾创绘丘田法这一画技，名噪朝野；另一位叫舍起灵，是我朝回教新教的创始人，时人以'清真宗师'誉之；元滑寿，医术曾闻名大江南北及江浙一带，并著医书多部，为历代医圣之一……"青霞如数家珍，将历朝襄城名人翻了个遍，神情中溢满了自豪。

"吾县地处中原腹地，地呈西高东低之势，西南群山横亘无际，东北沃野绵延百里；境内河川密布，水流丰沛，襄城即处于汝水、颖水之间；其地物产丰饶，遍植五谷，除小麦耐旱而高产堪为奇种外，丝、麻、棉齐备，香油、红花、黄蜡、石器亦盛产多收。襄城史称水陆商贾交通辐辏，有南通荆襄、北达京洛之美誉……"

两人一边叙谈，一边游览了城中文庙、城隍庙、玄帝庙、大成殿、圆明寺等处，其间青霞翔实介绍，心敬留心细观，殿、堂、楼、阁无不遗下两人足迹。

走到大十字街口，此处硬山挑脊、青砖到顶、脊兽横卧的两层商铺鳞次栉比；人流东来北往挤挤搡搡，堪称摩肩接踵；叫卖声、争吵声、呼儿唤女声、揪住贼娃的喊打声响成一片。金银首饰、花行布匹、笔墨文具、百货日杂、家具陈设、餐馆茶楼、铁器农具、衣衫鞋帽、应时糕点的店铺应有尽有；米面、竹木、顾绣、绸缎、珠宝、瓷器、中药等各色货品琳琅满目，令人目不暇接。

铺面沿着大街两旁绵延数里。青霞与心敬两人一边观看店铺货色，一边说着闲话，还要不时腾挪避让迎面撞来的人潮。正行间，心敬的耳朵忽然捕捉到身后不远处传来几

句令人心醉的关中本地口音:"哎,当家的,你把咱量布的尺子弄到那个圪崂去咧?"

人常说:"乡党见乡党,两眼泪汪汪。"在满耳河南腔的襄城竟然听到了自己家乡的土话,心敬不由心里泛起一阵欣喜。他就地停住,陶醉在那淳美的乡音之中。听着听着,心敬的脸色渐渐变得一片焦黄。这乡音唤醒了他儿时的记忆,也唤醒了他潜藏于心底深处,如今已休眠多年的一块伤痛:那个嗓音,是他二十多年前朝夕相处的姐姐娉所独有的呀!血浓于水的亲情使他永远不能忘记那腔沁入心田的语调。可自己姐姐明明已在其后悲惨归天了,如今怎会出现在千里之外的襄城?他噙着泪,缓缓回过身来,凝神望着不远处的一间绸缎店,有一三十余岁的女子正在店里替客人量着面料尺寸。那个身姿形态,举手投足间是如此熟悉,尤其那温柔、恬静的秀丽面庞,分明是娉姐二十年后的容貌呀!心敬的身子不由自主慢慢向那个地方挪去。可谁料到刚走到近处,女子抬眼看见心敬不由一愣,转瞬间却侧过身去急急奔向了里屋。

心敬呆立在了原地。望着店里空荡荡的台面,心想莫非自己出现幻觉看花了眼?可他明明听到了那永铭于心的嗓音,那女子的一举一动,甚至她急匆匆奔向里屋时自己也瞧得一清二楚。那她为何不来认亲却转身逃走?"心敬贤弟,莫要驻足,前面的货色还多着哩。走慢了会看不全。"身后传来了青霞的呼唤声,心敬只好转过身去跟着青霞往前走。

此后一路之上,心敬像变了一个人,一改此前轻松怡然的神态,只是默默地跟在青霞后面,对两旁的一切都失去了关注的兴趣。青霞见他许久都未言语一声,不由奇怪问道:"贤弟方才莫非遇到什么事?为何此前兴高采烈而如今这般快快不乐?"心敬只得回道:"连日劳累,或许为弟困乏而兴致不高了。"青霞奇怪地望了一眼心敬道:"既是贤弟困乏,我俩还是就近回家,让贤弟早歇息为好,以后有机会再来也罢。"言毕二人一前一后回到了刘家庄。

客房中,心敬被白日的奇遇扰得一夜辗转反侧不得入眠。这女子分明是他的娉姐模样,可她见了自己却如同惊弓之鸟,急急躲入里屋。姐姐二十年前已服毒归西,可为何又能现身于远在千里之外的襄城?还恰恰被自己撞见?……直到鸡鸣五更,他才合眼朦胧了过去。

一大早,心敬寻了一个借口外出,又到了十字街那个地方,又看到那女子在招徕生意。心敬不由一阵大恸,他走上前去,哽咽着叫了一声:"姐姐。"那女子抬头一看仍是心敬,不由大怒,翻脸骂道:"谁是你姐?哪儿来了你这个东西,认个姐姐就能叫你白吃白喝白拿?真瞎了你的狗眼!快滚到一边去,不然老娘喊人抓你到衙门打死你个不要脸的癞

第二十三回 著反身大儒开新境 赴襄城骨肉遇故人

皮狗！"一阵夹枪带棍立时将心敬钉在了原地。伤心绝望之下他不由大哭起来。一直到被自己的哭声弄醒，一骨碌从床上爬起来，方知是一场令人心碎的噩梦。低头一看，满脸的泪珠已将枕头洇湿了一大片。

洗漱一毕，心敬匆匆扒了几口饭，借口到外面透透气，又急急忙忙赶到了十字街口。这回他谨慎了许多，远远待在一地摊前，佯作买个小物件，却不停用眼盯着那间让他揪心的铺面，铺里一年近四十的中年男子正招呼着买主。心敬定睛一瞧，那不是昔年他三番五次给捎书带信的志鹏哥么！经过这么多年，他有些发福，脸上也长出了粗粗的胡须，可那脸型、那神态、那一笑露出的虎牙，仍是当年的模样。心敬此时已确定无疑了，他略略定了一下神，一步一步走向了那未知结局的铺面。

刚走到了铺门口，正巧那女子从里屋走出，四目相对之下，两人都呆在了原地。片刻之后，那女子惊呼一声，以袖蒙面，转身又逃回到了里屋。此时心敬不顾一切，甩开那男子的阻拦，直冲里屋。奔进屋中，只见那女子正低头捂面，伤心得嘤嘤啜泣，泪水从合拢的双手间如断线的珠子洒落了一地。"姐姐！"心敬痛不欲生地呼唤着。女子抬头一瞧，猛地起身，搂住心敬，姐弟俩哭成了一对泪人。

待二人心潮甫定，志鹏方迈进里屋，将心敬拉到一把椅子上坐下，问道："小弟远在鄂县，却为何能来到襄城？"心敬才将自己因何而来的前前后后说了一遍。刚说毕欲问话，娉就打断急急问道："咱大咱妈如今身子骨咋样？家里这么多年境况如何？"心敬只好又回道："妈的身子骨不比从前，只是还算精神；咱大、咱俩伯、咱婆、伯母都已过世；如今小弟与心广都已成家，今年还各生了个大胖小子，日子过得还算知足。姐，你不是……又是如何到的襄城？志鹏哥，南街的张大伯寻你寻得好苦哇。"志鹏嗫嚅半日，欲言却未张口。娉叹了口气，方将自己与志鹏的往事一五一十倒了出来。

"姐那日服药后腹中一阵剧痛，不由昏厥了过去，不知过了多长时间，却又苏醒过来，睁眼一看，眼前一片漆黑，伸手一摸竟摸到了棺材板！连惊带吓又不省了人事。不知过了多久，一阵唰唰的刨土声又将姐姐惊醒，随着吱呀一声，枋板被人撬开，那人将姐姐拖到外面，又填平土坑，方才背起姐姐就跑，姐姐又惊得没了知觉。待到这一次完全醒过来，睁开眼睛，却见你志鹏哥疯疯癫癫，搂着姐又哭又笑。他见我唤了一声'郎君'，惊得蹦到一边直打哆嗦，颤声问着：'你是人是鬼？'姐姐气得骂了一声：'是鬼你咋有胆子把我背到这儿？'你志鹏哥这才清醒过来，连忙走近仔细一瞧方才放下了心，说他掘坟原是想再见我一面，谁知又救了姐的命。这时已天光大亮，我起身一看，原来身在一间破庙中。"

"原来还有这么多奇事在里面。那以后的情况呢？"心敬听得入迷了，他不由得催问下去。"以后我俩当然在咱当地待不住了,就一路边走边要饭,一直走到了此地。那几天雪下得可大了,一天夜里,我和你志鹏哥在一家门廊里相互靠着取暖,正在迷糊时'哗'的一声一盆水泼了出来,弄得我俩像落汤鸡一样。泼水的是一位老婆婆,她一见把我俩淋成这般模样,也一时愣在了门口。正在这时听到响声的一位老者气冲冲踱了过来,看见我俩一身脏水,天寒地冻之下浑身打着冷颤,就急忙叫我俩进来,给换了干衣服,还端来了两碗热饭让靠在火炉旁吃着,老者喝斥着老伴:'咋能开门不看就泼水?'一看老婆婆也是满脸委屈:'你要不是店里出事,哪能拿我回来出气,我着了一肚子闲气还有心往外看?'

"我与你哥饭已吃毕,见两老人相互生气埋怨,就不由在感激之后问起了缘由,老者叹了口气说,他在十字大街开了一间丝绸店,雇了个伙计,平时也好好的,前几日竟偷了柜上的银子跑得不见了踪影,他只好强打精神自己去经管。谁料今天在回家的路上滑了一跤,跌得浑身都是泥水,一回家就冲着老伴撒气,老伴无故受了抢白,也就嚷嚷开来,正涮完锅的她,气得端起铁锅拉开门就往外一泼,才把我俩淋得精湿。我一听原来是这样,就更不能计较。老者又问起我俩的来历,姐就将事情的来龙去脉诉说了一遍,听得老两口泪水不住地流,老汉叹了口气说:'原来你二人也是一对苦命人。也是咱两家有缘分,要不为啥你不在别家却靠在我家门上?我要不着气,她又咋能把水泼到你二人身上?这样吧,天寒地冻你二人也无处安歇,就先在这里住下,我看你小伙模样还实诚,明日老汉带你去铺里做个帮手,一旦手熟,你就替老汉看住铺子,你媳妇帮老伴在家收拾零碎,我一月给你俩开一两银子的工钱,你俩看这样可好?'姐与你志鹏哥一听这话就简直觉得活菩萨现身,忙不迭地答应了,还说不要工钱,只要老人给口饭吃,耐过寒冬就已重活一辈子了。就这样,一直干了三年,老两口看你志鹏哥忠诚可靠,姐又在家将老两口服侍得熨帖,就把我俩认作儿女。如今俩老人在家享清福,我与你志鹏哥一块经管这间绸店。"

娉一口气将他俩这二十年的境况一一道与心敬,临后又开言道:"姐那天猛然见你过来,心中又喜又悲,可又怕死而重生惊扰了你,不得不狠下心躲避不见……"正说间,一个十几岁的年轻娃背着书囊走进店中直喊:"妈,饭好了么,儿肚子饿得咕咕直叫。"娉一看,急忙招呼道:"快看,鄂县你舅舅来了。"小伙一听便给心敬行了一个大礼,心敬慌忙扶起,在身上摸遍,却无可供作礼之物,便说:"前日与刘氏兄弟结拜时,师叔刘宗泗曾赠一支湖笔作礼,改天舅舅拿来给你,正好用得着。"

在心敬与志鹏哥和外甥闲谈之际,娉已将饭菜做好端了出来,四人围坐一桌。饭间,娉不停地给心敬夹菜倒酒,心敬也不住端详着自己久别重逢的姐姐,不由心中阵阵发痛,

第二十三回　著反身大儒开新境　赴襄城骨肉遇故人

只好低头将一掬酸泪搅着饭菜咽进肚中。

回去的路上,自感微醺的心敬走得跌跌撞撞。在极度喜悦之下,他眼前的一切都显得那么美好。抬头看天,天是那么的蓝,丝丝白云轻描其间;低头看人,人是那么的善,个个和颜悦色,连怀中的婴儿也似乎对他绽开着稚嫩的笑脸。进到刘庄,青霞他们就觉得心敬如同换了一个人,一改往日持重与昨日的忧郁,显得异常兴奋乃至带出一丝平日绝不曾有过的放浪。看到众人古怪的眼神,心敬却自知为何。

一连几日,心敬都天天托词到娉姐处转悠一番。他看不够姐姐那甜美丰润的脸色,那成熟雍容的神态;姐的一颦一笑,一举一动,都让心敬想起儿时的回忆,如醉如痴。他暗暗发誓,要把这千金难买的影像刻在脑中,溶于血中,永世不忘。

终于,返回蕴屋的日子到了。临行前,心敬到姐处与娉和志鹏道别。心敬从怀中掏出那支湖笔递给姐姐:"姐,从这儿回去,小弟就离开襄城回归故里了。这支笔权作送给外甥的见面礼,望他习好功课以待来日成才。"娉眼睛发红,沉思了一会,折身回到里间,捧出一摞绢料道:"姐姐身犯忤逆,一生再无颜面与妈相见。这一沓锦缎拿回让你媳妇给妈做几件衣裳。妈受苦一辈子,也该让她老人家穿着这身料子光鲜光鲜;这一匹丝绸送给两个弟妹,就当一份念想;这两只银锁送给两个侄儿,就说姑姑期许他们长命富贵。"说罢泪流满面。志鹏也拉着心敬的手伤感道:"才逢几天又要作别,让人难以割舍。回家后万勿告知你南街张伯,以免他受刺激之下前来寻访反累坏了身子。"心敬伏地长跪不起,滴滴泪珠洒满一地。娉强笑着扶起心敬:"人说男儿有泪不轻弹,你咋还像八九岁姐离家时那般使性。你也不必太过伤心,也许冥冥中我姐弟还会相见。"心敬一步三回头,望着姐姐掩面奔回里屋,心如刀割。一路之上不断回忆着儿时与姐姐相处的宗宗件件,那些看似不起眼的寻常小事,如今却显得那么珍贵,令人心疼。

待心敬强按忧伤,端着一摞绢料回到刘庄,正在府中转悠的一干人见到心敬纷纷上前问候。众人见心敬手端一叠绸料,不由奇怪询问,心敬只好托言在街上一丝绸店偶遇一鄂县店主乡党,那人托他给家里捎回这些东西。就在众人围观物料时,见多识广的宗洙踱步过来,他一看一摸,不由大惊,急问此物从何而来。心敬老实回答是从十字大街拿来的。宗洙指了指这摞丝绸锦缎道:"尔等可曾见过这等物料?"众人哗然:"咱襄城盛产丝绸,此等货满大街都是,有何稀罕?"宗洙放声大笑,尔后敛容凝重道:"你等俗物,哪能认得此等宝贝——此乃专门进贡皇室的御品!"他抖开那锦缎,仔细搜索,果见此锦一角,用丝线绣着细细的"江宁织造"四个字。"你看如何?就这一沓缎料,十几亩良田都换它不得,更不用说他手中那一整匹。不过,"他拧身对着心敬郑重道,"此等织物极品,只配

 穷庐残月

皇室贵勋享用,民间一旦持有,官府就认定你非抢即盗,会遭杀身之祸。师叔劝你一句,赶快退还给那个乡党,以免遭遇不测。"心敬一听大惊,想不到姐姐给的绸缎竟有如此大的来头。他为自己着急,更为姐姐担心,也不知姐是如何弄来这等宝贝东西,万一不知轻重的她将这类衣料再卖与旁人,这祸就闯大了。一想到此,他二话没说,挟着这些烫手的衣料,急急奔回了十字大街。

到了店门前,心敬又是一惊,平日人流不息的丝绸店,此时却铺板紧闭。心敬上前拍打了半天,里面却无一丝动静,他只好踅摸到了隔壁的染坊,之前跟染坊老板来回熟了,还互相打过几回招呼。他小心翼翼地问道:"大叔,我来隔壁几次,咱俩都成熟人了。我想问隔壁的丝绸店我上午还来过,怎么这时又关了门?"那老汉眯着眼,盯了心敬许久,只是不住地摇头,现出一脸茫然;连问几家个个如此,不是一问三不知,就是不接他的茬,只顾着忙不迭地招呼自己的客户。

郁闷而又丧气的心敬只好端着那摞东西回到了刘庄。众人见他原物端回不禁奇怪,他只好支吾着说他到了那里,却见铺子关了门,隔壁铺面说店主进货去了。他莫奈何只好又将东西带回。宗洙道:"既如此就只能一路小心。来,师叔给你拿一个破布被单包上,也好掩人耳目。"

第二日清早,心敬到师叔宗泗榻前行礼告辞。宗泗拉着他的手叹气道:"唉,要不是这病,师叔早与你一同去蓥屋会会我那兄弟。让他也多珍重,以待来日重聚。"宗洙、青霞及一干兄弟将心敬送出门外挥泪而别。心敬翻身上马往西奔去,留下那些还在跷足遥望的众朋友不提。

一路风尘,旬日之后心敬骑着马从鄂县北城门回到了自己家中。正在扫地的心广见兄长骑马归来,连忙揪住笼头,将心敬扶了下来。心敬刚一落地就急切问道:"咱娘呢?"心广指了指里屋,心敬回身招呼:"快把她俩也叫来,哥有大事要说。"待众人急慌慌来到李氏屋中,李氏也停下手中的针线活,都瞅着心敬发话。心敬刚将去襄城替师父看望师叔刘宗泗的事交代完,就接口低声面向李氏:"妈,你猜儿在襄城遇到谁了?""谁?"四人异口同声问。"我姐姐,你的女儿娉!""啊?!"又是四人异口同声。心敬遂将遇见娉前前后后的奇遇叙说了一遍。末了对心广向外一指:"去,把马上驮的破布包拿来。"

在众人惊愕的静默中,心敬将裹着的破布包打开,立时一匹簇新的丝绸与那叠闪着柔光的锦缎展现在了众人面前。"妈,这是我姐姐给你做衣裳的锦缎,这匹丝绸是姐给你妯娌俩的礼物;噢,还有两只银锁是她姑妈送给两小子的。"说罢,伸手从那匹料底掏出两

第二十三回　著反身大儒开新境　赴襄城骨肉遇故人

只小银锁分别递给翠姑与喜琴。李氏手抚锦缎,抽抽咽咽,悲喜交加。翠姑劝道:"妈,姐姐活着就是天大的喜事,咱不难过。"李氏抹了把眼泪:"妈也听说过有一种药,人吃了会马上闭气,可过几天又会转生过来。难道你姐当初吃了这药?"继而又抱怨道,"死女子,既然活着逃到了那个河南襄城,这么多年事情过了,为啥还不回来看看家里?"心敬将姐姐的原话奉回:"她说没脸见你。"喜琴怯生生问道:"哥,襄城离咱这儿有一千多里地,姐与志鹏哥是如何到了那儿的?"心敬就将娉姐的流落光景叙说了一番,又道:"还有一件事,哥至今仍不明白,哦,就是这些物料——"说罢,心敬把锦缎和那匹丝绸拉开,都赫然绣着那四个字。"宗洙师叔说,这是江宁织造进给皇帝的贡品,寻常百姓家要有是会治大罪的。"几人一听此话不由吓了一跳,这才对刚才似乎平常的绸料刮目相看,果然无论质地、色泽还是手感,都与平常丝绸大为不同。"我还想,姐姐她一个平常开绸店的,哪有这样的本事,弄来这民间罕见的皇家禁物,除非……"话一出口,全家人连同心敬自己都不由大吃一惊,不禁顺着这个思路胡乱猜测,弄得人人心里如同坠下一块巨石。

几人围坐在李氏周围,不知该喜该悲。静默了好大一阵子,李氏才开口道:"先不说你姐如何,这拿回来的衣料该怎么个处置法?"几人互看了一眼,众口一词道:"孩儿们愿听妈(娘)的安排。"李氏沉思了一阵,待心绪平定后方缓缓言道:"既然这物是如此稀罕,百姓家平白无故有这东西就犯泼天大罪,也正如古人所言:'匹夫无罪,怀璧其罪。'那做成衣裳穿出去岂不自投罗网?娘年岁大了,穿了它也不能年轻二十,依我看不如压了箱底,当成咱王家的一件传家宝。万一多年后这东西解禁,官家允许百姓穿戴,到那时用它买上十顷八顷良田,换换咱的穷气,岂不更好?娘猜这也或许就是你姐的本意。"众人一听不禁纷纷赞同:"还是妈(娘)的主意高。"

第二天一早,心敬骑着快马,一路奔向了盩厔新庄堡。

第二十四回　闹饥馑涝淫二月雨
　　　　　　　解危难渭水一扁舟

　　康熙二十四年春,俗称"桃花汛"的关中绵绵大雨一直下了一个多月。县城大街小巷泥水横溢,漫过脚踝,泥屐也不顶用了,行人只好挽起裤腿,赤着脚出门。一到晚上,在唰唰的雨声中"噗通"声此起彼伏——下软墙根的土墙不断颓倒;"哗啦"声接二连三——破旧的瓦舍一下子塌去半角。不一会儿,一阵低沉的呜呜声从城西的河道传来,人们的心一阵紧似一阵:涝河发大水了。天刚放亮,河湾地里种着庄稼的农户都急匆匆披着蓑衣赶到了北关外的高坎上。

　　涝河,依其名号"涝"字就知它自古就性情暴烈,经常泛滥成灾,弄得它身旁的鄠县古县城也年年进水,被迫在隋朝将它迁到如今的高坡处。此时的涝河犹如破笼而出的怪兽,发出令人心悸的呜呜声,震得坎上脚下一阵乱颤。抬眼望去,浑浊的河面腾起大片水雾,对岸茂密竹林只露出了竹梢,此时显得影影绰绰,模模糊糊,宛如洋面上的海市蜃楼。从山上冲落的残枝败叶夹杂着山上农居的椽、檩、门板、箱柜,随着昏黄的旋涡,一面打转一面向下游飘浮而去。

　　一里多宽的河湾地已成一片汪洋,长得正欢实的小麦已没入水中不见了踪影。心广和周围忧心如焚的庄户一样,彻底绝望了,他拖着沉重的脚步回到了家中,告知了三娘她们。

　　家里已快揭不开锅了。仅有的几升麦面李氏坚持只用来给四五岁的王勉、王功擀些汤面吃。大人要么把从地里拔来的青菜和麸子揉成疙瘩蒸着充饥,要么在上岸地挖些洋芋(土豆),拿回家在灶火上烧熟了填入腹中,要么把陈糁子下锅熬成稀饭,也将就着把肚子哄上一顿。

　　天放晴了,逢上这青黄不接的关口,集上的粮价飞涨。李氏和孩子们商量,把自己和

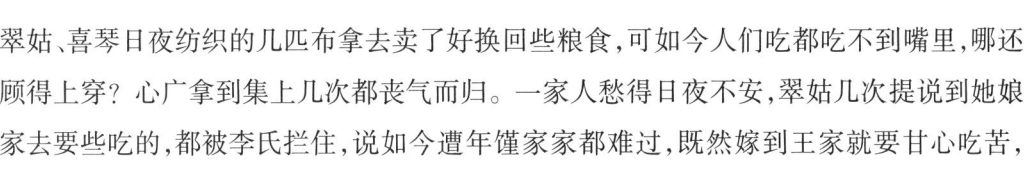

第二十四回　闹饥馑涝淫二月雨　解危难渭水一扁舟

翠姑、喜琴日夜纺织的几匹布拿去卖了好换回些粮食,可如今人们吃都吃不到嘴里,哪还顾得上穿?心广拿到集上几次都丧气而归。一家人愁得日夜不安,翠姑几次提说到她娘家去要些吃的,都被李氏拦住,说如今遭年馑家家都难过,既然嫁到王家就要甘心吃苦,免得乡党看景说闲话。

正说着心敬也回到家中,言说师父处已几日断炊,所有门人都回家去弄粮食。翠姑忙到灶间热了一碗剩糁子,端出几个菜疙瘩递给丈夫:"家里也接继不上,拿几匹布出去也没人要,正在发愁,你这一回来又是愁上加愁。"李氏回嘴道:"拜师纳脩,天经地义;筹粮自咱,理所当然。可如今家无存粮,正在商量度荒之法。你既回家催粮,咱娘几个凑在一块儿,好好想想咋个活法。"心敬听完此番话,眉头一皱道:"倒是有个办法,不知是否妥当。""啥办法,说出来大伙听听。""我师兄王吉相是邠州人,住在河北(渭河以北)塬上,历来久旱少雨。今年咱这儿发大水,他那儿却借了雨的光,估摸着夏粮这一季准会大丰收。河北塬不种棉花,棉布极缺。我想如若我与心广拿着你娘仨织的布匹到那换些粮食,兴许他们也是求之不得,应该更能多换些。不知这办法可行得通?"四人一听立刻愁颜顿消,齐齐称赞这个办法好。娘三个急忙进了灶房,为兄弟俩烙了几个菜饼带在路上吃。

第二日天刚放亮,心敬与心广带着用破布裹着的几匹土布,推着独轮车踏上了去河北塬之路。一路上饥了吃几口菜饼,渴了饮些河水,直到太阳压山,才进到塬上的一个村子里。说是村子,平地上却没有一处房屋。四下望去,只见一个个四壁直立,约有三四丈阔的"大坑"星罗棋布于旷野之中。探身下视,其内沿壁设有多间窑洞,当地人即安居其中。

心敬见不远处有一老汉蹲在地上低头正在侍弄着一畦菜地,遂走上前去,询问道:"有劳大叔,敢问这儿有人拿粮换布匹不?"老汉扬起头打量起兄弟俩,随后问:"你们两人是……?"心敬赶忙回答:"我兄弟二人是鄠县北街人氏,只因那儿今年遇上年馑,家中无粮,想到咱这儿用布换上些粮食。"老汉一听此言,站起来捋着拔的菜苗,提起小板凳,望了兄弟一眼,摇摇摆摆向一处土门走去,身后飘来一句话:"要是这事,你到咱屋里说话,老汉也正愁着今年没新衣裳穿哩。"心敬两人一听喜出望外,连忙跟在老人身后。

几个人猫着腰进了一个漫长乌黑的下坡道,等到亮光复显,二人才发现已置身于一个四合院内。此天井四壁有两丈余高,用麦秸泥抹得溜光水滑,地上青砖铺就甚是干爽清凉;天井对面各有三个窑洞,为一家几口的居室及储物间、厨房。天井一角,摆放着一张石桌、几个石凳。老汉折进屋中提出一大肚茶壶,依次放上三只茶盅,冲上黑砖酽茶,

241

才开口笑道："咱这塬上有一句俗话：'宁给路人一个馍，舍不得让他喝口水。'不过你俩是给我老汉送新衣裳的客人，也就破了这个俗。"心敬道声谢，兄弟二人连喝几盅，方将嗓子冒出的火苗压了下去。老汉望着心敬一身青布长衫，问道："你是个书生？"心敬躬身道："晚生在盩厔李二曲先生处习经。"老汉笑道："老汉一辈子没念过书，对读书人很是眼红、恭敬。听说李二曲是当今咱陕西的大学问家，你是先生的徒弟，肚子里的经书一定装了不少，如今我的孙子正在上蒙学，他放学回来，你能给指点一二，也就拐着沾了二曲先生的一星儿文气，说不定将来会有出息。"心敬答道："那是自然。我也借此看看孩子的悟性，说不定这野洼里真会飞出一只金凤凰哩。"老汉一听这话，乐得手脚没处放，连声说："甭走咧，甭走咧，今黑就歇在咱屋，等明一早你两人再走不迟。"说罢连忙招呼自己的老伴过来："这是咱从鄠县来的贵客，你跟媳妇赶紧给咱擀上几碗干面，让我爷儿仨（关中土话，指叔侄三人）边吃边谝。"那老婆婆笑眯眯看了二人一眼，招呼过自己的儿媳妇在灶房忙活了起来。老汉转身望了一眼上身穿着短袖、扎着腰带，身高马大又有一身腱子肉的心广道："这位后生，倒像是个练武的。"心广一拱手："老爹好眼力，小侄虽是个做庄稼活的，却也喜好弄枪舞棒。"心敬连忙站起，笑着说："这是我的兄弟，叫心广。他虽长得粗，却还温顺有礼。"老汉惊叹道："这是你兄弟？真是一文一武，你家好有福气……"

　　正说着，只见一个小伙扛着锄从暗道中钻出，身后还跟着一个十岁左右蹦蹦跳跳的小男娃。兄弟二人急忙站起，老汉挥手介绍："这是我的儿子，后边跟着的就是刚才跟你俩提说过的小孙子。"小伙憨厚的脸上露出笑容，与心敬二人互相拱手打着招呼，老汉一把拉过孙子："这是爷爷给你请来的先生，还不快给先生行礼。"小男孩一听，当即向心敬行跪礼，亮闪闪的大眼睛瞅着心敬，口里脆生生说道："先生在上，请受学生郑牛犊一拜。"说罢煞有介事、恭恭敬敬给心敬行了一个大礼。心敬连忙拉起，端详着孩儿聪颖的面庞，口中赞叹道："嗯，是有些灵气。"说话间，婆媳两人端过一只大盆，盆中盛满油汪汪、红艳艳、绿油油一寸多宽的扯面，给几人分别挑入碗中。

　　心敬、心广都好久没享过这般口福，一时食欲大增，也就顾不得斯文，在老汉一家极力拥促（土语劝说之意）下狼吞虎咽，一连咥了几大碗，方才安抚下了肠中饿虫。老汉一家都笑眯眯看着："嗯，是俩实在人。"心敬放下碗，抱拳禀道："让老叔见笑了，实是多日腹中空虚，才显此馋相，委实感谢老叔招待盛意。"老汉笑道："哪里话，哪里话，老汉就喜欢你俩这爽直人，你俩好好歇息，明早也好起身赶路。"说罢，招呼着儿子给两人安排宿处，一同跟了过去。

　　晚上，这间窑房里，灯光亮了很久很久。

第二十四回　闹饥馑涝淫二月雨　解危难渭水一扁舟

　　早晨,待两人起身,老汉手举一灯,领着心敬、心广进到昨日经过的暗道之中。小伙手提一板镢,走到一处手挥板镢将泥皮挖开,里面赫然出现一个小门,推开一看,一席包麦子堆放在众人眼前,弄得兄弟俩目瞪口呆。老汉拿过心敬手中的口袋,装了三口袋麦,然后回到天井之中。心敬奇怪地问道:"大叔为何将粮食藏到那里?"老汉叹了口气说道:"近几年这里不太安宁,常有盗匪跑来抢东西,俺每一两月从里取些出来随后又拿泥糊上,山贼来不会在地道里停留,就一直冲到院里乱翻腾,最多把灶房的粮食抢走,这日子才能混到如今。给你换的麦子,你俩的布,按俺这儿的行情,大概能换一石一斗麦,可这布确实织得却实(土语:结实耐用),我就给你灌满了三桩子(土语:旧时装粮食用的长筒形布袋),足足一石二斗有余。"心敬口中不住道谢,随后说:"大叔的小孙子昨天夜里我考问了一下《三字经》《弟子规》《百家姓》,娃背得滚瓜烂熟,问了几个小疑点,也都对答如流;连毛笔字也写得有模有样,是个念书的材料,不可多得。大叔要好好疼惜这个孙子,尽全力把他供成。"他转念想到自己也曾是一个念书的好材料,不由一阵暗自心酸。

　　老汉一听心敬这一番夸奖,不由乐得满脸笑开了花,可刚一乐开却猛地一拍脑瓜:"光顾着乐,差点把一件要紧的事忘了。"说罢噔噔噔直奔灶房而去,不一时提出一布袋黄豆放到心敬跟前:"这是先生昨晚教孙子的工钱,不要嫌少,一点心意。"心敬极力推辞道:"大叔待我俩如同亲戚,已沾光不少,若再拿这些黄豆,未免过于贪心,心意收下,黄豆万万不可带回。"老汉一听急了:"你这先生咋这么犟,你两人一二百里弯弯曲曲刚好问到老汉家,就是咱爷们前世的缘分,你要不收,岂不亏了我老汉的心。要不你再给咱帮个忙,这黄豆算是谢礼,咋样?"心敬赶忙问:"大叔有何忙要我帮,只要能办到,晚生绝不推辞。"老汉说道:"先生刚才说俺孙子是块读书的料,可这万一出息了,将来在外干了大事,'牛犊'这名字就叫不出口了。先生学问高深,能不能帮俺孙子起一个官名(土语:指在公众场合的正式名号)?"心敬一听笑道:"这个忙当然帮得。若随便起一个雅号,像'璋'呀'瑜'呀'颢'呀'懿'呀也都十分美好适宜,却有些流于虚泛俗套,不如……"他深思一阵,又道,"不如借娃名字的谐音,取个'拗督'如何?"说罢让孩子取过笔纸,写下"拗督"二字,递与老汉并解释道:"'督'者,督抚也,就是当今的省级高官、朝廷一方要员;'拗'者,有主见,不轻随众意也。这'拗督'二字合起来就是让孩子将来能做一个刚正不阿、为民做主的大官,大叔你看这样可好?"老汉一听此言,不由连连点头:"嗯,这名字起得好,既随了娃名字原先的口音,又有了一番新意。好,好!"一家人听后都满脸笑容,拍手称赞。

　　老汉一下提起布袋递给心敬:"这下没话说了吧,再不收,这买卖老汉我就不做了,你另到别家寻粮去。"心敬一看老者一颗实心难违,只好称谢收下。老汉随后又转身向老伴:"老

婆子,把那东西拿来。"老伴立即将一摞白生生的锅盔递上:"在这儿,就等你发话哩。"老汉又递给心敬言道:"给你俩路上捎些吃的。再一个,"老汉口气转为郑重,"再一个我要叮咛你俩:前些天,附近驻扎了一支队伍,官兵也都缺吃的,一见人背粮,二话不说就下手抢,你俩在路上要千万当心,把麦顺顺当当拉回家,才不枉这一趟辛苦。"心敬吃惊之余心里不由涌起一股暖流,诚心实意感激老者的这一番提醒。

一家人齐聚门口与兄弟俩依依送别之后,心敬怀着难抑的不舍,拉着吱呀吱呀的独轮车,开始了返回家乡的行程。

经过亿万年造物操弄的渭北高原,沟壑纵横,土山重叠起伏绵延到无尽的远方,一眼望去,显得无比苍莽壮观。

一条羊肠小路上,心敬在前背弓足蹬紧拉着绳子,心广咬牙使劲推着车子,鼓起的肌肉几乎要绷破短衫。兄弟俩都是汗流浃背,浑身湿透。终于经过半日的折腾,吱呀着发出苦叫的独轮车才拐上了一条宽阔平坦的官道。心广放下车子,一连声喊:"哥,歇些歇些。"一边擦着满脸流淌的汗珠,一边就地倒在地上,累得直哼哼。心敬喘着粗气,也就势一坐:"也好。这段折磨人的疙瘩斜坡,总算熬过来了。"说罢,拿起一片锅盔递给心广,心广二话没说,接过就狼吞虎咽起来。心敬掰着锅盔慢慢送入口中,那久违的麦香带着一丝甜味,直教人口津横溢,沁入脾胃。

歇了一阵,二人爬起重新上路。肚子填饱了,路又平整坚实,独轮车吱呀吱呀唱着欢快的歌,一路飞奔向前。行过十几里地,刺眼的日头却又烤得人头皮发胀,浑身发烫。路面晒得白花花的,脚底下不时腾起一阵阵尘雾。兄弟俩累得人困马乏,汗水顺着脊梁直奔紧绷的大腿根。这还不打紧,只是口渴难耐嗓子已干得冒烟。正在这时,远处一座三间瓦舍显露了出来,展开的凉棚底下坐了不少人,兄弟俩一下来了劲,将车子硬拽到了凉棚处。

心敬上前掏出一枚铜子,买了两碗开水,掰开锅盔泡入碗中,连吃带喝这才解决了饥渴。这时一阵凉风吹干了身上的汗水,兄弟俩沉醉在这难以言喻的舒坦之中。"天黑就到家了。"心里一松,眼皮不由自主地耷拉下来。仿佛一下进到了家,母亲和妻儿欢声笑语,往下帮忙抬麦……倏忽间,妯娌俩已各端来一碗热气腾腾,香气四溢的扯面,自己挑起一条汁水淋漓的面条正要一口吞下,却闻听耳旁一声炸雷响起:"这是谁的粮车?"心敬从跌倒的小凳旁坐起,抬眼望去,一位凸肚挺胸的军官,一手叉腰,一手直指那辆靠在桌旁的独轮车。心敬心里一阵发紧:临行前大叔的警告应验了。"是我俩的。"心广扬头答话。"奉督军令,驻军就地自筹粮饷。这车粮食驻军没收了!"说罢嘴巴一歪,两个兵勇立

第二十四回　闹饥馑涝淫二月雨　解危难渭水一扁舟

即上前推起车子要走。心广一看急了,一个箭步跳上前去拦住了车子。心敬赶忙起身问道:"既是督军有令,可有官文?"军士被这一问倒弄得张口结舌起来。心敬见状又问:"既无官文,若有山中盗匪化作官军拦路劫粮,百姓该从还是该抗?"军官一见心敬暗指其为盗匪,不由恼羞成怒,大吼一声:"连人带走!到军寨吃上三百军棍再给你俩看官凭。"兵勇一听此语,立即拔出刀来。如今蚂蚱拴在了鳖腿上,两兄弟只好推起车子,随着军爷而去。

"咣当"一声,木栅栏门的铁锁落下,军官骂骂咧咧地领着那两个兵卒又寻粮逮人去了。路上,一兵卒奇怪问道:"头儿,咱这筹粮,只把粮食夺来就成,何必自寻麻烦,把运粮贫民还关了起来?"军官不屑地看了一眼,回道:"你抢人家的粮食,断了人家的生路,他们还不死缠着你?你能把他们都砍了?只要关他三五天,饿得这些刁民学虱子叫唤,必然如同到鬼门关去了一趟,最后一放,就都四散逃生去了,谁还再敢逗留?况且从这伙刁民中还可挑些壮实的用来充军,岂不一举两得?你说是不是这个理?"士卒一听还真是的,不由竖起了大拇指:"头儿高明。我看刚才那个小伙虎背熊腰,就是个当兵勇的好材料,不妨把他挑入军中。"正说着,那军官手一指:"看,前面又有一个拉粮的,赶快走!"说罢,几人又急急向着一辆粮车扑去。

抬眼望去,这是一个约有一亩地大的院落,紧邻官道;两旁院墙高耸,背后是一丈有余的高坎。高坎之上,是一片平展展的农田。

院内黑压压一片,几十个不幸被逮住的买粮人,犹如可怜的猎物,一个个绝望而无助地在四周徘徊着。一个中年男子跌坐在地,双手不住捶着地面,眼泪鼻涕流了一大摊:"这可咋办呀,娃非饿死咧!"

此时的心敬懊恼而痛心:懊恼的是自己怎么这般大意,竟将大叔临出门的忠告置之脑后,若不在此饮水,兴许就逃过了这一劫,可当时嗓子冒烟,不喝又能挨多久呢?为何当初出门不带个水囊来?怪只怪自己一时粗心,只顾着兴冲冲换回粮食,却忘了这一件要紧事。痛心的是母亲她们三人昼夜不歇,辛苦地付出,如今却因为自己的粗心打了水漂。一个堂堂三十岁的男人面对此逆境却束手无策,若照此空手而归,自己有何颜面对着母亲?一股悲壮与愤怒从胸间腾起,如若不能将母亲她们用心血换来的粮食一粒不少地拉回,自己宁愿死于此地,也不堪直面母亲为之流下的绝望泪水。

一只狐狸,被猎人逮住置于笼中,它会急切地四处乱转,这里拱拱,那里刨刨,寻找着那个似乎并不存在的求生缝隙。此刻的心敬真如那只狐狸,急切而徒劳地沿着大院四处搜寻着逃生之路,突然眼前一亮,数十根靠在土坎上的木椽吸住了他的目光,犹如电光一闪,心敬为自己突如其来的想法激动得浑身发抖。

叫来心广,再拉上一个同伙做帮手,心敬把两根木椽斜靠在了土坎上。他麻利地从椽上爬到坎顶,扔下拉绳。心广和那小伙在下面推,心敬在上面死命拉,一时间浑身湿透,双手被绳磨破,鲜血顺着大绳流下,湿湿滑滑。心敬两手在地上一搓,沾上土继续拽⋯⋯

三个粮食桩子连同独轮车被拉了上来,后又帮那小伙把自己的粮食也拽上。待将粮食在车上捆扎一毕,心敬回身一看,见坎下聚了一堆人都在茫然地望着他们三个。他挥手悄声道:"乡亲们,你等手中之粮是家里父母、妻儿的救命之物,还不趁着这机会逃命去,难道等死不成?"此言一出,底下的人群如梦方醒,纷纷蜂拥而上如法炮制。心敬两人这才推起车子,拼命朝着东南方向奔去。待到约有一里之遥,心敬回身望去,刚才爬上之处已人影绰绰,正在朝着四面八方奔逃而去。

待逃过四五里,在离官道数十丈的一个坎凹处,二人将车推入茅草丛中,方才气喘吁吁仰卧在里面。不一会儿,心广爬上斜坡探头一看就急呼道:"哥,你快上来。"心敬爬上去搭眼一望,只见官道上那位军爷正气急败坏带着几个兵卒向前直追。一会儿工夫,他们返回,身后还押着几个垂头丧气刚跑不远的粮农。心敬叹了口气唤下心广:"睡吧,到夜里再往回赶。"说罢二人闭上了双眼,一时便陷入沉睡之中⋯⋯

天光大亮。经过大半夜的奔波,兄弟俩来到离咸阳一里许的渭北高原上,远远望去,渭河如一条黄色带子缠绕在了咸阳腰身。注目于渡口处,影影绰绰好像聚集了一大群人。"就要到家啦。"二人怀着一腔欣喜,沿着下坡的官道冲了过去。直到数十丈远处,心敬忙唤心广停车,向前一指。心广顺着手指一看,只见众人前面有一条木架横拦在了道的中间,两边各有十数个兵卒把守。行人依次通过木栏下到渡船处,而几辆粮车都被扣下来放在了道旁。几个粮农似乎正在苦苦哀求,求到烦躁处,兵卒一把将一个老者打翻在地爬不起来。兄弟俩一对视,赶紧将车推到路旁的庄稼地里。

"这些丧尽天良的,不让人活了。"心广愤愤骂道。两人一商量,由心广扛起麦袋,穿过一片庄稼地,一直绕到离渡口约一里许的河岸边。心广将麦袋放到草丛里,又折回来扛剩下的麦袋。直到第三次,心敬推着车连同那袋黄豆来到了河边。窝了大约两个时辰,还不见驻兵撤回,心广急了,来来回回沿着河岸跑着,想寻一只散舟偷渡过去。这一跑不打紧,却被驻兵发现,发一声喊,立时有两个兵卒沿河岸飞奔而来。心敬心中暗自叫苦,连忙站起迎了上去。待到兵卒跑到跟前还未张口,心敬就深施一礼低声下气开口道:"两位军爷,家中无粮到河北塬上用织的布换了些粮食,望兵爷看在一家人嗷嗷待哺的分

第二十四回　闹饥馑涝淫二月雨　解危难渭水一扁舟

上,高抬贵手放过我等,军爷好生之德必当永记。"一士卒气得张口骂道:"放屁,你家嗷嗷待哺,我等军士为守国土还饿得学虫叫唤呢。放过你等,叫爷们喝西北风去?督军有令,有抗粮不交者军法论处!"说罢就走向藏粮处。站在旁边的心广伸手一挡,竟被兵卒迎面打了一耳光。心广气炸,便使出平日习武手段,一拳将那士卒打得趴在地上疼得乱滚。另一个扑上前来刚要动手,被心广飞起一脚踹进了渭河,那兵卒一上一下在河中挣扎,呛得高喊救命。渡口上一头领看到此景,连呼"反了,反了!"带着几个士卒手持兵刃一并朝着出事的地方奔来。心敬望着远远扑来的兵卒,只好绝望地坐在了地上,心中一阵悲怆:"完了完了,这下祸闯大了。粮食拉不回事小,连人或许都将折在这个地方!"

　　常言道,无巧不成书,正在这要命的关头,还真的有一只小船不知不觉间顺流而下。船头立着一二十出头的小伙,身上敞开一短衫,腰中扎一短带,手提竹篙,悠然自得地唱着一首船歌:"水晶宫里乐逍遥,乐极生悲钩上嚎;滴水之恩尚涌泉,况乎救尔命一条……"唱着唱着,船就到了跟前,只见那小伙从船上跳起,扎入船旁的渭水中,那溺在河中的兵卒就慢悠悠漂到了岸边。小伙跳上岸伸手一把提起兵卒置于岸坎,当背一踩,那兵卒呼地吐出一大摊水,慢慢缓过气来,让心敬和其余人等看得目瞪口呆。那小伙走上前去对着那头领一拱手:"军爷大度。刚才冒犯尊颜的是我堂兄,望军爷能看在救人的分上放过他二人。都身在渭水之滨,低头不见抬头见,还望军爷给在下一个薄面。"这位领头竟不理茬:"此刁民伤我两兵勇已触犯军法,你既然是他的堂弟也必遭牵连。不过念你救起我一兄弟,劝你还是少管闲事,乖乖走开为好,否则连你一同锁拿,回到军营一并问罚治罪!"不料那小伙一闻此言竟笑嘻嘻道:"可我要是不晓事,非要带走这两人呢?"军爷一听话味不对,挥手大呼:"将三人一并给我拿下!"身边几位闻令遂抄起家伙凶神恶煞一齐扑将过来。就在心敬二人惊愕不已之际,只见那小伙哈哈一笑,不慌不忙用手对着诸人一指:"住,住!"几个人霎时如同被施了定身法,一个个僵立原地动弹不得。小伙慢条斯理帮着心广将粮食抬到船中,手持竹篙,对着岸边一点,小船即如离弦之箭般"射"向了对岸,岸边一干军士眼睁睁看着小船急驰而去却无可奈何。

　　小船靠岸后,看着心广他俩将粮食又绑在独轮车上,心敬心里晕晕乎乎的,思量这恐怕是在做着白日梦,一掐自己的大腿却又生疼,方知兄弟俩已逃离了大难。他不由屈身对着那小伙深深一躬,正待开言,不料那小伙却一翻身跪倒在地,低首叩头道:"恩公一别数载,一切可都安好?"心敬闻得"恩公"二字大惊,他俯下身细细打量着那小伙的面容,却是陌生得紧,不由扶起那人连声道:"这位兄弟怕是认错了人。在下从未见过尊容,'恩公'一词从何谈起?"那小伙起身笑道:"恩公怕是忘了几年前涝河岸边那一幕。"他随手作

着钓钩之状,"嗯,还记得起来不?"心敬心中霎时一阵骇然,他清楚记起了几年前罢考绝望之际到涝河一游,顺手救起那条红鳞之事。他惊问道:"难道你是那天我救起的那个……"小伙笑着手一止:"不可说,不可说。"随后向南一指,"恩公此去一马平川,灾难已过,那我就告辞了。"说罢又是一拜,踏上小船,撑篙欲行。心敬急忙唤住:"大恩不言谢,只是对岸那边的兵卒也是奉命行事,你还是放了他们吧。"小伙愤愤道:"这般仗势欺压百姓的杀才,让他等站一天也是轻罚。也罢,既然恩公求情,就饶过这一遭吧。"说罢对着那边一点,对岸那几个人的胳膊腿才又活动了起来,然后抱头鼠窜,片刻之间没了踪影。待心敬二人看毕回过身来,那小船已行到百丈之外,慢慢消失在了远处的波涛之中。

兄弟二人一前一后推拉着小车缓缓向前走着。心广像有心事一般半路不言一语,随后问道:"哥,你说那小伙真神了,恰好在事紧处赶到,还不费一刀一枪安然将我俩送过河。你啥时间救过这人?像他那么神通广大,还轮得着你这个文弱书生相救?"心敬一笑掩之:"你不是听到那人所言'不可说,不可说'么。"心广只好闷葫芦一般不再吱声。过了一会,心广憋不住又说:"哥,你饱读诗书,堪为儒士,可儒士若不关心民间疾苦,做些利国济民的实事、善事,恐怕只是腐儒一个,在世间没有多大用场。"心敬也深有感触,他若有所思轻轻言道:"这几年鄠县饱受水旱之灾,民间有多少人因食不果腹而逃难他乡。就拿咱魏家巷来说,其先祖为一大户,寓居此巷,随后就以其姓命名。可如今家已败落,子孙在多年前已逃离此巷,据说逃往汉中谋生去了,街内景家巷、杜家巷、任家巷等还有后人在居,唯魏家巷已空有其名了……说起儒生,若为真儒,就不光熟稔经书、修身养性,还应尊奉格物致知,真体实用之道,知晓天文地理,通达军事、农事乃至治水、屯田、荒政、漕运等军国要务。有了这些真才实学,方可居有德之身行治国之举。贤弟此问切中为兄多日思虑,今后必当在农事一项中下番苦功,摸索出些真正能提高农田亩产量,抵御旱涝的切实作法。若照此推而广之必将大用于世,造福我鄠邑百姓……"

正说间,古老的鄠县县城,已隐隐出现在了两人的视野之中。

第二十五回　南山养疴善结佛缘
　　　　　儒释论道共话殊同

　　日月匆匆,此时秋高气爽。王家的日子虽有心广忙时勤务农耕,闲时外出打些零工,李氏率子媳日间操持家务,夜里不辍纺织,却终因入不敷出逐渐陷入捉襟见肘的艰难窘境。今年春的大水淹没了河湾地的麦子,可心敬每年的束脩、日用所耗都少不了,加上两个碎小伙——王功、王勉食量日增,不济时只好贷以重息。日积月累竟成了压在头上的大山,久而久之不得开交之时,只好忍痛卖上几亩上岸地,以致多年始终在贫困线上挣扎不息。

　　心敬明知家里为供他读经已陷入困境,加之师父二曲家里也是穷得一连几日揭不开锅,甚至到了有客远道来访却无法顾及颜面让其空腹而归的境地,只能自谅节食,也随着师父一起挨饿,应付着整日咕咕直叫的饥肠。

　　昨日,是心敬的三十岁生日。为激励自己,他在所居的墙壁上题了励志文一首,其文曰:

　　"夜来独自检点,遇利害得丧,有多少憧憧往来处? 此是平日存省无力,故临境主宰不定耳。昔明道(程颢别称)十六七时,便有吟风弄月襟况;及主吾鄠簿,年始逾冠;《定性》一书开辟启奥,直跻颜氏心行。非其闻道有素,何以至是? 今余年逾三十,讫无得力。仰观先哲,负愧何言? 呜呼! 往者不可谏,来者犹可追。自兹以往,尚其勉图后效,经赎前愆。无使后之视今,犹今之视昔也,则幸矣。"

　　这种借苦修而图忘记身体折磨的自我摧残式磨练,使他体质每况愈下,可他反而觉得唯如此,方能对得起家中勉力供养与师父的一片苦心。一天黎明时分,他读了一夜,刚起身,忽觉眼前一黑就不省人事了。待他睁开眼睛,发现自己躺在床上,一位郎中正在为他诊脉,四周围满了焦虑的众人。先生号完脉回身给二曲道:"这人肝胆脾胃俱无症候,只是多日饮食不良,加之过度劳累,导致虚火上升,体力耗尽而致昏厥。此乃体羸症,经

一年半载卧床静养再辅以饮食调剂,也就慢慢康复了。"

二曲将郎中送至门外,急急回身来到心敬卧处,满脸焦急轻声问道:"尔缉,如今感觉如何?"心敬欲翻身坐起被二曲轻轻按下:"身亏体虚,还是躺下为好。"心敬噙泪道:"让师父和师兄们受惊了。昨夜一直读到天亮,刚一起身,谁知就……唉。"二曲一听此言不由责备道:"郎中说你得了体羸症。空腹再加恃强,就是铁打的汉子也耐不住这双耗,何况一个常人?'抽鞭催马马累死,强扯弯弓弓断弦'这个古训你莫非不懂?如今只能卧床好好将息,若再胡乱折腾,到时看我怎么家法治你。"

五六年间,师徒两人关系日益密切,通过平日不断的相互交流、问答、探究、切磋,二曲对心敬这个弟子渐渐竟有了一种慈父般的感觉,他常常为心敬在习经中所表露出的毅力与才华暗自惊叹。一次,当道中密友武功的张承烈来信问及心敬时,二曲无不自豪地向他盛赞自己的这位得意门生:"来翰询及鄠邑王生,此子智圆行方,躬修允蹈,心若青天白日,品犹野鹤孤云,气魄宏毅。将来可望以任重致远,仆甚属意。"言辞之中,明显透出他欲让心敬承接自己的衣钵,成为自己的学术延脉与光大者。因之,他的床前这一番申斥,实在是爱之愈深,责之愈切。

话说心敬闻听师父此番劝诫,不禁流泪点头:"让大伙受累了。师父,弟子刚听郎中说此病须在床上躺个一年半载,在此甚是耽搁师父正事,莫如送徒儿回家调养,也许病情还能恢复得快些。"二曲一听也是。在将息了两三日后,遂派门生将心敬送回了鄠县家中。

李氏及翠姑等人一见心敬被人抬了回来不由大惊失色。心敬安慰道:"无甚大碍,只是身亏体虚一时昏厥,倒让师父与师兄们受了一场虚惊。"翠姑伏身细观,只见心敬脸色黑黝中透着焦黄,两个胳膊瘦成了一对麻秆,不由失声痛哭起来:"郎君,只知你在盩厔好好习经,谁料竟苦累成失了人形,叫为妻咋能忍心面对你的容颜……"一旁的李氏赶忙让人将心敬抬到卧室,随后取出家里仅有的一些麦面,搭上在园里拔的菜蔬,弄了一顿像样的饭食招待了盩厔来人,并详细询问了心敬的病情细节。饭后,李氏将几人送出大门并托向二曲问安后,急急返回里屋心敬歇处。

心敬的卧室。翠姑正在给他喂着汤面,不时用手帕轻轻擦拭着额头渗出的虚汗。李氏进入房中,用手背挨了挨心敬的额头,自责道:"也是为娘平日苛求责备于你,才使我儿如此苦读以至累坏了身子。如今可感觉好点?"翠姑伤感道:"妈的严责有理,他奋力苦读也是应当,只是一连几月难得一饱,更不曾尝过几丝荤腥,才饿成如此模样。可如今家里也几无隔夜之粮,这般下去,他这身子……"急切心痛的泪珠又滚落下来。李氏忙说:"让

第二十五回　南山养疴善结佛缘　儒释论道共话殊同

妈好好想想法子,想想法子。"

夜里,翠姑靠在心敬身旁,摸着他骨瘦如柴的身躯,心如刀割。半晌,她轻轻自语道:"要不,把咱俩成亲时那位公子送的洮砚卖了吧?那可值不少钱。"心敬一听猛地坐起,厉声责备道:"这哪成!额伦特所赠之物乃朋友一番真情,连此念想都是亵渎,还敢真卖了它?此举一出,教我今后有何颜面再见我那兄弟?就是饿死,也不能对朋友做出此背信之举。"翠姑一听,连忙说道:"只不过说说,何必如此紧张?其实我也舍不得卖了它……"过了一阵又翻身爬起,对着心敬:"要么我去涝店娘家一趟,向二老借些粮食应急?""实在荒唐!一个堂堂男人养活不过媳妇,还要靠丈人家接济,这事要传出去,让旁人怎么看?更要紧的是,你去一求情,二老定会伤心让自己女儿跳进了火坑,岂不整日忧心如焚,坐卧不宁?""跳火坑我自己悦意。"翠姑一听这法子也没辙,只好悄声咕哝一下,再也不敢吱声,翻身复又躺下,睁眼看着屋里一片漆黑,久久不能入眠。

第二天一大早,翠姑出了家门。好大一阵工夫,只见她左手提着一吊肉,右手挎着一只盛满东西的篮子,吃力地迈着碎步,满脸是汗进了灶房。不一时,一碗香气四溢的臊子挂面从灶房端出,里面还浮着一只大大的荷包蛋。进得屋里,翠姑一面吹着热气,一面小心翼翼挑起几丝挂面,送到了斜躺炕边的心敬口中。面对丈夫吃惊的脸色,翠姑笑道:"甭问,只管吃了它。"

李氏此时也走了进来,看看儿子今儿个的病情。一见母亲到来,翠姑慌忙放下饭碗,伸手从怀里摸索着掏出了几两碎银和一锭银锞递给李氏:"妈,我把那对镯子卖了,给功儿他大买了些吃货,这是剩下的余钱。"听得此话李氏一下急了:"啥?你把我给你送的玉镯卖了?你把我大给我的嫁妆给卖了?你把我辛苦珍藏几十年的心头肉一分不值半厘地处置了?!"说到气极处,李氏生来第一次伸手打人,打得翠姑满脸泪花一时赶紧跪在了地上。心敬见状连忙爬起叩头不止:"妈,你息怒。是孩儿对妻管教不严,让母亲气极伤身。你要还不解气,照儿身上猛捶便是。她……她已有了两个月的身子(土语:怀胎)。"李氏一听,顿时又气又喜,自知失态的她连忙拉住翠姑的手:"翠姑,妈把娃打疼了吧?你也知道,妈这镯子……"翠姑撅着嘴含泪委屈道:"是儿媳的错。我不该未及说,是我把涝店母亲给我的那对嫁妆玉镯给卖了,它也是外爷给我妈的嫁妆……"

李氏一听方才明白了一切。她满怀愧疚一把将翠姑拉起搂在了怀中,轻轻抹着翠姑脸上的泪珠,歉声道:"是婆婆错怪了你,打疼了吧?我今儿是怎么了,一听说把妈给你的镯子卖了,就不由得发急犯昏。唉,你把亲家给你的嫁妆卖了,将心比心,那可比剜你的肉还疼啊。""妈,就是剜了我的肉能治好功他大,儿媳都心甘情愿!"一听此话,李氏感动得泪水也流了下来,就连在旁的心敬也不禁浑身暖流溢涌,热泪盈眶。就在此时,翠姑猛一抬头:"妈,我刚才说自己把镯子卖了?""嗯,怎么啦?""儿媳一时心急把话说错了,我把镯子在南街新盛庄给当了。""当了?""你看。"翠姑说着又从怀里摸索着掏出了一张当票递给李氏。李氏看了看,松口气道:"这就好。"说完从头上拔下一枝银钗递给翠姑:"这根银钗是你公公在订婚时亲手交给妈作为聘礼的。昨晚妈思量着日子要想混下去,只能狠着心把它当了。可又舍不得,把它攥在手里整整一夜,眼泪也止不住流了一夜。谁知今早倒让你这个长腿媳妇占了先。是这,你把这钗拿去当了,再把那玉镯赎回来。妈知道为了敬儿的病你啥都舍得,可这嫁妆也是你平生最心疼的东西,把它赎回来,妈和敬儿就都心安了。至于妈的钗子,让它在当铺里多待些日子,让它也为咱家多出些力。以后赎回来让我把它顶在头上,它也就更理直气壮了。"一句话逗得二人不由笑出了声。李氏又指着翠姑:"你既有了身子,也该补补了。"又指着心敬,"另外那两个小人,你吃面他俩站在一旁眼巴巴流着口水,你能不喂点?再说心广,整天的重活累活都指望着他;还有心正,十七八的人了,也正是长身子骨的时节,还有……嗨,一家人这一两年饥一顿饱一顿,都熬得面黄肌瘦。今儿个豁出来咧,干脆咱全家都沾你的光跟你过个年。至于往后的日子,到时节再说,人口前话,船到桥头自然直,我就不信活人还能教尿憋死了?"娘那爽朗豁达的趣话,又让三人笑得不得落马(土语:欲罢不能)。

往后几天,心敬过得很是不爽。一天上午,心敬正躺在炕上静养,院子里却传来一阵高声训斥,原来是人家讨债来了,李氏低声说着好话,那人却得理不饶人,话越说越难听,还伴随着李氏的哀求声,一阵屈辱使得心敬干脆将头埋到被窝里;那人刚打发走,一个女人又拉着哭哭啼啼的五六岁的小娃闯进院子,说王勉、王功打了她娃,如今孩子浑身是土,一把鼻涕一把泪,要李氏给评评理。李氏好话说了一担笼,方才将女人送出门外;晚上,俩浑小子怕挨打吓得躲在外面不敢回来,又引起婆媳三个一阵寻找、呼唤,听得心敬耳疼。

又一日,心敬昔日好友德钊、子亮、屏翰、晋卿等闻知他回家养病,先后前来看望,心敬强打精神一一陪坐闲聊。几个人陆续刚出门,一大串亲戚又来问候,几人在心敬房中绕了一圈又在客厅坐下大声谈笑,李氏还忙着招呼、留饭;不一时,又有一个生人进门来要和他"论学",心敬只好坐起,费神周旋了一番;谁知过了一会儿,一个北街的乡党听说他回家,又来"麻烦"他写一张状子;正写着,邻居一老者领着一个十岁的男童,又"请"他给娃讲讲《三字经》,可一看心敬正忙活着,就坐在旁边椅子上耐心等着。心敬头昏脑涨,应付着接踵而至的访客。

家里实在待不下去了,这样的"静养",不出十天,就得进户县医院的"重症监护室",

第二十五回　南山养疴善结佛缘　儒释论道共话殊同

可惜那时没有这般设施,只能眼睁睁看着他一日不似一日。

过了一天,天气晴好。心敬给母亲交待在家实在无法静养,他准备到南山里面寻一个寺庙借住一阵,以便养好身子。李氏一听这也是个无奈中的法子,就掏出一些碎银交给心敬,并让心广陪着,叮咛将兄长安顿好再行回家。婆媳三人立在门外,一直看着两兄弟转过了钟楼,方才怀着失落与挂念折回屋里。

时值仲秋,进入山中只觉阵阵凉风扑面,溪水潺潺;漫山遍野的花草树木郁郁葱葱。林中百鸟喧鸣,稍不留神,脚下就会飞出一只惊慌的锦鸡,扑棱着双翅飞向远方的茂密草丛之中。兄弟俩不觉一阵心旷神怡,将平日的烦心事全抛在了脑后。七拐八转进入山中十数里,一座古刹现于眼前,门楣上端"大圆寺"三字清晰可辨。进得门来,两旁的禅房双扉紧闭,侧耳细听,一座拱形圆门后面的大殿里隐隐传来一阵木鱼诵经之声。细观落脚之处,大山背阴下的青砖地面苔痕斑驳湿滑,透出一抹人迹罕至的清寂。

兄弟俩恭立于殿外许久,方听得木鱼长敲一声,佛事结束。十数头印戒疤、身披袈裟的僧徒鱼贯而出,回到各自的房中歇息。最后出殿门者为一高僧,年八十有余,鹤发童颜,面目清奇,一派仙风道骨。心敬上前稽首问道:"长老可是贵寺住持?学生有一事相求。"老者颔首称是,问道:"檀越有何见教?"心敬恭敬回道:"学生习经积劳成疾,欲在此清静宝地借宿一时,膳食宿资理当奉上,不知长老可否应允?"长老一听求者为一文弱书生,不觉甚喜,含笑回道:"自来儒释相善,檀越一介书生,岂有不纳之理? 只是斋食清素,禅房简陋,要是先生不嫌弃便好。檀越既宿寒寺,便是你我千年的缘分,焉能收尔食宿之资?"说罢唤过一沙弥,吩咐其为心敬安置一清静住处,小心侍应云云,尔后道别而去。

近一个月来,由于顿顿能吃饱肚皮,并辅以新鲜菜蔬,加之清新的空气,幽静的环境与窗外生机勃勃的花草景色,卧病在床的心敬明显感到一股生气从身上滋长,精神头比来时好了许多。他开始慢慢起身,在周边山野转悠了起来。

一日午斋后在寺内踱步消食,望着庙宇严整气象,廊外翠竹婆娑,山泉穿院而过,寺外松涛阵阵,不由诗兴大发随口吟道:

避夏今来此,禅房旧尘心。堂前空翠满,廊外竹林深。

濯足从溪泮,乘风就树荫。由来齐得丧,一倍洗尘襟。

漫浪一生事,支离七尺身。何图今潦暑,至此避氛尘。

碧竹凌霄汉,苍松应负鳞。清风明月夜,伴作上皇人。

香刹凭仙掌,碧筠郁梵天。千屏横翠岭,一带亘晴川。

虎啸风头树,龙吟涧底泉。鸡鸣风雨夜,应得赤松还。

刚吟罢,忽听身后有一声接道:

> 不远灞陵边,安居向十年。入门穿竹径,留客听山泉。
> 鸟啭深林里,心闲落照前。浮名竟何益,从此愿栖禅。

回首一观,见一二十余岁的年轻和尚,笑眯眯立于身后。心敬慌忙作礼道:"有扰宝刹清静,让大师污耳了。"那和尚回礼道:"先生诗境幽远,词句精妙,堪为一首佳作。贫僧方才拾唐人牙慧以和之,缘自诗末两句感触最深。"心敬这才细细观之,见其彬彬有礼且身上漫出一股书卷之气,联想到裴迪诗末两句,想他人生途中定有一番坎坷,便随口言道:"听君方才数语,恕在下姑妄言之,大师前身似为儒生,今却何故遁入空门?"那人闻听此话,不由勾起心中一段酸楚,叹口气道:"先生既已道破,不瞒你说,贫僧受戒之前确系一个儒生。看在你我曾同门之缘分上,方才与你道出心声。吾乃武功人氏,姓贾名帆,家境堪称优裕,自小喜读诗书经文。及长,一路过关斩将直至中举,竟觉不甚费力伤神。及至会试之际,却被人盗卷移花接木而名落孙山,一怒之下实名向陕西督学使上书举报,谁料想这狗官竟与此事有所勾连,当即派人以诬陷他人清誉之罪拘捕于我,我情急之下只好逃于此大圆寺落发为僧。大好前程被此贼断送,初时恨不能寝皮食肉,然我佛慈悲,三五年后方悟得人生皆虚梦一场,故有'浮名竟何益,从此愿栖禅'之同感。"

心敬闻听此僧身世,不由联想到自身,遂自报家门,并将昔年大闹考场被逐出试馆,自此息了仕途之念改从盩厔二曲先生,走上专儒之道所历诸事亦倾囊倒出。二人同病相怜,相互慨叹之余,不由分外亲切起来。一时兴起,年轻僧人遂将自己所闻及亲身所历的科场舞弊手段与案情一一罗列,说到痛处气得咬牙切齿难以自抑。心敬冷峻回道:"岂止如此,这些蝇营狗苟之辈一旦得手为官,势必贪渎害民为祸朝廷社稷。可如今世风日下,当今圣上虽殚精竭虑却对此痼疾束手无策,何也?人心不古,已然成势。若要改弦更张,唯有一途——改革唯文是举的科考弊端,整肃吏治。凡入科场儒生均须从一个'心'字上下工夫,先做君子后成才子;朝廷取仕时亦应先查其德,后验其学。这样一来,疏德才兼备之渠道,堵当官谋财之门路,方可从源头根除此吏治毒瘤。我师二曲屡阐此要点,在下仅略述其概而已。"年轻僧人抚掌大笑曰:"善哉!若此说能上达天听,你我岂能遭此舛运?"两人愈谈愈投机,良久方依依惜别。

第二日晚间,这位年轻僧人又转到了心敬房中。由于日前的邂逅与深谈,自然亲近了许多。心敬让座沏茶之后,两人随即海阔天空闲扯了起来,一时话题转到了主持长老身上,心敬问道:"以在下观之,此间方丈神态沉稳而气度飘逸,堪为当世得道高僧,不知有何阅历?"僧人答道:"说起本寺主持,还真有一番说辞。他是前朝天启年间进士出身,

第二十五回　南山养疴善结佛缘　儒释论道共话殊同

后在山西任过县令之职。因眼见朝纲日颓、内乱蜂起，遂在失望之余，挂印投奔五台山做起了和尚。习经期满后离寺云游四方，峨嵋、九华、普陀留其足迹；衡、嵩、泰、华、恒驻其身影。一日游至鄠县一峡谷，抬头望去见一峰笔直挺拔，千仞悬崖犹如刀削一般。夕阳映照之下，只见峰顶紫色云雾氤氲笼罩，其内隐隐浮现出一抹神异之光。和尚不由脱口大赞：'好一个神仙去处也！'遂落脚修行于此峰不远处的一座寺院。其后原主持坐化升天，他就升为了这座大圆寺的方丈。"心敬释然道："难怪此长老行止迥异常人，原来竟是进士出身。说起此山，'紫阁青冥'乃为鄠县十二景观之一。据在下所知，自唐以降曾有多位高僧在此修行，更有诸多文人骚客如唐朝李白、杜甫、韦应物、岑参、白居易，宋朝程颢、章敦，明朝王九思、康海、王九峰等大家均畅游过此处，并遗下不少游感诗篇……"未及心敬说完，那僧人急插嘴道："若提起此话，我师父乃是一位有心人，他将此类诗篇还着意收集成册，如今我正在观览。先生稍等片刻，待我取来。"说罢急急出了房门。不一时，他手捧一薄册重返房间递给了心敬。心敬翻开一看，只见苍劲俊秀的墨迹之下，竟集有数十首歌咏紫阁秀色的传世佳作。僧人指点着："看，这是李白的'紫阁连东南……'，这是贾岛的《怀紫阁隐者》，这是韦应物的'紫阁西边第几峰……'这是张籍的'紫阁气沉沉……'，这是白居易的'紫阁峰西清渭东……'"

翻到一页，见有《上紫阁不至而返》一诗，署名王九思。青年僧人回眸问道："这王九思也是鄠县北街人氏，其与先生有渊源否？"心敬回答："此乃吾七世祖。"那和尚便指着吟道："'谷口到山中，十里未为弯……'诗语直白如老翁道家常，读来令人分外亲切。我曾听方丈提到九思先生，说其学富五车，曾在前朝翰林院任检讨之职。赋闲后又倡修涝河桥通达百里，并撰书鄠县首部县志。其造福桑梓泽遗后世之懿行，让人敬仰不已……"谈兴正浓时，忽听户外有唤说是师父有话要问，僧人忙对心敬说："此书暂寄你这儿，你且观赏，容后再取不迟。"说罢急急奔出房门而去，旋即又匆匆返回悄声道："闻听师父传唤才想起一事，我那师父，还有一高深佛法，说出来会吓坏你。"心敬拦住惊问道："何事如此骇人？"那人道："以后你定会亲眼所见的。"说毕慌慌张张夺门而去。独留心敬一人，不由自主琢磨那人最后丢下的不着头脑的那句话。一直想得头昏脑涨不得要领，遂倒头沉沉睡去。

经数月静养调理，心敬面上菜色渐渐褪去，复现久违之红晕；四肢肌肉也逐日丰满，身体一日好似一日，近来已近康复如故。此时，嗜书之火于心中复燃。他虽携有儒家著篇，然身处寺院之中，禁不住也向主持借来了诸如《传灯》《指月》《金刚般若波罗密经》等佛教典籍，细细加以研读，愈读愈觉得禅理深奥，其中充满着人生另一种处世智慧。至此，一扇新的哲理大门在他面前打开了。

一日深夜，正当心敬秉烛专注于《金刚经》并深思其中奥义时，长老推门而入，笑曰："居士夜深人静还对我佛经典孜孜不倦苦读不休？"心敬急忙让座寒暄一番。长老手指其翻开的一页问道："居士对此一段作何理解？"心敬答曰："以心敬浅见，此段佛语所云为世间一切生灵，如卵生的禽鸟、胎生的牛羊、湿生之鱼虾，不知来处之化生物，及世间各色人等，皆可由佛救度。人间众生若欲入佛门须克制目、口、舌、耳、鼻所感知的外界诱惑，戒掉酒、色、财、气所萌生的贪欲，方可逃脱生死轮回，免却世间一切苦难烦恼。涅槃后升入西方极乐世界，以存万世不灭之身，以享永恒心灵欢娱。"长老又问："居士近日所读之释经与往昔所研之儒经有何异同？"心敬答："吾儒之道原是入世之道，故一切虚者皆归于实；释氏之道原是出世之道，故往往实者归之于虚。不实不足以经世，故吾儒所尚者仁、义、礼、智、忠、孝、节、烈；不虚不足以出世，故释氏所尚者乃虚无、空寂、清静、超脱。然二者亦有相通之处——劝人向善，求得心净。"长老大赞曰："观尔所言，颇有慧根。莫非前世乃我佛家弟子而今生转为孔孟门徒？"心敬笑道："要须圣学路径清楚，正须讲得禅玄头项分明，然后吾儒、释、道各自还其本元。若必执不读禅玄书，不明释、道底里，正恐坠入二氏边隅也，这也正是学生在此苦读佛经的根由。"长老大笑曰："吾恐尔已坠儒教之边隅也。汝儒只度世间读书之人，而吾释教普度世间一切生灵，谁心界廓大不问自明。今番有缘，让尔见识一下。"

那长老说罢走出禅房，轻轻鼓掌三声。未几一物跳跃而至，近前一观竟是一只斑斓猛虎！正在心敬惊恐骇然之际，却见那猛虎温顺地蜷伏于长老脚下。长老手抚虎额，猛虎呜呜仰首回应，其亲昵之状，犹如舍间土犬。心敬正在大为惊诧之时，那长老回身靠着虎背招手道："莫怕，此虎正是贫僧所度之物。吾与它的缘分，还有一段故事哩。"说罢讲起了个中来历：数载前盛夏夜色朦胧，全寺僧侣俱已入眠。长老打坐一毕，正欲回房歇息，却见一虎腾跃而来。长老强自镇静，高声喝问道："畜生！贪夜来此，莫非还嫌作恶不够么？"却见那虎抬起前蹄呜呜不止，似乎并无恶意而是有求于他。长老大着胆子进前细观，发现蹄上深深扎着一根长长的荆棘尖刺。他便拔出那刺，又涂药包扎了一番，尔后拍了拍虎额道："善哉！往后要小心行猎，不可伤人。"那虎点首翻身而去。自此，那虎一年半载总要来往于禅房主持处几次，或求其去毒消肿，或让其疗伤驱虫，或无事来此嬉戏一番，满寺僧侣已见怪不怪了。

长老说完这一段骇人趣事，竟翻身骑于虎背，招手让心敬也上来。心敬心一横随即爬于长老身后，他要看看今夜有何奇遇。长老手轻轻一拍虎背，那虎如顺犬一般，驮着二

第二十五回　南山养疴善结佛缘　儒释论道共话殊同

人跃过院墙,悄然无声潜行于深山朦胧的夜色之中。行途之中,那长老一指悄声说道:"你看前面草丛中,那条长蛇正慢慢游向那只山鼠。"正说间,只听"吱"的一声山鼠惨叫,整个身躯已入蟒蛇腹中。过一会儿长老又指着一株松树:"你看,那只豹子正在爬树,树上正眠的那只金丝猴即将成为它的口中美味。"在一个时辰之内所过之处,在夜幕掩盖下尽皆暗藏杀机,演绎着山野生灵为自身繁衍而进行的生死博弈。

不一刻,二人又到了一处山中凹地所形成的小湖泊。只见有一人趁着夜色偷偷将一瓶药倒入入水口,一时三刻满湖漂起了大小不一的各色鱼群。它们都翻起了白肚皮,静静地躺在水面之上。那人跳入水中,欲用网将这些昏迷的鱼儿打捞净尽。长老回身轻声道:"看见了么。此人白日怕遭众怒,晚间却作此泯灭天良之举。"长老用手猛一拍虎背,那虎长啸一声,吓得那人连滚连爬逃之夭夭,一时间不见了踪影。长老道:"回去吧。"那虎乖乖回身又将二人送回寺中,长老扬手吩咐:"回去供你的胃中菩萨去吧。"那虎一声低吟,跃出了寺院。

回到房内,长老问心敬道:"此番见闻,居士有何感想?"心敬见那长老三番五次将他称为居士,便急止道:"恕学生无礼,吾非居士。"长老一愣,随即大笑曰:"先生此言差矣。先生既歇于此处,岂非暂'居'敝院之儒'士'乎?"心敬不禁为长老的机智所折服,遂失笑道:"有长老此番妙解,也罢,'居士'一说晚生姑且受之。"长老续接前语自解道:"你我所见之景,皆世间杀戮惨象。不过,那诸兽行猎,均为果腹之需并无滥杀之嫌。以该物观之,乃天经地义之举;以人观之,此乃上天特为此物繁衍而着意安排的食物,而此食物也有它的食物,以至无穷环节。此为生存而操之恶行算不得什么恶;而那渔人本可持竿垂钓,足供全家食用,他却下药将满湖之鱼无论大小一网打尽,致使全湖鱼儿断子绝孙,数年之内此水之中将无生灵矣。何也?金钱所诱之贪欲所使,此即为恶,故禽兽可度此人却不可度也。"心敬沉思一番,字斟句酌回答道:"心敬此番骑行堪称人生一大奇遇。长老所言固然不谬,然人世间一个国家、民族乃至个人家庭欲求发达,则必谋利求余,其所谓'天下熙熙皆为利来,天下攘攘皆为利往',此可谓人与禽兽之不同也。但君子爱财取之有道,如此人这般贪婪致满湖生灵绝灭,实为常人所不齿,其必遭天谴否则无以警世劝善矣。"长老笑曰:"先生此番言论即可辨出释儒两家持论之异同,善哉。"言毕与心敬挥别,回到了自己的经房,而心敬卧室却久久亮着灯光。

半年之后,心敬身子已完全康复,遂告别了寺中那位年轻僧人与长老,离别了那片他恋恋不舍的一草一木,还有那段颇不平淡的静养岁月,回到了久别的亲人身边。

第二十六回　师徒携手共谋鸿篇
　　　　　　　门生孤身独筹书院

　　话说二曲著述日丰,其学说也臻于完美之境。心敬遂与同门人惠鄙嗣、王吉相等人商议,欲将数十年来师父所有论述收集、归纳、整理、注释一番,以求将这一关学宏论完整地流传于世。诸人纷纷赞同,于是在征得二曲首肯后,便翻箱倒柜,将各人历年所记笔记,师父散落于床头、书柜及其他各处的文稿齐齐归拢在一起,并分头收集师父历年所写的书信、题跋、墓志、观感、游记等资料。在忙匆匆乱纷纷张罗了数月之后,终于尘埃落定。大家一同将师父所有的书稿、墨迹都堆在了亚室旁的偏房之中,并公推心敬为未来巨著的总编纂人。

　　时有司寇郑重与陕西学宪高尔公闻讯赶到,盛赞其举之余慨然承诺捐出俸禄刊刻成书,并号召各同道共襄此盛举,二曲与诸徒莫不欣喜异常。

　　此后数月,心敬大门不出二门不迈,整日窝在偏房埋首于整理、编次、勘误、注释等事务。他默读着师父写的每一章节,仔细揣摩着每一字句的深邃蕴意,心里不由暗叹着师父这些文章的博大精深。每一篇文稿都能勾起他对当时场景细节的回忆,其画面之逼真,犹如师父当面重复讲述了其中的要义。他似乎探入了师父这个大儒的内心深处,感同身受般体味到师父所写每篇文章时内心的激情、忧虑、纠结与欣喜,自己也乐在其中,拼命吮吸着其中丰富的养分,充实提高着自己的学识。

　　一日深夜,正当心敬埋首于案头书稿、编写文档时,房门吱呀一声被人推开。心敬回身一看,原来是师父走了进来,便慌忙起身让座。二曲坐下,目光盯住心敬泛红的双眼与尽显疲惫的面容,不由微皱双眉,低声责备道:"这桩事非一日之功,白日忙忙犹可,何必熬夜急赶？你身子骨一向羸弱,若如此夜夜伐之,岂不重蹈覆辙又致伤身误事？"心敬笑

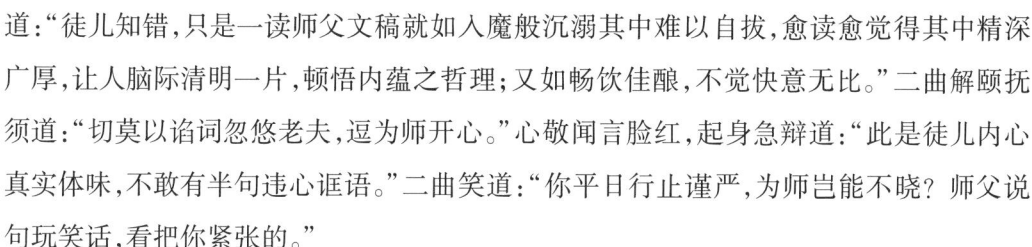

第二十六回　师徒携手共谋鸿篇　门生孤身独筹书院

道："徒儿知错,只是一读师父文稿就如入魔般沉溺其中难以自拔,愈读愈觉得其中精深广厚,让人脑际清明一片,顿悟内蕴之哲理;又如畅饮佳酿,不觉快意无比。"二曲解颐抚须道："切莫以谄词忽悠老夫,逗为师开心。"心敬闻言脸红,起身急辩道："此是徒儿内心真实体味,不敢有半句违心诳语。"二曲笑道："你平日行止谨严,为师岂能不晓?师父说句玩笑话,看把你紧张的。"

言毕,把一叠书稿交予心敬："这是你前日整理过的文稿,为师已复审了一遍。其余都甚妥,只在这里加了一段语句,以突出该处要义。你看看。"说罢手指所加之段落。心敬急忙接过一看,仔细揣摩了一阵,抬头向二曲道："师父加上这几句,立时给这一段字句添了精神。犹如画龙点睛,其立意有了更深内涵还增添了亮眼的文采。我怎么没有想到这一层呢?"说罢不由得伸出拇指,"姜还是老的辣。"二曲笑道："又在给老夫贴眼药。"

说笑一毕,二曲沉思一阵,才缓缓郑重言道："你我师徒已达十载,你的品操、才思与文章为师都甚为满意,只是有一个大毛病今日不得不提。"心敬一阵悚然,急忙站起拱手道："弟子有何大错,望师父明示。"二曲语重心长开言道："如今你的文章与日间论说,均显出极高的悟性,且立意端正无差。然纵语语皆是,却难脱先贤之窠臼,貌似无病,却实乃开山者之大病!此疾之要命处可一言概之——荒己之地却耘人之田。故为师要你日后须舍尔之聪,堕尔之明,昏昏冥冥,自观自觅,务求索出一片吾儒大道的新天地。"

心敬闻言惊得目瞪口呆:师父说自己很聪明,靠着这些小聪明,能将别的大儒包括师父自己的文章哲理讲得明明白白,说得头头是道,甚而发挥挖掘得让作者本人都深受启发。但回过头来一想,却没有自己的一丝独到见解、自己的理学立论。其结果只能如师父所言,终是舍己之田而耘人之田。这一针见血的训示,是多么的尖锐呀!而耘人之田的别人,或许主要是指二曲自己,这又该拥有多大的胸怀方能说出"别人"二字?师父想让自己在理学上创立超越他的建树,那一番苦心期望,尽寓在这一段恳切的教诲之中。心敬不由心里一阵发酸,含泪跪拜道："师父这一片苦心,心敬今日方悟;心敬辜负了师父的期望,此时方晓。徒弟发誓,一定痛改往日浮夸浅薄这一恶疾,在关学学理上创出属于自己的一片天地,以不负恩师重托与冥冥中先贤的期望。"二曲满意地扶起心敬道："这就对了。师父让你昏昏冥冥,自观自觅,就是希望你抛却师父的成见,独立思考,觅出新的儒学立论,超越师父,成为关学后继大师。你既已知师父苦心,望日后自觉朝此奋力,定能有大作为。师父后继有人,当安心瞑目了。"心敬又欲跪拜受教,二曲挽住笑道："若尔后果有惊天建树,以至为师向你顶礼膜拜,那才是吾的得意门生呢。"心敬愧笑道："恩师

259

所愿,徒儿不敢妄想。但往后努力以见成效,师父定能亲眼所见。"二曲望了望窗外黢黑的夜空起身道:"为师坚信会有这一日。天晚了,还是早点歇息才是。"心敬恭送二曲出门。

当天夜里,心敬沉郁得翻来覆去睡不着觉。平日自己还以能深切领悟圣言而沾沾自喜,谁知师父却从中一眼窥出自己致命短处,还巴望着自己能自立门户更上一层楼。自己日后若不痛改前非,独辟蹊径以达理学新高,就真的愧对这罕世恩师了……一阵困倦袭来,他不由合上熬红的双眼,沉沉睡去。

这是一个风和日丽的好天气。心敬从大圆寺走出,眼前一片花花绿绿,空气清新得如同水洗过一般。他一边鼻翼奋张,贪婪地嗅着顺风而至的鲜花芬芳,一边目不暇接,观赏着道旁的五颜六色。不知不觉间,双腿将他带到了一处陌生境地。抬头一看,一片开阔平地上松柏葱茏,绿草如茵,四周有几只仙鹤在展翅腾跃;有一茅屋草舍,搭在了峻峭的山壁之前。

在一巨石旁,有一老者宽衣博带,背身静静地翻着一部书卷。心敬满腹疑窦,上前躬身问道:"敢问尊老,这是何地,竟如此清雅恍如仙境?"老者闻言回身,拈须微笑,招手指着旁边的石凳:"你且坐下,容老夫细言。"心敬领命而坐,洗耳恭听。老者开言道:"尔名心敬,字尔缉,陕西鄠县北街人氏。师从盩厔李二曲,从学已满十载。虽聪颖好学,却只堕入混沌,不知上进自创理学新境。如此下去,岂不令我等前人失望叹息。"心敬一时惊诧莫名,急忙问道:"尊丈是何方高人,竟能于旷野中将心敬根底说得如此明了,岂非神人一个?"老者伸手给心敬斟过一盏清茶,笑道:"实不相瞒,吾乃人称横渠先生张载也。关学自吾发轫,已悠悠六百载矣。其中起伏跌宕,兴衰更替令人不胜欷歔。今朝欣逢盛世,关学人才济济,看来又将起一波大潮。尔师二曲,乃当今关学大儒,其多处立意见解已超乎老夫。望尔力承师志,为吾关学迈上巅峰而奋力上进,不负老夫与其后诸儒之殷切期盼。"心敬听得此言更是惊惧交加,起身拱手道:"后学必当奋力,以期不负先生重托,然自忖冥顽愚鲁,恐难以胜任,不若先辈另觅贤能……"一听此话,那老人脸色倏然一变,急叱道:"天命所归,尔这厮却在此还啰嗦个甚?还不快快归去以践吾托,难不成待吾气急送尔下山么?"说罢一掌推去,直将心敬击落于身旁岩下的万丈深渊……

伴随一阵惊悸尖叫,急速下坠的心敬伸手乱抓,却不意间握住身边一根簸条,于是死死拽住,紧紧不放,一直到梦醒。大汗淋漓之中才发觉自己拼命抓住的藤条,原来是床边的一副衣架。这才颓然重新坐回床上,仔细回味着梦中那一幕,不觉又惊又喜。直待天

第二十六回 师徒携手共谋鸿篇 门生孤身独筹书院

露曙光,他便急急奔入师父房中,将昨夜的梦境一五一十说给了二曲。二曲听完微笑安慰道:"梦由心生,昨夜你我师徒一番深谈,谅你刻印心中且反复萦绕脑际,故有此梦生。然细细想来却也是一番吉兆,你想连我祖师都屈尊前来托梦奉劝爱徒,岂不令人受宠若惊,开怀道喜?"心敬闻言咧嘴苦笑,愁眉紧锁,叹气道:"师父取笑,徒儿不敢有怨。然此梦境倒使我如身负巨石,压得我喘不过气来。深恐自己才能不济,辜负了师父与先贤的一番厚爱与重托。"二曲郑重言道:"你过虑了,以尔才学,加之深得吾学真髓,再辅以昨夜提醒,若能在前辈圣学基础之上深耕己田,必大有所为,堪当重任。望尔好自为之,在编完为师杂集之后,即可自立门户拓尔学境也。"

日子就在这不断的操劳中慢慢度过。一天,心敬校完一篇文稿,走入师父房中向他告假,说明日是母寿辰,他要今天赶回家中为母祝寿。二曲感叹道:"十年求学生涯,每至今日你必告假回家,从未漏过一天,如此孝行令为师感动。尔母德行双馨,其卓识漫说妇道难以企及,就是堂堂须眉亦闻之汗颜。吾领敬久矣,今日回府,为师特送薄仪一件以资庆贺。"说罢转身回房,取出早就准备好的一纸书简送与心敬。心敬打开,只见其首大书"寿言"二字,下面端秀的小楷写就洋洋洒洒数百言。心敬充满感激地望着师父,他知师父一生谨行自尊,从未向任何高官、至交写过一篇祝寿贺文,今日却特为母亲破例,这该是多大的一份荣幸与殊誉。持此重礼回家,必使门庭生辉,母亲亦当视其为珍宝传诸后世。他双手微颤捧着这篇寿文轻轻读了起来:

贤哉,户邑王母李夫人之教子,世之须眉丈夫,号称善教者所弗若也。

世上善教者,不过教以举业,期以科第,意图富贵利达已耳。乃夫人之教其子王心敬也则异是,盖自心敬能食能言,即教之以正,一言一动弗纳于邪,务令内谨心术外谨行履。心敬凛遵母教,从幼不群。年未弱冠,游庠食饩,文名籍甚。邑人啧啧称美,咸称夫人为有子,莫不起敬起仰,期以巍科。夫人谓人生要当以圣贤为期,科第固所以进身,德业尤所本以立身。苟德业不足,即幸而掇巍科、跻膴仕非所愿也。

于是过听虚声,误以为予于圣贤之道,似粗有所闻。遣心敬远离膝下,俾从予学。其内外亲眷,及邑人素爱心敬者,恐于举业有妨,交讽互阻,譬引百端。夫人则持意弥坚,终不为移,脱簪珥以资继晷。心敬每归区觐省,即促之旋馆,戒曰:"德业不成,学弗底于圣贤,吾耻汝;汝亦何言颜见汝之妻孥及邑之故旧耶?念之,念之,母悉尔所生,昭导谆至悉出世俗恒情之外。"既而以从事场屋,终分精力,遂命弃诸生,一意斯道。

昔范孟博①母幸其子与李杜齐名,不计其他。苏长公②方十岁即愿为滂,其太夫人即愿为滂母彼沾沾一节,论者皆称为千载艳闻。况夫人以宇宙完人望其子,尤为空谷足音,绝无而仅有。行且与孟母③媲芳,滂母云乎哉?余以为异,而户之诸正人,因为余备述夫人平居事亲之孝,治家之严,淑德贞操为一方仪表,余益竦然肃叹未曾有。乃心敬功密存省,知行并进,殷殷以不负母教,不辜母望是勉。可谓有是母乃有是子矣,故予喜而记之。

甲子春仲二十五,为夫人设帨之辰。尔缉告归称觞庆寿。余生平未尝为文祝人,兹嘉夫人之贤特破例题此以先爵者。

读毕,心敬心潮澎湃,双唇抖动,望着拈须微笑的二曲"咚"地一声跪倒在地,拖着哭腔:"师父将家慈喻作滂、孟二母,其高甚矣,母闻之又复何求?然其子却难与滂、孟比肩,岂不愧汗如雨!"二曲扶起心敬,温言道:"据为师观之,尔日后必有大用,亦当青史留名,切勿自叹不如自责伤身。"心敬且喜且悲,挥泪与师父作别。

第二天,婷与丈夫凌云带着孩子一大早就赶回娘家张罗了起来,心敬的那几个昔日朋友如晋卿、屏翰等一干人也闻讯前来,再加上亲戚、乡邻,整个屋子里挤满了祝寿的人。午时时分,老寿星李氏被俩媳妇搀扶着,端坐于厅堂太师椅上,喜盈盈接受着一大家子人的跪拜。之后,由族中长辈宣读二曲先生的寿言。人人肃立恭听,觉得先生之言句句实在而又褒扬得中肯在理。李氏听后笑吟吟对众位道:"二曲先生乃当今大儒,又是一位谦谦君子,他的这番寿言令老身甚是受用却也是余愧难当。与其说是对老身的谬赞,还不如看作对他徒儿心敬的鞭策,让他向滂、孟二位先贤看齐,做一个忠直的圣贤之人。"众人齐声称道,个个伸出拇指称颂老人德行,夸赞先生文章。一时间气氛达到了高潮,场面热闹非常。

直到晚霞趋暗夜色渐浓,心敬方将众亲友一一送走。

---

①范滂,字孟博,东汉人。任汝南郡功曹时,抑制豪强,制裁不轨,结交士人,反对宦官。建宁中,被宦官陷害,被灵帝下诏拘捕狱中。

②苏长公,指北宋苏轼。苏轼与其弟苏辙诗文并茂。苏轼居长,时人尊称"苏长公"。

③孟母,指孟子之母田仉氏。素有"孟母三迁""三断机杼"的美谈。

第二十六回　师徒携手共谋鸿篇　门生孤身独筹书院

编纂《二曲集》这一浩大的书卷工程,自康熙三十年(1691)十一月起,从寒风凛凛的严冬到赤日炎炎的盛夏;从繁花似锦的季春到果蔬飘香的仲秋,历时近两年,直到康熙三十二年(1693)八月,终于告竣。

紧绷了整整两年的心弦,在收笔的一刹那猝然挣断了。心敬心一松,刚站起身想长长舒一口气,却只觉眼前一黑,顿时失去了知觉。不知过了多久,一阵剧痛使他大叫一声,从昏迷中立时苏醒过来。抬头一看,只见吉相正在狠狠掐着他的人中,四周围满了焦急的眼睛。众人一见心敬回过性来,才都松了一口气。二曲望着自己爱徒眼中一根根血丝,不由心里一阵发酸,只是用手久久抚摸着那张灰暗发青的脸。不一时有人端来一碗热腾腾的黑糖熬的姜汤。二曲坐在床边,用羹勺舀起少许,吹吹热气,然后用唇挨了一下,觉得不烫,才小心地放到了心敬嘴边。心敬要挣扎坐起,被师父轻轻按住:"听话,躺着就好。"吞着一勺勺甜丝丝的温汤,望着师父关切的慈容,心敬恍然忆起小时有一日发烧,母亲也是一样的动作,也是一样的眼神,就连刚才的话语也是一模一样。憋了许久的泪,终于不争气地顺着双颊流下,泗湿了颈下的枕头。滚烫的内心发誓:把师父的集子整理好刊刻出来以流传后世,自己就是累死,心里也是爽快至极!

第二日,心敬不顾众人的劝慰,强打精神请来师父,同众同门将所有书稿再仔细重新审阅了一遍。旬日后,直到无一丝瑕疵错漏,才将所有成捆文稿按次归拢,整整齐齐安放在了厢房案几之上。这一《二曲集》,收集了二曲历年所著之《悔过自新说》《学髓》《两庠汇语》《鸡山语要》《靖江语要》《梁溪应求录》《传心录》《体用全学》《读书次第》《东行述》《南行述》《东林书院会语》《匡时要务》《关中书院会约》《盩厔问答》《富平问答》,以及先生所著书信、题跋、墓志、行略、赞等,还将与此有关的他人所撰如《襄城记异》《义林记》《贤母祠记》《亚室感录》《历年纪略》等亦录入辑中以作阐释补充。

望着足足一尺多高共计二十六卷的鸿篇巨制,众门徒中魔般望着,都有些惊呆了。他们没想到师父这些年的零散之作汇聚在一块,竟然产生了如此恢宏的视觉效果。兴奋的心情感染了在场的所有人,他们有了一丝神圣的感觉:这些由此传诸后世的经典之作,将会使关学迈向一个新高度,使其傲然耸立于濂、洛、闽诸峰之间而毫无愧色。如今,他们无疑正亲眼见证着这一庄严的历史时刻。

近日,心敬忙得团团转,他托人告知司寇与学宪这一喜讯;按照师父吩咐又安排人去襄城刘宗泗处捎书一封,告知《二曲集》辑成详情且委托青霞撰写序言并捎回;同时还要陪着闻风而来的周遭儒生、乡邻,介绍着其中的细节并回答诸人的问询。

在学宪取走书稿三个月后,约定刊刻成书并送回盩厔的日子到了。一大早,应邀而来的儿女亲家李柏、告老还乡的王弘撰、痼疾缠身的许孙荃及康乃心等先后到达。在二曲心目中,属于必邀之列的挚友李因笃、恩人骆钟麟都已先后离世,他们若是都来捧场,那该是多么令人快意的场面——如今,却只能留下无尽的痛惜与遗憾。

来的宾客与二曲及心敬等门人,还有一大帮看热闹的乡邻齐聚新庄堡外。正在众人跂足眺望时,只见远处一阵飞尘漫起,数匹骏马簇拥着两辆大车飞驰而来。到了跟前,司寇郑重、学宪高尔公下了坐骑,与二曲执手相见。二曲问道:"二位恩公为何不乘轿却骑马过来?"学宪笑着道:"坐轿固然安逸,却因路途遥远加之心急如火,故舍轿骑马而至。"随后挥手让大车过来。众人一看前车上,整整齐齐放着一摞摞墨香扑鼻的崭新线装书,后车里还载着一大堆梨木刻版与二曲原稿。几位先生伸手从前车中各取出一本,仔细地观赏翻阅了起来。二曲吩咐众门人接住车马,引着随行书吏先回庄中,自己陪着司寇、学宪大人与众同道一起边走边谈,慢步向家中走去。

司寇郑重翻开书首递给二曲笑道:"先生此集一出,定当轰动朝野,且为我关学又竖一大蠹也。吾与学宪激奋之下不揣浅陋奉命各书序一篇,请诸位一观。"言罢,众人纷纷翻开书页,观赏着二人所写的序言。只见其文褒扬二曲此举且抒发一通议论,可谓花团锦簇字字珠玑,不过却感到了一丝空洞的官气。众人纷纷夸赞之余,又翻到了刘青霞所写一节,立时专注默读起来,其文写道:

《二曲集》旧为二十余种,今汇为一书,总名之曰《二曲集》。余反复读之,窃叹先生羽翼圣学,真为中流砥柱,其有功于世道人心为甚大也!盖圣学不明,至今日而极矣!既误于异端之猖狂,又误于伪学之流弊。然异端者判然两途、较若黑白,虽公然与吾道为敌,正不难显攻而力排之,此所谓门庭之寇也。惟伪学假之学术,以为缘饰圣贤道学名目刺刺不去口,而异同纷纭,或互相标榜,或互相攻评,即不然模棱其间为之调停,要皆偏执拘曲,而圣贤同归一致之理,大中至正之道遂湮没而不可问,此则所谓腹心之害也。先生正学术,绍征言,其所以辟异端、辩邪说者不待言矣!而大要在于折中异同,力挽流弊;近述诸儒,远宗往圣;务期躬行实践,明体达用,使圣贤之道焕然复明于世,即日用寻常亦皆有近里着己,切实要指,不啻于世之学者,开其愚而启其聪,指其迷而使之归也。昌黎谓:"孟子功不在禹下。"先生其庶几欤!

众人阅毕,深感其文锋芒所指辛辣无比,既痛斥异端伪学猖獗,又盛赞二曲正学义举,读之令人酣畅淋漓,如饮美醇,不禁暗地为之喝彩叫好。

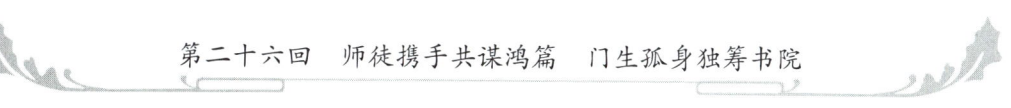

第二十六回　师徒携手共谋鸿篇　门生孤身独筹书院

回到庄里，二曲倾其所有置了两桌酒席款待来宾。一桌是二曲与道友及二位大人，按位次坐定后，二曲又从门生席中拉起心敬，让其坐在自己身侧作陪。席间，二曲对二位大人倾囊相助完成刊刻成书义举深深躬身致谢，又对远来道贺的几位挚友极尽欢迎，最后详细介绍了此次出《二曲集》的艰辛过程。说罢，拉起心敬道："《二曲集》能够顺利成书，此生功莫大焉……"动情地描述了他这两年来为出书而日夜操劳以致昏厥的情景，席间随即响起一片唏嘘之声。言末，二曲决定将久藏心中的决断趁着今日的场合郑重宣布，他拍着心敬的肩膀大声说道："继吾道统者，舍此子其谁？"顿时门生席传来一片叫好声。主席各位也纷纷道贺祝福，弄得心敬好生尴尬。正在站也不是坐也不是之际，又听二曲一声断喝："尔缉，还不快快代师父向二位大人与师叔敬酒！"这才救了心敬，他便遵照师命，一一向各位长辈斟酒致礼，众人也不免当面夸赞一番，心敬只好诚恳道："师父书成心中喜极未酒而醉，是陶醉，以上夸赞乃是醉中戏言，当不得真；不过听到师父这一话语，心敬心中仍不免感愧不已。今后还要多多聆听诸长辈的教诲才是。"敬酒毕，席间一时高谈阔论各叙衷肠，充溢着满满的喜庆气氛。直到午后申时，众人才各怀着一摞厚厚的《二曲集》满意而归。

要说这《二曲集》之后还竟然意外地派上了大用场——救了二曲一难。话说康熙四十二年（1703）十月，康熙帝西巡陕西，又一次想起大儒二曲，于是再次下诏召其觐见。心纯志坚的二曲仍以痼疾上奏拒诏，康熙帝一见再三恩召，这个李颙仍以托辞拒旨，不由心中腾起一股怒火，要是个把官员敢如此抗旨不遵，早就将他下进大狱甚或拿掉吃饭的家伙。可对于一个山野逸民，若过于任性使强，与一个平头百姓为此小事执拗较真，怕要引起天下人的笑话。无奈只好忍下这口闲气，喃喃自嘲道："强扭的瓜不甜，这个犟驴随他去吧……要不索性再大度一些，以显朕开明君主的胸襟。"于是便以"高年有疾，不必相强"喻令地方官吏，并赐"操志高洁"匾额一块及御制诗章一部；同时索求二曲著述，以表求贤之心。二曲遂托其子慎言进献一生心血凝成的《二曲集》与《四书反身录》各一部，以谢皇恩。康熙帝阅后大悦，这一场险些酿成的奇祸，方才以皆大欢喜的结局收场。此后话略过不提。

话说其后不多日，时年三十八岁的心敬于功德圆满之际，辞别了二曲，离开了螯屋新庄堡，结束了辛勤耕耘十载有余的游学生涯。盛着一肚子的学问，带着一身子的练达与成熟，装着一脑子对新生活的憧憬，心敬回到了阔别许久的故乡鄠县。

　　入得门来,只见五六岁的二儿子勋正在院中打着"犟牛"(陀螺)玩,心敬将行李放到一边,掏出手帕将儿子拉得老长的鼻涕擦净。孩子看了半天,才扭头往回边跑边喊:"妈,我大回来咧!"门里应声闪出抱着一岁左右婴孩的翠姑,一见丈夫呆立原地,不由按着久别的心跳走上前去,拉了一把心敬:"还愣啥?认不得这进屋的门了?"回头向屋里喊,"功儿,还不快来帮你大拿行李!"闻声屋里走出一少年,远远望了一下,急忙跑到心敬跟前躬身施礼道:"见过父亲大人。"心敬端详着憨厚、恭顺的长子功,不由笑道:"嚄,又长了一截,怕是你都把家吃穷了吧。"功羞羞一笑,吃力地拖着行李往回拽。翠姑笑着啐骂道:"光吃饭不长劲,还净逞能。"说完把小儿子递给丈夫,两人一块提溜了回去。心敬跟在后头,看着怀中幼儿那圆溜溜的双眼,胖嘟嘟的脸蛋,不由咂了一口,他那短须却扎得孩儿哇的一声哭着叫起屈来,翠姑闻声只好迈着碎步又跑了过来,抢过孩子斜了心敬一眼:"一年半载回来一趟,看看,娃都认不得你是谁了。"

　　正说着,母亲李氏等一大家子人都拥了出来。心敬急忙上前双膝跪地:"妈,这些日子身子骨可还硬朗?儿学业期满,这次回来再也不去盩屋了。"李氏喜得抹了一把眼泪,拉起儿子忙说:"一路上人困马乏,快到屋里歇歇再叙话。"全家人簇拥着心敬进了里屋厅堂。

　　待人坐定,大伙七嘴八舌向心敬问着情况,心敬便将帮师父料理文稿出《二曲集》之事细说了一番。心广接口问道:"哥,你这次回来安顿好后又有啥打算?"心敬想了一下,缓缓回道:"待哥休整几日,缓过身子,便要干一番大事业。""啥大事业?"众人几乎异口同声问道。"以后你们就知道了,只是这事还得与咱妈商量一番才能定夺。"正说间,只听得"叭"的一声脆响,把众人吓了一跳,回身一看,只见功双手冒着热气,不知所措呆立原地。原来功给祖母与父亲端来两盅热茶,却不料被围着的人一撞,一片孝心顿时成了满地碎片。众人一阵忙乱,才将地面拾掇干净,重新给二人端上茶。李氏疼爱地将功拉到身边说:"你们这些大人都还不如俺这孙子心细。"说罢对着心敬,"功儿如今已入庠就学,先生说他可懂事了,功课学得也蛮上心。你这一回来得抽空好好教教他,说不定将来是块材料。"一会儿工夫,妯娌俩将饭端了上来,一家人吃着糁子面,一边对心敬说着东长西短,比平日热闹了许多。

　　夜里,心敬走到母亲李氏的房间。昏黄的灯光下,李氏端坐在炕上,手捧着一本《唐诗集注》正看得入神。见儿子进来,她便放下书,招呼着让心敬坐下。心敬惊奇地问道:"妈,你六十多的人了,眼睛还这么好使,真让儿子眼红。"李氏笑道:"这几年身子骨已大

第二十六回　师徒携手共谋鸿篇　门生孤身独筹书院

不如前,可这眼睛还没有出过啥力,依然中用。儿这时来想必有啥事?"心敬挪近母亲,叹口气道:"吃晌午饭时儿说要办一件大事,并说要与你商量一番。事情是这样的,儿在离开师父前已想过好一阵子,儿想办一座书院。妈你说过让儿要做一个圣贤,儿苦修十余载,无论节操还是学问,儿自觉已臻大儒境界。既已息了做官的念头,那必然就要著书立说、兴学传道。这就必须有传播我师二曲先生学说、集众多英才以弘扬我关学道统的场所。""你说吧,有何打算?""妈,我想把咱河湾地都卖了,弄个百十两银子,再——"

"且慢。"李氏举手截住了心敬的话语。当她听到儿子要办书院,心中已隐隐有一丝不安;当儿子一提出卖地,心中的不安已变得确定无疑了。一时间犹如一块石头压在了胸口,气都喘不过来。她定了定神,语气尽量和缓地说道:"儿啊,卖河湾地?你说得倒轻巧,那可是你爷爷、太爷爷几辈人受苦拔力,硬是从嘴里节省着抠出来的!为助你就学,前多年已卖去了十多亩,如今你又打上了它的主意?你办书院妈赞成,可你要再卖地,妈可是一万个不答应。卖了河湾地,只剩下上岸地那点薄田,你让这一大家子喝西北风去?男子汉大丈夫,自己的事自己想法办,别做只把眼睛瞅着自家屋里的家业田产那没出息的事。你已老大不小了,也长了一肚子本事,应该明白妈的这一片苦心与难处。"

碰了一个大钉子的心敬垂头丧气回到了自己的卧室,他想办大事的念头被母亲一盆水浇了个透凉。心里又急又气的他一下子扑到炕上用被子狠狠地罩住了头:"妈也太绝情了,一下就堵住了我的嘴,连个商量的余地都不留。还练达个屁,刚一上阵就打了个败仗……"胡思乱想着,直到半夜方才蒙眬睡去。

第二天清晨,依着盩厔修业养成的习惯,心敬早早就起身,洗漱一毕,拿一本《孟子》坐在后院的条石上看了起来。尽管眼睛瞅着书,可脑子却翻来覆去,总是想着昨晚那场失败的谈话。一阵凉风拂面而过,发热的头脑渐渐冷静下来,不由伤感地想到母亲这些年支撑着这一大家子生计,六十多的人了还整天不停地忙活。扪心自问,自己快四十的人了,可为家里操过多少心?出过多少力?又给家里拿回过几两银子?非但如此,如今还想卖家里的地以成全自己的伟业。这种一心想着自己不顾家里死活的私心,难道是一个君子所为?给年迈母亲脸上又生生添上几丝愁纹,这难道是一个做儿子的孝行?可回过头一想,这办书院的夙愿是连母亲也赞同的义举,也是实现自己日后著书立说、兴学传道宏大理想的必由之路呀!该用何法,才能解开这难缠的疙瘩呢?沉思了许久,他折回书房,提起了往日颇为轻巧,今日却如坠石般沉重的毛笔。

西安一处静谧的府第。

穿过后花园的细石拼花甬道,在一片高树浓荫遮掩的一角,露出一片鳞波荡漾的小湖。绕过湖边太湖石堆砌而成的假山,一座古色古香的凉亭映入眼帘。亭中几上,两人对弈正酣。右手是已退隐闲居在家的鄂善,学宪高尔公则安坐对面,侧旁的司冠郑重正聚精会神地瞅着棋盘,看着二人杀得天昏地暗。这几人平日相善,无事间经常走动一番,更兼三人俱有黑白子喜好,故而闲暇时常在此凉亭摩拳擦掌斗上几个回合以解棋瘾。

平日里高尔公的棋艺比二人略胜一筹,今番因其轻敌,已被鄂善弄巧扳成了两平。在这决定胜负的第五盘中,高尔公经过一番谋算,设局布下一个套,静等着鄂善踏入陷阱。鄂公果然中计,当他投下一子,将对手所围几子笑眯眯收入囊中之时,高尔公故作愁眉苦脸,沉思半晌。鄂公笑道:"收尔几子,就如此肉疼。要不,老夫退一步,交还俘虏如何?"郑重在旁看了半天,摇头道:"看来高兄大意失荆州,只能推枰认输了。"高尔公叹了口气:"郑兄所见极是,看来此盘获胜无望。算作和棋如何?"鄂公哪肯罢休,揶揄道:"高老弟平日趾高气扬,今日却如何这般谦虚?老夫正指望着你妙手回春,下一盘绝处逢生的指导棋呢。"说完哈哈大笑。高尔公闻言,不怀好意地瞅着鄂善,不慌不忙轻轻拈起一黑子,"啪"地一声打入棋盘。鄂公不以为意,随手投下一子,谁料三五着后,鄂公傻眼了。高尔公指着棋势笑道:"这回大人可是捡了芝麻丢了西瓜,还让棋呢,你不悔棋就烧高香了。"鄂善低头一看不由大吃一惊,自己一条大龙已被死死围住,显然已逃生无望。傻眼之余心中不免暗暗叫苦,却仍装作一副胸有成竹的样子。"看来此盘经这几子点穴,大人已在劫难逃,不若告负再来一盘?"郑重这时方才看出白方已损兵折将大势已去,便劝解道。鄂善见翻盘无望,却抹不开面子,便故作沉思,实想借故将此局搪塞过去。

这时,湖面被微风吹起一波涟漪,一条大鲤鱼摆尾腾起,跃过一条长长的曲线,"乓"的一声落入三尺远的水中。三人都被惊起拧身离座望着湖中上下窜动的鱼群。"哎,你看这几条大鲤,还是前日托人从鄂县渼陂湖捞得。此鱼肥美异常,连大文豪苏东坡先生都赞不绝口,说什么'烹不待熟指先染',要不午膳时弄它一条让两位尝尝鲜?""甭打岔,甭打岔。大人还是先回座苦思这盘残局,至于败后割地赔款么,弄条鱼意思一下也就将就了。"高尔公得理不饶人,端着宜兴茶壶一边惬意地抿着茶水,一边围着棋盘评论道:"哎,鄂公,人说棋分九品,平心而论以您的棋艺足可入品——你看评个'守拙'如何?我也就比您老高了那么一丁点——'若愚'。""嘿,以老夫棋品,评个'小巧'还有些窝屈;你嘛,落个'斗力'亦属勉为其难。若让老夫主管大清棋坛,你这七品也就那么回事,凭咱两

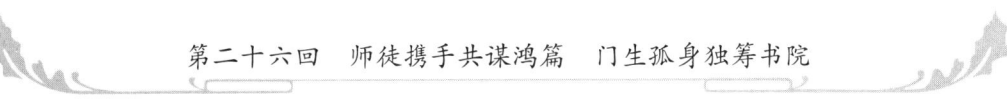

第二十六回　师徒携手共谋鸿篇　门生孤身独筹书院

人的交情,抬抬手也就糊弄过去了。""嘿,鄂公你还嘴硬。落子,快落子呀!"

正在二人嘴皮子斗得难解难分之时,却见鄂公幼子额伦特在假山旁来回踱步,一边张望着凉亭。鄂善正在抓耳挠腮之际,一看来了救兵,不由喜出望外,忙招呼儿子过来,还一边"抱怨"道:"正在这边下得有趣,你却来此搅和。说说是什么大不了的事?"额伦特愁眉苦脸,拿出一张信纸递给父亲。鄂善接过,细细看了起来,看着看着,不禁皱起了眉头:"这个心敬是何人?他欲办书院又为何向你求援?"额伦特答道:"这个心敬姓王,鄂县北街人氏。他为人处世儿异常敬佩,为此我俩还拜结金兰,成为异姓兄弟。如今他想办个书院授徒弘道,却因钱款匮乏只好求助于我。你老知儿平日好交朋结友,俸禄一发就被那帮弟兄掳去喝酒取乐。如今身无分文,只好来求父亲大人想个法子。"

高尔公一听到心敬的名字,不由凑近鄂善身旁:"王心敬?不就是那日庆贺二曲先生大作告成,酒席上被先生拉出盛赞的那个门人?据二曲先生言,此子品学出众,大有他日传其衣钵之意。"额伦特忙接口道:"对呀,就是他。父亲,这二曲先生可是你在任时的至交,他的门人又是儿的结拜弟兄,他有此宏愿却囊中羞涩,你老不能袖手旁观,任其四处碰壁讨捐吧?"鄂善回顾二人:"你二人的意思?"郑重回视高尔公,见其微微颔首,便恭手对鄂善道:"大人,这个王心敬经我二人亲眼所见,确为一谦谦君子有为后生。如今他欲办书院,亦是大好事一桩。前些天小官与高公曾出资捐助二曲先生刊刻其《二曲集》。哦,二曲先生还托高公带回赠大人一套,你却忘了?"鄂善以手加额:"记得记得,近日还正在看他的大作哩。确实写得深入,给人耳目一新之感。"高尔公顺势插言道:"大人,公子已将前情告知。依我看,此小子才堪子建,德比颜渊,其后必大有出息。吾等三人何不玉成此善举,以助我朝人才。此功德无量之举一经传出,岂非坊间一桩美谈?"鄂善听得二人一番高论,不由点头道:"二位说的也是,只是犬子求老夫解困,却'连累'二位落此美名,老夫心有不甘。"说得二人一同开怀道:"大人莫要取笑,还是解囊要紧。"说罢各人从怀中掏出一百两银票,鄂善也取出一百两递给了他,额伦特从怀中摸索半天,零零散散凑够五十两,犹豫了一下自言自语道:"再到弟兄处搜搜,弄个整数。"随后跪地叩首,"两位阿叔、父亲,侄儿代吾兄心敬拜谢不尽。他日书院落成,一定请您几位莅临同贺。"言罢,喜滋滋穿亭奔去。

三人看着额伦特隐没在了假山背后,方回过身。高尔公指着刚才的残局问鄂善道:"兵临城下,鄂公还打算负隅顽抗?"鄂善挥手道:"适才刚想了一招制胜妙法,却不料被这浑小子把脑瓜给搅乱了。算了,这盘算和棋,如何?"高尔公笑道:"和棋也成,只是要搭上

乞降的一条大鲤鱼,可好?""鲤鱼那是二位破财的安慰之物,这算哪门子乞降?""好,好。只是要搅扰大人了,甚觉不安。""算了吧,老夫刚才就看你瞅着那大鲤鱼心神不安,恨不得热腾腾立时端到面前,还在此虚情假意说什么'搅扰',真是口是心非的伪君子。"几人放声大笑着出了凉亭。

话说心敬向结拜弟兄额伦特发出求助信后,一连几日一直心神不安,脑子像一锅开水不断翻腾。他开始后悔提笔写了这封信。他清楚知道这位兄弟一向豪侠重义,从不惜身外之物,因而不会刻意积攒大笔银两。这一奢求肯定给这位兄弟出了个大难题,而他又是一个极要面子的人,明知不可为却因自己开了这口一定会四处张罗,说不定一时情急弄出什么祸事。他不禁为他担心起来,以至有了将这信追回的冲动;就连素有的自尊心也在暗暗责备着自己:大丈夫做事全凭自己的本事,向人乞求,把这副重担轻巧地推到别人肩上,自己倒成了没事人似的在旁看着,这像什么话? 这还是一个敢于担当人的应有的作为吗? 心敬一时悔恨交加,成了热锅里的蚂蚁,站也不是坐也不是,整日像个梦游人似的在家里、后院漫无目的地四处乱转。好在旬日之间他收到了贤弟额伦特托人转交的四百两银票,并来信叙说了资助详情。他不禁热泪涌出,从心底里感激这几位大人与兄弟。直到这时,才将悬得老高的一颗心放回了肚中,暗叫一声"惭愧",又忙不迭地出门考查院址去了。

心敬东南西北转了个遍,直到一日到了一处,举目望去不禁眼前一亮:一湾溪水在郁郁葱葱的密林中时隐时现斗折蛇行;清澈的水里生长着一大片芦苇,无数游鱼在其中往来穿梭,或嬉戏或逐食,十分欢快忙碌;远处一群水鸟或浮或立,一会儿将头伸入水中,一会儿又仰脖吞食;四周稻田遍布一片翠绿,稻田埂径上野花怒放,红黄紫蓝满目斑斓。河边一村庄,在高高的绿树笼罩下显得异常幽静,让心敬不禁心驰神往。心敬上前一打听,此庄名叫孙家砬。心中一阵兴奋,就是此处,岂有他哉。

心敬在村旁临河处购置了一片空地,雇佣匠人、土工,购买各色建筑材料,然后按照自己的构想开工了。打地基、砌墙、上梁、使瓦、上脊……整个工期,心敬忙得连轴转。他干脆搭了个帐篷,吃住在里面。有时半夜被匠人叫起,商量明日施工的细节;有时正吃着匆忙下的连锅面,又有人来要钱到县城买东西;送走那人刚端起碗,又有伙计闯了进来说有人来见。

心敬掀开门帘走了出去,见来人头戴皂巾,身着青袍,一身书生打扮。心敬将来者恭迎进帐篷,来人也不讲究,一屁股坐在了叠起当凳子的砖头上,开言道:"吾乃本县知县

第二十六回　师徒携手共谋鸿篇　门生孤身独筹书院

……"话未说完,心敬慌忙站起身,躬身施礼道:"不知大人驾到,实在失礼。大人屈尊来此,不知有何见教?"知县招手让心敬仍坐在床沿,正色言道:"尔行此大事,为何不见禀报县衙,直待吾亲自赶来询问,是何道理?"心敬忙问:"此等区区民间建房小事,老爷也要来管?不曾听说。""当然要管。你王心敬建的是书院,此乃教化育人之地。本县执掌全县农、兵、水、税、治安、官司、荒政乃至教化育人之责,不然官家设痒,吾主持县试干甚?"心敬嗫嚅着不知如何回答才好。"看看,理亏了不是?当然话说回来,你这筹办书院是宣教儒学,培育人才,也算是功德无量之举。不过你却不与本县商议,竟让外人捐助出资,这不是把本县看得还不如外人?叫县里乡绅及士人说我老爷吝啬成性,办书院这么大的事居然装聋作哑,不捐一文?要不是闻知鄂善、高尔公、郑重等大人都伸出援手慷慨捐资,故而前来询问,岂不把本官也归入庸贪一流?这让我金老爷颜面何在……"一席话夹枪带棒,打得心敬头昏眼花,摸不着东南西北。到头来才渐渐听出这位金大人嫌我王心敬没叫他也认捐。不由一阵狂喜,心想这位县太爷也真怪,捐款还嫌人不给他打招呼,而且不论青红皂白先猛揍你一顿,然后才拐弯抹角露出真意。

话说这位金知县大名廷襄,字应枚,贡士出身,广东广宁人氏。此人学识出类拔萃,加之清廉秉正,仗义疏财,爱民如子且爱好结交雅士儒生,故甚得邑民拥戴,官声颇佳。只是生性豪侠强悍之外,却还有几分刁钻,常以作弄下属、熟人乃至狡狯之徒为乐,以给生人下马威为能事。

于是心敬恭恭敬敬把建书院的来由,募捐、修建等情况向金县令一一作了汇报,并说到目下为止,已建了院门及前坊,后堂与偏房等的款项还没有着落。金县令大手一挥:"是这样,后堂吾老爷包了,其余的你再想小法。"说罢,从怀中掏出四百两银票递给了心敬。这一雪中送炭之举顿时令心敬感激得不知如何是好。他慌忙双手接过,道:"大人此义举于下人无异再生之德,有了这笔钱款,我心敬就能夜夜安枕,心中无忧矣。在下有一不情之请,还望大人在书院落成之日屈尊前来并予训示。"金县令答道:"那是自然。"随后由心敬陪同在书院工地转了一圈,沿途指指点点,出了不少好点子,还真有些内行的架势。临行前,特意拉住心敬的手叮咛道:"我这次微服来此,就是不想招摇,你心知便可。"说罢挥手别去。心敬望着金县令摇摇摆摆的背影,失笑道:"真是一个冷面菩萨,热心阎罗。"

工程已近收尾,银子也都花了个罄净,可偏房与匠人们的工钱还没有着落。心敬这几日又煎熬得睡不着觉,辗转反侧,颠来倒去,编筐想着出路。一会儿一个点子从脑中蹦出，一下子兴奋得翻身坐起，回头一盘算，又沮丧地合衣倒下；不一会灵光一闪，激动得爬起沿着床头打转，可筹思了一阵，又觉得无望重新躺下。一连几日茶饭不思，绞尽脑汁终是无计可施，不由叹道："'一文钱难倒英雄汉'，今日才痛感这句阅世真言哪。"走投无路之际，心敬忽然想到了昔日好友、如今的大财东晋卿，决计硬着头皮到他那儿去撞一回木钟。见了晋卿一说来由，没想到他这个老友倒是意外地爽快，很快拿出二百两纹银道："开着钱庄，在商言商，这钱一年只算三厘息，啥时有啥时还，够意思了吧？也算是对老友办正经事的一点扶持。"心敬满口称谢，快意而归。

经过数年的千辛万苦，书院终于建成了。心敬即刻给身在盩屋的师父二曲写了一封长信，信中备述自己的宏愿与工程落成。末了恳请穷苦一世的恩师来此讲学并颐养天年。为了说动师父，他还不忘把书院周遭的优美环境大大地夸赞渲染了一番："书院所在去县城三里许，背村临溪。曲抱村为西邻，稻垄柳巷，绿荫白水，不减曲江。东望涝水，高岸百尺，桃柳蒹葭，掩映宜人。南望终南，衮延万里，如萃屏列峙，围带穷庐……"盼师来此助其功业大事，可谓情意殷切。

在一个黄道吉日，"二曲书院"落成仪式在孙家砭隆重举行。半晌午时分，知县金廷襄率着县丞、主簿、县尉及一干书吏、乡绅、儒生等来到书院。心敬亦领着众人恭迎伺茶。正说话间，忽听见门外一阵喧哗，有人来报，省上有几位大人前来赴会。金、王一干人等急忙出迎。只见书院前摆了一长溜青呢官轿，高尔公、郑重等掀帘而下，额伦特亦领着几位官佐骑马紧随其后。高尔公见廷襄正要施礼，忙拦住道："此非公事场合，你我以文友身份共襄盛举，就不必多礼了。"金廷襄笑嘻嘻道："诸位大人莅临敝县，实属难得。到时若不留下墨宝，岂不成大憾事一件。"高尔公笑道："恭敬不如从命，到时理当献丑。"说完一眼瞧见金知县身后的心敬，笑着指道："好你个王心敬，你的一封信害得吾等咬牙掏出俸禄还费神前来捧场，你倒躲在廷襄身后，没事人似的，是何道理？"心敬只好上前施礼道："若非各位大人以振兴儒学、为国育才为念，慷慨解囊鼎力相助，心敬纵有泼天本事，还不是一座空中楼阁？今诸位大人屈驾光临，令全县官民不胜荣幸，亦使书院沾光生辉。"郑重随后向众人介绍道："前次有幸助力二曲先生刊刻《二曲集》时，就曾听先生盛赞这位高徒是其传人，是他一力编撰，方使先生宏著流传于世。这回又能排除万难，兴此功在千秋的传道伟业，真乃后生可畏也。"心敬谦逊低首回道："正是承蒙各位大人抬爱，方使心敬梦想成真。请大人们先到侧房歇息消渴一番，然后随心敬巡视书院，还望不吝指教以便书院臻于完善，成我关中修德育才、文脉昌茂的一方胜地。"

第二十六回　师徒携手共谋鸿篇　门生孤身独筹书院

众人望着宏阔门楼上熠熠生辉的几个泥金大字——"二曲书院",当得知是高尔公大人的手迹时不禁一阵啧啧称赞。入得门来,发现二曲先生正恭候在侧旁,众人不由又寒暄一番,二曲说他昨日已下榻院中,只是院外人声嘈杂纷乱不堪,才在此迎迓。其后陪着各位一起观览院中布设。正前方五丈远处,一摆五间大厅高大宽敞。心敬介绍说是特邀各地鸿儒讲经宣道之地。里面一排排崭新的连椅还隐隐冒着缕缕松香;置于顶头的高高宣讲台,仿佛正等候着满腹经纶的大师们昂首阔论,整个大厅弥漫着一片肃穆气氛。步入后堂,是日常讲习之处,一张张书桌整齐排列,明媚的阳光穿棂而过,显得十分敞亮;两大厅之间东西两侧各有一溜厢房,分别是儒师、心敬自己与学子们的歇息之处,虽然稍显简朴却十分洁净干爽。转到东厢房前首,一块醒目的功德碑吸引住了众人的目光,只见上面恭敬地记载着鄂善父子、高尔公、郑重、金廷襄等人与县中热心乡绅的捐款数目及建院宗旨,高尔公等人暗暗点头。

整个书院还未来得及植树栽花,略显得有些空旷而乏生气。但院旁村舍浓荫枝头的鸟声啼鸣,邻舍飘来的丝丝玫瑰幽香,已使人有些陶醉,众人畅想待来日书院中栽松植柳,养花种草,浑然一片园林景观时,此处必成一静习功课的理想之地。

观览一毕,众人簇拥着高、郑、金诸大人来到前厅休息,书僮端来香茗一一放置。二曲上前道:"各位大人来此不易,能不留下墨宝以供后世瞻仰么?"郑重接口道:"刚在院外金知县已提此议。高公,到此还不露一手?"高尔公一时技痒,起身道:"众情难却,不留下涂鸦怕是难过此关。"心敬一见,忙备好笔墨纸砚,只见高尔公凝思片刻,遂屏息提笔挥毫写下"继横渠道统,承二曲心传"十个大字。其龙飞凤舞之态,令众人个个伸出拇指齐声喝彩。心敬心悦诚服道:"大人不愧学宪职衔,不只其字飘逸大气,其句寓意尤深,连小院宗旨也明乎其上,堪称'二曲书院'镇院之宝!令人肃然起敬,感怀大人的一片良苦用心。"高尔公抚须笑曰:"区区几字,竟被你诠释得如此高深,倒令本官有些不自然。"不待心敬辩解,回身招呼道,"今日适逢书院落成大喜之日,吾等请院长发表一番就职讲演如何?"众人齐呼:"大人提议甚合吾等之心。"遂将心敬簇拥上台。

心敬上得台来,不卑不亢施礼于台下众人。开篇先致谢各位大人、乡绅、儒生的厚爱与资助,欢迎在这书院落成之日前来施教与凑兴,之后进入正题,侃侃而言道:"士子本为喻于义之君子也,然今大多成钓朝廷爵禄,荣身而肥家之小人。目视当下,如三位大人一般清廉奉公、舍禄破财玉成利国益民美事者,即令不谓凤毛麟角,亦实属难能可贵。何以至此?追根溯源,乃四海之内绝多科场应试孜孜以求者,无非以《诗》《书》为荣名利禄之媒。即间有贤守令设义庠兴学重士,亦难成其追求。且彼等唯日日埋首于制艺时文,不通治世之道,更昧于农、刑、水、漕、荒诸务,视其举业之外更无学问之途,更甚者反视此类学问为赘疣,目研此学问者为迂阔。如此钻营富贵之徒,于国何益于民何用?故慨叹曰:自科举盛而人才衰,此乃世风之下也。功利之毒,浃人心髓!"

这一沉痛针砭科举流毒的慷慨讲演,顿时引来一片喧哗。待众人议论稍定,心敬肃然一字一顿宣布道:"吾建书院,当谨记学宪大人题词厚望,当除此一大弊端,以培高洁品德君子、育经世致用通才为宗旨。以此宗旨聘教,以此宗旨招徒,誓将二曲书院办成一座道德、经济兼备的育人之地。不知在场诸位还有何高见?"一阵热烈的喝彩叫好声将其尾声淹没。稍定,座中一儒士站起朗声道:"先生之见极是。唯文取仕,不查其平日德行与经世才学便授其高官厚禄,此乃流弊千年之科举痼疾。更甚者为攀此天梯飞黄腾达,不惜抛却礼义廉耻,科场中极尽作弊能事,如录旧、传递、关节、联号、夹带、代笔等,不一而足,近年来科场大案迭出频传,震惊朝野。此等斯文扫地之事,豕犬不胜之为,实实羞煞吾等读书人;更何况此辈一旦迈入仕途,必罔顾法度,为攫取荣华富贵而无所不用其极,索贿、抽分、打点、侵吞等作为层出不穷,实为官中奸贼也。如此下去,学者失操守,官者无法纪,吾朝岂不危危乎殆矣!先生此举,堪称高瞻远瞩,不啻根治时弊之良方。"随后语调转为低沉,"无奈科场、吏治沉疴已久积习难改。先生若以此宗旨设馆授徒,恐无几人会弃仕途而专务修身之道,如之奈何?"心敬闻言敛容坚定回曰:"君岂不闻庄子所语'夫鹓鶵发于南海,而飞于北海,非梧桐不止,非练实不食,非醴泉不饮'乎?吾办此书院,专供志操高洁之学子来此修业闻道。有十人教十人,有一子授一子,唯此初衷不改。"一句激昂的誓言,令举座肃然起敬暗自感叹。郑重大人起身道:"儒士王心敬设馆之初,便有此高洁宏愿,实为我横渠道统之幸也。望其日后能开花结果,一改我朝科场颓风,则善莫大焉。"众皆起身呼应。二曲此时插言道:"心敬,众大人与乡绅儒者延宕已久,身体难免乏困,此会已完满终场,可否借机入席答谢各位?"心敬连忙应诺。众人顺次退场入席,相叙甚欢。

饭毕,心敬一一送别各路客人。临行前,他拉着额伦特的手恳切道:"今日繁乱,你我兄弟未能畅叙,甚是遗憾。还有令尊大人今日何故未至?让为兄失去当面致谢之机。"额伦特道:"家父年高体衰无精力远道跋涉,特托小弟代为致贺。"言罢二人相携走出院门,挥手依依惜别。眼看着兄弟挥鞭驰骋而去,心敬仍痴呆呆望着。忽地有人拍了一下肩膀,回身一瞧,原来是晋卿、德钊、屏翰、子亮、王生几人正挤眉弄眼笑作一团。心敬惊喜

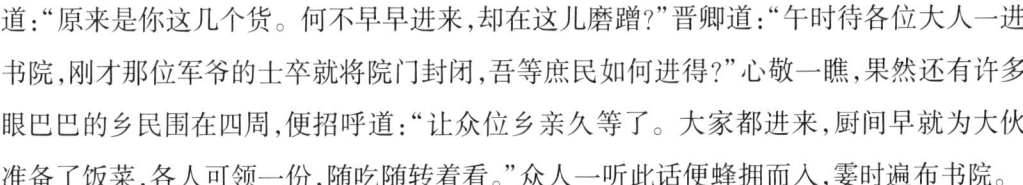

道:"原来是你这几个货。何不早早进来,却在这儿磨蹭?"晋卿道:"午时待各位大人一进书院,刚才那位军爷的士卒就将院门封闭,吾等庶民如何进得?"心敬一瞧,果然还有许多眼巴巴的乡民围在四周,便招呼道:"让众位乡亲久等了。大家都进来,厨间早就为大伙准备了饭菜,各人可领一份,随吃随转着看。"众人一听此话便蜂拥而入,霎时遍布书院。

心敬拉着几位昔日同窗来到自己厢房,坐定敬茶后,一一打听各人近况。末了,晋卿从怀中摸出一些碎银与铜钱,恳切道:"你办这等大事,大伙闻知岂能不前来道贺?这是我等凑来的份子喜钱,莫嫌贫气。"心敬感动得双眼泛潮:"贤弟这话说到哪里去了?漫说此举让各位破费,即就是空着手来,也是带着一颗赤心,也是对心敬的莫大抬举,还来什么'贫气'客套话,这不是在寒碜我么。"说罢不由叹道,"我等几个自孩提相交即亲如兄弟,无奈成人之后各奔东西。近二十年虽极少相聚,然儿时友情却常萦于怀,忆及往昔犹如梦中。今日大伙能前来道贺,足见还没将你这个迂腐兄弟忘却,令心敬感愧不已。"众人齐道:"少在这儿啰唆,还是带我等参观书院是正事。"心敬方收起伤感,笑声应诺,带着几个弟兄满书院转了个遍。其间追忆往事,抖落起晋卿在里平瓦舍给德钊一五一十捶背"还银"与德钊赶考路上往晋卿脖中塞大蚂蚁的旧事,乐得一伙人放声大笑。一路上你拉我扯,仿佛又回到了少时的岁月。

开馆之日,四里八乡送子入学的人流络绎不绝,令心敬喜出望外。他聘请师父二曲为之授课。周围乡绅得知当今远近闻名的大儒为学子讲经,于是更多的人携子前来求教,进而自己也挤坐在孩子身旁,专心听着二曲的精深宏论。

穷庐残月

第二十七回　迷途生修身谋文治
　　　　　　顽劣子养性练武功

　　过了几天,心敬给孩子们上了第一堂课。他微笑望着堂下学童们亮晶晶的眼睛,扫视着他们肃穆的神色,心里不由感叹:这些如今稚气未脱的学子中,将来说不定会出上几位孔孟圣徒、治世栋梁、文学巨擘、杏林国手;最不济也会像自己一样,做一个宣播孔孟圣道的传薪者。一想到此,一股庄严神圣的豪情不由从胸中涌出。

　　从自己奔波数载,费力劳神建造书院伊始,心敬就不断筹思着一个大题目:将这些未来学子培养成何等人物?在那次书院建成的典礼中他已明确提出,建院的目的,是培养品德高洁的君子,经世致用的通才。今日之课,就从如何成为君子的题目衍开吧。

　　心敬目光炯炯地环视了一下台下学子,朗声道:"各位门生,尔等从书院四周各县各乡远道而来,莫不想在此习经读书,修成人生正果。读书人的理想目标,可归结为九个字——修身、齐家、治国、平天下;而齐、治、平各宏大目标的根底,即为修身——身不修何以齐家?家不齐何以治国?国不治何以平天下?由此观之,吾等在座学子未来欲展人生之宏图,必从修身始。话说回来,纵使将来前路不测,做一个处世高洁的正经人家,亦可顺遂一生,神稳心安。孟子有言:'穷则独善其身,达则兼善天下。'就是对儒生前程两途的完美归结。然而,如何才能达致修身正果?抑或说,一个读书人达成怎样的人生境界,才算修身成功呢?一言以蔽之,做一个名副其实的君子。"

　　话说到此,心敬借着饮水之机,偷眼环视堂下,看到台下数十位满含期望学子们的热切目光,加上陪在座侧的诸多家长纷纷点头赞许,不由信心大增。他随即侃侃言道:"《论语》为圣祖孔子处世箴言的大总汇,其中对于何谓君子,有着诸多论述。为师今日将其归结,总括为君子之十大特质——

第二十七回　迷途生修身谋文治　顽劣子养性练武功

"其一，君子专注于探索真理与精神追求，不屑于一意谋取实物享受。

"子曰：'君子谋道不谋食'，'君子忧道不忧贫'是也。

"也就是说，要想成为一名真正的君子，必须将精神升华置于物质安乐之上，两者不可倒置。这也可视为君子与小人的终极分野。

"其二，君子有自己的独立见解与人格。

"子曰：'君子周而不比，小人比而不周'，'君子和而不同，小人同而不和'；这里的'周'，是指亲近之意，'比'是指顺从之意。

"也就是说，君子与人相善，但却不轻易迎合；君子与人和谐相处，却有自己的独立见解与立场，所谓'千人之诺诺，不若一士之谔谔'。谔谔者，乃君子也。

"其三，君子意志坚定持之以恒，即使面临危难仍不改节。

"子曰：'君子无终食之间违仁，造次必于是，颠沛必于是'，曾子云：'可以托六尺之孤，可以寄百里之命，临大事而不可夺也。君子人否？君子人也'。

"也就是说，作为君子，没有哪怕一顿饭的时间背离仁德，即使是在最急迫仓促的情况之下，即使是在颠沛流离的逆境之中，也会按既定的人格行事而不背离；君子可以于困境中将孤儿幼主放心交给他，危难时可把举国托付给他。这样面对生死而不能夺其志之人，才可谓真君子也。

"其四，君子秉持纯洁的义利观。

"子曰：'君子喻于义，小人喻于利'，'不义而富且贵，于我如浮云'。

"也就是说，君子在对事的处置上，首先要弄明白其是否合乎大义，而后用'义'的准则去行事，对于用不义手段所获取的荣华富贵，尤为鄙之；小人遇事只考虑其是否对自己有利，而后趋利避害。

"其五，君子心底坦荡，光明磊落，行事待人问心无愧。

"子曰：'君子坦荡荡，小人长戚戚'，'君子不忧不惧……内省不疚'。

"也就是说，君子心存浩然正气，自可坦然面对天、地、人；君子行事问心无愧，自然不怕半夜鬼叫门。

"其六，君子与人为善。

"子曰：'君子成人之美，不成人之恶。'子夏曰：'君子敬而不失，与人恭而有礼。四海之内，皆兄弟也。君子何患无兄弟也。'

"也就是说，一个心地善良宽厚、助人为乐之人，才能成为君子。一个人若处处以邻

为壑、经常谋思着算计他人,即使才华横溢,也难登君子大雅之堂。

"其七,君子严于律己,宽以待人。

"子曰:'君子耻其言而过其行。'子曰:'君子病无能焉,不病人之不己知也。'

"也就是说,一个君子,以言过其实为耻;遇事只自责自己没有能耐,而不嗔怪别人不晓自己的才具。

"其八,君子自强自立。

"子曰:'君子求诸己,小人求诸人。'此处之'诸'作'之于'解,'求',指'求助、凭借'。

"也就是说,君子行事凭着自己的本事,依靠自己的奋斗努力,去获取成功,不将成败寄托于他人的恩赐与亲族的庇荫之上。事成,要成得干干净净;获赢,要赢得堂堂正正。此条虽不显眼,却在观察行人处事之中君子与小人的分野大有用处。

"其九,君子以诚信为本,重诺如山。

"曾子曰:'吾日三省吾身:为人谋而不忠乎?与朋友交而不信乎?传不习乎?'

"子曰:'君子义以为质,礼以行之,孙以出之,信以成之。君子哉!'

"子路曰:'君子于其言,无所苟而已矣。'

"也就是说,君子不轻易出言(讷于言),出则不是随便一说(无所苟),必以诚信去实现它(信以成之);所谓'君子一言,驷马难追'也;'言必信,行必果'即为君子的行事信条。若非如此,他人岂能托孤寄国于尔!此一条,依孔老夫子之言,为君子最基本的品质底线。

"其十,作为君子,应具有超群的个人修养。

"子曰:'质胜文则野,文胜质则史。文质彬彬,然后君子。'

"也就是说,只有内心的质朴与外具的文采兼备,且处处待人谦恭有礼,然后才能成为一名合格的君子。"

这番似乎有些冗长的解说刚一落音,立刻引来一阵喝彩之声。原来是几位陪座的家人与闻讯赶来旁听的士绅一时听得耳热,不由击掌赞叹。一胡须花白身着青衫的儒生起立高声道:"通读《论语》《孟子》,知晓二位圣人对君子论述林林总总不下多处,虽则句句令人振聋发聩,却因分散零碎于各处,终觉不得要领,难以窥见君子全貌。先生对此一番提纲挈领的汇总,令人耳目一新,大有登山巅而览四野之感。佩服,佩服!"在座的十几岁学子中还杂有几位慕名投师的生员,他们个个听得入迷,见大人们齐声喝彩,更是交头接

第二十七回　迷途生修身谋文治　顽劣子养性练武功

耳,兴奋异常。

待喧声稍定,心敬接着说道:"还有一点在此处需要着重加以解释。圣人在明示君子之为时,通常以小人作为对比。此处之小人,大多处可理解为终日为衣食操劳的普通百姓,少数处特指品操不良之人。作为凡夫俗子,平日生计自是异常艰难,难免日夜埋首于谋食逐利之举,此种行事本也无可厚非。有此对照,更反衬出君子这种超脱物欲,追求道德升华的高洁风范,在芸芸众生之中,实属凤毛麟角,难能可贵!不过话说回来,对于普通人,行事也须讲究些君子之风,比如诚实守信,比如自强不息,比如与人为善,比如遵守律法(君子怀刑)等等。总之,依着自己的良心去办事,其举亦可成为一半君子矣!"

此番解说,更是激起一阵赞同。人人觉得,自己即使不能成为一个十全君子,以上各条总是可以做得到的,不也具备一些君子之风了吗?顿时感到心敬先生讲得十分得体可亲,众人交口称赞,一时喝彩复起,场面十分热烈。

心敬待众人议定,又注目于自己,遂作结道:"以上所列之十全君子,并非人人可以做到,但也并非无人做到。当今堪称真君子者,远在天边的不说,近在眼前就有一位——"他指着陪坐一旁的二曲夫子道,"吾师二曲,为人守义持节。昔日家无粒粮却自谋道不息;自甘清贫而拒受皇恩;以身示范而门下君子迭出;奋身著书而弘扬儒家大道。总之,余希冀在座学子能以李夫子为楷模,发扬我院'继横渠道统,承二曲心传'之学风,个个成为志操高洁且拥经世致用之才的君子!"一时座间个个激奋,喝彩之声四起。

随着攘攘人群带着无比赞叹的感慨散去,一时间,那场君子讲演传遍了鄠邑城乡,人人交口称颂着心敬的品德学养与君子风骨,并纷纷起而效之,竟致这蕞尔小县誉满四方,成为彼时周边的礼义之乡。

最近几月,心敬与二曲先生轮流讲课。在儒学经典处,如《大学》《中庸》《论语》《尚书》《春秋》诸先贤四书五经与朱、王等近哲的著述中,二人详尽剖析了其中深蕴的人生哲理、立身要旨、处世智慧、治国良策,着力将"仁、义"二字贯穿其中,欲将这般学子育成深谙儒理精髓而又一腔正气在身的谦谦君子。

除此之外,书院尚有两处与一般私塾和学堂截然不同:一是讲习中绝口不提科场应试的章法、关节与要诀;二是增设了有关国计民生的诸多实学项目,如农事、水利、营造、除灾、兵学、漕运等,让学子们修成经世致用的实干人才。为此,心敬还着意请来了县中的刑名师爷,让其对门生讲解律法、诉讼、侦办等案例;请来钱粮师爷,让其传授税法、仓储、征稽等施政实务;请来身怀绝学的隐者,让其阐释算学技法、山川地貌、夜空星象等学识;请来一生耕耘的老农,让其介绍麦稻桑麻的培育过程,演示各式农具的操作技巧。

不仅如此,心敬几人还增授了阐述各朝历史的典籍,如《资治通鉴》等,给诸生总结朝代兴衰的起因与结果,树立以民为本、兴利除弊的治乱固邦意识;同时,还开讲《历代名臣奏议》,培养诸生撰写奏章、手谕的本领,提升未来的公务处理能力。

时临盛夏,莘莘学子或于松香弥漫的讲堂洗耳恭听;或于院中花丛树荫处高声吟诵;或徘徊于稻埂、溪岸深思学理;或于麦收过后的田地里习作农耕……

一日,正当心敬兴致勃勃讲解着《尚书》中的精深哲论时,无意中扫视全场,却发现学子中少了一人。他对此子印象颇深——数月前,一身着华服的中年士绅,领着一个二十左近的青年来到书院,声称二曲、心敬两先生都是誉满西北的大儒,深怀仰慕,遂携儿前来投师学艺,以冀名师之下,儿子能学业精进,他日报效朝廷云云。心敬询问中,得知此子为庠生。就近观之,只见其眉清目秀,文气在胸,料知这是一个值得精心栽培的好苗子,便欣然收下,令其插入讲堂座中。

然其多日,心敬细观此生,却发觉一丝蹊跷:当自己与师父讲到经书精妙之处,此生便全神贯注竖耳细听,生怕漏掉一星半点;而当二人论述那些实用科目、致用技艺,此生便兴味索然,偶尔还会伏首闭目,打起瞌睡。

他的离去,使心敬心里甚为惋惜。下了课堂,心敬询问了周围诸生,方知其昨日晚间便卷了铺盖不辞而别。趁着后晌无甚要事,他就前去此生家门,以问个究竟。

来到学子住处,抬头望去,只见门楼高耸,院中房舍重叠齐整,蔚蔚然一殷实人家。入得门来,绕过一砖雕照壁,穿过竹树婆娑的庭院,心敬随仆人来到客厅,那人未端来茶点即行离去。许久,方见一位士绅背抄双手,慢腾腾踱至椅中坐下。"请问先生光临舍下,有何见教?"心敬见主人如此怠慢,心中已隐隐不快,他按住心火,庄重拱手道:"先生贵子昨日不知何故从敝院不辞而别,未免令人担忧不解。今赴贵府,特来探知孩子是否安然归家,并借此询问个中缘由。敝院诸项处置若有不到之处,还望先生不吝指教,以促敝院能从善而择,改过弊端。"

那人仰靠椅背,闭目拿捏半日,方沉声道:"从善而择,改过弊端? 老实讲,贵院之弊端,着实还大得很哪。鄙人送子于贵院就读,实指望犬子能在二位大儒点拨之下,学业精进,能使来日乡试顺利升阶。可听他回家一讲,方晓贵院不务正业,将科场诸多环节实务

第二十七回　迷途生修身谋文治　顽劣子养性练武功

置于一旁，名为传授经典，实为培育什么徒有虚名的所谓'君子'；更荒唐的是，竟然将农事、经济、兵法等与科举八竿子打不着的旁门左道煞有介事大肆宣讲，还让娃娃们到田间劳作，简直是有辱斯文。像尔等如此胡闹，还有哪个指望从贵院直入龙门？老实讲，先生此番作为令人失望之至。为此，鄙人方才唤回痴子，另寻高明。你看——"他抬手向后院一指，"这位是我刚刚请到的一位老儒生，这位老先生才高八斗，却最终因命途蹇涩，不得不收了那腾达之心，回乡做了一个授徒儒师。不过话说回来，老先生一生科场拼杀无数，不光文章写得如花骨朵一般，还有那——"他挤眉弄眼，凑近心敬附耳神秘言道，"科场的诸般弄巧、应试绝招、十八般武艺样样精通哩。这下先生可知晓鄙人为何要将犬子召回了吧？"

心敬耐着性子听完了那番故弄玄虚的高论，不由皱起了眉头。他避开主人凑近的前胸，庄重回道："先生教子另觅名师，本无可厚非，但让孩子成才，日后有所作为，愚以为必先修成品操高洁的君子，然后辅以学业精深，方可成为朝廷的清官能吏，敝院正是秉承这一宗旨而设立。若一味追求荣华而舍本求末，甚或借由歪门邪道以图轻易成事，恐怕会适得其反，弄得不好，还会害了孩子前程。"

这一苦口婆心的规劝，竟被主人视作揭了疮疤，他呼地离座而起，指着心敬的鼻子语不连声："你……你……你，竟敢教训我？谁不图自己后人有个好前程？纵是使些手段，日后锦绣前程与这相比，它比屁还淡！你口口声声说那个狗屁书院能出人才，为何不将你自己的儿子送入其中？"

看到心敬被他那一番气壮如牛的歪理弄得不知所措，那人又凑近阴笑道："王大夫子，没话说了吧？先生心里明明知晓那入庠就学是升官正途，方将自己儿子安排其中，却仍一本正经勾引别家后人入书院修成什么狗屁君子？心口不一、口是心非乃伪君子本色也，一名伪君子竟还大言不惭说什么培育真正的君子，岂不令人笑掉大牙？"说完用手向门外一指，"还是请你这伪君子真小人快快离开，以免污了脚刚踩到的这块地砖！"

这一番夹枪带棒的抢白，喧得心敬端靠椅上，气都喘不过来。半响，脚猛一跺，不言一语走出了主人的大门。

一路之上，心敬踉踉跄跄，满脑子都是刚才主人那嘲讽的冷笑与尖刻的话音，心里憋得只想赶快回家摔上一只破碗，以便息了这股心头的无名之火。猛然间，一阵阵悦耳的钟磬之声传入耳中，抬起头来，却发现漫无目的的双脚，竟将他无意中带到了兴国寺前。驻足聆听，那庄严空灵的诵经之声隐隐传来，犹如一剂清凉醒药，顿时让心敬烦闷的心绪宁静了下来。他痴痴地呆在原地痴痴地听着,让那燥热的心灵沉浸在超凡脱俗的梵呗之音中,满腔的憋屈似乎被一阵风吹向了天边。

折回城里,沉静下来的心敬慢慢回归到了理性的思索:儿子王功,如今年届十八九,前些年自己将他送庠就读。由于幼岁受祖母李氏诗书熏陶,及长又受自己严厉管束,性格温顺的王功,读书很是舍力,未就学时已是章句在胸,入庠后不久即顺利通过童试,随后又晋为廪膳生员。这除了为家里带来一丝荣耀,更为难得的是有了一股"财源",为纾解家困确实出了大力。

而今,自己这一顺理成章之举,却被人当作不良私心揭了出来,还依此为据奚落自己是心口不一的伪君子,实在让人愤懑委屈而又百口莫辩。不过话说回来,也许早已有人对此私下议论纷纷,若不是这次冲突,自己仍会蒙在鼓中而浑然不知。舍中之语固为恶意中伤,然也确实暴露出自己作为的矛盾之处;"伪君子"一词虽然狠毒,却也无异于一声警钟。心中掂量斟酌了许久,方才拿定主意,心敬迈着沉重而又决绝的脚步,迈进了王府大门。

晚间,全家人聚于议事客厅。心敬首先陈述了日间所发生之事,然后摆明了自己的打算。不料,话音刚落,就招致翠姑的激烈反对,言道王功经家人辛苦供养刚刚出息得有了苗头,若将他转至二曲书院,不但昔日的功苦一水吹了,还断了家中的补贴:"你整日浪荡在书院,家中柴米油盐撒手不管,如今却要为了自己的名声,毁了儿子的前程。"心敬耐心解释道:"王功入院读书,固然会失却柴米补贴,但此举关乎为夫的一生清誉,若功儿继续就学,难免会有一些人背后嚼耳根子。你想,一个被人传扬为伪君子的人,他还有啥脸活于世上?你夫一生坦荡立世,素以君子自居,若被人泼上这等污名,还不如立时撞死在地!再则,若此事广为人知,这书院还如何办得下去?岂不耽搁了许多学童成人的前程?况且话说回来,功儿去书院读书,有为夫在旁督导,岂不受益更多?加之功儿在此就读,更可养成处世的君子品操,日后若能成才入仕,岂不令人放心了许多?……""妈,你看他满口胡说,还不赶快把他的嘴封上。"翠姑一见心敬长篇大论,说得头头是道,急忙想让这位家中主事一锤定音,以免他再蛊惑人心。"手心手背都是肉,你俩说的都有理,让我老婆子咋给你二人评个里子面子?我看不如这样,你俩今晚再商量、斟酌一下这事的利弊,明儿早再作分晓,如何?"待在一旁的心广趁势开口道:"妈说得在理。功儿的事大着哩。这几年功儿入庠就学,顺风顺水,若上那书院,万一有个一差二错,岂不害了娃一辈子?再说……"一见心敬瞪起了双眼,心广急忙把下面的话咽进了肚里。

第二十七回　迷途生修身谋文治　顽劣子养性练武功

夜里,夫妻二人枯坐炕头。许久,心敬望着急得满脸泪痕的翠姑,心里一阵愧疚。他整日在书院忙活,全凭母亲、兄弟在家操持,翠姑更是没日没夜埋头干活,以弥补丈夫所亏欠的家庭重担。望着翠姑在油灯下日渐消瘦的身躯与早生的几根白发,他怜爱地抚摸着妻子额头微微隐现的皱纹,一阵自责不由泛起。他叹了口气,语气尽量和缓地诉说着自己这一主意的苦衷。不料翠姑这榆木脑筋油盐不进,任凭他好说歹说,就是死活不答应他的恳求。口干舌燥之下,心敬不由一阵无名火起,他爬起身,直指翠姑:"话已说尽,明早若不答应,休怪你夫……做出绝情的事情。""绝情就绝情,谁还怕了你咧。"翠姑翻身吹了油灯,二人气呼呼背身而睡,一夜无眠。

第二天早饭一毕,心敬唤过王功,让他随自己到书院就学。翠姑一见情况不对,一把拉住王功不放。心敬急了,拽住儿子的胳膊就往外走,谁知翠姑咬紧牙关死不松手。一时间,夫妻二人你拉我扯,当场在院中拔起河来。如此这般,早已惊动了满屋子人,大伙纷纷劝解,心广过去强行摘开了心敬的手。心敬憋了许久的火山终于爆发了,他冷冷瞪着翠姑,颤抖的右手指着她:"好,好,好!你等着。"说完,拧身进了书房。

屋外一片寂静,一家人心里七上八下,隐隐生出一丝不祥的感觉。不一时,心敬从书房转出,手里掂着一页纸递给翠姑:"这下你该松手了吧。"翠姑接过一瞧,脸色立刻变得煞白,她狠狠剜了心敬一眼,拔脚就往外走。急得心广赶忙推了喜琴一把,会意的喜琴急忙赶上前去,将翠姑拽到了李氏身旁。李氏一把扶住翠姑,连声问道:"这是咋了?敬儿给你写了些啥?"翠姑这才奔泪泻出,扑入李氏怀中,放声大哭道:"妈,你儿把娃给……休了!"李氏抽出那页纸看毕,气得双腿乱颤,一把将那休书撕得粉碎,指着心敬厉声道:"畜生!你给我滚,你给我滚!"

场面如此急转直下,弄得心敬站也不是走也不是,十二分的难堪:走吧,无颜再回,反成了众人眼中的忤逆虫;留吧,明显母亲袒护着妻子,让他有何颜面在家立足?自己的君子之诺也将荡然无存,头昏脑涨之下,蓦然间,他脑中冒出一丝可怕的冲动:看来别无他法,只有就此离世,方能一了百了。

就在这时,闻得哭叫之声的四邻一齐前来探听,众人在弄清事情根由后不禁摇头叹息,有的劝老婆子息怒,有的拉着心敬往外避走。正在乱纷纷吵嚷嚷不得要领之际,忽听大门吱呀一声,进来了一位衙门书吏打扮的公人。心敬抬头一望,原是自己的一位熟人,正思量着如何脱身的心敬急忙迎上前去,边施礼边问道:"贤弟这番前来,所为何事?"那人一脸疑惑,指着满院子众人问道:"王兄,这儿是……?"心敬只好口中胡乱应着:"这

儿……嗯,一言难尽,只说你今朝来的事由。"那人点头道:"今遭奉县太爷差遣,特来禀告一桩事体。王兄,老夫人在哪里?"心敬手一指:"那不是。"来人急急拉住心敬的双手:"烦请老夫人与一家大小赶快到厅堂,有话要说。"

院中众人见状遂一一散去。全家人打心里喜欢这位适时而降的救星,急忙在奉茶之后,个个围坐在公人四周,眼巴巴望着他。公人起座对着李氏拱手道:"恭喜老夫人,贺喜老夫人:您老人家的长孙王功,由于学业优异,即将奉召入京城国子监精进深造。"

喜从天降,一时间全家愣得犹如一根根木头呆立四周。过了好一阵,品出味的众人方才回过神来,齐齐向公人称谢不已。公人虚饮一口茶,然后起身告辞回衙而去。

送出公人回到堂中。经过方才的悲喜两重天,一家人仍惊魂未定,只有爽直的喜琴掩口笑道:"哎呀,刚才吓死人咧。要不是这位官人解围,还不知会闹出个啥下场。"被那个喜讯弄得如同醉人儿一般的李氏,望着泪痕犹存的翠姑,指着心敬作势骂道:"畜生,还不赶快给俺媳妇赔情道歉?若不是她得赶紧给娃收拾行装,看我今日饶得过你。"暗中庆幸的心敬跪称谢罪一毕,赶忙扶着怨气未消的翠姑回到了里屋。

一场事关王家的惊涛骇浪总算平息了。心敬为让其子去书院读书,竟闹到了休妻的地步一事,也随着众相传播,吹进了那闯祸的主儿耳中。那人闻知这位夫子为洗清自己泼给他的污水,竟然不惜与多年琴瑟甚笃的妻子分手诀别,不由大为愧疚。当晚,他焚香拱手祷告道:"王心敬啊王心敬,我真服你了。我对天发誓,我打心眼里佩服,认定你是一个顶天立地一等一的真君子。要不,罚我挨门逐户一家家为你洗却污名,可好?"

时值深秋,天高气爽。晴空中,一行行南行的大雁,展开宽大的翅膀,急匆匆划向天边;打谷场上,一摞摞黄澄澄的稻谷堆成几人高的垛子,显现出一片喜人的收获景象;书院墙外,一片片鲜红的枫叶随着潺潺的溪水顺流而下,打着旋儿飘向远方;就近的涝河积水浅滩里,一只白鹤单腿兀立,凝视着水草中小鱼虾的动静。

刚讲完《诗经》中"文王有声"一节,走下讲台的心敬,漫步踱回自己的憩处。拐过讲堂的墙角,却见有人低首垂目跪在自己的寝室门口。心敬急忙加快了脚步,直到掀开那人的肩膀,方才看清了他的眉目:"啊,怎么是你?"那位后生扬起满是泪水的面庞,瞄了心敬一眼,低头叩首不止:"师父,不肖徒前来负荆请罪!"说完大放悲声,心敬赶忙将他搀起扶入室中。

待其坐下,递过热面巾,放上一杯开水,那人仍伏案呜咽不止。心敬温言劝慰许久,

第二十七回　迷途生修身谋文治　顽劣子养性练武功

那后生方才将自己的苦楚与委屈向师父一一道出。

原来,他竟是被其父唤回,重又拜读于老儒门下的那位年轻人。那儒生视他为可造之才,故将其平生所学,一股脑儿全倒给了自己。除去四书五经、朱王经典,还将八股章法、科场门道,都呕心沥血传授于他。秋闱出行的当天夜里,先生还将一件小鸡蛋大的物事郑重交与他,并叮嘱道:"这是为师数载打造的心血之作,从来秘不示人。今日珍赠予爱徒,望你借此宝物飞腾龙门!"打开一看,原是一部《四书全注》,字字皆如蚁头大小却清晰可辨。"你可将它藏于食盒馒头之中,到时定能助爱徒一臂之力。"望着恩师期许的目光,他含泪拜收。

乡试考舍中,惶恐焦虑的自己又犯了怯场的老病,一时间脑中一片空白,竟将平日滚瓜烂熟的之乎者也忘得一干二净,彷徨无奈之下,他偷偷拿出了那根救命稻草,正在凝神细观之时,忽听得一阵"梆梆"的敲窗户声,抬眼一看,一个巡卒笑眯眯地立在考窗前:"看够了么?"

他被逐出了考场,抱头鼠窜"荣归故里"……

一阵长久的静默。书生扬起泪眼,痛愧言道:"师父,不肖徒往日在此求学,对恩师谆谆教诲的君子之道,非但不以为然,反而常喋喋腹诽,总认为此说虚妄,苦读四书修成正果方为实务。如今一经此难,方才大彻大悟,故忍羞厚颜前来,恳请师父收留不肖子于此重新做人,不修成一坦荡守义的真君子,誓不还家!"

心敬被后生的这番离奇遭遇与痛悔表白所震撼,他感动地拉起后生:"知错能改,善莫大焉,为师今日破例收下你。可重新拜师,束脩之资又要重收哟。"后生闻此调侃,不由破涕为笑:"做二番弟子,还望师父高抬贵手,少收一二,可好?"

送走那位学子,回想当初不堪回首的那场争执,他至今还有些后怕,如若不是那救星奇迹般降临,其后果真是不敢设想。如今,功儿这小子在京城国子监就读,也不知近况如何?天气渐渐冷了,该让翠姑给娃捎些寒衣。一提起翠姑,唉,你这罩妮子,差点让为夫丢了一个大丑……

从此后,那后生日以继夜发愤攻读,且暗地处处以君子为尺度要求自己。斗转星移,历历三载,后生已成心敬眼里学子们的表率,心中引以为傲的爱徒。

一日,该学子家人捎话来,说为其妹寻了一个好人家,那人与当今学道有些瓜葛,令其速回以与准亲家见面商讨乡试疏通关节一事。心敬召来这位学子,一面将来话传于他,一面注目观察其神态。学子决然言道:"君子求诸己。不肖徒要凭着自己的真本事堂堂正正迈过乡试这一关;纵然考场不遂,也绝不有违君子之节。"心敬闻言不由大赞道:"孺子可教也,徒儿此次前往,心存浩然正气,必能旗开得胜。师父盼你日后做个廉官能吏,为国为民造福一方。"

此子果然不负心敬所望,乡试、会试、廷试,连连报捷。后为青史留名的贤官。他,就是初任安徽庐江知县、后任安徽亳州知州、继任四川达州知州的,心敬的得意门生陈门庆。

有一天课余,心敬在后院转悠,见大厨师刚从茅房出来,二人便结伴边走边唠,忽见不远的厨房门轻轻推开,从内闪出一个十七八岁的年轻小伙,此人身着脏兮兮的绸缎衣裤,手里提着一只大瓦罐,偷偷朝着书院门口溜去。厨师刚要声张,被心敬捂住了嘴。

心敬悄悄尾随着那位半大小伙出了书院,行至数十丈远的一个高坎,那人翻越而去。心敬伏于坎上,望见数丈处有一茅庵,五六个破衣烂衫的同伙等在门外,一见那小子归来,一齐欢呼着将他拥进庵中。小伙说:"大伙忍一忍,叫狗娃先吃。"说罢扶起一个躺在乱草铺中哼哼不止的同伙。等到狗娃呼噜一毕,众人方才你一口我一口换着将那罐中的汤面吃了个罄净。吃完,大伙才回过神来:"大哥,咋给你没留些?"那小伙拍打着空腹道:"我在那儿先偷着吃了两碗。"饭毕,那伙娃子便在庵前打闹起来,心敬趁机返回了书院。

此后几日,心敬着意叫厨师多做几碗饭,并叮咛那小伙再来时,装作有事避开。

一连几日,那小伙进进出出,在厨房中打完饭便走,心敬一次撞见,却将脸一迈,似乎没瞧见他。

过了大约十天,一次心敬外出,刚拐过书院,却被人拍了一巴掌:"喂,老头,你是这书院的主持?"心敬抬眼一看,原来是那个熟客。他点了点头,那小伙道:"明知我偷吃你的饭,却装作没事人似的,这是为的啥?""为的是几个娃可怜没饭吃;为的是那儿有一个受伤的娃;为的是你饿着却让他们吃饭的义气。"那小伙立时没了桀骜不驯的神色,露出感激的笑容:"那我在这里替弟兄们谢谢你了。"说罢便要施以大礼,心敬连忙止住,诚恳道:"这倒不必,也许是我爷儿俩的缘分,要不这样,你能不能随我进院到舍中一叙?我有话要问你哩。"小伙默默点了点头,顺从地跟着心敬来到了书院。

进入自己的寝室,心敬先给小伙倒了杯水。趁着饮水之机,心敬满怀慈爱地将小伙周身上下端详了个仔细,问道:"看样子,公子是个大户人家出身,怎么跟那些要饭娃混到了一起?"小伙不好意思地低下了头,详细诉说了一段让人哭笑不得的荒唐经历。随着情

第二十七回　迷途生修身谋文治　顽劣子养性练武功

节的起伏,心敬时而凝重不语,时而却忍俊不禁。

且说这小伙,原是县城外一个大户人家的公子。自小顽劣多动,不喜读书,却爱武功。一天到晚拿着一根细棍冲着院中的太湖石打打杀杀,要不就匍匐于花草之中"观察敌情",弄得进进出出的丫环们常常惊叫不已。

到了该上学的年纪,父亲把他送到一间私塾去读书。这个捣蛋鬼虽顽劣却不乏天资,对于蒙学的那些之乎者也,未费什么神也能学得个凑合。

一日,当老先生讲读《百家姓》时,他却伏案低头看起了《东周列国志》。正当他看到庞涓来到了马陵道,举火观察树上砍白处所书"庞涓死于此处",谁知火光四起,万箭齐发的紧要关头,却被师父当庭唤起:"'蒋沈韩杨'后面接的哪四个姓?"急切之下顺口溜出:"孙庞斗智。"立时引得课上哄堂大笑。老儒生气得脸色铁青,待笑声一住,指着他挖苦道:"孙庞斗智?那你的智又在哪里?当然没有,因为你是一根木头,而且还是一根朽木。人言'朽木不可雕也',指的就是你!"立时又引来一阵哄堂大笑。小伙羞愤交加,狠狠瞪了老儒一眼,不再出声。

第二天,老先生刚一推门,却听见门顶"哗"的一声,一只盛满炕灰的小簸箕兜头而下,顿时烟尘笼罩,将个老儒生弄得头顶一堆灰土,全身脏污不堪,活像一尊刚从地下钻出的土地爷。堂中那些小孩一边拍手一边指着:"是他,是他!"狼狈万分的儒生气得浑身发抖,拧身走出了课堂。

当晚,那老先生唤来家主,死活不要了这个"头上生疮,脚底流脓"的"瞎尻"(土语:坏蛋)。

无奈之下,其父又将他送到了另一间私塾续读,可他却仍劣性不改。

一日,正当先生讲《论语》讲得津津有味时,他却痴迷地望着窗外的一棵小榆树。原来那榆树的一根枝条上,一只知了吃饱喝足之后,唱起了欢乐的生命之歌。不料,一只螳螂却悄悄瞄上了它。眼看着螳螂举起双刃,只听得"日"的一声,双刃已扎在了知了背上。

……怎么,头有些发晕,还生疼生疼的?手一摸,脑门上不知何时长出了一个大包。抬头一看,那个先生手持教竿,正怒容满面直瞪着他。原来,那"日"的一声是挥竿击他头顶的风声,难怪听得那么真切。

"你在作甚?""听蝉吟秋。"老先生觉得受到了莫大的羞辱,一想到他的吟咏之声竟不如一只蝉鸣,遂奚落道:"想我学富五车,门下授徒无数,个个出类拔萃,没想到今日竟教出了一段朽木。"

一听到"朽木"二字,立时动了小伙的气眼。上回那老学究的话语仍使他羞愤难抑,如今又触到了同样的霉头。小伙思索片刻立起身,阴阳怪气问道:"先生学富五车?"那儒生莫名其妙地点了点头。"那你老定然熟读《三国演义》了?""那是当然。""你既已看过,那我问你,周瑜、诸葛亮的妈叫个啥?"先生困惑地摇了摇头:"你说她俩叫甚?""周瑜他妈叫'既',诸葛亮他妈叫'何'。""胡说八道,你有甚根据?""周瑜临死前,大叫一声什么?""既生瑜,何生亮!""这不就是了。先生自夸学识渊博,连三国都没读懂,岂不让人笑掉大牙?"就在师父欲大发雷霆之际,他却又招手神秘地轻声道:"先生,你知道周瑜为何短命?"先生又被这新奇的话题吸引,不由自主问道:"为何?""因为他姓周,这早就被两千多年前的孔老夫子预言了的。""又在胡说。你的根据何在?""子曰:君子周'曰'不比。(在关中方言中,"而""曰"同音)也就是说,孔子言道:周姓君子在世的日子,与其他人不能相比。"看着先生又要发急,他赶忙往下说:"哎呀,先生,您老刚好也姓周,还自命为君子。这就犯了上面的大忌,学生劝你以后行事千万要当心。比如刚才那一竿子若打偏,你老闪倒在地,岂不就……一命呜呼了?"儒生到这时方才明白中了这小子的套,气得挥竿就打。那个浑小子一看事色不对,就一下子夺门而出,抱头逃窜。临了嘴上还不饶人,一边跑一边大喊:"大人不计小人过,大人不计小人过……"

书又念不成了。父亲灰心丧气之下,将他圈在自己的书房,名曰让其洗心革面,自学长进,实则睁一只眼闭一只眼,让他自生自灭。那小子得势如脱了笼头的野马,整日出去游逛,与那些同龄的叫花子混在一起。在饭饱之余,他自命兵马大元帅,将那六七个小喽啰分成两拨,排兵布阵,操起树枝棍棒捉对厮杀。

有一天,他从街上闲逛回家,却发现"溢香楼"外围满了人,还传来声声惨叫。一听声音有些耳熟,进去一看,原来自己的一个"部下"被那铺中伙计拳打脚踢,弄得浑身是土,满脸淌血,平日就惹是生非的他见自己人受了欺负,这还了得,暴跳着冲入场中,挥拳打倒了一个正骑在伙伴身上耍威风的伙计。那伙人见来了个愣头青,正要上前群殴时,门内踱来了个管事的,他止住众人,斜眼瞥了一下:"哟嗬,来了个路见不平,拔刀相助的。你是谁,敢来为他撑腰?"小伙指着那人鼻子:"我先问你,为啥将我那兄弟打成这样?说得好还则罢了,说得不好,"他手一扬,"看我不把你这烂铺子掀个底朝天!"那人嘴一歪:"让他给你说。"躺在地上哼哼不已的小伙伴诉苦道:"大哥,今儿早我到这家饭铺想蹭些吃的,见一个人吃完碗里还剩些汤水,就把它喝了。没承想被那天杀的堂倌撞见,就给了我一个耳光,还踢我一脚,让我快滚。兄弟气不过,看见一个端盘子的过来,就借着冲势,

第二十七回　迷途生修身谋文治　顽劣子养性练武功

把他连盘带碗撞翻在地,就……被这伙天杀的打成这样。哎哟妈呀,我的腿不得动弹咧!"

那小子一把鼻涕一把泪的哭诉,撩得他心火上蹿,指着管事的厉声道:"要饭的也是人!打了盘子我赔,把人打成这样,你看咋办?"那管事的阴阴一笑:"打坏了盘子你赔?"他点了点头:"我赔!"那人张手一扬:"周围看热闹的爷们都听好了,这人说他赔我的盘子。"小伙手一挡,从腰中掏出一些碎银递了过去:"少卖嘴,银子给你,可我那兄弟的伤你看咋办?"那人一听哈哈大笑:"你赔得起?小子,让大爷今日给你长长见识。说起这只盘子的来历,可要吓死你这兔崽子。它是当年康熙爷巡查军务路过西安,幸临我'聚贤'饭庄,这只盘子就是当年康熙爷用过的餐具!我主家是那时当家范老爷的二公子,主家前些年独立门户,移到贵县开馆,老爷子就把这只御物作为家藏珍宝分给了他。你如今才晓得它有多金贵了吧,还想几个铜子打发了它?""你甭讹人,谁信你这一套鬼话。"那管事的一听此话立刻长了精神,他手一扬:"来呀,去把咱那镇店之宝给抬出来,让这小子和大伙见识见识。"话音刚落,只见几个人小心翼翼抬出一块大匾,上书四个大字"珍馐佳肴",下首有康熙爷的落款与印章。"当然,这只是请人临摹的副匾,正匾此刻正悬挂在老店正厅,你若不信,可随人到西安亲自验查。"

这下小伙子彻底蔫了。他只好自认倒霉却逞强道:"爷说赔你就赔你,你说多少银子?"那管事的犹豫半天,方竖起两根指头:"今儿不巧,主家到西安给老爷子拜寿去了。看你为人揽事,颇有一番义气的分上,我就把这事给拿了——言无二价,二百两纹银,一子不少。就这还得回头给当家说下情。说得好,亦免不了一顿板子;说得不好,立即卷铺盖走人。想当初东盛饭馆老板要拿一千两纹银来买,硬是没给。如今看你的娃子闯下这祸,宝物已摔成碎片片,也只能自认倒霉,一分不值半厘地把这破事给了了。"

泼天大祸已惹下了,再后悔也无济于事。他嘴上仍不示弱:"明儿个给你把银子拿来。"说完扶起那伙伴便走。那管事的急忙拦住:"且慢。你既应承,须当众立下欠据,方可脱身。"那小伙一听立时变了脸:"君子一言驷马难追,你把爷当成啥子咧?你再辱没人,我就不管这破事了,钱问他要去。"说罢就要甩手走人。那管事的只好挥挥手:"好,好,好!我相信你是个君子,一定不会食言。""拿些刀尖药来!"管事的只好支人到店中取些疗伤的备用药物,递给了他。小伙搀起伙伴撂开众人,一拐一拐地回到了那荒野的茅庵。

小伙一到家中,一屁股倒在太师椅上犯起愁来:明儿这官司咋个了法?正急得抓耳

挠腮之际,忽然灵光一闪,父亲平日珍藏着几件宝贝,其中最为他看中的是一幅前朝大画家仇英所作的《寒江钓雪图》,据说是父亲不惜破家重金购回的。小伙子顿时有了主意,他偷偷取出这幅画作,一阵风跑去了当铺,怀里揣着二百两纹银,得意洋洋哼着曲儿回到了家。

一进家门,却瞅见父亲气哼哼坐在太师椅上,冲着他眼露凶光:"你这败家子干的好事,把你爹的心肝肉弄到啥地方去了?"他只好嗫嚅着回了话,并乖乖掏出了怀中的银子。父亲三脚两步扑到面前,给了他一个大耳光,撕着耳朵又折回当铺赎回了那件宝贝疙瘩。

刚一到家,父亲就破口大骂道:"混账东西,你知你爹花了多大心思才将它弄到手吗?它是你爹的命根子,每天不瞅上一眼心里就慌。今日回来上楼一看,竟成了一只空匣子。"老爹越说越气,指着儿子的手直抖,"不成器的东西,拿上这些银子明儿还给人家。从今往后,你没有这个家,我也没有你这个逆子!"

父亲这番恩断义绝的话语深深刺痛了他,他二话不说拔脚就走,当晚就宿在了那草舍中。第二天,他在饭铺门口,当众将那银子狠狠摔在地上,扭头扬长而去。

他被父亲赶出了家门,又明知中了人的套。恨气难消,真想一把火烧了那间让他有家难归的饭铺,可又怕祸惹大了吃上牢饭,就皱着眉想出了一个阴招。

过了几天,那间饭铺的伙计刚要开店,就听见门外人声喧嚷响成一片。刚打开门,一股臭气冲鼻而入,原来饭铺的门板上被人泼满了屎尿。管事的出门捂鼻一瞧,立刻就明白是那小子干的好事,可讹了人家的钱,自己先做下了亏心事。要报官,无论是谁都会说是小孩家闹的恶作剧,官家还有心管这档子破事?只好打了牙咽进肚里,洗了门板,仍旧开门迎客。

吃饭的地方被泼了那恶心东西,谁还愿到此用餐,店中一连多日空无一人,外间还盛传着饭馆讹人钱财的劣迹,不多久,这家臭名远扬的饭铺就关门大吉远遁他乡,从此没了声息。

室内一阵久久的静默。心敬抚摸这日事闯祸(土语:惹祸精)祸根子的头,不言一语。好一阵子,心敬才轻声问道:"你今后有啥打算?"小伙子抹了一把眼泪,低头言道:"如今已知以往的顽劣乖戾,可哪儿能买到后悔药?只能和那帮兄弟混在一起,过一天算一天。"心敬扳起小伙的肩头,恳切言道:"听完你的那番话,我发觉除了顽劣,你身上还有诸多难得的君子气质,只要精心雕琢,保不定这块顽石还会成为一块美玉。我倒有个主意,

第二十七回　迷途生修身谋文治　顽劣子养性练武功

不知你愿不愿意听听?"小伙一听此言,立刻两眼放光,急切开口道:"久闻先生哲人一个,其言必尽善,其虑必尽周,望先生明言,小子无所不从。"心敬肃然言道:"此主意简单说就是八个字,入院就学,识文习武,详细说,就是你将这些要饭娃统统带进来。不收资费,仍以门生对待,起码先有饭吃不再饿着肚子;平日专攻武艺,附带学些将来深造用得着的章句文法。他日一旦朝廷用人,即可投笔从戎,为国效力。你看这样可好?"小伙闻言大喜:"先生设此良谋让浪子回头,无异恩同再造。我这就去,召他们即刻来拜师学艺。"

这些娃来后,心敬将他们安排在一个学舍。起首几日,心敬先着力宣讲书院的作息安排、行事的礼节章程,给这些胡咬乱踢的骡驹们慢慢套上笼头。不多时间,这些怀着感恩之心的孩子果然渐渐安分了许多,行事也有了些许规矩。再后,给这些孩子们开设了文武课程,文的主讲《论语》,着重讲授其中的君子之道,令其作为立身根本,加上平日严格督导,使其事事以君子作则;另外,他搬来一套《武经七书》,包括《孙子兵法》《吴子兵法》《司马法》《三略》《六韬》《尉缭子》《卫公兵法》等七部兵圣著作,除教他们认读其中的文字、章句,还亲自讲解其中的精义要略;武艺方面,心敬专门请来一位退役的老军卒,教他们刺杀、拳术、群战、伏击等技艺,并传授刀、枪、剑、棍等技法;在后院的开阔地上,还建起了一个简陋的靶场,供其弯弓射箭,熟练远处一招制敌的武艺。

那小伙领着同伴认真求教,努力习作,武艺逐日上进。他们情绪高涨的武场喊杀声,引得休息间那些文弱书生们纷纷围观,博得了众人的阵阵喝彩,叫好。

一日,院中忽然传来一阵喧哗争吵声,心敬急步赶过去,看见两个学子正撕打在一起。他拨开一看,原来是一个富家子与那小伙,心敬厉声喝问缘由,小伙气愤指着对方:"他骂我等是叫花子!"心敬转向那富家子,"他无故向我伸拳头。"心敬又气又笑,只得耐心讲了一番文武门生和睦相处的大道理。说完,看着二人浑身灰土的衣服,让他俩脱下,回去各自反省安生。

院旁的小溪边,心敬蹲在水旁,将那两件衣衫洗得干干净净。抖开一看,小伙那件上衣还撕了个大口子,便拿回家让翠姑仔细缝补好。

第二天,他将那小伙唤至一个偏僻处,拿出宛如一新的衣服,小伙惊喜得连连称谢。心敬故意逗道:"你拿啥来谢?"小伙顿时脸红起来,两手往腿上一拍:"如今已身无分文,这咋办?"摸着头思量半天,忽然闪出一个主意,高兴得一下蹦了起来:"我给师父叩两个响头,咋样?"心敬噗地笑了:"傻小子,为师逗你玩呢。你只要学好本领,来日报效国家,就是对我的最大报答。"那小子闻言,立刻挺胸拱手作士兵受命状:"得令!"引得二人一阵开怀大笑。

光阴如梭,不觉间三个春秋倏忽而过。一日,心敬忽觉得"校场"上寂静无声,前去一看,往日喊杀不绝的那块地方,竟然杳无人迹。他匆忙赶到那伙武生的学舍,才发现床铺上衣物已席卷一空。诧异之余,不觉十分疑惑与挂念。怀着一颗怏怏的焦虑之心,心敬回到了自己的宿处。

过了数日,正在思念几个小子的心敬,忽听得舍门有人轻叩几声。推开一看,只见一个军容严整的兵卒挺立面前,身后还跟着数个气昂昂的士卒,那领头的拱手道:"师父,认不得往日那个浑小子了?"心敬急忙揉眼,嘿,这不是近来日夜萦怀,前些年被老学究打得四处乱窜的那个浑小子么!心敬一时泪眼婆娑,顾不得失态,急忙将众军卒拉进了屋里。

心敬上下仔细打量着这位从穿着上看似乎还是一个军中小头目的昔日顽童,看他容光焕发,浑身透出一股从戎军士的勃勃英气,不由感慨万端。他满怀喜悦打量着周围众军卒,轻声慢语道:"一群小泥鳅,终于都升腾成蛟了,让为师感触良多呀。"那军士领着众人"噗"地跪倒在地,口称:"若不是恩师昔日收留不肖徒,又传授文韬武略,时时事事加以谆谆教诲,哪能有我等顽劣子今日的前程。恩师,家父闻知我在书院几载成才,喜不自禁,对师父更是感恩戴德。今番来见,一则与师父道别,二则么,转呈家父诚邀之意,望师父到寒舍一叙,聊表他的谢忱。"

心敬听完这一番肺腑之言,很是感动。沉思片刻,他扬首道:"爱徒有此远大前程,自是大喜事一桩;加之令尊诚邀,自当前往贵府拜访共贺一番。不过为师尚有一唐突请求,不知可否应允?"那军士闻言,慨然应声:"恩师所嘱,无不照办,只是不知恩师所托何事?"心敬徐徐言道:"投师那日你曾言将一幅仇英所画的《寒江钓雪图》寄到当铺,不知此画至今安在?为师偶喜古作,不知能否一观?"那后生双手一拍:"我还当啥难事,只要恩师前往,徒儿拿出来便是。"说罢,拉着心敬的手,急急离开了书院,其余兵卒遂拱手散去。

到了那军士府中,自是一番客套热闹。年逾古稀的老者拉着心敬硬要下跪,口称:"若不是先生将犬子收留,培育成人,吾儿早已沦落他乡不知所终,我这把老骨头也将无人收管了。"言罢,涕泪交流,膝头一软,就势伏地。心敬赶忙搀起,极力劝慰,老人方才收泪回颜,与心敬坐在一旁饮茶叙话。

正聊间,那小伙已"噔噔"下得楼来,将楠木画匣递到心敬手中:"恩师,这是你要观的那幅画。"老汉一见此景,立时颜色一变:"这,这,这……是咋回事?"儿子便将刚才心敬索画一事道了个大概。老者脸上顿时一道红一道白,半晌才强笑道:"既是你恩师所嘱,就

第二十七回　迷途生修身谋文治　顽劣子养性练武功

打开观赏一番吧。"

画轴徐徐展开:远处,逶迤的群山被大雪覆盖得白茫茫一片混沌,只有那突兀的峻岭与幽深的山涧隐隐浮现;天色阴沉沉的,乌云在空中翻卷,预示着一场大雪又将铺天而至;画面近处,一条江水裹着浮冰蜿蜒而过。岸边,一只篷船孤零零泊于水中,船头上坐着一位身披蓑衣头戴斗笠的老者,一根长长的钓竿没入江中。在人鸟绝踪、万籁俱寂的空旷山野中,只有岸边几株松杉挂满白雪,与其作伴。整个画面,被素白颜色浸染,那默坐船头的身影,好似豆大的一点,尽显这漫天冰雪世界的寥廓与苍凉。

端详半日,心敬感慨道:"那老翁钓的不是江鱼,钓的是那片茫茫雪景,钓的是那番孤寂心境,钓的是那种与天地浑然一体的忘我永恒。"他指着左上角那首柳宗元的诗道,"这是一幅写意画,真将柳公罢官致仕后悲凉、愤慨、最终归于平和的心态刻画得入木三分!这幅画不愧是丹青巨匠的大手笔,连那漫出的寒气似乎都伸手可触,真是不同凡响啊。"他一边赞叹着,一边似乎无意地翻开卷轴背面的褶皱处,直到看清暗记,才无事般轻轻放下。

心敬放下画卷,叹了口气道:"今日方睹此画真容,可谓一饱眼福也。"他的徒儿在旁不由疑问道:"师父这句话让人好生难解,何谓一睹真容?"心敬道:"说来话长,还会触及一段伤心事,不说也罢。""有何难言之隐,说说无妨。"此时的老翁已神色坦然,接住话头说道。"我大名唤作王心敬,是先君王忻的后人。""老汉知晓。"

"三十多年前,在我七岁的时候,有一次上楼翻腾,无意中发现一尘封的木匣,打开一看,其内放着一幅画卷,就叫《寒江钓雪图》。后来父亲上来将我训斥一顿,立即拉下了楼。他坐在厅堂瞅着我直瞪眼睛,小人儿不懂事,还怪父亲不合情理小题大做。父亲方才给我吐出了埋藏在心里多年的一桩窝屈事。这幅画是先祖父年轻做生意时,因帮一卧病在床、行将倒毙的朋友料理后事,那人出于感恩,才将怀中辗转购得的此画送给了他。家里人把这画看得很淡,就随手将它放在了楼上的书橱之中。谁知此事风传开来,有一乡绅软缠硬磨,非要重金将它买走。祖父始终不予应承,声言若有朋友后人来寻,就将此画物归原主。"

学徒军士听得入神,慢慢地,他感到了一丝沉重的微妙与蹊跷,见心敬稍停,就急忙续上茶水。心敬一饮而尽,抹了抹嘴,又接着说道:"有一年适逢大比,我父兄弟三人欲前去赶考,可家中没有盘缠,无奈之下,先父将画拿与那乡绅家,以此作抵押,一年为期,到期归还本利赎回此画。那乡绅满口答应,并慷慨付了一百两借银。谁知一年后拿回原画

一看,一家人傻了眼,此画变成了一幅赝品!原想打官司,可那番钱财耗费、人力折腾,一个小家子哪能负担得起?好在一家人并不看重此物,只是一肚子气难忍……"

"甭说咧,甭说咧。先生一提观画,老汉就知是与画永别的日子。实话说,你父所提的乡绅就是老汉我。说来惭愧,老朽一生喜画成痴,不管有多难常,也无论手段如何不堪,总要弄到手方能舒心。你父拿来的这幅画作,我寻得一丹青高手,付出了一百两纹银,方将它描得惟妙惟肖。老汉曾请道中高人对照查验甚久也发觉不出一丝破绽,这才放心地交给了你父。老汉厚颜斗胆问一句,你是如何一眼观出它的真伪的?"

心敬翻开那画轴褶皱隐蔽处,指给他看那一处暗记,说道:"晚生曾观过那幅伪作无数次。这番见识到真品,发觉固然那仿作将真图描得一丝不差,却少了这幅原作无法临摹的神韵,就连这画中透出的寒气,也从未在赝品中感知过,这是任何仿品都绝对表现不出的原主人独有之气质与造诣。"

"天理昭昭,其罪难宥。老朽曾有此下作行径,实在无颜见你的面哪。看在犬子与先生情谊的分上,恳请你千万勿将此事张扬出去,老不死的愿完璧归赵,并付上偿金二百两……"说着,就抖抖索索从怀中掏出了银票,心敬急忙阻道:"这个大可不必。晚生此次来索画一观,只是明心而已,也圆了先君的一个夙愿。"

老汉手持画轴欲给心敬,却又缩手问道:"老朽想最后瞅它一眼,不知可否应允?"心敬挥挥手道:"悉听尊便。"那老者又将画轴急急展开,铺在桌上,俯身上下睥视半天,似乎要将这幅画吞入肚里,刻于脑中。此刻的老者,面容凄楚,泪水顺着脸颊长淌而下,浑身抖动得无法自持。终于忍耐不住,背过身去号啕大哭,如丧考妣,一边向后挥手让心敬持画离去。

心敬见状叹了口气道:"真乃画痴也,真乃画痴也。晚生刚才已明示,此番只来明心,来为先父完愿。如今心已明,愿已圆,我也该走了。"那老者一听此言,立刻转过身瞪大了眼睛:"刚才先生说甚?你不拿画了?"心敬点了点头:"君子不夺人所爱。看到刚才你老那痛不欲生的样子,方知那画是你的心头肉,是你的命根子,说句实在话,你老也许将此画看得还重过自己的儿子。'物逢爱家',也许此画在你这儿,才是它的最好归宿。这样,作为这幅画的承续主人,晚生今日将它郑重地赠与先生。如此,你老也就可以堂堂正正地成为它的主人,再也不用整日忐忑不安,揪心不已了。"

这一骤变让老人猝不及防,一时愣在原地呆若木鸡。待回过神来,大悲大喜之余,又掏出那张银票口不择言道:"这是我赔的钱……这是我的一点心意……这是……"心敬急

第二十七回　迷途生修身谋文治　顽劣子养性练武功

忙摇手道："使不得，使不得。"正推辞间，只见那小子一把抓过银票塞入师父袋中，扭头道："大，若论赔偿，你老给一座金山也不够。在书院那几年，我等几人吃的、喝的、穿的、用的，都是师父操心。这点破纸，连饭钱都不够。只能意思意思，聊表一下亏欠之心。"

心敬又掏出银票递给老者坚辞不受。老人略一思量，言道："你那书院不是收有心人的善款么，如今老朽把它捐给书院，不是赔给先生，这下不得推辞了吧。"心敬见他来了这一招，倒是拿他没了办法，于是豪爽应允道："既是如此，晚生代书院收下这笔钱，用它来免去一些贫苦门生的学费，也能改善一下厨房的伙食。老先生的义举，让人心生敬佩。"老者趁势而言："那……能否将此刻于院内的功德碑上？""那是自然。"老人闻言大喜，对奴婢们高声呼道："赶快准备酒宴，老朽要与先生痛饮一番，不醉不散！"

傍晚，心敬一路打着趔趄，回到了家中。

其后，两家不断来往，心敬与老人成了无话不说的忘年交。老人谈及往日挖空心思求索名画的宗宗糗事奇闻，逗得两人开怀大笑，乐不可支。

那军士入伍后多年，还不断与心敬书信来往，向师父请教兵学诸务，心敬一一作答，并提出许多切实中肯的建议。该军士后来值守于边防要塞巴里坤，并成为战功卓著的一代名将。他，就是心敬的爱徒蔡麟。

至于心敬的其他门徒，也都先后出师立户，或在各自的专攻术业中，成就了一番利国益民的大作为；或成为德行双馨的谦谦君子，各自造福一方。如日后成为一代鸿儒的黎宋淳、蜚声文坛的缑山鹏、卓有政声的清吏鲁登阙、驻军西藏的战将江机、悬壶济世的徐家麟等。

可惜好景不长，就在心敬大展宏图，一心培育纯良英才之际，一场大难降临到了关中地面。他只好迎请了得力之人接手管理书院，自己暂时离别了倾注一腔心血的寄望之地，回到了家里，又将整个身心全部投入到了另一事中。欲知后事如何，且听下回分解。

第二十八回　侯善仁输粟获嘉奖
　　　　　王心敬捐锦罹祸殃

人常说祸不单行。继前多年那次洪涝之后，康熙三十五年至三十九年，鄠县地面又是连续五载之久的旱灾肆虐。仰望天空不是一连数月丝云不挂，就是偶尔灰蒙蒙一片非云非雾。连老人一生从未见过的可怕景象也出现了：前几年曾洪水滔天的涝河竟然断流，接着邻近的黑河、沣河进而渭河也都相继干涸，裸露的河床沙砾在烈日的暴晒下发出刺目的白光。

整个关中大地一片枯焦。往日生机勃勃郁郁葱葱的树林，都被日头烤得低垂着树梢。一阵疾风吹过，干黄的树叶下雨般飘落一地。遥望四野，一望无际的大片庄稼都叶尖枯黄，萎靡不振倒伏田中。

急疯了的农夫在各村寨自发掀起一波波祭神祈雨风潮。人们敲锣打鼓，抬着献供，由顶神领着到龙王庙、菩萨殿去恳请神仙显灵播下甘霖，可老天眼睁睁地看着这人间的疾苦却无动于衷。闹腾了几个月天空仍是无一丝动静，人们只好在绝望中偃旗息鼓各自散伙没了声息。

大饥馑降临了。粮食、麸皮、糠菜吃完了，接着吃树皮、草根，这些吃尽，肠胃饿得生疼又吃起了观音土。一个个摇摇晃晃挺着黄胀的肚子，瞪着鬼火般的眼睛四处寻着能入口的东西。走着走着，"噗通"一声当街栽倒，没了声息。

整个鄠县城早已不闻鸡犬之声，连老鼠也不见了踪影——它们都进了人们的饥肠中。到了做饭的时辰，却有不少屋顶未见炊烟。这些家中，不是整屋人躺在炕上奄奄一息，就是已人走屋空，只留下黑黢黢锅台上残破的灶神，凄凉地瞅着屋里四处的积尘与院中的一地荒草败叶。

黎明时分，顺城巷中一间茅屋里透出了一丝灯光。屋中一对年轻夫妻相对无语，只

第二十八回　侯善仁输粟获嘉奖　王心敬捐锦罹祸殃

是不时用眼盯一下躺在炕上包裹中的一个嫩婴。父母在一年前的冻馁中撒手归西,如今一家三口窝在这儿只能是死路一条,只好如几个邻居一般向汉中、四川方向去逃荒。可这三个月大的婴孩,又如何能经受得住这路途的颠簸折磨?正犯愁间,这小东西却饿得啼哭起来,为娘的赶忙上前搂在了怀中,掏出往日丰润如今却干瘪着贴在前胸的奶头,塞入孩儿口中。孩子紧吸两口却咂不出奶水,就索性丢开号哭起来。年轻的妈妈狠命挣着,终于挤出一滴浊黄的汁水,赶紧塞入。心酸地哄着:"乖娃,再吃妈一口奶,日后……日后……"她再也说不下去,大滴的泪水流了孩子一脸。孩子赶紧伸出舌头,贪婪地舔着流到嘴边的"奶水"。

"我方才想了一个主意。"男子沉吟了半晌,开口说话,女人拧过身去死盯着丈夫的脸。"与其半路折了她,还不如现在送人,日后兴许还能再见。这是一个善人家,若有一口吃的,也不会拉下咱娃。"男子嘴凑到她的耳旁说了一句,女人听后才伤心地点了点头:"也只能这样了。"说罢,二人将孩儿一裹,匆匆抱出了家门。

清晨,心敬正在书房里读经,然而读着读着,心绪却不由自主转到当下日益恶化的旱情上去。前日他去城外转了一圈,满目尽是一片枯焦。庄稼都干得倒伏地面,一点就着,看来这一料又是绝收。眼前的榆树林子树身已被剥得净光,犹如一具具僵尸挺立在田头;自家地里的蔬菜已被人连根拔了个罄净,连一丝绿色的青草也没了踪影;转回街中,路上行人很少,有的也是病恹恹的,东倒西歪。前面不远处一具饿殍裹着破缕烂衫横卧道旁,目不忍睹。

回想着目下的惨景,心敬心中一阵痛恸难抑,遂翻出前些日写就的诗篇,其中记录下了一个儒者诗人眼中的人间苦难——《哭旱篇》:"旱天不吊荒疫,历五年而未已。生平不解音律,独当愁伤无聊时,不觉冲口而吟。积欠浸多,暇日汇而录之,题曰'哭旱',呜呼!他日有采风而陈者,斯帙其郑监门之《流民图》①乎!"诗曰:

奇荒连五载,炽疫复三年。

莫更问愁苦,年来泪已干。

不尽出门泪,难忘殣道情。

梦中闻蛙噪,犹诧啼饥声。

---

① 郑监门,名郑侠,宋神宗熙宁年间人。其间共有六年七月天旱无雨,灾民涌入京城就食。郑侠时任监门之职,遂将目睹惨景,绘成一《流民图》,献与神宗。神宗反复观看,夜不能寐。

 穷庐残月

　　城市行人少，郊村尽鬼庞。
　　昔时锦绣子，不死半他乡。

　　榆皮贵似金，人命轻于草。
　　草根人争拾，婴孩弃满道。
写罢意犹未尽，又哀求上苍怜悯：
　　万川寂寞断人烟，千里荆棘旱又连。
　　蝼蚍宁堪动上帝，夜来频梦祷南泉。
复而半夜起身看天气，盼着浓云密布，降下痛雨：
　　揽衣中夜起，几度审阴晴。
　　明知起无益，欲寐不能成。
　　伤哉西舍老，衰矣东邻家。
　　八口无升合，如何度岁华。

　　进而联想到作为胸怀天下的儒士，在求天天不应之际，还应尽自己一份绵薄之力，筹划备荒救荒之策以缓民疾。个中苦涩，一言难尽：
　　草根树皮处处无，残黎何计守残庐。
　　夜深浑忘老眼睛，挑灯尚续救荒书。
又有一篇诗章，祈天无果，只好又寄望朝廷救济灾民于水火：

慰 流 民

　　荒院悲生事，哀嚎动远邻。
　　乍逢恍讶鬼，交语乃知人。
　　把臂重增恸，宽愁故慰频。
　　莫须悲太甚，圣主多弘仁。
　　一把辛酸泪，满纸愁苦情。诗中一时道尽灾情惨景，一时哀求老天悯生，一时奋书救荒计策，一时寄望皇上圣明。真乃：千思万虑枯肠索尽，只缘心系天下生灵。
　　话说心敬读到此处，不由一阵伤情郁积，竟自黯然落泪。正悲叹间，却忽地听见心广在前院一阵大呼小叫。心敬急忙拭泪起身与家人一起急乎乎奔向前院。近前一看，只见心广怀中抱着一个小婴孩。众人围着细观，只见婴儿干瘦的脸庞上那双清澈的眼睛却显得分外明亮。此时的他急切地拧头四处搜寻，小嘴不停地嗫动着。众人急问，原来是心

第二十八回　侯善仁输粟获嘉奖　王心敬捐锦罹祸殃

广清晨起来打扫毕庭院,打开头门正在洒水时,却听见门庭角落处传来一阵微弱的啼哭声,诧异之中拧身一望,只见一件破棉袄中裹着一个婴儿,便急忙抱入院中大叫了起来。

急匆匆的他未能留神不远处一个屋拐角,一对男女正瞅着他抱走孩子。那女的刚要叫,却被那男人一把捂住了嘴,大滴的辛酸泪水只好顺手流淌。在丈夫的扶持下,一步三回头地踏上了一条前路莫测的逃荒之途。

院中,李氏用手逗着婴儿的脸,心疼地皱起双眉,数落着:"傻孩子,啥时候托生不好,偏要在这饥荒时节出世?你娘老子养活不过丢下你,这可咋办呀!"众人听了这话,一时都没了言语。半晌,喜琴与翠姑几乎异口同声向李氏央求道:"妈,孩子怪可怜的,也是一条命,我想养着他。"说罢,二人相顾诧异。李氏沉吟一下向着她俩道:"你俩都想养这孩子,这份善心在这关口尤为金贵;何况为娘凭空又添了一个孙子还能不喜?这孩子既然能到咱家门口,料是老天的着意安排;既然由心广捡回,那他与孩子就先有了一份父子缘分。翠姑你还是不要争了,不论谁养还不都是咱王家的娃。只是这毛毛娃,往后咋养活呀?"喜琴一听喜出望外,连忙接口道:"妈,这你老放心。地里的菜让乡党拔完了,可咱院子的菜长得还蛮旺实;咱的那合磨子人家来磨面还能落下透膛的麸子,家里的几斗苞谷磨了还能撑持些日子;再则你给咱功儿、勉儿留的小米,熬成了粥,撇些米汤油油喂他,饿坏的孩子口糙,兴许他能撑下来。"几个人急忙把孩子抱到喜琴的炕上,解开襁褓一看,是个女婴,更是乐坏了众人,李氏喜道:"这下为娘又有了孙女。"急忙抱起孩子,谁料那孩子倒也知趣,"噗啦"一下屙出些奶屎,溅了李氏一身,李氏乐呵呵笑道:"你看这孩子多懂事,一见她婆的面,就送上了大礼。'衣裳没屎,坟上没纸',真是好兆头哇!"逗得大伙笑成一团。喜琴赶忙到灶间熬起了米粥。

灾荒愈发严重了,此时再加上流行日久的瘟疫,整个陕西陷入了绝境。鄠县地面上已是十室九空,人们要么在这双重折磨之下撒手归西,要么忍痛携家带口踏上颠沛流离的逃荒之路。县城之中到处可见饿殍横尸街头,令人目不忍睹。大街之上空荡荡的,整个县城犹如行将就木之人一般,奄奄一息,苟延残喘。

朝廷终于派来了钦差大臣布喀行赈灾之举。闻听此事,久已绝望的心敬又燃起了希望的火苗,遂将自己多年苦思筹划的救荒之策以长信的方式上书钦差,其名为《拟上部堂筹荒书》。书中先是详述了近几年关中乃至全陕西他亲眼所见的旱灾及逃荒惨景,写到痛心处不由哽咽失声。文中强调救荒是朝廷应尽的职责,他写道:"王者为民父母,四海苍生皆其赤子也。岂有父母廪食有余,坐视赤子之饿殍而漠不为之救乎?唯是遇有凶荒，有司须力请于监司，监司则力请于朝廷。"

上书中详细陈列了他苦思数年的备荒、救荒之策。他写道："古者有荒岁而无荒民。岁荒矣，民何以无荒也？岁虽荒，而赖庙堂之实政有备也。然则议荒政者，唯备之平日乃善尔。"随即提出了自己的"荒政考""实积贮"之策："积贮一事，国家第一重大事。"建议朝廷平日即应居安思危，按不同功用兴建义仓、常平仓和社仓："义仓不设，则无以救立本之民于青黄不接之困；常平不设，则粟无生息，亦无以利国家之用；而社仓不设，则赈给煮粥一切施予必不可已之费，不免皆取于常平；亦恐常平生息偶一短少，即国计且有时而绌。故三仓不并设不可也。"对救荒中的流弊，即地方官员借权豪夺贪污，劣绅依势巧取谋私，奸徒蒙混多吃多占，他在文书中痛陈道："夫国家殚无限心力，本期以实济民生为国计本图也。乃徒耗生民之财力，曾无裨其饥馑于毫厘；徒耗费国帑之财货，徒竭当事之心力，终无裨国计于毫厘，而徒及于流殍。况所为流殍者，究之半鬼箓而半奸徒，非尽实人实口乎？是国家费如此心力，而结局处徒成一奸徒欺罔之局……则富商大贾、市井奸徒十居其九，仅留一半分乃及近仓穷民耳，及乎凶荒，则弊更甚于此……"基于此，他在文中建议加强监管，专门设立监督常平仓和义仓的机构；在"赈济"一卷中，心敬设身处地为官府考虑了许多细节。

洋洋洒洒的数十页筹荒书，心敬凝思聚神，边想边写，整整用了十天时间，唯恐不周，只怕遗漏于万一。搁下笔之后，长长出了一口气。自己分明觉得，这篇上书他饱蘸的不是墨汁，而是农民那一汪辛酸与绝望的泪水。

起身踱至院中菜园，望着满畦绿油油的菜蔬，不免心中一阵宽慰：灾民终于盼来了救星，实乃上天好生之德所致啊。一想到此，心中忽觉有所疏失，急忙返身取回香炉焚香对天跪拜，心中默默祷告道："苍天在上，心敬在此泣祈神灵顾怜三秦奄奄众生，唯愿使圣君遣来一干练又实在的清官，能善采吾肺腑之言，将赈济之粮尽入灾民之口，则幸莫大焉！"祷毕，心中不由一阵激奋，遂提笔又写了一首即兴感言：

久旱甘霖断，秋深恩诏频。

堪怜天道远，独赖圣朝仁。

执物身须手，布仁君赖臣。

皇恩深似海，还望简贤人。

诗毕，托人将此刍议书上达钦差。

一连几日，心敬都兴奋得睡不着觉，盼着赈粮实举能尽快实施，给鄠县生灵带来一线生机。不几日，钦差传书回来，对心敬忧心国难之情怀大加赞赏，并言及将对其建议细节

第二十八回　侯善仁输粟获嘉奖　王心敬捐锦雁祸殃

慎重研讨并予实施。文中还表示，望他就当地吏治、乡情及民俗民风多多给予指教，以便不负皇恩云云。情词之恳切，溢于言表。

赈灾的粮食终于下拨给了县府。这几天，大街上搭起了一溜施粥棚。五尺有余的大海锅上冒出腾腾热气，远远就飘来久违的粥香。从十里八乡赶来的饥民一溜带串扶老携幼挤满了大街。个个衣衫褴褛、面色黧青，手里端着一只只破碗，挤挤搡搡，吵吵嚷嚷，乱成一团。有几个单身汉子将一些米粥刚盛到碗里，便急不可耐地直往口中倒去，一个个烫得泪水直淌，跳着脚使劲揉着胸口，见到碗底又急忙向锅边挤去；可怜一位少妇端出一碗，小脚被挤得趔趔趄趄间稀粥洒满了胸口，一边急忙将剩粥递给一旁的小儿，一边撩起自己的衣衫，将胸前的饭粒舔得干干净净。

心敬也端着一只空碗立于自家门口，望着一群群急急入口的灾民，不禁一阵欣慰：上苍有眼，皇恩浩荡，这些饥肠辘辘的乡党又能挨过一些时辰了。他拿起碗向锅边走去，想给刚添的小侄女舀上一些热粥，却被打架似的争抢人群撞得倒退了好几步方才收住了脚，只好苦笑着又折回了门前。

正在此时，人群里忽然一阵骚乱。心敬定睛一看，原来有四五个胖瘦不一的汉子，抬着一口锅，横冲直撞，连推带搡，竟将原来围在锅边的妇孺老少冲了个七零八落，跌倒一片。这伙人虽然穿得破破烂烂，却尽是青壮之身。他们将锅抬到施粥锅旁，一把推开掌勺的，将大锅里的粥饭一时三刻舀了个罄净。跌坐在一旁的众人一见锅底，立刻哭哀之声响成了一片。

心敬眼睁睁看到当下一幕，生就的秉性又使他气得浑身直抖，不由冲上前去大喝一声："住手！尔等何人竟如此蛮横，撞倒人不说，还把锅里的饭舀净？"说罢向后指着还在陆陆续续赶来的一拨人，"这些颠了几十里路赶来的乡党，你等还能教他们又空着肚子折回不成？"

"哟嗬，哪个麦秸摞里蹦出的蛐蛐在这儿充大尾巴狼？他们空着肚子折回又关你屁事？"身后忽然传来一阵讥讽之声。回身一看，只见此人五短身材，横肉隆起的脸上故意贴着一片大膏药，右手拉着一根乌青的打狗棍，左手掌中嘀溜溜转着两只大铁球。那人一摇一晃走上前来，凶傲的双目逼视着心敬："鄂县青红丐帮，你小子听过吧？掏出眼珠子看看，吾老爷就是帮主，人称'鬼见愁'的黑三！"周围妇孺一听此话不觉惊恐万分，纷纷四散避让。心敬也不由心中一惊，此丐帮早已恶名在外，县境内无人不晓。自己平日虽觉得这伙人沿门强讨令人侧目，却也深知大灾之年其行也属无奈之举，不免还怀有一丝恻隐之心，然今日恶行实实令他大为气恼，不由高声叱责道："谅尔丐帮，也是穷苦出身，怎能忍心强夺同是可怜饥民的口中之食？即令尔等前来食粥，也应有个先来后到，怎能如此凶暴，推倒饥民自己贪吃独食。真不怕冥冥天谴，朗朗官责么……"一句未了，一个闷棍打得他眼冒金星，仰面而倒。模模糊糊中耳旁还传来一阵怒骂之声："好个东西竟然咒我，今儿个叫你尝尝爷的厉害……哎哟！"说时迟那时快，只见两个汉子倏地窜到跟前，一拳将那帮主打了个四蹄朝天。旁边几个见帮主吃了亏，一个个怪叫着扑上前来与那两人撕打在了一起。一时间满街飞尘弥漫，七八个身躯在地上滚成一团。一时三刻，旁边围拢起一大圈看热闹的人群。

正撕打得不可开交之际，忽听一声锣响，几个差人齐刷刷上前将这伙人拉开分别按跪在了一旁。原来是县太爷巡察粥棚到此。心敬此时才爬起按下心中的狂跳。扫视四周发现斗殴人中竟有心广、心正两兄弟，他二人浑身尘土，胳膊上被划出条条血痕，却还怒目圆睁兀自瞪着那几个同样血污的对手。县太爷倒背双手，在这混乱不堪的现场转了一圈，方才开口训道："本官承浩荡皇恩，舍粥于尔等饥民，怎的好不晓事厮闹粥棚，难不成是吃饱了撑的？此事缘何而起，尔等须从实招来，不然国法难容，定将尔等肇事之徒统统羁押于大牢之中！"心敬一听上前拱手禀道："在下王心敬，家居粥棚斜对面……"谁知县令见是心敬，心里就有了几分定论。心想还有诸多事要与他攀谈，便一手止住心敬话语，回身吩咐随身师爷："烦先生在此询考事由，待本官归来再行发落。"说罢拉起心敬道，"烦先生引至尊府，吾还有事细细求教先生哩。"不由分说，牵住心敬就往人群外走，留下一大帮诧异不已的观众。

说话间二人行至家中内厅，待奉茶一毕，金县令开言道："上次先生给赈灾钦差布喀大人上书《筹荒书》，闻听大人阅后感慨不已，称颇受启发，拟日后照此办理。回书公文发至县衙，令本官转达先生。只因本官公务繁杂未能亲至，还望先生见谅。上一事说过，不知此番殴斗却是因何而起？"心敬遂将此事的起根发苗一一叙说，随后建言应委派差役不时巡查粥棚，整顿秩序，以免奸徒占食而饥民不得果腹。金大人一听频频点头，言道："先生不仅心系国难，上书救荒之策，还胸怀正气，奋身制止凶徒恶行，不愧吾县有德儒士。本官来此有一事相商——能否将前次上书令吾一观，以解本官萦怀心中多日之难题？"心敬一听，随即走入书房，将自己多年来思虑的呕心之作——《荒政考》《积储论》《积储贷赈末议》《与施公论赈济各条附》《义社常平三仓断宜并设说》等，一股脑搬来，厚厚一叠置于几上。金大人一一翻阅，不时点头称道。阅后县令慨叹道："先生就此专题的远见卓识与精到谋划，令本官为之汗颜。这些文章读后使人茅塞顿开，颇受启发，故本官有一不情之请——可否容本官将这些手稿带回府中细心研读，便于在日后循此实施，以造福桑

第二十八回　侯善仁输粟获嘉奖　王心敬捐锦罹祸殃

梓?"心敬心里一阵感动:"这几卷书稿正要奉与大人。此等迂见只是不才目睹灾情而忧心所思,实在有污上官慧目。不过愚者千虑必有一得,大人若于其中偶有启迪而行之,则敝县有幸得遇青天,也不负在下殚精竭虑的一片苦心矣。"

二人重归原处,金知县略略听完师爷禀告,便挥手放过心广、心正,将赖汉黑三杖责十数下,叱其不得再行生事,否则严惩不贷。黑三眼见自己冤家竟与县太爷有如此交情,吓得连连谢恩,领着一干徒子们狼狈窜去,连那只大锅也丢弃转作公用,其所盛之粥由饥民续食。正在众人蜂拥而至又要抢饭时,一老者高叫道:"且慢!不是这位先生仗义与那伙歹徒争辩还受了伤,我等哪还有这一锅饭吃?先给这位先生盛一碗!"众人一听,立时齐齐让到了一边,满怀敬意地望着心敬。心敬心里感愧,他走到锅前,在上面撇了半碗米汤油油,端碗面向众人:"感谢众位乡党抬爱,前两日我家收养了一个弃婴,她才两三个月大。小家伙没奶吃,我才端碗到粥棚,想撇些上面的油油喂她,不料却生出此等事来。如今那些恶徒已受惩处,乡亲们可放心吃粥了。在这儿心敬还想奉劝各位乡党一句,日后要按先来后到依次领粥,以免推挤烫伤,也还请大伙能照顾一下老弱妇孺,以倡我礼义之乡的好风俗。我相信大家在共渡难关之后,必有丰衣足食之年!"

在众人的一片赞颂中,心敬与县令拱手道别回到了家中。在满屋人的惊诧中李氏询问闯祸缘由,心敬一一道出。他还奇怪心广、心正如何能及时出手相救,原来一家人听得门外一片喧哗之声,走出一看,竟然是心敬正与那伙人争吵并被打翻在地,心广、心正一看此景,不由分说,立时拔脚冲入其中混战在了一起。心敬摸了摸头上鼓起的大包,自嘲道:"人都说是祸福相连,还真是那一回事,没有这一祸,哪来县大人索书一福?若他能照这些办法救荒,我吃这一个包子也值了。"一家人不由被逗得笑了好一阵。

闹闹嚷嚷的赈粥场面两个月后终于撑不下去了。所赈之粥,原来朝廷规定的是"粥可立筷",即粥饭中米的稠度,要达到筷子插入碗中而不斜倒,也就是接近软米饭的程度,可当初就从来没有达到过。后来由稠米汤变为稀米汤,渐渐又由稀米汤变为清汤,以至后来竟几乎成为一碗白开水,里面飘着数得着的几颗米粒。围着锅边抢食的人也开始由"稠"变"稀",最后只有路边想喝一碗开水止渴的人,才会舀上一些。不久县衙里用于赈济的粮食耗尽了,也就全部撤了差、停了火。大街上往日熙熙攘攘娘哭娃喊的"热闹"景象已不复现,整个县城就犹如打过一针兴奋剂的病人,疯狂地舞动了几下,待药劲一过,又蔫蔫地倒在了地上,合上了疲惫的双眼。那一溜施粥棚还留在原处,一阵疾风刮过,棚上的芦席掀开一角上下扇动,仿佛一只手在徒劳地招呼着街上不屑一顾的行人。

此时一场风暴正在酝酿,以致后来席卷了整个鄠县、关中。走投无路、饿得发疯的饥民自发聚集起来,数十人一伙,游走于全县各个村镇。这伙人每到一村,就涌进当地大户家中,他们就像进了自己屋里,装上粮食磨面,进了灶房蒸馍炒菜,大模大样坐在院中的石条桌旁,吃起了油饼、扯面,外加一碟辣子水水;有的还反客为主,和气地邀请原主家一块进餐。主人家胆小的缩在炕头抖抖索索,胆大的瞪起了双眼,但对这乱象都无可奈何。这伙人白日吃,夜里睡,把主家当成了一个营盘。直至旬日之后,这里被吃喝一空,方才起身又乱哄哄移到另一大户家中,照样快活一番。

这一场惊心动魄的乱象,历史上有一个专有名称,谓之"吃大户"。受害的富户到县衙告状,可在这遍地蜂起的民乱面前,官府派出的几个差人又能如何?古语云:"民不畏死,奈何以死惧之?"又云:"法不治众。"这些饥民中的安分守己者均已饿死在了道旁,其余之人抱着"吃一天,乐一天,纵然颈上挨一刀也比饿死鬼强"的心态,又有哪个王法能压制住这些无法无天饥民的生存本能呢?纵观封建社会数千年的历史,每隔数十年总会在部分地区乃至全国出现一次大的"年馑"。"吃大户"也就成为陷入绝境中的饥民唯一的"合法"求生手段,不断在这悲惨世界里上演着一幕幕含泪的荒诞剧。

这几日知县大人犹如热锅上的蚂蚁,一封封向朝廷的求救上疏如泥牛入海,而被乱民吃得家徒四壁的苦主又接二连三到大堂上哭闹,打也不是,骂也不是,下去抓人更不是。只好闭了衙门,与师爷苦思三日,终于在其后命差役在县境的四里八乡贴出了告示:"漫漫五载,旱魃肆虐。环顾我县境内之稼禾,已几近枯焦。怜吾黎民饱受煎熬,致村村息烟,饿殍满道。幸皇恩浩荡,赈粮下拨,犹如甘霖天降,使枯塘之鱼暂以润鳃解渴。然杯盏之水,难灭灾民腹中熊熊饥火。赈棚济粥两月有余已无以为继,不得已停灶撤锅。此后不日,'吃大户'风起村舍,所到之处如饿蝗覆地,致大户家中室无粒颗。廷襄愧急交加,万般无奈之下遂以不佞之身恳请吾县父老,捐粮输粟,一起同舟共济,相濡以沫……"文后还罗列了几条奖励措施:一、所捐粮粟均一一登记、验证、造册,日后处置以此为据;二、凡捐银十两以上,粮十石以上者,皆入"乡贤祠"以享万年香火,供百代瞻仰祭祀;三、县衙内竖数座功德碑,所有捐输者无论多寡,皆勒石永纪,以彰其仁心义举,并铭文记载此事始末以传诸后世;四、若此次赈灾之后尚有余粮、余款,其数尽入社仓或钱庄,其所生之息,将以捐者多寡按比例返还。

此举一出,城乡哗然。富裕乡绅认为认捐既能播义扬名于后世,又能施仁获益于当今,要比被吃大户钱粮两空强多了;而那些嗷嗷待哺的饥民由此将免遭饿殍之灾,更是欢呼雀跃。一时民情亢奋,齐声赞颂县太爷的这一仁政德行。正在此间,又闻县令金大

第二十八回　侯善仁输粟获嘉奖　王心敬捐锦雁祸殃

人以身示范，从自己仓舍中拉来十辆大车的小麦捐献，更是一片沸腾。全县富裕大户纷纷响应，或捐出多余储粮，或献出久藏细软，整个县城弥漫在一片仁厚侠义的壮烈气氛之中。

心敬闻听此等消息，萦绕心头多日的忧思不觉一风吹去。在按捺不住的兴奋之下，他不由迈出家门，顺着人流来到了东街。他看到县衙前广场上一辆辆满载粮食的大车停在一边，众人正挥汗如雨、兴高采烈地向下卸着一袋袋谷子、稻子、苞谷、小麦；身后还有一溜带串推着小车、肩挑背背的人流不断前来。近旁摆着几张方桌，几个书吏正忙不迭地记录着捐助人的姓氏、住址与捐物的名称、数量。旁边一衙差大声唱名："……东关樊安民捐谷两石；东韩村谭家荣捐小麦五斗；孝义坊李孺夫人捐玉镯一副；秦镇李家米店捐小米五石；迎春庙明熙居士捐麦面三斗二升；方家寨张德玉捐苞谷五石；望云楼新良掌柜捐银二十两；聚义钱庄东家王晋卿捐银一百两；元村樊员外义捐'游城隍'所得散银二十两、铜钱十贯……"几个茶社也义气所使，搭起了临时茶座，供古道热肠的捐粮人免费解渴。连县令也破天荒地放下身段，穿上便服，殷勤地招呼着其中的老者坐进茶棚歇脚解渴。四周围观的人越挤越多，每一辆大车前来就伴随着一阵喝采声。人人脸上溢满笑容，个个心中暖流涌动，既为日后有粥喝而开心，又为这一颗粮食一颗仁心而感叹。

心敬正挤在人群中兴奋地四处张望，忽见一差役近前道："这位先生，县太爷那厢有请。"心敬抬头，那差役一指，只见不远处的金知县正向他招手。心敬急忙趋近作揖道："县大人此举实在深得民心，善莫大焉。"县令让其坐在一旁方言道："谅先生近日会与本县一般忧心，此番作为还是受大作之中所列举措的启发哩。"言罢抬手一挥，"你看，民众热情如此之高，实出人意料之外。"端起了茶壶，给心敬斟了一盅，又开言道："近几日专门抽空将先生所赠备荒救荒之书细细拜读了一番。先生所罗各策，谋划之周详、思虑之深远令人不禁拍案叫绝。其中诸多举措若在灾前依此办理，当不致陷入目下之窘境。"心敬端起茶盅抿了一口，回道："蒙大人谬奖。诸如设立常平仓、义仓和社仓，前朝及我朝顺治爷年间就已设置，但殆于官府疏懒，奸商作祟等弊端，致此国家固本之策徒流于形式。心敬拙作中着重针对这一流弊提出诸多堵塞细节。总而言之，重在委派或推荐清廉而实心办事的人。此几处仓储的经营管理，唯有兢兢业业而又胸无歹意、心系庶民疾苦之人，方能成其大效。

"另外，晚生近日还有一层深思。上述备荒、救荒之策无论何其完备周全，毕竟为灾荒已发后的补救措施，打个比方，犹如人与天灾进行一场对弈，以上诸举皆为被动应对所下的后手棋，为何吾人不能下它个先手？即在平日灾荒未临之际，尽早动用劳力，搞些抵御灾害的水利工程,使其成为旱涝保收之田。此举当从根子上避免灾荒来时黎民受饥挨饿,被迫流落他乡的惨景发生。一言以蔽之,救灾于有事之后,不若防灾于有事之先。"金廷襄闻言眼光一亮,大赞曰:"先生所言实乃高瞻远瞩,令人大有醍醐灌顶之感。'救灾于有事之后,不如防灾于有事之先',此话一语中的。妙,实在是妙!但不知先生已有成法否?"心敬回禀:"此次旱情延祸数载,遍地惨状令晚生寝食难安,日思夜想,方有初步打算。至于具体措施,当亲力而为摸清个中细节及其后成效,徐徐改进使之臻于完善方可进言推广,否则……"

正在谈兴方浓之时,有人拍了一下心敬肩膀:"借问一下,此处哪位为管事之人?"举目一望,只见此人中等偏瘦,一领织贡呢素袍罩身,头戴一顶黑呢瓜皮帽,黑里透红的脸上,一双明目精芒四射。心敬打量了一下,看此人似为经商出身,却浑身透出一股儒雅气息,便向旁一指回道:"先生若是前来捐粮的,到那边几位书吏的桌上登录便是。"那人歉然一笑道:"若如此敝人就不动问先生了。我确实是来捐粮的,只是家中那几辆车拉不下,来回多趟往返又嫌麻烦,故前来求助于官家。"金县令一听立时来了精神,遂移凳凑前问道:"请问先生捐粮多少,竟嫌一趟趟地拉麻烦?"来人蜷下大拇指与食指,伸出其余。"三十石?"那人笑着摇头道:"三百石。"一时惊得县令与心敬从椅上站了起来:"三百石?""三百石扁豆麦。"心敬急忙一指:"这位是咱县老爷,你的事他能管。"此人一听,慌忙捽袖欲下跪行礼,被金廷襄挽住:"并非公堂之上,不必如此多礼。照理说,先生行此大义以纾国难,吾当为先生施礼致谢才是。先生何方人氏?又因何能割舍如此数目的粮食捐与灾民?"说罢急忙命人搬来坐椅,亲自斟上酽茶,双手递与来人。来人恭敬接住,掩袖一口将其饮尽,方才搁杯答道:"回大人问话,小人乃县东北十里逢人村人,贱姓侯,名裕,字善仁。自小随父在西康打箭炉处做毛皮生意。经多年辛苦奔波,在攒下一笔银子后就回乡置了十几顷地,过起了安居乐业的日子。几年旱情下来,城乡灾民不绝于道,小人遂在庄中搭起了粥棚以解乡邻饿饭之困。近日看到县衙告示,又欣闻老爷身先士卒,带头捐出储粮,不由心生无限感佩。今日到此一观,见全县乡绅富户俱踊跃参捐,激奋之下便欲将库中余粮悉数捐出。'天下兴亡,匹夫有责',在这大难之际,小人焉能匍匐于自家粮堆而令乡亲饿毙于荒野之中?却因运转无方,故特来求助于大人。"心敬二人不禁肃然起敬,县令双手握拳,躬身作揖道:"先生此等壮举足令天下钦敬。吾当将此事上奏朝廷,重重褒奖先生这一懿德义举。"来人慌忙回礼道:"此些小琐举焉敢惊动朝廷。大人先将驮运一事定夺方可言及其他。"县令喜笑颜开道:"这一巨数惊得吾一时六神无主,竟将此要紧话题抛于脑后。先生不必忧愁,望明日静候贵府,吾当亲自操办此事。"说罢,与来人殷

第二十八回　侯善仁输粟获嘉奖　王心敬捐锦罹祸殃

勤道别。心敬与金大人怀着一番惊奇与感慨,将这人与事议论了许久,方才依依作别。

第二天清晨,风闻此事的民众早早来到县衙处,众人一边围观堆得如房高的粮垛,一边热烈议论着有人捐粮三百石的奇事。一会儿工夫,人流越集越多,嗡嗡声响成一片。

一个多时辰后,只听东关外传来一片锣鼓声,人流轰地一下子都涌向了关外。抬头望去,前面几辆牛车上放着一只只足有四五尺大的牛皮鼓,几个壮小伙头缠红绸,身着敞胸背心,一个个赤着胳膊高举鼓槌,将鼓擂得震天响,震得人直捂耳朵。锣鼓车过后,一溜骡马大车望不到头,每辆大车上载满粮食桩子,车帮上插着一面小旗,上书"逢人村侯"字样;吆车的庄户个个头裹羊肚手巾,脸上洋溢着自豪的笑容。一时间惊叹声、叫好声、喝彩声如山呼海啸般响彻晴空。人们簇拥着粮车,一齐又向城里拥去。

衙门外广场上,一溜低桌上摆满了热气腾腾的茶水,卸车后的庄户人围坐一起,仔细品味着从未入口过的茶香。一些好事的闲人一辆辆数将过来,纷纷吐出了舌头:"妈呀,足足五十八辆!""这就是那个掌柜捐的。"大伙顺着手指望去,只见县太爷正拉着他走上一座刚刚搭起的戏台,台下挤满了看热闹的兴奋观众。县令笑吟吟道:"各位父老乡亲,今天是个大喜日子。自本县发布告示,广召吾县贤士仁人、商贾富绅踊跃捐粮款以来,至今已收各类食粮五百余石,钱财合计八百五十余两。此等仁心义举,足可彪炳青史,堪称光耀万世;吾县饥民亦可借此糊口度日以待丰年。此间还脱颖而出一位极具仁心的豪侠义士,其名侯善仁。"他指着身旁的谦谦君子,"就是这位义士,将辛苦劳作而收获的三百石扁豆麦义无反顾地捐献给了吾县灾民。孔子云:'君子喻于义,小人喻于利。'侯义士堪称吾县当今第一君子,本官拟将此义举上奏皇上,以彰我县贤良世风。"台下众人齐声赞颂,倒弄得侯义士狼狈不堪,他满腹歉意,连连拱手道谢后,下台迅速离去。众人追着他齐声高喊:"侯善仁——侯善人;侯善仁——侯善人……"连远方的城阙楼阁也似乎在遥遥呼应:"侯善仁——侯善人;侯善仁——侯善人……"

不多日,朝廷颁下圣旨,传谕圣上闻后大悦,特书"鄠邑义民"镀金匾一块,命人高悬于侯氏门楣以资表彰。

话说心敬怀着一腔激奋回到了家中。今日义士捐粟的感人壮观场面,此刻仍历历在目。筹思良久之后,心敬渐渐在心中凝聚起了一个令他十分兴奋却又颇为踌躇的重大决定。晚饭之后,心敬唤过翠姑一同来到了母亲房中。心敬将近两日在衙门场上的所见所闻一股脑儿倒出,兴奋之情溢于言表,李氏只是静静听着,不吱一声。待心敬讲毕,屋内一片寂静。良久,李氏方才开言道:"吾儿所述日前盛景,固然令为娘十分惊叹,可你这一番说辞,莫非还另有缘由?"心敬不言语。"说出来让为娘听听,兴许娘已猜出你的心思。"

心敬几次欲张口,却难于出言,最后拉着李氏的手,硬着头皮诚恳道:"妈既已知儿的心思,我就索性抖搂出来。妈,你送儿去盩厔大儒二曲先生处求学,为的是叫儿成为胸怀天下的圣人。儿在尽力苦修先哲鸿篇之时,还在不断关注民生。近年曾费心竭力写出多篇备荒、救荒之策,均已获官家良吏首肯采用,获得不错成效。可言传又怎能比得身教?儿……儿……"李氏笑道:"你的心思娘已明了。说,为了你的身教,为了救荒,你想从咱家捐些甚物?是卖房还是卖地?"心敬一听此话,心知母亲取笑中已透出允意。赶忙回道:"毁家纾难救灾,儿还无此勇气。妈你忘了,几年前儿从襄城捎回的绢锦……"翠姑一听急了,忙插嘴阻止:"妈你甭听他胡说,那些绢锦当年为何压了箱底咱几个人心知肚明。那是皇家御品,寻常百姓如若持有一旦事发就得入牢。他要是捐这些东西岂不是自投罗网?"心敬急分辩道:"妈,事情没有她说得那么悬乎。儿献锦救灾乃出于公心,当面向官家说明实情,咱一没偷二未抢,官府岂能不分青红皂白就将人关押?"翠姑还要强辩,心敬生气地指着翠姑:"你甭说,听咱妈的。"李氏沉思了一阵,开言道:"翠姑的担心不是没有道理。万一官家起疑,把你押起来,或者干脆一刀两断,为娘与翠姑怎么活呀。"心敬此时才把心底话掏出:"据儿所知,当今县令并非糊涂残暴之人,不会不明不白判了冤案。""那万一呢?"翠姑急得泪珠盈眶。不明白一向深明事理的夫君为何竟在此事上如此执拗愚顽。"妈,儿已仔细思量过这种境况,事情即使坏到极处,无非蒙冤屈死。可儿捐出这些锦缎,据襄城刘老说足值千两纹银,千两纹银得买来多少粮食,又能救活多少灾民哪?妈你说过,让儿立志做一个圣人,拿儿一命换得千百饥民的重生,儿凭这一义举岂非立地成了圣人?"说罢心敬饱含热泪,宛如一个即将舍生取义的慷慨烈士。

听完儿子壮烈激昂的一席表白,李氏心绪如波涛汹涌。她嘴唇抖动,艰难地吐出了一句话:"吾儿此时心境已是圣人一般。为娘能生出此等男儿,亦不枉活一世矣!"言罢看着无望的儿媳,手抚摸着她微微抖动的肩膀,轻轻劝慰道:"翠姑好女儿,你的苦心妈与心敬岂能不知?只是在这紧要关口,若不试上一试,你的夫君就会懊悔一生。人做事天在看,老天不会让做大善事的人无故屈死的。"翠姑心下明白拦不住他娘俩了,仍抱着一丝希望辩解道:"他大,你这番作为一定徒劳无功。你想,持有这些东西一旦发觉,官府定会追查定罪,那谁还敢买你捐的绸缎?又有谁还敢把它穿在身上四处张扬?你一心冒险救人,终究会落个鸡飞蛋打一场空!"心敬一听此话不由笑道:"真是个榆木疙瘩。你想,官府追查的是那些来路不明的东西,一旦官家拍卖咱捐的绸缎,买的人现场买去,咋能是来路不正?难不成把货卖给人家,第二天又把人抓去追问这货是哪儿来的?除非这县老爷脑中长了一个大瘤子。"一句话逗得婆媳二人捂着嘴"扑哧"笑个不停。"况且,买的人做

第二十八回　侯善仁输粟获嘉奖　王心敬捐锦罹祸殃

成衣裳,穿着皇家御品到处走动,你仔细想想,有谁拿银子买来什么东西,能比这更为气派荣耀?我敢断定,只要摆出这货,一时三刻就会被人抢得净光。"

一场家庭"官司"终于尘埃落定。第二天吃过早饭,李氏与翠姑取出了压在箱底多年的绸缎,用麻布仔细包好,递给了心敬。全家人齐齐聚到门口,怀着亲人赴难的悲壮心情,目送着心敬向南走去,直到他拐过钟楼看不见人影了,才揣着七上八下的忧心,回到屋中静候消息。

话说心敬提着这些物事,径直来到书吏桌旁,打开包袱,言明捐献。书吏一看眼前柔光闪闪,夺人心魄的簇新锦缎,尤其瞅到饰角那"江宁织造"几个细丝绣成的小字,更是惊得齐齐站起,上下打量着这位不速之客。一书吏小声在同伴耳旁嘀咕几声,随即离去。不一时,那差役来到心敬面前施礼道:"县老爷请先生到衙内叙话。"言罢不由分说半搀半拖,拉着心敬就往衙门里走,引来一片诧异目光。

绕过衙府大堂,穿过一片青翠竹林,心敬来到了县老爷的内室书房。此时县太爷正急得绕着书桌打转,抬头一看,竟是自己熟识钦慕的心敬,不由惊问道:"怎么会是你?"心敬欲作揖行礼,却被县爷急急按到椅上:"快说说,这到底是怎么回事?"心敬遂将昔年去襄城的奇遇仔仔细细叙说了一遍。金县爷听得目瞪口呆,连连叹道:"竟有如此怪诞奇事,真让人不敢相信。"静默了许久,老爷方轻轻叹了口气:"想必先生已知此乃皇家贡物,平日极少流落到民间,故凡持此珍品者,十有八九非劫即盗。先生持此物来捐,其仁心昭昭,本官从心底敬佩;先生方才道出来路,本官也不能不信。然先生这一举措却给本官出了一个大大的难题。穷追治罪,本官于心不忍;而放任不管,却有违职责,甚或亵渎皇恩。请先生替吾出个主意,此事该当如何了结?"心敬慷慨回道:"以上所禀句句是实。老爷不妨派人去襄城追查一番,事情原委定会水落石出;如若小人诳语,任凭大人依法治罪,小人不会有半句怨言。"金县令笑道:"还是先生大度,此案就依先生所言。只是委屈先生在此延宕几日,还请先生务必担待。"说完拉起心敬双手,语重心长又言道,"你我神交已久,先生为人吾心中早有定数。还盼此事尽快真相大白,还先生一个清白之身。"说罢,命人将心敬送入牢中细心伺候。待心敬一走,另唤过一稳重差役,低声叮咛了几句,差役侧耳细听后拱手回禀:"请老爷放心,下人一定将此事办得妥帖,不出一丝差错。"

几日之内,"王心敬捐锦被扣"的消息如洪荒野火,燃遍整个鄂县城乡。人们纷纷奔走相告,传播这一惊闻。听众中有的幸灾乐祸,轻浮地说些不三不四的风凉话;有的鬼头鬼脑探究他献"宝"的动机,费心猜测其家中还有哪些未曾露面的窖藏;而多数则是敬佩他急公好义的善举。尤其是那些日夜盼望赈济的灾民,听到这个消息莫不焦急万分,气愤难忍。心敬家里见心敬未能按时回归,又闻这一风声,立时个个心中如沉了一块大石头。翠姑更是痛哭流涕,悲伤欲绝,她一边大声数落着夫君不听奉劝,以致身陷囹圄失却自身;一边暗暗抱怨婆婆不该纵容儿子钓誉涉险,弄得如今有家难归,甚或性命不保。哭着哭着,一时急火攻心,竟一头栽倒昏了过去。全家人顿时乱成一锅粥,李氏心碎中还硬撑着忙叫心广去谢家店找坐堂宗亲。一时间一片凄凄惨惨,道不尽的悲凉恓惶。

　　近几天,县太爷也是焦急不安如坐针毡。就在昨日,一群饥民扶老携幼,闹闹嚷嚷闯进县衙,要为北街王心敬鸣冤叫屈。他刚到大堂坐定,在一大片跪倒在地的众人中,一倔胡子老儒站起声言道:"大人,北街王心敬乃王忻之后,王忻以孝贤闻名闾里。殁后荣入贤人祠。王心敬又为一儒生,平日一心只读圣贤之书,行仁义之事。这次他为救助灾民捐献锦缎,竟被官家锁拿,请问大人是何缘故?"老爷徐徐答道:"王心敬义捐锦缎本是善举,无奈此绢乃皇家之物,民间私藏极少。本官正在查其来路以绝盗劫疑窦。"老者凛声言道:"老爷此言差矣,此锦缎若是所盗之物,必深藏内室秘不示人,今王心敬于大庭广众之中将它舍出,莫非其得了失心疯,行此乖谬之举?再则,既然所劫之物弥足珍贵,必视其为心头肉,有谁拼了命取得却又慷慨将它献出?莫非他果真良心发现还不惧刀斧加身?此常人亦可推断出其中真伪,老爷岂能不解个中曲直?"老爷抚须微笑道:"好一张利嘴。本官自知其中道理,只是官家办案不凭主观臆测,唯重真凭实据。吾已命人明察暗访,以便本案大白于天下。另外,本官须言明,王心敬只是受邀留置本府,无涉锁拿羁押。待来日查明真相,一定给众位一个满意交待。众位既已知情,本官在此奉劝尔等毋要无事生非,快快散去,好好到赈棚领粥去吧。"众人闻言方半信半疑,拜谢而出。

　　截至今日,所派之人已去旬日,还不见回音。县爷暗暗发急,他一边心不在焉地翻动着交来的数日募捐名单,一边盼着其人快快归来,以还心中良友的清白。正胡思乱想间,忽有一人掀起帘子禀报道:"老爷,小的回来了。"回头一看,原来是他前些日派去襄城的公差。县令急忙拉过一凳子让其坐下:"一路辛苦了,那边事查得如何?""回老爷,照老爷吩咐,小的随同王心敬的一个乡邻到了襄城,访得了那间丝绸店,也见到了那王心敬的姐姐。据她回忆,那是多年前一次随同丈夫去苏杭一带进料途中,夜晚宿在了一个大户人家。这大户的祖父曾在朝中做过大官,他过世后,后辈却不争气,将偌大家业折腾得如今成了破落户。晚饭食毕闲谈中,得知她二人为丝绸商,遂将几匹皇赐织物拿来,想脱手卖个好价钱。他姐说自己在一饱眼福之余,就将这些物料悉数购进,作为其'镇店之宝'。上番姐弟相逢自然喜不自禁,就在王心敬回家的时辰,将其中的一匹半赠给了弟弟,以回报全家过去的情分。更奇的是,那个乡邻指着这位老板娘悄声对小的说,还真是王心敬

第二十八回　侯善仁输粟获嘉奖　王心敬捐锦罹祸殃

故去的姐姐娉的模样,只是显得年长了一些。尔后又去了城南刘庄,见到了刘青霞等人,索问之下,他们的答复与王心敬的叙说句句相合。小的这才放下心来,与那乡党不敢耽搁,急急赶回府中复命。"县令一直仔细倾听,临了挥手道:"此番你很是尽心,事情也办得完满周全。下去到账房领二两赏银,好好歇息一番吧。"公差辞谢,唯留下若有所思的金大人在原地发愣。老爷低头沉思了好一阵,才唤过下人命将心敬带到书房。

　　县衙的大牢里,心敬泰然坐在铺草之上。在入狱的头几日,他心思宁静,坐等上天的裁决。既然事已至此,即便蒙冤而遭极刑,他也怀着一颗实现大我的圣心走向生命的尽头;其后,思绪又转到了防灾的后续操作,盘算着从哪几处着手,如何具体实施,所需工费几何,怎样将已见成效的办法推广到民间等等,一步步的筹划脉络在脑中逐渐清晰并趋于条理;尔后又回到了从蕴屋师父处继承的理学,许多当初混沌的认识如今竟在脑中更加明澈,以至于生出一股立马要提笔畅书的冲动。可刚一站起又颓然坐下。唉,自己一生还有多少事情需要着力完成,若就此离去,不知会留下几多遗憾!然世事难料,人莫能测,还是静候造化的安排吧。于是该吃就吃,该睡就睡,身子骨竟比平日还结实了几分。掐指一算,在牢中已过了十几个日头。

　　这会儿正在闭目养神之际,忽听牢门"咯吱"一响,一个差人招呼道:"大人在书房有请先生。"心敬这才睁开双眼,理了理乱发,抖了抖身上的稻草,跟着差人七拐八拐来到了县府内宅。远远看见县大人等候于门外,刚走近县大人就急急握住心敬的双手,将其引进房中坐下,然后捧过一杯香喷喷的热茶递给了他。心敬略一沾唇,便将茶杯置于几上,双目静静地望着对方。县大人尴尬中带着诚挚的热情问道:"让先生在里面受了多日委屈。怎么样,身子骨没有啥亏吧?"心敬恭敬答道:"还住得惯。"大人遂道:"现已查明,先生所捐之物,乃襄城亲戚所赠。来路既正当,去处又高尚,堪为我县一段佳话。现已将其出手,获银千余两,为县内捐物所值之冠。本官想私下征询一下先生的想法,看看如何处置,既能合赈灾本意,又能照顾到先生捐物的初衷。"心敬早已成竹在胸,爽快回答:"承蒙大人提醒,心敬已有一初步打算。其中一半用于购粮赈灾,另一半么,用作灾后兴修水利的专款。此款待心敬思虑成熟具体实施时,作为农户行事的补贴,以助其尽快推广见效。其款全数留于县府,待日后心敬依工量大小提供各户补贴细目,官府据此发放给各户,直至穷尽。大人你看这样可好?"金县令拊掌大笑:"善哉!先生瞻前顾后,堪称思虑缜密,既济危于当下民生活口,又着眼于日后农事发展,实不愧经世致用的当今大儒,令本县钦敬万分。"随后拉起心敬,"先生既已为清白之身,吾当践行当日对灾民所许之诺,当众公布案情,以还先生一个公道。"随即一同出了衙门。

　　大街之上，原来冷清的粥棚又热闹了起来，四面八方的饥民携家带口排起了长队。与上次不同的是，每个舍粥处，都有一差役监管粥饭稀稠，整顿食者秩序，县令面向心敬道："先生留置敝衙期间，吾细细将先生所著《荒政考》诸书研读了一遍。先生忧思天下，倾注苍生的胸怀让人不由感慨之余心生钦仰，当读到'王者为民父母，四海苍生皆其赤子也。宁有父母廪食有余，而坐视赤子之饿殍而漠不为之拯救乎？'这一段警语，本官不由羞惭顿生而悚然自惕。你看，"他指着粥旁的差役道，"这就是依先生建议所设专门负责管理与监督的官员。另外救灾一毕，吾将按先生设想，将赈灾余粮归入社仓，并重建社、平、义仓，在丰登之年竭力督办，以备来日饥荒。"心敬内心一阵暖流淌过，他欣慰道："大人褒扬之辞实不敢当。若能照拙述所言切实践行，若再遇灾荒当不至于束手无策而坐等皇恩也。大人此举必受黎民欢呼拥戴，万民伞不期而至矣。"县爷自谦道："救民水火，乃是职责所在。本县所为只求上合天心，下契民意，不为追求所谓政绩、万民伞而着意铺排张扬。"二人并肩而行边看边议。

　　众人看到心敬安然归来，高兴得刚要问候，却瞅见县太爷就在近旁，不由得呼啦啦跪下一大片。老爷笑容可掬，扶起前头的老者，当众宣布道："有关王心敬原先之嫌疑，现已查明实情，官府已复还其清白之身；其捐锦赈灾之举实乃士儒官绅的楷模，县府拟近日公示嘉奖。"心敬闻听嘉奖一语，急忙禀道："大人，心敬献锦只为救灾，不图名分。官府若行此举实有违吾当日初衷，望大人慎思收回成议，还心敬一个心绪平静。"县爷沉思片刻爽快道："好，就依先生。"话毕众人一片欢呼雀跃，齐齐拥向心敬拍拍打打、拉拉扯扯，亲昵之状令金大人感触至深。就这样一路随走随宣，直到心敬家对面的粥棚。心敬对金知县道："既已到寒舍门口，大人不妨进去坐坐。大人一路宣讲不免口干舌燥，喝盏茶水润润嗓子可好？"县爷欣然道："如此甚好。早闻李孺夫人德贤，可惜上次匆忙未能得见，这次本县理当将此案结果亲自告知，方显郑重诚心。"

　　屋内李氏正与前来问询的王鄹老先生叙话。王鄹闻听轰动县城的心敬捐锦案，不由内心发急，拖着老迈之躯到王府一探情由。正在李氏含泪细细讲述此桩冤情的前因后果时，忽听门外一阵喧哗，正欲出门探听，却见有两人已进入院中。泪眼婆娑的李氏赶紧揉了揉双眼，方才看清竟是自己日思夜盼的儿子！她不由扑上前去抱住自己的心头肉号啕大哭："我儿受苦了。让为娘看看，那个昏官把我儿整成啥样了？"心敬忙着安慰娘亲之余，望着身旁略显尴尬的县爷："可怜天下父母心。望大人勿要责怪母亲急火攻心的不敬之语。"李氏这才知道眼前这位官人竟是她日夜怨怪的县老爷，急忙敛衽伏地道："民妇一时急切妄语冲撞大人，民妇自担罪责，还望万勿迁怒于痴儿。"县爷急忙虚扶李氏道："夫

第二十八回　侯善仁输粟获嘉奖　王心敬捐锦罹祸殃

人责怪的是，只是官责所在，不能不管。现已查明，先生所献锦绢乃襄城亲戚所赠，来路清白，故本官陪着他一路宣布走至贵府。尔缉此善举远近皆知，亦是夫人教子有方。故本官特地前来拜谢夫人，并专程致歉耳。"李氏这才明了事情原委，急忙邀县大人入屋奉茶。

几人入座，心敬不免将师父与县令二人相互介绍一番，二人互道钦慕。心敬遂将至今境况及与县大人昔日交往一一向王鄮禀说。几人正谈得入港时，忽闻心广来报，盩厔二曲先生驾到。金县令大喜道："久闻先生大名，只是在书院落成之日瞄得一眼，却未能有暇晤谈。今日有幸得见，吾将当面讨教一番，岂不快哉。"言罢几人纷纷出迎。只见二曲携其子慎言骑驴而至，风尘仆仆的眉宇间尽是焦虑与愁肠。谁知他却迎面撞见了自己的爱徒，不由一扫满目忧色，喜出望外之余连声问道："爱徒何时回归的？为师前些日有事回家一趟，刚料理清白，就听说你闯祸收押在监，真是焦急万分。今早天未明即跋涉而来，却见你安然无恙，实在令为师意外又倍感欣慰。"心敬一见恩师不由满腔委屈化作盈眶泪珠，跪地强抑道："不肖徒身陷囹圄，辱没师门，愧对师父挂念。"县令接住话头，向二曲执弟子礼，口道："先生误会了，尔门生王心敬义献皇绢，本是仁心义举，却无端生出一场意外。现已查明原委，还其清白之身。王生此懿行皆先生言传身教之功，令人钦敬不已。"二曲扭头向着心敬："这位大人是？"心敬忙答："大人乃本邑父母官，与徒儿有数面之交，很是投缘。"二曲遂回身拱手道："二曲一介布衣，得蒙大人错爱，实不敢当。"正说着，却一眼看见了王鄮，便指着笑道："你这个无耻（齿）之徒怎么也来了？莫非怕吾夺去你的爱徒不成？"王鄮笑得没了眉眼，张着漏风的嘴回敬道："你这条大蚰蜒（讽'二曲'名号），吾怕你成精作怪，祸害吾爱徒，故今遭赶来为民除害！"说着便用水烟锅在二曲头上敲了一下："妖孽，此刻不现原形还待何时？"逗得众人捧腹大笑。说笑一毕，他二人携手并进，互诉久别衷肠；心敬随着金大人等一同进到里屋。

后堂之上，几人互相攀谈寒暄。心敬向王鄮叙说捐锦经过，县令向二曲讨教理学细节，心广与慎言交流着农务与耕作，一时间好不热闹。不一会只见李氏与翠姑、喜琴端着几只碗走上前来。李氏笑盈盈道："几位贵客难得到寒舍一聚，今日打些搅团招待各位。饭粗手拙，莫要嫌弃。"众人一瞧碗里，筋嘟嘟的搅团上漂着红艳艳的油泼辣子，一簇绿油油的韭菜窝在碗心，引得几位食欲大开。县令道："久未入口农家饭菜，今日正好尝尝鲜。"诸人也不做作，纷纷端起饭碗，一时间风卷残云，将一大锅搅团吃了个罄净。众人一边揉着肚子，一边异口同声夸赞这顿饭做得地道可口。金县令虽祖居广东，却对他治下这一家常饭情有独钟，意犹未尽随口说道："几年前曾在此地一旧友家中吃过几次，甚合脾胃。然此物虽食得撑饱却不甚耐饥,食过一阵若再能用上几角脆薄油饼蘸上油辣子水水,那个香哇,真是一道口福。"

一番无心之言竟说得立在旁边伺候的李氏面红耳赤,喏嚅着说不出话来,场面立刻有一丝尴尬。良久,心敬方讪笑着回话:"实不相瞒,在学生牢中度日之前,家中已未沾过一口麦面。"县令一听,容色顿时凝重起来,起身离座一言不发大步走向了灶间。心敬与心弦紧绷的几个人也尾随而来。进入厨房,锅台上一只竹笼里散落着几只由麸皮、苞谷面掺合着萝卜揉成的菜团,冷硬而发青;揭开面瓮,一只盛着麸子,一只盛着苞谷面;墙角处,一堆由后院菜地拔来的红芋和一捆菠菜堆放一起;在一瓦罐里,县令发现了几升小米。心敬低声解释道:"一个月前,有一弃婴被丢在了家门外,母亲心中不忍把她收养了起来。这些小米是从乡党处借来给这小妞熬米汤油油喝的。"望着窘促如此的场景,县令不禁感叹道:"捐出千两贡锦之家,竟然这般困顿!先生高洁,非本官亲眼所见,绝然不敢相信。"心敬忙分辩道:"并非高洁,而是此物有碍官家,学生纵有贼心亦无贼胆将它卖出。要不是救灾事急,这物只会永压箱底留存下去,作为传家之宝。""不然,家中几无果腹之粮却慷慨收留弃婴,给这小命一条活路。这番仁心,足以见证王氏家风。"众人深有同感,纷纷颔首称是。

第二天一大早,门响处有一人推着独轮车进来,后面跟着一位牵着一只奶羊的差人。当着李氏的面,差人将车上搭的桩子、布袋卸下,并交代道:"这是知县大人用其俸禄买的东西:五斗麦面、一斗小米外加一壶油,说是给先生补贴家用;另外,"他递过拴羊的绳索,"这只羊给夫人小孙女挤奶吃。大人说,昨日之行,令他心中颇为感愧,便随手接济些许粮食,聊补无米之炊。"李氏忙唤心敬、心广,说与此事。心敬对来人道:"请小哥捎话给大人,昨日怠慢,有所不忍;所赠之物,弥足珍贵。望大人勿以此小事分心,待救灾赈济功成之日,小民定到府上道贺致谢。"

望着远去的差人,热泪不争气地顺颊而下。心敬索性仰起头,让它在脸上肆意流淌。

第二十九回　井利水利双利抗旱　区田圃田两田丰收

直至康熙三十九年,持续了五年之久的大旱方近尾声。近几个月,虽然淅淅沥沥下了几场雨,但都未等地皮润湿,满天的薄云转眼间就被一阵疾风吹得无影无踪。被久旱练就的庄稼,仅凭着滴落叶梢的稀落雨珠,顽强地撑持着奄奄一息的生命根基。

一天晚间,阴云闭合,夜空一片漆黑。先是微风徐徐,继而逐渐迅疾,最后竟带着啸声穿堂过屋。一时间房顶脊瓦乒乒坠地,门扇、窗棂咯吱作响,那些茅屋草棚上搭的麦秸被狂风卷起,大团大团在空中盘旋;大风刮起的尘土飞扬弥漫,整个县城笼罩在一片呼呼作响的尘团之中。不一时,空中一声炸响,城廓被照得瞬间一片惨白。随着一阵电闪雷鸣,滂沱大雨猝然而至。顷刻间,地面空中顿成一片混沌,小巷里生成的条条小溪汇成大街上的洪流横冲直撞扑向城外。城外,干结的田地上雨水顺着裂缝吱吱而入,犹如久饿的婴儿贪婪地吮吸着母亲迟来的乳汁。

伫立于窗前的心敬尽情观望着院中的倾盆大雨。在摇曳的烛光中,满院流淌的混浊泥水竟是那么赏心悦目,比大圆寺前面万花丛中潺潺入潭、叮咚作响的清泉,还要令人入迷。窗外隐隐传来一片大呼小叫的欢闹声,他料想这时一定有许多乡邻农夫正在雨水中手舞足蹈,便不由抿嘴微笑起来;更想到此时不知有多少屋中燃起了香烛,感恩上天终于顾怜苍生降下这救命的甘霖。心中不由涌起一股冲动,也想奔入如注的雨中对空长啸,可羸弱的身躯止住了急欲撒欢的脚步,他只好把这如狂喜悦化作涌泉的诗句。无眠之夜,伴随着阵阵激奋,直到天光大亮。

大雨下了整整一夜,直到黎明方才云散雾开。清晨,红艳艳的日头从东方冉冉升起,往常灰蒙蒙的天空如今却被大雨洗得湛蓝湛蓝的,无一丝云彩。一夜未眠的心敬,却精神抖擞,踩着泥屐,乘兴来到了城外自家的田地旁。他鼓起胸脯,贪婪地吮吸着甜丝丝的

清新空气。眼前被旱魃折磨得死去活来的田禾,如今却神奇地一夜间恢复了生机。远远望去,整个田野一片翠绿,挺拔禾秆上的叶片挂着雨珠,被阳光一照映出金光,看得心敬眼花。喜中带忧又触景生情,心敬遂口占了一首《雨后观禾》,轻轻吟道:

头白五年旱,心关二麦成。
雨余扶病出,喜动结忧情。
南亩禾须茂,残黎食可凭。
始知造物意,亦念我苍生。
为农今可活,夏获应全收。
千里将丰穰,残黎脱远游。
耕耘真帝力,乐利赖天休。
转悲流离子,新归未有筹。

——雨水会带来久违的丰收,残喘的黎民农夫可望逃脱他乡乞食的愁苦,可那些新归的逃荒者,这些可怜人举目无亲,又将何以自处?

旱象彻底解除了。一连几天心敬都窝在家里,盘算着他筹思已久的谋划。那几日,农人纷纷出城,或荷锄给庄稼松土,或推着粪车给田里拉肥,以助田禾长得更壮实。当他们走到心敬田畔,看见心广领着心正正在锄禾,可在田地中间高处,却安着一架辘轳,心敬正弯腰围着辘轳转圈,并向下大声吆喝着什么。众人一时奇怪,便问心广:"你哥在那里干啥呢?"心广手一指:"正在那儿胡成精——打井呢。"大伙一时齐刷刷来到井旁,一老汉问心敬:"心敬,这几日墒正饱着,你却折腾着打啥井,不是白忙活么?"心敬一看来了许多乡党,便直起身一一招呼,笑道:"人常说有备无患。甭看这几天墒情好,那一个月、两个月或一年半载呢?还不是要看老天的脸色。这多年遭旱的罪,大叔你还没受够?这些年天旱已久,已经干死了几茬庄稼,大叔你咋又忘了呢?打井看起来一时费工花钱,可一旦多日天旱,它就能保田禾照样旺实,照样有收成。不至于久旱无雨时家家饿饭甚或逃荒受罪。我们庄稼人有的是力气,辛苦几日打上一眼井,总比终年受饿强上百倍吧。"农夫指着肩上的锄头笑呵呵道:"老人口中常说:'锄头有水,锄头有火。'雨涝时锄松土容易去墒;天旱时锄地翻土又能保墒。至于把井打到田里,"他指着一眼望不到头的田地,"你看哪儿有一口井?"心敬闻言笑道:"锄头有水又有火,此话固然不错,但那却是一般墒情之下的经验。若遇上百日大旱,甚或一连数载的大旱,此话就不中用了。不然像前几年的灾情,老叔即使整日锄地,翻出来的都是干土,又有何用呢?"老汉无话可说了。心敬诚恳道:"还是打井好,遇到旱天,一个壮劳力一天扳辘轳可浇半亩地,五亩地十数八天就浇

第二十九回　井利水利双利抗旱　区田圃田两田丰收

一茬水,庄稼绝不受亏,到头来还是好收成。再加上官府给打井的农户还有一定的贴补,我这井就享受的头一份,不会给家里添多少负担。大伙还是要立足长远,不要到天旱时却只能窝在家里叹气,甚或在老婆孩子身上撒气了。"老汉头一撇:"老先人做庄稼就是这样。说句你不爱听的话,我看你这是瞎子点灯——白费蜡。"说罢回身就走,还边走边嘟囔:"哼,嘴里还一套一套的,净是瞎折腾。我看这书也不敢念多了,念多就把人念傻了,脑子净冒些馊主意。"回头一看,见他儿子还在井边不走,向心敬正问着些什么,便大声吆喝:"瓜蛋,还不赶紧锄地去,还在那儿磨叽啥? 人家是吃饱饭撑的,在那儿转圈消食呢。"心敬笑着回道:"大叔,你这锄地使力,不也是消食么。"众人一时哄笑,各自散去。

　　心敬转过身,不由一阵苦笑。这些农人乡党太守旧了,他们宁愿依着祖祖辈辈传下来的习俗耕作、生息,哪怕守着苦日子也心安理得;可话说回来他们又是务实的,自己不出头是怕担风险,可一旦打井显出实效,这些邻居定会争相效仿,以求过上能吃饱饭的安稳日子。一想到此,心敬立时觉得心里沉甸甸的:打井的成败已不再是自己的私人试验,而是关乎一大片乡亲温饱的未来,要使那虽竭力劳作却仍靠着喜怒无常老天爷的恩赐过活的日子一去不返,这次试验只能成功,不能失败。既然如此,那就要把其中的经验教训、操作细节、花销多少都详细记录下来,以便将来推广时作为筹划的依据。

　　他雇的两个短工,身体都很壮实,一个在下挖土,一个在上扳辘轳吊土。过一半个时辰,又互换一下。一天下来已挖丈余。第二天又挖了八尺,第三天挖了六尺,待第四天挖了三尺时,过了好半天,方才吊上一桶来。心敬忙问原因,井下的小伙喘着气说越来越憋得慌,手脚少了许多力气。心敬赶忙让他上来,小伙扒着蹬窝一爬上来,便坐在井边大口呼吸,脸憋得像一副青茄子。另一个下去,不一时也一般无二。折腾了一天,直到天黑,方才向下又挖了一尺有余。心敬伸手抓了一把刚吊上的土,只是略有些潮,一时间没了言语。

　　晚饭一毕,两个短工上炕歇息。心敬仍坐在饭桌旁沉思着,这井挖到深处人有些气短,自家院里挖井时也曾这样。以往挖到这个尺寸,一般都会出水,只要再尽一把力,井就挖成了。可这上岸地的土仅仅发潮,按这模样推测,再向下挖个三四尺也许才能见水,再向下挖四五尺方能功成。可依今天的阵势,再向下挖一两尺都是个难事了。怎么办呢? 莫非就此罢手,撂下一个干筒子供乡党作为笑料么? 他苦笑着摇了摇头,一时又陷入沉思:井下的人气短,无非是里面缺气,能给底下吹气就好了。向下扇风? 不成,只能进井数尺而已。如果能用管子直插井底就好了。可这管子……他此时脑子灵光一闪,立时有了办法。心敬激动得忙起身,寻来了一根两丈出头的竹竿,用木钻先将前后几节打通,然后在锅下烧起柴禾,用烧红的铁条将其余各节两头捅透、捅大,直至完全贯通。

第二天一早,心敬手提两根木棍,两短工一人扛着大竹竿,一人提着风箱,来到了井口。二人贴住井壁放下竹竿,心敬将木棍搭在井口靠边的地方,把风箱绑在两根木棍上,使风箱口对着竹竿套牢然后用布裹上扎紧。一人下去,心敬在上扇动风箱,井底的小伙只觉头顶阵阵微风吹下,气息畅通得如同地面,立时高兴得大叫,随即精神抖擞,使劲挖将起来,到了半上午,潮土已变为湿泥;到了中午,井下已有泉眼汩汩冒出水来。几人兴奋不已,心敬紧绷的一颗心方才松弛下来。又挖了一天,终于大功告成,待最后一人爬上来时,水已涌至大腿根处。

晚上,心敬破例让母亲炒了一碟肉菜。他斟满了两碗黄酒,慰劳两位功臣:"多亏两位兄弟辛劳,这第一口井才顺利完工。说不定日后还有麻烦两位之时。"二人将酒豪爽地一饮而尽,一人道:"先生仁厚,这几日白蒸馍、干面顿顿伺候,跟在家里过年一样。说句让老兄见笑的话,我还想多干几天,再享一阵子口福,可惜活干完了。"二人不由都笑出了声。另一个道:"日后只要先生打一声招呼,我二人立马就到,没一丝含糊的。"这一顿饭吃得畅快而热烈。饮食一毕,心敬付了工钱,将二人恭敬送出了大门。

回到自己的书房,心敬抄起算盘,将这一番打井的开支细细盘算了一遍:打井六天,两人共十二个工日,每个工日五十文,合计六百文;买新辘轳及井绳,三百文;大笞桶一只,一百五十文;将来井台砌砖及井围工料等又得三百五十文。下来合计一千四百文,也就是一两四钱银子。按时下五文一升麦算,折成粮食也就不到三石麦。可这些粮食换来的水井,到荒年时就能救了五亩的田禾,可打十石多谷子,这该是多么划算的一笔买卖呀!何况这井年年可用,不啻一个取之不尽的聚宝盆哩。一想到此,兴奋不已的心敬不由在书房转起了圈圈。

过了一会儿,他长出了一口气,强迫自己静下来,庄重地拿起笔,在铺好的纸上写下了《井利说》三字以作开篇题目,接着又写下了一大段内容,方才落笔回房休息。睡梦中嘴里还在不断嘟囔着"井利,井利",弄得翠姑不由爬起身来,奇怪地问道:"哎,这景丽是谁呀?"

清晨起来,心敬见翠姑眼睛发红,一丝泪痕浮现在疲惫的脸上,不由奇怪问道:"娘子,有甚事不顺心?莫非近日你娘俩有了芥蒂?"翠姑强露笑脸,掩饰道:"不是。昨夜梦到了故去的母亲,不由心生悲怆。"心敬这才放下心来,安慰了一番。

过了旬日,心敬又在河湾地自家田地势高处打了一眼井。他算了一下,家中如今有母亲李氏、兄弟三个两口及孩子,加上所捡的小侄女,共计十三口人。两口井足以让全家

第二十九回　井利水利双利抗旱　区田圃田两田丰收

在以后的干旱日子里衣食无忧。他寻思着,在风调雨顺时节,这两口井显不出它的功效,地里的收成与别的田块无异;而到干旱来临时,这两口井将发挥出可观的抗旱功能,那时的收成必将与别的田块有着显著差别。乡党、邻居会从收成的对比中自然体会到它的益处。到那时,不用自己说服众人,乡党都会自发行动起来,掀起田中掘井保收的热潮。他心里甚至期盼着近年来上一次小小的旱情,以此唤醒尚在麻木中的农人。

农历七月初二,是县南一个大堡——穆家庄的会日。"会"是鄠县及周边各州县流传千年之久的一项民俗活动。在农业社会中,占人口八九成的均是农民。由于交通不便与终日劳作,绝少有走亲访友与休憩娱乐的空闲,故在每年繁忙夏收后的三两个月内,各村寨都会有一个或两个独特的日子作为本村的节日,谓之"过会"。如县城与大王镇都是农历八月初二。在这一天,其他村堡与这村里各家有亲友关系的人都会从四面八方汇聚而来,与主人共话亲情友谊,在共享佳肴盛馔的欢乐气氛里,交流着今年的收成与农事经验,评说着县内发生的各种奇闻趣事,议论着亲友间的生老病死、婚丧嫁娶。

当日,晴空万里如洗。心敬徒步向南行约五里方才走到目的地——穆家庄。刚走进村,一大片七八十亩的荒地映入眼帘,举目望去,这片荒芜的田地里野草丛生,间或有一两株遗落而生的高粱、谷子如鹤立鸡群般高挺于杂乱的藤蔓之上,显出一种别样的刺目孤单。心敬一阵诧异,不禁奇怪这一片好端端的耕地为何撂荒,是田主逃荒未归,还是因灾全家病饿而亡?怀着满脸的狐疑不解,心敬走进了人头攒动的村中。

就在饭前众人海阔天空的闲谝中,有一个声音道:"大伙还不知道咱县里前些日子发生的一桩奇事吧?"众人纷纷言道未及听说,那人道:"县北二十余里有一个堡子,临近渭河滩,沾了夜潮地的光,今年的麦子长得还不赖。村中有一李姓与杨姓两家,都是村里大户还连畔种地。就在今年小麦灌浆时节,两家地畔中间,却长出了一穗麦子。这事本没啥奇处,出奇的是这棵麦秆竟长得如同谷子秆一般粗壮,上面竟还结出三个麦穗。"众人一听,惊奇得个个竖起耳朵,齐唤:"没见过,没见过。""更奇的是每个麦穗竟长得如同谷穗一般长短,有好事的老农细细数了数,每个穗子竟结了二百多个颗颗。"众人更是一片哗然,惊叹不绝。有一后生跳起来道:"照这麦若种一亩地,水肥供饱,那得打,"他仔细掐指一算,"四五石粮食!""这等大好事自古未有。那得把它仔细看好,打下的麦子再作种,照这个样子过上五六年咱县家家都能种上这麦,那日后可是躺在麦堆上过活,天天大白馍顿顿干面尽饱咥,一辈子不愁吃的了。"说得大伙笑声一片。那个人却沉下脸色道:"人常说乐极生悲,这事的落局就应在这句话上了。"众人又是一愣,"却说这李、杨两家为看好这根独苗,都各自支派长工在自家地里搭下庵子,日夜守护。谁知就在这麦将要成熟的一天夜里,却被人连根拔走。"四周立时响起一片错愕之声。那人喝了一口茶水继续道:"两家立时闹了起来,李家说是杨家偷的,杨家说是李家偷的,越说气越大,到最后两家长工竟然动手撕打起来。等两家主人赶到喝住双方,方见地下静静地躺着一个人。众人急忙上来扶起一摸鼻子,早已没气了。出了人命官司,死了人的李家将杨家告到了官府。县官派得力捕快下去一查,不到三日就破了案。原来这家姓胡,住在村子最外头。那胡姓人家早已知道这一奇事,便在那夜下了手,将麦子拔了栽回自家院中还赶紧浇上了水。等差人领着李、杨两家赶到胡家院中,只见那棵麦子已蔫头蔫脑弯着腰——死了。这下胡家可闯了大祸,不但偷麦不成还搭上了一条人命。县官一听那棵麦将给县里带来的好处被这货给糟蹋了,二话没说就让手下打得那瞎贼只有出的气没有进的气,然后一桶冰水迎头一泼,直激得那东西一个哆嗦又活了,如今还关在牢里等候发落。你问我咋知道这事?那李家隔壁就是我娃她姨家。"一时间说得众人又是惋惜又是恼怒,不由议论纷纷。

就在大伙竖耳听说那段奇事时,心敬低声向侧座的主人问起了村头所见荒地一节,主人皱眉言道:"实不相瞒,这地正是咱家撂的一块闲田。前几年的旱象你也知道,加上这片地的地势又比别处高些,旱情越发厉害,这几年刨去收的庄稼,算了一下还亏了十多两银子,如今只好把它撂荒来减少损失。"心敬灵光一闪,心想水车之井虽知功效甚好,但建井工费与工效具体数目尚不得而知,且其工程细节也不甚清,需要逐一试验方能心中踏实。遂向主人提议道:"小侄有一浅见,不知当说不当说。"主人促其尽说无妨,心敬便将心中所想道了出来:"荒田虽能减少亏空,但那是困于干旱缺水的无奈之举。若开凿一水车井,则足以确保这近顷良田在旱情肆虐之下,丰收无虞。"主人闻言大喜道:"贤侄此言解了老叔心中的一块大疙瘩。能不能说得更详细些?"此时众人的注意力又被吸引了过来,闻此农事创举,出于切身利害,均仔细倾听。心敬一见有门儿,心中暗喜,便大声解说道:"掘一水车井,据愚侄初步测算,连工费带水车器具,大约需要十多两银子,而这也仅仅与大叔前几年劳碌所亏的钱相当。如若投入这一笔费用,大旱之时用一骡马昼夜车水,可使数十亩良田免于减产绝收。仅此一季所收粮谷即足以抵偿所耗之资且有余,而其后各年所获的丰谷,就如这本钱的利息滚滚而来长流不断。这项举措一则可保一家永免沿门乞讨之苦;二则以尽地力确保丰产。若照这办法推而广之,那我乡亲必能个个过上温饱无忧的好日子。"众人一听多是半信半疑。

一时酒菜摆了上来。等各亲戚饭饱酒足,纷纷告辞回家时,主人暗中扯了一下心敬

第二十九回　井利水利双利抗旱　区田圃田两田丰收

的袖子,心敬会意,便借故留了下来。待送完客人,二人重新泼茶坐下。主人道:"刚才人多耳杂,不是商量正事的场合,如今就你我叔侄二人……""还有我呢。"正说着一句嫩声嫩语从座椅后发出。心敬回头一看,一个六七岁的小妞从椅背后站了出来。"嘿,你这瞎东西,咋还跟爷爷打埋伏?"说罢,一把将这小妞拉过放在自己的膝盖上,满脸慈祥笑道:"快叫伯伯。"小女娃怯生生叫了声:"伯伯。"心敬赶忙抱过来:"咋长得这么亲。伯伯下次来给你带些好吃的琼锅糖。"小女娃高兴地从心敬怀中溜下来,跑到院子自个儿玩了起来。"这是老叔的小孙女,叫婧丽。言归正传,贤侄刚才所说的确实有理,老叔听后也有些心动。不过一则,据你说打那井得花上十几两银子,这不是个小数目,为叔还得好好掂量一下;二则,咱这儿还没有人打过井,我有些不放心。万一没能人经管,井没打成十几两银子糟蹋了不说,还要落人笑话,你说是不是这个理?"心敬心里有些发急,但还是沉住气和颜悦色说道:"老叔的顾虑确实有道理。不过,一则因过去的旱情据你说已亏空了十两银子,难道因为缺水你把近顷良田就一直撂荒下去?您想想如果打成了水车井,那无论顺年还是旱年,几十石甚或一百多石粮食就保稳到手,这该是多大一笔的收入?至少几十两甚或百多两银子哪。你就忍心让这些银子白白从手中溜走?老叔,当地人称您叫作'铁算盘',这两者的利弊得失谁大谁小,你一定算得清清楚楚;二则,你说这里还没人打过水车井,你怕折了银子还没办成事,如果担心这个,你侄儿我可在这儿监工督造,这下你老该放心了吧? 其实晚辈也想从中学些门道,更要记下挖井中的关键具体要领和一些数目;还有一个情况得告知老叔,如今官府为鼓励农人掘井抗旱,已专门备下一笔款子,谁家打井,把支出的一半拿去可以退还给你,这事由小侄具体核算负责。因此,你打这井还真离不开我呢。"主家哈哈一笑:"此事利弊得失你叔在心里早已清清楚楚,只是为了让贤侄费心操持这事,才费了那么多的口舌。既然贤侄已答应亲自操办,这事就这么定了。只是还有一句要说清,贤侄为老汉操劳,人熟理不熟,这工钱是一定要给的。每天五十个铜子,你看少不少?"心敬爽快道:"这工钱是受之有愧却之不恭,人常言恭敬不如从命,晚辈这就愧受了。"

着手之前,他专门赶到几十里路以外,多年前到三原岁试路上见到的那口水井旁。望着这口原貌依旧的水车井,脑中不由浮现出那时几个意气风发的士子围在井边饮水解渴、高谈阔论的情景。现在回想起来是那么的亲切。如今时过境迁,二十年一晃而过,当年那些发生过的事情却恍如梦境。唯一留下来的,是对那昔日不堪回首岁月的一丝惆怅与痛伤。

待心绪稍微平定后,他仔细观察了井周围的地势,丈量了井的外形口径、井深,计算出所砌砖数,并到主人家详细了解了当时的打井状况,一一询问了其中所涉及的技术及所耗的资费银两等。其中牵涉到的一切细枝末节,莫不向主家恭敬请教。好在主家为一豪爽的热心人,对心敬所问毫不保留一概道出。临了,还热情地留饭共话短长。

此后多日,心敬早出晚归,一心扑在了亲戚的打井事上。由他出面招工、采购、选址,与工头协商工程细节并给出必要的可行建议。这些初来的农工也将其视为主家的代表、工程监理与技术顾问,事无巨细都前来一一请示、询问,弄得他脚不沾地几头奔忙。然而心敬内心,却是分外地亢奋。他回想起几年前从渭北买粮回来路上,心广对他推心置腹所说的那段话:"……儒士若不关心民间疾苦,做些利国济民的实事、善事,恐怕只是腐儒一个,在世间,至少在农民心中并没有多大用场。"如今,他正践行着当初对他的承诺,正在做着一件利国济民的大实事善事。若这水车井打成,与自家地的辘轳井一起,将为目下自己拟定的农学题目"井利说"提供丰富的第一手材料与具体论据,更为重要的是为周边乡亲农户树了一个活生生的样板。日后若有旱灾发生,这几口井增产保收所起的示范作用必将在县境内激起一股打井热潮。到那时,家家有饭吃,人人不再忍饥挨饿或颠沛流离,这该是多么令人向往啊。

正站在井旁,趁着难得的一丝空闲展开未来遐想之际,心敬的肩膀却被人轻触了一下。他回身仔细一瞧,只见来人六十余岁的样子,身着青布长衫,清癯的面容微露睥睨之色。他用长着长指甲的右手指着心敬问道:"先生可是盩屋大儒李颙的高足?"心敬点头称是。老者开言道:"在下为你亲戚所延聘的蒙学师傅。今日闻知你为打井杂琐竟终日奔波,特此前来劝诫一番。先生既自诩儒宗后进,当或于陋室苦读圣典,或于华堂传布儒经,却为何不务正业,投身民生俗务,自降身价与贩夫苦力为伍?以前闻君学养甚为崇仰,今日观尔行径却是大为不屑。望先生能惕然自重,勿沦为儒界嗤之以鼻的笑柄矣!"心敬望着这位自视清高的酸儒不由又气又笑,遂敛容拱手答曰:"先生此言差矣!身为儒士,不仅需熟稔经书,修身养性,在修、齐、治、平上下一番苦功,还须遵我儒祖那一通'格物致知''真体实用''经世致用'的教诲。一个儒士不但应上知天文下晓地理,通达军事、农务、刑名乃至治水、荒政、屯田诸攸关国运之学,更应有一颗关注国难民疾,为其解忧纾困之心;若高高在上只在象牙塔中苦修而不学以致用,心系朝廷庶民,那只能是一个地地道道的酸儒、腐儒,于国于民又有何用场?今我助主人凿井开渠,以利旱年灌溉,既遵儒士须通农务、水利之诲,又解黎民饿殍流离之苦,有何愧哉,又因何能贻笑大方?"心敬一番慷慨激昂的辩白,驳得那老儒生哑口无言,呆若木鸡。半晌,悻悻扔下一句"不可理喻!"扬长而去。心敬望着老儒丧气而归的背影不由喃喃自语道:"对不住了。生我养

第二十九回　井利水利双利抗旱　区田圃田两田丰收

我的是农民,是这一片乡土。我若不能尽己之力使家人、乡党少受些饿罪,使这片热土多饮些汁水,岂不连反哺跪乳的禽兽都不如!"一时情不自禁,眼中泛起一片潮红。

翠姑这几日做活总显得心不在焉,一丝不祥之感慢慢在心中郁积着。她眼看着自己的丈夫每天早晨急匆匆走出家门,晚上浑身疲惫又兴致勃勃地回到家中,对她的殷勤伺候也变得懒于搭理;晚上睡觉他翻来覆去,显得心事重重神不守舍。联想到前几日夜间丈夫连声唤着那个叫"景丽"的女人名字,她那敏感而脆弱的心一下子提到了半空中。夜里,她拱着身子偎依在丈夫身旁,巴望着引来他的关注,可丈夫却似乎故意翻过身沉沉睡去,一丝反应都没有。翠姑眼睛瞪着黑乎乎的顶棚,心里却像一时间打翻了五味瓶,酸甜苦辣齐齐涌向了心头:涝店邂逅的甜蜜,蓥屋绝情的辛辣,婆婆掌掴的酸楚,如今又添上一口被最亲人背弃的苦涩。一时间有两张嘴在耳边不停地争辩着———一张嘴委屈地说:"他一生洁身自好,苦读圣贤之书。其身如孤松般傲直,心如朗月般皎白。这都是你时时看在眼里的,如今怎会做出如此下作之事?心疑生暗鬼,还是不要胡思乱想才好。"另一张嘴则抢白道:"胡思乱想?难道你近日目睹的宗宗件件都是在白日做梦?人是会变的,何况他还是一个满腹才华的男人?你不闻'家花不如野花香、人家媳妇自家娃,咋看咋亲'这两句口头禅吗?"翠姑气得把头一摇:"都滚!人家苦得心里像吃了黄连,你俩还在这里斗嘴皮子穷开心。"两张嘴立时没了影儿。

清晨起来用过早饭,正当心敬抬步欲出门时,被翠姑轻轻唤住。她低着头问道:"官人,有句话不知当问不当问。"心敬收住了脚步,奇怪问道:"你我老夫老妻,还有啥话不当问?""我问你那个叫景丽的人,是谁呀?""婧丽?不就是穆家庄亲戚的女娃嘛。你问她有啥事?"谁知一听此话,翠姑霎时变了脸,冷冷地剜了丈夫一眼,拧身就走。心敬赶忙一步拉住:"啥事嘛?你咋立时变成这样?""你干的好事你自己清楚,何须问我?"说罢一把打开心敬的手,头也不回噔噔噔走向里屋。望着翠姑气冲冲的背影,心敬一时竟愣在了原地,半天摸不着头脑。过了一会儿才慢慢地回过味来,嘴角露出了一丝微笑:"哎呀,平日看似豁达贤淑的,没想到心眼比针尖还小。既然如此,我倒要无中生有,看一看你这醋海能掀起多大的波涛。"一时兴起,惯常一本正经的他竟操着油腔滑调对着屋里大喊道:"夫人,勿要生气。待为夫哄那小妮子一时欢喜,再回来好好伺候你!"正洋洋得意间,忽听"噗"的一声一只绣花鞋打破窗纸直向他飞来,唬得心敬头一偏,急忙跑了出去,心里直犯嘀咕:"是不是弄巧成拙了?这个玩笑可开大了。尔缉呀尔缉,你明知你那浑家外柔内刚,却偏偏撞她的气眼;你平日不苟言笑,在旁人眼里是个谦谦君子,可如今一时轻狂耍

323

了个怪,却弄得自己在她心目中成了一个令人不屑的假道学。今个是撞上鬼了……"一边懊丧不已,一边加快脚步,一路奔向那令他心旷神怡的"是非"之地。

晚上回来,翠姑一眼瞅见他便拧过身去佯作不晓。晚饭时节,虽仍恭恭敬敬地端上馍、菜,脸上却似撒上了霜,正眼不瞧斜眼不视。李氏一时奇怪,问道:"翠姑这是怎么了?一脸的不痛快,莫非你又欺负了她?""妈,你咋又冤枉人了?这几天忙得鬼吹火似的,哪有空儿逗她使性子?不信你问问她。"李氏赌气道:"我不问。都过四十的人了,还跟碎娃一样,动不动就摆脸。不过话说回来,若你真欺负了她,看我饶你不饶!"心敬连忙诺诺称是。

夜里,心敬在书房里忙着把这几天的工、料进度与零碎开销一一记在账本上,又埋头写起了《井利说》,思绪不断在自己协助亲戚打井的紧张繁忙景象与前几年目睹的乡亲饿毙街头、流离失所的惨状中来回萦绕,他更坚信打井抗旱是农民解困的唯一出路。不由深叹一口气,又提笔写道:"井利一事,穷源究委,真是国家第一利国利民大计……"随即,依自己亲身试验结果,对掘井规模与所产生的效益作了详细而冷静的分析,他将其提高到足食与饿亡两重天的迥异后果以强调打井抗旱之必需,又写道:"凡天旱则旱地收薄,甚至不收。一不收则丁户失养,不流离即死亡。将来户籍凋零,田亩荒芜,忧在司牧所不免耳。故凡乏河泉之乡而欲兴井利,则必计丁成井。大约男女五口必须一圆井灌地五亩,十口则须二圆井灌地十亩。又必粪灌及时,然后可充一岁之养,而无窘急之患。若如人丁二十口外,得一水车、方井,用水车取水,然后可充一岁之养,而无窘急之忧。井若不称人数,即所产不敷人用。虽欲不流离死亡,宁可得乎?"写毕,他在"总之归结为一句话:务使逢荒皆保命,不使一人一家流离为饿殍"一句下面重重用墨笔划了一根粗线,似乎只有如此,才能尽显自己此举、此篇的终极目的与神圣的铿锵誓言。

直到天色发亮,雄鸡啼鸣此起彼伏,他才收回亢奋的思绪,抬起困乏的身躯回到了卧室。望着"熟睡"的爱妻,不禁想到日前自己荒唐的那一幕,在歉疚之中,他悄悄挪到炕上,和衣躺在了炕中。

一阵猛烈的敲门声惊醒了熟睡的心敬,翻身爬起,才晓日光已透窗斜射到了自己身上。急忙披衣下炕,已见一人由李氏陪着穿过前院正向里屋走来。心敬胡乱抹了一把脸,来到厅堂仔细一观,方才看清来人是主人家中的一个伙计。落座叙谈中,方知来人到县上买些日用零碎,主人见今天已半晌还不见心敬身影,便托其顺道看看他是否身子不适。心敬连忙致歉解释。一阵细碎的脚步传来,二人一看,是翠姑提着一只热气腾腾的茶壶来到了跟前。她强作笑颜将几前茶盅酌满。正在此时,那伙计开口笑道:"噢,还有

第二十九回　井利水利双利抗旱　区田圃田两田丰收

一事忘了给你说,婧丽一听我要到你家,缠着要我捎句话,说你答应给她买的东西,咋到现在还没给她。"心敬听了一愣,回忆半天才想起前些天那句顺口话,不禁拍了一下脑门,连声道:"噢,忘了忘了。今日前去,一定给她带上。"正说间只见翠姑容色突变,她冷冷地剜了心敬一眼,低头对伙计道:"前日偶感风寒,一时身子不适,兄弟莫怪招待不周。"言罢拧过身去缓步离开。心敬心头一沉,忙道:"兄弟且饮过此杯,你先忙去,我随后就去工地。"待那伙计搁下茶盅,二人便匆匆出门各奔东西。心敬急忙到点心铺称了一斤琼锅糖,提着它赶往穆家庄。一路之上,眼前尽晃动着翠姑那幽怨冷峻的目光,心里不断埋怨着自己,思量着今朝回家一定要好好向她解释一番,以消因自己孟浪而酿成的误会。

晚上一进门,见屋里冷冷清清不见个人影,心敬一连喊着翠姑,却见李氏慢慢蹀来。心敬急问母亲,李氏又疼又气冷冷回道:"今天午饭一毕,翠姑说他大如今孤身一人在家,自己不放心,去回娘家一趟,经管几天老人。心敬,你俩到底怎么了?这几天为娘看她总是心事重重,有时半晌还眼中流泪。我前几天说你欺负她你还嘴硬,如今看来定是你的过错。"言罢长长叹了口气,随后用指头重重点着心敬的脑门:"你这东西叫人咋说你?还不快去丈人家赔个不是,让她化开心里的疙瘩,在娘家待上几天及时回来。唉,妈老了,等我闭了眼,看谁还会来操你俩这份闲心……"听着母亲那令人心暖的絮叨,心敬心里一酸,赶忙拉起母亲的手:"妈你放心,儿这就去她娘家,给她赔情道歉,把你媳妇,噢,还有你的干女儿请回来。"说罢,抬脚便出了门。后面还传来李氏的高声叮咛:"天黑,一脚高一脚低的,小心闪了腰。路上折个树棍,吓吓那些野东西!"

到了翠姑家门前天已黑定,扒着门缝一瞧,里面油灯的微光一明一灭飘忽不定,灯影中一位老者手拄拐杖,佝偻腰身来回挪动,不时传来一阵长吁短叹。心敬愧疚油然而生。他拍门轻轻叫声:"岳父开门,是我心敬。"门内黑影立时定住,片刻之后急急朝门走来。

二人相对默然而坐,许久老者开言道:"翠姑两个时辰前刚到屋里,就痛哭失声。老汉劝了她半天,她才抽抽噎噎道出了原委。心敬,翠姑自小我两口就宠着她,加上脾气劣倔,在夫家一定不是个省油的灯。可今日身为岳丈,我可要说你几句,作为男人,情有别移亦为常事,你要有个心里喜欢的,大可名正言顺娶她做个偏房。何必遮遮掩掩,在外苟且行事,弄得谣诼四起,人不人鬼不鬼的?翠姑不用说了,你作为一个人人钦仰的儒生,却行如此乖谬之举,岂不怕毁了自己的一世名声?"

岳父一番挞伐之辞犹如重锤敲心,震得心敬脑中嗡嗡直响。他急忙起身辩白道:"泰山,你与翠姑完全误会我了。小婿自从多年前涝店那次机缘巧遇,心里就再也装不下别家女子。别说明媒正娶个偏房,就是天姝下凡自荐枕席,小婿恐怕也不会正眼瞧她一下。"老翁闻言嘴角一动,强忍笑意郑重言道:"勿拿花言巧语糊弄老夫。我且问你,你梦中所言'景丽'是何人?"心敬一时糊涂起来,忙问道:"我梦中连呼'婧丽'?这到底咋回事?"老者遂将翠姑半夜闻听他呼唤'景丽'一事相告。心敬这才如梦初醒,一下子放下心来大笑道:"岳父,你和翠姑冤得我如窦娥一般。"随后他便将几年来目睹乡亲因旱而饿毙、逃荒的惨象叙说一遍,言道:"岳父大人对小婿所提情景也定见闻不少。小婿出身儒生,心忧乡邻此困苦久矣,便欲以己绵薄之力纾解此状。故日间在自己田里,还有到穆家庄亲戚家都是在竭力凿井开渠修水以防旱灾;夜间则奋笔直书掘井于国关乎兴衰、于民关乎生死的要害所在,篇中还细述了不少工程细节及费效悬殊之比。岳丈,你知道这篇文章的题目叫什么?"老者摇了摇头。"就叫《井利说》——掘井之'井',利益之'利'。也许是日间所思之急切,以致梦中仍萦怀不断,呼出'井利'二字。翠姑这小心眼的,就认为我在唤别的女人了。"

  老者这才长吁了一口气,却又问道:"那你亲戚家的那个'景丽'又是咋一回事?还听说你要给她买啥礼物?"心敬愧疚道:"说来也是小婿的不对。小婿那几日见翠姑心生醋意,便故意逗她,以致弄巧成拙,气得她跑回到了娘家。你老要知道,'婧丽'是我那亲戚的一个小孙女,今年只有六七岁,我答应给她买的礼物是一盒琼锅糖。这事当时就顺口一说,却忘得一干二净,可小人儿却总惦记着吃的。这不,今早还再三托伙计提醒,要小婿兑现诺言。我今日去亲戚处,就专门到糖果店买了这东西,她见了一跳老高,还直喊'伯伯好'呢。人家的'婧'是女旁一个青春的'青'字,女子有才能谓之'婧','丽'是美丽的'丽',合起来就是'一个有才能的美丽女子'。这名字多好,可翠姑却想偏了。"老人一听这才如释重负,点头道:"贤婿能为贫苦百姓着想,日夜为之操劳,老夫却偏听小女之言责怪于你,倒令我惭愧不已。你且慢坐,容我去里屋把这疙瘩解开。我身子骨尚好,若她释怀应允,你俩可一同回家,免得你母挂念操心。"言罢,拄拐杖慢慢进了里屋。不一时老人复出,满脸歉意,说道:"老夫刚刚回屋将贤婿原话一一道出,谁料这死女子竟长了个榆木脑瓜,说甚:'大,你甭听他胡编乱造,我要的是真凭实据。'你听听,这是什么话?这子虚乌有之事,真凭实据又到哪儿找去?"老人又气又急,长胡须左右摆动,抖个不停。心敬闻言,只好站起道:"这样也好。她在这里多待几天,尽尽孝道理所应当;再则一冷静下来,兴许就能听进小婿的话了。"言罢,与丈人道别,慢慢拐入离庄的小路。老人倚门久久望着女婿失望的背影,直到其渐渐隐没在了远方的黑幕之中,这才长叹一声,关门回屋。

  过了十几天,翠姑从娘家回到了北街。虽然面容平静了不少,似乎恢复到了往日的勤快与热情,可若刻意留神观察,就会发现她的眉宇间仍滞留着一丝淡淡的忧郁。

第二十九回　井利水利双利抗旱　区田圃田两田丰收

一个月后,到了八月初二这一天,正是县城的过会日。此刻满街道的人流从四面八方涌来,个个手中提着礼物,喜气洋洋奔向自己的亲戚家中。大街之上,卖唱的、行乞的、推销大力丸的、摆着西洋镜的,都各显神通,盼着心想事成;皮子、米汤、锅盔、葫芦头、坨坨馍、胡辣汤、羊杂碎、牛肉泡馍、葱花油饼、碗碗石枣、辣子疙瘩,摆成两行,热气腾腾,香气扑鼻。引得一大帮进城看热闹的乡下人,或驻足观看,或就座解馋,整个县城上空弥漫着一片酒肉香气。东街衙门口还摆起一台大戏,演的是秦腔《劈山救母》,引来围观戏迷的不断叫好声。在汹涌的人潮中,大家都从曾经的愁苦中挣脱出来,尽享着目下久违的欢乐。

心敬的家中亲戚不断进来,相互嘘寒问暖,打着招呼。这时节全家的老老少少都动员了起来:迎客的迎客,炒菜的炒菜,端茶递烟摆桌子,忙得不可开交。心敬一边热情迎接刚进门的亲戚,安排到厅堂坐下,一边眼巴巴直瞅着门口。不一时目标出现了——穆家庄亲戚拉着小孙女一起走进门里。心敬立时眼睛放光,三步并作两步接住他们二人,安排心广领着老者安座,他却引着婧丽来到了厨房。进了房门,拉着她走到翠姑跟前,指着翠姑大声说:"婧丽,这是你大妈。快叫,你大妈这里有好吃的。"孩子脆生生叫了声:"大妈。"翠姑望着眼前名叫"婧丽"的小女孩,霎时脸涨得通红。她明白丈夫这一招狠狠地将了她一军,可这将军她又是多么心甘情愿呀!这一刻起,多日的哀怨、猜忌乃至怒气随之烟消云散,内心立刻充满了难以言喻的幸福与欢畅。她一把抱起婧丽,在脸蛋上狠狠亲了一口,惊叹道:"哎呀,还有这么亲的娃,就是仙女下凡也不过这样。"放下孩子,又手忙脚乱地到锅里捞了一块大大的肉骨头,用筷子夹着塞给了她,谁知心急之下碰到了孩子的手,竟将那块肉掉到了地上。心敬望着慌张失态的妻子,忍不住咧嘴直笑。"笑啥?还不是你把人弄的。"望着翠姑半嗔半喜的责怪,他连忙蹲下问着孩子:"婧丽,你说前次大伯给你买的琼锅糖好吃不?"孩子不停地点头:"好吃,好吃。""好吃,大伯引你到街上再买它一大块。"说罢嘲弄地瞟了翠姑一眼,拉起孩子便走。急得翠姑捏着个肉骨头从厨房追了出来:"哎,娃还没吃肉呢——还得理不饶人了。"

宴席上众亲戚相聚一堂,异常亲近热闹。有的谈论着今年的收成,说这几年把人苦扎了,好不容易盼来一个平年,才稍稍缓过气来;有的说他儿子今年年冬准备娶媳妇,引得大家一片恭贺之声。等酒足饭饱亲戚纷纷辞去之余,穆家庄亲戚对着相邻而坐的心敬低声言道:"多亏贤侄帮忙,这番大事要不是你,老汉我连想都不敢想。好在井已砌好,过几天再安上水车,就大功告成了。老叔想在试水那一天,备上几桌薄席淡酒,答谢贤侄与挖井、安水车的伙计,还有在这些天一直操心帮忙的乡党。你看咋样?""好哇。"心敬高兴地赞同道:"善始善终。这桩大事了了,是该庆贺一下。我还想借这个机会,给乡党好好宣讲一下打井的益处,让大伙行动起来,消旱于未然,使乡党们家家都能过上衣食无忧的好日子。""嗯,那咱就这么办。"说罢,老汉往旱烟锅里装饱烟,然后用火镰在火石上劈了几下,将冒着烟的硝子望烟锅上一按,美美吸了几口,站起告辞,说他还要在街上买些东西。心敬一边挽留一边将老汉与小孙女一起送出大门。回过身,心里憋不住直想笑:这番心思总算没白费,看你今晚上还有啥话说。

翠姑午间已看得真切,这多日压得她喘不过气的心里那块大石头,终于一下子被抛到了九霄云外。心里那个畅快啊,竟使她脸上泛起了少女般妩媚的红晕。走起路来"噔噔噔"脚下生风,干起活来"当当当"手疾眼快,连心广都悄声问着喜琴:"嫂子今个是怎么了?好像有啥喜事,你看她脸上跟搽了胭脂似的,还憋不住地笑。"喜琴偷看了一眼,也疑惑道:"就是么。可今个无非过会,没见有啥事么。再甭操闲心咧,反正嫂子的喜事也就是咱屋里的喜事,你看,她又偷着笑了。"

晚饭后,心敬回到了卧室。他往炕上一躺,眼睛直瞪着顶棚,沉静的脸上没一丝表情,翠姑知道错怪了他,理亏地上了炕。刚碰了心敬的手,准备赔个不是,可心敬却一蹦老高:"甭碰!男女授受不亲。"翠姑扑哧一笑:"哎呀,屎巴牛("屎壳郎"土语)上了花椒树——麻起来咧。就算冤枉了你,顶多赔个不是就完了,你还得理不饶人,难道还要跪下求你不成?""跪下求情倒不必了。看来我这老实人好欺负,今后还得多长些花花肠子,弄她个二房三房,教有些人哭一老鼻子。"心敬眼望着天,心里充满了捉弄的快感。"呸!谁稀罕你,你干脆弄个三宫六院,省得我服侍你……"正闹间,心敬忽然侧身急叫:"快!大老婆,给我这里挠挠,脊背痒死了。"翠姑一听趁势伸出双手,在心敬脊背上狠狠抠了几下,心敬弓身大叫:"疼死我了,你这叫啥?叫谋害亲夫呢!"翠姑一听,笑得出了声:"谋害就谋害,我把你这个没良心的……"说着又要出手,被心敬一把抓住:"夫人且饶了我,待我把井打完,让乡亲们都过上好日子;然后把娃抚养成人,让他们为国效力;最后注完五经,为关学留下传世遗篇,最后老得咽了气,你再谋害不迟。"翠姑一头钻到夫君怀里,捶着他的胸膛:"想得美死你!"两人笑作一团。

笑毕,翠姑爬起身,说道:"夫君,这一回是我的不对,我不该……"正说间被心敬一把捂住了嘴:"你心眼如此之小,不正说明它里面只能装下一个人吗。实话告诉你,为夫在昨日回来前特意叮咛穆家庄亲戚今日务必带上婧丽来做客,用来解你心中的疙瘩。哎,办了这样一桩大好事,你说咋报答我呢?"翠姑羞红了脸:"你说呢?"说罢,一口吹熄了油灯。

第二十九回　井利水利双利抗旱　区田圃田两田丰收

一个旬日之后，穆家庄那眼醒目的水车井旁，围着大群看热闹的人。他们一边绕着水车看稀罕，一边交头接耳议论纷纷。心敬给大伙讲着它的构造原理与强大的汲水功能。在众人注视的目光中，高高的水斗轮盘在一头健骡的牵动下缓缓地转动着，水斗里的水从顶端倾泻而下，落入承接的导渠中，顺着导渠欢快地奔入略显干旱的土地里。清冽的水流引得围观的人群纷纷弯下腰捧喝上一大口，都在仔细地咂摸着："咦，还是甜水哩。"

正午时分，这伙人在水井主人的带领下，一齐走进了他的院落。抬眼望去，院中整整齐齐摆了足足十张大桌，上面堆满了时令鲜果与大盘肉菜。十数个帮厨的年轻小伙和小媳妇进进出出端菜，招呼着拥进院中的客人。待人坐定，主人从酒桌站起，大声讲道："各位乡党，老汉我今遭做了一件不知天高地厚的大事——打了咱堡子，不，大概是方圆十几二十里的第一眼水车井。这眼井现在看来是打成了；不光冒眼多，还竟然是不多的甜水（软水）。说实话，我还没这么大的胆子，也没这个能耐，这一切全赖我北街亲戚尔缉的鼓励与扶帮；再加上打井伙计与安水车师傅的辛苦劳作，还少不了众位乡亲的关心与帮忙，才总算把这桩大事办成了。今日备些薄席淡酒，一来感谢大伙这些日子的尽力帮衬，二来同贺这完工之喜。还有一句话要说，往后乡邻若觉得这井水比咱家的好喝，熬的米汤比咱家的油，就尽管去提。"众人七嘴八舌齐嚷："铁算盘，你这不亏了？会不会收大伙的水钱？"老汉笑得没了眉眼："谁说我亏了？不掏一个铜子，就报答了各位的恩情，还落了个好名声，我这算盘子儿可拨得比谁都精。"众人哄堂大笑。

"好了，咱大伙听听我这饱学的亲戚心敬说的几句话。"言罢，众人立时安静下来，都想听听他们心目中有真才实学的这位儒者说些什么。心敬略一推辞便站起身说道："我叔太抬举我了。这一次工程能如此顺当，全仗工友与乡亲的帮忙，本人也从中学了许多书本上没有的学问，长了见识，增了本事。在这儿，我更钦佩我叔那常人不具的长远眼光和行事魄力。各位乡亲都曾亲眼见过历年天干苗枯的惨景，身受挨饿流离的苦痛。如今赖老天悯生，我等享风调雨顺之好运，方才能落个温饱度日，但若如此浑浑噩噩，不求自省改观，一旦天临大旱，众位乡亲又难免重蹈往日的苦难。为今之计，应学我叔未雨绸缪之举，在旱天来临之前便打井修渠，做好抗旱准备。这样一来即使其灾复临，亦可凭己之力确保收成，岂不比苗枯之日困守粥棚要好上千万倍！"众人闻此劝言，纷纷交头接耳，热烈议论起来，有的点头称是，有的默然不语。正在众人莫衷一是之时，现场有人大呼："此公谬论可以休矣！"众目惊视之下，座中站起一位长衫儒生，原来是主人所聘的蒙学先生。他大义凛然质问道："尔自诩熟读经书，岂不闻庄老之训？老子曰：'人法地，地法天，天法道,道法自然。'庄子曰:'无为为之之谓天。'天旱、天涝皆天之所为,亦为人间孽行所招致天之惩戒。尔逆天而行,妄图以区区人力抵抗天灾天意,此蠢举与虮蜉撼树何异?况若由此触怒天庭,于吾关中降下大祸,恐尔纵遭万劫不复亦难赎其罪愆于万一矣!"

心敬静静听完那老生一番振振有词的歪理邪说,不由气极而笑:"若依先生之高见,在灾荒降临时似乎人人坐等饿毙方才合乎你所说的天理?吾等为人、行事要遵奉天理,而万物适者生存即是最大的天理。女娲造人而非造禽兽,就是冀其超乎禽兽而具灵性。所谓灵性,就是其有自觉趋吉避凶、因势利导的本能。归结为一句话,那就是,发挥自身巧力以补天之缺憾;发掘自身智慧,以弥地之不足。掘井兴水,正是循其道义之举。今遭借问先生一句,先生出口皆子曰孟云、庄语老言,可谓满腹经纶。如此才华却可曾为天下百姓世间苍生纾困解难而设一策、筹一谋?视先生这等四体不勤、五谷不分,却终日摇头晃脑好为人师之徒,'酸儒''腐儒'的桂冠戴在尔颈之上,岂不稳如泰山?"此番气贯长虹、极富哲理的雄辩,驳得那位儒生张口结舌、面红耳赤,只好怀着一副羞赧之色愤愤离席而去。目睹这场精彩的对台戏如此落幕,席间顿时响起了一片喝彩之声。众人赞叹心敬的辩才,却更为他一心关注农民的疾苦而深深感动。心敬止住众人,又说道:"还要告知大家一个好消息,县衙有令,凡打井者均可获得官府给予的资助,其额数为所耗银两的一半。本次我叔所打水井,耗银共计……"他掏出袋中的明细册,一一公布各项开支数目,汇出其总额为一十八两八钱,随之从中掏出一布包,高声宣布共计九两四钱,然后将它双手捧着,交予主人。在众人的惊呼中,主人接过银囊,高声致谢。一看有此资助,乡党群情激昂,当场表示自己家也要效法主人,在地里掘井修渠。

这个轰动的场面一传十、十传百,如火般在鄂县大地上传播开来,一时间有数十处农户来寻心敬,请他帮忙指点。心敬索性将穆家庄打井招来的农工组织成专业的打井队,将他们分派到各处。自己则不停地到各处来回奔波,遇到难题一起商量解决,重点记录着各个井点的土层地质状况、地下水的丰沛程度及开支与工程进度。晚上赶回家,一边整理日间笔记,一边用这些资料补充、完善着《井利说》篇章。

经过两三年的奔波、操劳,内心一直洋溢着亢奋而又充实的心敬,终于看到了所有井点圆满完工的一天。他将各井的开销造册呈报县衙,领回存在他名下的打井资助银两并及时分发给各家,各家都诚心诚意地拿出百十文感谢心敬的辛劳,心敬也心安理得地收下,回到家中交与母亲以补贴家用。

由于亲自投入到这一波次打井的操作中,心敬自己也由此磨炼成了鄂县打井方面的水文专家,对各处地下水量之旺乏、水势的高低,何处土层中夹有沙石及此处打井的要诀,如何

第二十九回　井利水利双利抗旱　区田圃田两田丰收

在起伏田地里选择最佳凿井点,以及在该处掘井的大概资费等等,莫不了然于心。随着对以上状况的逐渐精准掌握,他对于各井点主人的询问能结合自己的实践提出中肯的建议,这些见解被后来的工程实况逐一验证,让主人家惊讶不已,直呼他为"水圣"。

带着丰富的实践经验与对凿井抗旱的长远理性思考,心敬信心满满地开始了《井利说》的整篇著作。他将前些日所写的感言与措施逐一加以归拢,按思绪逻辑重新排布各章节顺序,并写下了打井所费与所获的详细比照,坚信农人在慎重权衡利弊后会做出正确的选择。他写道:"凡为井之地,大约四五丈以前可以得水之地皆可井。然用辘轳则可,而用水车则难。水车之井浅深须在三丈上下,且即地中不带沙石,而亦必须用砖包砌。统计工程,井浅非七八两不办,井深非十两以上不办。而此一水车,亦非十两不办。然如大井之滋苗,则深井亦可灌二十余亩,浅井且可灌三四十亩。但使器具便利,粪灌及时,耕籽工勤,即此一井岁中所获竟可百石,少亦七八十石。夫费二三十两,而荒年收百石,所值孰多?且如相地度力,或地段宽长,丁口众多,一家而开两三井。又如地段窄短,人丁寡少,或数家而共为一大井。且如称田丁合众力为之,即事举不难,而又可忽耶?小井多不须砖砌,即工匠不过数钱,器具不过一两可办。若地中带沙须砖砌者,一切工费亦止有三五两外。然一井可及五亩,但得工勤,十四五石谷便可得。更加精勤,二十四五石可得也。夫费三五两,而于荒年收谷十四五石,甚至二十余石,所值孰多?且即八口之家便可度生而有余,又可忽耶?"至于井成之后,更要在干旱之时充分发挥其效用方不负往日的功苦与耗财。

写到此处,他不由又回想起在穆家庄亲戚家与那老儒的一番争辩。思绪顿时勃然兴起,随之将那日自己辩说时一时冲口而出的思想火花,予以提炼,使之跃升到一个更加高远深广的哲学层次——人与天的关系。他想起,古时的老子提倡"道法自然"的"无为而治",庄子亦直言"无为为之之谓天"。在这些哲人看来,人与天相处的最高境界就是顺其自然,主张人世间最明智的处事策略就是无为而治。心敬觉得其短处在于无视或干脆抹杀人的主动性,让人在天灾面前俯首帖耳、坐以待毙;而另一极端则是荀子的"制天命而用之",至明末的吕坤更主张"人定真足胜天"。在这些哲人眼里,认为人可逆天而行,进而"制天",成为宇宙的主宰。因此,人类尽可为了自身的贪欲,对山川河流乃至世间万物,皆如主人对奴仆那般肆意妄为,予取予求。自己从内心深处不赞成以上两者在天面前要么当奴仆要么当主人的极端哲学。他认为,作为万物之灵的人,既要敬畏"天"所造就的人类生存大环境,又要能动地利用自己聪慧的头脑、灵巧的双手去改进自己生存的小环境,这才是人与"天"相处的合理之道。一想到此,心敬兴奋地感到,自己在有关"人与天"这一历代贤人关注、着力的哲理难题上,找到了唯一正确的答案。为了区别以上二者,他将庄老的主张概括为"无为顺天说",将荀子等人的思想归纳为"人定胜天说",将自己的认识自嘲为"补天赞地说"。激情之下,他提笔在《井利说》中将自己的思考成果凝结为一句震古烁今的哲理警句:

　　天工之缺于生者,直补以人工之巧;

　　地道之亏于成者,尽赞以殖物之能。

在尽情抒发了自己这段真知灼见之后,他率性掷笔于案,心满意足地立起身来,在书房中振臂大呼自我宣布道:"大功告成了!"

《井利说》大功告成,心敬索性又将灌溉之利引入到现成的河水之中。他写道:"水利因地制宜,要之取于可洩横溢之水,使不为田害,并可取无用之水,转为国利。"文中从对水势地形的勘察,到河道的疏浚、堤岸的修筑、水渠的建造,甚至桥梁的构架、中间渠路的铺设等,均作了仔细的实地考察与研究,并附之详细图例与具体操作,堪为一部极为实用的水利学专著。

《水利说》完稿后,心敬又将心思倾注于如何提高农田与菜圃的产量上。他亲自在自家地里搞起了"试验田",提出了一种崭新的耕作方法——"区田法"。具体而言,就是将一整片田地用田埂分隔为一个个区块,并辅之以一系列精细措施。按照此法实施,当年所种的谷子,获得了比旁边农田高出两三倍的收成。

"圃田法"则用之于菜地,它讲的并非种植某种菜蔬的具体种植技术,而是着重阐述何种田地适于种何种蔬菜;蔬菜的种植应当怎样间作布局以及如何施肥、浇灌等技术要领。据《圃田法》篇中所言,以此法务菜,"比之常田,发利数倍"。这当中,无疑凝结了心敬苦心劳力,甚或经历了一而再、再而三的多番失败后,逐步改进终获丰产,其中所付出的不知几多心血。

一日,正当心敬趁着忙中余暇,在书房整理着近几年的农学实践著作,深思如何在更大范围内推广以让更多农户受益时,忽听门环一阵砰砰直响,开门一看,一衙役恭立门首,身后却是微服着身的县令金大人。心敬一阵惊喜,忙躬身让进厅堂,奉茶安座。一见金大人面容阴沉,心敬狐疑顿生,忙问道:"大人一向公事繁忙,今日却有逸情莅临寒舍,不知有何见教?"金大人绷着脸开口训道:"瞧你干的好事。"心敬丈二和尚摸不着头脑,一迭声问道:"心敬近两三年一直忙于协助各乡里打井抗旱,且不断从县府代井主领取资助钱款,这事谅大人一情尽知,心敬从未做过违法犯禁之事,大人何故如此着恼?"金大人声

第二十九回　井利水利双利抗旱　区田圃田两田丰收

色俱厉叱道："正是为的此事！你在乡里胡闹，累得大人我也不得不整日下去查看情况、督促进度、慰劳鼓励苦工与井主。你看看，劳得本官都瘦了两三斤。近日陕西巡抚崔纪崔大人风闻此事，对本县严加申斥，并着令本县捎书一封与你，对尔此番劳民伤财的胡为尽竭训诫之语，你看看！"说罢便将一封官署函文气冲冲丢给了心敬。

心敬怀着一腔愠怒与委屈，展开书页，只见信文如下：

　　黄、绮高风，夙深景仰。奈关河修阻，光霁未亲。今叨陕抚，又缘关防不便趋候，面领教言，弥增怅怏。

　　想先生逍遥尘外，闭户著书，不徒理学文章追踪往哲，而谟猷经济直迈前贤。矧秦中梓里所关，宜兴宜除，谅更洞悉。弟以谫陋，谬膺封疆。莅任伊始，土俗民情，一切未谙。特勒寸函，命鄠令代投。惟祈南车不吝，或水利可开，或民瘼宜恤，或士风宜培，但有关于利弊，不惜周详指示，封交鄠令转寄。

　　再，凿井灌田，闻先生已有成书，祈赐一册，俾弟知所遵守。倘成效可期，匪特弟荷玉成，而直为维梓造福，当亦仁人君子之所乐为也。

　　俟后因公便道，更当造庐，亲承尘教，以慰渴思。专此布悃，并候道履。惟望丙鉴不宣。

文中这位崔巡抚先谦辞对心敬道尽敬佩，继而恳语心敬征询治陕民情良方，最后求索心敬凿井灌田成书。这是一位封疆大吏写给山林处士的一封求教信，其中不乏谦恭推心之语，尤显崔大人虚怀若谷的平易胸怀。心敬阅毕一望，只见金大人正开心得笑容满面，不由一块石头落地，忙问："大人既知内函，为何如此故弄玄虚？"金大人笑眯眯道："此乃先抑后扬之法。从疑惧倏地变为惊喜，你的感觉如何？实话告诉先生，本官已从下巡所获民情中得知，乡民对先生的热心义举与深谋远虑极为赞叹崇敬，本县内心也甚为触动，深觉先生为极难得的一位忧国忧民之士，故将你近年来在县境内大力推动凿井抗旱之举上报崔大人，并言及先生已著《井利说》大作一部，建议在全省地域依此推而广之。崔大人阅后很是赞赏，特命本官前来致意慰问并垂询治旱良策。方才佯怒之举，只唯你我已成深交，故以此伎俩博先生一笑耳。"心敬方才释怀，反倒觉得此举正显出金大人平日威仪面具下促狭、谐谑的真容，这种只有在真朋友之间才能流露出来的率性，让他心里倒是十分受用。

随后金大人一一询问了心敬近一两年的具体状况，心敬详细介绍了在全县各乡里的打井情形，并提出诸多中肯建议，希望在官府的有力督导下，将抗旱措施搞得再扎实一些，准备得更周到一些，以便全县能严阵以待，静候旱魃来袭。临别前，心敬将崔大人所索《井利说》一书及其后所撰《水利说》《圃田法》《区田法》一并送上,托金大人转交并回信一封。

此后,受心敬所著《井利说》诸书的启发与参照,在崔纪的积极倡导与推动下,整个陕西在全省范围内掀起了一场波澜壮阔的打井修水渠热潮,数月之间就凿井两万五千余口,受到了朝廷的肯定与嘉奖。与此同时,心敬所创新的区田法,崔纪也在陕西各处劝导农人试种,并取得了十分显著的成效,当地农人尝到了此法甜头,便将这一增产丰收的先进务农之法,祖祖辈辈流传了下去。

蓄势两年之久的旱魃终于面露狰狞,携着昔年的余威扑向了陕西大地。康熙四十一年,鄠县上空百日无云,干热的空气似乎一点就着。闷在高厦之下的富贵人家,躲在凉处扇着蒲扇仍汗流浃背。日头一出来就如火炉高悬头顶,眼前这片地里的庄稼叶子统统卷了起来,低头弯腰萎靡不振,没了一点生气;另一片地里却是遍处翠绿,宽大的叶片正尽情地吸收着阳光,苞谷秆一根根昂首挺立显出无限生机。地中央的井旁,一壮汉正卖力地扳着辘轳,巨大的笥桶缓缓而上,地中苞谷行间的水流汩汩响着钻入土里,被贪婪的根须吸得一干二净;另片田中,一头健骡正迈着欢快的蹄子绕着水车井转着圈圈,一个农夫舀着旁边窖中的粪汁,不断倒入水中,一大股水流沿着水渠急促地奔向远处的禾田里。走近细观,这几十亩的谷子根根长得粗壮结实,一尺多长的谷穗沉甸甸地低垂着,让人爱不释手。

由于崔巡抚与县令金大人的严令督促,整个关中遍地打了井,水足肥饱加上充足的阳光,这一年陕西在旱象肆虐之下,粮食非但未如往年颗粒无收,还迎来了一个让人喜出望外的丰登之年;只有少数未打井的农户,只能借着周遭人家的浇水间隙,给自己田里的庄稼补些水。就这样,这些地里的收成也抵过了往时的平年。

这些天,心敬的家里也忙得翻了天。心广、心正兄弟俩日夜不停轮换扳着辘轳,心敬赤着双脚在地中引水;李氏照顾着孙子,妯娌三人不停地做饭送汤水。几十亩的谷子吃饱喝足,长得愈加欢实。一天下来,虽个个累得筋疲力尽,但对即将到来的丰收憧憬,仍使一家人欢声笑语不断,精神头十足。

到了收获季节,小山一样的谷穗堆满了打谷场。

经过几十天紧张而辛苦的劳作,农夫获得了令人心满意足的收成。整个农村随之进入了一个欢庆丰收、恢复体力的欢乐时节。人们纷纷到田间或深山采摘着成熟的瓜、桃、李、枣与五味子、八月炸、刺泡、算盘子诸野果,家家户户磨面、碾谷、蒸糕、酿酒、杀猪宰

第二十九回　井利水利双利抗旱　区田圃田两田丰收

羊,享受着这难得甜蜜的忙碌时光。一串串走亲访友的人群在通往各村寨的大路小径上络绎不绝。进到村寨,只见小伙们荡起了秋千,玩起了打杂、斗鸡;老人则围在树荫下掀起了花花(雀牌)、拉起了闲话;孩子们也高兴得到处追逐嬉戏,尖叫声打闹声响彻晴空。整个村寨沉浸在一片祥和安逸的气氛之中。

心敬眼望着家中人进进出出、乐呵呵忙着,耳边隐隐传来一阵鞭炮声,像是谁家在办喜事,连同门外久违的欢声笑语也让他倍感亲切,不由暗叹道:"这一切来得多么不容易呀。"满腹的喜悦一下触发了他对故乡这一山一水、一草一木的深深眷恋和无限柔情,一时不由冲动难抑,正好有友人来访,他携友急急奔入书房道:"正好诗兴大发,待吾赠尔感言一首。"凝思片刻之后,挥毫写出了一首歌咏家乡壮美山河与丰收欢乐景象的盛世华章:

丰之山,云飞扬;①
丰之壤,厥田良。
面山望云作圃场,春稻剥枣供高堂,
供我高堂寿而康,无不足兮奚所望。

丰之水,流悠扬;
丰之俗,贻周王。
南邻北舍无暴戕,友助亲睦美意长,
美意长兮子孙良,无不足兮奚所望。

丰之山,云悠扬;
丰之水,流悠扬。
结茅临水对山冈,合志同方诵虞唐,
弹琴学道乐无疆,无不足兮奚所望。

从此,心敬便以"丰川"自号。

---

①诗中之"丰"指鄠县。据史记载,早在周朝开国之初,就在所谓"丰"之地建立了国都。而长安、鄠县一带,即为当时的"丰京"所在地。

第三十回　养弃婴善报两家喜
　　　　　设计谋折狱一冤申

近几年，虽全力投入到引水抗旱诸事之中，不过稍有闲暇，心敬仍不时到二曲书院转悠一番，在他心中，仍挂念着这块倾注毕生心血之地。再顺便探望一下二曲师父及其他儒师和在学诸子。有时还插讲一两堂课，乘机宣讲一下近几年抗旱的农学实践真知。

一日中午，心敬从书院归来，行至自家门首，却见一对三十几岁的男女在怯生生透着门缝朝里窥望。心敬一阵狐疑，不由推开大门往里一瞧，原来是心广夫妇的养女，被母亲李氏视作心肝儿肉的小妮妮正在院子里踢着毽子。她扎着一条小辫子，蹦蹦跳跳一边踢一边唱着喜琴教给她的儿歌："打罗罗，喂面面，姐夫来咧吃啥饭？杀公鸡，擀臊面，'咯嗒、咯嗒'乱叫唤。"小人儿刚学会，一个把不牢将毽子踢飞了，她急忙扑上前去接，却没顾得脚底下，一个踉跄扑倒在地，疼得咧着小嘴哭了起来。那女的一见急了，不顾拽她的丈夫与身旁的心敬，三脚两步扑了过去，抱起小妮自己却先哭了个一佛出世二佛升天。那男的歉疚地望了心敬一眼，也急忙入得院中，喝斥起自己的浑家："咋这么不知礼数？在恩人家如此放声，岂不惊煞了主人？"心敬不由打量起这一对男女：只见那男的头戴黑呢瓜皮帽，身着一件缎青色长袍马褂，足蹬一双千层底靴子，红润的面容透出久阅人世的沉稳，尤其是那一双眼睛，目光收敛却掩不住一股商场磨砺出的精明；女的则在云鬟溜滑的青丝中别着一副金钗，细嫩的双腕上悬着一对圆润的玉镯，白皙的颈间挂着一副耀眼的玉石吊坠，显出一种寻常农家女难见的富态之相。

心敬正观望时，只见母亲急匆匆迈着碎步从里屋走出，隔着老远就喊："妮妮娃，又咋咧？让婆看看俺娃。又是谁在那儿嚎哭？"那女的一见出来的是李氏，立时止住悲声，连忙拉着夫君双双跪在了地上。那男的一边叩头一边高声道："恩人在上，请受侄儿、侄媳一拜。"李氏一下愣住，这一对夫妇面生得紧，怎么却自称侄辈，还不停地喊着"恩人"？她

第三十回　养弃婴善报两家喜　设计谋折狱一冤申

向心敬使了个眼色，扶起那个"侄媳妇"，心敬也就势搀起那男人。李氏道："你俩快到屋里坐坐，多长时间没见过，咱'娘们'得好好唠唠。"言罢引着二人迎着一伙惊愕不定的家人，进入厅堂进茶安座。李氏笑着自嘲道："看我这好记性，俺侄儿多年不见，连名字来头都记不清了。人老了忘性多，你俩不会怪怨吧？"那男人连忙站起道："不是您老忘性多，是我俩莽撞，急切间未能交代清。不瞒您老人家，刚才你唤作妮妮的那个女娃，是我俩的亲生闺女。"在众人惊诧的目光中，那男人将多年逃荒前把刚生下不久的孩子送到王府门前的情况细说了一遍。那妇人边听边点头，哀伤的眼睛不断扫视着围在一旁的众人，瞅瞅这个，瞧瞧那个，悲切的目光满含着乞怜的神色。

"我两口那天一大早把孩子包好放到门庭旮旯儿，躲在远远的一个拐角不停看着，直到这位大哥——"他指着心广说道，"把孩子抱进门里，我俩才放心离开。当天就向南爬过南山一直到了汉中。汉中人心眼好，时不时有人拿些吃的给我们。

"有一天夜里我俩背靠背坐在一家门前打着瞌睡，朦胧中只听得有大门吱呀响了一声，我睁眼一看，见到十数丈外的斜对面出来一个小伙子，那人急匆匆朝我俩歇的地方走来。刚闪过我躺的地方，一阵冷风刮过，那人一个哆嗦，解开腰带把身子重新扎紧又往前奔。奇怪的是他不一会又折了回来，一路上猫着腰仔细留神着脚下，好像在寻着啥，直走到出来的门口，才丧气地立住身子，在那儿想了好一阵子，就脚一蹬头也不回地朝远处走得不见了人影。

"直到天光大亮，我起身解小手，却一眼看见昨夜那人扎腰带不远处的草窝里有一片灰麻纸，过去拾起一看，原来是一剂药方。心想这或许是夜里那人要寻的东西，就敲开了那家的门。一进门就听见里面乱糟糟的，一个声音吼着：'混账东西，昨夜到哪挺尸去了，如今才回来？'我赶紧上前把那药方递给那个穿员外服的主家，刚才吼叫的那个主家一愣问道：'这东西怎么在你手里？'我就把昨夜里看见的情况一五一十说给了他。他连忙喊了一个下人拿着药方赶紧又去抓药。这时才想起让人给我倒茶端椅。我说茶倒不必了，能不能赏一碗饭吃？随后说了我俩的境况，那个员外又赶忙叫人去引来了媳妇。就在陪我吃饭的工夫，那主家才叹气说起了事情的原委，他有一个独生儿子，今年已长到了十七八，一直好好的。几个月前忽然直喊肚子疼，掀开衣裳一看，肚子像一面鼓，赶紧叫先生来，先生一切脉，说是鼓胀病，开了几副药吃了却都不济事。后来把周围的名医郎中请遍了，都说是鼓胀病，可开的药都屁也不顶。'你说我老夫只有这一个宝贝，万一他有个闪失，我这一大摊家业谁顶呀！谁给我老两口养老送终？'于是没办法，听说五台山菩萨最灵验，只好同那个今早逃走的仆人远到山西求菩萨救救他的儿子。

"大殿上正当他许愿若菩萨救得儿一命,就重塑金身时,你说也怪,一阵风起,从殿梁上飘下一张纸,晃晃悠悠直落到那员外的面前。拾起一看,果真是一剂药方。老员外喜得一连走了几日,昨天晚上一赶回家,就请来第一回看病的先生,先生拿起药方一看,说这就是治鼓胀病的药方,只是方子里有一味药很怪,是藏药,他从来没想到要配这一味。直到这时,那员外才放心地交给那仆人让他快去抓药,谁知却出了这事。大概那小年轻一见弄丢了员外千辛万苦才求得的药方,不敢回报就干脆逃走了事。"

大伙听得入了神,这才赶快又续上茶水,待那人一饮而尽,李氏又问道:"那以后呢?"那个男人又接口道:"不一会儿,仆人买药回来立马熬了喂给少公子。一会儿传话来说肚子不太疼了。员外高兴得直念菩萨。过了几天,那肚子慢慢瘪了下来,人也精神多了。一连把这药吃了一个月,公子变得没病一样,又到学堂念书去了。这一下把那员外高兴得,说这娃是我救活的,硬要我陪着他到山西还了一趟愿,回来就把一处生意门面送给了我。就这,我俩在汉中一待就是五年多。直到前些天,媳妇天天做梦,梦见我那女儿一连声叫她回来。我俩也想娃想得发慌,生意也没心做了,就把店铺打给别人,与那员外告辞后回到了咱鄠县的屋里。

"今个一早就到了府上,只是不敢进来,一直磨叽到刚才,直到被尔缉哥哥发觉,才不得不硬着头皮觍着脸进到了院子。""你咋知道我的字?""我夫妻就住在顺城巷,离这不过百十步,咋能不知哥哥的字。""你家在顺城巷?""是的,我姓张,叫小顺,我那媳妇姓王,是曲抱村的王氏族女,说起来与咱家还算是远门亲戚。"那媳妇一听说到这儿,才泪汪汪"噗通"一声跪在了李氏的面前,颤声哀求道:"求求大妈,看在同宗分上让我把娃抱回可好?"说罢,紧紧搂起了小妮妮,谁知妮妮却不领情,一面挣扎一面直哭喊着,双手直直伸向心广夫妇,弄得一屋子人心里直发酸。李氏叹了口气道:"既然娃是你的,你就和心广他俩商量,看咋办才好。"那媳妇一听,就爬着又跪到了心广面前:"大哥大嫂,你二人把娃养活这么大,想必吃了太多的苦,受了太多的累,你两人的恩情我二人一辈子也还不完。"谁知喜琴一把抱过妮妮,回头说道:"我不要你还恩情,我只要我娃。"说完头也不回地进到了里屋。那妇人一时愣住,眼睁睁看着日思夜想的女儿从她面前消失了。她刚缓过神来,就疯一般拽住心广的手,不断摇着:"求大哥开恩,让我把娃抱回。"说罢,将头上的金钗一把拔下,将那双名贵的玉镯也脱下双手递给了心广:"求大哥开恩,求大哥开恩……"一边头叩在地"咚咚"直响,弄得翠姑慌忙拦住扶她坐到了椅子上。李氏走到女人面前,用手细细梳理着那散乱的头发,叹气道:"可怜天下父母心。大侄女,你且不要这般发急,这事咱再慢慢商量。你也要体谅我那儿媳妇,莫说她一把屎一把尿把她拉扯这么大,一时想

第三十回　养弃婴善报两家喜　设计谋折狱一冤申

不开,就是我这老婆子对那妮妮,也是一会儿不见就心里想得慌。"说罢忙叫家人端过饭来一块吃。那女人愧言道:"也是的,你想我生下她也只不过几个月日子,就割舍不下,我那嫂子和娃处了这么多年,一听把娃要抱走,咋能不发急?是你侄媳妇不懂事,我给您老人家赔个罪。"说罢又要屈身下跪,李氏与翠姑急忙拉住。

一时饭端了过来,一家人只是大口吃着,谁也不出声,叫喜琴出来一块儿吃,却只见她搂着小妮妮在屋里幽幽咽咽地哭个不停。心敬使了个眼色给心广,心广才老大不乐意地走进了里屋。

饭间,李氏端着碗将心敬唤出,两个人在外咕哝了半天,心敬走进心广的房间,又呆了一阵,出来对母亲满意地点了一下头,李氏才放心地吃起了饭来。饭毕,李氏将心广夫妇唤了出来,当着众人的面问道:"心广,你二人对这事有啥想法,说出来大伙一起斟酌一下。"二人同时低声回答:"一切听从娘的安排。"李氏又问小顺夫妇:"你们二人还有啥主意,说出来一块商量。"小顺夫妻对看了一眼,小顺道:"我俩的想法刚才都已说过,还是请求伯母与心广哥嫂的恩准,只要娃能回到我二人身边,啥亏我们都吃。请伯母拿出一个好法子,成全我二人的念想。"李氏满意道:"既如此,老身给你四人出一个主意,小顺媳妇是妮妮的生母,心广媳妇是妮妮的养母,两个家庭都有对娃割舍不开的情分,也都应有养育、督导的天职。这个妮妮娃应该是你两家共有的宝贝疙瘩。你四人看如何?"小顺二人一听喜出望外,二人齐齐跪倒,拜谢李氏的大度与仁慈。"只是有一样,从今以后,妮妮想到谁家住,想住几天,都依娃的意思,你们都不可强留阻拦。你等四人可做得到?"四人齐答:"一切遵照老人的安排。"

有了这样一个两全其美的法子,整个屋子的气氛顿时活泛起来。小顺媳妇忙以目示小顺。小顺会意,随身掏出二百两银票双手递给李氏道:"婶婶一家为娃操心受累了整整五年多,小侄为表谢意,奉赠些许银两,望老人家能痛快应允。"李氏一见急摇手道:"这个万万不能,既然妮妮也是心广的娃,如何还能接受抚养之资?"心广夫妻与众人也都一力推辞。小顺媳妇一听急了,她赌气道:"大妈一家要是不收这银子,要不然……要不然我们就不要这娃了!"她的这一急不择言的滑稽"威胁",立刻让大伙笑得东倒西歪。当女人意识到这一言的荒唐之处,也不由"噗"地一下捂着嘴笑出声来。整个屋子的紧张气氛立时冰消雪融,充满了浓浓春意。李氏笑道:"既然你二人执意'相逼',老身无奈之下也只好'委曲求全'了。"这一诙谐的回答又逗得大伙哄笑一番。"只是,"李氏又敛容正色道,"只是这银子暂且收下,待妮妮将来出阁之日,当以这银子作为陪嫁之资,以奖赏她给全家带来的无数欢乐。"全家人立时为李氏的思虑周全而暗叹,小顺二人更是感动得热泪盈

睚。他抚耳对媳妇低语几句,媳妇眼一亮,立刻拼命点头。二人随即又跪在了李氏面前,小顺道:"婶婶莫怪小侄得寸进尺,我二人还有一请求,望你老人家能宽宏大量,成全小侄二人的贪心。"李氏心一动,缓缓问道:"你二人有啥一并说出,只要家里有、能做到,一定不会吝啬推托。"小顺叩头低语道:"小侄高攀,想与心广兄结为金兰,想拜大人为义母。小侄多年前失去双亲,又无兄弟姊妹帮衬,只身一人只想有个热闹的大家庭以补孤寂,只想有个妈能尽孝以慰平生遗憾。"

  全家人听得又惊奇又感动,李氏闻言母爱从心中油然而生,动情道:"难得你二人一片诚心孝意,老身替众人应承了。摆起香案!"众人一听欢呼不已,一时三刻在祖宗牌位前摆起了香案,心敬、心广、心正、小顺四人焚香齐齐跪倒。心敬唱道:"皇天在上,祖宗作证,吾三人与小顺结为异姓兄弟,从此同舟共济,祸福同当。一家和睦,康乐永享!"其余人重复誓言,一时感奋在各人心中激荡,事毕又请母亲上座,接受小顺的跪拜。拜毕,小顺取出一张五十两的银票,恭恭敬敬双手捧与李氏道:"刚才大妈、婶婶乱叫一通,如今改口。妈,您老收下儿子这一点孝礼,日后又让您多操一份心了。"李氏笑吟吟道:"为娘就收下吾儿这一片孝心。"小顺起身,又从怀中掏出一沓十两银票以作认亲礼,各兄嫂弟媳子侄勉、功、勋、勍等人人有份。众人纷纷谦让,李氏道:"这是小顺子的一番美意,这礼不收就有些见外了。"刚言罢,人缝间又一稚嫩声音传出:"咋没我的礼呢?"大伙回身一看是小妮妮,不由哄堂大笑:"咋把今个的事主给忘了?不该,太不该了。"一时间浓情暖意在屋中弥漫荡漾,在众人心中缓缓流淌。

  随后,由心广夫妇引着妮妮的手,小顺二人随行将娃一块带到顺城巷家中。心敬等人将他们送出大门,挥别后刚要拧身回屋,忽有一人在远处喊道:"尔缉兄,这儿有人寻你。"他指着身旁一位五十余岁的儒生。心敬一瞧不由大喜过望,一路奔过去对着来人连声道:"仁兄,几年不见,可想煞人了。"说罢,拉住双手直往屋里拽,生怕他脱手又跑了似的,那股亲热劲儿,胜过亲兄弟重逢。

  各位看官,你道这访客是谁?在下可有一番大说辞:来人姓康名乃心,字孟谋,号太乙,邠阳县城槐里人氏,康熙二十八年举人。此人博学能文,既是当时闻名于世的理学家,还是大诗人、著名的方志牒谱学家;一生著述颇丰,计有《毛诗笺》《莘野集》《韩城县志》《平遥县志》等数十卷。

  对于其诗文,民间更有一段流传佳话。话说一日,孟谋先生偶游西安荐福寺,近观暮色中的小雁塔,门阶前苔藓染履,塔缝中荒草摇曳,不由突发怀古幽思,遂索笔在僧舍左壁上题留昔日所作《题秦庄襄王墓》两首。

第三十回　养弃婴善报两家喜　设计谋折狱一冤申

其一曰：

园庙衣冠此内藏，野花岁岁上陵香；

邯郸鼓瑟应如旧，赢得佳儿毕六王。

其二曰：

庄襄冢并白云齐，颢视长安万井低；

谁使韩生传古墓，教人错认灞陵西。

题诗一毕，感怀而去。可不多日，有一人名王士禛，是所谓清初京城的文坛盟主，此次奉旨来陕公干。一日兴游小雁塔，发觉僧舍壁上孟谋所遗之诗，愈读愈觉其格调清奇，蕴意悠远。大加赞赏之余不由叹曰："关中三李（指李二曲、李因笃、李柏），不如邠阳一康。"王士禛遂将此二诗录下，回京后逢人便传阅其诗，盛赞道："文章有神交有道，少陵不诬也。"康乃心由此诗名大震，闻名朝野。

心敬与老康相识于十多年前的一次荒唐邂逅，至今回忆起来仍使人忍俊不禁。那是一个炎热的夏天，心敬有一事回家办理，事毕在返回蛊屋的途中，头顶着烈日正汗流浃背、口渴难耐之际，远远望见一株皂角树如巨伞撑立道旁，其下一大片阴凉。心敬急忙奔向大树，走近却见一人早已卧于树根。其人身下铺着一张草席，身旁放着一布袋，还有一水囊置于头侧。那人此时正在闭目养神，显得十分舒坦安逸。心敬恭敬问道："这位大哥，可否借一席之地让我坐坐？"那人睁眼一看，挥手往旁边一指："阴凉地方多的是，你随便坐。"心敬指着席上，那人立刻怒目圆睁："借一席之地让你坐？那我睡到土地上？"心敬忙陪笑道："让大哥见笑了，我的意思是可否借席上一臀之地让我坐坐？"那人眼一翻："这还犹可。"说罢侧身睡过，用手拍拍刚腾出的地方。心敬刚坐下，又瞄上了那令人眼馋的水囊，又和气道："大哥可否让我借水囊一用，今个忘记带水，渴得厉害。"那人翻身坐起又故意问道："借你水囊，我拿啥用？干脆就说你想喝水不就得了，何必借水囊？"心敬忙道："又是兄弟说错了，大哥能否让小弟借你水囊，"看着那人又要翻起，连忙续道，"喝些水？"那人才又躺下，只是扬起了手。心敬又气又笑，心说今咋碰上这么一个怪人？正喝水时，却又瞧见那人颈旁遗下一册书卷，心敬拿起一看，见上面写着"莘野诗集·邠阳康乃心著"几个大字。康乃心？这不是师父经常挂在嘴边的那个邠阳诗坛怪杰、朝野闻名的康孟谋么？他急忙翻开内页，只见一首《丙寅秋日登梁山钟楼峰》，读完不由令人顿生千古苍凉之感。心敬喜极，急忙推着那个睡人："大哥莫非是邠阳康孟谋兄么？"那人懒懒睁一下双眼："康孟谋个屁。"又欲睡去，心敬不由生气："大哥纵非康孟谋，也须留下一丝口德。康孟谋乃关中名儒，他的诗文更是独步天下，如此名士与你有何仇怨？既这般你手中为何有那诗篇?"那人翻身坐起,嘴一撇轻蔑道:"康乃心是个什么玩意儿?他为人轻狂,借着那一点薄名到处惹是生非。如今他不知高下,还要到那李二曲处去卖弄经文,美其名曰'就教论学'哩。如今我拿这诗集只是当个枕头用用。他那几句涂鸦之作,能入了吾等谙诗之人的法眼?"

看着这人如此糟蹋他心目中素怀崇敬的尊长,心敬不由气得七窍生烟,他狠狠站起,跺着脚道:"你这人太狂妄放肆了,毫无心德口德。古有割席断义之说,如今我既无刀子,席也是你的,这席不割也罢,我走还不成。"说罢气冲冲离树而去。大老远还听见那人冲他喊道:"君子泰山崩于前而色不变,无故加之而不怒。以你这点气量,日后还能干甚大事?"说罢扬声大笑复又躺下。

正当心敬怒火中烧,向二曲师父诉说着途中所遇的恼人事时,门口有人禀报:"郃阳康乃心来会。"二曲笑了:"这个康孟谋,要怪要到了家门口。"随后领着心敬一干门人前去迎接。一见门口笑吟吟站着的康乃心,心敬一下蒙住了,这不是方才还在树下满口贬损康大哥的那个人么?怎么他会是孟谋兄?正当心敬如堕五里雾中,不知如何是好时,二曲回身看着满面疑惑尴尬的爱徒,与孟谋相顾大笑。二曲指道:"你这个活宝,又捉弄了我徒心敬不是?"康孟谋更是笑得没了眉眼:"我看他把老康夸得有天没日头,什么当今关中名儒,什么诗文独步天下,就不免'心中不服',顺口损了那老康几句,不料你这门生脾气比我还倔,立即要割席断义。幸亏他没刀子,否则我这可怜的草席就身首异处,为主人尽忠了。"说罢又诚恳地拉住心敬的手言道:"刚才戏语还望不要挂在心上,我就是这么个臭毛病,不管生熟人都爱说些口无遮拦的浑话。"心敬也是个直肠子,他见自己崇敬的康大哥如此豪爽诙谐,不由一腔火气全抛到了爪哇国,恳言道:"也是小弟的不是。小弟一时激愤不免浮躁冲撞康兄,还望见谅。"二曲拉着二人的手笑着对心敬道:"自嘲、自贬,也是一种极致涵养,此境界你还得向你这位从未谋面的康大哥学学。"心敬心中暗暗点头,此种表现正是内心强大的自信外露。一个自觉分量不足之人,只会在人前王婆卖瓜,谁还胆敢如此"自贱、自虐"?自己以后确实要自强以达康兄这种心态胸怀。由于心气相投,两人很快成为了至交。

心敬与老康的第二次相遇是在师父与师叔雪木(李柏字)结成亲家,为儿子操办喜事的那次婚宴上。那一天可真热闹。师父的故友、亲戚、乡邻和收到请柬的官绅都纷纷前来,师父满面春风,一一接受着众宾客的道贺。心敬他们这些门生也破例歇假一日,享受着平日难得的闲暇与快意时光。

整个院落欢声笑语嚷成一片。帮忙的执事们进进出出,个个脸上喜气洋洋;院侧一

第三十回　养弃婴善报两家喜　设计谋折狱一冤申

溜大锅排起,灶口随着风箱的吧嗒声腾起一尺多高的火舌,差点被舔到的烧锅村妇脸儿红得如桃花一般;锅上煎炸烹炒响成一片,扑鼻的香味在空中久久弥漫;院中间的八仙桌旁坐满了宾客。众人一边拉着家常,一边眼巴巴瞅着门外,等着花轿落地那喜庆的一刻。

随着门外孩子们的一阵欢叫与震天的鞭炮声,迎来的花轿稳稳落地。新媳妇头顶红盖头被人扶着走入院中。围观的众人此时却惊异地发现,新妇搭在脸上的盖头泅湿了一大片。再看新娘的步姿,整个人犹如木偶一般被两旁的女人架着,不由自主地朝前挪动。待机械地完成拜天地、拜祖宗、拜高堂后,轮到夫妻对拜时,竟双腿一软伏地昏了过去,引得在场众人一片惊呼。可新郎官慎言,眼瞅着众妇人手忙脚乱将新娘连搀带抬弄到洞房,却冷冷站在一旁无动于衷。刚坐在厅堂椅上接受了二人跪拜的二曲,气得提袍上前"啪"的一声给了儿子一个耳光,嘴里吼道:"畜生,还不快到房中照看你媳妇!"平日唯父命是从的慎言,此刻却像换了一个人,他眼中冒着怒火,死死盯了父亲好一阵工夫,才缓缓迈步朝里屋走去。在场的众人看到此番情景心里都明镜似的,暗暗叹息道:"这又是一对强扭的苦瓜。"一个老者见状喝道:"新媳妇近日劳累过度,一时犯晕有甚好看的?还不该干啥干啥去!"看热闹的闲人才轰地一声四下散去。亲友、宾客又各自回座,吃烟喝茶谝闲传,似乎刚才未发生那大煞风景的一幕。几个村老强拉着二曲回到席上,低声劝慰着怒气未消的主人,院子里瞬时又恢复了先前的喜庆热闹。

看得目瞪口呆的心敬,此时发觉袖子被人拽了一下,回身看是孟谋,便随着他的示意走出了那座阴晴乍变的院落,两人漫步来到了村旁那蜿蜒幽静的小河边。乃心别过脸去,用手指着身后的白石让他坐下,自己也就势坐在了心敬的身旁。心敬扫了一眼乃心,见他低头看着无声流淌的水面,眼中隐隐含着泪花,不由心中一动,静候着乃心发话。沉默了许久,乃心抹了一把脸开口道:"你我兄弟神交已久,今日堵得心慌才寻你出来遛遛。刚才触景生情,不由勾起压在为兄心中多年的一桩陈事。

"说实话,老兄在早年也曾遇到一位心仪的女子。她和我住在同一条巷子,是新来的隔壁邻家。她家二楼是她的闺房,为兄的卧处正好与她隔窗相对。一日在为兄吟咏自己新作时,无意中扫了那窗户一眼,却透过窗纱,意外看到一个手扶窗台,侧身而立女子的朦胧身影。待为兄吟毕,那女子也随即离开了窗台。此境况反复出现,直至旬日后,一次为兄吟诗,她才慢慢拉开了窗纱,却仍侧身而立细听,还随着几首诗意一时凝想,一时忧伤,一时欢悦,一时惆怅。瞧着她脸色的阴晴变化,为兄心中不禁一阵大喜,难道我俞伯牙遇到钟子期了?此后又过了几个月,她才正面向我,露出了满是欣赏的笑靥。以后我每有新作就读给她听,她若点头微笑,就是认可;她若摇头皱眉,我就重审,果然查有瑕疵。自此诗境大进,以至此后凡有新作,必先请其品评。

"天长日久,日久生情。终于有一天为兄破天荒壮了一回胆子,用大字写上'我要娶你!',双手举在窗前。她看后羞涩一笑,用手指指楼下。第二天即托家父向那女家提亲,可其父却嫌为兄家贫而断然回绝。自此后窗前再也不见了她的倩影,为兄心急,隔窗高声吟咏,却再也未见其一面。数个月后就传出了她卧床病亡的消息。为兄我真是疼烂了心肠啊,那些天我真恨不得提把刀子将那老东西杀了!其后多日是如何度过的,为兄至今连想都不敢想。"

心敬听这位兄长叙说着自己的一段酸楚史,不禁也陪着一块流下眼泪。乃心又道:"其后为兄胡乱应了一门亲事,如今的你嫂子也确实贤惠,人比那女子还俊几分,可我心里再也盛不下她。直到如今也生儿育女几十年了,却在这儿不咸不淡地熬着日子。"说着话锋一转,"今日看到慎言两口情景,不由勾起我心里那份几十年的伤痛。为兄我敢断定,他俩比我们当年还惨。两人早已各自有了意中人,可二曲先生为了与雪木成通家之好,竟不顾慎言心愿,强自打散两对鸳鸯,将一双苦瓜硬拧在了一根藤上。"心敬不以为然道:"自古婚姻皆听从父母之命、媒妁之言,纵是两情相悦,也得依古法而行。"乃心听后冷冷笑道:"你老弟是好命。我问你,依你与翠姑当时已有的情缘,若婶却强拗着要拆散你二人,你还能高歌父母之命而屈从?"心敬犹豫了,若顺从母命有违本心;若逆母命而行的话,他一想到母亲那刚烈执拗、说一不二的性情,想到娉姐的下场,他真的不敢再往下想了。心敬叹道:"若设身处地一想,师父与师叔的处置确实不妥。"乃心亦叹道:"二曲先生是我乃心心中的偶像。他忧国忧民的胸襟、他的自强不息坚忍不拔、他的鸿篇巨制、他的理学才华、他的不慕荣禄、不畏权势都使人心生无限崇仰;可唯独这不顾儿子终身幸福,一味强与雪木续好的私心,蹈千古陋习害得有情人难成眷属之举,又让罩在先生头上这一'完人'光环,在为兄心目中黯然失色。对此有违天理、摧残人性的千古流毒,为兄有着切肤之痛,故感触至深。"心敬叹息道:"没想到孟谋兄竟有一段如此悲苦的经历,实在令心敬唏嘘不已。此番深谈令为弟受益良多,康兄'千古流毒'一说,真是颇有见地,一针见血,堪称当今令人振聋发聩之警钟。"乃心手抚心敬肩头道:"为兄观之,你是一个值得交心的朋友,故今日才会如此敞开胸怀,倾吐不堪为人所道的心中隐秘。走,时辰不早了,咱俩快入席去。"

宴席在杂着一丝诡异的热闹气氛中顺利结束了。

时隔数年后,一次与慎言的闲聊中,心敬小心翼翼提起当初成婚那一幕,慎言叹了口气开言道:"看在你曾救过家父,你我又亲如兄弟的分上,我就对你道出真情。在成婚之

第三十回　养弃婴善报两家喜　设计谋折狱一冤申

前,兄弟心中已有了一个意中人。从当时景况推测,她也同样。事到如今,她对我仍守口如瓶,只是终日面如严霜、背地里偷偷抹泪我就料定此事无疑。过了这么些年,在外人眼里我俩是相敬如宾的好夫妻,究其实只是各尽为夫为妇的职分,可这积郁多年的心中之苦又有谁能知？我晓得她也是一个苦人儿,因之心生怜悯,对她也曾多加体恤,她却始终没给过我一个好脸色。成亲之前我曾对家父提起过这事,可他一口一个婚姻大事唯父母之命是从,到如今看到我俩整日横眉冷对,心里定会暗生懊悔,可如今木已成舟,只能如此这般混日子……不提这些烦心事了,可有一句话不得不说,兄弟好羡慕你两口子哇。"说得心敬一阵惭愧。

事情确实如慎言所说的,在师父家里这么些年,心敬见过她终日操劳,见过她举案齐眉,可没见过她一次笑脸。

心敬与康乃心的第三次相会是在《二曲集》大功告成,高尔公等人送成书的那一日。那天在众高友尽欢之后各人纷纷离去的当口,乃心拉着心敬的手,又踅到村旁的小河边。两人坐定后,乃心道:"二曲先生经高尔公等君助力,完成夙愿,此功德已完满矣。《二曲集》当属我关学自清迄今的巅峰之作,必将流传万世而不朽。贤弟编辑、撰文于其中,当居功至伟。不知贤弟今后有何打算？"心敬回曰:"披阅数载,已使吾劳顿不堪。如今之计,当回家静养一段时间再作打算。"乃心道:"静养一些时日以恢复精力,当然属于近期急务,然休养一毕又当如何？"心敬犹豫道:"这个……为弟还未曾深思。孟谋兄似有话开导我,请畅所欲言,不吝赐教。"乃心笑道:"果然响鼓不用重槌。今个我就充一回老大,给贤弟开开脑子。以贤弟为二曲先生所编辑的《二曲集》《四书反身录》等著书观之,贤弟理学功底、文学造诣并臻于极高境界;以汝编撰所显现的勤奋与天资,未来必能成就一番大事业。"心敬愈听愈糊涂:"成就一番大事？何等大事？还望孟谋兄明示。"乃心点了一下心敬的额头,恨铁不成钢地埋怨道:"功业,你自己的功业,你自己将来要铸就的功业！你想想,你为二曲先生所编撰的集子,当然作为门人责无旁贷,可刻薄言之,你是以己之力耕人之田。一没有属于自己的专著,二没有属于自己的理学创新、自己的哲学立论、自己的实学建树。一句话——没有自己所构筑的学业体系,或换言之,没有独属于自己开创的一片理学新天地。"

这一连串的针砭犹如耳边响鼓,一下惊醒了梦中人。心敬以手加额道:"难怪师父教训于我:'话虽无病,然纵语语皆是,千是万是,终是荒己之地却耕人之田,终靠不得一毫,无病亦是病。'也就是说,纵然将旁人的思想阐述得再圆满,再没有毛病,没有属于自己有别于他人的独到创新,就是一个有成学者的最大毛病。师父的教训与仁兄的劝诫何其相似乃尔！"乃心这才释然笑道："对头。师父之意正在于鞭策贤弟要勇于超越他，'青出于蓝而胜于蓝'，到你刊出一部鸿篇巨制，成为关学新高峰之日，师父一定会欣慰之至，即使那时仙逝也会含笑于九泉。"心敬感动得紧握着乃心的双手，恳切道："仁兄一片厚意，心敬定会铭记于心；仁兄的殷切期望，心敬定不会辜负。还望仁兄往后常来常往，以便心敬能时时聆听教诲，让仁兄日日予以鞭策。"乃心含笑道："愚者千虑，必有一得。以贤弟之聪颖过人，愚兄日后定能目睹功业圆满之期。望你我兄弟各自珍重，他日定访贤弟于故乡。"说罢依依惜别。

如今康乃心果然来了，令心敬喜不自禁。急切拉着老康的手进到屋里，为母亲及家人一一介绍。李氏笑吟吟道："心敬口中不知念叨了多少回，说先生诗冠陕西，又精通儒理，还爽直谦逊，更为他多次指点迷津。唠叨得直教老身心烦，就说你那整天挂在嘴上的朋友哪天叫为娘看看，看他到底是三头还是六臂。今日一观，先生果然气度雍容，一副超凡脱俗、老成干练的模样。"乃心拱手道："承蒙婶母谬赞。只怪尔绨识人不深，把个手无缚鸡之力的酸儒，在你老面前竟夸得如此高大完美，倒让我羞愧得难以立足。"李氏道："心敬说你老在人前损自己，可是真的？"乃心道："愚侄只是道出自己本来面目，教人倒误以为自损。"心敬急忙道："妈，那是人家的境界，二曲师父说只有内心强大自信的人，才能有这个心态，你不懂。"李氏笑道："好，好，好，妈不懂这个，可妈懂——这位贤侄叫什么来着？对，对，叫乃心，可妈懂你这乃心兄赶了一天的路，还未用饭心里正饿得慌。心广！"心广闻声赶来，"去到北街黄二肉架子上割上二斤油肥子——仔细看秤，这老东西滑着呢，一不留神就少上一半两；再到张大菜铺买上一斤豆腐、粉条。"心广应声而去。

一连三日，白天两人对席而坐，辩析古人儒理奥义，争论"理、心"长短优劣，继而慨叹当今官场腐败，学人无德，一时电闪雷鸣一时细雨和风；晚间二人在书房抵足而眠，或品评诗词曲赋，或闲聊乡野民风。愈聊愈亲密，一直到二人困得睁不开眼，方才沉沉睡去。

其后几日，心敬陪着乃心，游览了县内的山山水水、名胜古迹：大观楼、王季陵、草堂寺、紫阁山、高冠峪、白公台、大圆寺等地，都留下了二人的足迹。

心敬还着意将乃心领到了自己先祖王九思的园林别业——渼陂十亩园中。十亩园，位于县城端西五里许，其南望秦岭如黛、北睹陂湖似镜、东携涝水之滔滔、西挟渼河之潺潺，乃鄠邑中文人墨客踏春郊游、聚会吟诗的绝佳去处。

在这一片田园稻圃之中，二人徜徉于昔日"衍庆堂""春雨亭"，"且坐阁"与书房、客舍、书馆旧处，近观蝶舞花枝头，群鸟林间啁啾；远望竹林叠翠处，隐隐曲径通幽。心敬陪着乃心漫步其间，不由触景生情，叹息道："九思先生乃是愚弟五世祖。其生性豁达倜傥

第三十回　养弃婴善报两家喜　设计谋折狱一冤申

捷思敏行,曾由于宏辞博学跻身明前七子之列。先祖于前朝正德、嘉靖年间以进士之身入朝为官,后遭人构陷致仕回乡。郁郁不得志之下,遂筑园构舍修湖植花木,方成这十亩之园。九思祖至此乃移情于山水游弋、诗话歌舞,与同被贬谪的邻县状元康海等旧友终日在此观景赏月,题诗作画,切磋杂曲,泛舟垂钓,过起了放浪形骸苦中作乐的日子。你还别说,回乡的叔祖还为家乡办了几件遗泽后世的大事——撰修了鄠县第一部县志,使这蕞尔小县从此有了地方文史记载;倡修了西关涝河大桥,使横贯百里的东西塞径一举变为通途,乡民为感其恩德,将之取名为'太史桥';与康海一起收集了关中一带的俚曲加以整理提炼,创编了至今流行于陕甘几省的'康王腔';其间,还为我王氏编写了第一部族谱,至此我族众皆有宗脉可寻矣……"在滔滔的话语中,惋惜与自豪之情不经意间流露无遗。乃心感慨道:"渼陂先生早有耳闻,其仕途坎坷令人不胜慨叹,却不曾闻得先生返居故乡竟还有如此一番大动作,真乃失之东隅而收之桑榆也。实言之,先生之失意乃贵邑家乡之大幸矣。"

二人在园中盘桓终日,至日坠西山夜幕初起方尽兴而归。

回到归处,心敬乘兴道:"明日兄弟带你去见一个人,是个怪物。"乃心笑道:"怎么是个怪物,怪在何处?"心敬遂将与知县金廷襄交往的事一一抖落。乃心大笑道:"此人有趣,吾倒要见识一下。"

第二天一早食毕,二人便来到县衙,门子进去通报,一时回来说:"大人正在审堂,请二位到他书房处等候。"二人便随门人到了书房坐下,丫鬟端来热茶后悄悄退出。乃心起身巡视书柜,见里面整齐排列着四书五经、《大传》《公羊传》、古今典章规制、《刑部现行则例》、唐宋诗词,其次农事、水利、荒政、县治等书籍也罗列其中,最右侧,还有一本宋朝宋慈写的《洗冤录》赫然在列。案头正放着心敬的《井利说》《区田法》,乃心翻阅了好一阵,扬脸道:"没想到贤弟对此还有所钻研。"心敬笑着接口:"为儒者不仅应熟谙经书,更应学以致用,以民为本。小弟出身农家,更能体察农民生计之维艰。以上诸书不过教农抗旱增收,以尽本分耳。"

正说着,只听得门外官靴噔噔而来,二人急忙站起。金知县刚到门口,心敬便迎了上去:"大人……"还未等心敬说完,金廷襄用手止住却面向乃心:"你是何人?为何在吾书房中停留?"乃心忙道:"我二人来此拜访大人,听门子说你让吾等在书房处等候。""门外也是'处',为何不在门外而擅闯衙中私密之处?行这等目无法纪之举,该当何罪?"乃心一愣,随即指着心敬哈哈大笑道:"嘿,还真让你说着了,这位金大人还真是遇人先打三百杀威棒。告诉你老金,在鄂阳地面谁不知我康孟谋自小泼皮无赖一个,人称'滚刀肉'。

就这私闯官衙你看着办,正好这几日愁得没饭吃,到你大人牢里过几天舒服日子——不过有言在先,一日三餐,没有三五盘席面菜,我老康可是要骂娘的哟。"逗得二人一时把持不住,放声笑作一团。金廷襄止住笑道:"本官就是这个德行。'关中三李,不如郃阳一康',一听先生前来,不由喜出望外,却没想到'杀威棒'竟遇上了'滚刀肉',硬是打不住哇。"言罢,三人复又笑得流出了泪花。

三人复归书房就座,金知县忙唤来丫环给换上新茶。乃心拱手道:"听吾弟尔缉说大人在此官声颇佳,又喜好结交儒士,还仗义疏财,故不揣冒昧前来拜访。"金知县也谦逊道:"官声好,那是做官的本分,尽人事而已;至于结交儒生,不过图个虚名;这仗义疏财么,那是本官个人的嗜好,算不得什么高尚。倒是孟谋先生诗名声震朝野,凡关中稍具斯文之人,有谁不知先生大名?只是本县终日冗务缠身,不得些小闲暇以抽身去贵地聆教。先生这次莅临敝县,倒使金某幸获这一就教良机,令人十分欣慰哪。"三人在书房谈经论道,十分快意畅心。

正在说得投机时,乃心内急起身如厕。初时无语,心敬便随意问道:"刚才大人审何案情,不妨说说,我倒是对这档子社情民风之事蛮有兴趣哩。"金大人一听立刻容色转忧道:"这是一桩杀人案。证据虽然十足,可这贼人却死活拿不下。一打,他就认罪;一过,他又翻案,让本官实实烦恼不已。""证据呢?""案发后,我即随仵作前去验尸,仵作查后呈报,这是用杀猪刀具刺入胸部立即致命。后命人暗访,查得这贼人正是一屠户;再则有人看到当日清晨此贼从死者墙外草丛中飞奔而逃,不久却又返回原路转圈,估计是寻找遗失的凶器;三则此贼妻子长期与死者私通。难道这些证据还不足吗?明明白白是桩泄愤杀人案。"心敬道:"作案工具查到了吗?""查到,就遗留于杀人现场。正在证物间存放。""能看看凶器与证人证词,还有案犯供词吗?"金老爷揶揄道:"你一个书生还有这门本事?本官倒要刮目相看喽。"心敬笑道:"大人岂不闻'三个臭皮匠,赛过诸葛亮'?又云'愚者千虑必有一得'。也许我与孟谋先生能给大人一些启发呢。孟谋兄,你说是也不是?"康乃心刚返回,他从未参与过此类破案,何况还是一件杀人大案,也兴趣十足道:"尔缉说得对。看看未必有用处,但却也无甚妨害。说不定我俩能给大人出些主意,弄不好还真破了案。大人你说我这话有理不?"金县令一听也是的,反正没一丝坏处,让他俩开开眼界,岂不有益无害?就顺水推舟命下人将一干证物拿到了书房。

心敬用手拎起那件作案的杀猪刀翻来覆去看着,刀柄上的血痕犹在。片刻心敬下了一个结论道:"这个凶手是个左撇子。"二人闻言齐凑了过来。"你二位看这手印,"他拿左手比划着握住刀柄,又换着右手试握一下,"看到了吧?"金县令又亲自试了一下,点头道:

第三十回　养弃婴善报两家喜　设计谋折狱一冤申

"说的不错,是个左撇子。本官怎么就没想到这一层呢?尔缉,你有两下子,不错不错。"心敬又翻到件作所绘之图,指着道:"二位请看,此人伤到右胸。"他用左手比划着刺了一下县令,正击中其右胸:"这下无疑了吧。"二人齐齐点头。"现在就要看这个屠户是不是左撇子。如若是,就不能排除凶疑;如若不是,则凶犯另有其人。大人你能否马上重审此案以辨真相?"金县令道:"当然可以。疑犯就关在狱中,重审一次还不容易?"说罢命人立即升堂。"大人,我二人能否暗听?""当然行,堂上木屏左侧着意留有一小孔,看都无妨。"心敬随之附耳与县爷交待了一句。

大堂上,那个戴脚镣的屠户被带了进来,心敬透过小孔,看见此人身材壮实,一脸凶相,两只眼睛却怯怯地四下扫着。金县令一声断喝:"贼人,还不快快老实交代!"那人跪倒叩头道:"大人,那郎中实不为我杀。他与我浑家有那事我早知道,当时恨不得一刀捅了这狗东西,可小人实在下不了手哇。""本官问你,你那日为何蹲在郎中院墙外的草丛中?见人来为何拼命逃走?""老爷,那日小人刚杀完猪回家,天才蒙蒙亮,小人一时屎憋得难受,就到路旁草丛中解手,可谁知还未解完,却有一女人急匆匆顺路走来,我只好提起裤子,尻子(土语:屁股)都没来得及擦,就跑走了。连一旁杀猪的刀子都忘了拿。我咋知道隔墙就是那仇人的家呀!"说罢竟像一个受委屈的孩子,哇哇地哭了起来。"那你为何后来返回在此被人瞧见?"那人哭着说:"回家才知将那刀子丢在了屎旁,就过来寻,谁知竟寻不到刀子了。"

县令气得将惊堂木一拍:"来人,给我打二十大板,看这贼人还敢不敢再满嘴谎言!"那人一听这话连忙叩头道:"老爷我招我招,刚才的话都是胡编的,我的尻子都被打烂了,能不能换个地方?"老爷笑道:"噢,老爷倒忘了这一档子事。"说罢向衙役使了个眼色,那衙役从身后取出一根短木棍递给屠户:"你就用这棍打二十下腿吧,便宜扎了。"那屠户用右手接棒,狠命地打起腿来,边打边嚎叫。金县令道:"甭打了甭打了,你这鬼哭狼嚎的,听得本官耳疼,退堂!"说罢出了大堂。

书房中,金县令叹了口气:"看来还真把这货给冤枉了。"心敬道:"大人,这人极有可能被冤枉了,还须再派人调查当晚是否在杀猪主人家,若属实,大抵就可料定凶手不是他。""这人被排除了,只知凶手是个左撇子,可世上左撇子千千万,又咋能知道谁是凶手呢?"乃心插话道。心敬不言语,又翻起了那一沓证人证言。那死者的妻子证言中写道:"我丈夫是个郎中,生意还蛮红火,他经常夜里出去给人看病,为了不吵民妇,他在自己药房支了一张床,回来晚了就到那边睡。今日早上民妇起身做饭,就听见同村的大贵打门,他喊着:'嫂子快开门,我娃夜里发烧,想请李哥去给看一下。'我急忙开门将他迎进,去到

药房叫我那丈夫,谁知他却成了一个血人,我一急就昏了过去,还是大贵子用水将我喷醒,才一块到衙里告的官。"又翻看了一下证人大贵的证言,情节大抵相同。看着看着,心敬兴奋地叫二人过来,他指着那妇人状词中的一段话:"'他喊着:嫂子开门,我娃夜里发烧,想请李哥给去看一下',二位对这一段话有何见解?"两人拿过状词左看右看都摇头道:"看不出什么名堂。"心敬用指甲在"嫂子开门"四个字上狠狠划了一下:"还看不出?"二人相顾对视,又仔细思量起来,许久金县令拍着头道:"对呀,这求医应该叫李大哥才对,他却为何叫起嫂子来了?除非……除非他早知道李郎中这时已死了?唉呀,这要命的一句话,当时审卷时为何没琢磨琢磨呢?"心敬兴奋道:"'踏破铁鞋无觅处,得来全不费工夫'。古人这话说得多好,看来这真凶非他莫属!"乃心也激动起来,他又筹思一番,慢慢摇头道:"还真不一定,大贵若辩道:'我是村里熟人,早知李郎中经常熬夜外出,清晨睡个懒觉也属平常,我叫李嫂开门再去叫醒他,有何不可?'这样的辩解顺情顺理,你又拿他怎样?"心敬一听立时蔫了,是呀,郎中睡懒觉不好在门外叫醒,叫早已起身的媳妇开门再去唤醒丈夫,这一诡辩真让人有些难以招架。他急得在书房转来转去,看得金县令与乃心头晕。

　　突然心敬脚一顿道:"只有这个办法了。那个妇人现在何处?"金县令答:"作为疑犯之一,她现在还暂时关在牢里。""那好。"心敬附耳叮嘱了县令一句,金县令立时眼睛放光,马上派下人去了牢中。一时三刻那人回禀道:"那妇人说,平日里那个大贵要是来看病,不管何时辰都是大声叫着丈夫。"三人兴奋地齐声叫好。金县令马上叫那人陪同师爷一起回到牢中,让那妇人立时录供画押。"把这一锤砸实了,那小子就跑不了喽。噢,本官记起来了,那日堂上画押,他用的就是左手!"乃心冷静下来又道:"虽则吾等已从心底认定了他是真凶,但万一那小子诡辩说他一时急了叫错了口,又当如何?得让他自证凶身才是上策。"三人又苦苦思索起来。不一时,乃心慢悠悠对金县令道:"在下倒有一个法子,只是需烦劳差役仔细打听这大贵的八辈子旮旯。"县令道:"这有何难,先说说你的思路。"乃心笑道:"天机不可泄露。大人少安勿躁,到时在下再告诉你不迟。"

　　第二天,大贵回到家门,抬眼见一算卦先生在不远的地方打着盹,那支杆的帘子上不像旁的写着"徐半仙看你往世来生"或者"张铁嘴断尔生死祸福"之类,他上面的说法有些别致,只见上面几个大字:"前看一百载,后只看一年。"心里有些奇怪,就走上前去唤道:"你这帘子上写的是什么意思?"那人摇了摇头,揉了揉睡眼,方才看着大贵道:"'前看一百载',就是问卦之人一百年内的事都装在吾肚子里;'后只看一年'就是说不才道行还浅,只能向后预期一年内发生之事。可人口前话:早知三日事,富贵一千年。我这看一

第三十回　养弃婴善报两家喜　设计谋折狱一冤申

年,早够世人用场了。"大贵心里发虚,便道:"你老看我向前百年,向后一年如何?"那人端详了半天道:"伸过手来。"大贵伸出右手,那人上下仔细翻着手,嘴里还不停嘟囔着"金木水火土,子丑寅卯辰……"又掐指数了起来。末了,那人道:"小子你听好,你是属鸡的,今年三十八岁,对吧?你母生了一子二女,你最小对吧?你父六十八岁害鼓胀病三个月去世,对吧?你母六十二岁无食饿死,对吧?你十二岁时偷人家鸡被狗咬了腿肚子一口,你把裤腿挽起,让我看看,对吧?……"一席话说得大贵心里直发颤:我的妈呀,我碰上活神仙咧。"你近日还发了一笔暗财,对吧?"那算卦的摸着胡须自得地笑了起来。大贵点了点头。"你把其中的一枚银锞让在下闻一下,就可预知你日后一年的祸福。"大贵乖乖地从怀中掏出了一枚小银锞递给老者,老者闭着眼睛闻了好一阵,自言自语道:"这不对呀,这银锞闻着怎么有一股腥味呢?"他又长吸了一下鼻子,"嗯,是腥味,还是血腥味。你……"那人一下变了脸,直指着大贵的鼻子大吼道:"你你你……杀人了!"大贵立时蹦起,颤声发问道:"你咋知道的?"马上意识到说错又改口道,"我是说你咋胡说!我杀谁了?在啥地方?啥时辰?你不给老子说个子丑寅卯,你今儿个走不成咧,非砸了你这妖人的摊子,拉你去见官不可!"

那算卦先生这时并不搭话,只从兜儿里掏出一张麻纸,在上面用笔画了一个符,郑重道:"今晚子时。记着,是子时,早一个时辰晚一个时辰都不灵。"然后在身边的墙上划一道线,"子时就从这儿翻墙过来。记着,不能从大门出。就在这墙根把这符烧了,可免你血光之灾。这银锞就算给老夫的辛苦钱。"说罢丢下那张符,头也不回扬长而去。留下大贵木呆呆立在原地,张着嘴半晌不得动弹。那算卦先生走出去十多丈远,回身一瞧,那人与那符纸都不见了踪影。亲眼看见"鱼儿"咬了钩,他这才长出了一口气,微笑着转过身去打道回府。

半夜子时,大贵家墙头出现一个人影,一看周围静悄悄的,方才翻墙过来,蹲下身点起了那符纸,谁知火光一亮,立时有几个捕快从拐角处窜出,发一声喊,锁住大贵就往县衙里面拉。

大堂上灯火一片,当大贵看到那金县令身旁正坐着白日里的算卦先生时,立时身子一软,瘫倒在地,昏了过去。"哗"地一桶水泼到大贵脸上,他激灵一下醒了过来,跪着对案上的县令叩头道:"小的认栽,今个全招了……"

原来这大贵自小不喜读书,整日混迹于街肆赌场,待爹娘过世愈发没人管了。与一帮同伙或偷鸡摸狗或强索硬要,过得倒也逍遥自在。说起来也许是臭味相投,这小子却与那李郎中过从甚密来往得紧。一日,李郎中将大贵唤到家中,托他办一件事。原来李

郎中家不远处近日来了一位外地先生,医术又高药又便宜,一时挤得李郎中药房门可罗雀,没了生意。揣着一腔恶气,李郎中让大贵领着他的那一帮狗党寻个事,把那人的药铺砸了,把他赶出此地。李郎中拿出二百两纹银作为酬劳。大贵一见银子两眼放光,立即应允三日内办妥此事。谁知他拿着银子一拧身却去了赌场,一场腥风血雨下来,囊中只剩下了几枚小银锞。没了银子自然招不到兵马,此事只好黄了,可李郎中却一日紧似一日催着他去兑现承诺。待日子久了,才晓得大贵将银子孝敬给了赌场,不由又气又急,逼着大贵还他的血汗钱,并扬言若其不还,他就要雇人做了他。

那日天刚麻麻亮,他打着哈欠从赌场出来往家里赶,路上却看到前面有一年轻女子迈着碎步一摇一摆的,大贵歹心骤起,想赶上前去轻薄一番。那女人回头一看有人不怀好意跟着她,于是加快脚步急匆匆往前赶。途中到了李郎中墙外时,她远远看见一个人从草丛中窜出没命奔跑,仔细一看原来是她认识的屠户。却说大贵见路上又有了人,便收住了脚步慢慢前行。待到那屠户跃出处,却见草丛中有一明晃晃的东西,大贵以为是屠户落下的银两,便上前去看,却原来是一把杀猪刀。他掂起刀子,想到那李郎中逼债竟威胁要他的命,不由恶向胆边生,想要一不做二不休出了这口恶气。况且这银子用心险恶,谅李郎中不会向人泄露付银给他之事,加上借刀杀人,就出了事这赃也会栽到屠户身上,又巧的是屠户浑家与李郎中有染,谁都会认定这是桩除奸泄愤的案子,越想越觉得万无一失。于是大贵翻过墙去将那昔日的朋友送去了西天,刀子就故意丢在了现场,还顺势将房中存银搜寻一空。那小子做完这"善事"回家一思量,心里总觉发虚老不踏实,就又踅到李家借故探个究竟,没想到这趟鬼使神差之举,竟弄了个与李郎中结伴而行的下场。

一桩杀人案完满告破,大堂上金县令当场释放了疑犯屠户与李郎中的浑家。屠户感激涕零,口不择言道要送县令一副猪头下水,金县令哭笑不得:"去去,别再寒碜本官了。要谢就谢这两位先生,不是他们二人,你如今还关在大牢中。"屠户向康王二人磕了几个响头,才一拐一拐喜滋滋离开了大堂。金知县唤过身边一个衙役:"去给那屠户送一些刀敛药,让他在家好生将息。"衙役领命而去。

三人回到县令书房,老金特命丫环端上刚托人买的新市君山银针,那热气腾腾的茶盅中,根根茶丝似箭般直立水中,一股清香随热气直扑鼻翼。三人捧起茶盅,抿着那沁人心脾的芬芳,享受着几日绞尽脑汁后的轻松与满足。金廷襄道:"二位来敝衙探访,竟歪打正着帮本县破了这桩大案,令吾百感交集。两名书生平日不声不响,胸中竟有如此敏锐洞察之能与过人韬略,实实让本官惊诧钦佩。推而广之,在我中华儒林之中还有多少

第三十回　养弃婴善报两家喜　设计谋折狱一冤申

能人异士藏于市井之中,令人不胜扼腕叹息。看来吾今后还得多多结交些儒士为友,以补我老金所遗缺憾。感激之语便不多言,说句真话,二位可否给老金一个薄面,来敝衙屈就?这样一来三人就可终日相聚,以尽畅怀。"乃心笑道:"应枚兄,吾与尔缉俱为隐逸山野的闲散之人,不适进身朝廷为吏,这份好意我俩诚领了。"金廷襄闻言苦笑道:"吾深知二位皆为人中蛟龙,鄂县县衙这汪浅池焉能委屈容身?只是聊表依依不舍心迹罢了。"二人心中顿时暖流汹涌,深为感动。临别时,三人约定为庆贺联袂破获此大案,县令破例休息一日,到心敬家里喝个痛快。

第二天清晨一大早,金知县就赶到心敬家,身后一役仆挑了一担肉菜,全家人立时忙活起来。正在喧闹之际,只见一人咬牙双手提着一只猪头和下水进到院中。大家一瞧,这不是昨日那放出来的屠户么,心敬急忙上前接住,抱怨道:"大老远的提这些东西,不怕挣坏了还虚的身子?"那屠户一见心敬,纳头便拜:"多亏恩人相救,方才洗了冤。别的银两我拿不出,今后的猪头下水,我老朱一手包了。"说得满院一片笑声。李氏闻声出来,那人更是叩头不止:"姨妈,要不是你老生了这个好儿子,你侄也就难在人世了。你侄求你老寿比南山,福如东海,长命富贵,大福大贵,多子多孙,一家安康,驾鹤西去,蓬莱生辉……"一连串词不达意的祝寿辞将众人笑得东倒西歪。李氏笑吟吟道:"姨妈就认下你这个干侄儿,快到屋里坐坐。"那屠户瞅着金县令道:"我还是赶紧走了得好,一看见这县老爷就尻子疼。"在众人的笑声中一拐一拐出了大门。

送走了屠户,心敬见母亲招手问道:"这哪儿又蹦出个叫姨妈的,你与乃心这两天都在县衙里干了些甚事?"心敬笑道:"妈,你老到酒席上就知道了。那个精彩,那个惊心动魄,金大人会一一给你老人家说明的。"

酒席上,金县令兴味十足,将这桩大案细细叙说了一遍:心敬怎么发现疑处,怎么验证那个屠户不是凶手,怎么分析凶手特征,乃心怎么装神弄鬼将凶手引上钩,怎么一举擒拿凶手……金县令一副好口才,将案情描绘得跌宕起伏,曲折惊险,令在座的家人听得聚精会神,容色数变。当金县令一气讲完这桩奇案,全场一片喝彩之声。李氏道:"多亏县大人从中调度运筹,加上他二人协力襄助,方才平冤惩恶还天下一个公道。从前我看心敬木讷寡言,一副正人君子的样子,谁知肚中还有这么多的花花肠子、鬼八卦,教人以后不得不防着点。"众人大笑。"依我看,心敬你不如到金大人门下当一个刑名师爷算了。金大人,我儿可高攀得起?"金县令不由笑道:"长辈,吾早有此意,只是尔缉觉得这样未免委屈了他,我那个小衙不在他的眼里。"乃心取乐道:"这样一来,大人就可高枕无忧,终日游荡了,想得倒美。"众人憋不住又一阵哄笑。

席散,三人到心敬书房又高谈阔论一番,直到夕阳西下,众人才送别了金知县。

这桩奇案的破获,给了心敬很大的激励。在以后的人生中心敬也曾多次涉及此类案由,他将这些经历、收获纳入自己的杂集《洗冤录》中,成为其浩大文集中的一个另类,折射出其学识棱镜中罕见的一色异光。

第二天,心敬与乃心相约去了自己办的二曲书院。院中林木繁茂,花草缤纷,已然不是初建时的模样。心敬领着乃心将整个院落转了个遍。走到后堂,二曲正在给十几名学童授课,他那抑扬顿挫、中气十足的声音在堂外听得清清楚楚。

中午,他们都在书院的伙房用餐,饭毕三人一同回到二曲先生寝处。乃心问心敬:"书院开张这些年,情况还满意吧?"心敬道:"不瞒康兄,书院刚成立时,送子来此读书的人络绎不绝,整个后堂的人坐得满满当当,可后来越来越少,到如今只剩下十余个,让为弟很是灰心。"乃心道:"你知道其中缘由吗?"心敬点头不语。乃心回指着书院门首高尔公的题词道:"'继横渠道统,承二曲心传',若兄理解不错,此处乃为培养儒士的场所,而非科举进修之地。平常人家送后生读书,为的就是来日高中皇榜,谋个一官半职。所谓'学成文武艺,货与帝王家'是也。两者育人所图迥异,结果可想而知,起初人络绎不绝是误判了地方,其后渐知书院本旨及研读科目,人流渐稀乃是必然。要知,真正的儒士是当今稀罕之物,他追求的是人格修养、学问见识而非升官发财、荣身肥家;即使学成,不仅不能接济家庭升米之资,还须赖家庭供日糜之耗,故非望儿成真儒之家与一意成真儒之人,难进此书院矣。加之当朝顺治九年曾诏令'不许别创书院,恐群聚徒党空谈废业',实为恐士林聚会宣讲议论而有碍于朝治。在此气候之下二曲书院逆势而存已难能可贵了。"二曲接口道:"孟谋之见极是。为师在此掐指一算已断续七八年之久,整日教些娃娃,却少有名儒来此弘扬理学大义。吾已老矣,思乡之心日趋迫切,想于近期返回故里安度晚年,不知你有何处置?"心敬伤感道:"吾建书院初衷是想让师父在此一面宣讲自己学说,一面颐养天年。孰料两者皆未如愿,令心敬愧疚不已。师父若意已决,待为徒聊备些银两,礼送师父返乡。"言罢三人皆唏嘘不已。

晚上二人返回北街家中。乃心道:"为兄明日欲返郃阳。这几日里,贤弟一家热诚款待,亲如家人,令为兄颇为感动;贤弟又陪为兄游历户杜山水名胜,让人大饱眼福而萌乐不思蜀之感;尤其与金知县一晤令人快意之余还经历一场破案奇遇,真是不虚此行。临别前为兄特赠贤弟拙诗一首以作留念。"说罢从怀中掏出朗朗而诵。见其诗意境绵绵而极力夸赞自己,心敬不由心潮澎湃,凝思片刻提笔和七言古诗一首:

第三十回　养弃婴善报两家喜　设计谋折狱一冤申

酬郃阳康孟谋

康子磊落有萃士，春风惠我好音来。
开函细味诗中意，鞭唐驾宋信多才。
忆昔知君十年前，读君载赓景略篇。
激昂不负青云志，鸿鹄直上摩穹天。
客春惠然顾荒庐，博辩雄谈万卷书。
自分迂疎宜永弃，讵意殷勤寄双鱼。
感君意气重琼瑶，投报何忍等木桃。
三代先觉在君乡，乐道耕莘万祀扬。
尧舜君民三聘后，追逐稷契骖翱翔。
贤哉乐贫陋巷士，不迁不二心坐忘。
两汉经术尚无侣，何况唐宋说文章。
吁嗟乎万古千生此一秋，光阴一去不重留。
丈夫自有随身矩，志伊学颜更何求。

诗中，心敬盛赞康乃心是如同商朝的贤相伊尹、孔子的高足颜回那般杰出的人物，他的文章已然超越了两汉、唐宋，更具有"丈夫自有随身矩"的杰出人格魅力。

一夜道不尽的兄弟情谊，不觉间已鸡鸣三声。

第二日早饭后，心敬送乃心至县境秦镇界，二人互道珍重挥泪而别。

第三十一回　董复庵诚邀游南国
　　　　　王丰川乘兴履五省

不久,心敬在临南侧自家一亩多大的果园中,筑起了一处茅庵草舍,取名曰"穷庐"。一则按字面意思喻其简陋,二则喻将在此穷尽儒理,书写自己的鸿篇大作。穷庐修成伊始,心敬便移居其中,专心研经,并开始了著书立说的笔耕岁月。

康熙四十二年九月,正当年近五旬的心敬潜心撰写《关学汇编》一稿时,屋外传来一阵敲门之声,心敬打开门扉,见一位四十多岁的男子立于门首。此人青衿长袍罩身,肩上挎了一只小包袱,张口道:"尊长莫非丰川先生?在下董某前来拜访就教。"心敬见是一位儒生,便将他引入自己的宿处。待敬茶一毕,心敬仔细打量起这个自称董某的儒生,尔后微微一笑道:"先生可否容村夫放肆片刻,为足下相一次面?"来人颇为惊奇道:"不知先生还有此异能,不免令人眼界大开,你但说无妨,只当先生送敝人一个见面礼吧。"心敬从容道:"先生地阔方圆,天庭饱满,其正中,"说罢指着来人额头,"官禄宫莹净无瑕且伏牛贯顶,十之八九为一官人;况且先生面上虽容色祥和,却有隐隐不怒自威之相;加之所着青衿似乎并非合身而显得前短后长,可见先生乃换装而至,官人身份则更进一层。"那人微微颔首:"请先生继续说。""先生嘴薄而唇长,乃善辩且多诈之人,双唇紧闭则喻尔生性坚毅;双目炯炯有神,且偶射一丝精光似能直通人之心底。结合此种种特征,村夫可放胆妄言,先生不仅为一官人,而且极有可能于三法司供职。"那儒生闻言缓缓站起,轻轻抚掌喝彩道:"不愧一方鸿儒,竟有如此神通,将吾之出身测得这般精准。不瞒先生,吾乃都察院左副都御史董复庵是也。今远道而来欲与先生论学辩理,却恐惊扰贵府家人,故微服来访,谁料却难逃先生法眼。"心敬微笑道:"此雕虫小技何足道哉。只是此番冒犯之举,还望大人海涵。究其根由,盖因心敬历来不谙与不知根底之人交往论学,故出此下策以探虚实耳。"说罢欲行迎迓大礼,却被御史止住道:"你我既为论学,就应抛却尊卑陋规平等

第三十一回　董复庵诚邀游南国　王丰川乘兴履五省

相待,如此才能放下各自心结以探理学真谛。"心敬不由心生敬意道:"大人,不,先生此番高论足显开阔胸怀,心敬不禁心生敬佩,且深有同感。"

言毕,二人就儒理起源、演变,宋明四大学派渊源、脉络及义理异同,理心分争要点与实质,及各朝大儒的论著、言论及其长短展开了一系列探讨,有时英雄所见略同,有时立场却大相径庭;有时争得头上冒火似能点燃穹庐,有时却好得如屋内荡起徐徐和风。一连三天,除御史随行小厮端来酒菜外,两人一直盘足而坐,畅所欲言,滔滔论儒道,侃侃述己见。几经争辩盘诘,还是心敬树大根深。他或旁征博引或借题发挥,或因势利导或攻其要津,将自己在二曲处十年苦读所修炼成的深厚儒学内功,发挥得淋漓尽致,以至董御史最终偃旗息鼓,干脆支起腮帮专注地听起心敬那大气磅礴如高山飞瀑倾泻而下的哲理流,不由暗自慨叹喝彩。直到心敬察觉自己唱了半晌独角戏,才停下口舌,奇怪问道:"莫非董公有些倦意? 真有些忘乎所以,以致怠慢了贵客。"董御史叹道:"冰冻三尺非一日之寒;精卫填海非一季之功。先生儒理学养,董某遥不可及。此番学论辩究可至此终结矣。"

随后二人起身,在果林、花草中徜徉。沉默了好一阵,董御史又开口言道:"经此学论,董某对先生可谓崇仰至极。董某在此有一不情之请,先生可否承允?"心敬奇怪问道:"是何高见? 只要心敬力所能及,莫不欣然从命。"

董御史道:"此前吾曾亲力查办一件要案,经数月劳心费神终致破获。皇上龙颜大悦,特给假三月,令吾休养一番以恢复元气。吾借此良机才得赴鄂与先生论道一番。今朝既已聆教,吾将去南国游历一趟。先生如无要务在身,董某恳请与先生结伴同往,一则可借机于途中向先生再行讨教;二则有个知心旅伴,亦使沿途增趣十分;先生也可借机畅游一番江南胜景,岂非一举数得的好事?"心敬低头深思了一会,方才回道:"不瞒董公,心敬时下正忙于撰写论集,实无暇旁骛。可大人这一番盛情相邀,又委实难却;古人云:'读万卷书,行万里路。'吾久有游历我中华大好河山以开阔视野、增强见闻之夙愿;加之这一番论学深谈正使我二人从初识一跃而成至交,路途之上必有相互切磋、指点江山之大好良机与乐趣豪情。思忖再三,吾决意随董公去趟南国。不过,此番远行须经家母俯允,方可成真。"董公一听大喜,跃跃然道:"此事由我包揽,先生尽可放心前往。"二人遂携手同至家中客厅,经董御史一番恳词游说,李氏终于欣然允诺。心敬不禁满怀感激地望着这位左都御史,心想还是董公经年办案历练出的嘴皮工夫厉害。

第二日拂晓,在董御史所驾车辆的辚辚声中,心敬满怀着对南国山水世情的渴望,离开了久居的故乡鄂县。随着一路向东,心态复杂的他不禁转过身去,望着逐渐远去的那

穷庐残月

一片终南山野，久久不愿回头。

两日后，董、王一行进入河南境内。二人游历了洛阳、开封古城，观览了少林寺、白马寺、龙门石窟、嵩阳书院等处。一路走来，每到一处即兴致勃勃观赏并交流彼此观感，论及此处历史渊源及有关逸闻趣事。随着不断切磋，二人愈觉对方学识广博、见解不凡而深感相见恨晚，不觉惺惺相惜而愈加亲密起来。

延宕一月有余，终于将河南名胜古迹逛了个遍后，遂驱车向着湖北方向一路走去，旬日间日暮时分行至一处名曰"确山"的地方。心敬二人在车上窝着不免腰酸背疼，下车进入客栈，早早用过晚膳就各自回房歇息。正在朦胧之际，店外却传来一阵大人的呵斥声和孩子的哭叫声，心敬被扰得睡意全无，索性披衣出了店门。立于门首一瞧，不由暗暗吃了一惊，店外路两旁被刚到的逃荒人群塞得黑糊糊一大片。个个蓬头垢面，脸露疲惫失神之色；破衣烂衫遮体，却难掩瘦骨嶙峋之躯。心敬走上前去询问，方知山东、河南北部发生了大饥荒，这些逃难的人群一路跌跌撞撞奔向南方以活命。望着这一大片东倒西歪的难民，心敬不禁物伤其类，悲上心头：这些可怜的农民，平日在家辛苦劳作，除支应官差，交纳税赋，偿还地租外，好的年景只能勉强维持温饱，一到荒年就叫天不应叫地不灵，只好携家带口四处逃命，陷入自生自灭的绝境。自己是农民的儿子，心里比谁都清楚，天下最苦者莫过于农民，最逆来顺受的也是他们。这些身处最底层的老实人何时才能过上衣食无忧的好日子？

正悲叹间，惨叫的哭声又起。心敬看过去，只见路边一个男人正捶着一个十岁左右的小男孩。他急忙赶过去追问缘由，原来这个苦命的孩子几天未吃一点东西，不由饿得嗷嗷直哭，正在烦躁的大人腾地站起，狠狠打起孩子，以泄心中无名火气。心敬叹了口气，无言地拉起孩子进入店中，让人端饭给他吃。孩子看着香喷喷的面食不由两眼放光，头埋在碗中不停地刨食，一时三刻竟将一大碗饭吃了个罄净。谁知刚搁下碗却直喊肚子疼，霎时头冒冷汗在地上打起滚来。慌得心敬急忙蹲下给孩子揉搓着肚子，好一阵子孩子才缓过性来，坐起又没事了。心敬拧身一看，只见董公站立一旁咧着嘴笑道："孩子饿久，肠胃早已虚弱，只宜喝些米粥慢慢进食，你却给他一大碗面。小娃不知饥饱，饿急了只图一时之快，才会有刚才的虚惊一场。"心敬这才回过神来，不停地埋怨自己一时心急，竟忘了这个道理。临走，董公又命人给孩子怀中塞了几片锅盔，并将他引到了父母身边。

二人看着下人回来，方才踱步又回到了自己的宿处。心敬坐在床边，眼里还不停闪现着刚才门外的那一幕幕惨景，不由痛自心生，遂操起毛笔，记下了此刻一片挥之不去的忧伤：

第三十一回　董复庵诚邀游南国　王丰川乘兴履五省

宿确山驿

是日睹山东河南流民载道,兼闻登莱饥馑之状,不觉夜不成寐。

青灯不寐将明夜,白发空增未老身。

漫道书生忧似杞,书生本是圣朝民。

行了多日,心敬一干人等来到了湖北地面。一路晓行夜宿,饥餐渴饮,不觉间来到了汉江。定睛一瞧,急湍的江水绿中带着青,一眼望不见底;举目远眺,对岸的树林影影绰绰,大约在数里之外。心敬惊讶道:"仅长江上游就如此宽阔壮观,真是不到此处绝难想象,吾如井底之蛙见渭河矣。"董公笑着自嘲道:"君子所见略同。"乘上渡舟,行至江中流处,唯见四周茫茫一片,轻舟如豆荚般忽上忽下随波起伏,让久居陆地的心敬一阵慌乱心悸,遂强自镇定,向董公拱手道:"如此美景,何不作诗快意一番。"不待董公回话,便即刻口占一首慢慢吟哦起来:

初试澄江一叶舟,凌风竞渡若轻鸥;

中流自在真无似,恰似年来性海游。

董公轻击双掌道:"好诗,好诗。想不到先生如此才思敏捷,真赶得上子建七步诗了。"心敬笑道:"先生挖苦人都不着痕迹,奸狡之徒屡败汝手也就难怪了。"董公笑回道:"彼此彼此。"一时二人凭栏远望,真是海阔天空,心中顿时一片清明浩然。

行至武昌,董御史对心敬道:"此处有一刘御史,为吾上司,平日相处甚洽。刘大人闻吾将赴南国游历,特托付家书一封,并叮嘱若至楚游,务必将其家作为歇脚之地以尽同僚之谊。吾等不妨长歇此处,再到周边四处转悠,也方便些。"心敬欣然道:"还是董大人思虑周到,如此甚好。"二人便同随员一起来到刘御史家中,其父看过家书,不免招待极尽殷勤。膳后吩咐家人将一干人领至客房歇息。好在其府厦广地阔,后花园中亭台楼阁遍布,曲廊斗折回环,是一绝佳休憩之处。

次日,二人结伴去了不远处的滋阳湖。要说此湖并不大,只有顷余,但它却因与一桩壮烈史迹有关而闻名遐迩。话说前朝末,张献忠率兵窜至武昌,连日猛攻城门。礼部尚书贺逢圣率家丁与知府协同守城。这位贺大人乃江夏人氏,万历四十四年以殿试第二名入阁,由太子洗马做到礼部尚书兼东阁大学士。时在朝中因耿直忠贞常与权佞魏忠贤做对,虽屡遭罢官却宁死不悔,朝中百官莫不仰其为人气节。张献忠攻武昌时,其罢相在家闲居,于是自告奋勇亲率家丁日夜镇守南城门,多次击退张寇进犯。经连日厮杀,张献忠设计将总兵诱至城外大败后乘虚而入,顿时城中一片火光。随着喊杀之声愈来愈近,贺大人心知大势已去,遂率数十口家人齐聚院侧的滋阳湖。贺大人燃烛焚香对着朝廷方向跪拜道:"皇上,微臣贺逢圣未能拒张贼于武昌城外,致使城破匪入,朝廷受辱百姓罹难。值此倾巢殆毁之际,微臣以死谢罪且免遭匪卒之辱。唯望皇上急急调兵剪灭匪患,以保大明社稷,臣将于冥冥中恭迎王师驾临!"言罢,义无反顾从容涉入水中直至没顶。数十家人随后扶老携幼跟在其后,个个怀着赴死之心,默默向着湖中走去……如血残阳,照着湖面上漂起的累累浮尸,在骇人的寂静中,独自俯视着这一幕悲壮的人间惨剧。

二人来到湖边,燃起香烛,摆上祭品。董御史从怀中掏出悼文含泪大声诵道:"张寇乱明,犯我武昌;城破匪涌,烧杀掠抢。卵巢倾覆,各避祸殃;举家殉国,唯我亚相!其忠昭日,其义蔽阳;惨恸乡野,烈震庙堂。昔遭蒙难,今忆犹伤;魂归来兮,伏维尚飨。"

随后二人伏地跪拜。礼毕,心敬亦从怀中掏出悼诗,对着如今那一汪平静的湖水,大声念给幽冥中的贺大人及全家听:

滋阳湖吊贺文忠

湖在城中东南。张献忠破武昌,亚相贺文忠一家二十口殉难湖中。

一水苍茫万树幽,当年箫鼓楚王游。

向非亚相增颜色,翡翠芙蓉冷万秋。

地以贤传乃不徒,白也何事漫相呼。

从今欲易滋阳号,直换佳名亚相湖。

国破那容家独存,每逢阴雨泣黄昏。

寄声莫注沟渠水,恐污忠臣烈妇魂。

回归途中,董大人感叹道:"前朝忠烈不可胜数,唯文忠公此举足以感天动地,令人至今感怀忧伤。世事渺茫,文忠公焉能料知改朝换代竟是如此落场。"心敬回道:"文忠公虽难料知社稷沧桑,然其壮烈义举足可彪炳千秋,令万世崇仰,亦为迄今儒士无上荣光。有此归宿美誉,可谓不枉来世一遭矣。"在感慨惋惜的怀念中,二人回到了武昌歇处。

其后一月有余,二人一路向南,沿途游历名山大川,寻访古迹庙刹,时值深秋临冬,在关中早已落叶飘零,田野里、山坡上枯黄尽染,会让多愁善感的诗人不禁发出严冬将至的悲叹;可在这儿,七八月长成胳膊粗的嫩竹仍在茁壮生成,一簇簇两三丈高的竹丛箭似的刺破晴空,周围满目翠绿一片郁郁葱葱。自然造物,两地景色竟如此迥然不同,不禁让初来南国的心敬叹为观止。

一日,在去咸宁途中,正晒得头昏脑涨、身困体乏之际,轿车缓缓驰进了一片大森林

第三十一回　董复庵诚邀游南国　王丰川乘兴履五省

之中,举目望去,好个光景——炎炎赤日,森森阴荫;巨木簇立,虬枝盘引;荒藤丛结,獐兔穿奔;行途尽处,魆魆幽深。

一行人停下车辆,分别靠着树根,拿出干粮水囊,进食歇脚。董御史挥手指着这一片林子兴致勃勃言道:"近年来民间乱砍滥伐,似此处森林茂密胜景已不多见矣。"心敬亦有同感,便回话道:"连年灾荒,邑民窘迫求生,就地取材以解薪乏,实属堪悯之举,怪不得他们。"说罢起身提议董公一同到就近处转转。就在二人欲举步漫行时,猛听一声口哨响起,呼啦啦从林中深处涌来一大群汉子。这些人手提谷叉、大锄,肩扛铡刀、大斧,挡住了四人的去路。为首一人唱道:"此路是我开,此树是我栽,要得从此过,留下买路财。本爷爷乃当今混世魔王,专干杀富济贫勾当。你等为富不仁的奸商还不快快把不义之财拿出,不然的话,嘿嘿!"他扬起手中的家伙,一步步逼上前来。董御史却被气乐了,他指着那厮道:"嘿!平日整天有人叫我(老)爷,今日却遇到个让我唤他作爷的。小子,你知道你爷爷是谁吗?"那人头一横:"你是谁?你就是皇上老儿也得按规矩来——交买路钱。不然就休想从这儿过去。"董御史咬牙笑道:"我等要是偏不交呢?"那人一看碰上了一个生瓜,便吆喝着:"伙计们,上!"心敬强自镇定仍能把持住,那平日伺候老爷的小厮早吓得腿脚发软,面色发黄;只有御夫兼护卫的随身家丁早已持刀在手,护住了三人。然毕竟孤掌难鸣,一时三刻众匪徒已将几人团团围在了当中。

正在这剑拔弩张的危急关头,忽听身后一阵急促的马蹄声传来,有人高声唱道:"公子生来乐逍遥,东西南北走一遭;路上遇见不平事,拔刀相助逞英豪。"众人一看,原来有一青年公子,头戴细筋翻檐凉帽,身着一件柔滑的府绸凉衫,足蹬一双青呢千层软靴,尤其腰间系着一汉玉坠子前后晃动,尽惹人眼。那人驰至与家丁相齐,高声道:"清平世界,朗朗乾坤,你等浑球竟敢目无王法拦路打劫,都吃了豹子胆啊?"董公笑指对方:"看尔等蓬头垢面,破衣烂衫,还敢称作剪径强人?再看尔等手中所持何等厉害家伙,吾在十八般兵器中还未曾见识过。想必是哪位武林高手秘传的夺命杀器?"言罢脸色一变,怒喝道,"尔等乌合之众,分明是灾民作乱。此等犯禁越轨之举,岂不知国法森严么!"那人冷笑道:"我等确是灾民。与其饿死,还不如落个饱死鬼,到这份上还管他娘的什么国法。伙计们,抄家伙上!"说时迟那时快,只见那后生从马上一跃而下,与领头的混战在了一处。那领头的武艺却甚是了得,只见他将手中的铁棍舞得如飞轮旋转水泼不进;那后生工夫也不含糊,剑如青蟒吐信神出鬼没。二人杀得难解难分,众喽啰却聚拢在头领身后只是摇旗呐喊,却无人敢近身助战。约一袋烟工夫,只见那汉子头猛地向后一仰,人立时僵立原地,众人一瞧,那后生已剑抵汉子咽喉。此时却见董御史从怀中掏出一物事,倒入掌中，挥手扬出，只见面前顿时腾起一片烟雾，众贼纷纷丢弃家伙，倒在地上昏厥过去。御史命大伙上前脱下众匪衣衫，以此缚住各人手脚。心敬好奇问道："大人刚才所施何法，竟使众贼人瞬间倒地一片？"御史笑道："吾临行前知道江湖险恶，故向道中异士讨要了几包散魂丹，只要此丹击中人面，一时三刻瘫倒如泥，昏迷不醒。"

待将众贼捆绑一毕，御史命家丁持自己印信前往县衙呼人来押。心敬忙上前一躬到底曰："大人可否容在下言语一二？"御史笑道："有话便说，你我之间毋须如此客气。"心敬郑重道："大人已知，此等贼人皆是走投无路的灾民，一时为饥饿所困，才铤而走险落草为寇。若平日温饱无忧，此等顺民绝不会干出打家劫舍的勾当。大人有法制规程，上天却有好生之德，念其情可悯，心敬恳请大人法外施恩，饶过他们这一遭吧。"董御史苦笑道："不承想你这刚强君子倒怀有一颗菩萨心肠。也罢，看在先生如此德高之人为之求情的分上，且饶过这些贼寇一遭吧。"心敬一见御史应允，不觉喜极，眼潮而凄然道："大人，心敬乃农人之子，对农家度日艰难有着切肤之感，故物伤其类而慈悲之心油然而生。心敬谢大人宽宏大量，从善而择。此德行必感化众灾民让其放下恶念重走正道。"言罢欲行跪拜谢礼，却被董公拦住道："尔言之在理，吾已允之，就不必再费礼节。不过，此等灾民若无济急之资，日后濒临绝境，恐又重蹈覆辙。不如这样，"他回身取出一张十两银票，置于那领头的身旁，并在上面覆一页纸，上书："聚众劫道，以尔为首；岂料失算，今致成囚。幸有哲人，为汝恳求；念尔遭灾，事出有由；其情可悯，其罪难恕。今与银两，以度寒秋；若操故伎，国法必究！"然后驱车绕过这些不法之徒，继续前行。

心敬招呼那公子近前道："足下何人，却在此紧要关头义气相助？吾等感恩有加，还望亮明身份，以便互称。"那男子道："在下乃江浙一带大商之后，贱姓董，名大。自幼喜好弄枪舞棒，后经高人指点，如今抵挡个十数八人不在话下。只是自小不喜诗文，经常捉弄师傅，弄得师傅不断到家父处告状，以致臀部常代吾受过。其后经师傅苦心调教，总算有点墨在胸。如今长大成人，愈发痛悔当初之少不更事，故借着到各处游玩之机，想结识一些有学问的先生，从中讨教一二以充实自己见识乃至诗文功底。近日欲到咸宁赤壁一游，不意到此逢见先生一行，实是机缘巧遇。"心敬道："我等亦欲往赤壁一观，余姓王，名心敬，陕西鄠县人氏。目下这位，"他指着董公，"是官秩三品的都察院左副都御史董复庵大人。"那董大一听介绍，急忙欲行大礼，董公拦住笑吟吟道："刚才承蒙出手相救，本官还未致谢。既然同赴赤壁，也是平生缘分，不妨结伴同行，路上也热闹些，不知壮士意下如何？"那董大忙道："晚生巴不得与二位长者作伴。刚才一观大人气度雍容，临危不惊，不怒自威，便知非等闲人物，如今果不其然。"董公道："你刚才说到要结识有学问的先生，眼

第三十一回 董复庵诚邀游南国 王丰川乘兴履五省

下就有一位。"说罢指着心敬,"这位先生大号丰川,是关中一代名儒。其经学渊深,诗文亦有相当造诣,你路上正好借机讨教一番。"董大又急忙要行拜师之礼,心敬拦住道:"学问相长。既一路同行,少不得在理学、诗文方面相互探讨,贫儒少时也曾习武,学的却是三脚猫的工夫,如今路上还免不得讨教一番哩。只是已临知天命之年,只能纸上谈兵,求个乐趣罢了。"一行人边走边谈,不知不觉间走出了那片密林。

花开两朵,各表一枝。话说那一伙在林中昏迷之人,不一会儿清醒过来,纷纷翻身爬起,却见个个赤裸上身,甚觉奇怪。那个为首的醒来一看,发现脸上盖着一页纸,头边放着一张银票,不由惊诧莫名,遂起身拿起向其中一个略通文墨者走去。那人念毕,众人一阵后怕,又感念那位尊者身旁的儒士,纷纷朝着林道去处叩头谢恩。然后一同到钱庄兑了银子,各人拿着分得的一两碎银,回家过起了节俭而安分的日子。

且说心敬一行诸人继续南行。一路之上,凡遇茶棚客栈,董大均踊跃上前联络,并慷慨解囊争付钱款,令人不禁对这位豪爽义气的后生心存好感。心敬也一面对董大讲些儒经,一面借着沿途景致写一些诗文,如《梅影》《秋蝶》《千竿竹》《千丈松》《夜乘渔舟》《远寺钟声》等,令董大受益匪浅。董大亦将自己途中所遇趣事一一道出,为途中人解闷消乏。他言道,一次歇店,由于贪景,在那地方延宕了一月有余。店主儿子待人甚为热忱,妻子颇为实诚甚而有些愚钝。他闲暇时常与其聚坐饮茶。一日刚好是七夕节,自己正与其闲坐时,他唤妻前来道:"今年初婚,只知七夕是自古至今夫妇纪念的大节,只是你我刚结连理,不知其中还有何礼节仪式,你可去你姐姐家看看人家是怎么过的,回来告诉我,我们二人可如法炮制。"妻子领命而去。到了姐家却发现两口正在吵架,姐夫一巴掌将姐姐打翻在地。那后生见妻子回来眼泪汪汪,不免心里奇怪问起缘由,妻子却始终噤口不言,再三追问仍不开口,逼急了只是个摇头不语,那后生见他在场,窘急不由一掌过去给了妻子一个大耳光,不料这一打却将妻子逼出话来,那妻哭哭啼啼道:"既然郎君早已知此礼节,还要为妻前去讨问个甚?"逗得众人一下笑翻了。那个小厮更是笑得捂着肚子直唤那里疼。

"还有一回,我歇在宁波一客栈。店左有一青年书生,白日与人争斗被殴竟一时间没了气息。家人号哭告官,官乃令人将其尸抬至验尸房,并拘凶徒于牢中。夜里,验尸房里有一老一少两个值守。时值严冬甚是寒冷,老者道:'我觉遍体冰凉,等我回家添件衣裳,再带些酒菜来,边吃边守夜可好?'年轻人一听喜不自禁,急应承道:'你速去速回,不会有事。'等那老者离去,那年轻人久坐无聊,便靠墙闭目养神,谁知却无意中睡了过去。待被人摇醒睁眼一看,原来是老者已回来。老者惊问道:'那榻上停的尸首怎么不见了?'青年一个激灵，急忙翻身爬起一看，果真那当初静卧的尸首不见了踪影。老者叫苦不迭抱怨道：'明日过堂验尸如何交差？你年轻扛得住，我若被杖责就老命不保。'说罢不禁失声痛哭。青年人懊恼加上自责，一时急得在房中转起了圈圈。不一时，脑瓜一拍道：'有了。我村中有一家人新亡，昨日刚入土，不妨将他偷来顶替，尽可蒙混过关。'老者住了声叹息道：'事到如今，只有如此了。'言罢二人抄起房中平日所置掘坟验尸工具，掩上门一起悄悄出去。

"第二日大堂之上官家审案，见尸身上并未有一丝伤痕，甚觉诧异，遂将凶手从牢中拘来问其缘由。凶手叙说了一番当时将人打伤的状况，并走到尸旁指其伤处。近前一看大惊，连呼不是此人。官家不由大怒，严词质问夜守那二人，二人支吾不过，便老老实实交待了遗尸换尸之事。案情突变，令县官一时没了主意。只好拿二人出气，一时将二人打得呼天号地惨叫不止。这时从聚观的人群中走出一人，头上裹着纱布，上前跪道：'大人，小人便是昨日被殴之人。昨夜天气极寒，半夜我被冻醒，翻身爬起，看那年轻的正在酣睡，便悄悄离去回到了家中。今日凑兴来看热闹，想瞧老爷如何断这个杀人遗尸案。不料却翻出偷尸怪事。'那县官一听，顿时明白了。便欲当堂放走凶手，仅罚银数两以恤伤者并命人将那所遗之尸还主家了事。可他心有不甘，便将尸身又仔细验查了一遍，却见那人仍旧身无伤处，细观面容却是异常痛楚，不由疑窦顿生，推想那人或受暗伤而亡，视其全身亦无中毒迹象，便更仔细观察起来，这一次果有发现，原来在死者耳道深处有一长钉。案情立时翻转，县官急命人将尸主拘捕到案，严刑之下那妇人招供她与人通奸，与奸夫合谋害死亲夫一事。县官立命将那奸夫淫妇一起押入大牢之中，随后便宣判了庭审结果。

"这一案情在当地引起了轩然大波。我邻家那受伤小伙在家中对着络绎不绝前来听热闹的人，手舞足蹈，连比带画，一时扮看尸的、一时扮县官、一时扮凶犯、一时扮自己，把一个案子生生演成了一台活灵活现的大戏。令前来消闲的人听得连连惊呼，看得如痴似呆，大呼过瘾之余满意散去。接着又一批看客蜂拥而入，那后生也不'卸装'，连轴转了下去，弄得连旁边我住的那个客栈生意也红火了不少。"说到兴致处，他跳下马，自己也学起了那后生，一时声情并茂，竟将那人扮得惟妙惟肖，心敬几人都被逗得放声大笑。

听完这桩奇闻，几人不由感慨了许久。董公言道："此审案县官，难得如此审慎机断，竟由一起普通斗殴案，勘破一桩弑夫大案，实令本官敬佩；其中谋害伎俩，乃平生第一次听闻。此后仵作验尸，当有一例可循矣。"心敬道："此案迷离曲折，令人眼界大开。人说'天网恢恢，疏而不漏'，此案乃明证也；或言人做事天在看。若做伤天害理之举，初时看

似无甚顾忧,其后定然有所报应。故为人不可贪欲,不生恶念以免遭天谴。"几人纷纷赞同。

一日,终于来到赤壁大江岸边。举目望去,对岸山崖、江中露石皆呈褐红血色;山顶林木繁茂郁郁葱葱,间有白鹭在树梢腾跃啼鸣,显出一片生机;刀削般笔直的岩面缝隙中,有数株松枝弯弯曲曲依势而长,顽强地坚守着生命的根基。低头俯视,宽阔的江面上水流湍急凶暴,待急奔至拐弯处,不由怒号着一头撞上拦住去路的巨岩,在震耳欲聋的喧嚣中粉身碎骨,化作一大堆雪白的飞沫。

静静站在这当年波澜壮阔而又腥风血雨的历史基点,众人不由满怀敬畏之心,各自脑中幻化出当年赤壁大战的惨烈场景:天上,一轮皓月高悬晴空;地下,曹阿瞒一望无际的巨型战船被一把大火烧得红透了半边天。曹兵个个抱头鼠窜,从大火中冲出跳入江中拼命挣扎,而周郎的水军却横冲直撞,肆意追杀着或抗或逃的散兵。真可谓:战鼓声、喊杀声惊天动地逞余威;哀求声、惨叫声鬼哭狼嚎逃无路。地狱之门打开了——一时间冲天烈焰腾起直扑夜空,贪婪的火舌舔吮着江侧的绝壁,黢黑的江面上浮尸累累,殷红的血水冲刷着江边裸露的巨石……

在肃穆的气氛里,几人焚香献供,对着赤壁,对着这当年生死搏杀,迄今有千五百载的古战场,默然跪拜,祭奠那数十万在此殒命的年轻亡灵。

礼毕,董公起身凝视着对面山头道:"立于此处,遥想当年波澜壮阔的战场图景,读书人都会不禁忆起东坡先生的《念奴娇·赤壁怀古》。"说罢遂轻声吟哦起来:

大江东去,浪淘尽,千古风流人物。

故垒西边,人道是,三国周郎赤壁。

乱石穿空,惊涛拍岸,卷起千堆雪。

江山如画,一时多少豪杰。

遥想公瑾当年,小乔初嫁了,雄姿英发。

羽扇纶巾,谈笑间,樯橹灰飞烟灭。

故国神游,多情应笑我,早生华发。

人生如梦,一樽还酹江月。

吟毕,他指着大江拐弯处的一大片细白飞沫道:"'乱石穿空,惊涛拍岸,卷起千堆雪。'看看,描绘得如此逼真,令未到过此处之人亦能如临其境如观其景。尤其那一个'雪'字用得真是绝了,堪称诗眼。这首词大气磅礴,豪迈奔放,读之令人如食肉糜口齿生香,实乃吟咏赤壁之千古绝唱。其余各诗如唐李太白、杜工部,宋戴复古等诸人诗作,虽辞、意均颇佳,但与之相较未免略逊一等。不过,"他稍有一顿,然后字斟句酌慢慢言道,"不过此词在本官看来仍有尽善之处。'谈笑间,樯橹灰飞烟灭'之'樯橹'似可改为'强虏':'谈笑间,强虏灰飞烟灭'——在诸葛、周瑜的挥扇笑谈中,不可一世的曹操水军瞬时化为了一缕青烟。这么一改,似比'樯橹'一词更为提气。是不是丰川先生?"心敬凝思回味片刻笑道:"还真颇有了一番新意。仔细思量,也确比原词更为精彩。照此看来,如若东坡先生健在,当拜大人为'二字师'矣。"董公大笑道:"东坡先生是何等人物?乃唐宋文坛大家,焉能漏过此词?只能说选取'樯橹'二字可能另有它虑。吾等鼠眼雀目自难窥破其奥也。吾此一说,只是乘兴妄议聊作谈资而已。"心敬话题一转道:"虽有鸿鹄在天高翔,亦不妨黄雀在地自乐。在下游历此处颇有感触,遂拟拙诗一首,愿在董公面前献丑。"言罢高吟道:

赤壁山头雉堞连,千秋胜地著坡仙;
名贤到处原增重,岂独区区二赋传。

董公击掌笑曰:"好诗,好诗。董某窥先生诗意,除苏、李诗外,尔此番佳作亦当流芳百世了?"心敬笑道:"大人见笑。吾此诗意是说,虽有文豪在此留下名篇,谁知千百年后或有后起之秀更会超乎其上呢?人世间后浪推前浪,方能一代更比一代强。"董公闻此敛容道:"你说得也对,只是当此诗圣重临世间时,恐你我早已作古,无缘享其诗词盛馔了。"心敬称是。

由此,一行人又沿途返回。一路上凡有好景致处均下车一一观看。晃晃悠悠,来楚已近两月,年关将近,心敬不由泛起一缕乡愁,遂在客寓中提笔写道:

江城雨过客窗寒,梦后思乡起万端;
欲写由来先寄去,秦关双鲤寄书难。

腊月二十日,几人才又返回到武昌刘御史家中。见贵客复返,刘家喜不自禁,不免又殷勤招待一番。董大告辞说还要北游,心敬等人依依送别。望着董大负剑骑马远去的身影,几人想起初遇场景,不由怀念起这位放荡不羁而又侠肝义胆的小后生来。

年关将至,趁着本地住户忙着备年货的空隙,心敬与董公二人一起游历了当地名胜黄鹤楼。

走到数十丈处定睛望去,二人不由暗暗喝彩。只见那楼:拔地而起高耸十丈,巍峨挺立华丽雄壮,根根巨木斗衔榫接,轻轻托起万钧华堂;精雕扶栏彩绘游廊,花草虫豸尽描其上,游客凭栏凌空远眺,极目四野俯瞰八方;伏螭卧兽雄踞脊梁,昂首怒目睥睨穹苍,飞

第三十一回　董复庵诚邀游南国　王丰川乘兴履五省

檐挑划出优美曲线,翘角冲天欲凌空翱翔;悬挂的风铃摇曳叮当,声播十里江面,荡起一片盛世悠扬。有道是:天下第一楼名不虚传,莫非是神造手偷师阆苑?

走到近处,有一丈余高黄铜铸就的巨鹤兀立楼旁,引颈伸喙跃跃欲飞。鹤旁立一巨碑,篆刻着黄鹤楼的来历:相传此地原为一辛姓人家开的一间饭铺,此人心善而又豪爽,常对乞食挨饿之人供吃给喝。久而久之,其乐善好施的品格远近闻名。道祖吕洞宾得知此况便欲度其成仙。一日,吕仙化成一瘸脚道人来此店中,伸手索食。店主果然笑脸相迎,无一丝嫌弃轻慢之色。那道士白日食毕便出门游街串巷,晚间又歇于店中。如此这般整整待了三个月,店主都始终如一。大仙初试甚觉满意,心想再试他一次,看他巨富之后如何作为,便在店墙壁上用吃剩的橘皮顺手画了一只黄鹤。言道:"此鹤在宾客众多时,你可伸手招它下来,它能在地上蹁跹起舞,以悦食客。如此定会使你生意大好,以此补偿近日食宿所欠之资。"言罢拧身出门远去。其后,果如道士所言,黄鹤下地起舞,盘旋扬翅引颈鸣啼,其中一招一式显得高贵而优雅,胜似皇室宫女。此番奇观轰动了整个武昌城,以至食客终日盈门络绎不绝。辛氏由此大富,他便在店旁罄资盖起一座高楼,起名"黄鹤楼",作为武昌名胜供时人游览观赏。从此黄鹤楼闻名遐迩,辛氏也成了一位名扬四方的大善人。

其后不久吕大仙见其德行俱佳,遂来到店中,与辛氏一起骑上黄鹤,冉冉飞入深山修道炼丹去了。身后留下的这段佳话,给黄鹤楼涂上了一层神奇的浪漫色彩。石碑上末了刻道:"《道藏·历世真仙体道道鉴》言:吕祖以五月二十日登黄鹤楼,午刻升天而去,故留成仙圣迹。此传言斯信矣。"

二人步入楼中,果见其雕梁画栋,金堆玉砌,显得无比大气富丽。左侧壁上,有一幅名人巨画,浓墨重彩,勾勒出仙人驾鹤升天的景象,其栩栩如生引得众多看客驻足观赏;右侧粉白的墙上,有人用草书龙飞凤舞题上唐人崔颢的名诗《黄鹤楼》:

　　昔人已乘黄鹤去,此地空余黄鹤楼。

　　黄鹤一去不复返,白云千载空悠悠。

　　晴川历历汉阳树,芳草萋萋鹦鹉洲。

　　日暮乡关何处是?烟波江上使人愁!

此处观者如堵,纷纷慨叹曰:"真乃盛赞此楼之千古绝唱也!"

二人沿楼梯盘旋而上直至楼顶。四望远处长江波浪滚滚顺流而下,宽阔的江面上一望无际,呈现一片烟波浩渺的壮观景色。身居此处,令人心胸霎时无限开阔起来,一切祸福荣辱均从脑海中抹得干干净净,唯余一片宁静空明。良久,心敬转到楼西北角,踮起足尖,手搭凉棚探身栏外奋力前瞻。董公不由奇怪问道:"先生这是在作甚?"心敬放下手失望道:"原想极目远眺或可望见家乡华山,谁知天尽头仍是茫茫一片。"董公大笑道:"此处离贵乡足足千里之遥,人目岂能窥见?怕是久居在外思乡心切了吧。"心敬叹口气道:"刚在楼下观崔颢诗中有'日暮乡关何处是'一句,引得徒生怀乡思亲之念。如今在外已滞留整整仨月,不知老母仍否康泰,挂念瘀心以致做出以上失智之举。"董公道:"游子心境余感同身受。既无望看到家乡河山又牵挂老母,不若写一首诗以泄心中积郁,如何?"心敬喜道:"董公善于体察下情,如此甚好。"便凝思片刻吟诗一首——《忆母登黄鹤楼望秦川》:

江楼西望独凭栏,华岳云峰遮万山。
堪叹昔人乘鹤去,不留仙驭到人间。

吟罢神情忧郁,兴致索然,便同董公一同回到宿处蒙头大睡不提。

话说除夕日,人人匆匆忙忙,喜气洋洋,唯独心敬窝在寝室中,在抄抄写写着什么。元日,刘府张灯结彩,内外一片通明。待放过烟花爆竹,一家数十口一起来到厅堂。厅堂阔五间,进深四丈。大厅正背粉墙上悬着一副中堂,为郭熙所作《山村图》,两旁悬挂着刘大人自拟的一副对联:"心系乡野乐山乐水乐故土;身居庙堂忧国忧民忧社稷。"厅侧靠墙处,摆着一张红木八仙桌,其上供奉着刘氏列祖列宗牌位。当中摆满了时令水果和精美糕点,前面三灶高香飘出袅袅青烟,一对大蜡烛照得满堂通红;四周摆放着一排红檀木镂刻的案几桌椅,屋角处一虬枝根雕花架上,几枝腊梅从钧窑花盆中伸出,正含苞吐艳,飘出阵阵幽香。

刘御史率着一干兄弟、妻妾、子侄一齐向祖宗牌位三拜九叩之后,又向座中老父行过大礼,随后各自散去,唯留亲近几人叙着闲话。一四五岁男孩头戴一鏨有"长命富贵"四字的镶银黑缎棉帽,帽后垂着一拃多长的小辫子,藕节似的小胳膊,缩在五彩锦缎棉袄的筒袖中,袖口还缝了一个马蹄盖。这个浑身花团锦簇的小家伙,此时正乖巧地依在御史怀中,静静听着大人们说东道西。他是刘御史侧室所生,正室嫡子均已长大成人,小的也已十五六岁,故对此娇儿刘大人视若掌上明珠,万分疼爱,没事总将他揽在怀中逗惹一番。

此时董公、心敬二人来到厅堂,刘御史忙上前招呼寒暄。董公掏出十两银票塞入小孩怀中道:"些许压岁钱,买些果子吃。"随后给刘御史引见心敬。刘御史握住心敬手道:"早知丰川先生大名,只是无缘得见,时常引以为憾。如今能在舍下招待先生,还可借机讨教一二,令人十分喜悦。"心敬道:"闻听董大人说刘大人在朝为官清正,勤力王事,心敬十分敬佩。今能在此幸会,心敬与大人颇有同感。"说罢遂从怀中掏出一本《弟子规》递与

第三十一回　董复庵诚邀游南国　王丰川乘兴履五省

刘大人道："旦日乍至,无以为贺,便从脑中索出此蒙学初步,昨日用整整一天时间亲笔誊就。送给孩子,作为见面之礼。"刘御史翻开浏览,见卷中围棋子般大的小楷,字字工整圆润如墨玉串珠,不由脱口赞道："先生笔功甚是了得,令吾十分新奇敬佩,此礼颇为珍贵且寓着一层厚意,虽万千青蚨难敌也。"众人纷纷传看,赞叹不已。心敬恳切道："承蒙大人关照,在下等在此搅扰多日,贵府中人却毫无怨言还愈加殷切,吾只能感愧之余奉此拙墨聊表谢意。"董公却抢白道："大人莫听他这般啰唆,吾等在此还要盘踞骚扰多日,以泄朝堂中对尔曲意逢迎、巴结讨好却屡遭汝颐指气使斥责喝问之怨气!"一席话逗得众人哄堂大笑。刘御史笑道："庙堂上不得不狐假虎威,装腔作势耳,令董大人委屈了。在舍下撒气胡闹报复一番,应该,应该。"众人又是一番哄笑。

当日,趁着元日闲暇,心敬题诗一首赠与引他南游、途中百般照顾并志趣相投的董大人——《元日和复庵宪副祝天》：

　　爆竹残声散晓烟,瓣香客裏祝南天。
　　愚生草莽无他顾,圣主皇图巩万年。
　　爆竹残声散晓烟,炷香叩罢更祝天。
　　微生身世无多愿,老母平康过百年。
　　爆竹残声散晓烟,重重祝罢更祝天。
　　知交尽建夔龙业,四海全无饥馑年。

眨眼之间元宵节又到。夜晚,武昌城中人潮涌动,大街小巷一片火树银花。董公、心敬一行四人,在街中随意游逛,观彩灯看烟花,评春联猜灯谜,兴致勃勃指东道西。正在快意之时,却猛然看见刘府家奴李二脸色蜡黄急匆匆来回奔走,气吁吁四处张望。董御史即刻唤住李二,追问何事如此悽惶。李二一见四人如遇救星,顿时失声痛哭,言说他背着小公子上街看热闹,就在他放下小公子给他买一串冰糖葫芦时,正欲递给身边的幼主,却发现不见了他的身影。李二立时惊得呆若木鸡,冷汗直冒。待他浑身打一激灵清醒时,摔下糖果就拔脚狂奔,四处寻找。正急惶惶如没头苍蝇到处乱撞时,恰好碰上了在此游兴正浓的心敬他们。众人闻此消息一个个惊得面如土色,董大人稍一镇静,便立命小厮回刘府告知,令心敬及随身家丁陪着李二一同在街上寻找,自己则直趋武昌府邸,向知府告知并借捕快十余人急急赶回,一路追寻小儿下落。

正当心敬三人四处寻找时,却被一人当头拦住,问道："先生还认得小人不?"心敬仔细一观,竟是当日途中密林里为首的剪径之人。心敬心绪烦乱道："哦,原来是你。当日为非之举幸赖董大人宽宏大量,临走还留下十两银子供尔等迷途知返。尔等如今安分守己已是大好事。回头再会。"说罢又欲急急走去。那人一见此景,不由拦住又问道:"先生大恩大德小人已从那页纸上一情尽知,如今有缘再见,当叩头谢恩并请到临近酒馆一叙。为何先生却如浑身着火般急着避去?莫非嫌我等出身匪类,玷污先生清名不成?"心敬只好解释一番。那人惊道:"是一四五岁的小儿?是不是头上戴着一顶长命富贵帽?身上穿着五彩锦缎棉袄?"心敬连声称是,连忙问道:"你在哪儿碰到的,快快告诉我。这是刘御史大人的小公子,正是急得发疯呢。"那人回道:"不曾见,不曾见。"拧身便走。心敬急忙拦住道:"看在你我有缘再次相逢的分上,就不要耍小孩脾气了。若寻得此儿,我王心敬陪你聊上三天三夜绝不食言。"那人才转过头笑嘻嘻道:"刚才呕气是喜极故意拉麻使性子。实话告诉先生,刚才小人逛街时见一中年汉子低头背着一迷瞪小儿急急而行,那小儿穿戴如刚才所言,总之看似富贵家儿郎。看此人却是破衣烂衫,因之心里好生奇怪,便悄悄尾随到一小巷,见那人拐入其中,方才打算到官府报案以查底细,不料无意中却碰上先生,这不是老天安排又是什么?"心敬喜极仰天叹道:"善有善报,恶有恶报,不是不报,时辰未到。如今这善报的时辰到了。"急忙命李二回家禀报。

二人随同那昔日头领一起弯弯曲曲来到一小巷旁,那人指道:"便是这巷了。我已上前查过,这是一条死巷,那家伙必定是其中一家。"心敬立即让家丁前去寻找董大人。自己与那人一起守住巷口,静待来人。不一时董大人随同家丁率十数捕快急匆匆赶到。心敬上前迎住,董公命大部人手守住巷口,自己领着两名捕快与心敬招呼那人一同进入巷中,挨家询问搜寻。

由于时临元宵,家家门悬红灯,户户焚香燃烛。董公为不惊扰这喜庆气氛,便命二丁守于门口,自己连同心敬三人一起推门进入院中。只见此户为中产之家,一家人正在院中赏月。董公迈前拱手道:"徒有冒犯惊扰,只因我家走失一孩童,借问诸位可曾见一小儿走入贵府?"有一长者上前搭话。董公双目直视那人,见此人面露惊诧却无慌张神色,便心中有数,随此人到屋内转了转便致歉告辞。

如此多家,家家如此。随后到了一户门前,见破门用一棍顶着,屋内黑灯瞎火。董公敲门呼唤,许久方才听得一声吼叫:"哪个混账东西在此时前来讨账?我已睡下有事明日再说。"身旁捕快一听大怒,抬脚一踹,破门立时轰然倒下。几人进入院中,见荒草漫地,屋檐塌落,一片破败景象。不一会儿,只见一中年男子披着一件破衣从屋中走出。那领路人一瞧,便暗暗拽了一下董公衣衫。董公会意,仍如前叙说一遍,但见那人面现惶恐之色,嘴上却硬得如同石头:"我光身一人,今夜吃过元宵便早早睡下,哪里会撞见贵府小

第三十一回　董复庵诚邀游南国　王丰川乘兴履五省

儿?"董公心中已知十之八九,便不搭话领着去屋中查看。无奈屋中昏黑一片,眼前一片混沌。董公命人通通打起火把,只见满屋坛坛罐罐,破筐烂笼,屋角处更是蛛网锁柜,浮尘封箱,几无下脚之处。差役四处翻腾,一时飞扬的浮尘弄得整个屋中乌烟瘴气,呛得几人咳嗽不断,眼泪鼻涕流了一脸。董公一看不是办法,便唤过那领路人悄声言语了几句,只见那人走到后门处不断查看,那屋主神色愈加不安。不一时,只听那人一声大喊:"大人,娃找到了!"董公立刻用余光窥视屋主。房主一听顿时神色慌张,不由自主望着后院,董公顺其目光瞄去,见他正直愣愣盯着后院的一间破屋。心中大喜,领着差役推开破门,在一大堆柴草中找着了尚在昏迷中的刘府儿郎。董公命心敬抱起小公子,喝令捕快锁拿了磕头如捣蒜大喊饶命的破落子,出门直奔府衙而去。

这时的刘府,如同乱蚁炸窝一般。刘御史面冷如铁,强撑着才不致张口怒吼,却由不得手脚乱颤;如夫人一声惨叫哭得晕倒在地;一伙兄弟子侄全部涌上街头寻人,不断有人进进出出,禀报着听到的消息。直到李二回报小公子已有了着落,董大人正在追查探访时,整个府中才稍有了生气,个个静候期盼。一阵工夫,心敬将小公子平安抱回府中,立时引起一片欢腾。闻讯醒来的如夫人紧紧搂着儿子泪水长淌,刘大人赶忙命人去叫郎中。一时郎中进来摸摸脑门把把脉,说是小儿中了迷药,言罢捻针直刺入小儿几个穴道,不一时孩儿哇的一声哭了出来,喜得刘大人连忙命人拿出几锭大银锞称谢不停。

不一时,董公几人回到府中,刘御史急忙上前询问,董公遂将那小子被押送府衙,尔后供认其拐卖小儿的过程叙说了一遍。刘御史闻听大喜,对着董公、心敬深施一礼道:"没有二位襄助,今夜就要出大事情,看来二位施居府下是老天的安排,以帮老夫脱此厄难。"心敬拉过身旁那位道:"若不是这位旧友报信,董公与在下就是跑断了腿,也难寻到公子,更遑论救出。"刘御史忙向其致谢。那人却对董公拱手道:"大人还认得我这个恶徒不?"董公这才睁眼上上下下打量起这个似曾相识之人,好一阵才恍然大悟道:"你……莫非是那日在黑森林中遇到的……故人?"那人嘻笑道:"大人好眼力,不才正是那日的……故人。"董公连忙道:"刚才事急天黑,也绝不曾想到此处会遇上你,故未能辨出。"说罢董公又急忙拉住刘御史道,"既然如此,看来大人要再谢一番丰川先生才是。"于是将昔日密林遇匪,他要将此人押送府衙而心敬却力主其为被迫落草的农户,劝他网开一面放其一条生路,他随后舍银十两助其同伙回家安生等等诸事一一道出。末了对刘大人道:"若不是丰川先生当日力劝将此'贼'放生,今夜几人纵使竭力尽心也是枉然。"刘大人听完董公陈述,连连叹道:"命运竟如此之巧,一饮一啄莫非前定? 先生对刘某可算是恩大如天也,且再受老夫一拜。"说罢又要行礼,被心敬拦住道:"大人勿多礼,小人还有一事相求呢。"

"有何事尽管开口,无有不从之理。"心敬瞅了一眼那昔日的首领,对着董公道:"大人,昔日林中此人武艺如何?"董公道:"若论起那日的情景,董公子与其缠斗半日方才将其降伏,此人武功委实不赖。你提这话是何意?"心敬面向刘大人道:"大人,此人武艺已蒙董大人赞许,足以证其工夫。大人在往武昌府衙询问案情、致谢知府的同时,可否推荐此人为其谋一捕快差事?国家正值用人之时,这样一来既为府衙添一高手,又为其解了生计之困,且私下又报恩于他。这一举几得的好事,就是小人求你之处。"刘大人看了心敬许久方才开口道:"本官原以为先生也就一关学大儒,在此专长处可谓声名卓著尔尔,然从密林放生到为其谋差事,未想到先生竟然如此深谋远虑,令本官不由刮目相看;更为难得的是,先生还怀有一颗处处与人为善之心,让本官内心敬佩至极。先生此番善意,刘某定当从命,不过事谐与否,当由府衙依其本事公断。当然吾想以其功力,其成约在十之八九。"

此时众人皆大欢喜。刘御史命下人取出百两纹银交与那人道:"足下此番义举,刘某感激不尽,区区薄礼,聊表心迹。"那人道:"董大人那番仁义,小可已蒙大恩。这个谢礼么……我还是不要为好。"心敬道:"恭敬不如从命,你收下,刘大人心里才喜欢。"那人半推半就,收下了那锭银子。

尔后,刘御史大摆宴席,答谢诸有功人等。席上觥筹交错尽欢而散。过后,心敬唤住那人道:"事前吾曾有约,在寻着孩子后,与你推心置腹谈上三天三夜,此刻便是践约之时。"那人欢喜道:"先生果真是个君子。不说甚三天三夜,你我到临近茶舍小坐,一杯香茶借以醒酒,还可畅谈一番,小人还要借这个机会叩谢先生两次大恩呢。"二人遂一齐向茶舍走去不提。

正月二十日,心敬与董公一行四人向刘御史告别,离开湖北向东而行,进入江西地界。几人乘舟游览了彭泽湖,昔日陶公渊明曾任彭泽县令,其不为五斗米折腰的美谈为千古读书人所赞叹。心敬游到此处,不禁想起三十年前去三原岁试时被学政羞辱一节,自己当时脱青衿摔银雀冠那一阵子,不也高呼着"昔陶令公不为五斗米折腰,我岂恋一青衿乎?"愤然退出试院,从此踏上专习儒业这一艰辛之路吗。正是陶公不为权贵折腰的气节与人格,决定了自己的人生道路与命运。一想到此,心中犹如打翻了五味瓶,百感交集之下,连眼前烟波浩渺的彭泽湖景色,也顿觉索然无味,没有心思观赏了。

再折往东北,途经安徽九华山、池州、芜湖,江苏丹阳、金陵等地,最后又回到了河南。临过了黄河行至潼关,董公送别道:"与君一游既酣畅淋漓且受益匪浅。此后又天各一方,让人不禁倍觉伤感。望先生多保重,待来日有机会再游北京。"心敬也依依不舍道:

第三十一回　董复庵诚邀游南国　王丰川乘兴履五省

"大人此番盛情相邀，令吾大开眼界。途中承蒙多方照顾加之相谈甚欢，不禁让人感怀颇深；大人途中诸多义举与高风亮节亦让心敬心生无限崇仰。人生有你这一位侠肝义胆的知己，心敬一世无憾矣。临别，送君诗一首以道珍重。"遂题诗《送复庵归里》。末两句问道：临别之期到了，何日与君再相逢——"临岐还欲问，他日更何如？"董公执诗感叹道："先生此诗对吾而言，胜似千金。"遂招一轿车，命将心敬送至鄠县。两人挥泪而别。

从去年九月二十八起至翻过年的二月二十八，心敬游历了河南、湖北、江西、安徽、江苏五省，历时整整五个月。如今即将返回家乡鄠县，让他这个游子归心似箭，恨不得一步赶回家中，见到久别的母亲、妻子和其他亲人，与他们一起分享游历途中的宗宗见闻。

进了陕西，过了华山，家乡那熟悉的味儿越来越浓，自己像一只在南方度过了半年时光的候鸟，又要飞回到那昔日温暖的窝。他深深地吸了一口气，浓重的家乡气息竟闻起来甜丝丝的；眼前的一草一木，一树一屋看起来是那么的顺眼，让他不禁贪婪地四处张望瞧个不够。此时阵阵熟悉的乡音不断飞入耳中，竟让他感到如此亲切，以至旁边两人高喉咙大嗓子的吵嘴声，在他听来也犹如吼秦腔般韵味十足。

然而，更让他耐不住的是那久违的家乡饭菜；在南方的几个月里，整日米饭、菜，米饭、菜，还有那将昨日的剩米饭兑些水搅成一团的所谓早餐。虽然顿顿酒足饭饱，肚里却仍感到有些空落落的，很不实在。他苦笑着拍了拍自己的肚子，自语道："这一趟南游让眼睛过饱了瘾，却让肚子受了太多的委屈。"他从潼关回程的两天里，只吃了几个蒸馍，几牙锅盔，留着肚子等着回到家里再来一个食欲总爆发：那一碗一寸宽一尺长的软面，炒上几根葱，放上一些辣面，再用一勺油一泼，那个香哇，只听"吱"的一声，一根面条就已落肚；还有那葱花油饼，黄澄澄里松外脆，蘸上油泼辣子水水，淋淋漓漓往嘴一放，咥起来满口生香；还有那西街的大肉辣子疙瘩、秦镇的米面皮子……不想了，不想了，再想就把持不住了。怎么世上的美食全都让陕西人占了，他得意得甚至为外地人愤愤不平起来。

刚到北关，心敬就让轿车打道回府，自己兴冲冲大步往街里赶。脑中不停回旋着家里人见到他是如何惊喜，自己如何像饿狼一样催着老妻赶紧擀上一碗软面以解馋，孙儿们如何眼巴巴瞅着自己带给他们的新鲜玩意儿……到达门口不远处，却见一溜人不断往自家门里拥，不免心生疑惑，急忙挤上前去观望。一观望不打紧，却让心敬的心一下揪在了一起。

欲知后事如何，且听下回分解。

第三十二回　怒答不肖愤立家训
　　　　　哀拜恩师聆听遗言

话说心敬兴冲冲回到故乡，临入门却见人流不断涌入家中，不由惊疑万分。入得院来，只见三五个妇人正在跳着脚叫骂，有的道："还说是个啥书香门第，竟然偷鸡摸狗，害骚（土语：为害、骚扰）乡党，把人丢扎了。"有的损着："王家不是总说自己清白传世有家教么，咋'传'出了个贼，'教'出了个三只手？"有的还煽风点火，不断为这几个妇人撑腰打气："王家这下玄门倒了。骂得对，看他咋给人家交代。"一时间围观的人七嘴八舌议论纷纷。

心敬往里一看，只见厅堂大门紧闭，外面没有一个家人，只有自己的老母面对众人端坐在椅子上，手旁放着拐杖，面色煞白，双目紧闭，任凭那几个妇人高声叫骂，人群里指指戳戳。心敬急忙扑上前去扶住母亲，叫道："妈，这是咋回事？"李氏一听是儿子的声音，睁开眼睛，冷冷盯着心敬许久，随之将全部的羞愤聚于手上，打了心敬一个满脸开花，接着身子一软，从椅上溜下背过气去。众人一瞧如此光景，便悄悄散了。

听见心敬一声惊呼，翠姑、喜琴急忙出来，扶着老人回到屋中。厅堂中，心敬的儿子、孙子齐刷刷正对院子，跪在地上。心广急忙接过哥哥的行囊，招呼着坐下，叹着气半天不再言语。心敬哪顾得上坐下，揪着心广的领子狠命摇晃，大声喝问："这到底是咋回事？为啥有人在院中叫骂，你却躲在屋里让妈一个人受人指戳？"心广示意喜琴给兄长倒上一杯水，消消气再作理论。心敬一瞧怒吼道："我不喝！你先给我说清楚！"心广指着跪在一旁的勋道："都是这东西闯的祸！这东西平日就不长进，自你走后不长时间，就与外头不三不四的混混浪荡子搭上了。整天在外瞎胡闹，近日越发放肆，竟结伙到赌场去耍钱，自己没钱就借，输了就偷人家的鸡。这不，那些拉住他的主家今天来咱家闹活，你刚好就撞

第三十二回　怒笞不肖愤立家训　哀拜恩师聆听遗言

上了。"刚醒过来的李氏指着心敬哭道："想我李门烈女嫁到王家，终年侍奉老少不敢稍有差池。自觉刚强志气，清白忠厚，这一辈子挨过谁的指摘，受过谁的气？今日却觍着老脸任人唾骂羞辱，心如刀割。可谁教我王门生下这不争气的孽障？人家骂得对，你再羞惭也得忍着。一句话，教子无方，活该遭殃！"

心敬一听此言五内俱焚，当初满肚子喜悦如今化作一团熊熊烈火，他二话不说噔噔噔上楼取下家法——一根约五尺的手握木板。喝令勋退衣脱裤狠命挥将下去。直打得勋满屁股起青紫，一脊背泛血珠，直播得勋满地乱滚，惨哭告饶不止。教训完勋，又喝令功退衣受责。心敬怒道："作为兄长，父在外应代父行管教子弟之职。你竟让兄弟在外如此胡作非为而听之任之，要你这个兄长还有何用？"言罢抬手就打。功咬着牙承受着父亲的责罚，他在那些时日曾多次劝阻勋让其改邪归正，却被他当成了耳旁风，此时的功没有申辩，只求父亲杖责之后能消些气。他心中还在不断痛责自己未能尽力止住兄弟，以致酿成今日祸端。

一见两个孙儿被父痛打，李氏这时又心疼起了孙子，骂道："你这个畜生！人常说子不教，父之过。你不自责，倒把气撒在了孩子身上，真是枉为人父！"心敬听此指责一时痛不自抑，他连忙跪在了地上，裸着上身道："妈教训得是。儿平日只顾自己学业，却对儿孙未能上心管教，该当重罚！"说罢，将家法递给心广，让其代母行罚。心广推脱不接，心敬又将其递给正跪在地上的功，厉声道："你祖母指责得对，你替祖母施行家法！"功、勋与其子侄哭声一片，人人都不应承。心敬狠狠道："你等都不接，好，我自罚还不行？"言罢，面向李氏跪倒，响头叩个不住，直叩得满地咚咚作响，一堂屋轰然回声；直叩得血流满面，浆湿衣衫。一屋子人惊得个个面如土色，他们一辈子都没见过，自己的儿子、丈夫、父亲、伯父如此痛心失智。叩罢，心敬站起缓缓道："此后十日，我自闭门思过，仅供汤水，以空罚其身。"言毕，进入自己书房，闭上房门悄无声息。过了一阵，翠姑才灵醒，急忙迈着碎步跟了进去，流着泪为自己丈夫包扎伤口，洗面更衣。

深夜，心敬辗转反侧，通宵无眠。他痛心疾首，一向自诩清白正气的家风，被这浑小子玷污成了乡邻的笑话，祭入乡祠的父亲也定当由此蒙羞，自己的罪孽何其大也。他陷入深深的自责与反省当中：平日自己痴心研经，整天或与人探讨儒学，或投身于济困救荒，或在书院教人子弟习经修身，却无哪怕一点心思专注于自己儿孙的管束与教养。一个孩子，甚至一个成年人，并不会因为家境的正派清白就自然成为一个有修养的正经人，必须时刻让他谨守做人的规矩。对，必须要有一套完备周全的家法、家规，才能在平日以此为准绳规范他们的行为,而孩子自己也能从家规中体察到什么是善,什么是恶,什么事能做,什么事不能做,自觉照办进而形成端正的人格品行。到了此时,心敬方才痛感自己人生中曾疏失了一步多么关键的环节。

在其后闭门思过的日子里,心敬一直反思着自己的过错,构思着将要给子孙订立家规的要点。他决心以此为契机,给王氏家族后裔订立一个能够长久秉持家风正气的制度性纲领,以期永葆万世清白家风。在这几天里,他数次拒绝翠姑偷偷端来给他的鸡蛋。这次教训太深刻了,他要对自己施以重罚,以永远铭记这次错失之过;况且君子言必行行必果,既然话已出口,就不可阳奉阴违。其后尽管饥肠辘辘,一度在书房中饿得心慌直打转转,他还是硬忍着只饮汤水,毫不马虎。十日后,心敬走出了"禁闭室",才吃上翠姑给他做的第一顿浆水扯面。那个香哇,从舌头一直爽到心头。

第二天,心敬拿出刘公临别前硬塞给他的一百两银票兑换成碎银和铜钱,领着勋到赌场归还欠账,又到十几家被盗鸡主家中,以高于鸡两倍的银钱予以赔偿,并当场责令勋向主家跪拜赔罪,他自己也作了痛切的道歉。主人颇为满意,感动之余纷纷传扬此事,一时间乡邻赞誉之声又不绝于耳:"还是人家王家能闻过即改,一贯秉持淳厚家风。"

事过三日后的晚上。心敬将功、勋及孙辈等人召集在一起,由勋此次狂事说起,引出家规必要,遂自述训语由王功记录。王功领命执笔,写完"丰川家训"几字题目,然后罗列听训者名字,王功按长序写出"功、勋、勍……",还未写毕,心敬瞅见,即命其改序为"勍、功、勋",功大惑不解,心敬怒道:"此事由勍而起,训诫亦为他而立,他不承头难道由你来当这个冤大头?"功这才醒悟过来,遂提笔又改为"男:勍、功、勋;孙:师睦、师仁、师圣、师孝、师中谨录"。

心敬一边踱步,一边徐徐口授"自序"道:"……老母家教整严,每以张、陈、陆、郑十世同居为训,终余之身当无荡析之虞。顾惟是念治家之道与国无异,非法严政肃,无由齐一;非前创后继,无由绵长。今余于两弟再从同居,吾孙弟孙且属缌麻。非有经久之法,何从得守法之人? 非有守法之人,又何从得经久之家哉? 爰是略仿古训,参以时宜,示训于家,令其守诵。冀仍邀昊天垂慈,鉴我祖宗忠厚,以及老母六七十年积累精诚,阴相我子孙中,代生恪遵斯训之良士,庶张、陈、陆、郑之家或可徼倖万一也夫! 呜呼! 余言至此,余心滋懼矣。凡我子孙,可不念哉。"

在"立身"一目中,心敬授道:"百祥根于为善,而善由身作;百殃起于不善,而不善亦由身作。身之立不立,不特终身人品之关,亦终身休咎之关也。立身之道可不讲欤?

第三十二回　怒答不肖愤立家训　哀拜恩师聆听遗言

……做人之道,上一等;达,便宜为天地立心,生民立命;穷,便宜为往圣继绝学,万世开太平。有如气质不高,才识有限,亦必安分守礼,无作非为。纵无益于世道人心,亦尚不悖生人正理。"

对于择友,心敬授道:"大伦有五,朋友居一。盖师道尊尊,则止以传道授业;朋友亲亲,则便于切砥磋磨。且人生从师之日少,亲友之日多,故朋友之为益不少。即高明上智亦不可无良友观德规失也。正士难亲,便辟易狎,世人之通情。虽贤者亦所不免。然难亲者却是益友,易狎者却是损友。求友须求难亲之友以益我,无求易狎之友以损我。若急不得益我之友,宁绝交寡与。虽无益至,亦无损来。要辨朋友之损益,只以劝德规过为衡。看其能劝德规过者友之,视其不能劝德规过者即勿友。其于择友思过半矣。"

对于"治学",心敬从自身体会述道:"所读之书,读时期于反上身来,贴切理会。遇事遇境,期于将所读者依傍行习。久之,则书与我浃洽。读时既津津有味,行时亦非格格不合,能读一部胜十部,读一句胜十句也。若徒入耳出口,虽多奚益?学或可以不博,心不可以不正不实;纵有不诵读讲贯之时,必不可忘身体力行之意。"

在"治家"一目中,心敬深有感触口述道:"教家以忠厚为元气,以严整为格式。盖一家之中能使忠厚之意贯浃于内外男女心髓之间而不自知,则善气所迎即隐消多少乖戾之气。然非严整素定使家中一切人知我家法有确不可移易之意,则忠厚流为姑息,但过顽冥必且有败类之衅。故宽猛共济非特治国治天下之道宜尔,治家更为要紧。"

其中对父母、兄弟、夫妻、子孙关系及相处要点一一详述,对家中置物、饮食、农务、娶嫁、役仆、待邻、结友,宗宗件件无不详细指点应如何,不应如何。末尾总结道:"总之,居家以忠厚为本,忠厚则天必佑之;以勤俭为要,勤俭则人事不失;以奉公守法、睦邻善交为美,奉公守法则永不致于罹官法,睦邻善交则永不至于招构陷;而更渊源于孝悌,润泽以诗书,则元气永固,自然善气发祥,家道永昌矣。"

在"莅仕"一目中,尤其对未来子孙中入仕者谆谆叮嘱道:"当官能尽职业,则君恩既报,屋漏无渐,真可浩然天地之间。况从来高爵厚禄之享,多属奉公循法之良吏。即天道富贵福泽之报,亦必在忠诚靖共之名臣有识者,何忍以一念身家之私,自坠弘庥?……官途不愁无人逢迎奉承,止愁无人谏过规失。故大禹以圣人居天子之位,尚且闻善则拜,建韶设铎。诚知崇高富贵之前,惟忠言谠论为难得也。况位非天子,德非圣人,何可耻于受谏,自贻败缺?……人命关天关地,故疑狱须慎,未可轻入人死,致累阴骘。至于故入,尤关子孙,何可不慎!……仕途,星象术数之人未可轻近。至于勋臣御戎之家,尤宜远嫌。"

"在官场中之家国关系、惩恶扬善、诤臣持国、拒逢迎纳谏过,事必躬亲;事上婉而正,治下视若弟;下属忤己其心为公者,必为益友;宽严相济;倡廉戒贪;疑狱须慎;远离星象术数……"

洋洋洒洒数千言,涵盖修身、持家、做官等方面的一系列戒律,除过一些必然的封建观念与神鬼迷信外,绝大部分对今天的现代人而言,都不啻为一部人生的行为指南与规范大典。这是一份流传数百年的王氏传家宝,也是一位中古贤哲遗赠给今人的一份宝贵精神财富,其中诸多警句若单独列出,足以作为令今人振聋发聩的处世格言。

经过多日的口授与抄录,王功弟兄及儿子们专注听着自己父亲、祖父集一生经验与思考道出的每一句话,不断回味默诵并牢记在心中。最后心敬道:"这部家训既是往日吾行事的总结,亦为闭门思过中对近日教训的思索,千言万语归结为一句话,我王氏后人,不管立于何处,都要做一个清白正直的君子。其后各子孙若自立门户,都须将此家训作为我王氏族规永世传承下去,做到上可对天明心,下可对地坦腹,中可对人直视,以保我后辈进可入仕廉能,退可守家康宁。"众子孙皆唯唯受教。

尔后心敬将勋单独留下,语重心长教诲一番:"你此番失智胡为,父亲亦难辞其咎。人常言,爱之深责之切,为父此番下手极重,就是明证。望尔后能汲取此番教训,洗心革面,奋发自强,不负为父此番苦心。"勋伏地泣道:"不孝儿前些天胡作非为,让我祖辈由此蒙羞,罪莫大焉。父亲此番苦口婆心严责恳劝,令不肖子近日反复遭受心灵拷打。儿今立誓痛改前非,重新做人,还望父亲日后严厉管束,切勿因失望抛却你这不成器的儿子。"心敬闻言心中涌起一阵感动,他伸手温柔抹去勋的满脸泪珠道:"世间无有不犯错的男儿,人常言,浪子回头金不换,从今往后好自为之,王氏顶门立户之责为父还放在你的肩上呢。"

果不其然,在往后的几十年中,王功、王勋兄弟二人皆入仕在外做官,勋从日渐衰老的堂叔心广肩上接过这副担子,家里的大小事务一力承揽。其后一生恭谨行事,任劳任怨,日夜操劳不歇,成为了几十口大家庭中名副其实的顶梁柱,这是后话不提。

一日,心敬正在偏院草舍著书,文中一章久思未能尽善其意,遂出屋蹲于菜圃畦间侍弄菜蔬,以解乏思。正心平气和为其松土拔草时,有一人急急奔来,告知恩师病危,急召他赴蓥屋有事交待。心敬闻言大惊,心想前不久才去探视过师父,见他病情大为好转,师徒数人还乘兴谈经论道一番,师父其时谈笑风生,偶尔还蹦出一两句诙谐戏语,逗得众人

第三十二回　怒答不肖愤立家训　哀拜恩师聆听遗言

一片笑声。怎么如今却突然病笃情危，以致命已急急去见，似有临终嘱托之意。心敬匆匆告知老母，随来人急赴蠡屋而去。

病榻前，心敬望着师父双鬓塌陷、面色发青的恹恹病容，不由悲从心来，握住师父骨瘦如柴的胳膊，泪如雨下。弥留之际的二曲缓缓睁开双眼，见是心敬，也不禁滚出浑浊的泪珠。满屋子的亲友、门生人人凄然。二曲让心敬将他扶起斜靠于病榻，挥手让其余人等退出。二曲问及心敬著作近况，心敬强抑悲情，将自己近日完成的新著篇目逐一道出，叹气道："弟子十几部著述已近杀青，原指望完稿后拜托师父审阅指正，却不料竟成奢望。"二曲叹道："自吾降生便命途多舛，未至及冠，家父即遭闯贼毒手，孤儿寡母啼饥号寒艰辛度日。然家慈不因境况困苦而放任，反催督为师励志笃学，后终成一生儒业，亦可告慰二老在天之灵矣。为师自忖病疴日沉将不久于世，故托人招尔前来有事相嘱。一则尔为诸学子中吾最器重者，于今观之汝已大器初成。殷期尔加倍努力，务使系列著作能早日面世，则吾关学将再铸辉煌，吾亦后继有人，足以无憾此生。二则，"二曲语调由亢奋转至低沉，"我儒程朱理学与陆王心学两派纷争已绵延数百载，往昔争论不休而近期却愈炽烈。两派之争尚属民间门户之见，朝廷原不涉入，近日风闻圣上将颁发御旨，尊朱子理学为朝廷官方正统之学。这一变故倏忽间将使两方分庭抗礼均势不再复存。时人皆认为我二人崇尚阳明之学，尔后汝必将倍受诽议、威逼，以致处境维艰。为师寄望你恪守既有之自信立场，不屑为随风附势的墙头茅草。你可借来日讲学之机，广抒你我之见，为阳明之学争得一席生存之地，务令理、心之卉并蒂而开，而不使其一荣一枯，让后世慨叹心学这一旷世哲理消泯于我辈之手！"

心敬闻听师父这一番语重心长而又悲切之至的临终嘱托，一时痛不欲生，他跪叩床头誓言道："师父嘱托，学生将永铭于心。日后当夜以继日完成著述，并一有机会即弘扬你我认定之真理。纵遭百般磨难，亦当矢志不渝，捍我既定道统！"二曲闻言面露喜色道："子此番誓言，胜过吾之后诵经千遍焚纸万张，如此今生再无憾事羁绊，吾去也。"言罢，闭目含笑冥然归天。心敬一声痛嚎，惊得屋外众人一拥而进，眼见二曲已溘然谢世，屋内顿时响起一片哭声。

康熙四十四年四月十五日，心敬恩师李二曲仙逝。二曲先生生前著作、为人，尤其是那次辗转数地的讲学，声震朝野，誉满江南，时人将其与孙逢奇、黄宗羲并称海内三大儒。更尊其为宣讲、主张阳明学的一代心学大师。他辞世的消息一时间传遍大江南北，达官贵人、儒子名流乃至寻常百姓莫不在唏嘘之余称颂二曲先生的道德文章。

 穷庐残月

在服丧期间,心敬与其他师兄弟一起披麻戴孝极尽哀礼。师父生前好友、乡县官绅士人及周边农户皆前来烧纸悼念。心敬与慎言一起迎送吊唁宾客,安排殡葬事务与礼仪,忙得一连多日夜不解衣食不知味,直到七日后送师父入土为安,方将压抑在心底的悲伤,痛痛快快地释放了出来,一直哭得昏天黑地,众人忙乱安慰一番才渐渐止住。

回到家中,心敬一连多日闭门不出。幽坐中情不自禁地回想起往日他与师父的情同父子,那些日日夜夜促膝畅谈、切磋学问的场景,师父音容笑貌宛如昨日,可如今却阴阳两隔,师徒二人再无晤面之缘。一想到此,不由泪湿襟衫哀伤不已。如此折腾反复,经过近一月时光,他才从郁郁寡欢的伤感中走出,感念于师父的临终嘱托,又全神贯注投入到自己的著作之中。

春尽夏至秋去冬来,不觉间心敬已在自己的穷庐书屋中,又度过了两载光阴。在此前后,恩师的故友李柏、李因笃、王弘撰、王建常等,相继去世。随着二曲领衔的一代关学群星纷纷陨落,一颗理学新星正从关中大地上冉冉升起。

第三十三回　江汉答疑弘扬圣道
　　　　　　伤逝慈母咏诗泣血

　　康熙四十七年，其时心敬刚刚五十三岁。

　　一日，正当心敬在草舍中着力著述时，邮差送来了一封信。心敬展开一读，原来是襄城故旧，他的结拜兄弟刘青霞写来的，不由心中一阵激动。多年前到襄城的难忘游历，青霞兄弟的热忱侠义至今仍历历在目，让人感怀不已。信中写的是有一个叫陈诜的官员，是青霞的故交，其时以副都御史职衔出任贵州巡抚。在去贵州途经河南襄城时，造访昔日益友青霞。两人闲谈中得知心敬是二曲嫡传高足，青霞对心敬的学问、人品更是赞不绝口，在陈诜面前称他是"昌明正学，为当代真儒"，给予了极高的评价。谁知那陈诜却是个爱才如命之人，一看青霞对其佩服得五体投地，当即便有了请他去贵州讲学的心思，便托青霞给自己写信通融，诚邀他到贵州龙岗书院去讲学。

　　心敬读后，心中泛起一阵波澜。一则对青霞如此推崇自己，及陈巡抚思贤若渴的情怀十分感佩；二则内心却是十分纠结犹豫，老母在堂日渐衰迈，自己需时时关注其饮食作息，不敢稍有懈怠差池；另外自己是个喜静之人，惯于低调行事，不想出头扬名。他想起了昔年两宗同类旧事：其一，多年前，当他创建二曲书院时，同门贾缔芳邀请他往其家乡韩城讲学，他去信婉拒；第二次，临潼知县赵于京重建横渠书院时曾邀其共襄盛举，亦被他去信谢绝。这一次却是新知托故交来函诚邀，让他十分作难，思虑再三还是回信推辞。

　　不料数月后，陈大人又附亲笔信函一封，派人专程送至家门，拳拳之心尽寓其中。心敬感怀之余仍以"惟时独以老母衰暮，黔南万里，远离膝下非孝子所忍言"而致歉。陈诜接到回函后叹道："此人真乃竹林高士。若是旁人接巡抚邀函，早已满口应承跃跃于来黔途中，而他却在两度诚邀后仍推辞，看来此事只能遗憾作罢。"遂将此事放在了一边。

　　两年后,陈大人又调任湖北巡抚,往日的鄠县知县金廷襄却恰好调任武昌府通山县知县之职。一次公事毕,陈大人得知金知县原任职于陕西鄠县,忽地想起两年前之事,便向廷襄打听这王心敬究竟是何许人也。一听此问话,金廷襄立时来了精神,他满怀敬佩称道:"这王心敬不仅儒学造诣渊深,更怀有一颗忧国忧民之心。"随之将心敬献绢救灾、著书《井利说》并身体力行、独自筹资建二曲书院、协助其勘破杀人案等善举义行,眉飞色舞说大书一般一一道出,让陈大人听得入迷,不由击节赞叹道:"如此贤能且具善念仁心的鸿儒,今世已罕有矣,可叹我辈却无缘得见。"金廷襄不觉奇怪,便问:"大人如何发此感慨?"陈诜便将在贵州任上两邀心敬讲学却被婉拒之事向廷襄道出。金廷襄听完笑道:"大人两次相邀,其心不可谓不诚。然据下官在鄠与该儒相处多时的心得看来,该儒以母病在侧侍奉为由婉拒,一则确是实情;二则么,亦可视为托词,此人行事低调,从不作哗众取宠、张扬示人之举,这实为其心迹。人常言请将不如激将。大人若有心再邀,不妨另换一种做法——去函再行诚邀,并于信中暗示在这朝廷明示尊朱之时,作为心学传人,其龟缩于穷乡一隅,不敢于大庭广众之中以讲学方式弘扬阳明之学,岂是荡荡君子所为?隐喻其怯处正在于此,其奉母伺敬之言,皆为心虚之托词耳。如此一来,心敬必难忍其辱,加之正义心火被大人点燃,来不来就由不得自己了。"陈诜本来就崇尚心学,又闻心敬为心学大师二曲的高足,一听不由大喜道:"还是你的鬼点子多。虽则这小伎俩有失君子之风,但要说动这位固执的隐士,看来还得动用此法。就照你说的办。"于是未几,一封明誉暗讽的邀请函,就由人专程送到了鄠县心敬家中。

　　话说心敬展开信札一看,不由又气又笑。这位未曾谋面的陈大人像是铁了心要激他出山,其谋虽上不了台面,可足显其邀心之诚之切。若再坚拒,其说将被坐实,这岂不是将自己抹黑成了趋利避祸的小人!而这正是自己一生最鄙夷的人品。他不由苦笑道:"陈大人这件撒手锏果真厉害,我这现世的林教头只好上梁山落草去了。"随之回函应诺,并叮嘱勋谨奉祖母,自己带着长子功,一同朝着湖北武昌方向奔赴而去。

　　武昌巡抚府。

　　陈诜一见心敬应约前来,心中自是欢喜不迭,遂邀同僚下属在府中设宴为心敬父子洗尘。心敬一见笑嘻嘻的金廷襄,心中便一下明白其函端由,笑指着他道:"谅陈大人如此忠厚长官,断然不屑用此激将之法,定是金大人诡计多端,设此谋挟制吾不得不来此一趟。"陈诜一听忙致歉道:"前日公余与金大人闲叙中提及先生,金大人将先生在鄠诸义举一一说出,并极力称道先生的人品学问。故我二人商议出此下策以激先生前来。还望先

第三十三回　江汉答疑弘扬圣道　伤逝慈母咏诗泣血

生切勿责怪金大人，实是陈某情急之下的无奈之举，其不敬处陈某一力承担。"心敬叹道："大人邀心之诚吾岂不知，实因老母在堂不得远离耳。若非金大人这一番使诈，心敬断难从命。不过话说回来，金大人一肚子坏主意，吾多年前早已领教。只是有这狡诈之徒在侧，陈大人不能不防啊。"一句话逗得满堂大笑。老金更是喜得没了眉眼，现场气氛顿时活跃了起来。

晚上回到陈大人安排的宿处，心敬的心情一下子沉闷起来。如今朝廷明令尊朱子理学，心学虽未明言禁止，从此却成了令人谈之色变的忌讳话题。平心而论，自己认为理、心二学各有其立论亮点，亦各有不周弊端，唯有将二者取长补短，相互借鉴，方能使儒学置于一个完满的至善境界。然目下境况，天下汹汹指摘攻评心学者日多，大有墙倒众人推之势，甚至有人断言"先朝天下之乱，由于心学之不正，其祸首乃王阳明"，将祸国殃民的骇人罪状扣于心学头上；更有甚者说什么"陆王之讲学，理之魔障也"，直视心学为妖魔鬼怪。如此大势之下，要为心学说句公道话都恐陷入群起攻之之灾。正因如此，一个不怀偏颇之心的儒者，更应为四面楚歌的心学谋一生存之路，且先师二曲先生亦一生尽力于弥合理、心分歧，使濂、洛、关、闽诸学殊途同归。然秉持此正道而行之，于今势下又何其难也，如何既阐明阳明学宗旨，又不会令听者心生忌惮，还真是一件颇为费脑伤神的事情。他蓦地想起老人有一句口头禅：话有三说，巧说为妙。对，不若以孔孟之论开篇，以濂洛关闽为主线，辅以严密的逻辑推理，从而堂堂正正导出心学立论，这才是本次讲学的关键。

一旦谋定，心中不免且喜且悲。喜的是他找到了一条既不有违当朝规制，又能弘扬心学圣道的途径；悲的是不得不如此煞费苦心，曲线传经——既不能光明正大直阐心学要旨，又不能酣畅淋漓抒发自己的领悟与引申。一想到明日的讲演，心里充满了悲壮之感。师父临终嘱托言犹在耳，这一次一定要好好发挥一番，让阳明心学在江南开出一片新天地。

江汉书院。时乃湖北第一学府，湖北辖下各州县的优秀学子皆集于此。书院由陈诜亲自主持，并聘请当地颇有名望的张希良为山长（主讲），教学内容为科举时文。心敬来时其课刚授到《四书》中之"子以四教章"及"君子深造之以道章"，便请心敬沿此续讲。心敬讲完此两章要义后，便进入了诸生提问环节。在此期间，诸生中有靖道谟、夏立恕、熊同智、刘国泰、阮凤昌、万绳祜等，就四书中所有章节中的字句疑义，作了百余次的请教发问，其中还不乏以刁钻问句企图以探心敬学问功底的题目，如就有人问道："'祭如在'，

果然祖宗在乎?"又有人问道:"颜渊死,子哭之恸宜矣。何以曰'天丧予'?"对于旁人,听到这些七荤八素、漫无边际的提问,早已张口结舌不知所云了。可心敬是谁,他及冠之年已将四书五经弄了个精熟,加上在二曲处苦读经书十年,后又多年蜗居专务著经,对于这些边角旮旯的偏题怪论,他在习经时已自问过并已穷究了其理,故而问一答十且周详到位,以至诸学子人人心悦诚服,个个五体投地。

唐韩愈《师说》中言道:"师者,所以传道、授业、解惑也。"心敬随之将"传道"寓于"解惑"之中,在回答诸子疑惑时,便将自己的思想潜移默化于阐释里面。其中对于儒生的两则提问,他的回答都很有意思。一个名叫徐家麟的问道:"'格物'之'物'与'物有本末'之'物'无异乎?"心敬答道:"'物有本末'之'物',只限于明德①新民②所用——'明德新民'为本,其他皆为末。

"进言之,天下哪个东西不是'物'?哪个'物'又不当'格'(格,研究、改造之意)?若仅仅于身、心、意、知、家、国、天下这些'物'而格之,岂不有碍于那些上智者的知识视野?反过来,若仅专注于格天下之物固然能开阔眼界,却易坠于空泛之境,以至舍本求末。故曰:格明、新之物却对天下之物而忽略者,有之;但泛革天下之物而能洞察明德新民之物者,却未曾有也。因此,吾四十年来固守先格身、心、意、知、家、国、天下,穷究如何才能达到修身、齐家、治平天下的解决之法,平生未敢易也。"

在此,王心敬明确指出,"格物"要以研究人心、德行这种意识之物为本,世间其他物体物质的研究,终归于次要位置。

未几,另一学友发问道:"孔门身通六艺者七十二人,孔子何独以好学归'不迁怒、不贰过'之颜子?"心敬抓住此话题,趁机借题发挥道:"即此可以明圣学之本源矣。盖才艺是学问之枝叶,德性是学问之根本。学者若能立足于德性,然后德智齐备,方可修得真身。若不从事德行修养,而徒然专注于才能技艺,纵使一一尽通,亦只能坠于舍本求末之途。如此一来,一般事物或许深得其奥,但对于品德修行却毫无裨益,甚或可断言,此乃修行之大病也。故七十子虽身通六艺,夫子却俱不以好学名之,独以'好学'二字称许专注于修德之颜子,何也?盖孔孟之学原本于其圣学精义一脉。孔子之论好学如此,而孟

---

①儒家认为人生来便具有善良与光明的德性,即谓之"明德"。

②新,动词,革新之意;民,泛指一般民众。即不断自我革新求进,然后推己及人,将自己的德学贡献给社会。明德新民一语出自《大学》一书。

第三十三回　江汉答疑弘扬圣道　伤逝慈母咏诗泣血

子论学问一道,亦只在求放心;其后周子(周敦颐)之主静无欲,程子(程颢)之识仁定性,朱子(朱熹)之居敬穷理,阳明(王守仁)之实致良知,言虽不同,首要之处皆源于这一精髓。而后之学者皆不明此圣学要诣,而断章取义徒然争论于彼等个别字句的偏差,妄议周子之主静,阳明之致良知为与孔孟之宗传不吻。执此论者挟门户之私,争强斗胜,终致天下学术分裂;学术裂,令吾儒学人人忧心如焚,个个彷徨失措。在此境之下,难道非得扶起吾夫子于九泉而言其学问根宗,才能厘清理、心曲直,弥平这纷争数百载的公案么?"

在此回话中,心敬设问孔子为何独重颜回而轻其怀有六艺之身的其他七十二贤人,他的答案是:才艺是学问的枝叶,而德行才是学问的根本。故孔子看重笃学务德的颜回;其后言中还将濂洛闽的创始人及心学奠基者王阳明一一列出,认为以上之几人皆为孔孟传人。时人以为周子、阳明与孔孟立论相异,乃是不明于圣学宗旨,而陷于后儒训诂偏狭所致,从而树立起了理心二学皆孔孟正宗嫡传支脉的学术观点。最后对当今理、心二学派的分裂争斗予以批判,实则暗斥理学对心学的打压。

不尽于此,鉴于《孟子》所讲的学、治、天德、王道、性、天、仁、义,无一不与心学关涉密切,心敬内心认定,若追根溯源,孟子才是心学道统的始祖,故欲将孟子拔高到与孔子并肩而立的至尊地位。在讲学末了,他号召诸生要以孟子为学宗,大声疾呼道:"孟子一身即二帝、三王、周公、孔子之眼目,而七篇之言即五经四子之橐籥(tuó yuè,指天地间无穷尽之物)。孔子为宇宙生成之天地,而孟子为两间照临之日月也。呜呼!孔子万世师表,孟子亦万世师表。吾辈学孔子不易,舍孟子又将其谁哉?"

心敬这一番讲学、论说,受到具有心学倾向的陈诜、张希良的高度赞许。在陈诜的带动下,一大批官员、绅士与当地儒士纷纷列席听讲,一时间"荐绅庠序执经北面者,履满余庭"。将一座偌大的讲席庭挤得满满当当,在当地掀起了一阵盛况空前的听讲热潮。这是继二曲江南讲学之后,关学流派在江南的又一次广泛传播。当地人士纷纷赞颂其"有体有用,不愧真理学",在座学子大呼过瘾之余,当即有敬道谟等七八位于无上崇仰中纳贽拜心敬为师,期望日后继续受教。

在讲课闲暇之余,陈诜等人陪着心敬又一次来到滋阳湖畔,对贺文忠公设馔祭奠,心敬肃然行礼毕,即又赋诗一首,题曰"滋阳湖吊贺文忠",诗云:

　　紫阳有莲,岁岁叶青。文忠之名,与莲俱荣。
　　紫阳有莲,岁岁花香。文忠之名,与莲长芳。
　　紫阳有莲,厥实唯衷。文忠之灵,与莲长留。

 穷庐残月

紫阳有莲,厥根有蕃。文忠之节,与莲长存。

对忠贞之士的无比崇仰,贯穿着心敬的一生。

正当心敬在武昌声望日隆,湖北各处士绅闻讯纷至沓来恭听聆教时,鄂县传来家母病笃的消息,心敬猝然间心里一沉,急忙告别陈大人与张山长,步履匆匆踏上了归程。

一进县城,远远望见家门口人匆匆进出;走到近处,见门楣上已糊上黄表纸,白莲花灯高悬门庭,不由哀痛交加,跌跌撞撞冲入屋中。但闻厅堂上痛哭声响成一片,孝子贤孙跪列柩旁,闻讯赶来的乡邻、士绅、亲戚正依次烧纸行大祭礼。心敬痛彻心扉,高叫一声:"娘呀,儿来迟了!"扑在灵前正待叩拜,身子一软却失去了知觉。

李氏,这位王门烈妇,年轻守寡,自强自尊,不惜卖田借贷、毁家荡产,却咬紧牙关将儿送到二曲处习经,使其终成一代圣贤;平日治家严谨,待人宽厚,教子堪比孟母,育儿媲美滂慈。其高风亮节,懿德贤名早已传遍乡里,如今仙逝,令熟知者莫不倍感痛惜。一时颂扬之声四起,竟成近几日鄂县城内街谈巷议的一桩大事。

雍正《鄂县重续志》中"旨旌表节烈"一章有云:"……当忻之亡也,未几仲兄亦逝。所遗二孤尚幼于心敬,氏则悉意教养与所生无异。晚年阖门五十口雍睦整肃为郡之冠,当世贤人君子无不知有鄂邑王贤母者。盖教子范家求之载籍中,名贤未多见焉。雍正二年当事者上其懿行奉旨建坊入祠云。"

在那不堪回首的居丧七日,心敬如从炼狱走过几遭。数次哭得昏厥过去又被救醒。整个人也一下子变得形容枯槁,痴呆呆地跪在母亲灵旁不理人事。耳旁纷乱的嘈杂声、哀哭声似乎与己无关,眼前的吊客来往、执事迎送,宛如幻影进进出出。整个心灵如蚕茧般被对母亲的哀思包裹了起来。脑海中一忽儿闪现出幼年寒夜,母亲纺线督学的情景;一忽儿浮现出母亲毁产助学那次家庭会上的坚毅悲苦面容;一忽儿又想起每从师父处回家,就斥其怠学,那种恨铁不成钢的痛心疾首形色。倏忽间,纷乱的脑际不知怎的却清晰浮现出自己早已忘记的一幕场景:那是多年前的事。家里后院中一棵叫作"欧朴"的初成果树上只结了一只果子,成熟之日,母亲命人将其摘下,待敬神一毕,将此果用刀切成豆大的数十粒,一一分给家中的子侄、媳妇、孙辈,连长工、老仆及侍奉的老妈也人人有份,个个无遗。母亲那颗一视同仁的公正慈心,一时间令子孙心生感佩,使仆妇暗中流泪,使自己终生铭记。

七日间,由心广坐镇,心正、功、勋、勋从旁协助,将李氏的丧事料理得井井有条,处置

第三十三回　江汉答疑弘扬圣道　伤逝慈母咏诗泣血

得当。待出殡之日，心敬披麻戴孝，后面跟着数十口家人与一大群送行的乡邻、亲戚、友人、士绅，将慈母送至鹁鸽原的王家坟。安葬时，心敬掏出经数日心血拟成的祭词，对空泣道：

蔚蔚双槐，连巢哺鸟，我母云亡，菽水奚图。
菽水亦荒，我心滋伤。愧此羽族，终焉何臧？
双槐蔚蔚，哺连乌巢，我母云逝，其奈已遥。
岂惟菽水，闻声亦难，宁惟闻声，睹容亦艰。
蔚蔚双槐，有乌有雏。念我茕茕，于天何辜？
昔赖慈亲，以恃兼怙，今也云亡，谁为儿怙？

兼怙云何？鞠儿十龄。惟傅云何？教儿先程。
大志希颜，芳型学孟，无轻糜禄，无苟从政。
惟桑有枝，沃若其条，我母有子，不令逍遥。
青灯对绩，置儿其间，每至鸡鸣，课诵连连。
惟莪有华，依附于根。我母一子，义以裁恩。
为择明师，远遣学古。不以一子，惜其劳苦。

岁中归省，辄令西旋。日月其逝，如何频还？
圣以为归，贤宁可安？汝学如就，其旨何言？
宇宙善行，督之必企。天壤纷华，禁之靡遗。
惟是尽性，痴儿是期。惟是至命，痴儿令几。
富贵非宝，道德是珍。是训是饬，无负天民。
人谤犹可，鬼笑斯殃。爰谆爰复，保此天良。

一事之失，戒之必详。一言之误，诲之无忘。
童孺不假，斑白仍然。永诀之辞，遗训倍坚。
惟昔贤媛，向母高明。文伯季母，亦多淑型。
爰及仉母，百世独称。宁惟子舆，善成亲名？
子少钝劣，未老倦勤。辜负良师，倍怆母神。

 穷庐残月

斑斑双鬓，茫茫前路。自兹没齿，可怠予后。

诗中，初以巢乌哺雏的情景为引子，道出逝母伤情；继而追忆幼时慈母深夜纺织督学的勤苦境况；其后，母亲为己择明师、遣学圣，使己最终走上了专儒之路；就读期间，每逢有事归家，母亲每每唯恐耽误学业而痛心疾首；在人格品操上，母亲谆谆教诲的一句话就是"富贵非宝，道德是珍"，终使自己秉持一生清正风骨；诗末，发自内心称颂他母亲的德行节操，足与远古女圣贤者媲美。

这首泣血长诗，是一位儒者面对其母，在人生最后离别前的一场心灵倾诉。通篇祭文，心敬痛心追忆了自己这普通而伟大的母亲含辛茹苦，厉颜督学，不惜毁家荡产终于成就了儿子鸿儒大业的凄苦一生。

话说其时心敬哭诵之声凄厉悲切直上九霄。一会儿工夫，只见天昏地暗，狂风大作。乱云翻滚之中，影影绰绰仿佛现出人的身影，好似先人来迎接李氏一般。心敬及一干众人莫不悚然起敬，纷纷跪地叩拜。心敬对天高呼："列位长亲，慈母归天与你等安享冥福。吾等在世之不肖，仍须各尽其力，各司其职。待完成凡尘俗务，当与诸长亲相会于此也。"言罢燃烛焚香叩头不止。渐渐地空中云影随风散去，又是一片艳阳天。众人惊骇之余，莫不称道李氏贤德感天动地，以至化出如此幻象。其后回家，各自向人道出其时奇景，以至这一神异传说流行了百年之久。

在其后两年多的时间，心敬闭门不出，在郁闷思母的情结中，续写《丰川易说》以排忧。在这段时间里，他所关注的儒学界却发生了令人瞠目的剧变。在宋明之际，程朱理学与陆王心学相互争鸣乃学术门派之争，相辩者虽在学理上争得面红耳赤，甚或不欢而散，却还仅限于理义正误、高下之辩，毫无曲意指摘之嫌，亦可视为君子之争。到了清初，虽有朱学名臣魏裔介、熊赐履、陆陇其等高举程朱大旗，攻讦陆王，但当时的学宗有孙逢奇、黄宗羲、李二曲等人，他们竭力护持王学，双方可谓旗鼓相当。但自康熙四十五年将朱熹学说钦定为官学正宗始，形势急转直下，尊陆王者已不敢明目张胆宣扬心学，而尊朱者却有恃无恐对彼方大加挞伐，更有主张对阳明学"人人得而攻之"者，甚至无限上纲将亡明大罪加于心学，进而将其斥为异端邪说。不仅如此，近日竟将批判的火力对准了心敬的师父李二曲，污蔑其理义为禅学："二曲之学浸淫于禅处自不可掩。""今犹有俨然以儒学自命，而学乃流于禅者。"更有甚者，对二曲还进行了人身攻击："中孚（二曲字）死，其

第三十三回　江汉答疑弘扬圣道　伤逝慈母咏诗泣血

焰少息。"师父尸骨未寒,竟遭此恶意诽谤,且幸灾乐祸之态溢于言表,令心敬气愤难忍。尤令他痛心的是,先师昔日徒弟与自己的门生竟有多人此间改换门庭,纷纷以"自省"的方式反戈一击,向论敌交上了投名状。当王功向父亲告知这般趋炎附势之徒的一切后,心敬冷冷吐出了四个字:"无耻败类!"

平静的书斋生活被彻底打破了。徘徊于草舍中的心敬忧愤不已,经历数百年的理心之争,如今已演化为一场理学对心学的无情剿杀。本来的学术门派分歧,如今竟成了你死我活的不共戴天之仇,心敬心里很清楚个中缘由,他不禁悲叹道:"意见滋而门户裂,门户裂而大道歧;一门之内兄弟阋墙,一堂之上僚友操戈。"至此党同伐异之际,还有心学的一条活路么?

正忧心如焚间,门外传来了敲门之声。

第三十四回　紫阳授课舌战群儒
　　　　　　胸怀大我力弥裂隙

　　话说心敬闻得敲门之声，走上前去启扉一看，只见门前立着一位信使，声言江苏巡抚张伯行大人捎书。回舍启封一看，原来是张大人闻己盛名甚为崇仰，力邀他到其主持的紫阳书院前去讲经传道云云。心敬不由眉头一皱，这个张大人就是那位声言"中孚死，其焰少息"的幸灾乐祸者。其平日极力推崇朱子，学院即以其号"紫阳"命名。此公在紫阳书院讲学时，不离口的一句话就是："陆王之学不熄，程朱之学不明。"因而授课专讲程朱之学，今朝却何故言辞恳切，声称虚席以待，盼己前去商榷学术？这分明是诱鱼上钩之计，欲在他的主场将自己"群殴"一番，以达将心学斩草除根之企图。在貌似谦恭的言辞之下，竟藏有如此险恶用心，不禁令心敬打了一个寒战。他明白，在师父去世后，自己已是国人眼中为数不多的心学名儒之一，如今这讨伐的大风暴已慢慢逼近了自己。婉辞不失为避祸良策，可目下人家已将战书下到了自己的家门口，若还一味退避，不惟与己性格不合，更会令先师地下蒙羞。思虑一番遂下定决心，明知山有虎，偏向虎山行。这场鸿门宴自己是去定了——一则此番前去可据理力争，既还心学为儒界两正脉之一的本来面目，又雪先师无端遭人作践之耻；二则亦可借此机会极力缓解理心之讼，让两者回归到理性看待彼此的正途。然而此时心中清楚晓得，人家张网以待，稍有差池会落得个身败名裂的下场，双方实力之悬殊无异于以卵击石，但卫道之心是如此炽热，已容不得自己有一丝瞻前顾后之念——大不了拼个鱼死网破，青史会书写一名孤身斗士为真理而献身的壮烈篇章。"风萧萧兮易水寒，壮士一去兮不复还。"心敬怀着一颗惨烈决绝之心，慨然起身赴约，携长子功一同前往苏州。

　　启程前，心敬回首对王功问道："今夕何年何月？"王功掐指一算回话："今日为康熙朝

第三十四回　紫阳授课舌战群儒　胸怀大我力弥裂隙

五十二年三月二十,父亲为何有此一问?"心敬一脸凝重道:"空度五十八载。今朝只身犯险,其后祸福难料,甚或为捍吾道而捐躯,焉能不牢记这一值得铭刻终生的起始日程?"

苏州巡抚衙。

巡抚张伯行,字孝先,号敬庵,河南仪封人。一生耿介廉洁,曾被康熙帝推许为"天下第一清官",故而自视甚高。其治下官吏个个奉公守法,黎民人人安居乐业。可唯独生性固执,喜认死理,对逆耳之语常斥之为"一派胡言"。当他一心认准朱学,便将陆王说视为异端,必置之死地而后快。自朝廷奉朱子为儒学正宗后,他便将尊朱攘王视为自己在"思想战线"上的第一要务。

此时正在书斋中畅想的张伯行闻听心敬应约前来讲学,不由心中一阵窃喜:"此子果然冒失,中了吾的请君入瓮之计,待其得意洋洋推销心学之际,令诸生群起而攻之,使之身陷重围而呼天不应,到那时如猫戏鼠于爪中,何其快哉。此举若成功,足令天下崇阳明者噤若寒蝉,则大事谐矣;况此番作为亦暗合朝廷本意,不啻为圣上除却了儒界数百载之纷争,并开尊朱万世太平,实乃善莫大焉,功莫大焉。"思谋已定,遂令书院好生招待伺候心敬二人不提。

坐落在苏州的紫阳书院,是江苏当时最为著名的学府,自张伯行筹建以来,近三百载曾出过五位状元,数十名重臣与名士。声名所至,引得数百名全省卓异学子就读于其中。入得书院放眼望去,不由啧啧连声称奇。只见:水榭楼台夺目,亭廊庑阁遍布,书房典籍充栋,曲径甬道通幽;竹林深处鸟啾,奇石假山独秀,流水潺潺鱼戏,秀士倚栏诵读。这一番景致将书院映衬得书卷气十足,显得分外的儒雅而又美不胜收。其中一座阔八丈、深五丈的大讲习厅,就隐没在一片古木参天的人树荫中。

讲演一开始就火花四溅。当心敬刚说完开场白,一位学子就起座高声问道:"当今圣上颁旨,将朱子之学尊为举国儒宗,可先生却于江汉书院大谈心学歪理,是何道理?学生不明就里,在此恳请先生讲个明白。"心敬一个愣怔。原想争执势不可免,却未曾料到声讨者竟如此急切,连起码的礼节、耐心都抛到了一边。不由心中一阵发狠,来者不善,善者不来。对方既已出手,就容不得自己有半点退让。索性就此唇枪舌剑辩攻一番,也许将此小子拿下,杀一儆百,以后的论学就会更从容一些。思忖已定,心敬便缓缓开言道:"原来准备按部就班对儒学经典一一剖析,其中当然会涉及理学、心学之争。既然这位学子如此迫不及待,吾只好姑且将原讲题置之一旁,先回答这一责问。

"众所周知,理、心之争起源于宋明,理学主张理、气之论,倡导格物致知之法;心学则将'心外无物''心即是理'奉为圭臬,主张用'发明本心'来探求理的真谛。试问刚才学子及在座诸位,在吾师的《二曲集》及在下的所有著述中,可曾发现'心即是理、心外无物'的只言片语?"在无人应答的静默中,他又说道:"在吾赴陕西盩厔就学之初,师父二曲在与我的交谈中就对此不以为然。但心学之中亦有其合理高明之处,就是强调人心改造之重要,即'发明本心'与'致良知'。子敬(九渊字)先生认为,君子应以圣贤为师,以普救天下苍生为己任,无论读书与做官,都是为'义'为'公',而非为'利'为'私'。心学强调当务之急在于救治人心,在于立救世之志,行救世之举,这有何错?试想若心术不正,即使格物而达致知,于国于民又有何用?本朝诸多贪官污吏虽熟习经书,经科考而获牧民之权杖,其心却忙于荣身与肥家,似这等人纵然谙于气、理之道,于朝于野又有何益?综上所述,陆王心学虽有先天瑕疵,却难掩其理性光辉,对此说扬弃而用之,又何错之有?再言理学之格物致知,吾认为其一,格物必先格'心'这一物,即先认识人心,进而改造人心,使之达致子敬先生所企之境界,方算功德圆满,至于其余之物,则置于其后格之。其二,致知后必应达其致用,即'全体大用,真体实功'方能显其功效。吾昔年曾献救灾绢、著《井利说》、阐救荒论、述兵学策,如未格以上之物,何来如此之多善举与建树?当今世上口称尊朱却都一味随波逐流,汹汹攻评陆王之辈,有几人细探过心学将其用于修身养性,又有几人格物致知而获实效,将其用在了国计民生?"

大厅之内,心敬慷慨激昂之声不断回响。他扫视了一下厅中数百名羞得埋头低首的学子,口气回缓道:"实言之,吾师徒既非执意心学,亦非专注理学,而是取阳明之长补晦庵(朱熹号)之短,兼采二者精华,弥合理心纷争,以达我儒学流派共荣。可如今,世人却未明了吾等苦心,将惜护心学精华之人不分青红皂白一概斥之为心学门徒,必欲除之而后快。此等偏执之举难倡学术清明。在座诸君难道忍看理、心并蒂之花一荣一枯,致流传数百载、先贤苦心孤诣方才成就的心学学派,就此毁于吾辈之手?吾此番前来,就是欲在传经之余表明吾之心迹,以解刚才那位学子心中的疑难。况且,"他话锋一转,以子之矛攻子之盾,直指朱子不一之处,"就是晦庵,也在其晚年对理学的某些立论作了调整,对心学的一些观点作了容纳采用。其言道:'晚年见有的学者溺于对吾章句割裂全文而作任意解释,经常训导彼等要以本体之心查之,命其深思自醒。如今熟知余此心意者已寥寥无几矣。'"

刚说到此,立时有一学子站起大声指责道:"这是王阳明诬朱子之言,众已知之。先生明知其谬却还故意摘引,以借阳明之口行攻击我朱子之实。敢问先生此举是何居心?"

第三十四回　紫阳授课舌战群儒　胸怀大我力弥裂隙

心敬笑道："如今《朱子大全集》中罗列此类语句一一俱在,一查便知。就依尔云,此为阳明诬朱子之语,难道编辑《文集》与《本传》的作者也在诬朱子不成?再言之,即使阳明所罗列数十条朱子对心学的引论不尽全出于晚年,但总有十数条是确定无疑的。一旦有此,即可见朱子晚年对早先的持论有所反思。若非如此,朱子又何须违其本意,说些尊陆之语,徒入自诬境地?"一席话驳得诘问者哑口无言,气咻咻地坐下。

此后一整天,诸生轮番发问。就其诚心求教者,心敬一一恳切作答,将其学识、见解一并谆谆道出;还有不少诘问责难者,心敬引经据典以充足论据尽情发挥予以逐条批驳,令其尽管心中不服,口上却不得不甘拜下风。

晚上,浑身酸困的心敬回到了自己住处。心想这一日的鏖战,尽管弄得口干舌燥精疲力竭,却也战果累累:一则,面对诸生的挑衅性责问,自己据理力辩舌战群儒,驳得个个铩羽而归,自己却处处游刃有余,立论严谨而缜密,未与对方留下一丝攻击口实;二则,借此阐明了自己在理心争拗中的秉正立场,昭示了自己力弭理、心纷争的良苦用心,同时让天下人知己遭无妄之灾,让诬蔑者的谣言不攻自破;三则,张伯行大人"诚邀"自己来此论学的居心至此已昭然若揭。他如今身居幕后暗中调度,还未跳到前台与自己真枪明剑对阵一番,时下得好好琢磨琢磨,看如何对付这只狡猾的老狐狸。

正在兴奋时,忽听门外有人轻轻叩扉,心敬狐疑中慢慢拉开门闩。开门一瞧,一个衣着光鲜的僮仆恭立门首。来人道："阁下可是丰川先生?"心敬点头称是,书僮遂将一函递于他,展开一瞧,内云："素闻先生为关学大儒,江汉书院一讲已名传江南。敝人欲请先生来寒舍一晤,以解思慕之余,另有琐事相托。还望先生万勿推辞,敝人在舍下秉烛恭候。……"心敬想,自己在此处并无故人,何来"琐事"相托?不由有了兴趣,且看他有何花样,便从旁唤起功儿与其一起,随着那书僮出了书院。

走了百十丈远,三人停在了一高门大院门口,只见此宅第房檐红灯高悬,两扇泡钉黑漆大门虚掩,入得门来一砖雕照壁矗立眼前,照壁四角各刻着梅、兰、竹、菊岁寒四君子,中间看着似乎是一幅明人画作《雪溪放舟图》。闪过照壁,一处宏阔的大客厅灯光明亮。一头顶员外帽,身着一件府绸对襟长衫的中年人早已候在门首。来人一见心敬,急忙下阶双手抱拳道："烦劳先生前来,李某愧不敢当。请进,请进。"说罢抢先一步,一手挑起精细编就的墨竹竹帘。

心敬来到客厅,四下探望一番,只见侧面粉墙上挂着一幅中堂:一高耸入云的前倾悬崖绝壁上,一个男子身背药篓,左手紧扒着身旁一块棱石,右手竭力上伸,手上边一点,藤蔓盘结的乱草丛中，一根灵芝若隐若现。其人身旁朵朵白云缓缓飘过，身下是万丈深渊，细如丝线的江水正在山下曲折穿行。其惊其险，让身处平地的心敬都不由看得一阵头晕目眩，手心出汗。上面空白处有一行字，"乱云采药图"，不知何人所画，可却逼真刻画出山之险峻和采药人的顽强与艰辛。中堂下摆着一只八仙桌，桌上端端正正敬着一尊一尺多高、象牙刻就的药王孙思邈像，一派仙风道骨栩栩如生；屋的一角蹲着一只一人多高的西洋座钟，难得的是整座钟身是由紫檀木包就，显得愈加洋气尊贵。另一边靠窗处，乱枝弯盘的花架上，一根绿萝蓬蓬勃勃，从花架一直垂至地面，给厅里带来一片生机。绿萝旁几把黄樟木太师椅一字排开，座前长条茶几上放着一座迎客松盆景和几碟应时水果。

主人招呼心敬二人坐下，拧身忙喊道："龙儿，快给客人看茶！"一时从里屋走出一公子，手捧茶壶，弯腰倒上了两杯香气四溢的浓茶。心敬一打照面不由一愣，这公子有点眼熟，似乎在哪儿见到过。奉茶一毕，那主人从座上欠身道："敝人贱姓李，字敬轩，做的药材小本生意。虽如今在商界打滚，却自小喜欢舞文弄墨。家父将这药材生意交与敝人经管，敝人却初衷不改，喜与有学问的儒人打交道。先生乃关学名儒谁人不晓，近日闻说先生来苏州讲学，便心生奢望想与先生结交，但毕竟自惭形秽未敢轻举妄动，只是——"他指着身旁的公子，"这位是我的外甥，妹子嫁至贵县一个叫南河头的村子。他说与先生是乡党，还有过一面之缘，便硬逼着我要将先生请来说情，让他也能在紫阳书院听上一段时日的课。迫不得已，方才斗胆行此孟浪之举，还望先生海涵。"心敬一听原来如此，便道："在下在此地人生地不熟，能认识这位鄠县乡党乃是'他乡遇乡党，两眼泪汪汪'的喜极之事。我看这小乡党也似乎面熟。"说完仔细地观望了那公子一阵。不料这一观之下，竟然惊得嗖地从座上站起，一手指着那公子，嘴也不利落起来："你，你，你……"那公子笑嘻嘻施礼道："渭水之滨，学生与先生见过一面，还说了一句话，先生可还记否？"心敬心里一下亮堂了，这位公子当时的打扮是渔夫，在渭河岸边自己与心广走投无路时，多亏他救了一大难。临别说的那句话就是"不可说，不可说"，顿时明白今日也让自己"不可说"——不要说破他的真身。一时激动高兴得拉着那公子的手道："这一别多年寻你不着，如今竟在此地遇上，真是缘分。只是这……"心敬想说只是这些年过了，怎么还是这般年轻模样，可转念一想，觉得自己太傻了，便转口道："只是这么些年，家里人可都好？"那后生鞠躬道："有劳先生挂念，都好。舅父，"他转身道，"我与这位老先生还蛮熟呢，能不能这样，让先生与那位公子搬到咱这儿住？一则，咱这儿甚为清静，先生一回来便可安歇；再则，外甥也好时常就近讨教，你看如何？"那中年人高兴道："如此甚好，只是不知先生可否屈

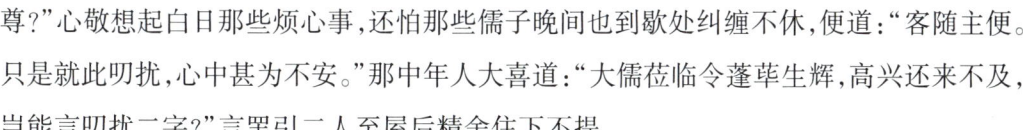

尊?"心敬想起白日那些烦心事,还怕那些儒子晚间也到歇处纠缠不休,便道:"客随主便。只是就此叨扰,心中甚为不安。"那中年人大喜道:"大儒莅临令蓬荜生辉,高兴还来不及,岂能言叨扰二字?"言罢引二人至屋后精舍住下不提。

紫阳书院一处幽静的角落,一座古色古香的宫殿式建筑,深藏在一片竹林深处。

时夜已深,天空乌云翻滚,连楼前镌刻着"铭熹堂"三个大字的镀金悬匾,此刻也隐匿在一片晦暗之中。

几支铜蜡台上的烛光摇曳不定,映照在数十名端坐无语的士子脸上,显得颇有些光怪陆离。

静默了许久,在一片沉闷压抑的气氛里,一中年男子站了起来,望着围坐在他四周气愤、憋屈而又无奈的同窗,低沉言道:"今日讲堂上的情景众位已知,原先准备好好地将那夫子羞辱一番,却不料被他反客为主,大肆宣讲了一通心学的歪门邪道,反倒让我等铩羽而归,连院主大人听了都甚为生气。诸位不妨在此畅所欲言,谈谈今日的因果得失,叙叙下一步的谋划打算。"

连问了几遍,却无人应声。士子不由恼容浮现,高声喝道:"我等皆为本省学界翘楚,紫阳书院为理学圣地,却任由心学巨擘在此大放厥词妖言惑众,书院由此蒙羞,我等亦遭欺辱,连院主也颜面无光。"言罢双手高举,厉声呼道,"堂堂紫阳书院岂无人乎?"此言一出,立时激起一片鼓噪。

喧嚷声中,一二十余岁的学子缓缓站起,睥睨着众人,沉声道:"学长言之有理。要走好下一步,必先研讨一下今日失利的缘由。今日之失利,全在于事前未能周密策划,事中又乱手出拳,毫无章法,且皆未能击中论敌要害,倒让那夫子占了上风,以致最终翻盘,此乃未能料敌于先之大病也。"

就在众人凝目注视他时,该人却倏地压低了嗓音,神秘言道:"不过在日间老夫子貌似慷慨的言辞中,在下倒发现了一处蹊跷。""一处蹊跷?""一处蹊跷。"他卖关子似的又重复了引得众人急切询问的那句断语。

面对众人疑惑的目光,他才将那谜底慢慢揭了开来:"众位皆知,在今日的那场交锋中,那老夫子声言他及其师二曲既未归属理学,也不依附心学,而是超乎其上,扬其两者之长,摒其两者之短。话似乎说得冠冕堂皇,实则却暴露出其不得不掩藏的一处致命软肋。""何等软肋?""心虚。""心虚?""心虚!"此时的他得意洋洋地环视了一下众人惊疑的目光,似乎在享受自己的高光时刻。略一停顿,他才对着懵懂的众人开导道:"众所周知,康熙年间朝廷已宣旨将理学奉为儒学正统。自此以后理学日渐昌隆,心学则江河日下;崇理者扬眉吐气,尊心者如过街之鼠。丰川先生乃举世公认的心学大师,而他今日却竭力撇清与心学的瓜葛,装出超然两者之外的中庸之态,这是何故?""何故?""心虚,就是以上所言的心虚。老夫子是位学养弥深之人,他明知如果在讲堂上公然露出其心学本相,必当成为众矢之的,其结果会不战自败。故而老谋深算的夫子,才会极力绕开那心学陷阱。人言'欲盖弥彰',该夫子此举可谓弄巧成拙。不才正是就此追根溯源,顺藤摸瓜之下,方才窥破他的软肋正在于斯,诸位说是也不是?"

"彩!"众人一下解开了心中迷雾,不由群情振奋,大声喝彩。

那学子陶醉片刻之后,又抬手压了压,继而侃侃出言:"对于日后论战,在下有两点愚见。其一,要将与夫子之争视作兵事攻伐,方能事半功倍。比如由谁担当先锋,负责组织论据,向那夫子发起学论攻击;由谁负责策应,扩大声势,实行包抄围剿;由谁乘胜追击,扩大战果;乃至由谁来打扫战场,进行善后处置,如广泛传播此次论战成果及安抚那时遍体鳞伤的老夫子(众大笑)……一言以蔽之,只有精心进行事前组织,方能达致预期战果,给这老夫子当头一棒,打得他就此一蹶不振!其二,……"

"彩!"众人的叫好声打断了那人的精辟分析。就在群情鼎沸之时,却有一子呼地站起,高声道:"严兄见解独到,令愚弟受益匪浅,激奋之下,斗胆打断兄之宏论,此刻愿陈我王某续貂之见!冒犯之处,还望严兄多多包涵。"

言罢,见严姓学子与那中年汉子微笑点头,随即慷慨陈词:"余闻兵家所言'出其所必趋,攻其所必救'。循此章法,吾等只需揪住心学不放,必然迫使那老夫子百般为其辩护,这样一来,将始终陷其于被动挨打之境。用此方略,在下放胆断言,明日一战定可稳操胜券!"

"稳操胜券,稳操胜券!"众学子一听到此齐声欢呼。

"具体而言,下次交锋应特别注重两点。其一,紧紧围绕其理心立场大做文章,迫使那夫子彻底暴露出其心学原形,只要达此目的,成功即获一半;其二,专就心学诸谬论与其展开交锋,若该夫子敢冒天下之大不韪,为心学徒然辩解,那就会落入吾辈彀中,我等只需悉数罗列院主大人平日所论心学的种种歪理邪说,并逐一据理批驳。仅至于此,吾辈已可立于不败之地也。进而言之,在当下理学对心学形成围剿的全国大势下,此刻心怯的老夫子势必穷于招架且毫无还手之力。我等待其手忙脚乱、漏洞迭出之际,尽可循其破绽群起攻之,合力声讨。一旦此势形成并持续巩固,其结果不言自明——可怜的老

第三十四回 紫阳授课舌战群儒 胸怀大我力弥裂隙

夫子只能落个身败名裂的悲惨下场。"

场上一片寂静。众人被那人鞭辟入里的分析和精妙绝伦的推理镇住了。看来此场辩论不胜都难了。片刻之后暴起的鼓掌声、跺脚声,使得整个楼宇都在微微颤动。有几人狂呼着:"拿酒来,拿酒来!"

场中,唯有那中年人镇静如常,他皱了皱眉沉声道:"切莫如此狂躁,当下还未到庆功时辰。院主大人屡屡训诫我等'陆王之学不熄,程朱之学不明'。在此吾庄严宣告,此次丰川先生与我众学子的学论之争,将为理心两派的终结之战。拿下此老夫子,心学将再无执大纛之人,陆王之学将由此而熄,程朱之学将由此大明。此等盖世功绩,必将使紫阳论战载入史册,足以誉为永世铭记的理学盛典!"

在众人的欢呼声中,那人指着座下的两人道:"张贤弟、李贤弟,你二位人称苏(秦)张(仪)再世,平日里满腹经纶,学辩时口若悬河,可愿担当先锋之职,明日里冲锋陷阵?"那位张姓男子缓缓站起,拱手道:"先锋重任义不容辞,只是在下此刻……有一点担忧。""有何顾虑,贤弟说出来,吾等众人为尔解忧。""兄弟担忧的是,明日辩论之时,万一收不住口,一不小心弄得那夫子招架不住,呆若木鸡,该如何是好?若是在下,一定会羞得跳楼自尽。如若那样,我、我、我……"言罢满脸酸楚,还伸手抹了一把"眼泪","不才为丰川先生会因我而殁,实在自责、难过啊……"

猛然间喧闹如雷暴起,众人齐齐手指着这个活宝,笑得弯下了腰。

"哎,大家在此集思广益,你却默然枯坐,是何用意?"张谋士突然指着一位年方弱冠的富绅子弟说道。众人抬眼望去,被指的那位慌忙站起,讪讪笑道:"小弟素来木讷少语,适才未能进言,实是担心露丑而已。为表与众兄弟共进退之诚意,待明日大胜之后,小弟作东在仙客来酒家欢聚庆贺,到时一醉方休如何?""好哇,只是到时莫当了缩头乌龟,让吾等空欢喜一场!"一听此言,那位学子急得面红耳赤,一时间双手乱摇,引得众人哄堂大笑。

此时此刻,这些在场士子个个摩拳擦掌,恨不得天色立刻转明,好即刻投入论战,早享那胜利的骄傲与喜悦。

阴沉的夜空乌云翻滚,一场暴风雨即将铺天盖地汹汹而来。

清晨,天空被昨夜那场大雨洗得一片清明。草木浴后绿中透翠,一片勃勃生机。

心敬与功儿、龙儿迈步走向紫阳书院。此时的他心绪有些复杂:昨日那场突如其来的发难,迫使自己不得不略施薄惩,其效果却也是明显的。谅那些轻狂小子们事后当见微知著、逢难而退,举止也会收敛一些。若真如此,今日就能一心扑在《丰川易说》上,给学子们悉心讲解那些古往今来主宰宇宙万物的阴阳奥秘。

三人一起来到了书院讲堂。心敬开始讲学,刚说上两句,便有一儒生起立高声言道:"丰川先生,学生有一事不明,可否当面求教?"心敬一看此学子年纪二十余岁,眉清目秀,料想其在科举路上已迈过几道关口,不由心中一阵刺痛:这些士子在张大人所营造的紫阳书院环境中,中毒何其之深!彼等不能客观冷静分析理心各自主张之利弊,而一味狂热崇拜朱子之学,对阳明心学却再三打压,此地将势不可当堕落为聚讼之所而难成心平气和的研讨之地。此学子不顾礼节,强行打断自己的讲演,势必有非吐不可之言且有诘倒自己的信心。他扫视了一下满场听众,缓声道:"尔有何不明,可待吾讲完此章后,会同诸子就此章节疑问一同解答,可否?"该生道:"先生昨日答辩,貌似公允中立,实则对阳明之学百般袒护,对我朱子正道却以诬词动辄诋毁,让吾学子愤愤难平。二曲先生与尔丰川先生乃当今公认的心学大师,至此却未敢亮明旗帜,实在有失光明正大、心底坦荡的君子之风。"他转身向满座士子问道:"丰川先生以讲课规避诘问,尔等是听先生续讲还是听他对余请教之言的辩解?"此言一石击起千层浪,众士子顿时群情激昂,纷纷起立大呼:"愿闻后者!"

心敬见此时众人气势汹汹,大有借此次演讲之机让自己声名扫地,从而扳倒其心目中当朝最后一块心学巨石的气势,不由心中涌起一股悲凉与义愤。他环视举座士子热切之色,缓缓郑重道:"吾于昨日已表明先师与在下心迹,吾辈既非崇阳明之学,亦非唯朱子之言独尊,只是兼顾二者至理之处以补二者之偏执,这有何错?"

问毕,心敬又恳切劝解道:"众所周知,理心两学论,皆由数百载前程朱、陆王各学宗对我孔孟儒学诸论各自集萃、推衍,乃至精进、拓展而成。虽则两论于今泾渭分明、势同水火,但两者之源出于同一儒经,这铁的史实却是任何人都无法抹杀、否认的。既然两论皆由孔孟之学极化而成,其中必然既有升华之亮点,亦存偏激之暗伤。吾辈后学理当秉持客观冷静心态,汲取两者内蕴之精华,除却两者遗存之缺憾,亦可归结为一句断语,'修德以明心,格物以致远';唯此,方为习儒者应取之道。如若持之以恒,臻于至善境界之大成者,定当为期不远矣……"

正在心敬谆谆教诲之际,一士子呼地站起,高声喝道:"先生此时力图混淆理心两者根本之分野,竟以貌似公允之态大和稀泥,是何道理?如今心学,早已与禅学同流合污,

第三十四回 紫阳授课舌战群儒 胸怀大我力弥裂隙

沦为我大儒之叛逆邪说,此乃举世公论。先生在此仍喋喋不休、妖言惑众,此叵测之言难掩先生心虚之真相!先生一向自诩光明磊落,如今在这庄严讲堂之上,敢否直言己为心学领军之人?"

心敬一听此言,心中顿时明白,在这些狂热之徒面前,任何平心静气的研讨氛围都会荡然无存;对彼等苦口婆心的规劝只能沦为对牛弹琴。场面如此僵持下去,也只会徒生闷气而一事无成。也罢,看在张大人颜面之上,权且隐忍一步,谅他等也不至于欺人太甚吧。

收起心思,心敬望着这位手撑几面,双目直逼自己的年轻儒生,回口道:"道不同则不相为谋,为师已决定不再奉劝尔等。咱们暂且各存己方理念,以待来日后人评说。既如此,吾等应不再拘泥于此类无谓争执,还是回到本课正题,继续讲授《丰川易说》为好……"

"学生斗胆冒犯,先生昨日间可谓义正词严,滔滔不绝,何故此刻却顾左右而言他,极力回避学生之诘问?先生此举实难洗却因心怯而临阵脱逃之嫌!"他回视着座中昂扬激奋的诸生,大声问道:"先生此刻要讲甚《丰川易说》,尔等答应否?"座中诸子齐声高呼:"不答应!"

此子回身面向心敬:"众意难违。先生若要避开此等尴尬局面,学生倒有一法。"

心敬已然心如明镜,如今自己已被逼入墙角,不由心中一阵发恨,他冷冷回视此生片刻,自嘲道:"不知尔有何高见,能让吾逃脱此刻这'灭顶之灾'?""只要先生答应两桩,除却这灭顶之灾,其实也不难。"他得意洋洋地伸出食指,"一则,先生需当着众生之面,明确宣告自己实为一心学信徒;二则,"他又伸出中指,"收回已往对理学的无端指责,并向院主大人当面致歉,且保证回乡闭门思过,永不参与理心纷争。"他目视心敬,故作恭敬地问道,"人言'识时务者为俊杰',到了这步田地,莫非先生还执迷不悟,非要落个头破血流、身败名裂的可悲下场么?"众人闻言,更如排山倒海般狂吼道:"可悲下场!可悲下场!"一时间,整个楼宇都被震得嗡嗡作响。

心敬不再犹豫了。他明白其后的任何妥协、隐忍之举,都会被对方视为告捷的信号,从而一鼓作气拿下自己,一举终结这旷日持久的理心论争。若真如此,将会使他一生蒙羞;更甚者,就连流传数百载,由无数先贤苦心孤诣创设而立的煌煌心学,也将就此湮灭,成为后辈儒生永世的哀伤。

他缓缓环视了一下在座诸生,沉声道:"尔等不是多次逼吾戴上心学这顶帽子么,在此吾不妨郑重宣告自己就是一位心学学者,吾倒要看看这位学子会举出何等论据以证心学之谬。"

那学子一见心敬松口,便理直气壮高声道:"陆王心学乃儒学异端。其自诩为儒宗支脉,实则堕入禅学。其明证之多不胜枚举:唐代禅学高僧大照曾言:'心外无理,理外无心。'今象山(陆九渊别号)曰:'心外无物。'阳明曰:'心即是理。'语句如出一辙。阳明的'良知'即禅学的'本来面目','致良知'即禅学的'悟自心''明心见性',其理脉相通。这岂不是心学趋于禅的明证吗?其二,象山之学主张'立大本'(即确立事物的根本),若细究之,其来自禅经……"还未讲完,另一个学子急不可待抢言道:"其三,象山之学尊德性为旨,修养工夫径直简单,其法源于禅学的'顿悟',这与佛祖释迦牟尼在菩提树下冥思七日顿悟成佛又有何异?其四,阳明所倡'无善无恶'之论,源于《金刚经》中所语'所有相皆是虚妄,世间一切为虚幻',亦与大乘教'四大皆空'相呼应。丰川先生,心学就是禅学,由此已铁证如山。如若还有人强词夺理,巧舌如簧,妄图将此铁案推翻,那就是……那就是侮辱我等在座所有儒生的智力。先生,你说学生此言对否?"说完,面对后面诸生,得意地将眉梢一挑,立时引来一片哄笑声。

此生的狂妄,一下激怒了心敬。本应虚心求教的学子,竟能如此轻狂挑衅师道尊严!他不由沉下脸,冷冷扫视着全场,缓缓言道:"刚才两位能在本书院谋得一席之地,必为本省个中翘楚,且应博览群书智圆行方。可如今一观,其见识之浅薄,行事之乖张却实在令人齿冷。尔等竖耳仔细听着,待为师给尔等好好启蒙一番。众所周知,儒、释、道并称我中华三大文明结晶。既为三大文明结晶,其中必有部分理义相通之处,这又有甚大惊小怪的?难不成释说此举为大善,其人可升入天堂;我儒偏要说此举为大恶,其人必入地狱?莫非只有如此,两者才算分割得清?"话音刚落,就引得一片大笑。然此笑中却带了些许自嘲。待笑声一落,心敬继续侃侃而谈:"毋庸讳言,心学与禅学之间个别立论有相通或相近之处,但其本意却如天壤之别。文成公(阳明谥号)之道原是经世之道,故一切虚者归实;释氏之道原是出世之道,故往往实者归虚。不实不足以经世,故心学所尚者为仁、义、礼、智、忠、孝、节、烈此类德行之本,讲求的是今生的处世根基;不虚不足以出世,故释氏所崇尚者为超凡、脱俗、虚冥、空寂,追求的是来世之极乐。两者如此水火不容,寻常人亦拎得清,尔等却何故蒙首作此昧心之言?令吾大惑不解的是,道释二者亦有诸多相通之处,可世人却从未将其视为一家,信道信佛者泾渭分明,为何心、禅稍有一丝偶合,就强欲将心学打入禅学一类?除却居心叵测,又能做何解释?有一句古语云:司马昭之

第三十四回　紫阳授课舌战群儒　胸怀大我力弥裂隙

心,路人皆知。"

此时场下一片寂然,只有几名士子有的交头接耳、窃窃私语,有的点头默认,有的低首沉思,但更多的是敢怒却不敢出头强词夺理。

"再进一言,昨日有士子言当今圣上已明令尊朱,责吾为何袒护陆王。吾再为尔等捅一旧闻。康熙二十二年设明史馆时,时有编官向圣上请示对阳明心学如何定论,圣上言道:'守仁致良知之说,与朱子不相刺谬。'如此说来,圣上尊程朱却并未斥陆王,且明言二者相容不谬。试问刚才将阳明致良知诬为禅学,是否将圣上这一明论归为颠顶之说?此谬论之无知与狂妄不言自明。"众生闻此旧事个个骇然。

"本来上番辩驳虽答其一,实则四者皆括入其中而不必再言及。不过,若尔等还不服气,吾再逐一另设角度驳之。比如,刚才那士子言,象山立大本之语有禅学之嫌,实则此说非象山所创,而是源于孟子'先立乎其大者'所言。若依此诬象山之说为禅,那岂非认定孟子之学亦为禅乎?当今天下,谁敢言孟子之学为禅?尔等敢吗?"随着响彻大厅的这一声发问,心敬炯炯双目逼视着场下士子,见众人低首垂目未敢应声,遂缓缓又言道:"再则,朱子在给其友张栻的信中亦言:'熹常谓天下万事有大根本,而每事之中又各有要切处。'按刚才那士子立场,朱子之论亦属禅学了,请问尔等如何就此自圆其说?其三,言象山之学由于径直简单,近于禅学'顿悟',而推论象山之学为禅学。实则言之,任何学问都有'顿悟'与'渐修'两种学境。就修佛法而言,就素有'南顿北渐'之说。依方才士子所言,顿悟是禅学,那尔等是赞成渐修了,可渐修亦为禅学修行途径之一。试问,尔等该是顿悟,还是渐修?其四,将阳明所倡'无善无恶'归于禅。其实王学之说颇有根据,孔子言'无意''无我',濂学学宗元公(周敦颐谥号)亦有'无极'之说,若此二儒泰斗之论非禅,阳明此语胡为禅学?……"

心敬一席以子之矛攻子之盾之法,立时将在场的儒生驳得哑口无言。他们今日方才领教了这位丰川先生的本事:贯古通今、博闻强记、口若悬河、攻势凌厉。这场"启蒙"下来,心敬巡视全场,高声言道:"哪位儒生还要再问?"连问三遍,全场皆鸦雀无声。于是心敬方才打开了他所作的《丰川易说》,开始了那有关易经的玄妙讲解。

昨夜欲掀起狂澜的诸人,一齐偷偷盯着座中那位中年人,只见此刻的他面如死灰、双目紧闭,腮帮子被牙咬得突突乱颤,却终未有任何举动。

三人回到了家中,龙儿眉飞色舞向舅舅讲述了当时讲堂上的情景——当初那些学子们是如何嚣张,连他都替先生捏了一把汗,先生如何引经据典振振有词,将那些学子们训得一愣一愣的。龙儿道:"先生今日的辩论精彩极了,真可谓舌战群儒。其回肠荡气、酣畅淋漓,令龙儿对先生佩服得五体投地。"心敬却叹了口气道:"不是舌战群儒,而是舌战群孺,与小孩子们斗斗嘴皮子,又有甚得意处。我本应心平气和地向这些儒生讲讲道理,可那两位,尤其是后面那个学生太过分了,以为胜券在握,竟得意地以语伤人,使吾不得不煞煞他的威风。不过回想起来,吾也没有把握好自己的情绪,言语过于尖刻了些。"龙儿道:"先生做得对。对于这些目无尊长的狂傲之徒,不给点颜色看看,日后他会蹬鼻子上脸的。"

功道:"父亲今日确实迫不得已进行了一番辩驳,很是令人解气。不过,近世学者如今皆讳言陆王,父亲在心中知其长处可矣,不必处处宣扬,以免时时引起纷争。"心敬面色立时凝重起来,言道:"你此言十分可耻。道,万世之公也,我不没程朱之长进而补其之短,自信此心可坦然面对天地,面对孔、曾、孟,即使面对朱、陆理心二祖亦可问心无愧。尊陆王者说我由于补其偏而实对心学不满,斥陆王者言我取其之长而附会陆王。纵使彼等如此诋毁于我,我也不会在乎半分。若听你劝,让吾日后隐藏自己立场观点,此乃媚世之举也。公道自在人心,我为何要隐讳自己的观点,做一个见风使舵的小人呢?总归一句话,只为圣学计较其论的对与错、偏与全;而不能顾及由此导致的自己声誉的毁与立、家境的离与合,乃至个人性命的安与危。"此番慷慨激昂的推心话语,让在场几人心里为之一酸。龙儿道:"先生之心可昭日月。千百载后,世人会知关学中竟有一位如此心地坦荡、敢作敢为的君子!"

此番风波过后,讲堂上安宁了好多天。一日课毕回家途中,龙儿往后一瞧,见有五六个蒙面人手持短棒鬼鬼祟祟远远跟在后面,便知其未安好心,想出出讲堂上受栽而又言语不出的恶气。龙儿一时有了主意,在身后用手指迅速划了一道线,然后拧身指着天上对心敬道:"先生,你看乌云压顶,大雨将至,我等还是快些赶路吧。"说罢,天上果然落下密集的雨滴。三人以袖掩头,向前急奔而去。后面几个歹徒一见心敬急奔,以为察觉其谋,便也加快脚步向前追去。谁知奔到龙儿划线处,众人就像碰到光溜溜的一堵墙,顿时跌成一堆。扬首一瞧,个个鼻青脸肿,头上都长了一个鸡蛋大的包。那一伙爬起一摸,真是碰上了一堵墙。可眼前什么也没有,前面心敬等人的身影仍看得清清楚楚,连后面那个后生回头给他们做着鬼脸都如在眼前。他们用手、用木棍击打着这面无影墙,可就是过不去。真是白日见鬼了,几个人胆战心惊,低声呻吟、相互搀扶着回到了来处。有了这个身怀异术的保镖,他们对心敬再也不敢放肆,内心倒充满了莫名的敬畏。

第三十四回　紫阳授课舌战群儒　胸怀大我力弥裂隙

心敬回到住处，脱下湿衣，换上干爽的长袍，接过龙儿泡的碧螺春慢慢呷了一口，对龙儿言道："好在加了脚步，不然准淋个落汤鸡。"对于刚才身后发生的惊险一幕，似乎一点也未察觉。

一日，张伯行大人派人请心敬到其书院歇处，说有要事相商。心敬到了地方，奉茶一毕，张伯行言道："先生来此已久，传道讲经甚为辛苦，辄令张某敬佩不已。今有一事还要烦劳先生，书院拟立一处碑记以勒文铭世。先生乃关中大儒，蜚声朝野，今欲请先生为之撰文，还望先生慨允。"心敬闻言道："书院铭文乃极隆盛事。心敬得蒙大人高看，岂有不从之理？"

告辞回舍，凝思沉想三日，遂动笔一挥而就。看着自己书就的《苏州紫阳书院碑记》，觉得大理高扬，文笔通畅，私下甚为满意，这才放下心来，将其文交予张大人。张大人看过之后，面色凝重，久久不置一语。心敬甚觉诧异，遂问道："大人有何不中意处？可否当面指正，以容心敬改之。"张伯行叹了口气道："先生文章真乃花团锦簇，令人不胜叹服。不过有一处尚存微瑕，却令张某心中不安。"说罢指着文中一行文字。心敬伸首探视，乃文中一处写道："……盖学孔子者莫如紫阳……原以学至紫阳乃为适孔孟之坦途……"心敬看毕，不禁愕然问道："此处何错之有，还望大人明示。"张公道："如今圣上御旨，朝廷及全国均尊朱子为圣。故当今时下，不宜再提孔孟。"心敬大惑道："数千百年，历朝莫不尊孔孟为学宗，吾朝还尊奉孔圣为'大成至圣文宣先师'。言紫阳学孔子正是褒其学脉之正统，何有贬意在其中？请问大人，若不言及孔孟，朱子学根何在？张公此言大谬，心敬不敢违心从之。其余不当语句尚可商议，唯此处一字不容易改，此处若改，既有违史实，亦让吾心委屈。大人若要从此处下手，心敬恭请大人不妨另请高明。"言罢拱手而出愤愤离去。张伯行望着心敬远去的身影，不由心中涌起一阵怅然，自言自语叹道："真乃耿直而又愚痴之人。吾爱他真才实学，实想借讲学之机降伏之，好为日后所用。今请其撰写碑文不啻示好之举，可他却如此固执。若不嫌污口，吾真想骂其犟驴一头！"其后碑文另换人撰之，此是后话。

过了几日，张公又托人唤心敬。心敬听了起先一阵窃喜，心想是否张公回心转意，告知他不必再虑，已将全文雕刻于碑上，随后摇头苦笑自忖道："张公一生廉明公正世人皆仰，可其自傲偏执之性也难改，吾此番猜度未免太过乐观，可除此又有何意呢？"一番细思之后，终于明白其心迹，不由叹息一声，提笔在案头写上几句，揣入怀中，直赴张公处而去。

403

话说心敬入内,张公命人奉茶一毕,端坐椅上闭目沉思。室中空气压抑得令人窒息。许久,张公才缓缓开言道:"此次诚邀先生前来讲学,实指望先生能以大儒之身、饱学之资弘扬朱子之学,为后生指明学经正途,然据堂中听授儒生反映,先生不惟不宣讲朱子宏论,反而为陆王谬说公然开脱张目,令诸子大失所望。有几个堂上请教,竟被先生大声斥责,实在有违师道之尊。诸生纷纷前来诉苦,望吾与尔促心一谈,一改往昔乖舛之举。吾听毕甚为恼怒,大声叱其不尊师长,不听明论反而自恃紫阳骄子而贬大儒于无道。可近日群子汹汹,投诉者终日不绝,令人不胜其烦。今特请先生前来一议,一面之词难免失之偏颇,还望先生海涵且予指正。"心敬道:"此次应张大人之邀前来紫阳书院讲学,在下很是欣然与感动。一心欲在书院宣讲孔孟圣学,传播关学精要,然在宣讲途中,多次被听课学子打断,强行让吾对理、心之争表态,其攻评心学无所不用其极,歪曲其说不啻指鹿为马。吾苦口婆心劝之,不料有士子竟出口伤人,诬吾为巧言如簧,吾方稍示训诫。唐突之处余心愧怍,亦让大人为难烦恼。"张公叹口气道:"此番让先生为难,乃张某训导无方,在此谨表歉意。不过话说回来,如今经圣训大道已明,举朝皆倡朱子之学,人人共斥陆王异端。先生何必不识时务,强力为心学出头,弄得举座不欢呢?心学为近禅之伪学,大量例证不胜枚举,人人得而诛之,方能振我朱子儒学正宗。先生日后若要为心学一味鼓噪,恐大不利于自身,吾今为先生提醒,勿谓言之不预也。"

心敬见张公图穷匕现,乃从容应对,款款言道:"门户之争,盖因历代儒生视界狭隘所致;门户之护,乃为世儒一味袒己门派所遗留的陋习。儒道乃世之大公,理、心长短自有历史定论。固执己见而排斥不同的观点,或者忘乎自家学说的真理而一味随风倒,都是昧着良心而妨害儒学大道之人。我于陆王,接受其真知之处极多,而纠其偏颇之处亦不少。因为自己内心深处是立于理、心两者之间,唯各取其长而补其短而已。谓我是陆王之徒者,其意虽为贬损,实则是在赞誉我,但这绝非实情,而我也实实受之有愧。平心论之,理心各有长短,互补互学方为振兴吾儒正途。二曲夫子与在下终日为平息理、心之争,弥合二者裂隙而奔走呼号,此拳拳之心唯天日可表!余恳请大人亦放下诛陆王之心,齐襄理心共荣之盛举,必会留芳于百世青史矣。"面对张公不屑之色,心敬痛感两人虽近在咫尺,心却恍若鸿沟两边。心灰意冷之下,遂从怀中掏出一纸递与张公:"近日读古诗一首,颇有触动。今抄之奉与大人,以求共勉。"随即扬长而去。张公打开一看,原是曹子建的七步诗:"煮豆燃豆萁,豆在釜中泣;本是同根生,相煎何太急!"底下特别注明一行小字:"'豆'者,心也;'豆萁'者,理也。"

第三十四回　紫阳授课舌战群儒　胸怀大我力弥裂隙

张公注目"本是同根生，相煎何太急"两句良久，联想到理、心皆为数百载前儒学分道而成，可谓同根而生，如今却以"理"煎"心"不止，不由低头沉思许久，心中五味杂陈、百感俱生……

就在双方时断时续的彼此抵牾之中，时光从和风习习的四月末延宕至赤日炎炎的九月初。一日，传来了一个令心敬惶恐不安的大消息。他即刻进见张伯行，告知其情并随即辞行。张伯行闻知内心不觉一惊：原来老先生还有此鸿运。可此人真是忒怪，旁人若遇此恩典会高兴张狂得啥似的，他却如遇瘟神，避之唯恐不及。心想刚好趁此机会去掉心中烦恼，也好有个台阶下，因此不免惋惜一番，将心敬等人礼送出门。

心敬二人回到舍中，龙儿与舅父闻知先生即刻回归，不免甚觉突兀，心敬只言家中有了急事，不得不匆匆返归。又言道："数月之间寓居贵府，承蒙殷切招待，心敬不胜感激。"龙儿舅父道："贵客光临令寒舍如沐春风。龙儿此期间多蒙教诲，长进良多，连行止也比昔日检点了许多。"夜里，龙儿依依不舍，言及在这些日子里受先生教导感化，受益匪浅。末了细心叮咛道："近日烈日当空，天气甚热，师父途中须着意防暑。徒儿欲赠遮阳伞一具，些许细物聊表心意。"

第二天早饭食毕，临行时仍不见龙儿身影。问及舅父，言说龙儿一早出门买伞去了，至今未归。功儿焦躁道："路上卖伞处甚多，行程紧迫不等也罢。"心敬一听遂匆匆与龙儿舅父告辞，踏上了归程。

正午时分，当空万里无云，烈日晒得人头晕目眩，汗流不止。王功正欲打开所买新伞以遮炎光时，怪事出现了：空中一朵亩大的浓云，从远方急匆匆飘至头顶，继而不疾不徐，伴着二人同行。霎时凉风习习，爽快无比。功怪道："此云甚奇，竟与我二人同行，吾且试试看。"言罢，他疾步如飞，一下窜出百丈余远，可那朵云仍罩住父亲，不肯与他随行。待父亲走近，功又言道："我二人在这石座上歇歇，看它如何。"二人遂坐于石上，掏出干粮，细嚼慢咽起来。那朵云彩却甚解人意，竟悬在了二人头顶，一动也不动。

吃喝间，心敬问功道："依你视之，为父此次紫阳书院讲学与江汉书院相较，若何？"功沉思片刻，字斟句酌道："恕儿直言，江汉书院父亲载誉而归毋庸置疑，而此番在紫阳书院却历经坎坷。其间与诸生多次龃龉，且与张大人见解不合屡起冲突，最后弄得不欢而散，实难与江汉书院相较。"心敬大笑道："愚哉痴儿！江汉书院主持陈大人与山长张老均系崇尚心学之人，吾在此讲阳明之学颇受推崇乃属高山滚石势之所至，算不得什么本事；而在紫阳，却属逆水行舟，欲达彼岸何其难也。在这里容为父偶尔轻狂一次，此番孤身犯险,其勇堪比云长单刀赴会;而舌战群儒,其智可追诸葛说服东吴。此间有一批学子如许培荣、徐谦等已欣然接受吾之为学宗旨,并拜吾为师即是明证。吾在此详解理、心得失,广传我纾解两者纷争,弥合二者裂隙之关学大道。其超越两者各自狭识之境界已通过紫阳讲演而为江南儒界所共知。此见解将为当今所认知,此苦心必为后世所铭记。故而言之,此番功业与影响远非江汉书院可媲美矣。"王功闻言醒悟道:"父亲所言,令功脑洞为之一开,仔细筹思,还真是这个理。儿子愚笨,还望父亲往后多多教导。"心敬笑道:"尔阅历浮浅,难免一叶障目。待尔后曾经沧海,目下这境况就……"王功接口道:"除却巫山了。"父子两人相视大笑。

笑毕,王功取出囊中一沓书稿递与心敬道:"父亲,这是孩儿在书院期间记录整理的笔记,你看看还有甚不妥之处。"心敬接过仔细翻阅,看着看着眉头皱了起来,他指着稿中数处问道:"这是怎么回事?"功一看,原来他将父亲有关理、心评说的所有锋芒直露之处,都去其棱角改为委婉隐晦说辞,心敬一一改回原话,道:"道,天地之公也,贵在直白。若是你这般隐晦圆滑两不得罪,岂不既违吾道又非君子之风?"王功心悦诚服,唯唯受教。

吃饱喝足,又动身前行,其云又复前移,不离不弃。就这样那朵云一路伴行,二人直到返回故里,也未受一日炙烤。王功直喊奇事一桩,心敬明白只是故意不道出——那是龙儿临行前承诺给他送的一把"伞",而他能在苏州"巧遇"龙儿,也是他苦心幻化成境保护自己,免遭恶人暗算。

第三十五回　抒兵学献策鄂伦特　怀圣心劝诫年羹尧

康熙五十七年九月。

时夜已深，一轮皓月高挂晴空，映出满地白霜。十几里远处的高山峻岭隐没在一片朦胧的夜色之中。近旁的那曲河奔腾而下，传来不断的喧嚣之声。广袤无垠的那曲高原上一阵寒风带着啸声疾驰而过，吹得漫山遍野荒草飞舞，枯枝随风翻滚而去，现出一片深秋萧飒。

就在这渺无人烟的荒原上，却突兀地驻扎着一座绵延数里的军营，营中灯火忽明忽灭，号角声高鸣低吟，喝令声此起彼伏，弥漫着一场生死大战前特有的紧张与压抑。

中军大帐里灯火通明。里面一位将军正伏案就着几上的烛光，聚精会神看着一封远方的来信。这位将军是谁？他又因何到西藏的荒山野岭屯军伺战？他此时读的又是何人书信？说来话长，这位将军乃此番平藏主将额伦特，正是在蛰屋救过心敬一命并在途中义结金兰之人。多年前朝廷在昭莫多（今蒙古国乌兰巴托以南）大破葛尔丹主力，取得康熙朝一次辉煌的平叛胜利。此役中额伦特率兵乘胜追击，与联军一起歼灭残敌，逼得葛尔丹服毒自尽。其果敢涉险、勇猛杀敌的舍命之举，赢得众军一片赞扬，荣获朝廷嘉奖，擢升为正三品协领之职。嗣后数年间因治军严明，调度有方而屡被朝廷重用提拔，官至湖广总督。

这一次，又有一桩震动朝野的大事发生。葛尔丹之侄策妄阿拉布坦又兴兵作乱，竟沿藏北腾格里海直袭西藏，攻陷拉萨，杀死藏王拉藏汗，在城中大肆烧杀抢掠，使千载古城陷入一片火海之中。策妄阿拉布坦甚至狂言要据藏东进，直取中原。康熙闻讯大怒，钦点额伦特为进藏主将，望其一举荡平匪患，还藏区一方乐土。

繁忙的军务暇隙，额伦特突然想到了对治军素有钻研的丰川兄，想征询他对这次进兵的建议对策。今日,他接到了久盼的回信,便在帐中急不可待打开,一观其详。

信中,丰川对这次举国大事很是关切,对这伙乱国贼子的逆天暴行出离愤怒,并期盼额弟早日平乱凯旋。其后,着力陈述了自己的兵学见解。书中言道:"夫国家之强者,强盛以兵耳。虽太平之日,王畿四海,皆不可一日忘兵备。兵法千言万语,只悬权而动一语可该。吾契善用此字,其心灵之活泼,可想而知。由此推而广之,天下有何难济之事限我哉?悬权而动,即将帅既谨慎又灵活地调动手中兵力,相机而动,因势利导去夺取胜利。"额伦特回想起昔年与近日争战细节,对此一说深有体会,并与自己的见解不谋而合。他为自己挚友未掌兵却有此真知灼见而惊叹。"其次,兵将一体。乃是言大将军,兵之核心,所以主筹划;各帅四体,而专任之实尽者,尤以副将以下,皆听大将军节制为贵也。军中最忌者,一军二将。盖为各自专权不统一,遂使怯懦者得以退缩不前,挠败壮图;或则刚愎自用者且以妄凭臆见,孟浪奋往,最终蹈致军情殆危矣。"读到此处,额将军不由击案大呼:"丰川先生之明,若身在吾军中!"为何额伦特如此慨叹,皆因书中此论击中了他的痛点,不由引发了一阵知己共鸣。原来此次出兵,皇帝不知出于何虑,竟错派大内侍卫色楞做了副将。色楞非兵家出身,又自恃皇上恩宠,便在进军策上处处与额伦特作对。前些天,他不听主将调度,擅自率数千兵马急躁冒进,结果中计陷入贼兵包围之中。色楞穷途末路之际向自己呼救,他匆匆提兵救援,却也被围在了这茫茫荒原之上。眼看身后援军还远在千里之外,目下自己却已弹尽粮绝,心中不免愤懑不已。痛定思痛,他不禁懊悔未早聆丰川兵策,严肃军纪,不然何以蹈此绝境。

"其三,以守寓战。即以逸待劳,视敌为犬鼠,以塞穴拒户应之。愚窃计以我国之富强不啻万倍于彼,数年之中尚且费如此置措经营,况彼区区荒番,为力几何?其苦于奔走支撑之状,亦自可想而知。如若其扰我边域,则我正得诱鼠出穴之计,以逸待劳,以饱待饥,彼将自送死者在是,而我百战百胜者在此也。然,以守寓战并非怯懦畏战,守而有心胜之具,战而有必胜之能。故守之为战,战非浪战,此乃万全之术,必胜之方,当无逾此也。"额伦特读到此处,不由击节赞叹。这与他的兵策原自暗暗印合。进兵之初,久经沙场的他曾建言谨慎出兵,待动员青海、蒙古之兵,连同藏兵再加上朝廷十万大军,形成对叛军的压倒性优势,将其合围于藏区。然后以守寓战,图固徐进,方可拖敌于疲惫之际,再一举歼之。可康熙误听谣言,盲目乐观,声称"策妄阿拉部等之兵,疲敝已极,未必满两千。吾二百余人便可破之矣",竟断然拒绝了他的建策,而下了近乎"灭此朝食"之令,导致额部急躁冒进,进而误中狡敌奸计,陷入了四面重围之中。

其信末了,丰川写道:"人言'儒者须知兵',往昔余亦曾深思用兵之道,后将数年所得集结成册,于今一并寄来,以作贤弟参与斟酌。"探书囊中竟有厚厚一册,其中《战略论》《战术论》《将士论》《军备论》一应俱全,堪为一部颇有见地的兵学专著。额伦特一边翻阅一边慨叹:"如今似丰川吾兄这般聚神于著经论道之余,还能在治国济民之处如荒政、育才、农学、水利、兵学等,投注诸多精力并有如此卓越建树者,举国凤毛麟角耳。"正翻着,忽从书中飘下一纸,拾起一看原是一首诗:

送额将军西征

潮海天骄横,嫖姚愤请缨。

前锋罗虎旅,中蠹护龙旌。

军令威如火,行营整似城。

燕然铭汉代,今日更留名。

额伦特读后,不禁为丰川拳拳爱国之心所感染,也为其殷殷期盼自己凯旋荣归之情所打动,含泪喃喃自语道:"王兄,尔之盛情额伦特在此愧领了。"一时间思绪翻飞,竟不由自主回忆起往昔那令人铭心的友情。盖屋奇遇自不必说。两年前,他还受丰川兄之托,委派手下人总揽督办,出齐了一部丰川先生倾注数十年心血撰写的《丰川全集》,而其中刊印所需一切费用全由自己捐资。另一件事也让他很是感动,其先几年,自己在任湖广总督期间,得知江夏县令金廷襄原任鄂县知县,心中一动,便在随意间问起他治下的丰川先生,岂料金县令一提起丰川,竟是赞不绝口。提起他与丰川的交往滔滔如决堤之水,丰川在当时献绢救荒,凿井抗旱的种种善举,丰川协同自己破杀人案的奇事更是绘声绘色如说书般讲起。把个丰川夸得有天没日头,最终给他下的结论是:"丰川王先生者,举世皆晓之大儒李二曲高足也,其衣钵真传,名实并驱。"并在兴奋之余,撺掇额伦特以总督职资,将丰川以"山林隐逸"之名举荐给康熙皇帝。八月朝廷即以山林隐逸召心敬进京应诏。其时九月初,正值心敬在紫阳书院讲学,当他闻知宣诏专使即将至苏州,便惊惶惶辞讲,急匆匆回到了故乡鄂县。随后便以患风寒伤肺为名,拟了一份"辞征呈",搪塞了求贤若渴的康熙了事。自己当时得知此消息后,既抱怨王兄好不晓事,对于如此人人寻情钻眼挤破头的荣华富贵,他竟如避瘟疫般匆匆而逃,又从心底里更加崇敬了这位仁兄的至洁人品。

正沉思间,一阵号角大作,隐隐的喊杀之声从帐外传来,他呼地站起,对着急步趋前报讯的营卒厉声下令:"各营紧急集合,迎击来犯之敌!"奔出帐门之前,凄惨地向书袋恭行一礼,含泪道:"王兄,为弟此次凶多吉少,你的那篇诗章,就视作为弟壮烈的祭文吧!"随即率兵与攻进寨门的乱贼混战在了一起……经过近一月的反复厮杀,九月末,额伦特

所率数千军卒与前来进袭的叛军同归于尽,壮烈殉国。

在此期间,兴奋的心敬一直盼着额伦特传来大捷的好消息。他打算在凯旋之日亲赴总督府与兄弟共饮庆功酒,共享平叛胜利的喜悦,然而前方的消息却固执地沉默着,心敬在焦急中慢慢增添了一丝不祥的预感,这使他彻夜难眠。直到次年正月间,心敬才从官方得知了额将军为国捐躯的噩耗,顿时哭昏在了家中。待被儿子救醒,又是一阵锥心的痛号,如此五次三番,搞得家中也哭声连天。此哀痛之声惊动了街坊四邻,当得知丰川先生为亡友而一日三绝后,不禁暗叹先生为友之挚。待伤情稍定后,心敬在家摆设灵堂,率子孙一日三祭。七日已满,心敬全家浑身缟素,破天荒请佛僧在家做起了超度道场,心敬高声宣诵祭文,其一声一滴血,一字一把泪,把感念为国捐躯将士的周围乡亲,都变成了泪人儿。

话说额伦特将军所率清兵全军覆没的消息传到了北京,满朝文武大为惊怒。这时康熙帝才从轻率的判断中清醒过来,汲取教训后采取了措施:命十四阿胤禵担当抚远大将军,率三万大军继续西征;以朝廷名义册封青海灵童桑格嘉措为六世达赖并派兵护送入藏;与此同时,在各地加征粮草,以备再战。作为普通老百姓,心敬故乡鄂县的农民,也由此承受了极其沉重的战争负担。但人人心里都清楚,为了消弭战祸,只有咬牙挺过这一关。心敬更是激奋异常,他提笔写了一篇《统兵疏》寄给大将军胤禵,对进兵方略结合前次教训,提出了自己的中肯建议,以此表明一个素衣儒生的一片赤诚爱国之心。康熙的这一系列英明举措,使前方不断传来节节胜利的好消息。此时的心敬始终关注着前线的战况,将士们的英勇搏杀,似乎在替他的兄弟报仇雪恨。国家安定,黎民百姓安享太平盛世,更让他日思夜盼。

一日,正在书房床上躺着时,忽听外面锣鼓喧天,急奔出门一看,只见差役打着锣,高声宣布王师已胜利归朝。乡邻个个喜笑颜开,连树上的喜鹊也喳喳地在枝头上叫个不休。他不由也兴奋得手舞足蹈起来,谁知这一闹腾,竟然呼地从床上跌落在了地上。爬起一看,黑灯瞎火,街上也一片寂静,这才发觉自己做了一个梦。不过这梦实在是一个大大的吉兆呀,他兴奋地披衣起身,到床边案几上提笔记下了这难忘的一刻:

即事·庚子九月廿三

细雨逐秋暑未清,秋蝉苦傍煤风鸣;
夜来独喜得佳梦,应是今年喇藏平。

这一下天下快太平了,农民承受的战争苦日子也该到头了,一个他憧憬已久的太平

第三十五回 抒兵学献策鄂伦特 怀圣心劝诫年羹尧

盛世似乎指日可待。果其不久,这场为害惨烈的祸藏大乱被强大的清军一举涤荡。

西藏平定后,额将军的灵柩及遗物运回了北京。康熙命倾朝文武迎于郊外,内大臣、侍卫等到其家隆重祭拜;对额伦特加职晋爵,赐"忠勇公"谥号;其灵位进入庙堂忠臣阁,安享万世香火。心敬见其挚友最终享如此哀荣,内心也不禁大为安慰,不觉率儿孙又在家里祭奠一番。街坊邻居亦纷纷效仿设祭,对额将军用生命捍护大清统一的壮举,献出了一份普通百姓最厚重的崇敬。

光阴在不知不觉间悄悄从身边溜走,转眼间心敬已逾古稀之年。一日,心敬正在圃中除草,门响处,一差役走上前来问道:"尊长可是丰川先生?"心敬站起身,上下打量着差役:"在下便是。不知小哥有何事找我?"差役躬身道:"县主靳大人恭请,说到衙门有事相商。"心敬奇怪问道:"靳大人与吾素不相识,他有何事唤我去相商?"差役道:"小的只是奉命前来召唤,你到府中一问便知。"说罢便催促心敬随他同往。心敬无奈,只好跟着差役来到了县府。

金大人主县时,心敬来过此处多次,便熟门熟路一径来到县爷客厅。靳大人一见心敬忙起身相迎,脸上笑得似一朵花:"早闻先生为邑中大儒,常怀拜谒之心,只是苦于政务繁多,终未能如愿。今欣逢先生屈尊前来,实令本官荣幸之至。书童,给先生看茶——你个不长眼的东西,快把总督年大人赏赐的黄山毛峰泡上!"一边忙搬过一把座椅,用袖轻轻一甩,招手让心敬坐下。心敬恭敬道:"不知大人唤心敬前来有何见教?"靳大人强按心敬坐下,亲手递过茶盅道:"先生不忙,先生品品这茶,其味如何?"心敬端起呷了一口道:"在下平日甚少饮茶,端的品不出此茶有何名贵处。"靳大人一听,便自得地摇头晃脑道:"说起这茶么,大有番来头……"心敬急忙打断道:"大人,小的虽为一介布衣,却还穷忙得紧,待来日闲暇之时,再来洗耳恭听大人品论茶经。只是不知今日奉召,所为何事?"

靳大人一见心敬打断他的谈兴,脸上立时略露不快之色,随即却转为笑容:"这个么,说来话长。你可知晓如今的川陕总督年羹尧年大人?"心敬微微点头。"年大人如今可是当今圣上面前的大红人哪。想当年年大人曾是四爷,噢,如今雍亲王的包衣奴才,多年来南征北战立下赫赫战功,如今官居川陕总督。大人宵衣旰食为国操碎了心,他闻听先生贤名,惜先生之才,欲以'海内真儒'之名向朝廷举荐先生。嘿嘿,当然先生是由本官推介才传入他的耳中。昨日,本官接到钧谕,命吾面见先生,请先生到西安总督府与他一会,亲自考查尔之才学,如若中意必委以重任。至于官品么,州府之牧当易如反掌。话已至此,不知先生尊意如何?"

心敬耐着性子听这位靳大人啰啰唆唆说了半天，方才弄明白了他的话意，不由心中感动，他欠身道："难得大人与年总督抬爱吾一介腐儒。不过，在下平日懒散惯了，为官念头从未起过。前些年额伦特大人亦曾向朝廷举荐过在下，吾以染疾在身坚辞。如若有些官瘾，当日早就应赴北京，何至今日再听宣召？还是烦大人回复年公，小民薄德寡能，不堪大用，也不必觍颜前往亵渎上听。"靳大人一听此番不热不冷的凉话，顿时愣在了那儿。他一时急得口吃道："你，你……你说什么？嘿！别人挤破头都撞不到的美事，你如今竟摆起谱儿来了。你这位爷可真难伺候。今个在这厅堂，吾不妨打开天窗说亮话，总督闻你有些真才实学，欲收为门下幕宾。如今两条路摆在你的面前，若依了大人意，一生荣华享不尽，百世美名青史留；若冥顽不化，固执己见，那可是天堂有路你不走，地狱无门你偏行。到时莫怪本官翻脸无情。"心敬闻言不觉一阵恼怒，他的倔脾气也上来了，起身冷冷而言："大人若要一味强拗吾从，吾倒要见识一下大人的本事。告辞！"言罢一拱手，一扭头出了衙门。气得靳树榛倒在椅上，指着心敬远去的身影，竟动起了粗语，大喝道："你莫后悔！到时不叫这头犟驴磕头求饶，本老爷就是地下爬的。"

回家路上，心敬心里不由翻腾起这些年的拒官之举：前年，在都察院左都御史朱轼的推荐下，朝廷以《明史》分纂官再次征召于他，他以年老体衰、两耳失聪为由谢辞。连上额伦特与这次年大人，他已不下三次拒官了。他从心底里追寻着这一系列在常人看来是怪诞之举的缘由：是受恩师二曲先生一生誓死拒为清廷官吏的气节影响？还是早年岁试受挫，那次锥心之痛留下的永久创伤？抑或是自己本性不喜张扬，终生依恋着那山山水水的故乡？……剪不断理还乱，索性不想了。自己就是这么一个一辈子以儒为业的穷苦命，一个心底坦荡如明镜般的君子真身。

第二日清晨，早早就听得临街大门被擂得山响。心敬急忙去开门，刚拉开门闩，就闯进两个捕快，一把推开心敬问道："这里谁是王勃？"正在扫地的勃刚一应声，"哗啦"一声，铁镣已套在了脖上，拉上就走。心敬急拦住道："岂有此理！光天化日将人锁走是何道理？"那为首的嬉皮笑脸道："岂有此理？还问是何道理！爷们只管拿人，有理只管到大堂上跟老爷说去！"不由分说将王勃锁住，在大街上游街似的招摇。惊得四邻纷纷出来探问，那班头故意大声回话："王心敬的儿子犯事了，老爷叫拿住问刑。"心敬紧跟其后，他心里清楚，昨日县衙才不欢而散，今日就来了个现世报。

到了县衙，老爷升堂。他一改昨日谦和嘴脸，换成一副凛然面目，惊堂木一拍，震得大堂嗡嗡作响："大胆小贼，还不老实交代尔所犯罪行！"跪在地上的王勃眨巴着双眼，多着胆子问道："老爷，小人一贯谨慎做事，从不作奸犯科，何来这泼天大祸？""泼天大祸？"

第三十五回 抒兵学献策鄂伦特 怀圣心劝诫年羹尧

靳知县扫了一眼立在一旁的心敬,嘴角撇起一股冷笑:"这泼天大祸,想必你父心知肚明。"言罢,倏地从桌上扔下一纸诉状,大喝道:"睁开眼看看,这是什么东西?"心敬拾起一瞧,原是一发黄诉状,内告王勋勾结恶少,偷去了她家的一只鸡。心敬释然道:"老爷,这些陈年往事已隔多年,小的已带不齿儿挨家道歉赔偿过了,为何今日又翻起这笔烂账?"靳大人一听,愚弄似的轻言开导道:"此案虽已经多年,当时却是留中存档。但昨日老爷忽萌发宏愿,欲将这笔陈年积案予以清理,故今日拘他到庭。难道本官做错了么?难道尔子盗窃不该追究其罪么?"心敬辩道:"区区一只鸡,吾已赔偿她了事,如此大张旗鼓,莫非老爷另有用心?""放肆!偷一头牛与偷一只鸡,罪名都是盗窃,何谓小事一桩?在吾治下,就是偷了一只蚂蚁,不,就是偷了一个蒸馍,都须严刑厉法,以保吾境道不拾遗,夜不闭户之清平世界。本官一生清正廉明,最恼鼠窃狗盗之举。人常言子不教,父之过。尔平日道貌岸然,却纵子做下此等不屑之事,非但不惕然自省,还在此巧言舌辩是何道理?来人!"堂下一片山呼,"将此贼押入大牢,择日再审!"言罢,丢下心敬一人,甩袖顾自而去。

心敬愤愤回到家中,低头闷坐不言一语。翠姑见状,知道儿子回不来了,不免抱怨道:"昨日回来听说县爷请你做总督大人什么幕僚,这是多好的事。你却枉自清高,不给大人面子,还冷言冷语一推了之。如今人家寻事报复,你却拿不出一点办法,早知如此,还不如当初应承了他。"心敬一听不由火起:"真是妇人之见。为夫一辈子不愿做官,甘自以儒为业,清贫度日,怎能每逢这事便委曲求全,污我一世清名?岂不知'祸兮福所倚,福兮祸所伏'之理?"翠姑回身嘟囔着:"净是满嘴的道理,你拿这套道理给县爷说去,看救不救得出你那不争气的儿子?"言罢,迈着小脚碎步,躲到里屋偷偷抹起了眼泪。最终,还是心敬昔日好友,大财东晋卿得知此事,悄悄给县爷塞了一大锭银子,才宣布原告撤诉,将王勋放了出来,了了这趟飞来的官司。

过了一年,康熙晏驾,新皇帝雍正登基,西北边陲烽火又起。话说青海蒙古部落酋长罗布藏丹增,乘驻西宁巡远大将军胤禵回京之机,暗约伊犁、和硕特蒙古各部落一起作乱,战火瞬时燃遍了整个中国大西北。雍正王天纵英明,果断任信臣年羹尧为征剿大将军,一战旗开得胜,后又捷报频传,举国上下一片欢腾。心敬得此喜讯,高兴得夜不能寐,起身为年大将军写了一首热情洋溢又正气凛然的颂歌《祝风》。

雍正二年,青海战事平定,年军大获全胜班师回朝。进京之日,雍正亲迎至午门外,与年羹尧携手并进,两旁百官伏地跪接,黎民百姓设香案以迎。其时年大将军真乃:享开国以来未有之尊荣,受千载青史莫书之宠幸。而就在大西北的僻壤鄂县,穷儒王心敬也为此次平叛大捷,庶民不再受战祸戕害而兴奋无状,随即又乘兴赋诗一首。诗中,心敬又一次讴歌了此役居功至伟的年大将军,将其喻为秦时大败匈奴的蒙恬,汉代大歼匈奴的霍去病、李广。其旷达豪迈之心倾注出浓浓的爱国之情,却无一丝攀附之意在里面。古语云:人算不如天算。他这番淡泊名利之举初觉无甚特别之处,可其后的朝廷巨变,却令当初看似平常的作为,导致了他结局迥异的生死誉贬两重天。

也许是年羹尧功高震主,也许是其骄横贪渎,总之刚刚过去一年多,这两人的君臣关系却如过山车一般来了一个大反转。雍正一旨将年羹尧一降十八级,由威势赫赫、权倾朝野的"大将军"一撸到底,贬去了离杭州三十里一个叫"留下"的小镇,做了一个看守破城的老卒。即便如此,雍正还嫌不解气,最后干脆下旨让其服毒自尽了事。

这场令举朝战栗的腥风血雨一直连刮带下,闹腾了大半年。满朝凡是昔日年犯的部属、书吏,乃至他曾举荐过的大臣,攀附的官员、文人,统统斩草除根,收拾得一个不留。其手段之烈,举一二例可见:汪景祺,一个无良文人,曾借机投靠年羹尧,最终汪被处斩,枭首示众;妻子儿女发配黑龙江为奴;兄弟叔侄辈被流放荒外宁古塔;与其有亲戚关系者一律革职罢官,交地方看管。他的唯一罪状,就是随年西征时,著有《读书堂西征随笔》二卷,其内极尽阿谀奉承,歌功颂德之能事,将其献于年而行拍马之举。另一人雍正处置得更绝,此人叫钱名世,曾在翰林院任侍讲之职,其人趋炎附势,看年羹尧其时红得发紫,便一心投靠,遂写了两首颂诗献给了年。其诗中有云"分陕旌旗周召伯,从天鼓角汉将军"两句,将年羹尧比作周朝成王时的召公与汉朝名将李广。事发后,雍正以"曲尽谄媚,颂扬奸恶"拟定其死罪,但后改了主意,采取了比处死更为残忍的惩罚方式——革职回乡后,命钱自制一"名教罪人"大匾,悬于自家门楣,并命驻地官员定期巡查;又命大学士、九卿以下都写讽诗赠与钱。这一"恩赐"予钱以人格上的极大羞辱,使其生不如死,其一门族人都羞于见人。

鄂县知县靳树榛亦难逃法网。在其入狱后,审判官严刑拷问,老靳熬刑不过,将其举荐投靠之人一一供出,彼等都遭受了牢狱之灾。尔后靳大人急于立功赎罪,竟将心敬也拉扯进去,言己曾做年的说客,拉心敬入伙,虽被其推辞,但此后王心敬却与年曾有书信勾连;况且听人说王心敬还给年羹尧写过颂诗两首,其内极尽谄媚之辞云云。一听此话,众审官犹如猫儿闻见了腥,一下鼓噪起来,兴奋不已……

早饭已过,窝在书房中的心敬趁着余暇,翻起了近几年写就的诗稿,打算将其推敲整理一番,以便装订成册。他随手拿起一页纸,上面却是称颂年大将军的《祝风》一首,不由随韵吟诵起来,随着口诵诗文,他的思绪却又转到了一件事上。前一年,就在年大将军大

第三十五回　抒兵学献策鄂伦特　怀圣心劝诫年羹尧

胜归朝之时,那种轰动京城的盛大场景却让一进京办事的乡邻富绅大饱眼福,当他看到年大将军与当今圣上携手并行一程后又同入一辆皇家马车前去劳军时,不由惊慕万分。回来后在乡党面前狠狠夸耀了一番,那绘声绘色眉飞色舞的神态,让心敬如身临现场,目睹了这千载难逢的宏大喜庆场面一般。然而,从那乡党满脸羡慕满口赞叹里,自己却若有所思,隐隐另有一番滋味在心头。

其后不久,借着多年前年将军以"海内真儒"举荐自己却被他婉拒一事为由头,向年将军回函一封。如今想起来,不知年大将军收到后,对他信中的见解又作何置评?这一举措带来的究竟是福是祸?意念至此,不由心中一阵忐忑,以至于怀疑此举是否有些过于轻率与孟浪。不过话又说回来,这番作为乃出于自己坦荡胸怀,也是对国家、对年大人都好的善举,纵使他年羹尧有些不悦,但对于一个布衣儒生,他又能咋的?如今掐着指头算起来一年多都过去了,这封信仍石沉大海。也许他年大人一笑置之,随手往旁一撇,懒得再搭理自己,也许年大人诸事繁多,此信是否经其过目都在两可之间。总归一句话,那封信如风中一片树叶,如今也不知飘到哪个角落,静悄悄地躺在一旁无声无息了。

正在走神筹思间,忽听得前大门"咣"的一声被人推开。心敬隔窗望去,一时惊得僵住脚步,眼睁睁看着一队兵卒哗哗闯进了院中。一领头大汉叫道:"这里谁是王心敬?"心敬急忙从书房赶出抱拳拱手:"老夫便是。请问诸位从何而来,又为的何事?"那小头目凑近一眯眼:"你就是王心敬?"心敬微微点首,那人丝丝冷笑一声:"你的好事来了。"拧过身大吼一声,"给我搜!哪个敢不上心打马虎眼,小心他的吃饭家伙!"众人一声吼,呼地散开,立时桌倒凳翻,噼里啪啦响成一片。一时三刻间有一小卒从书房抓来一把诗稿递到了头领面前。头领翻看一阵,从里面抽出两页纸,在心敬眼前晃了晃:"好个王……什么,居然吃了豹子胆,写起反诗来了。小的们,给我将此贼拿下,回去领赏啰!"话刚落地,一条铁链哗的一声架在了心敬肩上。"放肆,你等何方妖孽光天化日竟敢如此施暴?试问我王心敬犯了何法?就是犯法也应是县差役前来知会,哪容尔等如此猖獗!"那人嘿嘿冷笑一声:"哟嗬,一个穷酸老儒竟还如此嚣张。实话告诉你,你所巴结的那个年大将军如今犯了滔天大罪,已被当今皇上灭了。目下,全朝廷都在抓年羹尧的余党,你写诗捧年犯的脚后跟,就该是年党余孽,还不低头认罪,竟然训斥起了我等,你怕是活腻了?汪景琪你也许知道吧,用了一本什么随笔将年犯吹上了天,结果自己斩首不说,还连累了妻儿弟兄为奴的为奴,发配的发配。您哪,会和这个汪犯一个下场!"说罢头一摆,"给我把这个不知死活的老东西押走!"还没等一家人回过神来,"唰啦唰啦"的铁索声已逐渐远去。

一路之上,心敬的脑子一直乱哄哄的。年大人出事他有耳闻,自己心里颇为惋惜且有一丝隐隐的不安夹杂在里边,但回过头又一想,那都是官家之间的事,与自己一个乡间老儒又有何干?如今铁链锁身,他才慢慢体味到了事情的严重性,可思来想去他又不知自己犯了何等滔天大罪,以致连分辩的机会都没有,就糊里糊涂被人用铁索牵着满街游走。

直到惊堂木连声巨响,心敬方才回过神来,侧身一瞅原来身子已在县衙大堂之中,自己早已被人按着跪倒在了地上。"本官连问几声,你为何装聋作哑,漫无应答?"抬头望去,只见堂上端坐着一位老爷,他身着白鹇补子,头上一颗水晶顶熠熠生辉,更难得的是其后还拖着一尾单眼花翎,预示着此人大有来头。

"堂下所跪何人?""王心敬。"心敬昂首平静答道。"本官奉旨彻查年党余孽一案。这两页诗文是否——"言毕抖开案上从心敬家中所搜寻出的那两页稿纸,"是你为年犯所写?"心敬点了点头。"大声回禀,是还是不是!""是!"老爷轻舒一口气,又问道:"谅你这两首诗定是誊写之物,老实交代你将原稿交予那年贼又得了何等好处?"心敬笑道:"老夫写此诗纯属自娱自乐。我一不求官二不求财,以此取悦那年大人又有何用?""你与年犯有无书信来往?""有。"老爷眼中蓦地闪出一丝亮光:"那你说说个中来由。本官有言在先,若能据实回禀,则当酌情处置或许饶你不死;如若有半点搪塞隐匿,哼哼,你心下明白。""我王心敬一生坦荡磊落,说一不二,纵然刀斧加身依然如故,何须大人虚张声势危言恫吓?事情是这样的,多年前,年羹尧有闻老夫虚名,曾以'海内真儒'举荐于朝廷。老夫性喜恬淡而不慕功名,加之染疾在身,故以婉言相辞。去岁忆及往事,曾向年某捎书一封以表谢忱,仅此而已。""仅此而已?多年前年犯荐你之时为何不去信致谢,偏偏去岁年犯如日中天炙手可热之际却去凑这个热闹?莫非昔日自视清高,后来见其权倾朝野便生攀附之意,遂以此二诗附于信中投石问路,以便委身投靠谋个一官半职快活一番?""既然上官话已至此,老夫只有以'无可奉告'四字回复。"心敬闻听上面污言秽语一时怒火中烧不屑道出信中隐情,便脖梗一拧不再言语。"无话可辩了吧?来人,将嫌犯押入大牢,择日处置,退堂!"言罢提袍甩袖扬长而去,丢下了满腔愤懑而又无可奈何的王心敬。

紫禁城景阳宫御书房。

前来向雍正禀报改土归流诸端事项的云贵总督鄂尔泰正在跪奏详情时,说了许久却未见雍正发话,不由住口偷眼窥视起来,却见雍正怒容满面低头沉思。鄂尔泰心底一沉,不知哪句话触了这位心机莫测的圣上天威,只好问道:"微臣处置若有不周失当之处,还请圣上明示。"雍正这才抬起头来,指了指侧旁的坐椅道:"没你的事,是朕走神了,你且坐

第三十五回　抒兵学献策鄂伦特　怀圣心劝诫年羹尧

下。"鄂尔泰谢恩半臀移于椅边拱手道："以微臣观之，皇上今日心绪不佳，莫非朝中又起波澜？"雍正狠狠道："年贼虽伏法，余党仍猖獗。你看——"说罢递过书案上的两页纸。鄂尔泰起身接过，原来纸上各写就一首颂诗。搭眼一看，立刻心底一阵震颤，原来其一名曰《祝风·遥寄年大将军》，诗云：

　　　　万里飞腾不告劳，凭君为我语天骄；
　　　　四海全无饥馑岁，九重已将霍嫖姚。
　　　　万里飞腾不惮长，凭君郑重语龙骧；
　　　　战胜摧锋如扫叶，四海奏凯更焚黄。

译成现代诗大意为：风儿万里不辞劳，寄语叛孽莫狂傲；如今四海无饥馑，天朝已遣年羹尧（将年喻为西汉常胜大将军霍去病）；风儿万里勿嫌长，请飞传我骁勇将；摧枯拉朽扫叶日，晋爵焚纸告祖上。

看罢，索索发抖的双手又展开另一页文稿，诗首题曰：《欣闻年大将军奏凯回朝，情不自抑狂草歌之》，诗云：

　　　　搀抢昨夜净妖氛，占在西征奏凯闻。
　　　　应是九重庙算胜，端知八座献筹殷。
　　　　秦边终赖蒙恬力，汉将仍传去病勋。
　　　　迢递虹桥通万骥，可曾渡得飞将军。

一看见那熟悉的字迹，鄂公心中顿时咯噔了一下：他一介乡野儒生，素来孤傲淡泊，却如何牵涉到了这一波天大案之中？"哼哼！逆党佞人伐名世贷大之功，竟在其诗中将年贼比作召公、李广，而这歪诗亦步亦趋将其喻为蒙恬、霍去病、李广，何其相似乃尔，其行可恨其心可诛！"鄂尔泰一闻此言，立时悚然。他深知自己这个主子天纵英明却刻薄阴狠，此语一出此人将命悬一线。怀着一丝侥幸，立刻恭谨站起，明知故问道："请皇上示下，写此诗者不知何人？""陕西鄠县王心敬！此人前些年曾经年贼一力举荐，说是甚'海内真儒'，如今看来不过是沉瀣一气逐臭而居的无良文人一个。"此话一落，鄂尔泰后背立时冒起一股凉气。他赶忙口不择言辩白道："圣上息怒。这个王心敬微臣略知一二，闻知他是名满西北的大儒，若因此区区二诗罹祸蒙难，恐怕……恐怕坊间难免非议。"不料这一番弄巧成拙的开脱反倒激起这个孤傲偏执皇帝的一片杀心，雍正拍案而起愤愤道："坊间非议？此等关乎社稷安危的大事，还须掂量斟酌一番乡野闲言碎语？爱卿未免太过迂执了。如此奸佞小人，无非借着颂扬拍马年贼之机以诗献媚以便名利双收；还有，据差官回报该王竟在年贼得胜回朝飞扬跋扈之际趁机献颂书一封，内中难免以阿谀之辞贩攀附投靠私货。此等酸儒猥琐投机之心，更比钱名世之流令朕不齿三分。你的'坊间非议'提得好，朕正要借此昭告天下，古人云'除恶务尽'，像这般年党余孽更须斩草除根，此事关乎江山稳固朝廷安宁，朕岂是一个轻重不分沽名钓誉的软耳根子昏庸之君！"随即齿间透出一丝冷气盼咐一声，"传朕口谕。"侍立身旁一太监匆匆跪下听旨，"着即将王心敬押解进京斩讫报来！"言罢拂袖而去。

　　眼见自己顿足疾呼："皇上，皇上！"而不见了雍正身影，鄂尔泰急忙赶出宫门，揪住了正骑马待发的奉旨太监："张公公且慢奉诏，听老夫一番言语再行不迟。"那张公公道："皇上差遣岂敢耽搁？阁老有何训示，小的暂且洗耳恭听。"鄂尔泰凑前一步低声言道："实言相告，公公奉旨擒拿之人实为一忠直大儒，你若将其押解进京一刀斩了，今后必是大冤案一桩。到那时皇上追悔莫及，固然不会怪罪于你，可你整日待在皇上身边，皇上一看见你就会不由想起那一桩窝心事。你想，你还能……"那张公公一听此言一时醒悟，脸上变了颜色道："阁老有何良策，还请不吝示下？"鄂公掏出几两碎银附耳言道："时已近午，公公不妨到这附近天外天酒楼暂歇打尖，就吃一顿饭这不算耽搁，如若过时老夫未来，你尽可奉旨前去了。"那太监方才放下心来。眼望着张公公朝他指引的方向引骑而去，鄂公方才脑筋急急一转，催轿直奔京城额伦特的遗属居处而去。

　　读者诸君一读到此处一定疑窦丛生：这位鄂大人与王心敬有何关系，竟不惜冒犯天颜还如此大动干戈强留这位太监以图谋事？众位有所不知，这位朝廷重臣鄂尔泰早年曾闻心敬名节，遂曲意结交，几年下来书信函札不绝于途。通过笔墨文字及僚友额伦特、崔纪还有众多总督巡抚推崇备至的谈论，鄂尔泰熟知心敬的一切。他欣赏心敬深邃的儒学修养与厚重的国学底蕴，敬重他一生不仕淡泊名利的高洁品格，钦佩他磊落坦荡重情厚义的君子风骨，更叹服他不忘农民、终世为之呼号、为之纾困解难的大我情怀，与这等学识人品的大儒由交往结识而成倾心挚友，使鄂尔泰终生引以为傲。如今，这位知己蒙难罹祸，怎能不令鄂公心焦如焚极力相救？

　　雍正正在暖阁用膳，忽听一太监跪禀道："云贵总督鄂尔泰有急事报奏。"雍正一愣随口道："传他进来。"眼见鄂尔泰满头冒汗急惶惶跪在眼前，雍正心有不忍，佯作沉脸问道："有何事急得让朕吃饭也不得安生？"鄂公心知肚明，遂借机顺竿爬道："臣素知圣上励精图治，为我大清江山永固而废寝忘食，故斗胆前来为君解惑排忧，臣有一篇诗文呈上，皇

第三十五回　抒兵学献策鄂伦特　怀圣心劝诫年羹尧

上一览定当开颜。"

雍正果然被此话吸引住了,挥手道:"呈上来,朕倒要看看此物是否能逗得人开心。"鄂尔泰双手将文稿递上,仍退后跪下,那双惶恐的两眼却不时溜过雍正的颜面。雍正细观之后果然神色大悦:"《送额将军西征》,这诗将额将军比作霍去病、天朝军比作虎豹师,祝其大破准噶尔残匪,收复西藏,建立如窦宪将军剿灭匈奴般的不世伟业。写得如此大气磅礴正义凛然,非胸怀家国情怀的忠贞奇才,难以写就如此佳作。鄂爱卿,此诗作者姓甚名谁,朕要好好褒奖于他。"鄂尔泰不搭话,又从怀中掏出一叠文稿跪禀道:"此人还向额将军建言献策,提出诸多中肯的军事方略,深得额将军称道赞许。"雍正一听双目放光:"哦,此人还有这等才具? 快快呈上来!"

雍正览完那一叠厚厚的《战略论》《战术论》《将士论》《军备论》,久久沉思不语,随后抚卷轻叹道:"若当初将此人调与辅佐将军,或不致额将军捐躯、全军覆没的惨痛境遇。此人是谁? 朕要重用于他——哎,你怎么还跪在地上,快起来回话!"

鄂公揉着麻木的双腿,摇摇酸痛的腰身,然后侧身坐于旁设的椅上嗫嚅答道:"谢皇上赐座。此人是……此人是关学大师李颙高足,曾蒙额将军举荐的山林隐逸,王……心敬。"说完轻轻叹了一口气,咬牙准备承受头上降下来的霹雳雷霆。

"王心敬,王心敬? 那个攀附年羹尧的王心敬? 怎么会是他! 似这等阴阳之人,委实不该留在世上。你与他有何关系,为何三番两次为此人缓颊?""皇上息怒。"鄂尔泰闻听此言"扑通"一声跪倒在地:"臣实言秉告,前些年准噶尔战事吃紧时,臣时任三边经略,赴陕甘前线督师。偶闻其学博大精深,遂就战事询及此人,先生即以《答经略鄂公书》回函,并赠《兵间事宜》一篇,其文谋虑深远,直指兵事关节要津,令臣深为叹服。后又闻听此人一些传言,皆赞颂其高风亮节饱学睿智,臣心向往之,尔后通过书信来往渐成心灵契交,然仅属文友却不曾涉及官场秘事。臣斗胆辩奏,王心敬乃一山野儒生。额将军、年羹尧率军伐叛,全国百姓莫不箪食壶浆相迎送,尤以年羹尧大胜之时为最,可谓举国若狂,王心敬一热血诗人焉能不赋诗歌颂? 平心而论,他是将额、年二人视作朝廷将士象征,一统加以颂扬,这又何错之有?"

鄂尔泰借发问之机仰首扫视,见雍正闭目端坐只是沉思着,遂大了胆子又禀道:"据臣所知,额将军亦曾与其交好多年且有八拜金兰之盟,圣上细想,如额将军这般血气耿爽、廉洁刚正之人都与其惺惺相惜,那王心敬岂会是一个猥琐趋附的鄙俗小人? 再者,额将军、年羹尧都曾以'山林隐逸''海内真儒'向朝廷举荐,若其有高官厚禄之意念,早已登堂入室美享锦衣玉食,何至事到如今,又以佞词颂诗取悦于年贼以图再进?"

鄂尔泰又借发问之机偷窥御面,见雍正仍闭目养神却不由颔首称是,其胆又壮了几分,遂添枝加叶又道:"据臣所知,王心敬乃一理学造诣已臻至善境地的大儒。除此之外,诗词曲赋无所不精;兵学、漕运、农事、水利、刑名、荒政、教育、经济诸科皆有建树;天文、地理、棋艺、音律已至幽境;其为人刚正磊落、高洁坦荡堪称皎皎君子之风;尤为可贵的是王心敬深悯民间疾苦而不顾自身,曾因献绢救灾冤困囹圄;为凿井抗旱而携病奔波,写出专著《井利说》《水利说》《圃田法》《区田法》教民耕作,经先巡抚崔纪大力推广,救陕、甘诸省数十万农户免于妻离子散、倒毙沟壑……""好了,好了,经你一说,那王心敬竟被夸成十全十美完人一个了。""圣上,在微臣心目中,那王心敬实乃卑职命途中所仅见的完人。微臣敢以身家性命担保,此人绝非蝇营狗苟趋炎附势之辈,还望圣上明察。"鄂尔泰一见皇上口风稍松,急忙竭力为心敬担保开脱。

"古人有言,沧海桑田。"雍正此时缓缓开口道,"天长日久,山河尚可为之变色,何况人乎?也许那王心敬当初如尔所言,可面对那年贼炙手可热之势,那王某改志易节也未可知。其罪与否,当有真凭实据才好论断处置。"鄂尔泰闻言知圣上倾听自己前奏已缓收杀心,便双拳拱道:"此事关乎一大儒名节,微臣当谨遵圣裁。"雍正沉思片刻,开口言道:"若那王心敬将此二颂诗献于年贼,其心即昭然若揭当依律处斩;若未寄予,据下上报,王某尚有书信往来于年贼,其信依情又有两说。其一,或明示或暗喻索官求职投靠卖命,依然难逃法网;若仅为致谢往昔年贼举荐之美意的一般应酬敷衍之辞,则证其仍持旧有名节,当然就平安无事可放其归家,仍过他的逍遥日子。如此处置,爱卿看如何?"鄂公连忙跪禀:"皇上处置这般缜密妥帖,微臣万莫能及。如此一来,那王心敬真容将大白于天下,即或血染刑场也是咎由自取无言可辩。"

君臣二人议定,正当鄂尔泰跪辞谢恩之际,雍正略一思忖却又招手道:"一客不烦二主,既然爱卿如此上心,朕索性命你为钦差专务大臣,暂拨职分冗务前去年府督办此案。你且殿外暂候片刻,容朕写一便笺交与那张奴才,命他改道随同前往助卿一臂之力。"鄂公一听此言急辩道:"皇上,微臣急欲返回云贵以筹改土归流诸多事务,还是另委他人为好。"雍正笑眯眯道:"不妨事,爱卿数日之内即可办妥。此事只有托付于你朕才放心。"鄂公只好道一声"遵命"。

不一时,雍正缓步下殿,交予鄂公一信袋,轻描淡写道:"那奴才初次出宫办差,势必多有不周,朕怕有甚闪失,信中交待他应留意的一些细节,仅此而已。你可命人快马加

第三十五回　抒兵学献策鄂伦特　怀圣心劝诚年羹尧

鞭,令他改道同行。爱卿办事审慎朕甚中意,此去定可马到成功,给朕一个满意结果。"鄂尔泰领命,长回一声"嗻"唯唯而退。

到了附近天外天酒楼,张公公正急得待在楼外打转,鄂公转述了皇上口谕并交其书袋。张公公一拍脑袋:"唉,急昏了头连账都没付就只顾在楼外张望,大人稍候,容我去去就来。"鄂公一挥手:"公公请便。"

话说那张公公闪身坐进楼中一雅间,偷偷拆开信袋,抽出一块蟠龙环绕的刺绣黄绢,上面写有一行龙飞凤舞的小字,文后还盖有雍正的玉玺御印。张公公一瞄,立时惊恐得双目圆睁面色煞白,天旋地转间仿佛整个楼宇都在摇晃。他紧闭眼睛双手狠狠按住胸前桌面,似乎若不如此,整个人都要飞荡于那疯狂的旋涡之中。片刻之后,张公公方觉眩晕稍定,他狠狠揉了一阵双眼,方才张目细看,只见那黄绢上仍然是那清清楚楚的一行字迹:"着即将鄂尔泰拘捕,从速押解回京,钦此。"

惊疑交加的张公公正百思莫解,何以命自己宣读那道突兀圣旨之际,却瞅见袋中还藏一白纸,抖开一看,上面几行熟悉的字迹明确命他转赴往日年羹尧将军府邸,明面上协助鄂尔泰勘查王心敬书信一案,实则寸步不离紧盯鄂的行踪,如若发觉鄂有藏匿、焚毁该王文稿举止,则可当即宣布此诏书并将其押解回京面圣交差。一览到此,张公公方才明白了皇上此番御旨的深藏心机。

读者诸君,想那浸淫官场多年的鄂尔泰是何等机敏伶俐之人,当皇上命他主持此案并令张公公以帮衬之名随身前往时,即已将其心思猜了个透亮,皇上从他谈及往日与王心敬的交往并急匆匆从额将军处取回心敬书简,乃至复回宫中不顾礼节于皇上用膳之时反复为王心敬辩白称颂中,已疑心大起。故抛出一个钓饵命他侦办此案,以探明鄂公心迹,是忠于王事为国救贤,还是徇情枉法,包庇逆犯。

明白了个中缘由,鄂公便心下有了主意——查察时牢牢将公公拢在身旁,让他这只皇上的眼睛时刻盯着自己的一举一动,让皇上最终明白自己一番天日可表的忠诚与苦心。

话说年羹尧定罪之日,府第即遭查封。当时查案官员已将年府官衙,年的内室、书房、府库翻了个遍,从已上缴材料中并未发现心敬的只言片纸。鄂公便另辟蹊径,将排查重点放在了昔日未曾着意的一排排执守、师爷、书吏、役从房中。果然没几日,一书吏房舍中传出一片喧哗之声。鄂公领着张公公一同前视,只见那书吏套间的一只屋角竟堆放着七八麻袋并未拆封的信函、书简及乱七八糟的碎纸零页。鄂公命人将其抬至院中,当众倒成小山一堆,众人七手八脚蹲下一一翻捡,终于在一叠乱纸中寻出一个合口信封。

展开一看,只见其上明晃晃写着一行楷体大字"致年羹尧大将军书",左下角题名"陕西省鄠县王心敬"。

　　就在众人欢呼雀跃之时,鄂公当着张公公的面,一手接过那封书简,仔细观察了封口与笔迹,待确认后,一面吩咐一下人速到对面大街店铺中购一带锁铜匣,一面复命众人再仔细搜捡,看看有无王心敬的其他诗文篇章。不一时众人捡毕,回禀再无王心敬的笔墨书稿。正在此时役从飞奔而进,递给鄂公一只亮灿灿黄澄澄的铜匣,鄂公用钥匙打开匣子,将心敬书信郑重地放入其中,然后锁定,转身对贴在身旁的张公公道:"搜得王心敬的物品唯有此信,吾已当着众人之面将此信盛入匣中,烦劳公公护持此匣,钥匙暂且由老夫保管,我二人即可一同返京当面向皇上交差。"

　　一览到此,读者诸君定会发出疑问:为何如此之多的未拆信函堆放在那无名书吏房中,竟使鄂公能这般轻易得手从而光光堂堂完成这桩皇差?容在下在此处喘一口气,再将个中原委细细道来:想那年羹尧剿灭叛匪凯旋之时,京城里好一番隆重热闹,全国各地四面八方的贺仪、献礼、敬函、颂辞雪片般飞至,将军府终日熙熙攘攘,真可谓厅内络绎不绝,府外车水马龙。其炽热气象有诗为证:"将军府内人潮涌,勋爵门外车流洪,累累进献赛御库,熏熏气焰炙天庭。"

　　话说几日热闹一过,那年大将军在饱览一番库中堆积如山的贺礼后,拐回书房,斜卧在锦缎铺就的楠木躺椅上,享受着那一叠叠诗词曲赋烹制而成的视觉盛宴,在那些将自己称颂为亘古第一英雄、有史首善辅臣的赞歌中,他飘飘欲仙,如饥似渴般大声朗诵着那些诗篇,陶醉在一瞬间的销魂快感之中。

　　谁知那几日新鲜劲一过,成筐千篇一律的颂辞让年大人不胜其烦,像多日积食的人,瞅见昔日美餐如今却味如嚼蜡令人倒胃一般。索性将其余文稿交予师爷代为观览,直教那师爷也看得头昏脑涨、眼冒金星之际,方才想出一脱身妙策:令手下众多书吏将其余紧要的摘出供他预览后再呈年大人一阅。其中所谓紧要者全视称颂者的身份:一曰皇亲、国戚、王爷、旗主;二曰七品以上官宦;三曰全国显赫的巨商大贾、富绅豪门、文坛泰斗、雅士名流。以上人物的文墨方准入围,其余的一律封存,待日后闲暇时再一一过目。就这样,那些不堪入流的贺词颂文竟装了几麻包,静静地躺在了这个无名书吏的屋角。而心敬那封信函,也"滥竽充数"般藏身在了其中。

　　养心殿外,张公公侧身向鄂尔泰拱手道:"大人在此稍候片刻,老奴这就进宫向皇上

第三十五回　抒兵学献策鄂伦特　怀圣心劝诫年羹尧

奏明大人完旨而归,殿外候召。"鄂公挥手道:"一切听从公公安排。"此间,鄂尔泰一边转悠一边猜想着那铜匣里令人提心吊胆的信中内容,不由一阵寒战袭来:若为通常致谢应酬,则当在年举荐后不久寄出,可此信却恰在年贼大胜回朝如日中天权倾朝野时寄出,看来八成是他王心敬一时糊涂随波逐流,将二诗附于信中以歌颂年的大捷回朝,虽未诚心攀附却会构成投靠行迹。一想到此,鄂公不由心内叫苦:"尔缉呀尔缉,你这次莽撞热血之举自己要倒大霉丢脑袋不说,还要连累老夫陪你到奈何桥头走上一遭。"

正在焦灼不安胡思乱想间,只见张公公急匆匆赶来招手示意。鄂公如怀揣兔,一颗心一直颤到了雍正面前,雍正用眼示意鄂尔泰打开案上的铜匣,鄂尔泰急忙从怀中掏出钥匙,哆嗦的右手几次都插不进锁孔。许久方才听得"嘭"的一声,匣盖弹开,一封书信赫然现于二人面前,雍正伸手缓缓取出信封,看了看封口,然后撕开取出信纸默默看了起来。房中一时寂静无声,空气沉重得似乎要凝结成冰。一汪冷汗从鄂尔泰后背津津冒出,顺着脊梁一直向下流淌。那双腿也麻木得失去知觉,唯有一双眼睛紧盯着眼下握有生杀大权的"冷面王"。许久,只听雍正一声惊呼:"这个大胆狂徒,连命也不要了!"鄂尔泰一听此话犹如当空霹雳,双腿一软趁势跪下叩头不止:"老臣有眼无珠,看错了人。望皇上严惩微臣误判欺君之罪!"雍正见状一愣,随即恍然大悟,便又故作冷峻,将信递给鄂尔泰:"你看看,这个狂徒写些什么,真是不要命了。"鄂尔泰双手接过信纸,不看还罢,一看惊得半日合不拢下巴,双目直呆呆望着时而模糊时而清晰的那一篇文字:

年大将军钧鉴:

　　忆昔年,将军一力举荐不才于朝廷,仆虽身疾未能成行,然将军盛德却永铭于心;看今朝,将军率军击寇大胜而归,令疆土免遭分崩,黎民不致流离,此功大焉。心敬与天同庆,莫不欢呼雀跃,焚香捧酒遥望将军顶礼而膜拜。

　　孰料,将军班师回朝之日诸端行止却令人为之愕然,前后感怀之异不啻天上地下。不胜痛惜之余,遂复此书一吐为快。

　　天军大捷,固赖将军运筹决胜千里,然若非圣主英明决断、将士用命拼杀、官员督运粮草、百姓忍饥赴役,将军纵有千头万臂,岂可仅凭一人之神勇横扫强虏?而将军却将圣上携举国之力破贼之功据为己有,又何其慢傲无知哉?前日有乡邻自京返归,言及回朝之日将军与君主路上携手同行,辇中并肩共乘,令心敬不禁瞠目失色。试问将军与圣上君臣耶?手足耶?抑或一字并肩王耶?

　　孔子曰:"上尊下卑。"想当日慰军之时,将军若固辞圣宠,或躬身引行,或奋作銮驾御夫,圣上与百姓亦会百口称道也。然将军其时竟心安理得坦然受之,其倨傲之状委实令天下人扼腕痛惜之余心下不免愤愤难平。当日乖戾之态以心敬妄测,实为忘本失智之举。

《周易·丰》云:"日中则昃,月满则亏。"将军如今已功德圆满,若不惕然自省,伏身恭谨勤于王事,则昃亏之时不期而至矣!败兴之语姑作妄言,然先哲之训则当永铭。

切切忠告,望君慎思。将军胸襟海纳百川,若能闻过而喜,则修成彪炳千古之一代忠臣良将矣!

刍荛村夫　王心敬　谨上

这篇信稿的通篇文字,实出雍正君臣二人的意外,它既非客套应酬的谦辞,更非趋炎附势的谄语,却堪称一篇传统儒生对无知晚辈的谆谆教诲。二人惊诧万分,久久不言一语。雍正低头沉思,一个儒生,非但固守着自己淡泊清高操守,竟然还以一个私塾先生所倚仗的师道尊严,教训起坐拥千军万马威势赫赫的大将军;从得胜回朝那场盛大却又异乎寻常的阵势排布上,他分明察觉了年贼的倨傲与狂妄,还有雍正自己一番不可为人所道的深沉用意;似乎他也隐隐感觉到,在朝廷中将要随之而来的那一场腥风血雨。

平生第一次,这个一向孤傲冷峻的皇帝对一个乡野儒生,从内心产生了深深的敬意。而鄂尔泰此时则惊喜交加:自己这一宝押对了。事实证明,王心敬非但不是一个猥琐的小人,反而是一位大义凛然、于烈烈逆风中屹立不倒的儒中丈夫。极度兴奋的他为打破这难堪的沉默,故作参透心敬心机,低头叹息道:"好一个不谙官场世事的迂夫子!""大谬!这分明显出一位大儒只身犯难的忠贞与胆识,岂是一个迂夫子之所为?""那圣上为何反斥之为'大胆狂徒'?""万人汹汹歌其功德,唯他滔滔斥其恶行。这个'狂徒'还不大胆?""那圣上为何还要取他性命?""这般义士之信若落入贼手,必将死无葬身之地,岂不是连命也不要了?""哦!"鄂尔泰连连拍着自己的额头,"皇上这是正话反说,倒弄得臣下方才一片冷汗浑身。"此时的鄂公浑身舒泰,那叫一个惬意畅快!一时间君臣洋溢在一片感慨、惊叹、兴奋的松快气氛之中。

"皇上,微臣从年府抄来王心敬的物品中仅此信一封,并未见他所写的颂诗。显然他只是以此诗抒发自己的爱国情怀,并未将之寄年。仅此一举,足见其与那些以佞辞邀功求赏的谄媚文人心界高下之分;加之此信中王心敬忠奸心迹分明,他的虚妄罪名,似乎也

第三十五回　抒兵学献策鄂伦特　怀圣心劝诫年羹尧

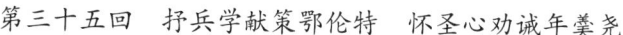

该到拨正的时候了。"雍正点头称是,凑近鄂公诚恳言道:"爱卿此番力保那王心敬,仰赖昭昭天道,方获如此完美落局;尔之眼力果真不差,尔之此番种种举措,亦属忠诚谋国之重臣所必为。爱卿没有看错人,朕也未看错人,实乃可喜可贺。至于善后处置,朕思量得好好表彰一下这位大儒——赐'海内真儒'御匾一面并给予厚恤,送其归家安度余年。卿意如何?""皇上慎思。臣熟知那王心敬秉性,其为人一向安贫淡泊不喜张扬,一旦照上行事必置其于两难之中。人言道'恭敬不如从命',臣看还是勿要大张旗鼓,只须温言抚慰一番,令其安然归家方合高士本意。"雍正沉思一番方遗憾言道:"就依卿说的办,只是有愧于这位大贤了。"

一起关乎王心敬生死荣辱的惊天波涛,至此风平浪静,万里晴空。鉴于事涉宫帷秘谋,虽其内幕是如此云谲波诡、惊心动魄,然局外人却仅闻之皮毛,故在史籍中就只留下了轻描淡写的这几段记载——《清史列传》中云:"总督额伦特、年羹尧先后以隐逸荐,不赴。羹尧召,心敬亦不往。世宗(雍正号)闻而重之。"《宋学渊源记》中载:"羹尧以礼招致幕府,心敬见其所为骄纵不法,避而不见,亦不往谢。世宗闻而重之。"《清朝先正事略》亦言道:"及羹尧为大将军,复招之,卒谢不往。羹尧败,出其门下者皆谴误,或禁锢终身。丰川不与也。"

第三十六回　遵家训双璧光先祖
　　　　　奉圣旨两坊裕后人

湖南新田县县衙。

时夜已深，县衙内院书房中仍透出一束明亮的灯光。一支蜡烛插在案几上的一个铜蜡台中，一位中年男子身着官服就着灯光，正在专心致志读着一封来信。这位县爷，就是心敬的长子王功。所读的信，是时任广西浔州知府的三弟勋的贺函。函中除对自己升任知县欢喜恭贺外，尤表示要与兄长一道谨遵父亲在《丰川家训》中所荐莅仕规矩，做官清廉公正，做事谨言慎行，为国解忧为民纾困。字里行间洋溢着踌躇满志的豪情与锋芒毕露的锐气，流露出一股在官场中欲奋发有为的勃勃雄心。王功览信后百感交集，心里感叹着好几天，昔日流着鼻涕、顽皮无比的三弟，竟然在倏忽间长大成人，还担负起了国家的栋梁之责。他的思绪不由转到两人小时的情景……

那时的弟弟才七八岁，他也就是十六七的年纪。自己生性憨厚实诚，本分直率，而小他近十岁的勋却显出与其年龄不符的狡黠与多智，而且顽皮好事。记得有一次，他带着勋出去转悠，远处一群同龄幼童在一起玩老鹰捉小鸡，他也蹦蹦跳跳跑去续在了队尾。那个"老鹰"比他大一两岁，是个傻大个，腿脚不太灵便。三扑两扑总是抓不住机灵的勋，而勋在脚底不闲的同时，还伸出手指刮着自己的脸皮羞他，不由气得大吼大叫，猛地一个前扑抓住了勋，就势把他拉倒在地，还用脚踢了几下。勋爬起来，笑嘻嘻瞪了那小子一眼，一声不响站在了一旁。不一会儿，趁着那娃背着身的一瞬间，他箭一般射过去直将那个傻大个扑倒在地，还照样还了几脚，随即赶紧跑到自己跟前，躲在了他的身后藏得严严实实。当那小孩起身寻着仇家时，只见远处立着一个半大小伙，那个让他吃了亏的坏小子却不见了身影。他只好愤愤骂了几句，又玩了起来。待那几个孩子玩兴复浓时，功发觉自己的后衣被拽了一下，见勋噘着嘴示意他快走。功笑着转过身，勋在前他在后离开

第三十六回　遵家训双璧光先祖　奉圣旨两坊裕后人

了这是非之地。

走到半道上，勋又生出怪点子，蹲在地上苦着脸直喊他肚子饿了，走不动，硬要自己背着他。功只好蹲下身让勋爬了上去。可在背上也不消停，一会儿拽自己头发，一会儿挠他的脖颈，片刻也不得安生。走到一处宅子，墙外伸出一根挂满熟杏的枝条，勋又要骑到功的脖子上去摘那熟杏说是充饥，他只好踮着脚让勋伸手拽住那条枝一下摘了好几颗。乐得勋大喊大叫，直唤得那家主人出门探视，他才又架着闯祸的弟弟一路飞跑……

直到年十四上了官学，自己刻苦钻研，奋力苦学，方跻身于食廪生之列。再后几年，自己因学绩优异拔贡，往北京就学于国子监，后获选拔朝考一等。学成后，他返家十余载，协助父亲完成诸多儒业与家事，其后奉朝廷征召，以新田知县之职赴湖南任所。

而勋上学就轻易得多了，他天资聪颖，加之好学，读书辄过目不忘，让同侪惊讶不已，纷纷传说他有"宿慧"，也就是能在梦中不觉间将日里功课弄个滚瓜烂熟。入庠后不久就获得食廪资格，平日纵观载籍博览群书，且最善摹孙过庭笔法，而其遒劲秀媚更是有过之而无不及。后亦经拔贡而进入北京国子监，初任广西安知县知县，后升全州知州，如今由于政声卓著，又荣擢浔州知府。此次来信，就是在其任上发来的贺函。

思绪又转到了前不久履新时那难忘的一幕。在来新田县前，雍正皇帝亲自在乾清宫召见了自己，这也恰为他的辞阙之期。清朝规制，官员履新前，须向皇上辞行，接受皇上的最后训示，谓之"辞阙"。闻听召见的王功，慌忙将一沓东西交给随行，让他同去并在宫外守候。拾阶而上进入宫中，雍正道："今日无事，闻你去湖南就职，特召来问问。此次所去湖南新田、常宁一带，不是地多丘陵民生维艰，就是农稼虽易却民风不古。你将何以处之？"王功跪禀道："微臣此去履职，正是期盼委一艰辛之地以练才干。唯有知难而进，因地制宜有的放矢，着眼于该邑治理关节之处，倾个力设法解决方能达致事半功倍之效。比如对于民生凋敝之处，微臣将全力于改善当地民生，以发展经济广开财路实行富民政策为第一要务，使其逐渐成为人人有饭吃，个个有事干的富庶之邦；对民风彪悍之地，臣将加强地方治理，以平讼息斗、社情宁安、民众安居乐业为首要政事，使其终成道不拾遗、夜不闭户的清平之地。为臣此去当勉力谨行，鞠躬尽瘁，务使圣恩甘霖备泽于我中华角落，方不负圣上殷切之期。

"至于为官之道，家严在家训中已有语：'士大夫以清操为第一义。然清而无干，不能为百姓兴利除弊，亦只可独善得一己，究于国家无补。'又云：'受人家国之任，于朝廷所托的事能看得重于家事，于朝廷所托之人能看得重于家人，公而忘私，君而忘身，这便是大圣贤的存心行事。'臣本着此心尽力而为，方不负君恩圣谕。"雍正笑道："'为百姓兴利除弊''公而忘私,君而忘身'说得何其中肯而又入木三分。一个臣子若能做到如此地步,足以光耀千古,青史留名。尔父何人,竟能有此卓识?若以此言人人行之,则国泰民安之盛世指日可待也。"王功禀道:"家严乃陕西鄠县人氏,名心敬号丰川者。"雍正闻言,惊诧道:"王心敬?丰川先生?莫不是我朝勋爵额伦特以'山林隐逸'所举荐之人?莫非是叛逆年羹尧威逼利诱却始终坚拒其邀而能秉持洁身之人?朕在事发后曾赞其品德高洁,莫非是尔父?"王功跪禀道:"正是微臣之父。"雍正闻言,感慨之余又和颜悦色命其复坐,功谢恩后方侧身虚坐椅上以待皇上垂询。雍正叹道:"朕多次下诏命其进京,可尔父皆以病婉辞而无缘得见。尔父于今身体可健?听说正在著书,其况如何?"王功躬身禀道:"家父虽染疾在身却无甚大碍,前多年蒙额将军仗义捐薪,出齐《丰川全集正编》,微臣惜藏一套,时时拜读以供养心正身。"雍正欣喜道:"尔处既有一套,可否供朕一观?"王功禀道:"微臣遵命。"言罢急急出宫,将随行所持之物,携回献于皇上。

　　雍正接过厚厚一册《丰川全集》欣然道:"文如其人。朕要好好见识一下这位山林隐逸的真容。"言罢,细细翻动透着淡淡墨香的书册。读着读着,神色却愈来愈凝重,好一阵子不言一语。王功在侧见这位口出一言即可令己顷刻间化为齑粉之人的神色,冷汗不由从脊梁汩汩冒流至股下。正在王功几乎战栗难持之际,雍正叹了口气,指着《丰川家训》一处道:"其'莅仕'篇写得何其深刻也。若我朝为官者尽皆循此而行,天下何能不大盛大治,百姓何能不安居乐业?'昔人以清、慎、勤、敏为居官四字符,余谓此四字自是要紧,然但知此四字亦只可谨身寡过而已。必兼之以仁、明、公、正,则知明处当,仁尽义至,始能建俊伟光明之业。居外官可为真循吏,立朝廷可为真大臣。'高屋建瓴,正说到为官要害之处。你再看:'下属一时有忤意者,当问其心为公为私。若是出于为公,正是益友,当喜而勿怨。'真是说到为官者的至高境界。再如'朝廷官钱,须严立规程,自己不可妄自丝忽。盖权在其手,易于挪移,初闻不觉,到后积累日多,每难结局。仕途以此致困者,往往而然,何可不慎?''居官俭朴最是要紧事。盖一能俭朴,则可以成廉,可以就公,且可以成真正之德,光明之业。'说得何其切肤!其数千言皆为官正道之要诀。朕平日训词意蕴亦此却未能如尔父如此详尽周全。读完此段落,其中亦有令朕肃然自惕之处,亦不失为朕日后查察各处官吏之绝佳参照也。此全集甚为有用,朕欲置之案头时时观览,不知爱卿能否割舍?"兴之所至,对于一个区区七品芝麻官,竟用起了"爱卿"一词,令王功受宠若惊,冷汗一刹间变为热泪,忙伏地跪禀:"家父此集能入圣上法眼已是不尽荣耀。微臣早有进奉之意,只是无此机缘耳。"最后,雍正帝以"名儒子,果不凡"作结语,欣然命其告退。王功一脚高一脚低,浑浑噩噩、迷迷糊糊不知如何回到了自己宿处。

第三十六回　遵家训双璧光先祖　奉圣旨两坊裕后人

"大人，茶已凉了，老仆已换上了热的。"一声呼唤，才将王功从痴呆呆的往事回忆中惊醒。他揉了揉眼睛，伸了伸懒腰，方才歉意道："夜已深，你且歇息去。吾还有事要办，不必在此守候。"老仆才打着哈欠，转身离去。思绪又回到了皇上那日的召见上，新田地势崎岖，民生凋敝，如何才能兴业安民以不负皇恩呢？自己赴任之时，父亲的临别嘱托言犹在耳："以民为本，利民即为德政；天下最可怜者在农民。"此时的王功不由感到肩上的担子分外沉重起来。他起身振臂挥去睡意，自语道："百闻不如一见，明日不妨到各处走上一遭，看看实情再说。"正思忖间，一场大雨迅疾而至，打得屋脊瓦片砰砰作响，一时间庭院屋檐雨流如注，地上积水横溢，整个世界被这倾盆大雨弄得一片混沌。茫茫雨帘下，功推窗观赏着这在北方罕见的夜景，摇曳的灯光中，映照出一位满腹心事的县爷身影。

时值夏秋之交，昨夜的疾雨洗去了多日的浮尘。清晨起来，天空一片湛蓝，空气分外清新，就连远处起伏的山峦也似乎移到了眼前，伸手可及。早膳食毕，王功换上便服，带着老仆出了衙门，朝着街上集市走去。街上人倒是不少，可都基本为农夫穿着，袒胸露腹，衣冠不整，光鲜亮丽者甚少。两旁虽有几家茶馆饭铺，却是冷冷清清，连店小二也都没精打采，斜靠在柜台上无聊地打着盹。走进集市倒还热闹，两旁摆满了当地的山货，有猎人打来的豪猪、獐子、锦鸡和野山羊；竹笼中还挂着几只八哥、画眉；筐中摆放着从河中捞来的无齿蚌、三角帆蚌和田螺；有好几个身着瑶、壮服饰的女人面前摆了一大堆从山上采来的药材，王功认得几样，有半枝莲、益母草、鱼腥草、鸡血藤等，其余许多他也叫不上名字。旁边还有几处吃货摊，几处卖粮的，但都是看的人多，出手的人少。大多数人都似乎是闲着无事，前来逛逛图个热闹。

出了闹市进入乡野，眼前一片片稻田望不到尽头，绿中带黄的稻穗下垂着，已近收割季节。王功问老仆道："集市上的情景你已看到，有啥想法？"老仆倒是个爽直人，开口道："老爷，小的是本地人，这里的农人苦哇。一年到头种着庄稼，到时只能拿着粮食到集上，换些家里的用物。农闲时有力气使不上——没人要。就像今日集市上那些逛街的，都是两手空空，东瞅瞅西看看，给眼过个瘾。若能在农闲时寻个事干，手里也就活便些，集市上也就不是这般模样了。"王功道："老哥，你这话说到点子上了。于今我王功来到贵地，就是要想法使咱农民在闲时能有力赚钱，搞活这一方经济。"那老仆一听喜得直笑："老爷，你若能让咱这儿农民日子好起来，便是我全县百姓的活菩萨。可如今这模样，能想啥法子让这农人闲时有活干呢？"王功笑着一拍老仆肩膀："办法总会有的。只要观察了解一段时日，就能想出解困之途。前面有个阴凉处，咱赶到那儿歇歇。"

走到一处树荫，王功手搭凉棚极目远眺，发觉这里确实是一个好去处。稻田右手，是

一大片林子,有一条小溪时隐时现从林中穿过,没入葱绿的稻田之中。身后一大斜坡上丛生的荆棘中,酱红色的酸枣果实累累,野花遍开其间。更奇的是,有一花草不知其名,紫色的小花一簇簇依附在数丈长的绿茎之上,数十根聚在一起,犹如花之瀑布,沿坡"倾泻"而下,径直"冲"到他的脚边,其势壮观至极,令王功只能用"惊心动魄"四个字来形容。面对眼前这一片郁郁葱葱花枝招展,王功驻足观赏竟一时沉醉其中。

"老爷,吃上几粒这物解解渴。"不知何时,老仆手捧满满一掬物事,举到了王功面前,王功定睛一看,竟是一把桑葚。仔细观之,一个个紫中透黑,米粒一般颗颗晶莹饱满,聚成拇指头大小,诱得王功口津顿生。他急忙伸手取出数个放入口中,那蜜甜的汁水溢满齿间,直直沁入心头。王功索性拿来一齐塞入口中,弄得满嘴淋淋漓漓往颈下直淌,久违的故乡果味让王功也顾不得老爷的形象尊严了。吃毕用手帕擦了擦嘴头,方才用疑问的眼神盯着那忍不住笑的老仆,老仆赶紧解释道:"老爷正在此处看得入迷,小的去那林子里转转,却在深处见到了一片桑林。尽管这时桑葚已落果,却让小的寻了一棵树上还挂着零星的这东西。解渴一毕,就摘下其余拿到河中涮涮,献给了老爷。"

王功心中忽地一动:"那里面有一片桑树林?"等到那老仆狠命点头,便急忙拉着老仆,"走,到那儿看看去。"那老仆边走边不解道:"老爷,那桑树平常得很,俺这儿到处都是。不是啥稀奇花草,无甚看头。"王功急忙道:"一块去看看,吾心中自有主意。"那老仆一听便不再言语,领着王功从林中穿入。

行数十步,举目一望,数十株桑树赫然现于一片荒草之中。由于野生,这些树干恣意伸展,相互盘结穿插,形成一丈多高的一大片树丛。近观之,手掌大的叶片绿中泛青,长得十分茂盛。王功灵感顿生,他兴奋地仰天大笑:"踏破铁鞋无觅处,得来全不费工夫。生财之道,就在这一片景致中!"老仆甚觉奇怪,连问:"老爷,这一处荒山野岭,哪有一丝能生财的景致? 老奴不明白,老爷到这儿一看,竟是这样的舒心畅快。"王功欣然道:"此次出来野游收获颇丰,吾真要感谢老哥的那一掬桑葚呢。快些打道回府,本县有事要忙了。"

回到府中,王功急唤夫人温氏出来,说有要事相商。待夫人来到书房,王功将自己多日来苦于为新田农民解困谋生财之道的焦虑与忧心一一道出,温夫人是个爽快干练之人,忙快语言道:"夫君为官一场,谋利一方乃天经地义之举,不知想到了啥法子?"王功遂将他今日体察民情一番经历说了一遍,言道:"一看到那一片桑林,为夫立时有了主意。栽桑养蚕,缫丝织绢。此地人尚不晓养蚕织绢之法,更不知其能获利巨万。咱县历来为桑蚕之乡,内行之人遍地皆是。吾唤夫人来此,是想委屈夫人回乡一趟引来能人在此地

第三十六回　遵家训双璧光先祖　奉圣旨两坊裕后人

撑起一桩养蚕织绸的大事业,使乡民由此脱贫致富,过上好日子。不知夫人能否成全为夫的这一愿望?"温夫人一听深有同感,遂欣然道:"官人此造福一方之念,为妾焉能拂逆?况如君所言,此地野桑遍布,极是宜于植桑养蚕之处,仰此兴业使邑民脱贫,此法甚是稳妥实在,夫君这一济民善举,我岂能不倾力相助?再说回到家乡,还可照顾年迈的阿公阿婆,经管上学的儿郎,也算一举两得。"王功闻言大喜道:"夫人真乃善解人意的知心人。你返乡后,须抓紧三件事,一则遴选两位善务桑树的行家,让随你同去的老仆带回;二则回乡后立即下工夫熟习养蚕、织绢之法,为夫要你精熟到成为此行当的专才,将来回返新田能任教习之职;三则暗访纺织房,务要物色到手艺绝顶的织绢高手,以做来日在此演示、传授技艺的师傅。"温夫人凝神专注,一一细记心间。听完丈夫交待的事项,心中激奋不已。夫妇为此商议半宿,方才合眼睡下。

第二天,王功早早起身送走夫人与老仆,便赶到离县衙最近的一块荒地,经目测步量,有十亩左近。回到府中动用库银雇工将这片地开垦、平整、修排灌沟渠。用了近一月的时间,方将往日的荒草滩弄成了平平展展的好地。

一个多月后,也就是王功刚将那片地整好没多久,那老仆领着两个鄂县人回到了新田。王功在家宴中向那两位乡党谈了自己的打算,请二位用自己的手艺将这十亩地弄成植桑的样板,协助他完成在新田大兴养蚕织丝的伟业。二人都慷慨表示不光植好这十亩桑田,还会不舍力地教会当地人种桑的技法。饭毕,王功领着二人在新开的田地中转了一圈,二人赞许道:"乡党的桑地摆弄得很合规程,当今的紧要事是在地中打一灌井,与此同时就可以植桑枝了。"王功将那二人引到野生桑树林中,二人看后很是兴奋,齐言道,从这些桑树上取枝就可满足需要了。

打井的同时,那两个鄂县桑工一人从那片林子中截取当年将成木栓的枝条,剪成六寸左右的留腋枝段,由王功雇来的民工运到桑地,另一人在田中支拨众人按成法的株距、行距插入垄中并踩实。由于雨水丰沛,一月间插枝已长出绿油油的几片嫩叶。尤为顺当的是新田民风淳厚,甚少官司刑事,王功便将全部精力投入了这项工程之中。当他来到桑田,看到两个乡党领着当地农民忙于剪枝、疏芽、摘心、整树型、施肥、翻田、灌溉和清除杂草,眼看着这一片精心侍弄的桑树一日日发枝成长,王功的心里充满了喜悦和希望。他索性蹲在田间帮着打下手,还不时请教诸多植桑的技术要诀和细节。一个桑农问道:"乡党,既然那些野桑树白白长在那儿,咱养蚕尽可去那儿摘取,何苦费神劳力又种上这么一大片桑树?"王功笑道:"你想,咱这一炮若打响,不知多少当地农户会跟着咱学养蚕织绢。这些农户一时兴起想养蚕,若让他们一开始先从费力植树做起,吃不上益先要投下许多成本,他们就会打退堂鼓。如今有好多现成的桑树林摆在那儿,只需买上一两页蚕种就可立地养起蚕来,也就不会有那么多的顾虑了。实话说,这些桑树就是留给他们的。咱们这次养蚕之举不是为了赚钱,而是为吸引诸多农户由此能投入到养蚕之中。你说从这想法思考,咱这算不算吃亏?"两个农人齐齐举起拇指:"还是咱乡党看得远。"王功笑道:"日后若他们在这上面吃了益,那些野桑不够摘了,自然就想到自己植树了。到那时水到渠成,还须烦劳二位给他们指点传授种桑的窍门呢。"二人齐道:"那是自然。"一人凑兴道:"不过到那时他们一齐来三个纳两个抢,乡党可要保证不将我二人撕成两半。"王功听了笑得岔气道:"要那样就说明大功告成了。本官保证你二人的安全。只是不要到时家家请得吃滑了嘴,若闹起肚子我可不管。"三人一齐大笑,似乎这好日子已近在眼前。

日子在繁忙的劳作中飞驰而过,转眼间到了第二年仲春。这一片桑苗已蔚然成林,精心操持之下,那些桑树株株枝条错落有致,桑叶大而厚实,似乎急不可耐等着主人前来采摘。几个养蚕、织绢农妇与打造织机的师傅随温夫人前两日已抵新田。师傅们按着规矩选材打造织机;织绢女工帮着蚕妇晒着蚕籽。两天后黑压压的幼蚕爬满了蚕纸,农妇急忙将它们分别抖落在洗净晾干的几十只大海篮中,望着这些馋虫幼小的身躯一齐拱入桑叶之中,吃个不停,温夫人和蚕妇喜不自禁。随着幼蚕一天天长大,蚕妇们更忙了,除了满足这些吃货日夜不停增长的食欲,还要在挂着纱帘纱窗的几间大房内洒水降温,观察蚕情,做好龄期管理,消毒除粪。这些大海篮弄得蚕妇吃饭都得换班。

二十多天后,一大片竹梢上挂满了黄澄澄的金茧和白生生的银茧,搭眼一看蔚为壮观。王功与鄠县乡党们看着这一番景象,禁不住喜笑颜开,心里充满了成就感。这时不断有附近的农人前来看稀罕,王功与蚕妇尽力宣讲着养蚕的益处,回答着人们的询问。

下来就是缫丝,来看的人更多了。师傅将蚕茧浸在热水锅里不断搅拌,用手提起几根丝头,卷绕于丝筐上,还不时捞起锅中丝尽煮熟的蚕蛹让乡亲们品尝,说其极富营养。周围人开始试尝,初觉不适后来愈嚼愈有味道,不由纷纷取食回家说给媳妇娃们尝个鲜。

经过几道工序后,这些蚕丝上了织机。此时官府养蚕织丝的消息已传遍了整个县里,十里八乡的村民都拥到织房中,看着在梭子飞驰中,一寸寸柔光水滑的丝绸缓缓伸展,不由眼花缭乱,赞声一片。王功乘机向在场乡民宣讲道:"各位乡亲,贵县境况大伙一情尽知,就是山川秀美、民风纯良。然除庄稼外鲜有其他经济收入,致使温饱有余而囊中羞涩,没有多少银钱供孩子上学或置买衣物、家具,就连走亲访友也羞于出行。可实际上吾县物产丰饶,大有致富的门道,不说远处,就在县城外二三里丘陵中,大片野桑林到处都是,若能像这样养蚕织绢,何愁不能家家有银子花,孩子个个吃饱穿暖有学上?"说着指

第三十六回　遵家训双璧光先祖　奉圣旨两坊裕后人

着眼前的织机丝料道："就拿目下鄠县乡党近月辛苦养蚕所织绸绢来说,拿到苏杭去卖,足可换回百十两白花花的银子,这是一笔多大的收入与财富呀。可以毫不夸张言之,吾乡民是手捧着一只金碗而浑然不晓。"此番入情入理而又情真意切的话语打动了在场观者的心,他们不由纷纷交头接耳,议论起来。王功见众人心动,便乘机加了一把火:"若大伙有心养蚕,本官府免费提供蚕种,还可派师傅就地指点养蚕诀窍,加上野外现成的桑叶,大伙只要腿脚勤快,精心饲养,忙时务庄稼,闲时搞养蚕,还怕一年收获不比种田禾多吗?"闻听王功这么一说,当场竟有多人急着要蚕种,恨不得立马回家就养起蚕来,王功笑道:"还须等上十来天,待此批蚕蛹出蛾,交尾摆籽,方能供给诸位蚕种,若有此意,本官可命蚕妇到你等家中先安排蚕室,做些养蚕前的准备工夫,待其一毕,蚕种也就刚好能供给了。"

旬日后,有数十家农户前来索蚕种。王功命人发给他们,并将这几个月来他通过长期观察、询问、不断向夫人请教,并亲自参与操作,精心编撰的《蚕桑成法》一书赠给这些前来的蚕农。书中详细描述了桑树的培植过程、操作要领及应着意关注的紧要之处和应对措施;尤其养蚕的规程说得特别周详,从蚕室的要求、布置等事前的准备,到蚕的生长龄期管理,包括各龄期蚕的食叶表现,及其时须着力掌握的操作要点;从桑叶的摘取、清洗到各龄期采叶量的多少;从蚕病害的防治到吐丝的丛枝布置,直到摘茧后的分类与储存,其详尽程度不啻为中古农耕时代植桑养蚕的一部百科全书。使各地养蚕者只要手持此书,照本宣科按着去做,都会不出意外获得可观的收成。

数月间,这项经营活动取得了极大的成功,不断有四里八乡的农户探访完各处正在养蚕的农户后,又都要到县衙办的蚕室与缫丝、纺绸处开一下眼界,温夫人则充当起了讲习的角色,不厌其烦地回答着乡民提出的种种疑问,还不时亲自上去示范操作一番。在普通百姓眼里,这位衙门里的官太太竟如此平易近人,无论其穿戴还是说话的语气,倒像个精通蚕务的乡间大嫂,不由打心底里崇敬起来。由崇敬而产生的信任感,使温夫人的话语无形中显出了莫大的权威。在夫人卓有成效的劝导下,即便来到这儿看热闹的,也立时在心中涌起了一股养蚕致富的急切心态,纷纷领取蚕种回家准备大干一番。温夫人满心感动地看着眼前这一幕,她欣喜地发现,自己丈夫的宏愿正一步步变为了现实。

短短一年多的时间里,新田县有近乎一半的农户在闲时养起了蚕。男人采桑植树,妇人在家服侍幼蚕,日间交谈的话题都离不开如何植好桑养好蚕。此间,王功暂停了自己的蚕室,将从故乡招来的几名务蚕与织丝工、种桑工一齐支派到了各处,全力扶持养蚕户。乘着政务闲暇,他也不断下乡查看情况,帮忙解决蚕户难题。看到各处一片热火朝天的景象，王功夫妇心里比自己得了聚宝盆还高兴。

经过三年多的艰辛奋力，王功当初的大胆设想变为了现实。随着一片片桑田开出，数百织机日夜不停。织出的"软黄金"——光润柔韧的绸缎远销到了湖广江浙一带，丝商们纷至沓来，争相采买，白花花的银两源源不断流进了农户的荷包。随着日子逐渐富足，集市也开始热闹起来。腰里揣着碎银散铜子，说话立时硬气了许多，也舍得给媳妇买上新衣料，给老人孝敬些往日有心无力的糕点，给孩子买些耍货。有的还趁机大兴土木，盖起了祖辈梦寐以求的宽敞新居。

一日，王功身着便服，带着老仆又一次来到了街上集市。与三年前的那次微服出行相较，无论市容还是游人都让主仆二人暗暗吃惊：那时空寂无人的店铺如今熙熙攘攘，曾经倚着柜台打瞌睡的店小二此时笑容满面脚下生风，热情招徕着进进出出的食客。这些人，正是三年前缩手弯腰向里张望而却步的农夫。王功望着眼前这变化巨大的景象，心生无限感慨之余欣喜道："老人家，这几年你鞍前马后为本县操劳，这番热闹中也有你的一份功劳。走，咱二人也到这饭馆铺张一回。"言毕，就听见店小二殷勤地招呼道："二位客官，楼上雅座有请。"王功笑道："这位师傅，如今的生意如何？"那店小二笑嘻嘻道："不瞒二位，前几年生意清淡得紧，就是靠在柜台上困上一觉也不会耽搁正事。可这近一年半载，生意出奇地好，那些往日上不起馆子的农人，如今也邀上三朋四友不时来上一顿。现在忙得两脚不着地，还有怠慢的客人。听他们说全是托新来县爷的福。"王功乘兴问道："你可认得这位县爷？"小二摇头道："小的哪有这个福分？要是认得，我得给他老人家磕上三个响头。"老仆不解道："县爷给农人造福，与你何干？"那小二笑道："这你就不懂了，整个县的人都有钱了，才会像今天这样顾客不断，生意好得太多，东家给我开的工钱也比往日翻了不止一个跟头，你说我该不该谢他？"正说着，又有几人拥进饭馆，店小二急忙道："二位先上二楼雅座安歇，待会儿小的给二位沏上一壶好茶。"说完急着又去招待新进的客人。王功道："我二人不妨到这靠窗一桌坐下。这里人多，也好图个热闹。"

二人刚坐定，只见邻桌两个庄户人酒喝高了，一人高声道："可不是我吹，县爷的《蚕桑成法》我一年就弄得烂熟，不光照他老人家的法子赚了钱，还摸索出了一个养蚕诀窍，照这个法子，蚕长得快茧还结得特大，卖出的价钱比旁人高出两成不止。"另一个不屑道："甭胡吹。说出来让老哥听听，难不成你比县爷还能了？"那人正要卖关子显摆，却一眼瞧见了坐在那桌的王功，急忙站起惊问道："这不是给咱教植桑养蚕的王县爷么？"这一喊不打紧，却使满饭馆人的目光齐刷刷射向了王功。嘿！这不正是日夜在乡间各蚕室桑田转悠，派人到各地下力扶持的县爷王大人么！众人瞧得真切之下，这些昔日过着苦巴巴紧

第三十六回　遵家训双璧光先祖　奉圣旨两坊裕后人

日子,如今大都致富的纯朴乡民,一股脑儿拥到了王功座前,纷纷下跪拜谢县老爷的大恩大德。王功急忙扶起当头的几位,恳切道:"为官一任造福一方乃地方牧守的应有之责,无甚感恩戴德之处。倒是本官要感谢诸位乡亲能不避风险踊跃响应县府召唤,奋力投身植桑养蚕之中,终于挖除了吾县积久之穷根,过上富足康乐的生活。能获乡亲如此厚爱,我王功数载辛劳还复何求?"

正说话间,有一差役慌张走进饭馆高声禀报:"大人!县府前如今围了数百乡民,说是要给大人送万民伞。小的特来禀告。看是如何处置?"周围众人一听一下炸了锅:"啥?咱怎么没想到这一层?走,咱也一块儿给大人道贺去。"王功笑道:"送万民伞乃是地方官调迁时邑民的随俗之举,莫非本官做事太过出格,惹得乡人欲早早送吾出境么?"众人齐道:"大人莫要言笑。大人为吾县致富费尽心力,我等受大人恩泽方才过上了如今的好日子,想是他们等不及大人升迁时奉敬这万民伞了,还望大人快去受伞,切莫冷了众人的心。"说罢,众人一齐簇拥着王功出了饭铺……

不久,邻县农户看到自己的新田亲戚近来的显著改换,也都在眼馋心热之余就近投师学艺,走上了养蚕致富之路。这一连片县域很快形成了一个养蚕织绵的新兴产地,在当时的湖南政商界引起了极大的轰动与赞许。王功的政绩很快经巡抚传到了雍正皇帝耳中,龙颜大悦,遂下诏书予以嘉奖。王功上书谢恩,言说是谨遵了皇上临别圣谕与家训中的为官之道,方才有了今日的作为。言辞之恭敬实在,令雍正十分欣慰。由此,一片奋发有为报效国家的光明前景,展现在了王功的眼前。

一日,心敬正在书房看着长子王功昨日寄来的家书。书中谈及他近几年在湖南新田县履职的详情,着重向父亲禀告了为解决当地民生而倡导植桑养蚕之举,且于近期大见成效,并恩蒙皇上嘉奖之事。

儿子遣其妇回乡熟习务蚕并收罗几名个中高手,又一同返赴夫君处的事他一情尽知,然能在三年内弄出如此大动静,彻底改变了新田面貌并能获皇上嘉奖,却出乎他的意料。功儿在家时是三个孩子中最敦厚纯良的一个,看似不会有多大出息,可他在任上能大刀阔斧独自创出一条为民除贫致富之路,且获得百姓与官场的高度赞誉,却不得不令自己刮目相看。尤令他心潮澎湃的是,自己年轻时欲在仕途上改善贫穷农民艰难生计的一片勃勃雄心,由儿子替他实现了,不由在一阵伤感之余,又倍觉欣慰与感慨。

正沉浸在信中遐想之际,忽闻门外一片喧嚷,又听得"咚、咚、咚"三声震天炮响,只见勋脸色焦黄,急急奔到了心敬面前,颤声高呼:"父亲,皇上……皇上圣旨!"心敬闻言大惊,急忙令勋赶快唤起全家老少一齐出门迎旨,说罢自己正冠整衣急步走向门外。门外,县衙的差役早已静街,王府前已里三层外三层拥满了围观的街邻。待勋领着家人抬着香案与心敬齐齐跪在门前时,从一队骑兵拥簇的一顶官轿中缓缓走下一位宣诏使者,乜斜的目光扫视了一下还在交头接耳、叉手挺胸的观众,坐骑内立时传出一声断喝:"尔等群氓还不跪听宣旨!"这些街头观众方才晓得刚才使者不满的神色,纷纷跪倒在了街头,连同王家人一起等着听那神圣的谕旨。使者这才缓缓打开一副精美的黄绢,清了清嗓子,方充满威严高声宣道:

  奉天承运皇帝制曰:考绩报循良之最,用奖臣劳;推恩溯绩累之遗,载扬祖泽。尔王忻,乃广西浔州府知府王勋之祖父。锡光有庆,树德务滋。嗣清白之芳声,泽留再世;衍弓裘之令绪,祜笃一堂。兹以覃恩赐赠尔为中宪大夫、广西浔州府知府,锡之诰命。于戏!聿修念祖,膺茂典而益励新猷;有榖诒孙,发幽光而丕彰潜德。

  制曰:册府酬庸,聿著人臣之懋绩;德门辑祉,式昭大母之芳徽。尔广西浔州府知府王勋之祖母李氏。箴诚扬芬衍璜表德,职勤内助宜家久著。其贤声泽裕后昆,锡类式承乎嘉命。兹以覃恩赐尔为恭人。于戏!揄徽音于彤管,壸范弥光;膺异数于紫泥,天麻永邵。

  圣旨大意为:政绩考核之紧要,在于通报勤政的优秀官员,按其实绩奖励臣子的勤劳;推举官员要考查其平素德行的积累表现,以弘扬祖上的恩泽。你王忻,乃广西浔州府知府王勋的祖父,皇赐的荣耀实在吉祥,务使其建树的德范能更加发扬;还望继承前辈清白的美名,其遗存的恩泽将百世流芳;能发扬世代相传之功业,其将荫被门族存绪绵长。皇恩浩荡,特赐你为中宪大夫、广西浔州府知府,并颁发委任诏命。啊呀!子孙要修身敬职发扬先祖功绩,还应尽力谋划新的伟业;福禄遗留子孙,后辈亦要大力彰显家传久蕴之懿德。

  诏令道:皇家用册封酬劳方式,表彰臣子的勤勉功绩。有德之家一门和谐幸福,正是彰显了嫡长母的美好德行。你乃广西浔州府知府王勋的祖母李氏。贞洁的品德犹如随身佩戴的美璜,贤内助的佳誉早已传播四方,其恩泽及于子嗣后昆,你的好品质无愧于皇家赐赏。皇恩浩荡,如今赐你为恭人。啊呀!你美好的名声已记入史册之上,你作为人母典范更加荣光;殊誉已载于皇室档案,你受天恩庇荫美名永扬。

  一般而言,诰敕中在世的称为"封",去世的称为"赠";对一品至五品的官员下旨称为

第三十六回　遵家训双璧光先祖　奉圣旨两坊裕后人

"诰",六品至九品的称为"敕"。受封赠的官员前辈,不担任实职仅为荣誉性质,其官职与子孙同。父系祖先还按其子孙官秩(文官)封有官品,一至九品分别为:光禄大夫、资政大夫、通议大夫、中宪大夫、奉正大夫、承德郎、文林郎、修职郎、登佐郎。对母系祖先,命妇的等级自上而下为:一二品为夫人、三品为淑人、四品为恭人、五品为宜人、六品为安人、七品为孺人。

由于王勋时为广西浔州知府,属正四品官员,故其祖父王忻被皇上诰赠为浔州知府、中宪大夫;其祖母李氏被诰赠为恭人。

宣诏毕,心敬跪谢皇恩,并将使者诸人迎入内堂叙话。使者笑对心敬道:"先生大儒声播朝野,更喜教子有方,致官声皆卓著。尔幼子王勋此于浔州府任上荣获莫大恩泽,奉旨敕封其祖父王忻为中宪大夫、祖母李儒夫人为恭人;长子王功亦在新田任上教农熟悉桑蚕之法,使邑民受益良多,湖南地方已将其勤政之绩上报朝廷,圣上甚为嘉许,不日亦将下旨予以褒奖。另告知先生,本圣旨到日,已谕令地方襄助先生为先父母树功德牌坊,以彰尔先祖懿德。此光宗耀祖之盛誉,恐为贵县百年难逢之殊荣也。"心敬唯唯,恭送钦差出门。

王氏一门德行素来为邑民崇仰,加之县府大力资助召唤,当地士绅、工商乃至乡野村夫均将此谕视为全县邑民的无上荣光,纷纷出钱出力,满怀豪情与喜悦投入到了建造工程之中。心敬在其中处之超然,整个建造的具体筹办事务,全由心正与勋等一班兄弟子侄张罗操劳。

从南山采回的大青石,由十数个石匠忙碌着,将其凿成各类型材;整个工地车马往来穿梭,凿石的叮当声不绝于耳,四乡八野闻讯前来围观的人川流不息,甚至许多小贩也乘机在周围摆起了吃货、衣物与小百货,竞相叫卖招徕顾客,挤得周边街道两旁,俨然成了一个热闹的小集市。

经过一年有余的艰苦劳作,王府门庭两侧各五丈处,矗立起了两座巨大的青石牌坊。

每座牌坊高三丈有余,两边宽丈余、厚两尺、高六尺的南北向硕大石座上各竖起一巨型石柱,一大石梁嵌于两旁石柱之上,形成一座横跨北街的宽阔石门,石门前后各有五尺的石鼓雄踞南北两侧;在这主门东西两边还各有一条长丈余阔五尺的石条甬道,合成一座三门牌坊。抬头仰望,牌坊的条石上精雕细刻着各式云朵花卉,凝厚重与飘逸于一身;顶端中央一平面嵌石上篆刻着"敕造"两个醒目的大字,透着一股特有的尊贵与庄严。一眼望去,整个牌坊显得分外大气、雄伟。

它们立刻成了清代鄂县北街的显著地标。南首的一座称为"孝义牌坊",是为纪念王忻而立，表彰其孝母又侠义的德行；北面的一座称为"贞节牌坊"，是为丰川母李氏而立，赞颂其守节抚子的功苦。在其矗立的二百余年里，有多少高官勋爵从此巨石门的廊中经过；有多少婚车丧棺在此留下人间的悲欢离合；它又目睹了不知多少鄠县古城的兴盛与衰落……可惜的是这两座牌坊均在一九五六年北街的道路扩建中被拆毁，令如今的年轻人无法瞻其风采，也使目下繁华的现代街市上，失却了本该与之相互辉映的一段历史沧桑。

话说石牌坊落成之日一大早，四里八乡如潮涌来看热闹的人流便将那两座牌楼围得铁桶似的。众乡民挤挤攘攘仰首观看着这崭新的县城景观，人人竖起大拇指，莫不对这宏伟壮观而又精雕细刻的青石建筑赞叹不已。

王府内外，一拨拨前来祝贺心敬的新老契友、各处乡绅、省府及县衙官吏与街坊四邻或齐聚于府中厅堂，或散坐于院中所搭彩棚之下；连全县王氏各支脉亦公推族中德高望重的长者前来共庆王氏这一重要日子；王功、王勋也告假从治所长途跋涉而归，共赴这百年难遇的盛典。一时间，府内欢声笑语似浪翻滚，府外赞叹喧嚷如潮汹涌，夹杂着不时响起的阵阵鞭炮声，闹翻了整个鄠县城。

正午时分，在众人的簇拥下，陕西督学使设案祭拜完天地后，对着满街的乡亲朗声言道："列位，本官奉省巡抚之托，前来主持鄠县两牌坊的落成大典。众所周知，丰川先生王氏宗亲为鄠邑望族，懿德贤行远播桑梓。就丰川先生这一支脉而言，其父王忻以孝贤之举入祀乡贤祠；其母李太夫人中年丧夫，以薄田孤身侍奉老母、毁产助学方成先生鸿儒大业；丰川先生一生除等身著作外，其渊博学识尤为天下所共知，四方高官勋爵、名士达人纷至沓来求教问询即为明证也。其子王功、王勋亦在仕途奋发有为，乃我朝难得的清官廉吏、治邑干才。本次奉诏为其祖荣立牌坊，即为朝廷对王勋功业治绩之首肯褒扬。此番圣恩不仅宠及王氏一族，更是贵县父老乡亲之无限荣光！……"一席话如巨石击水，荡得满街听众群情激昂欢声雷动，弄得整条北街好似一面响鼓，将整座县城上空震得嗡嗡直响。

仪式毕，众人一同折回厅堂歇息。行至堂前，督学使凝思片刻，回身道："此等盛举，当有墨迹以作永铭。吾观此堂檐前尚无物事，不若书一匾额高悬其上，岂不正合时宜？"诸官绅纷纷随声附和，共请学政大人书赐墨宝，学政笑道："在夫子门第，学生焉敢不识行止、卖弄造次？莫如由夫子亲笔书就，也为子孙留下一件传家之宝。至于名目……鉴于今番蒙恩大喜、举座欢颜合邑共乐，将其题为'具庆堂'各位看看如何？"（古语，"具"同"俱"，含"皆、都"之意。）一时众人齐抚掌大赞："妙，妙！甚合众意且贴切至极。"丰川见

第三十六回　遵家训双璧光先祖　奉圣旨两坊裕后人

此豪情顿起,乘兴于书房中展纸舒腕,饱蘸墨汁,写就"具庆堂"三个大字,其苍劲、浑厚的笔法,引得四周一片啧啧赞叹之声。随后王勋即刻命下人将其送入街坊制匾不提。

经过一整天的热热闹闹、熙熙攘攘,终于客走人散。此时丰川一家人围坐在具庆堂内仍兴奋不已,回想畅叙着今日盛况。

就在众人议论纷纷之时,王功向坐在父亲身旁的王勋关切问道:"贤弟,你在广西兴安、全州、浔州几任上能干练处事,循公执法,政绩卓著,方获当今圣上嘉奖荣溯祖上,令为兄甚为钦服。不知近日境况如何?"只见一提此问,王勋面上竟浮起一丝忧色,叹口气道:"正因为弟在任上殚精竭虑,方将各州县治理得一片清平。近日上峰闻吾才干,欲将小弟调往芜湖任钞关税务总监一职。掌管大宗钱钞,其自身易因疏于自律而致贪腐失节、身败名裂之境。其外部行贿、索贿者也将接踵而至,若以公帑应付索赂或笑纳行赂,则有违家训、负恩朝廷,也与小弟平生心性相拗;若不允,则祸立至,轻者罢官,重者身家性命不保。故小弟近日思虑再三,欲请朝廷改任他处以全吾节。"

心敬闻言不觉心中一沉,儿子的忧虑不能说不在理,身居此位若不与上下同流合污,则难免动辄得咎进而身遭不测。然而……几个然而之后,心敬却对勋说出了一番这般言语:"儿思虑得极是。然而你的避祸之策无非是明哲保身,去他处做官,其终局却是做了一个苟且偷生的小人。吾在家训中是如何说来着,'公而忘私,君而忘身',在如今这一关口,你是否做到了这一条?大丈夫为官,国家利害重于自己性命,焉能做出蝇营狗苟、趋福避祸之举?你这一避倒好,那些贪腐之徒没了绊索,更可有恃无恐、肆无忌惮侵吞民脂民膏,到头来须是朝廷受损百姓遭殃。儿啊,你要做一个忠肃公那样的人,一个哪怕粉身碎骨也应史留清名的良吏。明日又要履职前去,为父今晚抄一首诗,作为临别赠语。"说罢将王勋引向书房,在案几上挥笔而书,王勋探身前视,原来父亲抄了一首于谦的《石灰吟》:

　　　　千锤万凿出深山,烈火焚烧若等闲;
　　　　粉骨碎身浑不怕,要留清白在人间。

他羞惭难抑:自己洁身自好以图留个好名声,实难称为国家栋梁之臣。王勋接过父亲写的条幅,躬身道:"孩儿知错。此去芜湖,定当抛却私念一心奉公,为国家看好税赋,做一个父亲眼中的铮铮铁汉。"心敬抚着自己最偏爱的幺儿道:"这就对了。回去凭着一腔正气做事,纵有千难万险甚或从此仕途塞塞,亦可仰俯天地之间无愧于朝廷与自己的良心。"

王勋上任伊始,就约法三章:一、自己与下属不贪污、不行赂、不索赂;二、一心奉公,勤于职守；三、不欺负、不勒索老百姓。下属纷纷表示赞同，并称赞其高风亮节，为当今难得一遇的清官；可背过身去，却不由嘲讽道："历朝这关口都是一个大染缸，不由你一身白缟进去，却将浑然黑绢出来，何来清白一说？这爷要不是个嫩货，就是脑子有毛病，分不清当今是啥世道了。"依然我行我素，将王勋的规矩当成了耳旁风。王勋自然看在眼里，却不动声色，暗地里叮嘱一个信得过的干吏私下将各部吏的过往行径打探得一清二楚，然后揪住一个往昔劣迹斑斑而今又公然违禁的刺儿头，狠狠整治了一番。其余人等一见这位上司来了真章，立刻俯首帖耳，再也不敢有一丝轻慢，衙司的风气顿然为之改观。加上一位精于业务的钱税师爷从旁协助，钞关税务各流水账立时清明，朝廷库银一时间进项翻番。

一日，王勋正在府中理事，忽报有人谒见。抬眼望去，此人华服罩身，神情看似儒雅，眉宇间却露出一丝猥琐的俗气。王勋正襟危坐，对着来人道："足下何人？又有何事指教于本官？"来人躬身道："不敢。小人为此间望云楼掌柜，虽日间频触铜臭，却不忘结交雅士儒友。近闻大人莅临敝处且诗文甚是了得，故不揣冒昧前来拜见，冀能赏光望云楼，让吾等文坛诗友为大人接风。"王勋道："近日初赴贵处冗务繁多，未有片刻暇隙。先生美意吾已心领，待来日寻得一丝空闲再会贵友不迟。"来人见王勋婉拒，便起身道："那敝人便静候佳音。初次拜见，些许薄仪望大人笑纳。"言罢便从所带囊中捧出两枚大金锞摆入几上，笑望王勋。王勋立时肃容道："先生此举差矣。吾上负皇命，下遵家训，不敢于任中成为金玉饕餮之徒。美意留下，赂银带走。"那人笑道："只是孝敬大人的一片心意。赂银之说委实难听。这情景只是你我二人知晓，难入他人耳目。"王勋亦笑道："先生此言又差矣，何谓仅你我二人知晓？还有一人在旁，你未看见？"那人四下一瞧笑道："大人这玩笑吓了小人一跳，哪有旁人在侧？"王勋肃容道："上天。'头上三尺有神明'，你忘了这小儿都耳熟能详之语？"言罢大声道，"来人！给我将这厮乱棍打出，给他长些记性。"立时有差役将此人连拉带踢赶出了府门。差役复命，王勋将金锞交予差役："将这物交于钱税师爷处，说是老爷捞的外快命其充公。"

另一日，门吏又报有一人求见。王勋举目，见来人师爷模样，睥睨的目光扫了王勋一眼，勉为其难地躬身作揖道："大人，小的奉乔凤仪大人之命传一言，近日，老爷举家为老夫人祝寿，无奈手头有些紧涩。望大人急公好义为其设法解困，乔大人会记着大人的好处。"王勋听罢不觉心头一沉，乔凤仪这人是自己的顶头上司，平日飞扬跋扈又贪财好色，如今公然派人索赂到了自己头上。这拒行贿倒好办，只需自己洁身，尽可应付自如；可要拒绝索赂，就难得多了，人家是你的上司衙门，常言道不怕官只怕管，若真依这事扫了上

第三十六回　遵家训双璧光先祖　奉圣旨两坊裕后人

司兴头,可真是吃罪不起,轻则不再理你,重则在你坐处埋个炮,粉身碎骨都不晓得自己是怎么死的。这一瞬间的犹豫却又被皇恩与家训,还有临别时家父赠的条幅压了下去。他缓声道:"老夫人寿诞,理当附喜,只是本官平日猥琐,不敢胡为,故些许薪俸只堪维持日常家用。也罢,既然乔大人开了金口,也是抬爱之意。"说完起身唤出仆人,让在夫人处取出五十两银票,双手递与师爷道:"些许薄礼不成敬意。我想乔大人一生洁身守法,当不至于命吾动用国帑为其母祝寿吧?不、不、不,乔大人绝不是此等索贿之人,连这丝念想也都亵渎了他。望回复乔大人,太夫人华诞之日,下官一定前去捧场凑兴。"师爷望着这个油盐不进还装糊涂的东西,气得将手中银票狠狠摔到地下,阴笑道:"大人这番作践,足够小人受用一辈子。识时务者为俊杰,勿谓言之不预也。告辞!"言罢扬长而去,王勋对着这个气急败坏的背影大声道:"好走不送!"

虽说自己义正词严得意了一番,可毕竟心中后怕。来人一走,王勋颓然倒在了座椅上,脑中不停翻腾着自己仕途将要迎来的风暴。他咬牙自语道:"是福不是祸,是祸躲不过。既然得罪了这位乔大人,就静候他出招吧。"在整日的忐忑中,他照常办公,只是偶尔暇隙,那一丝甩不掉的忧思又会隐隐浮上心头。可令王勋诧异的是,过了几个月,上头竟然没一丝动静,他的心又放松了,想着也许乔大人并非人所传言的那样,或者碰上自己这枚软钉子打了退堂鼓,总之应该是没事了,于是一门心思又操起了自己的公务。

近日,那位他平时最信赖依重又对他忠心耿耿、出力最大的钱税师爷得了一场紧病撒手归西,令王勋伤感不已,也平添了几分忧愁。正在烦恼之际,一位与己平日相善的同僚公事之余见王勋郁郁寡欢,不禁关心地问起了个中缘由,王勋便将自己的心事袒露出来,那人一听便爽朗道:"这有何愁?我门下有一钱粮师爷,也是本官的得力助手,其人本事绝不在那位逝去师爷之下。将他借与你先张罗一阵,待事情顺了慢慢寻着中用的熟手,再将其完璧归赵不就成了?"王勋一听也是,就拱手道:"恭敬不如从命。待贵府幕僚帮我度过这一阵难关,吾当好好谢大人一番。"那人一听王勋应诺,喜得连连辞谢道:"你我二人既为同僚,亦就同根相连。日后我有难处,你也会援手相助,说谢字就有些生分了。"二人拱手而别。

那个推荐来的钱粮师爷果然身手不凡,几天工夫已将事务打理得比原先的师爷还要顺畅,令王勋大为满意,唤来夸赞鼓励一番后便放心地令其自行处事发挥专长。

一月后的某日,王勋勘察钱税账目,却发现诸多款项支向不明,便命人唤来师爷一问究竟。那人过了一时回复说,到处找不着师爷。王勋心中一惊忙下去查问,下属告知他此人三五天前已未露面,王勋立时心中叫苦不迭:"上套了。被人设计诱入陷阱,如今如

何是好？"正惶惶间，有门人来告，上峰派人来稽查账目。王勋暗忖道："真是迅雷不及掩耳，一招连着一招，看来人家早就预谋到了今日。还是那句老话，是福不是祸，是祸躲不掉。"这样一想，心里倒是镇静下来："肚里没冷病，不怕吃西瓜，看他能弄个啥样的水涨河塌。"岂料一番调查之后，立刻翻出许多账面的亏空，王勋张着嘴无法回答。三日后，王勋以"失察"的罪名被降职调任。

王勋怀着一腔愤懑，离开了他经营半年之久的芜湖钞关税务处，托病在家闲居了一个多月。在此期间，他暗访了那位因紧病去世的钱税师爷的家，得知他被人邀去喝酒，回家一个时辰，就喊着肚子疼，翻滚跌摔，还未等得家人请来郎中便咽了气；他又去了推荐新师爷的那位知交府上，门倌以老爷不在为由将他拒之了门外。待落实了以上情况，王勋心中再也无疑，他的上峰乔凤仪，给他下了一个连环套，让他明知是得罪了上司还落了个有口难辩。

这几天，得知王勋被贬而染疾的消息，他的下属、同僚逐个暗地探望他。几个月的时间里他们目睹了王勋刚正不阿而又两袖清风的勤政作为，心中不禁万分敬佩之余竟有了一丝依依不舍。在王勋面前这些人趁势大骂乔凤仪的胡作非为，还咬牙切齿揭露了乔欺压僚属、贪赃枉法的诸多恶行。为防其中有诈，王勋只是躺在床上静听，虽不置一语心中却暗暗记下了这些劣迹。

一日深夜有客来访。王勋开门一看，原是自己不甚熟悉的一位昔日同僚，只知其人恃才傲物，平日与共同的上司乔某结怨颇深，就是看不惯乔的无能、贪婪与嚣张。奉茶一毕，王勋道："足下夤夜来访，不知有何指教？"那人道："近闻先生蒙冤遭贬，特为助君申冤除奸耳。"王勋作态道："钱税账目不清，多处暗流无踪，盖自源于己居官不查，昏昧不晓，何来蒙冤一说？吾近日闭门思过，痛悔前非，先生勿乱吾心矣。"那人笑道："自己蒙冤落难还装成痛悔之态，先生城府之深令人佩服之至。不过若终无反击之举，则实乃窝囊废一个。芜湖苦乔久矣，若不除掉此贼，先生之冤难平不说，百姓遭荼毒之日难尽也。先生不为己想，亦当替百姓出头，做一个为民除害的耿吏。先生有此胆乎？有此为国除奸而舍己身的忠正气节乎？"王勋道："请将不如激将，先生将此法用得可是堪称精熟。难得先生启蒙，只是心中固有不忿，若只凭道听途说，无有铁证，要想动乔某一根汗毛怕也只是枉然。"言罢又添一语，"何况吾遭此重击早已心灰意冷，实难堪此大任。"那人闻言喜道："若是有铁证在手，你会奋不顾身拼死一搏？"王勋一听此言，方才默默颔首。"那好，这回就看先生的本事了。这是吾多年搜集的乔某恶行总汇，里面宗宗件件皆有人证物证，持此可将该案办成一桩铁案。"说罢从怀中掏出了一厚沓纸递给了王勋。王勋接过手，就着

第三十六回　遵家训双璧光先祖　奉圣旨两坊裕后人

烛光默默将稿翻阅了一遍,才放心道:"若果上述案情件件属实,这乔某人真可谓恶贯满盈,看来是到了报应的时辰了。毋须你激,为国除奸乃吾夙愿之一,只是苦于缺乏铁证。轻举妄动不仅于事无补反而会引火烧身,且若一击不中,对方会警惕倍增,到头来落得个打草惊蛇反而被蛇咬。刚才有些失礼了,盖因自惭所致,还望先生海涵。只是这其中曲折,你可曾一一核实过?"那人一脸急切,发誓道:"其中若有半句不真,吾愿粉身碎骨死无葬身之地。为表明心迹,吾将与先生一同赴汤蹈火联名上告。"王勋将材料收好,庄重道:"多谢先生一片侠肝义胆。此事后果由我一力承担,若由此罹祸,徒添一刀下鬼又有何益?先生能在此危境中鼎力支持在下,就已令人倍觉温暖。吾将尽力筹办此事,若有佳音定当通告。"那人问道:"不知先生如何料理此事?"王勋手按其肩头道:"你尽管放心,我会有一稳妥法子的,只是目下不便告知。"说罢,送走了那位热肠之人。

话说王勋做官十余载,不但勤于职守且乐善好施,又具一副侠义热肠,由此结交了上至朝廷下至地方的许多声气相通的密友,这些至交中,就有一位官居吏部侍郎之职。王勋素知此人生性耿介,极痛地方官员为非作歹、贪赃枉法之举,况其早与乔凤仪甚为不睦,皆因鄙其无能跋扈。王勋将材料秘密托人亲交至其手,并附一纸陈述了自己的蒙冤经过。果不其然,旬日后,朝廷委派干吏到芜湖将上述诉材一一核实。在这如山铁证面前,乔凤仪不得不俯首认罪,当即押交刑部大牢。待审结一清,吏部侍郎将此案上报。当雍正皇帝得知是丰川幼子王勋在此案中立了大功,且闻知其由于拒绝上官索赂而蒙受冤屈后,不觉大为感动,即刻下旨升王勋为山西太原知府,并命其择日起程赴任。王勋上书谢恩,并郑重推荐那日夜访者为自己副手,还在书中将其在此案中的功绩一一罗列,皇上下旨恩准。

芜湖百姓都为搬掉了压在头上的大山而奔走相告。王勋临行之日,万人空巷拜别这位在芜湖任上为百姓办了诸多好事的清官。有诗为证曰:"居官清廉四郡服,一朝蒙冤愤其毒,潜力策划惩腐恶,昭昭天理赖人谋。"

第三十七回　注五经苦心卫圣道
　　　　　　　环九州莫不知丰川

时值深秋，"穷庐"园中。

夜半熄灯，方才沉入梦乡不久，酣睡中的心敬却被一阵"唰啦、唰啦""咯噔、咯噔"的声音闹醒。透过窗户纸，只见影影绰绰一团黑糊糊的东西在窗外晃来晃去。心敬不由翻身走到屋外窗旁，刚伸首探视，只听得"噗楞"一声几只斑鸠飞得无影无踪，心敬又气又笑，原来是这几只顽皮的小精灵在靠窗的一株梨树枝上跳跃不止，踩得果枝挨着窗户上下晃动，一只黄澄澄的大梨在窗棂上磨得咯噔直响。心敬一时直觉嗓子冒烟，他伸手摘过大梨，用手一擦张口就狠狠地咬了一大块，霎时甜甜的汁水顺着喉咙滑入腹中，一夜间的乏气消解得无踪无影。

张目四望，园中葡萄、桃、梨、梅李、石榴、核桃、沙果、樱桃（与现市面上的"樱桃"不同，其形似小桃，弹子般大，色杏黄，其叶亦与桃相仿）、欧朴、苹果、除桃、杏等几样鲜果夏末采尽外，其余各树尽皆硕果累累挂满枝头、棚架。不一时天光大亮，园中群鸟或在树间盘旋腾跃或在枝头争食啼鸣。在阵阵喧闹中，缕缕果香随风弥漫。

田畦里的各色菜蔬一片葱绿。粉蝶扑闪着嫩黄的翅膀上下翻飞，蝈蝈儿也在其中穿梭蹦跳高吟低唱，使得一亩半大的果林菜园里呈现出一派生机勃勃的热闹景象。

旭日东升。发辫有些散乱的心敬披着略显陈旧的秋袍，在菜畦和果树间漫步转悠，裹着丝丝寒意的清香空气一下扑入鼻翼，使人精神为之一振。忽然，一束亮光划过眼帘，心敬注目一看，原来田畦菜叶上挂满了晶莹的朝露，他不由俯下身去蹲在田埂上，细细端详起一颗挂在叶尖的小水珠来，心中蓦地泛起一阵苍然，一时喃喃脱口而出："对酒当歌，人生几何？譬如朝露，去日苦多……"一阵悠长悲凉的低吟，在园中久久回荡。《短歌行》

第三十七回　注五经苦心卫圣道　环九州莫不知丰川

中主人公对人生苦短、壮志难酬的悲叹引发了自己的强烈共鸣——老境将至，却仍在苦苦耕耘，能否在天假之年完成著书立说宏愿尚在两可之间。话说回来，即就诸事遂愿，著述成书，就能成为煌煌关学的一代儒宗吗？就能成为后世诸儒人人崇仰的一代圣贤吗？就能使理心二派化干戈为玉帛，兄弟相笑一泯数百载的恩仇吗？就能使圣学千秋万代永世流传，使身后明君贤臣以此治政化民，使千家万户衣不蔽体、食不果腹的农人从此丰衣足食，聪慧的孩子有学上，能达到这个自己一心向往的理想盛世吗？心敬寻思良久，最后苦笑着摇了摇头。不过，自己若果能像露珠收集日光那样透映出历代先贤的哲理光辉，从而引起后世诸子回眸细观，体味其中的无穷奥妙，进而奋力践行，投身于修、齐、治、平的伟业之中，自己纵然做一颗去日无多的朝露，又有何妨？带着几许惆怅与激奋，心敬慢慢踱回了自己的修行之处——穷庐。

穷庐，由一排坐北向南的四间厦房连檐而成。掀过一面破旧的竹帘进得屋中，正面刷得白里泛青的粉墙上题着四十三岁时鞭笞自己的《自赞小像》一首，其曰："谓尔无志耶？胡为奋乎百千万世之思？谓尔有志耶？胡为浪过四十三年之期？噫嘻！悲夫少壮之努力已矣！于戏！危乎！来日之几何？安知苟今兹寸阴分阴之不惜，其不至于草木并朽而俱腐者几希！"

每次回庐，他都要在此伫立一阵，一遍遍拷问着自己的心灵：数十年不意间恍然而过，你尔缉是否参透了先贤们的深邃哲理？是否哪怕有一刻在虚度光阴？如今已霜染白头，岁月流逝得如此之促，著书立说宏愿却还未了，若黑白无常不期而至，岂不留下悠悠万事唯此为大的锥心遗憾于人世间？

题辞之下，一对藤椅分置在藤几两侧，这是门生鲁登阙在汉中任职时回访师父所赠之物；一只凸肚大茶壶和几只粗瓷盅置于几上。环顾四周，整个"客厅"显得空落落的，唯见白瓷土夯就的地面泛出一片青光。

过了一榆木隔断，便是心敬的著书之处。靠近窗前一硕大的案几依墙而落，近期写就的一摞书稿依次堆放在案头，准备随时检索增删；旁边放置着几册近日写作时需用的历代圣贤经典，以及自己正在书写的文稿。几张散落在几上的稿纸上七零八落记着一些不成文的词句，里面有谋篇时正在构想的思路、文中的要点、某时脑中灵光一闪蹦出的对先哲某段落振聋发聩的悟解与画龙点睛的神来之笔。其中一页纸上的笔迹被一抹粗重的浓墨抹去，只留下一行细注写道："如此平庸寡淡索然无味，岂不为当朝儒士讪笑？王心敬，你素来自诩的满腹珠玑今又安在？"

大案对面,是一长排书柜,里面满满当当充盈着流传于世的古今典籍,不仅有儒学宗脉的四书五经,就连宋明以来理学名家的著作如《周元公集》《陆九渊全集》《四书章句集注》《经学理窟》《天下郡国利病书》《王文成公全书》《周易说翼》《二曲集》等也都依次罗列;唐诗宋词元曲诸多范本、唐宋八大文宗的散文集排布其中;更有历朝的实学名著如《农政全书》《齐民要术》《天工开物》《山海经》《水经注》《周髀算经》《黄帝内经》《伤寒杂病论》《孙子兵法》《九章算术》《徐霞客游记》《梦溪笔谈》《尉缭子》……都分架摆放。整整两间北靠厦舍壁的书柜里几无再行插书的空隙,一座汇集历代中华文明的精神宝库,俨然藏身于小小的穷庐之中。

几大捆从全国各地寄来的或有关儒理商讨、学问探究、诗词酬答、年节致意,或地方治理征询、救灾荒政讨教、驻军布防求解、经济治世问询等类书简已无处堆放,只好置于屋角;已写就、经修改成书的文稿挤挤攘攘放置在紧靠成排书柜的大木箱中。脚下不时滚动着几团揉成一疙瘩的稿纸,那是他搜索枯肠,却仍未能对一刹那闪现的思想火花用点石成金的整句来表达时的气恼之举。案上还放着一厚叠仔细捋平的皱页,那是他在觅得金句后心平气和之时,又从地上拾起的那些弃纸。毕竟那时的纸张来之不易;加之对它们,心敬视若父亲暴怒之下遭受委屈的一个个自家孩子。

紧靠案几的墙壁上,贴着几页历经漫长岁月而发黄变色的白纸,上面核桃大的工整中楷仍然熠熠生辉,那是他多年前立志要弄出一部鸿篇巨制时的成书宗旨:"继绝学于往圣,正人心于来兹;论造诣须以孔、曾、思、孟为准极,论学术须以明亲止善为会归。具体而言,即:一、探究天伦大道,汇结儒理精要;二、承继张、李宗脉,开创关学新境;三、正本清源、扫除迷障,以消解理心纷争。"

两间著述室向里,由一隔断中的小门进入,便是心敬的卧室。室中除一张硬木板铺就的卧榻与洗漱用具外,一张横卧在榻侧的木躺椅分外醒目,那是心敬在伏案劳作的间隙缓气、或遇到难题时深入思考之处。整个屋中整洁宽敞,与著作室中的凌乱壅塞相映成趣,活脱脱显示出主人平日的自律严整与陷入写作激奋时狂放不羁的两种极端行事方式与精神状态。

至宋以降,程朱理学渐成儒门正宗。朱熹所作《大学章句》声誉日隆,成为后世儒生必须精心研读的权威著作,以至后继几个朝代将之遵奉为科举必考科目。此书究其实乃是朱熹认定《大学》古本因千载转抄排印时脱节乱简,随之产生了错漏歧义;其中讹舛之

第三十七回　注五经苦心卫圣道　环九州莫不知丰川

处不胜枚举,遂按自己认知将其硬生生割裂为"三纲八条"及对其解说的"经"与"传"。

朱熹的这一创举心敬认为是大谬不然的。在他看来,《大学》古典即使其中有错简,然紧要的开章一语乃"明明德、亲民、止至善"。就此,该文之宗旨已明晰无差,亦可包揽千经万典而无余;况且,自汉唐以来数十家遗文皆有不同,既不知孰以为是,又安能断定今之"三纲八条"果符当日典籍之原意耶？故此,心敬认定,深究古经儒学奥义之真谛,厘清当今理心纷争之要点,在于溯源圣学,而溯源圣学必自光复《大学》古本始。遵循这一"精解原著"的思路,写下的篇目便会纲举目张,一路直达廓清理学迷惘之境地。

秉承这一信条,心敬深觉大道在肩而不容稍携偏私之念。他坚信自己著书立说"言之不为一偏之说,并不涉调停之见,而尤最鄙门户攻讦之私。故于诸儒,无不取长略短,虽犯迂儒之诮不恤也。盖其心以为道乃公理,古今之所不得私。知之不真,罪自在于不知;言之不公,罪自在于昧心"。

在心敬看来,学术乃万世之公理,自己著作的是非偏全自有历史评判,其成败毁誉当由后世公论。他坚信,自己一番论著必将融汇濂洛关闽、河会姚泾诸儒之真知灼见,形成一整套足以经历史检验的继往开来巨作。

几十年的光阴就在这日夜苦思冥想、辗转反侧的创作焦虑与心境豁然开朗之间无数次地转换,王心敬迎来一轮轮满天红霞簇拥的喷薄旭日,送走一弯弯满地霜雪陪伴的吴钩残月,伴随着他苦行僧式的辛勤笔耕终于熬到头了。蓦然回首,不经意间头发已由油亮浓密变为花白稀疏;面庞由俊美白皙变为苍老黧黑;双手由柔滑光润变为粗糙干涩;原来挺拔矫健的身躯也变得萎缩衰迈、弓腰驼背。数十年的岁月,已然夺去了他的年华风采、青春活力和蓬勃向上的朝气,然而留给他的却也是深沉练达、老而弥坚和数十卷足以传世的恢宏巨著。

布满青筋的粗糙左手轻轻滑过一长溜自己的手稿,犹如慈母满怀柔情抚摸着娇儿粉嫩的面庞,沉醉的目光凝视着这批倾其一生精气神所留下的心血之作:《丰川易说》十卷,《江汉书院讲义》十卷,《尚书质疑》二十四卷,《春秋原经》四十卷,《荒政考》二卷,《诗经说》三十卷,《礼记纂》二十四卷,《丰川正编》二十八卷,《续编》二十三卷,又《外编》六卷,《丰川续集》五十卷,《诗草》十二卷,《关学汇编》十二卷,《文献览要》十二卷,《历年》四卷,《南行述》四卷,《家礼宁俭编》四卷,《洗冤录》三卷。

这等身之作让他置身当今关学的巅峰,也是自己的一座人生丰碑。其中倾注了自己多少心血脑汁,撑过了多少炎夏燠热、蚊虫叮咬,熬过了多少寒风凛冽、手足冻僵的不眠之夜,只有自己一情尽知,旁人难以切身感受。

　　幸运的是,正当他为完稿而兴奋不已却又为付梓苦恼挠头之际,恰好接到贤弟额伦特的一封信函,信中询及自己著作进展情况,心敬便将大功告成却无力将之刊刻的窘境如实相告。时任湖广总督、兵部右侍郎兼都察院右副都御史的额伦特大为激奋,随即慷慨承诺一切包揽在他身上。额伦特掏出自己积存的月饷并支派副将丁沂为总负责,筹立以江汉书院诸儒生为编辑、江夏县令金廷襄为文稿主持的运作班子,心敬亦托长子王功前去代劳,一番辛苦劳顿自不言说。

　　书成,额伦特为之慷慨作序,倾心称颂心敬宏著的功德。他在序文中写道:"……簿文余暇,在诵贻篇,知先生闻确见真,劳深力到。是故本之讲学,而千圣一心、万贤一理,辟尽旁门蹊径。本之为政,而上可致君下可泽民,言言实在经济,自非明体达用之真儒,安能有此内圣外王之实学?何幸孔颜一脉不绝,而续程朱一灯将晦复明。天授丰川,夫岂偶然?……"将心敬与其著作发自内心盛赞到如此地步,让数百年后的笔者读之仍感奋不已心绪难平。

　　嗣后,一车车载着梨木雕版与散发着墨香的《丰川全集》由额伦特亲率兵卒押运到了鄠县。一时间丰川全国各处的故交、西安府与鄠县的官绅、各处慕名而至的儒士,连同看热闹的四乡农夫、街坊邻居将王府内外围了个水泄不通。吟诗称颂、即席宣贺、索书讨文、换帖攀交,一番接客送友前后应酬,竟将平日喜静少动的夫子弄得滴溜溜转似木偶人一般。

　　直到夜深人静,心敬方才拖着酸疼的身子,跟跄着倒在了卧榻之上。谁知刚一合眼,一群人又蜂拥而入。心敬不胜其烦,闭着眼埋怨道:"烦请诸位明日来扰,今日老夫实在无力奉陪了。""尔缉不得无礼,你且看看谁来了?"一声断喝,惊得心敬一个愣怔——这个声音是那么熟悉,熟悉得刻骨铭心却又多年未闻了。他一骨碌翻身爬起,只见恩师二曲领着师叔天生(李因笃)、雪木(李柏),同门师兄吉相、玉虹、志坦、仲章与康孟谋(乃心)及自己一干门生相拥而贺。二曲随后拨开众人言道:"尔缉,你看此人是谁?"心敬走向前搭眼一看。只见此人鹤发童颜、宽衣博带,巍巍然一派古风。心敬一愣:"这位长者是……"猛然一拍脑门,"想起来了!在盩厔从师研读时,曾在梦中拜晤过先辈,先辈莫非师祖横渠耶?"张载大笑道:"小子好记性。那次吾入尔梦,是见尔孺子可训,将来大有出息,可为吾关学再立丰碑矣。今日见巨作已成,老夫特携众门徒前来道贺。至此,吾关学

第三十七回　注五经苦心卫圣道　环九州莫不知丰川

群岭之前又矗立起一座峻峰。复兴之期指日可待矣！"心敬忙道："师祖彼时梦中教诲没齿不忘，又幸赖师父师兄等昔日训导帮衬，方至今日薄有所成。关学儒理渊深，徒儿只有毕生奋力方才不负众托探其奥义于万一。"一时间众人环屋而坐，议论纷纷，兴头不断。心敬忙着给各位师长奉茶，谁料脚下一滑，猛一个趔趄，顿时惊得从床头上翻身爬起。睁眼一看，屋外已透出蒙蒙亮光，屋内却是一片空空荡荡，原来是日间所想化为了美梦一场……

庐中书房。静谧的夜晚万籁俱寂，陈年往事如烟般时而模糊时而清晰，不由自主在心敬脑际回旋。人到临老，大部分时间都是在咀嚼往昔岁月、体味其中的酸甜苦辣中度过的，自己也不例外。刻骨铭心的感触是从他二十二岁在三原岁试怒掷束帻开始的。那次的挫折与使性，彻底断送了自己的从仕之路，万般无奈中踏上了终生以儒为业的人生旅途。虽然其后初衷不改且著作甚丰，声望日隆，然平心而思，那次改变人生命运的大转折，给他留下了终生难愈的心理创伤。从此他厌恶官场，发誓不再为当朝供一官一职：除额伦特与年羹尧的两次举荐外，其后在都察院左都御史朱轼推荐下，朝廷又以《明史》分纂官再次征召，自己仍以年老体衰、两耳失聪为由坚拒；再其后雍正七年，陕西大吏拟修《陕西通志》，专派鄠县知县鲁一佐前去聘请他去西安就任编纂，他仍婉辞。细查自己心迹，早年折戟受辱于今坚拒朝廷，足以报了往昔"一箭之仇"，平复了郁积在心几十年的那一股怨气。不惟如此，自己悯农德政主张，理心共荣的理想也都与当朝的施治行法格格不入，难融其中；还有恩师二曲先生一生屡拒朝廷荣召的气节，亦给自己打下了深深的心理烙印。以自己的禀性，慕渊明洒脱之为，崇二曲专儒之径，也许是自己人生的最好归宿。

思绪又转到了二曲书院。自己当初费了那么大的心思苦劳方将其建好，原意是创立一座聘请恩师在此讲学终老，集天下鸿儒传道播学的讲习之所。落成之日自己的慷慨宣讲言犹在耳，可世事给他开了一个多么冷酷的玩笑啊，自己办学之初实实兴盛了几年，可之后前来就学之童日渐稀落，最后不得不在知县张世勋的力邀下聘请陕西名士王承烈仍讲起了科举从仕的制艺文章。虽书院一时复兴，办得红红火火，可自己却暗怀痛楚，这一境况实实有违自己的办学初衷。心灰意冷之下也就撒手不管任其自生自灭，以致多年后冬夜的一场大火将整个书院化成了一堆废墟，同时也烧光了他心中的梦想与残存的最后希望。自己幻想的那种群贤毕至，鸿儒轮番坐台宣讲，阖邑绅衿咸集，堂上庭墀环拥稠叠,门外众庶莫不遥望窃听的盛大场面,却始终未能一现。当初自己心中燃起的熊熊烈焰,在严酷的现实中,逐渐化为了令人痛断肝肠的一堆冷灰。一行清泪不由自主从满怀伤感的脸庞流淌而下,渐渐洇湿了胸前的粗布衣衫。

思绪一时又转到了理、心纷争。自己不由回忆起在紫阳书院那些天里,他与张伯行的不欢而散,与诸学子在讲堂上的唇枪舌剑。师父在他初去时,谈及宋明至今两派争拗时所流露的焦虑与忧伤,在临终前对他交代后事时所表现的悲怆与绝望,深深嵌入到了自己的心中。在关学流派里,师叔李因笃、王宏撰,自己的挚友康乃心,情谊虽笃却也都崇尚理学,不赞成师父和自己的立场。如今,就连师父自己的门生,也都有多人背弃当初理念,投奔理儒而去,回想起来真是令人痛心之至。师父与自己穷其一生追求儒理真谛,继承心学合理内核,扬弃理学偏颇立论,何错之有?主张两者相互借鉴、取长补短、弥合分歧又有何罪?可如今在朝廷明令尊朱之下,持心学论者如过街老鼠人人喊打,这都成了什么世道?他不由怀疑起朝廷此举的动机来了:是否借此故意挑起汉族士子内部争斗以瓦解这一精英团体?他不敢沿此再深思下去了。

毋庸置疑,朝廷在两派纷争中的拉偏架严重加剧了理心的分裂乃至心学的迅速衰落。然而,自宋明起一统儒理出现裂隙又是不争的事实,其理论根源又究竟在于何处?心敬自己经过仔细揣摩,反复探究,终于发现其起源于两派对四书五经及孔孟经典的不求甚解、各执己见。为此,自己还与当时在儒界颇有影响的李塨、王承烈、朱泽沄等进行了一系列的书信交流乃至交锋,信中直言不讳亮明了自己对理、心二学功过得失的客观评判。然而令他大失所望的是此举收效甚微,甚而招致了更多的诘难与批判。在此艰难困境中,自己始终遵照师父的临终嘱托,为捍卫道统,为坚守正义而不惜一切。自己曾发誓道:"欲为圣学计是非偏全,不忍为一身计毁誉离合也。"为儒学真理而献身,也许是如今自己最希望的人生结局。

在深夜摇曳的烛光下,年迈的心敬陷入了深深的忧伤之中。他不仅为心学的前路而焦虑,亦为整个儒学的未来而迷茫:如此下去,理心纷争何时是个头?也许千百年后,时人视这场当下斗得你死我活的争拗为一场闹剧?为一个无足挂齿的笑话?那时整个儒学是否还作为精英界之正统为士子所传承?还是灰飞烟灭,消迹于历史的故纸堆中?这人世间万物的兴盛沉沦,又有谁能看得清?!

一时间,思绪又转到自己多年的学术交往之中。随着声望日渐远播,不断有儒士或远道来函或亲自登门论学与讨教:河南襄城李来章、福建漳州林云銘、山东济南赵荐清、

第三十七回　注五经苦心卫圣道　环九州莫不知丰川

河南中州张潜谷、黄宗羲弟子裴琎、江苏宝应乔汲、四川杨甲仁、汉口汪璲、无锡顾培、三原李重五……以上诸人，凡是来函论学者，心敬都虚怀若谷或答疑解惑、或直抒己见；凡是登门求教者，心敬都热情接待，或循序探讨，或据理辩驳。最终使函者尽得释然，来者快意而归。众人在心悦诚服之下不断传扬着他的渊博学识与君子之风。

近多年来，由于声望日隆，他的渊博学识也博得了众多政界高官的认同与赞誉，其见地独到、建言切实尤令求教者慨叹不已。朝廷中向他请教政事、经济、军务、农耕乃至水利、赈灾、修史、科举诸多事项的高官贵勋多不胜数。仅仅能回忆起来的就有吏部尚书朱轼、山东巡抚陈世倌、湖北巡抚陈诜、甘肃巡抚胡期恒、湖广总督额伦特、江苏巡抚张伯行、甘肃巡抚乐拜、陕西巡抚崔纪、总理大臣鄂尔泰、陕西督学使高尔公、陆德元和觉罗逢泰等，就连康熙爷的贴身谋士方苞也都曾就经济事务恭敬求教于他。对于这些朝中重臣的求教，他都一一据情实答。这些大臣采纳其建议而行之，其效果然显著。其后纷纷称颂先生不仅是理学鸿儒，更是一位实学大师。心敬自己的经世致用之才借彼等人得以施展，得以谋国济民，他觉得很是知足了。

至于州县署官、戍守军佐以至普通百姓的求教，那就多得记不清了。唯一能记得的是，鄠县知县鲁一佐在纂修《鄠县重续志》时曾亲临其家，询问有关县域变迁事宜，自己在回答毕后，便趁机向其提了一个思虑已久的建言——鄠县西境应西扩二十里以便于治理以利民生（时鄠县西境在今三旗村附近）。他说着便从书橱中取出一篇名为《以盩厔东二十里附益鄠西说》的文稿递与鲁知县，言道："吾县三面皆止二十里许，西境止于八里，时人称吾县为'蕞尔之地'，乃实情也。而盩厔东临鄠境八十八里，其间有黑、卢、沙、尼四河。每当雨季水势凶暴道路为之梗塞，各村堡卜缴粮赋往往冒犯洪波，每年由此溺毙者屡闻于道。今若割其（盩厔）东八十余里中的二十里，以六曲里（今周户交界运渠店一带）为界，而北界于渭水，令附诸鄠境。在盩厔绝此二十里之长，而盩厔仍不失为大邑；以此补鄠邑二十里之短，而鄠邑且可跻于中下之间。此举于两县皆大有益处，盩厔长吏可免鞭长莫及之隐忧，鄠令宰有资于水泉山林之生成。为私，可补吾县乡民米粮田亩不及之缺憾；为公，可大大提升供养省兵人饷马草之能力，如此一来岂非两全其美？"鲁知县奇怪问道："尔一庶民，何故如此热心县治之事？"自己清楚记得其时回答："在下虽伏居山林，可世间关乎生民养息之事却无时无刻不念念在心。遇当事之虚心求教者，往往不惜为之周详筹划。"鲁知县竖起拇指大赞道："夫子如此襟怀，难怪满朝重臣莫不接踵求教矣。"

县境西扩之事，鲁知县上报后却如石沉大海，最终不了了之。直到二百余载之后，中华人民共和国初立不久,为利民生,便将鄠县西境划至祖庵以西,终于应验了夫子之言,此为后话。

前几日,总理大臣鄂尔泰公捎书一封,给他讲述了一段趣闻:前不久,在殿试时他从罗列的名单中发现一名陕西蒲城应试贡士,遂殷勤致问道:"丰川安否?"谁知那位贡生愣怔了半天,不知所云何人。鄂公笑曰:"士何俗也!天下人莫不知有丰川。为其乡人,反不知乎?"时在座的审考官与众贡士大哗,连主考雍正帝亦微笑摇首。"那士窘极,声言试后必来访于先生,不知其到否?"心敬阅毕,心想鄂大人有些大惊小怪了,我王心敬何德何能,焉能让全陕人尽知其名?

说起来,这位鄂大人与自己确还有些渊源:雍正十年,朝廷与准噶尔战事犹酣,遂派鄂尔泰任三边经略,赴陕甘前线督师。鄂尔泰甫任,即就战事书信询问自己,他遂回书《答经略鄂公书》一封,并将自己往昔所撰《兵间事宜》一书转赠于鄂公。其中含有"火器论"一节,着重指出火器在如今两军争锋中的制胜奇效并详列制造细节与训练要点。鄂公阅后大为赞赏,两人由此结为契友,日常书信不绝于途。其后,鄂公官至保和殿大学士兼军机大臣,凡一品大员来陕,鄂公必托其代问己安。一时黔、粤、吴、楚等地的巡抚纷纷以厚薪聘请他为本省书院总教习,均被自己婉言谢绝……

一夜书斋长考,不觉间已天光大亮旭日东升。心敬伸了伸懒腰,正待出门趁着清晨凉爽,信步野游一番,忽听有人轻叩门扉。心敬迎上前去,见一三十来岁的士子身着官服恭立门首。士子见心敬出,立即躬身道:"学生沈纪,蒲城人氏,今特来拜见丰川先生。"心敬笑道:"说曹操,曹操就到。吾刚阅完鄂尔泰公来书,言及你将来访,看看,果不其然。"说罢招呼引领该人入座。奉茶一毕,心敬道:"看你一身官服,想来殿试已顺利通过,实乃可喜可贺。不知圣上差遣何处?"那人道:"说起来令晚生惭愧。那日殿试,皇上、诸问试大臣罗列,鄂公闻学生为陕西人氏,顺口一问:'丰川安否?'学生平日苦读经书,两耳不闻窗外事,遂堕为井底之蛙,对声震朝野的先生名号竟一无所知,鄂公所问令学生难堪至极,尤其后续所言更令学生恨不得有条地缝可以藏身。幸而殿试未再出丑,其后被朝廷分发至甘南天水县任知县。当初曾誓言试后定当赴鄠谒见先生,除一瞻先生尊颜外,更欲求教先生尔后仕途良策。今日一见,目睹先生仙风道骨,一派世外高人,硕硕鸿儒气象,不由心生万般崇仰。"心敬笑道:"虽属近谄之辞,却令老夫内心十分受用。尔既求为官之道,吾此处有《丰川家训》中'莅仕'一节,可供你作为仕途参考。"言罢,从书橱中取出,递与蒲城子。那人接过,仔细阅读,愈读容色愈加凝重,在不停的点头称是中,时间慢

第三十七回　注五经苦心卫圣道　环九州莫不知丰川

慢流逝了将近两个时辰,其间只有心敬轻步续茶之举,整个书斋静默得如同无人一般。

许久,那人方才读毕,缓缓放下书页,抬首凝望着心敬道:"此书充满为官正气与训诫之语,不啻为仕途修身行事之百科全书。吾一边读着每一条,一边检视自身,不由愧汗浃背却如饮甘醇。吾此去做一清官治吏更有道可循矣!先生如蒙不弃,可否收学生为徒,以便日后常能书信请教?再则,先生可否割爱赐学生全卷以便时时拜读自惕?"心敬笑着调侃道:"吾已至耄耋之年,不胜日劳,怪只怪尔投胎晚矣。这样,日后凡有不解之惑尽可书信相商。师徒缘分虽无,忘年交情谊倒是可期。"言毕,回身取出全集一套,赠与那位沈纪。嗣后,在来人唏嘘之声中与其挥手告别。望着他渐渐远去的背影,心敬暗叹:好一个笃学的苗子,事到如今,只能遥祝其仕途顺遂,做一个为国尽忠为民谋事的好官了。

第三十八回　小龙儿显身还夙愿
　　　　　　　老夫子长眠涝河湾

　　就在《丰川全集》大功告成不久，随着王功、王勋先后入仕，家境逐日改观。已至耄耋之年的丰川，不胜日间烦扰，遂命人在太平峪中筑起一庐，自己携夫人与书童安居其中，从此过起了向往日久的山林隐居生活。

　　晨间，三人一起缓步出行。一阵清风裹着淡淡的花香迎面拂过，让几人不觉爽快无比，精神顿时为之一振。迎面山崖一片翠绿中间杂着各色野花令人目不暇接；身旁的太平河，清澈的水流湍急而下，在巨石上溅起一片雪白的水花。哗哗的流水声在谷中振荡回响，仿佛整个宇宙都充满着这雄浑无比的天籁之音。河对岸坡地上一片片野树林在和风中摇曳婆娑，似乎在列队欢迎着这几位山中稀客。

　　突然，一只獐子从树丛中探出头来，好奇地凝视了片刻，然后不慌不忙又拐入林中。书童看见喜得忙奔下河滩，拾起一块石头向那獐子藏身处扔去，就在这空儿，心敬摘下身旁的一枝黄菊花，悄悄插在了老伴的盘发中。翠姑一惊，佯嗔道："老不正经。"心敬诚挚说道："夫人伴吾辛劳一生，虽情投意合，却从未以花相赠表达过谢意。今信手拈来，难道不是老天帮为夫补往日无心之过？"翠姑含羞道："就这轻浮举动，却被你花言巧语说得如此入理，难怪紫阳书院那许多学子都说不过你一张嘴。"心敬急辩道："夫人此言差矣。夫妻之情乃世间至贞至厚之大情。'问世间情是何物，直教生死相许'，为夫赠花之举实为情不自禁，怎能认为轻浮？再说那紫阳书院……"正辩间，只听书童一声欢叫："夫子，夫子，快来看！"两人急忙望去，只见书童双手高举着一尾大鲤鱼，欢快奔来。喜得心敬忙问："怎么空手能捉得如此大的滑鱼？"书童喘着气道："正在河边打那獐子，回身见旁边一处浅坑中有鱼数十条，小子下去一扑腾，就在浑水中捉住了这条。"翠姑眼一瞥，笑道："是老天爷可怜这夫子多日未见荤腥，特地送上一条大鱼让他抿上一口小酒解解馋。"心敬喜

第三十八回　小龙儿显身还凤愿　老夫子长眠涝河湾

极忙道:"说得是。赶快回家让吾老爷尝尝鲜。知道这儿有如此丰美的好东西,我会时常来此,做一个太河老渔夫。"言罢,两人挟着时光酿成的浓情蜜意,相互搀扶着回到了居处。

晚饭后,微醺的心敬照例回到了自己书斋。案几上放着前几日一时兴致勃发挥毫写就的一首名为《山居》的组诗:

其一
插天山势万株松,占得终南第一峰。
莫怪柴门常不闭,等闲时有白云封。

其二
林间阵阵鸣好鸟,岩畔时时见异花。
莫怪终年客到少,等闲知契是云霞。

其三
清风入案迥无尘,皓月当空契倍真。
莫怪终年不到县,等闲风月可幽人。

其四
翠岭难形照旭日,碧峰那写过新霖。
莫怪经时不饮酒,等闲岚翠醉人心。

其五
文昌仙吏时来就,赤水真君共此庵。
莫怪经年不食肉,等闲蕨术胜肥甘。

其六
缊袍度夏日时久,布被经冬岁月深。
莫怪不炉并不扇,等闲寒暑那能侵。

其七
非参天上人间事,即读三皇五帝书。
莫怪渺躬综宇宙,等闲万古系吾生。

其八
三封秘牍陈冢宰,两度陈情达抚军。
莫怪于今成隐癖,等闲惭愧北山文。

其九

时温纶孟两三叶,日训童蒙四五人。
莫怪深山忘世教,等闲教读即经纶。

这一组诗,翔实回顾了自己隐居山林的生活全貌:长年不食肉不饮酒;四季缊袍布被甚而炎夏不扇,寒冬不炉。然而,自己却感到过得十分自在且充满着久已向往的诗意境界——白日身卧松下观赏变幻云彩,夜来推窗迎风放眼朗朗明月;闲暇时在山间满目叠翠的林荫道中,眼观似锦繁花,鼻嗅如兰幽香,耳闻鸟啼蛙鸣,口含时鲜野果。周围弥漫着一片远离尘世喧嚣的祥和生机,使他不禁驻足观赏流连忘返,享受着这一生难得的精神愉悦时光……

五年后的一个严冬,天气分外寒冷。朔风凛冽冰冻三尺,山间沟道更是呼啸怒号,连所居之庐也随风摇晃呻吟不止,心敬三人一见此状便又搬回故里暂且安居。

时过数月,一日天气晴和。已至老耄之年的心敬颤巍巍拄着拐杖,慢慢踱步在北街集市之中,忽有一锦衣绣袍的阔绰青年挡住去路,笑眯眯地望着他。老眼昏花之下,急切间竟辨不清此人容颜,只觉得面熟得紧,那年轻人一躬身道:"恩公一别二十余载,不知身子骨一向可结实?"那爽朗的话语声令心敬蓦然一惊,这不是昔年渭河之滨伸出援手,尔后又在紫阳书院讲学时邀己至家中安宿,临终了又送自己一把天伞的那个……怪人么?那男子见心敬仍有些迟疑犹豫,遂用手指仍作钩状:"忘了?"心敬一阵惊喜,果真是他。便颤颤巍巍握住其手问道:"你是当年的……龙儿?"龙儿颔首微笑。心敬感慨不已,叹道:"想当年意气风发,于紫阳书院宣讲圣道,那时节是何等昂扬气盛。而今已垂垂老矣,可你却仍如当年般英俊潇洒,风度翩翩,真是慕煞老夫了。你我互在几次危困中出手相帮,亦堪称患难之交。走,到吾家中你我二人畅叙一番。"那龙儿道:"恭敬不如从命。"遂搀着心敬回到了北街居处。

奉茶一毕,心敬问道:"君之出处吾已猜得几分,只是未明其详。今日畅叙无有旁人,可否将尔真迹袒露于吾,以解平生一大疑团?"那男子笑道:"夫子为人行事如赤日朗月,光明磊落无藏私处。吾今日亦附顺夫子胸襟一露真身。吾乃渭水龙君之三太子。数十年前轻狂之际遂化作一条锦鲤嬉戏于碧水之中,兴之所至竟逆流而上,游至涝河弯处。正要得快意时,忽见一美食水中晃荡,便不假思索急窜过去吞入肚中,不料口中一阵刺痛,睁眼看时已成渔夫盆中之物。

"正在悲愤急切间,忽睹围观人群中有一书生面善容凄,甚是慈悲,于是便挺身出水

第三十八回　小龙儿显身还凤愿　老夫子长眠涝河湾

流泪乞救,那人便是先生。回想起此事至今仍肝胆俱裂,后怕不已。那日若无遇先生救身,将因一时轻狂命丧黄泉矣。"心敬这才释然舒了口气,却又问道:"你既能化为鲤鱼,就能又变为原身,想来脱钩轻而易举,却为何陷入凡夫之手而遭丧身之厄?"龙儿道:"先生有所不知,仙界化物极是平常。法力深厚者可随化随回,随心所欲,而法力不济者却一旦化成,就随其物祸福相伴,直至初时化身处方可回复原身。龙儿其时年幼,道行不深,故而在回渭水之前就只能以鲤鱼之身遭人摆布了。"

心敬听后道:"原来如此。老夫还有一事相询,昔年关中大旱五载,诸水断流,邑民苦不堪言。尔等既执行雨之责,却为何怠忽职守而令天下生灵涂炭?"龙儿苦笑道:"先生错怪我等了。天上人间一理相通,吾等虽有行雨之能,若无玉帝御命贸然布雨却是犯了天条,那是要遭重处的。君父管着陕西渭河流域行雨之职,吾记得其间有一次接御旨给关中布雨,旨上明令仅降一犁之墒,吾自告奋勇代父行雨。念及先生救命之恩,故在鄠县境域私下多洒了几滴,你可记得那次的雨情?"心敬忽地想起那年令他刻骨铭心的一幕:人们在暴雨中奔走欢叫,四街洪流滚滚冲向关外,自己含泪写诗以抒喜极心境;翌日步出关外,目及万物复苏沟满渠溢之状。骇然回问道:"原来那场救命甘霖是相公恩施?"龙儿点头微笑。心敬起身肃立道:"相公甘冒重责之险,为吾县播下痛雨,挽回了几多生灵。吾要在此代全县农户拜谢相公昔日救命之恩。"言罢正欲屈身倒地,却被龙儿抢前扶住道:"恩公之礼,在下岂敢愧受,望恩公复座,你我接着叙话。"待心敬归位,龙儿又笑道:"虽然天条森严,但还有隙可乘。日后若天连旱多日,只要龙儿在恩公田地上打个喷嚏,保管先生田里沟满渠溢。"心敬也笑着回道:"老夫当不致如此无耻自私,况且自老夫著《井利说》后,吾县与关中一带在官府督导下已凿井数千,经年之旱已无虑矣。"

心敬给龙儿续上一杯新茶,又复座道:"人言龙宫神秘莫测,宝物充盈墀下,是否实情?"龙儿笑语道:"恩公不提倒还忘了,今日能碰巧相会,实是君父晨间忆及龙儿昔年脱险之事,嘱托我寻着恩公,邀你龙宫一游以便父王当面致谢。恩公既有此兴致,可谓一拍即合。"心敬忙推辞道:"这……可使得?"心急的龙儿一把挽起心敬道:"这有何使不得?吾今就带先生面见君父一趟。"言罢拉着心敬急急走出门去。一阵脚下生风,霎时就到了渭河岸边。龙儿拉着心敬"扑通"跳入水中,心敬闭目随行。不一时只听龙儿唤道:"先生,龙宫到了。"心敬睁眼一观,但见一巍峨宫殿矗立于眼前,周围鱼虾窜动,却毫无闷塞之感。心敬随龙儿拾阶而上进入宫中。抬眼望去,满壁凹处珠宝盈塞,莹莹宝光照得整个宫殿如同白昼一般。只见那:珊瑚斜出,草树婆娑;虾蟹将执械挺立,众仙姝舞步如飘;通明间奇香弥漫,深幽处异光闪烁。不由人脱口赞道:好一座琼楼玉宇神仙窝!心敬正看得眼花缭乱之时,龙王携众部属从一洞庭中迎出,心敬慌忙跪倒:"落魄生王心敬拜见龙王陛下。"龙王急忙执手扶道:"恩人驾临,令洞府生辉添喜。不必拘礼,快快上坐。"心敬刚一坐定,只见一盘盘鲜果,一樽樽美酒,一碟碟佳肴摆满案几。龙王道:"前不久孩儿出游罹祸,幸亏恩人仗义搭救方才脱险,今日闲暇,特命孩儿请恩人来此一叙,令吾有致谢之机。来来,请满饮此杯以表敬意。"心敬举杯入口竟是满腮生香,不由大赞道:"琼浆玉液果非凡品,令人飘飘欲仙。"龙儿一旁赶忙添杯。一时间庭前轻歌曼舞,座间觥筹交错,极尽融洽欢乐。

酒足饭饱之际,龙王挥掌一击,有仙姝端来光闪闪、亮灿灿的三盘物事置于心敬几上。定睛一看,原是一盘金锞、一盘翡翠、一盘珍珠。龙王道:"救子之恩难以言谢,些许薄礼权作见面之仪。"心敬忙推辞道:"当日施救乃举手之劳,更无他日图报之心。此等重礼若收之岂不污我一世清名?况此等珍宝寻常人家消受无福,纳之不祥。盛情心领,物事却万万不敢受。"正在推来让去之际,心敬扭头见脚下有一小珊瑚,便顺手拾起端详一番道:"若龙君非要一表谢意,可将此物奉送,拿回家置于书案,既可观赏又能充作笔架,岂不两全其美?"龙王见有台阶可下方回颜道:"此物遍地皆是,既然先生不受金玉,此物拿去聊作纪念也罢。"言毕,令龙儿领着心敬由群仙恭送出宫而去。

途中,心敬不由奇怪问道:"方才宫中所见珊瑚满地,珠宝盈庭,此等物事均为海中之物,渭河龙君却为何有此些物品?"龙儿道:"先生有所不知,吾父王每年到东海拜见海龙王,此等物事均为东海龙王所赠。"心敬又问:"此处离东海足足千里有余,尔父王又如何去得?"龙儿笑道:"看来夫子有些迂,想我龙族腾云驾雾,千里之遥瞬息可至,东海之途尔可视之为天涯而在我等眼中不过咫尺之地也。"心敬闻言忽地心中一动,久郁心间的一块愁思,到此处却意外地有了着落。

"夫子,夫子!"直到书童一声声呼唤,才将心敬叫醒,起身一看,自己仍在家中堂屋。"刚才见夫子倒睡在椅上,口中却不断言语,以为夫子梦魇方才叫醒。"心敬一阵懵懂,究竟自己真的去了龙宫,还是在此做了一枕黄粱梦?一摸身上,顺手拾起的那块小珊瑚如今也遗失得无影无踪。是真是假,自己也糊涂得一时搞不清。不过临别龙儿的一席话,他却已牢牢记在了心中。

一连几日,心敬坐卧不安,时时盼着与龙儿再见上一面,向他提一个难以启齿的请求,以满足自己的最后心愿。过了旬日,龙儿果然笑吟吟来到心敬处,一见面就急着道:"有一天大喜事要与先生分享,父王昨日有感于龙儿昔时在此遇险与先生恩典,特命龙儿今后掌管涝河水族,并行涝域布雨之职。往后龙儿长驻涝河,可时常拜访先生,岂非喜事

第三十八回 小龙儿显身还夙愿 老夫子长眠涝河湾

一桩?"心敬闻言欣然向龙儿道:"龙儿此后掌管一方水域,独当一面以尽天职实属可喜可贺,你我天人情谊亦将愈加深切。来,以茶代酒,让老夫敬龙儿一杯。"言罢,二人碰杯相贺。复座后心敬疑道:"前日龙儿引老夫龙宫一游,终了却以梦中醒来,不知此趟是真去还是仅为神游?"龙儿笑而不语。

心敬见龙儿不置可否,便又问道:"那趟去龙宫,见尔父龙王却是一般人样,并无甚怪异之处,是何缘由?"龙儿笑道:"君父那日怕先生惊骇故化作人相,掩其真形耳。"心敬好奇道:"那龙的真形到底是甚状,能否让老夫为之一观?"龙儿一个愣怔,勉强笑道:"要看倒也不难,命人端一盆水过来。"心敬即刻让书童端来一盆水置于院中。龙儿挥手一指,盆中立刻出现一条长数寸的龙仔,只见其在水中上下翻腾,张牙舞爪甚是逼真。心敬观毕道:"此物状似蚯蚓,只是多了一个头首与四只爪子,不甚得劲,能否让老夫一观真龙之相?"龙儿迟疑道:"这真身其实也就是盆中物放大巨万倍而已,有甚好看的?恩公何出此言?"心敬强辞道:"人常说:'要交心,现真身。'意思是两个初时互不相识之人,要成为知心朋友,就须告知对方自己的根底。你我相识日久,却未能一观尔之真象,岂非交心的朋友?"在龙儿惊疑的目光中,心敬只好亮出自己的真正心思:"以上一番话语可视为老夫欲见尔真身的牵强理由,甚或你可将其视作一个托词。真正的缘由,若提起会勾起老夫的伤心事。吾近日常感心慌气喘,头昏眼花,深感来日无多。数十载牵挂之处常萦绕于心,却苦于再无机会观上一眼。如十年寒窗的蓥屋,吾拜恩师之地如今虽隔区区百里之遥,老夫却再也无力重历一番,再如襄阳的刘家庄,吾昔年讲学的江汉书院、紫阳书院……若都再能回望一眼,老夫此生死而无憾矣!自从那日游龙宫你所言龙君可一日游遍万里之途,使吾顿生一心思,冀求你能现出真身,携老夫重游故地。龙儿,你可能帮老夫完成这人生最后的唯一心愿?"

龙儿被恩人袒露的悲凉乞求深深打动,心想这也许是报答救命之恩的最后机会,便毅然回道:"在凡人前现身本是天道大忌,为了促成恩公的最后心愿,龙儿愿无所顾忌,破天荒现一回真身。三日后正午时分,恩公在太史桥上静候,龙儿将准时现身。还须告知一声,到时毋须惊骇,闭着眼骑上便走。"言罢,匆匆告辞而去。

第三日正午时,心敬带着雨伞,凝立于太史桥头。他尽力克制着自己的情绪,可还是按不住咚咚欲跳出胸膛的那一颗心。他嘲笑自己:大不了是个死,这一把年纪也活够了,王心敬啊王心敬,你难道是那好龙的叶公不成?……正胡思乱想间,忽见北方一片乌云飞驰而来,刹那间雷鸣电闪,暴雨如注,周围顿成一片混沌。正惊愕间,从乌云翻滚的半空中伸出一颗龙首,只见其头大如斗,双目如灯,两只龙角高高耸起,张着血盆大口,一副骇人的狰狞景象。那龙探下水桶般粗壮的半条身子,双爪抓住桥上护栏,对着心敬频频颔首。心敬牙一咬心一横,摔下雨伞,颤悠悠跨过护栏,双手搂住龙身,然后紧闭双目,任凭那龙长吟一声拔地而起,"嗖"地一下窜入千余丈高的浓云之上。心敬这时才敢微睁双眼,在极空向下俯视,只见人如细蚁,房宛大豆,城似小碟,田若棋盘。

一瞬间,已到了盩厔的新庄堡上空,心敬轻拍龙背,龙儿会意般向下降至百丈余,隐入一片薄云之中。

师父过世后,门生各自归散,如今已是人去楼空;那座师父构思鸿著所住的垩室、自己编辑《二曲集》的偏房历历在目。可如今却坍塌,现出一片凄凉。当年师父一字一顿的讲经声,同门师兄弟的交流争辩声,曾充盈整个院落,满溢着一片朝气与快活,那是一段多么令人怀念的难忘岁月呀!正感叹间,从房中一先一后走出一对老态龙钟的夫妇,坐在门首的石墩上,一个往西瞅,一个朝东瞧,互不搭理。这不是慎言老兄和他的老伴么?过了几十年,仍是一对老冤家。看完旧居,心敬示意前行,不远处一座坟茔映入眼帘,那是师父的安身之处,望着坟头野草丛生,野兔出没追逐一片荒寂景象,心敬不由一阵大恸,忍不住在龙背上泪流满面。

一时工夫,又行至襄城刘家庄,却见寨门大开,一行人披麻戴孝走将出来,后面拽着一副棺木。心敬心中一阵紧缩,是青霞兄弟,还是青芝兄弟过世了?想当初赴庄时,二人热情接待,义结金兰,如今却阴阳两隔,自己又无法前去致哀,不由又流下一行热泪。更让人挂念的是,姐姐一家是否还在原处?她目下体躯安泰还是早已归天?幼时自己充作"信差"的情景宛如昨日。一想到其后境况,不禁让人心里发痛;在襄城那次重逢,其悲喜交集的情景,至今仍历历在目刻骨铭心。弹指间,几十年光阴恍然而过,此刻自己已是满头白霜,可这世上的骨肉情分,却是难割难舍,历久弥深……正思绪万千、低头冥想之际,蓦然回首,那龙儿却已带他飞出百里之外,只好满怀惆怅回头继续南行。

行至武昌,在昔日左都御史刘大人门前,却见一路人马吹吹打打,一成年男子在高骏马上披红戴花,神采飞扬,一老者扶着拐杖,心满意足看着那人下了马。心敬一看,这不是当年他救过的那个刘大人的爱么?看来他已中了进士,刚从街上夸官回家。如今自己垂垂老矣,而那小儿却正当年华,世事变化之倏忽,让人感慨不已。又转至滋阳湖畔。此刻游人如织,个个眉开眼笑,成双成对游于湖畔林荫道下。那场贺文忠全家殉国的惨烈景象似乎已烟消云散,在这些俊男倩女中未留下一丝阴影,可当年他与董复庵大人祭奠时却是何等的沉痛与崇仰。

又来到江汉书院。下面传来一阵隐隐的读书声,犹如旧日时光,可一生与他相交甚

第三十八回 小龙儿显身还夙愿 老夫子长眠涝河湾

契的陈诜大人已驾鹤仙逝,其音容笑貌仍如存于昨日。当年在讲堂挥洒自如、昂扬宣道的情景又清晰回到脑际,让自己一时激动难抑,他不禁回首自问:当年他亲手撒下的心学种子,又有几棵生根发苗,成长为参天大树呢?到了紫阳书院,心敬颤抖着探身下视,那座他曾舌战群儒的讲堂仍矗立于原处。其时诸生一连串的诘问责难、自己的据理力争、与张伯行的立碑过节、那些小子们欲行凶却被龙儿施法弄得鼻青脸肿……一宗宗一件件如走马灯般在脑际回旋,今日回忆起来是如此真切,令人在无比纠结之余却另有一番激奋在其中。在那场鸡蛋碰石头的强拼中,他这枚鸡蛋还硬是将石头磕下了一块,至今仍觉得酣畅无比。当时有几人还在心悦诚服之下拜己为师,如今彼等都在何方?还都在秉持着当初的信念么?

其后又在那些南游的心仪之处一一探视。二十多年前在各处的行状、心态、情景都从沉睡的记忆深处苏醒了过来,他仿佛重新回到了当年的岁月,重历了一遍终生难忘的心路旅程。这神奇的半日游,帮心敬完成了人生最后的夙愿。

平安回到了家中,经多时起伏颠簸,心敬乏得东倒西歪却又兴奋无比,抱着那粗壮的龙身,忽上忽下飞驰而行,那种感觉真是令人提心吊胆却又爽快至极。他甚至产生了一种别样的自豪——自己是世间唯一一位骑虎驭龙之人,这种经历与快感难有第二人体味。如今平生所愿已了,自己心无遗憾于世,可以心安理得地去和父母、婆婆、伯父母甚或姐姐他们相聚去了。心里一松,竟然忽地感觉到脑中有一根弦"嘣"地一声断了,一时间人事不醒。

在家人急切悲哀的呼唤声中,心敬慢悠悠地醒了过来。睁眼一看,翠姑急得双手紧掐着自己的人中,旁边围了一大堆急惶惶不知所措的家人。众人见心敬醒来,急忙端来一碗糖水,由翠姑轻轻喂给了他。心敬清楚自己大限已到,此刻不过是回光返照,便挥手让众人坐定,淡然道:"生老病死乃人生必由之路,不必过分哀伤。吾一生淡泊处世,不求功名,唯著书立说追求真理;凡小恶不为,小善却竭力去作;襟怀坦荡不掩己过,不隐己说,故于今心平气和以待天收。吾已寿过耄耋之年,临终之日可视为喜丧,不必涕泪覆面让吾棺中不安,唯有一事尔等须谨记,葬吾之地不在鹁鸰原王氏老坟,而在涝水怀抱之中。"在众人一片惊骇声中,心敬喘着气细细将与涝河龙君几十年交情的根根节节一并道出,末了道,"盖源于此,吾的长眠之地一定要涝水环绕,以践吾与龙君友情之始终。"言毕,让家人一一散去,唯留翠姑在身边。

正在弥留之际,耳边忽闻一声轻轻的呼唤,丰川眼睛一扑闪,朦胧间隐隐看见横渠先生俯身榻侧,轻轻抚摸着自己的脸颊;师父二曲、师叔天生、雪木、笃友吉相、乃心,还有侠义的兄弟额伦特等，皆躬身肃立似喜似悲。丰川一见大喜，忽地身轻似燕，从炕上一骨碌爬起紧紧握住横渠先生双手，激动地喋喋言道："师祖、师父与旧日同好俱来探视，让心敬情何以堪？一见诸君，惊喜之下百病竟倏然无影无踪。快，请各位到书房畅叙一番，又是何等快意也！"

出了房门，见庭堂之中，祖母温氏，伯父慥、惑与父忻，母李氏，伯母陈氏及姐姐娚等多人正黯然拭泪围聚一处。心敬急得大呼翠姑："快快出来奉茶，待我与诸位师友欢聚后再与高堂、众亲一叙衷肠！"正张罗着跟跄步行间，不料脚下一滑竟绊倒在地，方才还甚为明亮的天地猝然变成了漆黑一片……

翠姑俯身一看，夫君丰川鼻息尽失，合目安详地僵卧在了自己怀中。

乾隆五年正月初八，享誉清初朝野的一代理学名儒王心敬，终于走完了他充满艰辛而又波澜壮阔的一生。

《王氏族谱·丰川传》中有云："徵君丰川公讳心敬，字尔缉，学者称丰川夫子。父中悦公殁，徵君仅十龄，母李太恭人孀居，督教。弱冠入庠，旋食饩又五年，太恭人命谢诸生学，学于盩厔李二曲先生，得反身实践宗旨，以理学名于世……卒年八十有五……"

几日忙乱中，王勋陪着心正在涝河从上到下寻了个遍，居然在城外南河头村西边，果真找到了一处父亲所说之地：此处涝河河道恰好弯曲成了一个"Ω"形。于是遵照父亲遗嘱，在全家举丧之后，将心敬的棺木葬在了"Ω"形的中心处，成全了父亲的遗愿。于是在王氏家族中，留下了一段代代相传的"王夫子与龙王交友"的美好传说。却说也怪，在丰川葬于此的二百八十余年间，有史记载鄠县涝河发大水十数余次，每次涝河暴涨，大水冲毁堤岸形成一里多宽的凶暴浊流，却从未沾湿过心敬墓地的一寸坟土。在农民朴素的意识里，这若非龙儿着意佑护，又能作何解释？随着一次次河水暴涨而丰川坟安然无恙，丰川与龙君交情的传说，慢慢为当地邑民尽知，成了每次涨水之夜家家炕头爷孙相传的古老故事。

将父亲安顿下葬一毕，王功、王勋旋即共同出面恳请时任太子太保、文渊阁大学士的陈世倌为父题写墓碑，陈世倌闻听十分乐意。其父陈诜曾诚邀丰川先生到江汉书院讲课，与丰川保持了一生情谊；他也曾赴鄠求学于丰川，临别时丰川以"志伊学颜"条幅相赠，鼓励自己能像辅佐商汤的贤相伊尹与孔门高足颜回一般，成为学识渊博功名卓著的一代伟人。陈世倌一向崇仰丰川的学问人品，先前他也曾为《丰川续集》作序。对于王功、王勋的题请，他更认为是自己的莫大荣耀。于是欣然提笔，在石碑上留下数行苍劲古朴的手迹：上首题为"乾隆五年岁次庚申孟春穀旦"；中间大字为"大清理学名儒丰川王先

第三十八回　小龙儿显身还凤愿　老夫子长眠涝河湾

生之墓";下首题为"太子太保文渊阁大学士海宁后学陈世倌盥手谨题";其后阴刻篆书"陈世倌印"与"大学士"两方印章。

一颗辉耀理学夜空的巨星陨落了。

丰川先生仙逝的消息,一时传遍大江南北、朝野上下,众人在万分惋惜之余莫不对其盛辞赞誉。作为关学大儒,对其将关学推向了顶峰,名士唐鉴中肯评价道:"关中三学,二曲倡之,丰川继而振之,与东南学者相应相求,俱不失切近笃实之旨焉。"理学名儒陈宏谋就此不由赞叹道:"(丰川)先生泽物为心,经世治学,其裨宜于世,岂浅鲜哉!"

对于丰川著作中经世致用的崇实之学,《清史列传》中给予了高度评价:"心敬为学明体达用,两陲边衅初开,即致书戎行将吏,筹划精详,所言多验。集中选举、饷兵、马政、区田法、圃田法、井利说、井利补说诸篇,皆可起行。"

先生的离世,使其时关学学界失去了一位声望卓著的领军人物,以致关学后学孙景然闻之,忧心忡忡言道:"自先生谢世,关学薪火岌岌不继,如是奈何?"周元鼎更是发出悲切哀叹:"自丰川先生而后,吾关中之学绝响矣"。

甚至连激烈抨击丰川为心学传人的专儒,虽与其理念相左,但对他的学识与人品却不得不由衷敬佩,赞颂其"学行兼优,名播当世",称誉他"学博辞精、有志有节"。

迨民国时,关学学者温恭所作的《国朝关中十八儒序赞》中,对丰川推崇备至,对他的拒诏气节、高洁人品、著作毅力、卫道坚贞更是给予了至高无上的赞誉——三秦师表。

其诗云:

>　　三秦师表,二曲嗣音。
>　　俗缘净扫,道味是沈。
>　　聘辞束帛,名重兼金。
>　　亲王相国,万里倾心。

丰川先生若地下有知,应会含笑九泉矣!

尾 声

行将下山的夕阳,死气沉沉的余辉浸漫着中华大地。一望无际的原野上,一辆老牛破车慢腾腾行进在满是疙瘩的土路上,载着一车土粪,为田地添着千年不变的肥力;各地书院里,士子们仍摇头晃脑,满嘴之乎者也,温习着古老的四书五经;讲堂之上,儒师们不是滔滔不绝沉醉于上古经典,就是喋喋不休纠缠着理心纷争;乾清宫中,乾隆皇帝正与群臣一起,兴致勃勃谈论着上午在丰泽园三推三迈的"亲耕"仪式,周围一片阿谀奉承之声。

一个发达的农业社会,正沉溺在落日前最后的辉光之中。

一宿几近三百载的漫漫长夜终于迎来了复苏的黎明。不一时,一轮红日喷薄而出,照亮了大梦初醒的中华大地。在满天的朝霞中,一列列复兴号动车正风驰电掣穿山越岭向前飞奔;一支十几层楼高的火箭在如雷轰鸣的烈焰中拔地而起,冲向深邃的太空;绵延百余里的港珠澳大桥上车流如梭,宛如一弯巨型梦幻彩虹;一排大型农机替换了丰川那一代人手中的镰刀,在滚滚麦浪中收获着丰产的喜悦与豪情……神秘的东方活力让整个世界为之羡慕震惊。

户县南河头村西北数十丈处。一座孤坟上,丈余的巨大石碑矗立在一条沟坎的高处,它睁开了长眠的眼睛,惊异地发现,昨日满目荒芜的破旧村落,一夜之间,竟变幻出了它的主人做梦都未料到的一幅农民安居乐业图:全村崭新的一排排二层小楼隐现在一片花海绿树之中。宽十丈、长数十丈的入村广场上,老人们在运动器械上活动着略显僵硬的筋骨;中年大嫂跳起了欢乐的广场舞,展现着舒心的美丽人生;旁边操场里,十数个小伙正在龙腾虎跃,尽情挥洒着青春的荷尔蒙。正回眸间,一辆辆私家小车从旁急驰而过,荡起了一阵阵悦耳笛声……

在这一片繁华的喧闹中,唯有这座孤立于丰川坟头近三百载的高耸石碑,默默见证着这世道沧海桑田,人间春夏秋冬。

后　记

众所周知,在绵延数千年的封建社会,儒学是中华灿烂文明的一个重要载体,它是当时整个社会精英阶层的正统精神支柱——几乎所有的"士"或"仕",莫不以孔子门生自居。故而,有关这方面以历史上真实儒生为原型的严肃文学作品,对于现代读者探索古代社会读书人的精神世界,了解封建社会自然、人文历史,进而活跃自己的业余文化生活,培育爱国主义情操等,都不无裨益。

本书以关学大儒王心敬(丰川)为主要人物,粗线条刻画了宋明及清初儒学大师们的艺术形象,并重现其丰富学术活动的历史场景;然而囿于学识浅薄、文辞无趣,用作引玉之砖犹可,欲得到公众认同实属奢望。诚恐之下,只能用"尽人事,听天命"以自慰,当然这个"天",就是爱好文学的热心读者与精通儒理的资深学者。

本书素材来源于:①西北大学出版社《关学文库》;②《户县志》(1987年版);③王氏族谱(第12修);④《户县文史资料》;⑤《丰川诗话》;⑥《历代诗人咏户邑》;⑦《双溪秋韵》;⑧其他有关文字资料。

对于以上作者,笔者在此谨表谢意。没有他们的辛劳,这部小说是绝难面世的。

感谢学者刘宗镐先生。他的专著《王心敬评传》,详细介绍了丰川先生的生平履历与主要的学术活动轨迹,并对其作了客观而中肯的评介,从而为本书提供了丰富完整的故事构架与生平脉络。

感谢作家李百灵先生。是他的启发与激励,方使作者鼓起勇气,写出了这部名为历史小说的所谓作品。

总编赵建黎先生与责任编辑王怡晨还费心对全书作了详尽的勘误与润色。他们的敬业精神与专业素养,尤令笔者深为感动与敬佩。

 穷庐残月

  张宝琳、徐文坚、陈宝平、樊义廷、赵丰、王录庆、杨望波诸友参与了本书的校阅,提出了许多有益建议并纠正了文中诸多错谬之处;画家石建利先生为本书设计了封面。对于以上各位的友情付出,作者内心充满了感激。

  搁笔之际,回忆起书中主人公才猛然想起,今年恰逢丰川先生逝世二百八十周年。悼念之情油然而生,遂奉此拙作权以为祭。

笔者 于鄠邑竹径居
2020 年 8 月 18 日

丰川墓碑

悬于丰川家正庭之"具庆堂"大匾

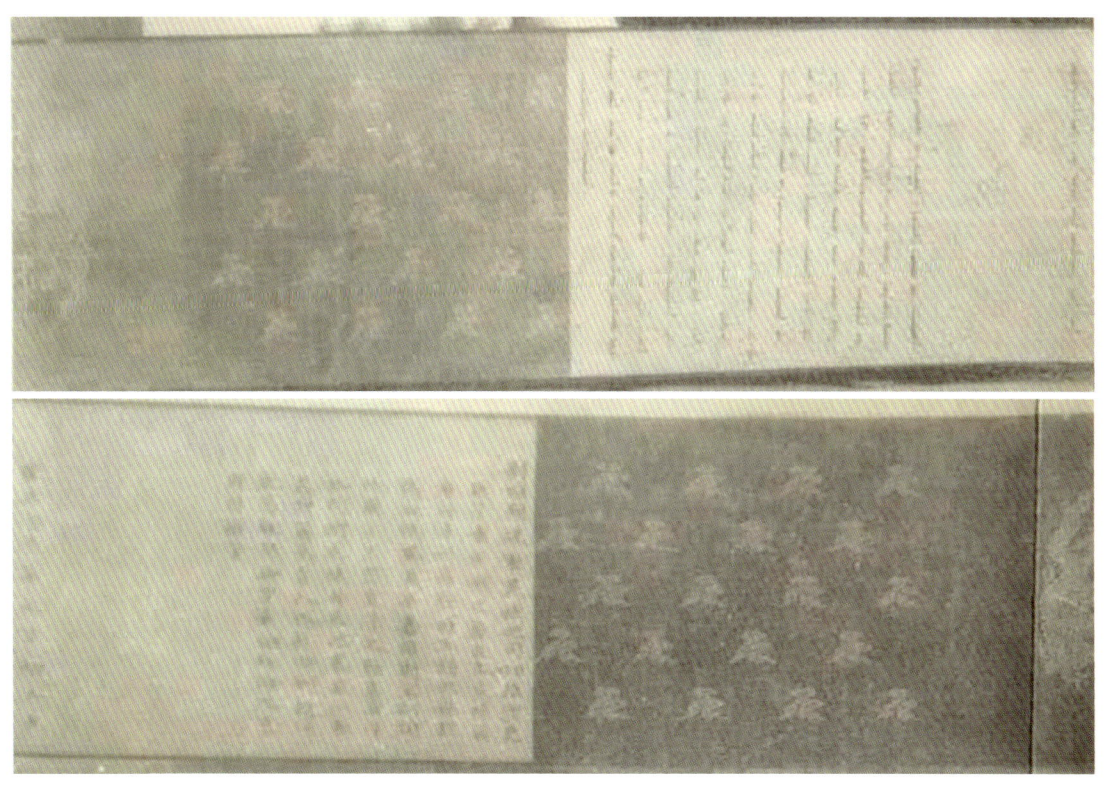

诰封王勍之祖父王忻、祖母李氏的诰命。圣旨前半部为汉文,后半部为满文

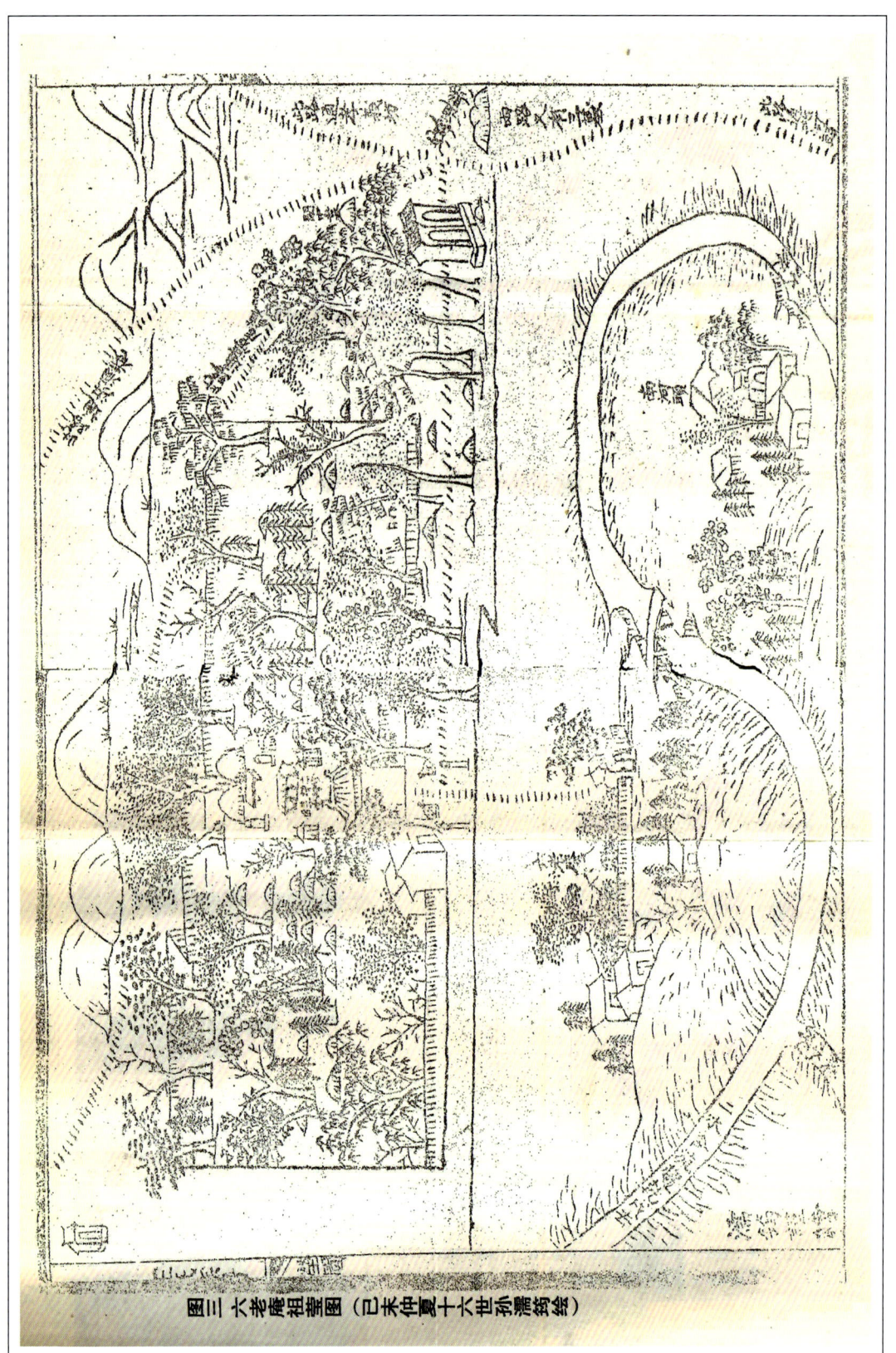

图三 六老庵祖茔图（己未仲夏十六世孙濡筠绘）

清朝咸丰年间十六世孙濡筠于1859年所绘王氏祖茔图。下方涝河湾呈"几"形，丰川即葬于其形内所标"南河头"之西北处。